了不起的衡陽人

第一部

蒋昭芒 编著

廣東旅游出版社
GUANGDONG TRAVEL & TOURISM PRESS
悦读书·悦旅行·悦享人生

中国·广州

图书在版编目（CIP）数据

了不起的衡阳人. 第一部 / 蒋昭芒编著. — 广州 :广东旅游出版社, 2019.6
ISBN 978-7-5570-1742-2

Ⅰ. ①了… Ⅱ. ①蒋… Ⅲ. ①名人一生平事迹一衡阳 Ⅳ. ①K820.864.3

中国版本图书馆CIP数据核字(2019)第048647号

总 策 划：刘丽华
策　　划：蒋勋伟　林新华　罗胜利
出 版 人：刘志松
责任编辑：何　阳　于子涵
责任校对：李瑞苑
责任技编：冼志良
装帧设计：邓　靓
美术插图：蒋二芒

了不起的衡阳人 第一部
LIAOBUQI DE HENGYANGREN DIYIBU

广东旅游出版社
（广州市越秀区环市东路338号银政大厦西楼12楼）
邮编：510642
联系电话：020-87347316
印厂：广州家联印刷有限公司
印刷地址：广州市天河区东圃镇吉山村坑尾路3-2号
开本：787毫米×1092毫米 16开
印张：25
字数：410千字
版次：2019年6月第1版第1次印刷
总定价：145.00元（全两册）

序言

蒋昭芒

我是衡阳人。

喜欢喝湖之酒，吃糍粑，尝五香熏干，尤其是那浓汤沸滚过的三塘鱼粉。

母亲告诉我，1954年7月生我时，我是衡阳解放后第一例剖腹产婴儿，还登了报。出息不大，但至少一降临人间便借着一份城市媒体普告天下，弄了点动静。

从此，在这个城市很滋润地成长、长大。

我爱衡阳。

编著这本书，动机源于两个人。

一个是我的朋友，叫盛明明。

盛明明小我一岁。我们在城市文化馆的大院里一起咿呀学语，一起玩官兵捉强盗，一起打弹子，一起滚铁环……我10岁时上台表演快板书《亚非拉团结打美帝》，盛明明9岁就在文化馆防空洞的土堆顶上一段段背诵《孙子兵法》了。铁环一直滚到了“文革”兴起，我们的父母因莫名其妙的原因先后走出了那个院子，我们分开了。之后，断断续续有过一些接触，但真正聚在一起无拘无束海阔天空地神聊，已是30多年后的本世纪之初了。

此时，盛明明从湖南省十大优秀公诉人之一转换成了一位优秀的民营企业家。

他与他的民营拍档们在衡阳的江东岸打造了一个公益性的湘水明珠文化公园。

我当时很奇怪，盛明明发财了，有钱了，却没有买奔驰买游艇买别墅买藏獒，也没有买官买代表买荣誉买姑娘，而是拿出6000多万元建了一座立体的衡阳历史文化名人长廊。

他们出钱，请全国知名的书法家书写古今名人颂衡阳的诗文。

他们出钱，在电视台辟专栏宣传古今衡阳先贤的伟业与功绩。

他们出钱，汇集优质的建材为古城灿烂的文化树碑建祠。

这是需要境界、胸怀和气魄的。

那天，我徜徉在湘水明珠文化公园的小径上，赏梅园、赞杜亭、观夫子廊，登望湘亭，我感叹盛明明在追梦，在招魂，在渲染古城先贤的气节，在重塑衡阳人的精神！

盛明明跟我说，你来编写故事吧。我在东岸给祖先们竖碑刻匾，你在纸上将他们的生活细节再演绎一遍如何？

我欣然应诺。

第二个是我的父亲，叫蒋薛。

父亲年轻时是衡阳日报社的记者兼编辑。每天的笔墨写的都是衡阳人，衡阳事。调到文化局、文联搞创作，仍然是用戏剧、曲艺、诗歌、散文等作品来讴歌衡阳人与衡阳城。50岁后，父亲调到衡阳地方志编纂办公室，昼夜笔耕的依然是主编衡阳人物志。

工作岗位让他涉及了大量的这座古城已经作古了的优秀才俊。

在接受父亲熏陶的同时，耳濡目染之下我本应成为半个地方志后起之秀，可惜吾辈只记住了夏明翰、蒋啸青、罗荣桓等红色先烈与蔡伦、王船山等世界级形象。以至于对惊天地、泣鬼神的47天衡阳保卫战亦知之甚少。

2007年父亲仙逝，他留下了大量文稿，在清理这些文稿时，我被父亲笔下记录的衡阳历代精英的事迹震撼了。

衡阳人聪明：

中国古代有四大发明：火药、指南针、活字印刷与造纸术，而衡阳人四占其一。造纸术就是衡阳人蔡伦发明创造的，它对人类文明的传承至为重要。何克明连中三元，科举时代，无人可匹；彭浚被皇帝誉为“天子门生，门生天子”；清人彭述亦被皇帝聘请为书法侍讲，兼教皇室、皇族诸子弟，其才华为时人乐道。还有，丁鹏翥发明了世界上第一部铁木结构的羽绒提炼车，令“丁制羽绒被”风靡全球；蒋溶发现了金刚石矿体，被誉为“中国金刚石”之父；周荣琮则是我国核磁共振永磁磁体研制的开拓者。

衡阳人深邃：

著书立说者大有人在。湖湘文化的核心人物王船山，以45卷雄文800万字成为明末清初最伟大的思想家、哲学家与文学家；符定一历时32载编著《联绵字典》转语达5600条，国内学者竞誉为“古今一人”；谢彬著《新疆游记》《西藏问题》《云南游记》《内蒙问题》《中国国债史》《中国关税史》《中国地表史》《中国铁道史》《民国政党史》《中国邮电航空史》《周秦诸子研究》《船山遗书研究》等等，被誉为“百科全书式的学者”；马宗霍著《音韵学通用》《文字学发凡》，令行内侧目；欧阳正焕倡导的书院院训“整、齐、严、肃”，至今还镌刻在岳麓书院的内墙上。

衡阳人勇猛：

不信邪，不怕鬼，不惧死，不畏难；不忽悠，有担当；拖不垮，煮不烂，不怕辣，死霸蛮。为有牺牲多壮志，敢叫日月换新天。“晚清三杰”有衡阳人彭玉麟；“同盟会断颈第一人”是衡阳人刘道一；共和国“十大元帅”有罗荣桓；八年抗战有黄埔将星彭明治、罗芳珪与段沄，有铁道游击队政委文立徵；抗美援朝有被炸得大小肠子泻流满地、再用手捡起来塞进腹腔继续战斗的英雄罗连成；还有28岁即为寻求真理而被砍掉脑壳的夏明翰，写下的五言就义诗成为历代仁人志士舍生取义的经典。就连南岳和尚空也在民族危难之际也担任了南岳佛道救难协会副会长，通电全国僧侣共赴国难，抵御外侮。

衡阳人潇洒：

琴棋书画，无所不通。欧阳询的楷书，人称“欧体”，为一时之绝；

蒋铨衡的松、竹、梅、兰，无不精肖；衡阳人曾熙既文且武还是国画大师张大千的先生；王祺的书画则被国家视为保护文物；萧贤俊自创“萧派山水画”；冯臼厂被齐白石赞为“刻印天下无敌手。”

衡阳人憨实：

刘巴运筹帷幄赛诸葛，辅佐刘备，官至尚书，到老却无产无业，两袖清风；蒋琬一生只为天下统，却“只手难将大天补”；李芾为抵御外侵，率全家29人殉难；国家派兵点将，收复新疆有先锋谭上连；保卫西藏有虎将谭冠三。他们不计功名，恪尽职守；背井离乡，无怨无悔。埋骨何需桑梓地，死后他们连尸骨都献给了祖国西北那片苍茫的大地。

刘揆一、刘道一兄弟双双反封建，双双为道义献身。

聂缉椝、聂云台父子两代学科学，办工厂，实业兴邦。

衡阳男子顶天立地；衡阳女子也不让须眉。

第一个在东方争取女权，喊出“男女平等”口号的是衡阳女将唐群英。她智勇双全、文武兼备，北伐时，是女子敢死队队长；返湘后，办过五种报纸，十所学堂。

第一个跑进奥运会的中国女子田径运动员是衡阳妹子李森。

朱德总司令的前妻湘衡女杰伍若兰能双手使枪，为保护毛泽东、朱德、陈毅等人脱险而被捕，被反动派割下头颅悬挂于墙垛之上。

迁居台湾的衡阳才女琼瑶编写的电视剧《还珠格格》《青青河边草》《一帘幽梦》等风靡大陆。

一方水土养一方人，一方人撑起的不止是一方天。

雁到衡阳不再飞，只因衡阳可留恋。

父亲在他的手稿中写道：

衡阳山川秀美，河道纵横。南岳寿山伫其中，石鼓书院立其上，湘水、蒸水、耒水畅流千古。山滋仁者，水润智魂；山山水水，连绵无尽；智士仁人，代代传承！我为衡阳人呼，我为衡阳人歌。因为衡阳人忠于理想，矢志不渝；身体力行，九死未悔。

湘水流不息，寰宇有佳丽；石鼓传道义，鸿雁傲九天。

无论你是漂泊异乡，还是守望田园，只要你是衡阳人，你就会为我们这片天空上曾经璀璨的星辰而自豪和骄傲！

父亲逝世已经3年，我一直在翻阅父亲的遗稿，父亲也是衡阳人，我常想，在路上，他们留下足印；在前方，他们树起灯塔。当我们后起的人们看见他们高悬在我们头顶的光芒，我们当灵魂战栗，低下头颅，泣泪数行。

我们是不是缺少了点什么？理想的追求，还是血性的贲张？

3年里应朋友之约，承父亲之愿，我在闲暇之余编写了50位衡阳籍先人的故事，以饮茶叙事的方式向世人叙说：在湘水流经的地方，在大雁驻足的地方，在五岳独秀的地方，有一批了不起的人，他们让我们怀想，他们让我们鼓舞，他们让我们景仰，他们有一个共同的名字叫：衡阳人！

我又想起了朋友盛明明在一次记者招待会上呼吁：唐朝时期李白、杜甫、白居易这三位中国诗坛顶级“男高音”都曾吟诗作词歌唱衡阳，赞美衡阳，我们有什么理由不去爱我衡阳，建我衡阳，大唱衡阳呢！

我爱衡阳。

是为序。

目录

了不起的衡陽人

第一部

蔡伦·造纸有术文明新

一张白纸，好画最新最美的图画。

一张白纸，能写惊天动地的文章。

纸的使用是非常普遍的。当然，现在科技发达，有了互联网，网络传媒在很多方面更优越于纸张。但是，你能想象，没有互联网，也没有纸的世界会是个什么模样吗？

在蔡伦以前的中国，书籍大多是用竹片和木片做的，文字是用刀刻在竹简上或木简上，一刀一点、一横一刀地刻，一片竹简最多也就刻上二三十个字。这样的书显然极其笨重。刻写一部《三国演义》或《红楼梦》什么的，肯定要用火车拉几十个车皮。虽说那时也有极少书、信是写在丝绸上，但价钱又十分昂贵，根本无法普及。

在西方，纸发明以前的大多数书是用牛皮纸和羊皮纸制成的，我们看过的好莱坞大片里，都有过海盗或是牛仔及绅士、淑女用羊皮纸绘图写字的细节描叙。那些纸就是经过特殊加工的羊皮和小牛皮，它取代了希腊人、罗马人和埃及人喜欢用的纸莎草纸。牛羊皮纸和纸莎草纸也都是稀罕之物，而且造价不菲。

缺乏适当的书写材料是文化进步的一种极大的障碍。西方世界虽然有纸莎草纸，而且又有其缺陷，但是却比用木头或是竹子做的书具有无比的优越性。如果外出讲学、交流、传道，中国学者需要用车随行带上用一大堆竹子镌刻的一本书甚至几本书。可想而知，用此种材料来传播知识，沟通信息，掌管政务，是何等的艰难。

西汉时期，中国人发明了用丝絮造纸，后来又采用麻纤维造纸。我国考古工作者曾在陕西、新疆、内蒙古等地，发现西汉纸的残片。1957年5月8日，在西安灞桥砖瓦厂第二生产队的建筑工地上，又发现不少古残纸片，经过化验分析，古残纸片由大麻和少量苎麻做原料加工制成，定名为灞桥纸。这是世界上已知的最早的纤维纸。此后，1973年在甘肃的居证汉代遗址中，1978年在扶冈县的西汉墓葬钢泡里,也陆续发现了西汉纸。事实说明，早在蔡伦诞生的270多年前，中国人已发明了造纸术，但纸质极差。

而蔡伦对造纸术的改进，原料选用及推广造纸术方面所作出的杰出贡献，完全改变了这种状况。由于有了适当的书写材料，中国文化得到了迅速发展，几百年内就赶上了西方。

上个世纪，有位叫苏赫曼的前苏联大胡子学者在他的著作《造纸学》一书中指出：“中国蔡伦在1800年前发明了纸，其他任何发明对文化发展的促进，不能和纸相提并论。”

蔡伦（63－121）

蔡伦是衡阳耒阳人。出身于一个普通农民之家。从小随长辈种田。东汉永平末年也就是公元75年入宫为宦官。

当宦官虽是男生专利，但任职资格却极为残忍。首先要对自身的生殖系统进行阉割处理，随此便失去了做人的尊严、快乐、幸福和自由。常说封建社会里妇女处在受压迫的最底层，但作为男人而言的宦官，其凄惨程度更甚。割掉睾丸是对一个人在生理和心理上的双重摧残，毫无人性可言。而那年蔡伦才15岁。

当时幼年的宦官入宫后都必须习字读书识礼。孤苦伶仃却聪慧伶俐的蔡伦已无欲无求，便一门心思潜下心来学习，因成绩优异，一年后便任命为“小黄门”。“小黄门”是个职位名称，主要工作是伺候皇帝左右，也就是端茶递水，上传下达，专门负责沟通宫内外之事的通信员。如果王太妃与公主有病，也由“小黄门”代为问候。由于蔡伦机灵来事，不久便掌管文书和传达诏令。皇宫内制造金银首饰及各种御用器物，也由他负责监管。干了几年因工作勤奋业绩突出，他担任了长乐太仆，这是宦官中的高级职称，聘任后专门伺候皇太后。这样一个特殊地位使蔡伦不但能随时与皇帝接近，还能与皇后、皇太后接近，受到满朝文武的奉承。

蔡伦一生在内廷为官46年，先后因侍奉过4个幼帝、两个皇太后而职位节节上升，位尊九卿，身居列侯。

封建中国是一个农耕社会，一二千年前，也没有什么工矿企业。但皇亲国戚们用的刀枪剑戟、酒具器皿、金银首饰、日常生活用品还是有专人打造的。尚方就是皇宫里的手工业制作场，这个制作场集中了全国的能工巧匠，专门为皇宫制作这类物品。蔡伦主管尚方期间，热情高涨，勤奋用心，凡事亲力亲为，又谦虚好学。当时所造器物在质量、性能及外观上的确是精工坚密。举一个例子：蔡伦侍奉的第一个太后叫窦太后。窦太后只

蔡伦在监督造纸

比蔡伦大3岁，比蔡伦晚二年选入后宫当贵人。进宫只实习一年因漂亮非凡、秉性机敏、全心全意讨好汉章帝而被册立为皇后。过了 10 年舒心的日子，章帝死去，9岁的和帝继位。窦皇后便以太后之身份临朝听政，朝廷成了窦家天下。窦氏在朝专权，兄弟全部位居要职，横暴京师。4年之后，他们还相互勾结准备弑君篡位，结果夺权阴谋被粉碎，窦氏家族成员一一被诛杀或赐死。窦太后随葬的宝剑及一应物品，均由蔡伦“场长”设计与监制。有近代考古发掘的实物为证，蔡场长设计监制的物品堪为后世仿效。

古代造纸工序图

干一行，爱一行。

尚方令这项工作促使蔡伦对手工业技术产生兴趣，他每有空暇即闭门谢绝宾客，独自在房间揣摩物品的形状、尺寸及工艺程序，或者亲自到现场作技术调查，掌握一些手工业技术知识。他的创新精神，对发展当时金属冶炼、铸造、锻造及机械制造工艺方面起到了不小的作用。此时制造的钢刀以炒铁为料，经多次锻打后而成为百炼钢。当然，他对工艺技术的最大贡献是在造纸方面。

之前，蔡伦掌管过文书和负责传达诏令，免不了要与当年全是用竹简、木板刻写而成的文章报告与上级通知打交道。一份奏章上百斤，一份诏书也绝不比一对铁哑铃轻。翻看批阅，搬上搬下，说是文官，干的也是体力活。竹简之间还得用绳子连线串起，磨破一处绳，穿线连接更是麻烦。这给蔡伦留下了深刻的印象，恶劣的工作环境也促使了蔡伦创新欲望的勃发。

公元92年，蔡伦任尚方令后，便利用供职之便，常到乡间作坊察看。有一次他见几个养蚕的妇女在水塘边用直径三至五尺的竹篳缫丝漂絮后，手中的竹篳上留下一层薄薄的短毛丝絮。原来，古代缫丝的时候，好的蚕茧用来抽丝，次茧就用作丝棉，妇女们用竹棍敲打浮在水面竹篾席上的蚕茧，是制作丝棉的一道重要工序。蔡伦连忙喝住妇女，制止她们拍甩，跑过去轻轻地将短毛丝絮揭下来，居然柔似缣帛，手感极好。他心中一阵窃喜。少倾晾干后将丝絮平铺在桌上，又从乡间锅灶底取来墨屑，参水融合，用手指蘸水，在桌上的丝絮间比划，那一点一撇清晰可见，勉强可以用来书写。在生活中，蔡伦还发现一种苎麻纸。麻在制作的时候需要泡在水里“沤”一段时间。在水中浸泡，捶打麻，也会有一些麻丝残留在席子上，干燥后，就成了所说的麻质纤维的“纸”，这两种“纸”均表面粗糙，而且纤维组织松散，强度较差又厚薄不匀。质量十分不好，但好学好钻研的蔡伦从中大受启发，便试着收集树皮、废麻、破布、旧鱼网等原料，他先将原料全部洗涤一番，然后切碎，进而浸泡沤制。在宫廷制作场也就是蔡伦主管的尚方里，施以锉、煮、浸、捣、抄等法，反复试验。千万别小看这些方法，锉要有平台，煮要有锅鼎，浸要有水缸，捣要有槽具石臼；在最初丝纤维形成的薄层中，不断地加入其他植物纤维后，才成为有一定强度，可用于书写的纸。而这个过程加入什么纤维？加多少成分？锉、煮、浸、捣、抄等时间分别多长都有讲究，其中还得不断地更改工艺手段。蔡伦很有耐心又特别地执著认真，是货真价实地霸得蛮，耐得烦，他一而再，再而三地试验，经过近10年的努力，终于造出植物纤维纸。

公元107年，蔡伦将造纸过程、方法写成奏章，连同造出来的植物纤维纸样品，呈报汉和帝。和帝大加赞赏，下令扩大生产，全国仿效。蔡伦造纸技术很快传开。这种纸轻巧便利而不易破损，容易书写，而无需刀刻之繁重；又如丝绸之柔软而成本耗费低廉，携带方便而不似竹木简牍之杂乱。人们把这种纸称为“蔡侯纸”，一时间，全国“莫不从用焉”。蔡伦这一发明，成为中国古代的重大发明，推动了世界文化史发展的进程。

公元117年，宫内邓太后鉴于内廷所藏的经传传抄失误很多，担心谬误流传，有悖原文。再则，本朝已发明、生产了大批蔡侯纸，打下了良好的物资基础，便下令召集儒者刘珍及五经博士等人到东观一起参加校订，或誊写原文，整理成册，以传后世。并由蔡伦负责统一指挥并监典这一“希望工程”。

这里，我们顺便提提这位邓太后。

邓太后叫邓绥，公元102年被和帝册立为皇后。三年后，和帝死了，殇帝刘隆即位，邓绥便以皇太后的身份，临朝听政。第二年，殇帝又去世了。汉安帝刘佑又于107年即位。邓绥仍以皇太后身份，临朝听政20年。邓太后比蔡伦小20岁。她非常欣赏蔡伦的为人与做事。尤其对蔡伦的虚心好学，为人不卑不亢、勤于钻研更加推崇备至。这也与邓太后的家教有关。

中国画《蔡伦在造纸坊》

邓太后6岁即懂《史书》，12岁时通晓《诗经》《论语》，16岁入宫虽然位列至尊，却仍不忘读书，在后宫中与任长乐太仆的蔡伦相互交往便无法避免。在连遭和帝、殇帝两次大丧后，她治理朝政，诵读经卷，更多的是与蔡伦切磋和商讨皇亲国戚的教育问题。

在蔡伦的建议下，邓太后考虑到子孙后代的教育问题至关重要。因此她下诏书选能人组建师资队伍，蔡伦就是教师之一。而她自己则亲自监督和考试这些子弟的学业绩效。对于年纪十分幼小的子弟，邓太后又令蔡伦在民间选优，让那些既有爱心又有文化的人担任师傅一早一晚进入宫中，精心抚育和教导他们。

邓太后还把教育子弟的意义广告亲友，让亲友一同重视此事。她曾经给堂兄河南尹邓豹、越骑校尉邓康一份诏书，其中写道："我之所以把这些孩子召集在一起，给他们配备学官，是因为方今之世承袭了各代先王的弊病，世道浇漓，人心不古，滋生了奸诈虚伪的风气。《五经》的精神已经衰败或缺。所以，我才打算弘扬圣道，借以匡正世风时俗。《论语》曾云：‘饱食终日，无所用心，难矣哉！’现在皇亲国戚的后代，穿得温暖，吃的可口，坐着好车，骑着良马，却又不学无术，不识好歹，这正是招来祸败的原因。先公既以武功载于青史，又用文德教化子孙，所以才使他们能够自我约束，未触犯法网。如果能让孩子们上承祖先的鸿业，再琢磨琢磨我这份诏书的本意，那就行了。你们要勉于其事啊！”

当时，《汉书》作者班固的妹妹班昭也在皇宫中，与蔡伦是同一个战壕里的战友，她在宫中负责教导皇后以下嫔妃们读书。邓太后虽自幼饱读史书，很有才华，但仍虚心地跟从班昭学习，向她请教。班昭曾著有《女诫》七篇，实是封建时代女子的道德规范，邓太后也虚心学习，并身体力行。

有这样的领导重教督学，又有博学多才的女同事相助。蔡伦潜心学问与钻研发明工器便是很自然的事情了。

东观是洛阳宫内收藏图书及著书立学的专门场所，由蔡伦领衔率领这批学者从事校订工作，是为了向全国提供经书的标准文本。这次校订经书的工作，是朝廷提供钦定经传纸写本的开端。因为完成校订后要将所抄副本颁发给各个地方官，从而形成大规模用纸抄写儒家经典的高潮。于是，纸本书籍便成为传播文化最有力的工具。

公元121年，因受宫廷斗争牵连，蔡伦被迫饮药自杀，时年59岁。

从公元108年起，由衡阳人蔡伦发明制造的“纸”，一直沿用到现在。

“自从蔡伦时代以来的1900年间，人类再未出现过其他能够替代的东西。”“中国蔡伦发明了造纸术，传到欧洲，令人震动，可和现在把人送上月球的探索相提并论。”这是外国人对蔡伦的评价。

特别值得一提的是：蔡伦最先摸索出树皮能够造纸，更是重大的发明创造。蔡伦对造纸术的改革，新原料的开辟和新技术的推广运用，使造纸从纺织业中独立出来，这是造纸发展史上最具意义的重大转折点。

蔡伦杰出的贡献为人类文明揭开了新的篇章，蔡伦杰出的贡献也让世界了解了衡阳。

蔡公祠里的蔡伦像

蒋 琬 · 功为蜀国挽时倾

在成都的武侯祠里，供奉着诸葛亮、关羽等蜀国赫赫有名的文臣武将，其中也有我们衡阳人蒋琬的一席之地。然而，在《三国演义》中，诸葛亮频频亮相，蒋琬却寂寂无名。

说起《三国演义》，大多数人最先想到的是“桃园三结义”的刘备、关羽和张飞三兄弟；足智多谋的诸葛亮；或者是疑心重重的白脸曹操；又或者是临死前发出“既生瑜，何生亮”能一步三计却满脸无奈的白面书生郎周瑜，等等。总之，对于蒋琬，是知之者甚少了。其实，蒋琬是诸葛亮的接班人。没有蒋琬，三国中的蜀汉政权后半部历史还不知道怎么写。读过《三国》的人不应忘记蒋琬，没读过《三国》的人，应该抽空坐下来了解了解蒋琬。

蒋琬是个了不起的衡阳人！

蒋琬，出生在衡阳市祁东县砖塘村，生于公元168年。168，听起来这个数字不错，现代人选车牌号、手机号都喜欢这个数，可那时正是东汉末年的动乱之世，奸臣作乱，社会动荡，诸侯蜂起，国衰民穷。小时候，蒋琬家境贫寒，除了几亩薄田勉强有点收成外，还得靠父亲为有钱人家做苦工才能维持一家人的生计。

到了上学年龄，蒋琬处在一班孩子中间，平日里显得静默、笨拙，十分普通。但只要他开口，身边就有“粉丝”；只要他做事，便成了一班少年的老大。史书有过这样的记载：他嗓音健壮如骡马，文章精致如战车，机智好比防御的盔甲，所向披靡。当时的私塾先生非常欣赏他，教文习字外，还教他做人的道理，甚至救国的谋略和治国的方法。他曾扶着蒋琬的脑袋告诫道：“你天生有副将相，不能有太多的敏感和温柔，遇事切勿口若悬河。你要多想事多干事，要成为行动的巨人。”也不知蒋琬是否将这些话听了进去，但立志干一番事业的志向却从此在蒋琬的心中扎下了根。

蒋琬(168－246)

公元184年，黄巾起义爆发。之后，年轻的蒋琬踏上了救国之路，他一路游说，倡导人们救国，但没人听信，宣传工作很不到位。这还真应了他老师的那句话，要少说多做，要成为“行动的巨人”。但他却还只是动嘴不动手，是行动的矮子，语言的巨人。最后，沮丧的蒋琬来到了荆州，遇到了刘备。这真是一个历史性的会面！

中国有句古话叫做：英雄见了英雄爱，虎豹见了虎豹欢。刘备和蒋琬的见面，堪称俞伯牙遇见了钟子期，自然惺惺相惜，相见恨晚，两人彻夜长谈，发现彼此都是自己需要的人。蒋琬一拍胸脯：“哥们，咱就跟你干了！”从此，蒋琬就随刘备东征西讨，为蜀汉政权而奋斗。后来，在众多人的团结协作努力拼搏下，刘备终于占领了荆州城。但是，这时候的蒋琬才能还没有发挥出来，依然默默无闻。

公元204年，36岁的蒋琬以“佐使”的身份随刘备入川。佐就是“辅佐、辅助”的意思。佐使就相当于现在的智囊团里的人物。在四川，蒋琬与当时的地方首长刘璋手下的官员经常交往，了解官臣们的心态，彼此相处也还安稳。但依旧风平浪静，波纹不起。

建安十六年（211）时，益州牧刘璋派遣使者赶赴荆州，目的是为了迎接刘备击退张鲁。这时的蒋琬相当于一个副营长，他率部只用一个月的时间便攻占涪县，也就是现在的绵阳。这一仗，打出了名堂，打出了亮点，让想成为“巨人”的蒋琬找到了行动的起点，搭起了施展才华的平台。占领涪县后，成了副营级干部，这是蒋琬的第一次亮剑。这一仗之后刘备势力日益强大，而蒋琬的事业，也随之蒸蒸日上，前途无量，他离实现自己年轻时梦想与愿望的目标似乎越来越近了。

是金子总会发光的，蒋琬的机会终于来了。

蜀汉政权建立后，蒋琬担任广都（今四川双流县）长，也就是一个县官之职。对于组织上的这种安排，蒋琬深感屈才。蒋琬不服气的原因有很多：论武功，虽不及五虎大将，但涪县一战，证明了自己的军事才能；论文韬，离诸葛亮、刘巴有一段距离，但我与你刘备有过几夜长谈，彼此心灵相通，又辅佐你入川也算得上高参一个。原本跟着你是想治国，到头来却安排我管理一个小县，实在是看不起人而浪费人才。于是便众事不理，终日醉酒。

这一天，刘备出巡到广都，蒋琬正烂醉如泥，无法前往迎接。刘备见此情景，勃然大怒，正准备加以严厉的处罚。一旁的军师诸葛亮却劝说道：“蒋琬是治理国家的干才，而不是管理百里之地的小才。现在的主要任务是稳定军心，而不是惩治将帅。他是有点不注重日常礼节，我们可以慢慢调教、考察嘛。再者，他为政以安民为根本，不喜欢搞表面工夫，不搞形象工程。希望主公再次考虑。”刘备尊重诸葛亮的意见，只给了个免除职务，留军察看，以观后效的处分。蒋琬好歹没有脱掉军装转业到地方。

据《三国志》记载：那天晚上，免职后的蒋琬作了一个梦。他梦见一牛头挂在门前血流淋漓。他十分烦恼，叫来一个会解梦的赵直先生来问因由。赵直说：“既然看见血，就事理分明了。牛头上最显眼的牛角与牛鼻，是“公”字的形象，这说明昨天丢的是小职，今后你的官位会到公侯级别。这是大吉的征兆呵。”

梦归梦，现实归现实。

这件事至少给我们两点启发：一是你若怀才不遇但不能拿本职工作撒气，以此醉酒就更加坏事，既一日为官，便要注意细节，否则实现人生目标便会大打折扣。二是千里马还需伯乐识。想一想，蒋琬的私塾老师只是给他启了个蒙，而诸葛亮才真正是蒋琬人生道路上的贵人与名师。

蒋琬与诸葛亮在商议退敌计策（连环画）

刘氏江山好景不长，刘备在关羽败走麦城死后，不顾诸葛亮及大臣的劝告与反对，一意孤行，非要攻打孙权为关羽报仇，结果被火烧连营，损失惨重，蜀汉由此开始走下坡路。后来刘备在永安（今重庆奉节县东）逝世。刘备死后，国中一切事务都由诸葛亮承担，事无巨细，他都亲力亲为，从而身疲力竭。公元225年春，诸葛亮率军南攻。前方进攻需要后方保障，这诸葛亮一走，后方的管理就显得人才不足，怎么办？诸葛亮向刘禅着力推荐了经过多年磨砺的军官蒋琬，让正担任旅团长的参军蒋琬主持丞相府。

但蒋琬反倒谦虚起来，他坚持将职务让给刘邕、阴化、庞延、廖淳等人。诸葛亮便语重心长地指出："考虑到你远离亲人，却一心出来干事业造福百姓。如果你不接受大家的推荐，大家反而于心不安。而且还会使周围的同事不能理解。所以，你应显明自己是因功劳而被举荐，高高兴兴上任，以此来表明这次大家推荐的清正慎重。"

这实在是一次公正的推荐，一个英明的决策。为什么这么说呢？

因为蒋琬一旦得到重用，其才智便充分得到了发挥，蒋琬致用的文韬武略，使他成了诸葛亮的的得力助手。

公元227年3月，诸葛亮率军进驻汉中，将蒋琬留在府中，专门负责后勤物流工作，蒋琬不负众望，制订保障供给方案，货源筹备、仓库安检、车辆调配均亲自督促检查，还时时不忘落实细节。前方军队步步推进，后方供给足食足兵，全力保障军队北伐，深得诸葛亮器重。

他的努力也使他的职务芝麻开花节节高。公元230年，蒋琬便代张裔为丞相留府长吏（军师）。公元234年，诸葛亮再度北伐，率军与司马懿对峙五丈原，最终病倒在北伐前线五丈原。在生命的最后时刻，诸葛亮干了两件事。

一是四处找人谈话，给蒋琬作舆论宣传。他说："公琰托志忠雅。"

什么意思呢？公琰是蒋琬的字。意思是蒋琬的志向，既忠贞又高雅，是一位可以和我一起共同辅佐皇上成就大业的人。

二是他秘密上书给后主刘禅，书中说：“臣宜不幸，后事宜以付琬。”就是说我病逝后，国家大事应托付给蒋琬。

足智多谋、阅人无数的诸葛亮能推荐蒋琬作为自己的接班人，肯定有其多方面的因素。最重要一点，他就看中了蒋琬的领袖风范。对此，蒋琬就真的名副其实吗？

古往今来，多有这样一类人：就个体而言，才能超群，但心胸狭隘，不能容物容人，缺乏凝聚力，因而就群体而言，其才干很难发挥积极作用。这样的人虽然是人才，但不是大才，不是领袖之才。蒋琬胸怀宽广，谦恭和顺，容物容人，具有不同寻常的领袖气质。陈寿《三国志·蒋琬传》载：诸葛亮很早就看好蒋琬，向刘备举荐说：“蒋琬，社稷之器，非百里之才也。”意思是蒋琬才能很高。

事实上，诸葛亮病逝五丈原后，魏、吴两国虎视眈眈，蜀汉国力脆弱，人心浮动不安。在此危难之时，堪当重任的最佳人选正是蒋琬。《三国志·蒋琬传》说：“琬出类拔萃，处群僚之右，既无戚容，又无喜色，神守举止，有如平日，由是众望渐服。”蒋琬继诸葛亮之后之所以能成为蜀汉众望所归的执政者来支撑大局，同他的个人魅力密不可分。他不卑不亢，待人宽厚，处事冷静，善于团结同僚。

在这里，我讲个“三杨”的故事。这3个姓杨的都是蒋琬的同僚与部下。第一个部下叫杨戏。他对上司不愿曲意逢承、阿谀拍马，既即是蒋琬同他谈论，他也一脸严肃常常默然不答。于是，有人便向蒋琬进谗言，说杨戏轻慢上司。蒋琬不仅不怨恨杨戏，反而认为杨戏是个快人、直人而予以肯定。第二个部下叫杨敏。他曾背着蒋琬私下里批评蒋琬做事糊涂，能力有限，赶不上前任领导诸葛亮。有好事者将这话转告蒋琬，蒋琬十分平静地说：“吾实不如前人，无可推也。”意思很简单，就是说我确实赶不上诸葛亮。后来，杨敏犯罪下狱，大家都觉得杨敏必死无疑，谁知蒋琬依法秉公处理此案，使杨敏得免重罪。

可惜这几条史实却没有被大作家罗贯中采入《三国演义》中，致使蒋琬的美德未能得到充分的表现。不过，《三国演义》对蒋琬豁达大度的胸怀还是有所描写和肯定的，一个典型的例子是对杨仪的处罚。

杨仪很有才干，建兴三年就被诸葛亮任为参军。南征北战，颇有政绩。但他又是个狷狭自私的小人。小说第105回说,诸葛亮死后，杨仪因自觉才能超拔，认为自己平定魏延造反属于功高盖世，理应继任诸葛亮之职。没料到诸葛亮选定的接班人是蒋琬，于是杨仪摆起资格发牢骚：“老子比蒋琬先为官，现在却位于他之下。丞相诸葛亮刚刚逝世的时候，我要是将全部军力投降魏国，也不至于今天这么寂寞了！”说出这样的话，自然令“后主大怒，命将杨仪下狱勘问，欲斩之。”但宽厚的蒋琬不但没有记恨而落井下石，反过来还替杨仪说情:“杨仪虽然有罪，但是以前跟随丞相东奔西走，南征北战，立下了很多功劳，请求皇上别杀他，可以将他废为庶人以示警戒。”

正是由于蒋琬的虚怀若谷，加之善于化解矛盾，使得他在当政的10多年中，蜀汉上下齐心，百官勤勉，政治清明，民风纯良。你看他，对杨戏，肯定他的优秀品德；对杨敏，不计较他对自己的批评；对杨仪则是实事求是奖罚分明，这充分显示了蒋琬深具魅力的领袖素质。

作为蜀汉后期的中流砥柱，蒋琬的声望不仅仅建立在优秀的人格品质上，更是建立在他精明干练、沉着稳健的政治才能上。

罗贯中的《三国演义》尽管对蒋琬的描写十分简略，但蒋琬精明干练的办事作风和处险不惊的应变能力依然得到了形象的再现。第98回写东吴孙权继曹魏、蜀汉之后称帝，派使者赴成都通报情况，并向后主表示愿与蜀汉建立同盟以抗曹魏。这个时候，诸葛亮不在成都。成都君臣就反复“商议”了，一致认为“孙权僭逆，宜绝其盟好”。也就是说当今世界，我们刘氏集团才是正统，异姓王孙权称帝就是越礼犯上，决不要跟其结成联盟。唯独蒋琬不赞同与东吴绝交。为什么呢？蒋琬的理由是：绝交只能

文化旅游景点——蒋琬墓大门

使东吴反目为仇，对蜀汉相当不利。但投反对票的只有蒋琬一票，毕竟孤掌难鸣呀，于是他想到了远在汉中的诸葛亮。因为诸葛亮称得上是蜀汉的精神领袖，他的意见能起到决定性的作用。于是，蒋琬向后主建议："可令人问于丞相"。询问的结果是诸葛亮与蒋琬不谋而合，从而避免了一次吴蜀危机，足见蒋琬的精明和老练。

第105回写诸葛亮刚死，蜀中举国上下人心震悚，大有倒了擎天柱的感觉。而就在这时，有探报说东吴的大将全琮引兵数万驻扎于边境地区，对蜀汉似乎虎视眈眈。这对于蜀汉来说无疑是雪上加霜。在这危急时刻，蒋琬沉着冷静地估量形势，在不明对方真实意图的情况下，他提出做两手准备：一方面派大军去守卫边疆，人不犯我，我不犯人；另一方面，派人去东吴报丧，看东吴的反应。结果很快消除了东吴君臣的觊觎心理，使孙权折箭为誓："我决不背信弃义，否则断子绝孙！"蒋琬面对突发事件，处变不惊，从容措置，充分显示了他善于应变的大将之才。

蒋琬德才兼备，卓尔不凡。但是，《三国演义》没有把蒋琬作为重要人物来加以刻画，我个人觉得是两个原因所致。

一、世俗偏见。在许多读者看来，蒋琬是一个二流谋臣而不是什么重要人物，更不要说是军事家了。客观公正地讲，历史上蒋琬没有具体指挥过一场重大战役，但他英明的战略思想对蜀汉政权的巩固和发展起到了关键性作用。比如他曾经就以极大的勇气果断修正过诸葛亮的北伐战略，改变"无岁不征"的局面。什么叫"无岁不征"？就是没有哪年不打仗，年年征讨，年年北伐。而蒋琬接手后，推行道家"贵柔"、"守静"的战略思想，以守边为本，以静制敌。为节省财力、物力和人力，将北伐大本营由汉中迁往涪县，将汉中作为北伐基地。在经济上，大力发展农业生产，减轻赋税，使老百姓休养生息。用现在的话说，就是以安定为本，以经济建设为中心，稳定压倒一切。事实证明，蒋琬从实际出发，实施"贵柔、守静"的战略决策给蜀汉带来了生机。这点，在书中没有浓墨重彩去展开，也导致了世人的偏见。

二、作品取向。《三国演义》以军事为重心，那么，作品的精彩与重点也就是那一例例各具特色的大小战役了。据统计，全书中共有40多次战役，重要的有官渡之战、赤壁之战，六出祁山、七擒孟获等著名战役。在这种状况下，蜀汉政治集团中的诸葛亮以及后来的姜维所领导的北伐，自然就成为作品一再上演的重头戏。如此以来，蜀汉政权中留守后方、治理内政、提供军需的蒋琬就由台前退至幕后了。

公元245年闰月，漂亮阻击曹军后，蒋琬因操劳过度，身体健康情况每况愈下。

蒋琬自知时日不多，为了蜀国事业，他坚持将益州刺史一职让贤于大将军费祎，同时推荐董允加辅国将军代理尚书令。公元247年， 蒋琬因劳累过度，病逝于涪城。人们以丞相之礼将他就地安葬。后主刘禅追封其谥号为“恭”，后人称“蒋恭侯”，在他的墓前刻有一副对联赞扬蒋琬：一生只为天下统，只手难将大天补。

蒋琬死后，费祎、姜维接替职务，继续伐魏，终因国小力弱而失败。公元268年，蜀汉政权被灭，这时蒋琬已逝世21年，司马师于墓前参拜蒋琬，称为“忠心双全，虽才能不比诸葛，功不及五虎，但为蜀汉持续发展做贡献，也可谓功勋卓越”。

后来，魏国大将钟会也于坟前祭拜。

人们不会忘记，正是这个人在诸葛亮焦头烂额之际，挺身而出，力挽狂澜，辅佐诸葛亮两次北伐，保卫了蜀国的半壁江山。

他从小满怀以身许国的志向，经历数十年的磨砺与考验，从一个父亲以做苦工换钱来读书的穷小子成为国家的栋梁。

他身居高位，却廉政清明，掌管一个国家的后勤供给与整个军队的物流，没有贪过污、受过贿，虽然生活清贫，却从未滥用手中的权力，在贫寒中始终坚持了自己的操守。

他不畏时事艰难与风险，在国家最危难之时挺身而出，身怀绝症却顽强工作，承担天下兴亡之责。

他是光明磊落地走完了自己的一生。

今天，在祁东县的砖塘村，还能找到1000多年前的古迹，在出土的一块石碑上，刻有“蒋侯故里”四个字。“蒋侯”就是蒋琬，他是衡阳人真正的骄傲与自豪。

汉大司马蒋恭侯之墓

刘 巴·一代怪杰名千古

刘巴，字子初，衡阳县渣江人。祖父刘曜，官至苍梧太守（今广西梧州地区，太守为州郡最高行政长官，相当于现在的市一级干部），治政有方。父亲刘祥也担任过荡寇将军、江夏太守。刘巴“少知名”，即年轻的时候便有了名气，曾为蜀汉左将军（既左翼部队司令），继而当尚书，连连擢升，刘巴的胆略才识，令诸葛亮非常赞赏。

刘巴少年时，便以他的孤傲、倔犟、清高、内向，虽才华横溢却不愿轻易屈身他人而闻名乡里。十六七岁时，他的父亲江夏太守刘祥，因受南阳太守张咨不发军粮讨伐董卓之事的牵累，而被士民怨恨指责。

这还真不能怪南阳的百姓。当时，孙坚顺民意讨伐董卓，南阳太守居然不给正义之师发放军粮，不保障后勤供给，以致影响军心，贻误战机，使张咨被孙坚砍了脑壳。而江夏太守刘祥与南阳太守是一个鼻孔出气，同样没有给讨伐作战部队筹集钱饷，犯的是同一个错误，却能保住脑袋继续吃饭，与南阳太守的“最终待遇”不一样，而且得意洋洋。这就惹恼了南阳士民。

于是群情激奋，举兵攻之，刘祥战败而亡。时任荆州牧的刘表也因为素来讨厌刘祥而双方交恶，关系很僵。加上小小刘巴还多次拒绝到他麾下任职，于是便起了歹意。一次他派人拘捕了刘巴，暗中又唆使他父亲刘祥原来的亲信多次向刘巴通风报信说："刘表想杀掉你，不如随我一起逃生吧。"只要少年刘巴贪生怕死动了这个逃跑的念头，刘表就可借逃狱之罪将其杀掉，借此斩断刘祥家这根独苗。

说起来，刘表在一少年身上机关算尽也是很阴险很毒辣的了。可偏偏这位少年在"引蛇出洞"的奸计面前不为所动，反而视死如归。刘巴赫然宣称："我乃无罪入狱，也应宣布无罪而释。堂堂君子，岂可惶惶逃命，胆小如斯！"刘表听了，吃惊不小，摄于这毛孩子的"怪劲"，不久就将他放了。由此，刘巴声名大振。18岁时，便被郡守请去做了户曹史主簿。相当于派出所专管户籍的主管。

之后，三国鼎立，战火迭起，霸主们纷纷招贤纳叛，图谋大业。

谁要想干一番事业，谁就要筑巢引凤，广招人才。

重视人才、使用人才、发挥人才作用的"人才战"早在几千年前的中国古代就开始了。

刘备到荆州后，因敬慕刘巴的才气，特遣外甥周不疑当"猎头"并带了他的亲笔信去拜刘巴为师，然而刘巴不图虚名，当即回信刘备，婉言谢绝。他依然闭馆深造，潇洒自得。

刘巴(184－222)

曹操征伐荆州，刘备就直奔江南。荆州地方的人士舍不得刘备离开，纷纷跟随刘备前往。独有刘巴不愿随波逐流，依然故我。结果反被曹操看中，邀于帐下，任他要职，委他重任，请他往零陵、长沙、桂阳三郡，招降刘表残部。刘巴权衡利弊后说："刘备久据荆州，湘南一带势力雄厚，现在去这些地方招降刘表残部，恐怕不是时候！"曹操自信地说："可以去，刘备如果想对你下手，我以六军协助。有重兵作你的后盾，还怕不成功吗？”刘巴考虑良久，终于答应。

谁料乌林一战，曹操大败，只得引兵北归。刘巴劝降刘表残部的计划也随之告吹，但他念及曹操知遇之恩，仍打算经交州（他父亲做太守的地方）转道京师，去向曹操复命。恰逢诸葛亮此时在衡阳（古称临蒸）催缴税赋，神机妙算、满腹经纶的诸葛亮也十分敬重刘巴的才学，他得知刘巴只身飘零他乡，于是，一桩有趣的事情发生了。

诸葛亮想起当年刘备三顾茅庐请自己出山相助，与刘备纵论天下形势，提出先占领荆州，然后攻取益州。东联孙权，南和诸戎，北拒曹操，与魏、吴鼎足而立。然后北伐中原，匡复汉室。

现在匡复汉室更需要刘巴这样的人才，我何不效仿老板刘备也来个三顾茅庐请刘巴呢？

于是诸葛亮沐浴更衣来到衡阳渣江，刘巴却已外出。这第一“顾”便碰上了个铁将军把门。第二次去渣江，邻居说，刘巴在蒸水河畔钓鱼。寻至河边，见有三四起人在垂钓，诸葛亮并不认识刘巴，只得逐一问去。那被问的第一个人正是刘巴，他却回答，我是刘巴的朋友，他今天钓到两条鲤鱼，三斤刁子，已经返回。诸葛亮听罢，只得悻悻而去。

第三次访刘巴，半道上见一算命先生正在为人测卦，诸葛亮凑将上去，见那算命先生正对人群大发感慨，指责刘备、孙权造反实属大逆不道。

诸葛亮当即驳斥：“曹操托名汉相，实为汉贼。挟天子以令诸侯，久怀篡逆之心，人人得而诛之，刘豫州是景帝玄孙，起义师除叛逆，应天顺人，何谓逆命？”

那算命先生也不争辩，便匆匆走了，诸葛亮事后才知，那算命先生就是刘巴。这小子居然还化了装！三次登门拜访均无效果，诸葛亮毫不灰心，他思忖良久，便写信劝刘巴一起辅佐刘备，共建大业。而刘巴仍不改初衷，回信道：“本人此次历尽艰辛，方得入荆州，下三郡。经过深入观察，这里的民众都倾向正义，归附刘汉。这是人心所向，物性所顺，不是我用计谋所能劝动的。既然如今道穷数尽，我也只能远走高飞，托身沧海。从此，再不提这劝降荆州之事了。”

这封信肯定了刘备的作为与民意所在，又哀叹于曹操运气不够而自己无可奈何只能托志四方的窘境。心襟坦荡，客观实在。诸葛亮见信，十分感动，愈发敬重他的才华人品。他再次去信，劝刘巴道：“刘公（刘备）雄才盖世，据有荆土，诚如你所说，莫不归德。你还想到什么地方去呢？

刘巴感激诸葛亮的一片真诚，诚恳回信道：“你的心意很好，我很感谢，但我受曹公之托，不能有始无终。理当回去交差，千金难买一诺，足下何必使我作难啊！”

君子一言，驷马难追。千金难买一诺，仅刘巴讲诚信一事便足可以为后世立碑。

此语既出，诸葛亮也不好再强人所难。只得恋恋作别，希望后会有期。诸葛亮终于没能见到刘巴。

刘备得知此事，十分惋惜，他当着众将，对天叹道：“这小子的才智与品德确不是一般人所能比得啊。”由此对刘巴更加钦敬，既然强扭的瓜不会甜，只得作罢。

刘巴去了哪里呢？据《三国志》本传记载：刘巴复入交趾（今广西）更姓为张。因与交趾太守政论不合，又一路跋涉，达益州。刚刚住下，便被益州郡太守拘留。这个太守十分嫉才，又看不惯刘巴的清高与傲慢，准备杀掉他，却被手下的主簿劝住了。主簿说，他既然目中无人，就把他送给益州牧刘璋吧。这位主簿更加阴毒，他用的是借刀杀人之计。

“牧”就是这个州的最高行政长官。三国时益州的地盘很大，包括现在的四川省、重庆市全境，还有陕西的南部，云南的西北部。刘璋的父亲刘焉过去也是益州牧，还曾被刘巴父亲推举为“孝廉”，父子两代都感恩不尽。此番刘璋见到刘巴，自是惊喜异常，热情款待，再三挽留，随即委以重任。

此时群雄争霸最为激烈，刘巴找曹操不着，只得暂居刘璋幕下，再图打算。而刘璋对刘巴非常器重，每遇大事必登门求教。岂料益州的官员张松、法正等人忌贤妒能，唯恐刘巴得势，故向刘璋大进谗言，挑拨离间千方百计诋毁刘巴。那刘璋并非精明、强悍之辈，谎言听得多了，则渐渐昏庸，与小人为伍，玩弄平衡，不辨贤愚，于是渐渐疏远了刘巴。刘巴看在世交份上，不计个人荣辱，仍然全心相佐。但终究无法施展自己的才华。

说实话，心高气傲的才子往往都毁在拨弄是非的小人手里。

不久，刘璋身边那些秘书、参谋与几个酒肉朋友，极力怂恿刘璋迎刘备入川。刘巴却谏道：“刘备是个英雄，志在夺取天下。你如果引他入川，对主公并非大利！”但刘璋不听劝告，仍照法正等人的主意行事。刘巴苦谏无效，只得闷闷不乐。刘备进入西川边界之地葭明关后，甚得民心。刘璋仍丝毫不疑。刘备为能尽快一统天下，又与军师庞统拟订了一条妙计，扬言要回兵荆州，讨伐张鲁，并会同孙权破曹操，希望刘璋体谅同宗之谊，速发精兵三四万、军粮10万斛相助。刘璋见信后，犹豫不决，便召集左右僚属商议。有人道："刘备自入川以来，广布恩德，遍收民心，其意甚是不善。今求军马钱粮，切不可与。如若相助，是以薪助火。"

网络游戏里的刘巴像造型

刘璋摇头道："我与刘备有兄弟之情，岂可不助？"

刘巴见其执迷不悟，非常焦急，泣血谏道："刘备枭雄，久留于蜀而不遣，是引虎入室！今更助之以军马钱粮，何异为虎添翼呢？"

刘璋仍将他的话当耳边风。待到刘备扫平张鲁，去除后患，继而挥师围攻成都时，刘璋才后悔不迭，气倒城上。醒来后，见大势已去，没奈何，只得满面羞惭地召集刘巴等人商议。欲投降刘备，刘巴极力谏阻。

刘备获得这一信息，心里便打翻了五味瓶，不知是个啥滋味。小兔崽子刘巴不仅不肯归顺自己，反而还一再出歪点子与自己作对，不由得对刘巴产生了满腹怨恨。但刘备往深处一想，刘巴又错在哪里呢？他过去拿曹操的钱，替曹操办事；他现在拿刘璋的俸禄，当然要为刘璋出谋划策。一仆不事二主，说明他忠心耿耿、敬岗爱业啊！而且他还总是有理，是他们的领导听不进他的意见啊！如果这小子能帮我打天下该多好啊！爱才之心始终占了上风，这导致刘备左右为难，在刘巴的问题处理上一直犹豫不决，好在诸葛亮三番五次也为刘巴说情，辞真意切，劝他从长计议，以江山社稷为重。刘备将心比心，便冰释前嫌，不但不记恨刘巴，反而再次认定刘巴是不可多得的忠义之士，且名不虚传。于是，他在部署好攻城围剿工作后又特别加上一条命令传令三军："城破之日，如有杀害刘巴者，吾必灭其三族。"

成都攻克后，全城降官鱼贯而出，手捧香花灯烛，迎接刘备。胜者王侯败者寇，谁叫自己打不赢呢。

刘备来到大殿，升堂坐定。郡内大小官员，皆拜于堂下，唯刘巴闭门不出。这就惹恼了一批拍马屁的将领，纷纷拱手或跪拜申请前往刘宅提取刘巴首级以谢天下。刘备却重申过去的命令，不许对刘巴有任何不敬的行为，并整衣理冠，亲自登门，问候刘巴，求教安国定邦之计，恳请刘巴出山相佐。想当初，刘备三顾茅庐，方请得诸葛亮出山；而今对刘巴，真可谓四顾五顾了。由此可知刘备纳贤爱才之心，也足见刘巴性格之怪，品格之奇。刘巴见刘备如此谦逊虔诚，方知民心为何倾向于他，一股敬慕之情油然而生。诸葛亮连忙趁热打铁，力陈刘备的种种好处。刘巴联想自己半世坎坷，怀才不遇，今见刘备确为仁义君子，终于答应为刘备创业助一臂之力。刘备大喜，当即任命他为左将军。

是时，刘巴才气遍传三军，其性格之“怪癖”亦无人不晓。一日，刘备结义兄弟张飞冒冒失失进了刘巴的帐篷，要与刘巴同宿，意在与他交个朋友。刘巴嫌他鲁莽，不打招呼，便擅入私人空间，窥探隐私，实在是斯文扫地，对此极为反感，于是沉下脸去不理不睬。张飞几次挑起话题，都吃了闭门羹。张飞讨了个没趣，怏怏而归，并因此忿忿不平。诸葛亮知道后，劝刘巴道：“张飞虽是个武士，但他粗中有细，因敬慕你的文才，才特意赶来与你交朋友，这确是难得的。眼下主公欲建大业，遍结天下文武。你虽天性高洁，但也宜顾全大局啊！”刘巴反辩道：“大丈夫处世，交朋友也要交四海贤达能人，我与一介武夫有什么共同语言呢？高山只能与高山对话，高山岂能与低谷沟通？”

据说吴国统帅孙权听闻此事后抚掌大笑，连声赞道：“如果想叫刘巴见人说人话，见鬼说鬼话，专门讨刘备欢心，那就不是高明之人刘巴了。”

刘备则不然，听了此事，如鲠在喉。当即与诸葛亮道：“这段时间，我为削平天下群雄，恢复汉室江山，可谓呕心沥血。而子初却专门与我捣乱。莫非他仍然惦念着北方的曹操？今逗留成都，是为权宜之策？……就凭他对我兄弟的态度，能诚心助我成大业吗？”又自叹道：“此人才智绝伦，也只有像我这样的人，才能了解他，任用他，别人则不可能。”

诸葛亮听后，诚恳地劝道：“若论运筹于帷幄之中，我远远不如刘巴；而拿着鼓槌在阵前击鼓助战，使士兵百姓英勇杀敌，我还可以同他比一比。”

刘备听后，面壁而立，思前想后，自己也无计可施，只得依照军师之言，继续信任刘巴。

刘巴果然不负众望，出谋划策，屡立新功。比如当初刘备围攻成都时，曾在城下与众将士订约：“攻下成都，所有府库财帛，允许摄取，不加干涉。”结果成都城攻破后，众将士都去府库劫取宝物，造成刘氏大军军需不足，守城日艰，刘备后悔不迭，不知如何是好，参谋们也束手无策策。刘巴道："此事容易，只要主公令有司复铸'五铢钱'，设官市，平定物价，大力收购剩余物资，不需多久，府库就充实了。"

一席话说得刘备笑逐颜开，传令照办，很快就使府库充盈，满足了军需。

建安二十四年（219），刘备为汉中王，提升刘巴为尚书。后刘备称帝，刘巴代法正为尚书令。其职务是主管皇帝设在宫内的秘书处，很有实权，可以批驳三公九卿的奏章。相当于现在的国务院秘书长。

刘巴身居要职，但他照样青衣素服，粗茶淡饭，到老仍然无产无业，两袖清风。宦海多浪，人情冷暖，令他厌倦，从此他谢绝来客，闭门读书，深居简出。

章武二年（222），刘巴因病逝世。一代怪杰从此魂断音绝，而他的品格才华，却为人所称道。魏、蜀、吴三国的君臣都纷纷撰文题诗追念他。赞誉之辞，载之史册。

网络游戏《三国演义》里的刘、关、张造型

欧阳询·正书第一著风流

楷书，也叫真书、正书，是由隶书演化出来的一种规范化书体。因其字体方正、笔画平直、章法规整，被视为字体的“楷模”，故以此为名。它始于汉末，盛行于魏晋南北朝，大昌于唐代。楷书有魏碑、唐楷、小楷之分。魏碑指北魏的碑志造像等刻石文字，是南北朝时期书法作品的代表，为唐代楷书的兴盛奠定了基础。至唐时，楷书发展到顶峰成为官方文书和科举考试所采用的正式文体。

中国汉字（方块字）的魅力应以楷书为尊。

中国汉字楷书四大家为：欧阳询、颜真卿、柳公权、赵孟頫。

2007年11月，中国邮票总公司发行了一套《中国古代书法楷书》的邮票，全套共6枚，其中第3枚便是欧阳询的作品《九成宫醴泉铭》。

如果以出生地定籍贯，欧阳询就是衡阳人。因为依据《陈书》卷一本《高祖》上有关记录推论，欧阳询出生时，他爷爷欧阳頠（wěi）在衡州任刺史，他的父亲欧阳纥正跟随爷爷在此当兵。《唐代书法家年谱》也考证：欧阳頠在衡阳当行政一把手已经很多年了（頠之牧衡，盖有年矣），以欧阳纥参军便随部队一起讨伐岭南土匪来推断，欧阳询应当生于衡阳。

欧阳询饱读诗书，聪敏勤学，阅读能力特别强，是那种少有的可一目观十行的人。他少年时博览古今，精通《史记》《汉书》和《东观汉记》，还特别爱好书法，几乎达到痴迷的程度。欧阳询练习书法最初是效仿王羲之、王献之，后吸收汉隶和魏晋以来的楷法，又另创新意，独辟蹊径自成一家。

他的书法成就以楷书为最，笔力险劲、瘦硬，结构独异，意态精密俊逸，后人称为“欧体”。其源出于汉隶，骨气劲峭，法度谨严，于平正中见险绝，于规矩中见飘逸，笔画穿插，安排妥贴。楷书以《九成宫醴泉铭》帖等，行书以《梦奠》帖、《张翰思鲈》帖等为最著名。

他的楷书无论用笔、结体都有十分严格的程式，最便于初学者临摹、习仿。后人所传“欧阳结体三十六法”就是从他的楷书归纳出来的结字规律和方法。他的行楷书《张翰思鲈》帖体势纵长，笔力劲健。墨迹传世，尤为宝贵。欧阳询的儿子欧阳通，又得到了父亲的真传，也写得一首好字。父子均名声著于书坛，被称为“大小欧阳”。小欧阳《道因法师碑》，隶意更浓，然而锋颖过露，含蓄处不及其父。

欧阳询（557–641）

欧阳询的正楷字在唐代便被习作书法者奉为圭臬。到了宋朝《宣和书谱》中则赞誉其正楷字为“翰墨之冠”。其实，欧阳询的书法早在隋朝就已声名鹊起，远扬海外。进入唐朝，更是人书俱老，炉火纯青。但欧阳询自己却并不满足于已经取得的成就，依然读碑临帖，精益求精。

有一次，欧阳询外出游览，在道旁见到一块西晋书法家索靖所写的章草石碑，瞄了几眼，感觉章草笔画、间架结构很普通很一般。随即前行，稍走片刻，那碑上之字仍在眼前晃荡，居然挥之不去。

欧阳询转念一想，不对呀，后世如此推崇索靖，誉为一代书家，那么他的书法定会有自己的特色。匆匆一瞥，岂不马虎草率？应探个水落石出才是。

于是，欧阳询返回原处，伫立碑前，反复地观看了几遍并仔细揣摩，才发现了其中精深绝妙之处。这一下，欲罢不能，他干脆返回家中，从房里带上一应家什，再次坐卧于石碑旁模仿、比划、推究，一不留神竟达三天三夜之久。

功夫不负有心人，欧阳询终于领悟到索靖书法用笔的精神所在，他欣喜若狂，回家后反复琢磨、临帖、书写，因而使自己的书法亦更臻完美。

史书上还有一段很有意思的记载，衡阳人欧阳询的长相与他的书法作品恰恰相反，五官很无章法，很不漂亮。当时，唐朝一位叫长孙无忌的官员为取笑他还专门写了一首打油诗，称他为“猕猴”，可见他的长相极为“不出众”。可怜欧阳询先生年少时极少出门，但他的书法却誉满全球，名扬四海。人人都争着想得到他亲笔书写的尺牍文字，一旦求到就视为瑰宝，作为读书人习字的范本。唐朝武德年间，高丽国（今朝鲜）特地派使者来长安求取欧阳询的书法作品，唐高祖李渊感叹道：“没想到欧阳询的名气在外连远方的夷狄都知道。他们看到欧阳询的笔迹，一定会以为他是一位形貌魁梧的人物吧。这人的长相和他本人写的字差距怎么这么大呢？”

后人将欧阳询的画像揣摩绘制得仙风道骨，玉树临风，恐怕是出于对他书法作品的尊崇吧。

欧阳询的传世名碑有《九成宫醴泉铭》《化度寺塔铭》《虞恭公温彦博碑》《皇甫诞碑》（现藏于西安），《黄帝阴符经》（现藏于徐州市博物馆）等。行书墨迹有《张翰思鲈》《卜商》《梦奠》等帖。还编有《艺文类聚》100卷。其中《九成宫醴泉铭》碑由唐代名臣魏徵撰文，记载唐太宗在九成宫避暑时发现泉水之事。此碑立于公元632年，楷书24行，每行49字。碑额阳文篆书“九成宫醴泉铭”6字。此碑立在陕西麟游，其用笔工整，且能于方整中见险绝，字面布局安排紧凑、匀称，间架开阔、稳健。明朝赵山函称此碑为“正书第一”。欧阳询还写有一篇《卜商》帖，该帖挺拔俊丽，结体严密方劲，也属于欧阳询书法上乘之作。

其所创的“欧阳询八诀”书法理论，具有独到见解。其“八诀”为：

“点”如高峰坠石；

“竖弯钩”如长空之新月；

“横”如千里之阵云；

“竖”如万岁之枯藤；

“斜钩”如劲松倒折，落挂石崖；

“横折钩”如万钧之弩发；

“撇”如利剑断犀角之角牙；

“捺”一波常三过笔。

“欧阳八诀”对明代人李淳八十四法、清代人黄自元结构九十二法的著述，均有启发。

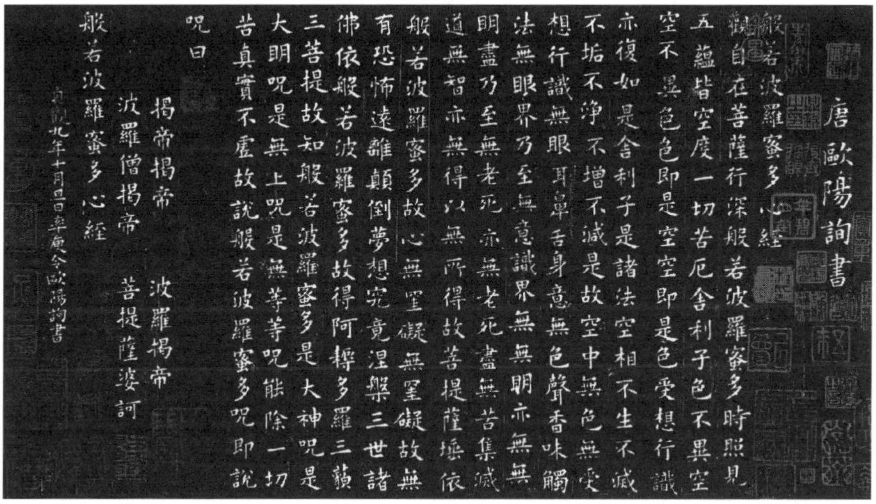

欧阳询书法作品

李 芾·仰面青天哭断云

在我国宋代有四大书院：江西庐山的白鹿洞书院、河南商丘的应天书院、湖南长沙的岳麓书院、湖南衡阳的石鼓书院。说到石鼓书院，大家一定忘不了它的创建人李士真，正是他的辛勤奔走，才使石鼓书院得以建成。但是有一个人大家可能不是很熟悉了，他的名字叫李芾。李芾是个什么样的人呢？李芾正是大名鼎鼎的石鼓书院的创建人李士真的孙子！

据史料记载，“芾生而聪警”。什么意思呢？就是说小时候的李芾很聪颖机警。加之他勤奋好学，语言表达能力又强。所以，小小年纪就在衡州城小有名气了。

因为出身官宦世家，李芾19岁时就被封了官。在之后的岁月里，祁阳、永州、湘潭、德清、温州等南方地域都有李芾履任的足迹。我们知道，北方的语调基本一致，琅琅上口；而南方的腔却各式各样，正所谓“十里不同音，百里不同俗”。在中国南方，想掌握诸如衡阳话、长沙话、广州话、闽南话等各地方言，其难度不亚于同时掌握英语、法语、俄语、德语与葡萄牙语。

偏偏李芾自小聪颖，语言表达能力极强。虽然他从未考过托福，也从未进过语言培训班，但一般来说，到一新地方任职，不出三月，他就能与当地的百姓打成一片，谈笑甚欢。

他用一生的历程履行了自己“无暴弃”的志向。

他的上级也把他当成了消防队队长。

哪里有危险，哪里有麻烦，上级就让他去哪里履新上岗。

当时的南宋王朝官场腐败，民不聊生，嫉恶如仇的李芾下决心要当一个正直、造福于民的官。

有一年，祁阳县旱灾，领导派他去任祁阳尉。一到当地，就见到田地开坼，禾苗尽毁，河道干涸，老百姓连眼泪也哭干了。这个官做得异常辛苦，别说工资不高，连水都没得喝。李芾起五更，睡半夜，勘探地形。一边组织民众四处挖井，一边命令衙门开仓放粮；一边叫富豪赊粮赈灾，答应日后减租免赋；接着又亲自率队去山林找泉眼，鼓励灾民投亲靠友，倡导灾民从事副业创收。半年后，当地人无不称他为青天父母官。

李芾（？—1276）

永州强盗作乱，领导又派他去永州做官。

古代的永州是个什么样的地方呢？当时的永州环境恶劣，经济落后，语言难懂。在诸多不利条件面前，生于官宦世家的衡阳人李芾完全可以选择环境更好的为官之地。

但是，李芾既没有怨言，又没有利用家里的关系搞调动，反而踌躇满志地上任了。

公元1260年的一天，李芾上任不久便开始微服私访进行社会调研、摸底了。然后，他发现永州盗匪猖獗。为什么会这样呢？一个字：穷。

我们中国有句俗话叫做“人穷志不短”。在我看来，这其实是一句口号，一桩要求，一种鞭策。在很多时候，人穷它也可能志短。因为苦难并不总是带来善良，苦难同样会带来自私、狭隘和暴戾。永州盗匪猖獗就是个例证。

通过不懈调研，李芾终于了解到，强盗大多为本地人，只有少数流落他乡、四处飘泊的失意者。当强盗的主要原因是穷山恶水之中没吃没喝，只有“抢劫”才是少花成本的生存方式。强盗们的老巢在西山。那里山高林密，人迹罕至，曾一度在柳宗元的《永州八记》中被描绘成仙境，现在成了强盗栖居的寨子，县城里还有两处强盗们临时的、隐蔽的情报站和接待处。

这一晚，李芾部署完毕，先遣两队人马悄声无息地端掉强盗设在城内的情报站和接待处，同时与战友邓埛一起率1300人马，直捣西山匪巢，封锁各路口和进山要道，将强盗们干净彻底地包了一次饺子。首领捉拿归案，余党一个未漏。然后区别对待：主犯一律斩首，从犯刑期不等。跟着起哄的喽啰：本地的，家属可拿银两抵押保释；外乡的，放发路费盘缠逐回。

为官一任，造福一方。李芾在永州期间最大的政绩就是平定了匪乱。正所谓“能者多劳”，不久，能干的李芾就被派遣至湘潭为任。

湘潭有很多大户人家，常言道：财大气粗，于是那些人不仅个个倚财欺人，还拒不缴纳税赋。全县上下风行“大鱼吃小鱼，小鱼吃虾米。”市场一片混乱。

原来县上的几个领导本应整肃纲纪，为国尽忠，为民出力。可能是收了红包，受了贿赂，又或者是整顿难度太大，居然个个退避三舍，不是托辞称病在家休养，就是请假外出旅游省亲。李芾到任后，首先召集班子成员，约法三章：要么辞官回家，要么尽心办事。

接着，公布政策，昭示全城。凡富豪大户人家，限期缴纳税赋，限期内不得外出，由官府派兵现场护院；超期者，官府登门罚没抄家。其它从事生意的商贸人士，一月内缴税一次，不得有误。

市场上平抑物价，公平公卖，抑制豪强。

一时间，灭了大户的威风，长了小民的志气。

从祁阳、永州到湘潭，继而德清、温州，李芾每到一处均政绩卓著，深得百姓拥护。

为官一任，造福一方。

像李芾这样的官员，有能力、有魄力、还有良知，懂军事、懂市场，更得民心。他是一块金子，放在哪里都会放光；他是一面旗帜，插在哪里都会和谐吉祥。本应平步青云，可是在那万恶的旧社会，好官却难有好报。

公元1265年，李芾调任临安知府。他依然光明磊落，忠谏直言，处事不避权势，不畏显贵，而且从上任的那天起，就把个人得失乃至生死置之度外。任职期间恰遇福王府中有官员逼死一小民百姓，李芾不由分说，照他一贯行事干练、果断的作风，当即逮捕了凶手，杀人偿命，依法惩办。

武侯李忠节公祠大观楼

谁料到，福王府中的这个刀下鬼，曾是朝廷贾似道的亲信喽啰。

贾似道是什么人？贾似道官拜右丞相，相当于国家总理，这个奸臣正在朝当权，全国各地送的奏折、报告，都要让他先看了才有选择地报告皇上。你李芾打狗欺主，居然连个信息也不给，这不是自讨没趣吗？

一波未平一波又起。

李芾要求属下百姓，家家都要自备灭火用具，以防火灾。检查到贾似道的亲戚家，偏偏他家不按官府告示办事。于是，李芾照章办事，当场打了责任人30大板。贾似道得悉后勃然大怒："好你个小小知府，敢在我的门前撒野，放肆！"他当即指使人虚构罪证予以打击报复。

因为贾似道已十分娴熟中国古代的政治，这是一种暗箱操作的秘密政治，公布出来的材料，往往完全不代表事情的真相，甚至指鹿为马。这份虚构的罪证诬陷李芾为贪官，且根本不需要李芾本人知晓，只等贾丞相在虚构的罪状上大笔一批，便成了铁案如山。结果，李芾被罢官回乡。

当元兵进逼南方时，皇帝宋度宗赵禥又想起了“消防队长”李芾，一纸圣命再次起用李芾为湖广提点刑狱官。1274年7月，宋度宗死，贾似道立了一个4岁的小孩赵显为皇帝。9月，以左丞相伯颜为首的元军主力自襄阳南侵，最后渡过长江，鄂州即向元军投降。伯颜率主力东下，直奔临安，沿途宋军纷纷投降。消息传来，南宋政府大惊，下诏要各地起兵勤王，并要贾似道出兵抗元。贾似道不得已，拖到次年才出兵。但他并无诚意，又无能力，不久就兵败芜湖。宋朝廷迫于舆论压力，不得不将他罢官。于是，宋朝廷又急派李芾为潭州知州兼湖南安抚使。潭州我们开始说过，就是今天的长沙市。李芾的这个职务相当于现在的长沙市长兼省军区司令员，属于长沙的最高长官。

这个时候，李芾重新获得任命，看起来是一件好事。其实恰恰相反！为什么呢？因为湖北已经沦陷，元军下一步就是直逼湖南了。这个时候不仅仅是湖南危在旦夕，整个南宋都面临兵败国倾的局面，去上任等于是去送死。也正是因为如此，亲朋好友们都劝说李芾不要接受任命。而且这个时候呢，还发生了一件事情，就是李芾的一个女儿不幸病死，这个至爱的女儿的去世让李芾悲痛欲绝。在这多方因素的影响下，李芾完全可以选择推辞。

但是，在国家利益面前，李芾慷慨激昂地说：“吾世受国恩，虽废弃中，犹思所以报者，今幸用我，我以家许国矣！”意思不难懂，就是说，我世代受国恩，虽然我受过罢官之经历，但是这其间我还是在思考报效国家的办法，现在国家信任我，我决定报效国家！

宋德祐元年即公元1275年7月，李芾到达潭州。这时元朝大将阿里海牙已经率领数万大军南下，先头部队骑兵团正逼进湘阴、益阳。潭州城内的宋军早已外调远征所剩无几。李芾仓猝从周边招兵3000人加以训练。同时，修缮营垒，整修器械，筹备粮食，以迎击元兵。9月，元兵逼近潭州城下，李芾登临城墙，与众将分地御敌。城中的青壮年，也自动集队前来助战。元兵攻城，李芾身先士卒，督兵血战；将士死伤在地，李芾亲自抚悼。元兵派使者来劝李芾投降，话才出口，头便被李芾刀斩落地。12月，因元兵围城日久，城中弓箭用完，粮食吃尽，情况十分危急。李芾令百姓集羽扇造箭，抓麻雀捉老鼠充饥，天天以“忠义”勉励部属。

有一天，一位部将对李芾说：“粮尽援绝，我们为国而死，理所当然。可是百姓们怎么办呢？”

李芾一听，觉得话里有话便问：“你意在何处？”那将官吞吞吐吐说道：“事已至此，兵少将亡，满城百姓皆是无辜。不如放弃城池，远避乡村，另择良机吧。”

李芾怒喝道：“养兵千日，用兵一时，国家平日厚待你们，就是为了今日。谁敢多言，就先杀谁。”

当时和李芾一道守城的是一个叫尹谷的长沙人，他被聘为参谋。尹谷听到元兵已经登城，于是在家里堆积了很多柴火，关上门，全家人坐在一起，举火自焚。邻居来救的时候，只见尹谷正衣着整齐面无惧色地坐于烈焰中，拯救已晚，尹谷全家老少葬身火海。李芾闻讯赶到，感叹不已，以酒祭奠，赞叹道：“务实真男子也，先我就义矣！”务实是尹谷的字号，李芾意思是说尹谷是真正的好男儿，而且还先他一步就义了。

尹谷殉难的那一天正是农历除夕之日。当晚，李芾召集各位守城将士在家里吃团圆饭，也就是这一年的最后的晚宴。在筵席上，酒过三巡，他冷静传令，手书“尽忠”二字为号，决心与长沙共存亡。也就是说在这个时候，李芾已经抱定了为国捐躯的坚定决心。

次日清晨，李芾坐在熊湘阁，对部下沈忠说：“城已倾，力已尽，我自然当死，家属也不能为敌人侮辱。你赶快冲出去杀我家属，再来杀我！”

那沈忠一听满脸惊愕：“将军，我保护你突围！”

李芾厉声责道：“你没听清楚我的将令吗？”

沈忠“扑”地一声跪倒在地：“听清了，小人不敢。将军，嫂夫人、孩子们可都是无辜的。”

李芾一脚踢了过去：“快去执行命令，总比被贼人糟蹋强。”

沈忠经不住严令所迫，苦泪横流，伏地叩头而出。带领几个随从急急返回李芾家里，强行用酒将李芾的家人一一灌醉，尔后，挥泪动刀。29名男女老少先后不明不白倒在血泊之中。

沈忠颤微微跌撞着回报李芾，李芾一声不吭，他庄重地双手取下头盔，正气凛然，引颈就刀，一声喝道：“沈忠动手！”

沈忠双膝跪地，干嚎一声；“将军！”

李芾心静如水，一字一句：“我平日以忠义教导你们，你若真心爱我，就一刀为快！”

沈忠牙一咬，举刀一挥，全其大节。尔后，放火烧了熊湘阁，一路嚎叫返回自己家中，效仿李芾自尽，举家殉国。

消息传出后，全城官兵居民杀身殉国者不少。在岳麓书院读书的几百学生，城破以后，奋死抵抗亦大部分献出了生命。与李芾协力战守城池的安抚司参议衡山人杨霾，也跳水自尽，他的妻女、亲属纷纷跳水相救，被乱箭射中，也一道殉难。

轰轰烈烈的潭州保卫战就这样结束了。虽然失败，但是李芾率领长沙军民死守潭州的壮举，表现了崇高的民族气节，在长沙灿烂辉煌的历史上写下了不朽的一页。而李芾也因为这一战而永垂史册！

当人们听到这惊心动魄的噩耗后，纷纷泣血成诗祭奠英灵。宋朝廷为了表彰他，追谥为“忠节公”。

文天祥有诗句云：“杀气吹沅湘，高兴激荆衡。城中贤府主，千秋万岁名。”

南宋诗人郑思肖写诗赞曰：“举家自杀尽忠臣，仰面青天哭断云，听到北人歌里唱，潭州城是铁州城。”

潭州百姓在李芾等人自尽的第二日，家家户户老老少少只吃冷食，以表示对他们的悼念。

“马殷宫前江水流，定王台下暮云收。有井犹名贾太傅，无人不祭李潭州。”今天，在长沙，太傅井还在，却没人祭奠李潭州了。可喜的是，我们衡阳人没有忘记李芾，在衡阳湘水明珠文化公园里，李潭州的功绩碑又竖起来了。

神庙里供奉的李芾金像

何克明·连中三元第一人

话说衡东县白莲镇霞流田村，是衡阳的第一个状元村，元朝延祐五年（1318）的状元何克明的故居就在此村。

霞流田村是山峦青翠、河流纵横的鱼米之乡。村里池塘密布，土地肥沃。古人认为，一个人要成大器，除了要有自身的天赋之外，还要有天时地利相助，有利于出文人的地方多数曲水环抱，林木幽深，而且水木均不能浊，水要清，木要秀。显然何克明故居的水土环境具备了这种条件。这里河池飘香，古木成荫，生气旺盛。每天面对鳞波绵浪的水乡美景，便会文思泉涌，佳词迭出。古诗曰：“水如波浪文锦，既似芦鞭委宛形。盖世文章从此出，翰林鼎甲有声名。”这首诗正是何克明故居水土环境的真实写照。

在衡山民间，何克明便被称为“怪才”。他刻苦读书的故事广为流传。

何克明到底是个什么样的人呢？

三四岁时，父亲何赙常将他揽在怀里或放在膝上教他识图，教他识字，何克明跟着父亲点头晃脑学习蒙童启智之文。7岁时，何赙就花钱到外面请老师教授何克明诵读“四书五经”。霞流冲一位老秀才从何克明8岁起就在他家当老师，教他习学《论语》《孟子》等书。只教了一年，老秀才就打起包袱申请辞职，他对何赙道：“你儿子实在太聪明，教一遍，他就会；读三遍，他能背。我读的那点书，全部倒出来了。再呆下去，老朽就是骗你的银子了，小缸瓮养不成大鱼，你还是另请高明吧。”这位老秀才，尽职尽责，还特别有自知之明，不因为自己资格老而去误人子弟。

自从这位老秀才自动下岗后，何赙又连续为儿子何克明请了4位老师，这些老师执鞭任教最长的半年，最短的只有一二个月。望子成龙的何赙常常为聘请老师一事而烦恼。看着父亲无可奈何的样子，小小年纪的何克明则劝父亲道：“儿就自学吧。”

“你能自己读？”何赙不敢相信自己的耳朵。

何克明一边翻书，一边稚嫩地答道：“字都认识，只是有些义理还不太明白。”

何赙暗暗惊喜，连连点头：“好，先自读，先自读，老父再慢慢找先生。”至此，何克明自己读书，自己习字，自己钻研。

其实，这读书还真是逼不得，它靠的就是兴趣。何克明天生对读书就有极大的兴趣。

何克明(1292－1368)

何克明后来随父亲游南岳，拜谒了南岳书院山长杨宗饬。杨宗饬，字仲宏，做过翰林学士，武宗至大元年（1308）辞去官职，来到南岳书院当院长（那时叫山长）。何克明父亲早闻杨翰林之名，专程拜请，小克明便成了杨宗饬的关门弟子。何克明在杨宗饬的教诲下，学业大为长进。

年纪虽小，却完全超过了高中文化水平，也可算得上少年大学生。

那时（1312）是元朝的仁宗皇帝当家。开国之初，他采纳平章政事（相当于宰相）李孟提出的重开科举之议。宋代的科举，大体和唐代一样，有常科、制科。进士分为三等，一等进士及第、二等进士出身、三等赐同进士出身。宋代又确立了三年一次的三级考试制度，即州试（由各地方举行）、省试（由礼部举行）和殿试（宫内、皇帝主持）三级科举考试制度。杨宗饬得到这一信息，立即告诉自己的爱徒何克明，并制定了一套完整的计划。令其先考童试，再乡试，再会试、殿试。

旧时的科举考试在程序上不同于现在的高考。现在高考考分在全市排第一，就是全市高考状元；考分在全省排第一就是本省高考状元；而全国则没有。旧时的童试就是在没有功名之前，要先通过县、市一级的考试，取得秀才的功名，有了秀才的功名，才有资格参加乡试。乡试就是全省考试。会试才是全国考试，殿试则是在全国考试中再选出优秀生坐在皇宫里，接受皇帝亲自出试题考试，皇帝满意了，才会钦点为全国状元。

何克明遵从师命，于延祐元年（1314）2月，赴衡山县试（知县主持），中县试第一；3月份，赴衡州路试（路尹主持），又登路榜第一；5月份，赴院试（学道主持），又居院榜榜首，中秀才。4个月考了3次，3次第一，有了秀才的职称。第二年，赴秀才岁考与科考，俱居诸考生之先，为附生，入石鼓书院读书，定于次年赴湖广乡试（省试）。

状元图考

秀才何克明从南岳衡山一路考来，畅通无阻，前途一片光明。

谁知，天有不测之风云，人有旦夕之祸福。延祐三年（1316）夏，正当何克明积极备战，准备参加全省乡试之时，衡山县暴雨成灾，湘江暴涨，洪水彻底超过了警戒线，十几日不退。霞流田村处在一片汪洋之中，房屋遭水毁，田地被水冲，人畜多为洪水溺毙。

可怜何赙夫妻年老多病，在突来的洪灾面前，又无预警机制和救生能力，自然在劫难逃，俩老被大水冲得不见踪影，全部死于非命。几十年积攒下来的家财一夜化为乌有。好在何克明本人游学在外，方保住一条性命。可怜这位少年才子无家可归，只得在父亲的朋友家中寄住。

也算是老天有眼，父亲何赙早年曾为何克明订下一门娃娃亲，亲家就在何家山后叫马迹的一个村庄。亲家姓曾名申，女儿叫喜诺。何克明在南岳书院求学时，曾经遵父命去马迹曹家拜访过岳父母。曾申见何克明一表人才，少年倜傥，谈吐不凡，也非常喜欢。一时兴起，还让何克明去后院与喜诺小姐单独见面。何克明还趁此良机通过丫环，二人交换过定情信物。如今遭此大难，只得去求助这位未来的岳父。

曾申听完何克明的叙述，十分惊讶。前山闹洪水他是知道的，却不知亲家已家破人亡。眼前这位落难的秀才准女婿，科举路上刚走完第一步。日子还长，费用更多，他孤家寡人一个，只求功名，毫无收入来源，如何支撑？考得上，女儿尚可等他几年；考不上，岂不耗费了青春年华？曾老头思前想后，不由得脱口而出：“如此状况你将于何处安身立命？”何克明道：“小婿思之再三，只得求助于岳父。”曾申一听，愣了好一会儿。不停地拿着蒲扇上下晃动，沉思良久，说道：“我家也不宽裕，恐难安富家公子之身。当年我与汝父相交，戏言结儿女亲家，也只是一纸婚约而已。如今你功名未成，又未曾拜过天地，进来我家，岂不令人耻笑！”

本就心高气傲的何克明做梦也未想到“泰山大人”会出此言，一时瞠目结舌，无以言对。只能打住眼泪往肚里流。他即刻起身，双手打拱：“那我就告辞了！”曾老头连忙将蒲扇一挥：“等等，待我取几吊钱给你”。那何克明却头也不回地走了。

再说曾申先生退至后堂向太太与女儿通报此事，当即引来小姐的一番痛哭，且长袖挥舞，边哭边诉：“儿生是何家人，死为何家鬼。爹爹若撕毁儿与何郎婚约，无脸见人，儿就当着天地祖宗之面，投河水自尽！”曾太太这边要埋怨曾申老头，那边又要规劝女儿喜诺。一时忙得不可开交。

何克明迈开大步离开曾家，径直朝南岳大路走去，头也不曾回过。不觉红日西坠，玉兔东升。此时，何克明才发现错过了找地方住宿。他立于三岔路口，见前头隐隐有栋房屋，便急急赶去，原来是一处废祠宇。推门进屋，屋内漆黑一片。欲退出另觅宿处，又听见山郊之中偶尔几声狼嚎吓得他毛发顿竖，心惊胆颤。于是赶紧闭上门，以身顶住。过了一刻，他那颗悬着的心才放了下来。紧张过后疲倦袭来，于是他摸着神案，爬至案上睡下。朦胧中忽听有人敲门。何克明惊得不敢动弹。只听门“吱”地一声被推了开来，何克明睁开双眼，见进来的是曾府管家曾风，道："曾管家，你来此干什么？"曾风道："姑老爷，我终于找到你了！"何克明从神案上下来，整了整衣冠，道："是不是你家老爷寻我至曾家写退婚文书？" 曾风道："非也！自从姑老爷离开曾家，安人与小姐同老爷闹翻了。小姐知道姑老爷身无分文，命我寻着姑老爷，务必请姑老爷回转曾家读书。"

何克明道："待我博取功名，迎娶小姐时再进曾家大院。现在绝不再踏曾家的码头。"

曾风无可奈何，便从身上摸出几锭银子递上，道："姑老爷不肯回曾府，小的不敢勉强。这里有银子数锭，请姑老爷收下。"

何克明道："我不要曾老爷来可怜我。"

曾风道："此银乃是小姐私房钱，非老爷之银，姑老爷焉能不受？"

何克明一听，顿时只觉血往上涌。双手捧过银两，那眼泪就刷刷刷地往下淌。爱情的力量就是大，而且千古不变。何克明欣然将银收下。第二天，曾风至附近请得泥水匠修葺几间房间，让姑老爷暂时居住。自此，何克明便在三元祠安身，苦读不提。

光阴似箭，不觉便到了延祐四年（1317）8月，湖广乡试开考。那喜诺小姐提前1个月就命曾风伴姑老爷赴省乡试。三场完毕，何克明一举夺魁，名列乡试榜首，中湖广丁巳科解元。

古时的所谓连中三元，即解元、会元、状元。

这全省考试第一名才是中了第一元——解元。报录人先至衡州路衡山县霞流乡平田村何府报喜，寻来找去，总找不到何府。原来平田村村民多已恢复水毁房屋，惟独何克明家旧址依然荒芜。大年三十，喜诺小姐遣丫环迎何克明进府过年，也被何克明婉拒。正在此时，曾风报称，南岳书院山长何鼎老先生来访。

自杨宗饬弃世后，何鼎便接任南岳书院山长。何克明把他也当作老师，两人过从甚密，成了忘年交，且从来不拘礼仪。何鼎一进屋，盘膝坐于何克明床上，道："小老弟高魁乡榜，老夫以两袖清风为礼，特来祝贺。"何克明道："老师来访，令三元祠蓬荜生辉。学生侥幸得中，不值老师一贺。"

两人坐定，何克明问道："老师携来两袖清风这贵重贺礼，学生诚心收下。请问老师，大年三十来到三元祠，有何见教？"何鼎道："就因为只剩两袖清风，特到贵处来过年尔！"见何克明的案几上正摆着胡文定公的《春秋传》，何鼎便指着书本道："本朝开科取士，已公布消息要加考文定公胡安国的《春秋传》。你如此研读的《春秋传》，明年春季定然高发！”何克明道：“胡文定传闽学于湖湘，既为衡山县胡氏之祖，亦为湖湘学之祖。学生为湖湘学子，焉能不学。自乡试后，学生废寝忘食，习学《春秋传》，既为明年会试，亦为弘扬湖湘之学耳！”何鼎连声称赞：“好，好。志存高远，弘扬先圣先儒之学，为儒林增光，老夫所不及也！”何克明道：“岂敢！学生愿与老师作长夜之谈，望不吝赐教！”

古代的科举考试

除夕之夜，何克明与何鼎共论湖湘学派，相谈甚欢。

两袖清风与湖湘学问成了何鼎送给何克明的压岁“大红包”。

过了年就是延祐五年（1318）。喜诺小姐早就为何克明打理好会试行装。正月将尽，何克明携曾风公车进京，参加三年一届会试。2月，仁宗皇帝颁布诏令，由平章政事李孟、礼部侍郎（相当于教育部副部长）张养浩（有名曲《潼关怀古》：“峰峦如聚，波涛如怒，山河表里潼关路。望西都，意踌躇。伤心秦汉经行处，宫阙万间都作了土。兴，百姓苦；亡，百姓苦。”一首传世。）任主考官，吴澄、杨刚中、元明善三人任副主考官，五人组成评委会，在全国举子内进行筛选。因为那时的会试、廷试还具有组织部门考察干部的功能，考试一旦结束。按成绩优劣对参考者进行任免。

农历三月初五，3000举子被搜身进场，考3场。分别为试经传、考策论与写诗作赋的能力水平。首场试经传。众举子翻开试卷，用胡安国《春秋传》中“尊王贱霸为本，安夏攘夷为用”一句为论题。

何克明胸有成竹，不负众望，一路过关斩将，文思如泉涌，口答似悬河。3000举子考试中了第二元——会元。

自此，何克明闭门谢客，发愤读书，准备最后冲刺。在京学习之余，一次何克明携曾风于一茶市休憩饮茶，与人闲谈之中，听闻一则消息，得知本朝周王和实拉准备在陕西举行武装叛乱，却被他身边专门给他进行说书表演的一位秀才名叫武格的人所劝阻。

周王和实拉为什么要搞叛乱呢？

原来这位和实拉是元朝武宗皇帝小老婆生的儿子，也叫庶子。元武宗立仁宗为太子时，曾作出决定仁宗继承皇位后要按顺序立和实拉为皇位继承人，也就是哥哥应传位于弟弟。谁知仁宗继位后将父亲生前决定抛之脑后，即刻颁诏立了自己的儿子硕迪巴拉为太子，只封弟弟和实拉为周王，让他先去边疆云南守防，后又命迁徙到陕西延安驻扎。这引起了和实拉的强烈不满，武宗皇帝的一些老部下如：图古勒、嘉努、博罗、嘉珲等等也都率兵来会，怂恿周王反叛。仁宗得到这一信息，非常忧虑。唯恐皇位不保，剩日不长。这时听说这个叫武格的说书秀才居然能凭三寸之舌说服周王偃兵息枪，还社会一片稳定，心中自然舒畅。这段时间，心情也就出奇的好。何克明听到茶肆间议论此事，心中也替皇上高兴。

天下太平，稳定和谐，对读书人来说是求之不得的事，稳定压倒一切。

3月7日凌晨，何克明随50名贡士入太和殿殿试。试题无经文策论，只有赋题一道，内容自选。何克明深知廷试内容须取悦龙心，方能为皇帝点

孕育万千豪杰的南岳衡山

为状元。于是他以比兴手法作《云梦赋》，以日前听到的周王故事为辅垫，大颂仁宗英明仁德。

驾洞庭之飞□，览熊绎之故墟，伟云梦之巨泽，控天南之一隅。尔其雄跨大江，延袤千里，水滔滔其渐渍，山巍巍而迤靡，却五岭瘴烟而莫近，岂五丈秋风之可拟。草木郁其畅茂，禽兽乐其游憩。原田每每，人获耒耜之利；车马辚辚，岁阅鬼猕之备。其产则橘柚青茅，竹箭金锡。虎豹貔貅，可以应庭实军容之需；麋鹿鱼鳖，可以为干豆宾庖之给。实荆州之府库，亦中原之羽翼。岳阳、大别，擅名胜于古今；夏口、江陵，分形势于区域。当其烟横北渚，日暮苍湾，仙俦巨灵，神游其间。鼓瑟铿锵，写幽怨于湘女；钧天缥缈，奏广乐于轩辕。水天一色，落霞孤鹜；风月双清，归鹤啼猿。岸芷汀兰，香溢灵均之《离骚》；广谷大川，地壮召虎于蕃。身历□土，心驰往古，奠我民居，实维神禹。当怀山襄陵之际，任手胼足胝之诗不歌，而楚氛之恶是怙，于以田猎，于以耀武，何凉德之不长，终汉室之启土。矫彼淮阴，骄力跋扈，致乘与之鸣銮，烹良犬于得兔。信乎地不足以设险，德终然之不可据。天眷吾皇，奄有寰区，虽□泽之旷邈，果见侈于与图。嗟予忝于楚产，期观光于帝都，极铺张于云梦，猥行徒乎腐儒，吞八九于胸中，曾不芥蒂于相如。

洋洋洒洒500余字，激情飞越，神驰千里，一气呵成，琅琅上口。日落交卷。评委会、主考官李孟读到何克明赋卷，批曰“敷畅”。张养浩批曰“高亮”。副主考吴澄批曰“明朗”。杨刚中批曰“宏通”。元明善批曰“极嘉”。5个评委，全部推荐何克明赋卷为第一。基本上就是5个满分。仁宗皇帝亲阅何克明考卷，也龙心大悦，以朱笔钦点何克明为左榜状元（当时汉人、南人列左榜；蒙古人、色目人列右榜。元朝社会的种族歧视此为一斑）。

次日传胪大典，何克明率全体汉人、南人新科进士肃立于太和殿丹墀下。仁宗御驾升殿，钟鼓齐鸣，奏《庆平乐章》。乐止，鸿胪官宣读两榜三鼎甲名字，连唱3次：“新科右榜状元图克岱乐，左榜状元何克明！”

按元朝规矩，右状元就是武状元，左状元便是文状元。图克岱乐与何克明出列前跪。满朝大臣见新科左状元少年英俊，啧啧赞道：“年未弱冠就大魁天下，实实令人钦敬！”当宣读完毕，礼部张养浩手捧金榜，率诸进士出太和门至午门。

何克明等随张养浩从平时只准皇帝出入的中门出宫，其余进士则随鸿胪寺官员从熙德门、贞度门出宫。晚上，何克明又与新进士赴皇帝御赐的琼林宴。何克明与图克岱乐各一席，榜眼、探花一席，进士四人一席。五日后，仁宗皇帝在午门前赐何克明、图克岱乐状元六品朝冠、朝衣、簪花（即宫花、金质），并“雁塔题名”，镌名于国子监石碑。

至此，衡阳人何克明中了第三元——状元。

连中三元，何克明为衡阳读书第一人。

中状元后，何克明任过上高县知县（即当今的县长），衡州路推官（相当于当今的地方法院院长）。因在衡州路政绩卓著，被召回京师任国子监丞（国子监丞就如当今的国立大学校长）。

晚年，何克明杜门谢客，从事著述，著有《周易集解》《诗经笺注》，但二书早已散佚。遗篇只有昔年廷试所作的《云梦赋》还保留在旧县志中。据传，此赋被历代殿试者奉为范文，影响甚广。下面,我试着用白话文解释一下《云梦赋》：

我乘坐着洞庭湖上雕梁画栋的大船，观赏浏览楚国君主熊译时期的旧城古迹，我赞美云梦这一宽阔无边的湖泽啊，它雄伟地占据了天南的一角。

它跨越大江南北，雄伟壮观，方圆千里。大水滔滔而不见边际，山峦巍峨而绵延不绝，五岭的瘴气被它阻隔而不能靠近，即便是五丈原的秋风也无法比拟。美丽的云梦，草木茂盛葱茏，山禽野兽在其中欢娱、休息。田地茂盛，人们从中获得岁岁好收成；车马奔腾，每年都检阅春秋打猎的装备。物产丰富，有柑橘、甜柚、青茅、竹箭、黄金、锡矿。还有虎、豹、貔貅，可以用来满足朝贡和装饰军容的需要，麋鹿、鱼、鳖可以用之充实祭奠和宾客的供给。云梦泽实在是荆州的天然仓库，也是中原地区腾飞的双翼。

岳阳楼、大别山是古今闻名的名胜，夏口、江陵是兵家战略要地。当云梦泽的烟霞横跨北边小岛，太阳慢慢在港湾沉落，就会有神仙精灵在其中畅快地游玩。鼓瑟铿锵齐鸣，演绎的是湘女情思缠绵的幽怨，钧天仙乐缥缈，演奏的是黄帝优美洒脱的曲调。水天相接，孤单的野鸭飞翔在刚刚升起的晚霞里。风清月白，仙鹤缓缓归来，猿猴满岸啼叫。岸上和湖边的芷草、兰花发出的香气超过了屈原《离骚》中状写的意境。

巨大的山谷和宽大的江河，才使得大将召虎在这边远之地建立丰功伟业。走在这片土地上，心里向往着上古的英灵，正是伟大的神禹，使得我们可以安居乐业。在洪水泛滥的时候，如果不歌唱艰苦创业的精神，而沾染倡导楚国的恶劣习气，奔忙于田间打猎，四处耀武扬威，为人德行浅薄自然国运不长，这在汉朝开拓疆域的时候就有失败的例子。强悍的淮阴王韩信，骄傲蛮横，威风八面，已经乘上了帝王的车马，最终还是被杀掉了。

其实，地势不足以作为凭仗，最后只有德行才可以作依据，这是至真确实的道理。皇上有上天眷护，拥有广大的地域，虽然这个云梦泽浩瀚无边，又怎么能在图上显示它的广大呢？

我出生于楚地，如今在京都观赏风景，尽己所能书写云梦泽的景致。虽然只是一个儒生，但我的胸怀和司马相如一样宽广，足以吞下八九个云梦泽啊。

湘水明珠文化公园《状元台》

李 玺 · 播情收获万民心

李玺是衡阳耒阳人。宣德五年（1430）中进士，官拜监察御史（相当于现在的中纪委委员），负责纠察百官中的违纪现象，辨明冤狱，实为朝廷的参谋与助手。李玺任监察御史期间，先后巡察了江苏、浙江、陕西、四川等地，在基层巡察多年，口碑不错。李玺不阿权贵，秉公办案，为民伸张正义，享有“李青天”之誉。

李玺后调到京城做官，更因秉公无私而为群僚所仰慕。明正统十年（1445），李玺升迁为浙江参政。

1449年，李玺又晋升为云南按察使，专管一省的刑名事务，相当于现在的省检察院检察长。当时云南连年水旱灾害，哀鸿遍野，李玺向朝廷力请赈恤，并亲往各地视察，一面组织赈济，一面劝民耕织。在他的身体力行及号召组织下，百姓赖以度过灾荒，对李玺莫不感恩。李玺在云南任期内，朝廷派礼部侍郎姚夔赴滇考核其政绩。姚夔考核的结果是：

李玺清廉勤政，刚明果断，正己格物，省罚施仁，兴学育才，劝善瘅恶。姚本实具奏，请行旌奖。

这要翻译成白话文的意思是，李玺的确是一个(焦裕禄、孔繁森式的)

好干部。明代宗皇帝朱祁钰见到奏本后，也很是赞赏，当即挥毫御批：考核结束，着晋京陛见。

那时，朱祁钰刚坐上龙椅不久，他的哥哥朱祁镇（前任皇帝年号正统）正被人家抓去做了人质。他急需要在全国范围内搜集好人好事，树立典型，安抚民心，稳定政局。

李玺进京这一天，滇民纷纷拥上驿道，直至十里长亭。只见沿途男女老幼，头顶香花，手捧米酒，面流泪水送行。在十里长亭，滇民百姓题有两首送别李玺的诗，诗曰：

其一

送君跃马出疆城，哭倒滇南万户民；
马上看人江上水，滔滔都是别离情。

其二

离城折柳泪纷纷，无计留君且送君；
今夜一杯乡梦酒，明朝万里怅离群。

这完全是民间的自发行为，无人牵头，无人组织，没有标语口号，只有鲜花、米酒，百姓扶老携幼，连绵10余里，那场面，现在去揣摩，应该是极为震撼人心。

李玺先天走，第二天云南各地乡绅、族首又联合推选500人进京，强烈要求李玺继续留任云南。

昨天是草根阶层的依依不舍，今天是中产阶级的恳切陈词，官做到这个份上，其高风亮节，算是家喻户晓了。

明代宗朱祁钰看了滇民奏章后，大喜，着即赐诏褒奖，晋升李玺为通议大夫，仍令李玺再赴云南留任。

李玺第二次赴云南后，更是兢兢业业尽心民事，在任13年之久，直至抱病回乡。

云南百姓为纪念李玺，立生祠以祀之。

李玺79岁那年病逝，明孝宗朱祐樘继位，时年17岁。这位青年皇帝因自身经历曲折、饱尝人间疾苦而痛恨奸臣，痛恨邪恶，为建立属于自己的盛世，他大力任用贤臣，自得知李玺的优秀事迹后，便决心在官员队伍中树立一面旗帜。于是，他亲自批准，为李玺推恩晋阶一等，钦赐葬祭。

李玺（1308-1487）

陈 荐 · 免赋减税为民生

陈荐的父亲叫陈良能，衡阳祁东人。在当时的衙门里当公差。陈荐幼小时随父亲在公办学校里读书。

父亲陈良能为郡太守办事十分得力，工作任劳任怨，从不计较。加班加点不要额外补偿，不讨加班费。外出公干则自做烧饼充当干粮，无须单位出盘缠，更不会拿公款在外胡吃海喝，或是找假发票回单位报账。即使有病在身也强撑身体将衙门内外打扫得干干净净。本质上就是个“劳动模范”。上下级关系处理得十分融洽。太守卸任退休时，非常感谢陈良能对他工作上的支持，便拿了一些自家的珍宝赠送给陈良能，以示谢意，没想到陈良能婉言谢绝。

那太守沉思再三，便说：“我俩相交十余年，你鞍前马后不辞辛劳，此番别离，我不以物相赠留个纪念，实在是天理不容啊。”

陈良能说：“太守大恩大德，实难相报。若非要以物相赠，就请将您老人家亲自编写的《书经讲文》赠给我吧。属下不才，正好拿这部书教教儿子哩。”

太守高兴地答应了。

他十分庆幸自己能有这样知事明理且无限忠诚的部属，不重钱财，不恋珍宝，却只要一本书。用知识的力量去启迪儿子。

他应该为自己高兴。

衙门里，恐怕也只有好官才能带出这么尽忠守职老实巴交的兵。

陈荐从父亲那儿得了这本书后，认真阅读，学业日渐有成，子承父业，陈荐的学识与人品又为继任太守史朝富所赏识。

隆庆丁卯即公元1567年乡试，陈荐中了举人。1571年登进士第。历任松江法官、监察御史、陕西及四川按察史、云南巡抚。

在中国古代，地方上一般都将司法权与行政权并列行使。法官大多数是科举考试出身。一个县的县官就是县级法官还兼法院院长。

监察御史的职责是掌管监察百官，巡视州县，整肃朝仪等事务。

按察史则是专管一个省的刑名事务，相当于现在的省级检察院检察长。

巡抚就是明清时期的地方军政大员之一。以“巡行天下，抚军按民”而得名，与今天的省委书记不差上下。

陈荐最后官越做越大，当上了户部尚书（相当于现在的财政部长还兼管全国的航道粮食运输）。

陈荐像他父亲一样忠诚敬业，为官洁己奉公，关心人民疾苦。

陈荐(1545－1632)

祁阳是湖广边远县城，原来没有漕粮上缴任务。1508年，因其他地区歉收，上司决定从祁阳借谷1500余石（10升为1斗，10斗为1石），漕运至京。后乃以此为例，每年都从祁阳征谷1500石。粮食由县城沿湘江起运，沿途多险滩暗礁，触礁则船破粮漂，经常人船俱没。明知如此，县令还要船主或纳粮户重新补赔再度运粮，加以运费繁多，官吏索取回扣，趁机谋利，不少人为此倾家荡产，家破人亡。

1577年陈荐当了御史，成了记录皇上行为、弹劾百官的谏官。陈荐了解到祁阳这些情况后，于万历五年给皇上详写一道奏章，名《漕粮改折疏》，请求蠲（juān ）免漕粮。神宗皇帝看完奏章后问及祁阳交通情况，陈荐说："祁阳有首民谣：上有熊罴岭，下有澨浪滩。熊罴岭离天三尺三，人过要低头，马过要卸鞍；澨浪滩水急礁多，鱼过要压扁，谷过要成壳。"皇上听后，便派张太监为钦差大臣前去祁阳察看。

陈荐深知张太监的为人、态度与办事作风。而且此时还不是解运漕粮的时候，假若这位张太监下去喝了二两小酒，捞了几许银子，敷衍塞责回来乱说一通，这个奏章白写了一通不说，祁阳百姓的生活便难有出头之日了。

陈荐度过了一个不眠之夜。第二天一早，即刻遣人返祁阳作了一番布置。

再说那张太监一行来到熊罴岭，道路崎岖难行，又见山上树木参天，云雾重重，便停下马来。这时，一个白胡子老丈，拄着拐杖从山上下来。太监心想：一个老头子都能翻过此山，可见山并不高。便叫来老丈问道："你是不是从山那边过来的？"

老丈说："是呀。"

太监又问："你走了多久了？"

老丈说："我47岁开始爬山，今年62岁了，才下得山来。"

张太监吓了一跳，忙勒转马头，原路返回。他哪里知道，这个老人是陈荐从老家专派来忽悠他们的。

之后张太监改从水路察看。船离澨浪滩还有两里路远，便听得"喝啰、喝啰"震天价响。他问船家："这是什么声音？"

船家说："这就是澨浪滩的水响。"

他暗暗吃了一惊。恰在这时，一条鳊鱼跳上船来。张太监没见过这种鱼，忙问船家："这条鱼鱼身为何如此窄扁？"

船家说："这条鱼从澨浪滩来，穿过暗礁被压扁的。"

太监忙起身往船头一望，只见谷壳一层层、碎板子一块块漂流下来。正欲开口，船家一声长叹："这又是哪家解运漕粮的船只遭难了！"

张太监不由得胆颤心惊，忙令掉转船头。他哪里知道，原来是陈荐早派人招呼这些船家如此应对，又令人在澨浪滩上漂放散木杂板、倒放谷壳。

张太监回到京师，如此这般回奏皇上，皇上于是下旨免了祁阳漕粮，同意将漕粮改折银两缴纳，并将这一举措推广至全国。

这故事，口口相传，民间幽默趣味跃然纸上。但“陈荐大人奏免漕粮”一事，至今为祁阳、祁东两县人民歌颂，因为他为两地民众免除了一个特大灾难和痛苦。

这不是一件小事。

在封建社会里，交皇粮是国法，抗皇粮便是抗旨，抗旨就得杀头，甚至诛灭九族。而陈荐有这个胆，有这个谋。他就敢上呈《糟粮改折疏》，为民办好事。

这就是衡阳人的脾气，衡阳人的性格。看准了，敢作敢为！

而且，陈荐敢为民做主还不止这一桩事。

1539年，排山新设驿站，衡阳、祁阳两县各出役夫45人，马8匹。排山地属祁阳，后守道指令衡阳加马6匹。衡阳当时的官吏出于地方保护主义不但不承担加派的6匹马，连前8匹也不给。无奈祁阳遂出马22匹。五六百里紧急公文，且多行山路，马不堪役，常常倒地而死，这就需要不断补充。祁阳人就因此桩公务承受了太大的负担和经济压力。陈荐为户部尚书时，上疏奏请两县平均负担驿马，获准，祁阳人的苦累才又有了一点减缓。

陈荐为官50余年，退居林下10年。居家时闭门谢客，著有《古今衷辨》百余卷，直到80岁时病逝。

阳明山万寿寺里留有陈荐的题咏

王夫之·文开湖湘一哲人

衡阳人王夫之集哲学家、思想家、文学家、史学家、爱国主义者于一身。中华人民共和国建国后，他愈来愈被中国学术界所重视，被公认是中国历史上最杰出的思想家之一。因他晚年居住在石船山，自号船山老人，后人亦称之为船山先生。

1619年农历九月初一，王夫之生于衡州府城的王衙坪。父亲王朝聘是当地有名的学者，长期在家读书习墨，就是不愿出来做官。因为读书成瘾，涉猎种类又多，对天文、地理、历史、兵法、农林、水利等等都有研究。母亲谭氏，生他时已经43岁。王夫之4岁伴大哥王介之读书，7岁读完十三经，10岁学《五经经义》。12岁以文会友，崭露头角。完全能与他人相互文字来往了。14岁便中了秀才。16岁跟着叔叔学写诗，致力音韵，两年读诗10万首。平均每天是140多首诗，读了还得弄通弄懂，佳句绝句还能随口背诵。19岁再跟叔叔学历史。20岁就读岳麓书院，参加邝鹏升等人组织的“行社”。单看这十几年的履历，谁都会认定，王夫之天生就是读书的料。翌年，王夫之又与管嗣裘等人组织“匡社”，立志匡扶社稷。24岁与大哥王介之一道参加乡试，双双考中举人。这年冬天，他与大哥又一起赴京参加会试，中途得知因农民起义的原因，北京会试改期，兄弟俩只好折回衡阳。

王夫之所处的时代，正是明朝政权极端腐朽，社会矛盾日益加深的时代。山海关外，后金改国号为大清，严重地威胁明朝边境，中原地区则发生了席卷天下的农民起义。年轻的王夫之与父亲不同之处就是他读完书后对社会现实比较关心。他经常向人询问四方大事，研究民情风俗，还时常周游各地考察社会经济情况。

1643年8月，农民起义军张献忠率部攻占了衡阳，这位“造反派”是行武出身，手下也多是不识字却不怕死的猛人，占领偌大一个城池，不懂管理是不行的。张统帅正苦于没有文化人帮助掌管府县，忽听其养子报告说，本地有一对王氏兄弟极有才气，可将这哥俩招到自己的部队里来给大帅当参谋、秘书。张献忠一听大喜。为了达到目的，居然还开动了脑筋，想了一条“蠢”计。

王夫之(1619－1692)

他先派兵将王夫之的父亲抓起来做人质，以此协迫王夫之兄弟出来做官。谁知王夫之生性倔强，他认定不喜欢的事那是天上下刀子他也不会去干。再则，他一直受着正统思想的熏陶，一心效忠明朝皇室，怎会去服务张献忠呢？听到张献忠的招贤令，他二话没说，回家拿出一把剪刀就在脸上划口子，往大腿上戳窟隆，尔后躺在竹椅上，让人抬到张献忠营里。

他说：“大哥王介之不幸病故，本人又重伤在身，实在难以出任，请求大帅放老父回家，成全孝子之心。”

张献忠见此状况，当然是气得七窍冒烟。参谋秘书没请到，却抬回来一个残疾人，莫非还要老子来侍候你？

张献忠看到王夫之躺在担架上的残败之相却又无可奈何，只得眼一瞪手一挥，发出话来：“叫他们父子俩滚蛋！”

王夫之的目的达到了，张献忠却还在那里生闷气。

这没读书的跟读了书的就是不一样。

知识就是力量啊！

次年5月，吴三桂引清兵入关，清王朝宣告成立。王夫之闻此巨变，痛不欲生，写《悲愤诗》一百韵，念一句，哭一声，泪流满面，深感亡国之痛。这一年，他迁居到南岳双髻峰下，筑了间茅屋，取名叫“续梦庵”。

眼看社稷即将改朝换代，王夫之不甘心屈辱求生，誓死忠于明朝。于是在家乡与志同道合之士一同举起了“反清复明”的大旗。

清顺治三年（1646）夏天，王夫之一个人赶到湘阴，以一个穷书生的名义写报告给司马监军章旷，向他建议调和南北督师（驻长沙的何腾蛟部与驻常德的堵允锡部）矛盾，联合农民起义军协力去抗击清军，谁知人家不理，建议如泥牛入海。王夫之只得失望而归。

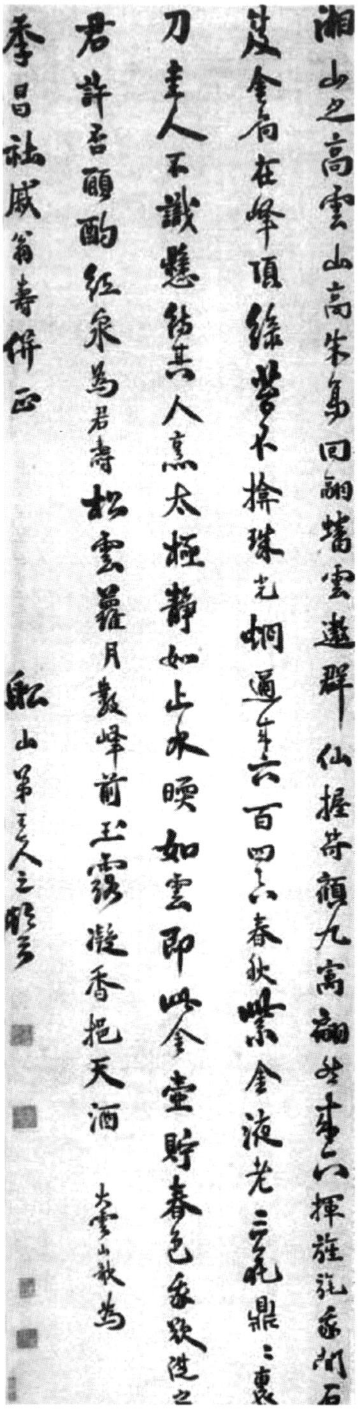

王夫之书法作品

1648年10月，王夫之与管嗣裘、僧性翰等人一起，自发在南岳方广寺举兵抗清，由于信息不灵，情报不准，更不知敌我力量悬殊而兵败如山倒。他只得越五岭，赴肇庆，投奔南明永历政权。当年，就曾被这个南明永历政权委任为翰林院庶吉士。但此时王夫之父亲逝世，他谢绝了官位。这年4月，他3次上书弹劾内阁王化澄结奸误国，不依不挠，陈词激昂。谁知王化澄这家伙也不是盏省油的灯，他居然暗中派人伪造了一篇《百梅诗序》诬陷王夫之，说王夫之早有反叛之心，这《百梅诗序》就是铁证，结果王夫之身陷死牢。好在农民军首领李自成的妻弟高必正仗义营救，才得以逃往桂林。经过这次风浪和打击，王夫之感到前途黯淡，效忠明朝皇室的理想彻底幻灭。只好由广西回湖南，再次避难于南岳“续梦庵”。

1650年春，农民军首领李定国率大西军10万人大败清军于桂林。8月，兵至衡州，派人招王夫之，王夫之想去而又未去。想去是因为打清军正合他反清复明的意愿，不想去是担心大西军中一个叫做孙可望的将领对他进行迫害，因为两人之间曾经有过过结。王夫之最终还是决定隐居在祁阳、邵阳、衡阳三县之界的耶姜山，历时三载。

中国画《王船山》

拿枪杆子的愿望破灭了，从此，他致力于学术研究，并全心全意用“笔杆子”为往圣继绝书，为求世界太平。1654年8月，因清兵搜捕，王夫之被迫离家，流亡于零陵、郴州、耒阳、常宁一带，改名易姓，伏处深山。他藏身瑶家山洞与瑶民一起居住数年，且始终保持明代遗风，不剃发易服。那个时候夺了权的满清王朝制定了剃发留辫的政策，即“留头不留发，留发不留头”。谁不梳长辫，就砍谁的头。

但王夫之就不惧死，再次证明了衡阳人“霸蛮”的气节。后移居常宁西南乡西庄源，开始授徒著书。这段时间，先后写出哲学著作《周易外传》《老子衍》（初稿）及重要政治著作《黄书》。1657年4月，再次返回“续梦庵”。期间，常往来于长乐、库宗桥、新塘等地，著书访友，过了3年。

1660年春，王夫之举家迁居衡阳金兰乡高节里，于茱萸塘（今曲兰乡湘西村）筑茅屋，编竹蔑为墙壁，取名“败叶庐”。10年后，又在败叶庐前筑草房“观生居”，并自题一副堂联：“六经责我开生面，七尺从天乞活埋。”期间，著有《尚书引义》（初稿）《永历实录》《读四书大全说》等。

1675年秋，筑湘西草堂。王夫之一生的最后17年就住在这里。他的大部分著作也在这里写成。湘西草堂当时是“食禽不栖”的穷地方，但他“安之若素，终日矻矻孜孜，刻苦自励，潜心著述。”《四书训义》《庄子通》《思问录》内外篇，重订《张子正蒙注》《尚书引义》等重要哲学著作，《读通鉴论》《宋论》等系统史论著作，以及诗论《南窗漫记》《夕堂永同绪论》等，均在这段时间内先后成稿。

王夫之33岁以后就开始“栖伏林谷，随地托迹”，甚至改名为瑶人以避世，直到他死去，刻苦研究，勤恳著述40年，得“完发以终”，始终未留长辫。

这是一个孤高耿介的人，是中国知识分子中稀有的人物。

在政治思想方面，王夫之提出了“循天下之公”，“不以一人疑天下，不以天下私一人”。主张选贤举能，“以天下之禄而位，公天下之贤者”。

哲学上总结并发展中国传统的唯物主义。认为“尽天地之间，无不是气，即无不是理也”。以为“气”是物质实体，而“理”则为客观规律。又以“蕴生化”来说明“气”变化日新的辩证性质，认为“阴阳各成其象，则相为对，刚柔，寒温，生杀，必相反而相为仇”。强调“天下惟器而已矣”，“无其器则无其道”。由“道器”关系建立其历史进化论，反对保守退化思想。又认为“习成而性与成”，人性随环境习俗而变化，所以“未成可成，已成可革”。而教育要“养其习于蒙童”。在知行关系上，强调行是知的基础，反对陆王“以知为行”及禅学家“知有是事便休”观点。政治上反对豪强大地主，认为“大贾富民”是“国之司命”，农工商业都能生产财富。文学方面，善诗文，工词曲。论诗多独到见解。墨迹传世稀少。《大云山歌》书风神清气舒，可谓难得珍品。其一生坚持爱国主义和唯物主义的战斗精神，至死不渝。

清代的思想，是对历代思想的一次大综合。清代学者们对以往思想界，指摘弊病，有的很中肯。但他们为时代和知识所限，除掉经籍的考证与训诂一途外，绝少能把历代思想发扬光大。在发扬光大方面，王夫之最为博大精深，遗憾的是，没有传人。

王夫之的思想，尤其在历史观和政治思想方面，大都表现在他的《读通鉴论》和《宋论》两部书里。而这两部书共45卷，全部都是王夫之楷书手录。因为家里穷没有书籍纸笔，大多是借朋友、学生的纸笔墨写成之后再将其授给朋友、学生，很少将已成的书稿藏放在自己家里，留给儿孙们的没有几本。由此可看出这些书的写作过程是非常艰苦的。

王夫之长期生活在中国民间的最低层，与普通百姓朝夕共处，这使他对广大人民群众尤其是农民的艰苦生活抱以同情。他反对剥削无度，主张让百姓休养生息；反对统治者操纵一切，乃至操纵民众的生存大权；主张“耕者有其田”，他曾说，“土地不是帝王所有，人民生活在土地上，用自己的劳动力耕自己的田地。所以，土地分明应归耕者所有。”这种见解，在当时是很可贵的。他还主张积极强固自己的民族，反对用武力去侵略其他民族，各民族之间应互不侵犯，互不歧视。

王夫之一生著书320卷，近800万字。录于《四库全书》的有：《周易稗疏》《考异》《尚书稗疏》《诗稗疏》《春秋稗疏》等。长沙的岳麓书院建造了船山专祠，以纪念这位不朽的大师。

船山先生坚忍不拔、锲而不舍的治学精神和高风亮节是衡阳人的骄傲，也是永远鼓舞衡阳子孙后代励精图治的一股动力。

王船山故居

欧阳正焕·为人师表树楷模

历史上，很多人、很多文章都发出过这样的感叹：惟楚有才。

于是就有人将“惟楚有材，于斯为盛”集句成对联，悬挂于岳麓书院的大门口。

这八个字成为湖湘文化的最好注脚。岳麓书院被视为湖湘文化的象征，成为湖南人的精神殿堂，标志着湖湘文化的品位和成就。

湖湘这块土地上涌现出一代代炳耀史册的知识群体被人统称为“楚才。”

“楚才”是如何产生的？不可否认有天赋其才，自然也有后天的培养与磨砺。

这里我们要提到一个人名叫欧阳正焕。

衡阳人欧阳正焕自公元1750年起在岳麓书院担任过10年的山长（即书院掌门人）。

为了培养、磨砺出更多的英杰才俊，在教学中欧阳正焕提出了“整、齐、严、肃”四个字，并将它作为院训刻在了墙壁上。

就像孙中山的“天下为公”刻在南京总统府内的横匾中。

就像毛泽东的“为人民服务”刻在中南海新华门内的红墙上。

就像朱镕基的“不做假账”刻在中国会计学院的校门口。

欧阳正焕，字瑶冈，号慕耕，别号竹淦。

他家祖居衡东县吴集镇厚田冲，家有薄田10亩，少年时期一边与家人种田一边读书。32岁那年，欧阳正焕参加乡试中解元。36岁时中进士，授翰林院编修。之后历任乡试考官，监察御史等职。乾隆十五年（1750年），应聘为岳麓书院山长，讲学于静一堂，提倡治经史与时文相表里。之后，他在岳麓山专门修葺一座自卑亭，并作记勉励学子：欲登高，必自卑。如今，该亭仍然矗立在湖南大学的校园内，启迪一拨拨欲登高望远的跋涉者。

他摆脱世俗罗网，敢于整顿文风，在当时实属难得。

岳麓书院位于湖南长沙岳麓山东麓清风峡口，为北宋四大书院之一。王阳明、周敦颐等学者曾在此讲学，是当时全国的学术中心。岳麓书院培养出很多“传道济民”的人才，同时在它1000多年的历史中，为国家输送了大批的政治人才和思想精英。

欧阳正焕(1709－1760)

说到岳麓书院对湖南和中国的作用，就好比说到牛津、剑桥之于英国，哈佛、耶鲁之于美国一样。

南宋时期，朱熹两度来此讲学，书院盛极一时，进而逐渐发展成为理学史上颇负盛名的“湖湘学派”，大批学界“巨子”和抗金名将从岳麓书院走向社会。

明代中后期，岳麓书院再度复兴，大儒王阳明讲学于岳麓书院。明清之际，王夫之等开一代风气之先的学者也络绎不绝来此讲学。

晚清以后，这里更是鼎盛一时，培养出众多影响中国历史发展的人才群体，其中最著名的有：以魏源等为代表的政治改良派；以曾国藩、左宗棠、郭嵩焘、胡林翼为代表的“中兴将相”；以谭嗣同、梁启超、黄遵宪为代表的维新变法派；以蔡锷、陈天华、程潜为代表的近代民主革命派。

欧阳正焕书写的“严”“肃”二字

中国书院一般都有学规。所谓学规，是书院制订的用以规范生徒学习、生活行为的规矩章法。岳麓书院的学规，最早源于朱熹的《书院教条》，到清代乾隆年间，欧阳正焕任书院院长时，提出“整、齐、严、肃”四字院训，并撰诗刻在碑上嵌于书院讲堂前壁左右，流传至今。这四个大字沉雅浑厚，宽二尺六寸，长三尺二寸。凝视之际，感悟深远，令后人景仰不已。诗的题目叫做《书整齐严肃四字因示诸生》石刻嵌于讲堂右壁。宽34.5厘米，高71.5厘米，为清乾隆二十二年（1757）岳麓书院山长欧阳正焕撰，道光七年（1827）山长欧阳厚均勒石。碑正文16行，160字，另标题落款26字，字体正楷。录诗文如下：

先民亦有言，涵养在主敬。
心放而勿收，形骸为之病。
旷荡逐朋从，纷华缘物竞。
颓然自肆者，漫云希贤圣。
制外以养中，主静以定性。
翼如瞻视尊，俨若衣冠正。
暗室居漏时，如闻武公咏。
视听言动间，从事常自儆。
勿谓勉强难，力行我为政。
尝试览狂徒，能无忧丙丙。
愿言师伊川，毋与非僻近。
敬身以治心，心庄身益劲。
天君既泰然，百体始从令。
书此揭座隅，悬作妍媸镜。

以岳麓书院为代表的湖湘人士，凭借非凡的胆略和大无畏的气概，开创风气，勇为人先，以精英教育为先导，以包容四海的胸怀、吸纳西方先进文化成果，哺育出了一大批湖湘精英，迎来了湖南人天君地亲的黄金时代，欧阳正焕功不可没。

1760年因父亲去世，欧阳正焕从岳麓书院归乡。又因身体孱弱，悲伤过度，亦于同年病故。遗留诗文尚存《静一堂会课小叙》《重修自卑记》《竹淦诗文稿》等。

岳麓书院门坊

杨 健·天地之间镌英名

杨健的先祖由浙江钱塘迁入衡阳城江东岸，后代定居衡阳。杨健出生于清乾隆二十九年（1764），25岁入县学，1794年中举人，1796年中进士。历任户部主事、乡试副考官、监察御史、知府、布政使、巡抚等职。

杨健为官之时，得到了老百姓的喜欢和拥戴，民间曾有“杨健当官，一年升三级；杨健坐堂，鬼都不喊冤”的说法，可见他是老百姓喜欢的好官。

这个好官有三大优点：

第一个优点是他两袖清风、清廉正身。

1812年，杨健任广东廉州知府时，见府署的巡船开支巨大，而这笔本应在官府里报销的钱居然又变着法子摊派到了老百姓头上，令民间怨声载道。杨健怒不可遏，即令有关人员严查账务，并将巡船撤消，要求官员工作察访，代之于骑马或自备船只以减轻百姓负担。这比当今某些地方的公车改革还彻底。

廉州某县有一个叫卢观恒的人，代人看守仓库。这家伙心术不正，一边监守自盗，一边又暗地四处销售赃物。他死后其子卢文锦要将他敬入乡贤祠，谁知遭乡民拒绝。若想人不知，除非己莫为。因其口碑不好，被乡民指为“不学诗、不学礼、身不行道，闲居为不善，为富不仁”。但卢文锦不肯罢休，仗着有点银子，就想通过上下打点，大肆行贿来为其父树碑立传。大小官员均受其“赇累钜万”，唯有杨健丝毫不受，本地总督和巡抚就将此事秘密报告皇上，皇帝因此知道杨健的为官清廉，反而不作评价，暗记心中。

期间，他因母亲逝世，要告假回家服丧；下属和民众中有许多人给他送礼，他都一一坚辞不受；有的人把钱物悄悄送来，他也把礼品再度退回。

杨健为官的第二个优点是勤民敬业，大小事情都要亲力亲为，不打马虎。

杨健（1764-1843）

有一位县民告状说有一做妾的女子，把她男人与妻子所生的嫡亲儿子毒死，但丈夫包庇其妾，成了县里一大民生冤案。他就亲自走访乡邻，亲自提审罪犯，终于弄清了事实真相，让罪犯服法，百姓们以此把他奉为神官。

杨健任山东布政使时，组织修河堤300余里，把漳、卫、汶三水疏通合注往北流，使百姓免受水灾之苦，方便了运输和出行。

1827年，杨健调任湖北巡抚。当时湖北旱涝频仍，不是长江发大水，就是老天不下雨，连年荒歉，民生困苦。杨健与湖广总督嵩孚会疏请赈，并贷款修堤，又严督各道府限期整修境内堤堰。

其中汉川县地势最低，每遇洪水，淹没田庐。杨健亲自勘察地形，组织人员连续几周奔波了解灾情，他因势利导，决定先开草桥口，以泄湖水，接着又率数千民工开挖消涡泾以通襄水，使两万余亩良田无损，而所毁不过数十亩。尔后，杨健马不停蹄，又在钟祥县修筑柴坝，因该项工程在他的整个防洪抗旱布局中最大、最重要，但建设资金缺乏，杨健便带头捐银千两，这一善举令民众十分感动。巡抚都能带头捐银，百姓则一一效仿，有钱的出钱，有力的出力，众人拾柴火焰高，柴坝按期竣工。钟祥民众为了感谢他，将堤命名为“杨公堤”。

巍巍长堤，立于天地之间。

为官一任，造福一方。杨健从广东、山东到湖北心系民生，以人为本。禁止官府摊派，敦促官员自重，为民修坝筑路，开挖渠道，百姓自然就把他的英名、他的公德镌刻在山水之上。

杨健为官之道的第三个优点是仁政为民，不管在哪里做官，他都以关心民生疾苦、倡导休养生息为原则。他自己不扰民，而且不准部属扰民，对有为的后进官员，他也总是劝导他们要施行仁政。

自古好人多磨难，杨健也曾两次遭诬陷。1830年，他被降职回家，从此闭门谢客，但对地方公益事业仍十分倡导或进言。

这一年，湖广总督林则徐来衡阳查办盐务，因为他已接到报章，衡阳卖私盐的小贩较多，他准备统一行动，严厉打击，彻底铲除盐贩。大家都知道林则徐是中华民族的禁烟英雄，他敢想敢干雷厉风行，且是个干大事、搞大排场的专业高手。在广东东莞禁烟，那可是震惊中外，让洋鬼贪官烟鬼烟贩闻风丧胆，但此番来衡阳禁私盐却与禁鸦片有着本质上的区别。由于他出身福建，还并不了解湖南衡阳的乡土民情。

衡阳人食用广东盐，大约起于明代。郴州、桂阳在明王朝一开始就吃广东盐。成化十八年（1482），湖广衡州、永州改吃海北盐，海北即今广西北部湾所产之盐。明代隆庆时，广西发生兵变，永州、宝庆与衡州又改食用广东盐。康熙六年后又改食淮盐。粤盐一包须配食淮盐一包。而无论淮盐粤盐，每包都要缺斤少两，最可恶的是掺沙子，这些已经成了惯例，不知道的人还以为沿海省份来的海盐就是这样。比这个还可气的是强迫家家户户必须购买。每斤价为0.78钱。而产地卖出价为每石2钱，以每石100斤计，则价格暴涨了39倍。于是贩卖私盐或挑盐成为衡州人年复一年的一项重要商业活动。

清代因衡州人民食用粤盐，为打击走私，清政府沿途设卡。原来最先为耒河口，其后则又在宜章、大陂、雷家市三地设卡征税，加上本地有之的耒河口也才四个卡。现再增至五卡。卡多则税重，这商税一重，商人与负贩之客或由坪石走间道，或翻越山岭。湖南、江西的卖棕之民，他们也罄资肩挑返回。大约一个挑脚客每次挑70斤，肩负贩至坪石。每百斤约给银四两，70斤可得二两八钱。当时用银二圆，就可买得盐70斤。到达坪石换回四圆，这些盐由盐贩商在坪石囤积等待年关船运。一般不是特别缺盐，由大陂关卡出耒河的很少，那里的税收太重，即使有过往运盐的人，也大多是攸县、衡山人，因为那里特别缺盐。否则必俟年底，赶“恩关”过卡。所谓“恩关”，是指除夕、来年初一、初二共三日，凡行过之船每船但收5000文。故每至9月，郴州盐埠即囤盐，腊月底开行至卡上游停泊，等待除夕的所谓“恩关”免税或少脚税过关。因此，年关这几天是过关的最繁忙时候。

小小老百姓要么自己挑盐，要么淡食，要么就买私盐，这就为走私盐提供了广阔的市场。

清代文献通考记载：衡州府所属常宁、耒阳与郴、桂二州接壤，私贩广盐的特别多，他们将粤东红盐载出耒阳口及常宁县招源河口，至潜溪寺等处煎成白色，另改小包充作淮盐贩卖。这些私贩在各县城镇大街小巷，获取利润。

为了打击走私盐贩，官府巡捕规定了每个巡兵每年必须完成的捕获定额，倘若未完成任务就要受罚。但是，他们只能偷觑小民之肩挑背负的个别单身行动者。所以挑私盐的人们往往合伙几十人或上百余人，以铁担为兵器，汇聚一起，浩浩荡荡，公然白日肩挑车运或船贩，捕兵不仅袖手不敢问，而且还只能远远避匿。

曾国藩曾给他弟弟的一封信中说道：你在衡州任事，对于衡州百姓走私贩运广东盐的事情，采取的耒水及湘江河道严肃查处的策略是正确的。你要做的是，只查船载，查路挑，收税钱，而不是禁止人们走私盐，要允许人们挑盐，这才合符当前事理。最近江西新城县出了一件杀死禁贩私盐官员一事，很值得弟弟你思考。江西不许百姓挑闽盐，结果政府派遣禁私盐的官吏被私贩们活活打死。我们不能禁百姓挑盐，那会激起民变，很危险，也禁止不了。现在的衡州每挑私盐既然交税已经到了每石240文，那是极限了，不能再加，如果再加，也会激起百姓的反抗。私盐本来就禁止不了的。道光年间，衡州严禁粤私，从未禁遏得住。将来新的章程到衡阳后，弟可与府县说明，只有水卡查船载之私盐，而且只能每斤加到8文，千万不要没收。其陆卡查路挑之私盐一是不查，二是一概不再加分文。否则，老百姓又要造反了。

曾国藩的话说明，一是走私盐在整个清王朝都是存在的，而且也从未禁止得了，禁私的结果是激起民变。二是衡州一直从广东挑贩私盐，历史悠久，既有肩挑背驮，也有船运。到了同治以后，禁贩私盐已经激起过民变，江西某官员就被民众活活打死。三是政府既然禁止不了，就只好睁一只眼闭一只眼，走私船也好，肩挑也好，都只交点钱完事，而且挑担子还不能交钱，只能让他们按老规矩办。

杨健当时虽已无官无职，赋闲在家，但他了解这几年衡阳实情，税赋日重，年年歉收，更体会到老百姓已度日如年，便毅然整衣前往林则徐下榻之地，诚恳进言说：“衡阳地邻两广，虽然山川险阻，却并没有私枭大贩，只因安徽淮盐不能及时供应上市，人民苦于淡食。市场如此缺货，官府又不曾顾及。于是一些贫苦之人，不惜长途跋涉，挑盐贩卖，得微利以养家口。如果急于追查，势必扰民；如果不分泾渭，将卖盐者一律收监，到头来，还是百姓遭殃。此事请予斟酌。”

林则徐完全采纳了杨健的意见，当场拍板对此事不予追究。于是，劳苦盐贩，得以保全，也缓解了衡阳人民的淡食之苦。

杨健的威望很高，回到家乡后，邻里乡亲或过路的官员、学生至交都来府上拜访，上门请教者络绎不绝。他就在江东岸河边热闹的唐家码头旁购置十余亩地，建了自己的寓所，与他的一姊一弟“比屋以居，朝夕相见，友爱尤至”。

杨健晚年居住的故宅原址就是现在被改为退省庵的地方。1843年他逝世后，家人将此处改建为“杨氏家庙”，作为衡阳杨氏族人祭祀、议事的办公场所；故宅后面的花园则是“杨家族学”，过去叫“私塾”。民国后该族学改名为“养正高级完小”，其全部办学经费悉由杨家族产开支，周围入读乡民学生一律免费。

杨健回乡后的第二年（1831），江华的瑶民暴乱，危及衡阳百姓，民心恐慌。他马上要儿子杨鼐招集亲朋好友，出钱出力，组织乡民练团防，保境安民。让当时慌了神的督部卢公和军门的罗公，都因为有了他而放心。

第二年，衡阳和周边邻县都遭饥荒，他又出面召集各地富绅“运米平粜以济邻井。”即从外地高价买米，然后再平价卖给老百姓，以帮助大家走出困境。

近代湖南的风云人物曾国藩曾这样评价杨健：“性敦孝友，公正廉明。”令人感动的是，曾国藩在杨健死后曾两次为杨健奏书皇帝，因此还遭到皇帝的贬斥和降级，但他却毫不在意，最后皇帝还是给杨健“赏加五级”。由此也可见曾国藩的为人和他对杨健的尊崇。

1843年6月17日，杨健病逝，葬衡阳城郊金甲岭。

衡阳石鼓公园

彭 浚·打开天幕看文章

每年高考放榜之际，都会有一群“状元”涌现在报刊或互联网上，畅谈心得体会、兴趣爱好、希望和理想。虽然状元是中国科举制度的特殊产物，但在步入21世纪的今天，人们依然对其热情不减，可见其魅力之大。可能它已经不仅仅是一个名次的符号，更是一项荣誉的象征、一种能力的炫耀。当然，科举是封建时代的产物，而现在的高考与科举制度相比，无论在形式、内容还是目的上都和科举有着本质的区别，它是新时代的事物。但从难度上说，古代考科举状元可比现在的高考状元难多了，单说时间跨度就要前后三年，要越过乡试、省试、殿试三种地域层次，范围容量则全国只出一个。大家想想，不过五关，斩六将，掉30斤肥肉，挤破脑袋还真戴不上这顶“桂冠”。《儒林外史》里记述文人范进年年参考，70多岁才中个举人就已经高兴得神志不清了，可见中个状元得花多少功夫要有多大造化。一旦高中了状元，那就真的是名扬天下，步入达官贵人一族了，正所谓“十年寒窗无人问，一举成名天下知”。

因为状元难考，所以从隋炀帝大业元年（605）开科取士，到清光绪三十一年（1905）废止科举，1300年间总共才录取596位状元，衡阳历史上共产生了两位状元，分别是元代状元何克明和清代状元彭浚。今天我就再给大家讲讲彭浚的故事。

彭浚，清乾隆三十四年（1769）出生于衡东县珍珠乡黄梓塘村。

这个彭浚可不是个简单的人物，光是“天子门生，门生天子”的金字招牌就足以震撼世人。那么什么是“天子门生，门生天子”呢？

“天子”大家都知道，说的是老天的儿子，中国古代是专指金銮殿上的万岁爷皇帝陛下。“门生”在科举考试里面代表主考官与考生之间的师生关系，通俗点讲就是某某主考官门下之学生。所以，天子门生就意味着是皇帝老人家门下的学生。天子为人间至尊，作为天子的学生，其意义可就不一般了。简简单单一个“天子门生”名号将给寒窗苦读的学子带来的是经济、政治和名声三个层面的影响。而这种影响在那个时代对于学子的命运将是决定性的，甚至是颠覆性的。

彭 浚(1769－1833)

彭浚是怎么获得“天子门生”这个名号的呢？

这首先得从中国的科举考试谈起。在中国古代，每个朝代的科举内容并非完全一样，这里我单从明清两代来说。明清科举考试分为四级：童试、乡试、会试和殿试。童试、乡试均为地方考试，考过童试即为生员，就是我们常说的“秀才”。成为了秀才才有资格参加在省城举行的乡试。

乡试每三年举行一次，考期在子、午、卯、酉年的秋八月，称“秋闱”，“闱”是考场的意思，秋闱就是秋季考场。这科考试为正科，如果遇到新皇帝登基上台或是生日寿诞庆典，则加一科为恩科。乡试考中者为“举人”，举人中成绩第一名称“解元”。

会试与殿试是中央级的考试。乡试过后的第二年春季，举人汇集京城，参加由礼部举行的会试，取中者为

“贡士”，第一名称“会元”。

会试后贡士们参加由皇帝亲自决定考生名次的殿试。依成绩分甲赐及第、出身、同出身，然后授官。

殿试第一甲第一名，初称“榜首”，即“状元”，第二名称“榜眼”，第三名称“探花”，合称为“三鼎甲”。

嘉庆十年（1805）三月，彭浚赴北京礼部贡院参加“乙丑科”会试。会试分为3场，分别于农历初九、十二、十五日举行。前一日点名入场，后一日交卷放出。4月15日放榜，彭浚榜上有名。不过，那第一名会元的桂冠被仁和（今浙江杭州）人胡敬夺得。

4月21日，彭浚等通过会试的243人在保和殿参加最高一级考试——殿试。殿试以一个白天为限，早晨入场，黄昏交卷。22日、23日两天，8名“读卷官”评卷，这8名评委在243份考卷中挑出10份最佳考卷，排定第一至第十的名次，送给嘉庆皇帝。彭浚的卷子被列为第一名。

在10份卷子中，嘉庆皇帝最欣赏彭浚那份，遂钦点为第一甲第一名。皇帝在古代被称为天子，你的作文考试卷被皇帝亲自披阅获得第一，于是，你便称为天子的学生，而天子学生中的第一名又是状元。彭浚成为清代第68名状元。而那会试中的第一名胡敬，殿试中仅列第二甲第22名。中状元后，彭浚按惯例入翰林院为修撰，掌修国史，成了“国家高级公务员。”

当然，在古代，取得状元称号仅仅靠学识也不是绝对的，有时候还有一些不确定因素。因为皇权社会是人治社会而不是法制社会，这也就意味着，即使你殿试能得第一，但不一定能成为状元。但同时也就意味着，即使你殿试没能得第一，但也可能被钦点为状元。这些不确定因素中最关键的便是皇上了，既然是要做天子的门生，当然要被皇帝看中才行。而这个看中所包含的内容就多了。

宋朝的王安石，殿试得了第一名，本来可以中状元，只因一句“孺子其朋”不合皇上的口味，便被降为第四。“孺子其朋”什么意思？翻译成白话文就知这个变法的王安石胆子有多大。他说，皇上啊，您应该和群臣在一起，和群臣们友好，那意思就是叫皇上和群众打成一片。这还没有当官就开始教训皇上了，皇上当然不高兴了。结果龙颜一怒，就让本来第四名的杨寘做了状元。

还有一位大家更熟悉，南宋的文天祥20岁中进士，会试是第七名，在集英殿考策论时，“以《法天不息》为题，其言万余，不为稿，一挥而成”。文思像泉水一般涌现，连稿子都不用，一口气就说了出来。宋理宗听后大加赏识，于是钦点为第一。

还有些并不是才华出众的人也因为某些方面被皇上看中而高中状元。明洪武十八年，太祖朱元璋在殿试前夕，睡觉做梦，梦见宫中有一巨大的钉子钉缀着几缕白丝。过了几日，朱元璋审阅考卷，突然发现一赴试者名叫“丁显”，甲乙丙丁的“丁”，“显示”的“显”。这姓名恰与梦中那颗巨大的钉子相符。尽管丁显的考绩平平，可是，当过和尚、讨过米饭、贫农出身、大字不识几个、小名叫朱重八的皇帝朱元璋认定：冥冥之中有能人相助，于是大笔一挥，点了丁显的头名状元。

彭浚书法作品

更离谱的是清末殿试，有个贡士名叫王国钧。名字的含义是很有品味的，国钧者，国家和重任也。王国钧在殿试中成绩优秀，名列前茅，可慈禧太后念了王的姓名却说了一句“好难听”。因为这三个字与“亡国君”相谐，完全同音，实在太不吉利。可怜这位高材生王国钧因此被抑置三甲，蹉跎岁月。

所以说，人治社会还是不得人心的，要坚持法治，要公开、公平、公正，要制度取人。不能因为有个好爸爸或有个好名字、好相貌就可以任意混进公务员队伍。

当然，虽然有这些不确定的因素存在，但能成为状元，绝大多数时候学识还是最重要的敲门砖。衡阳人彭浚既没有一个和当朝皇上梦境吻合的名字，也没有能让皇上得意或关照的其他偶然因素，他能被皇上看中点为状元，靠的完全是真才实学。

通过层层选拔，最后能够进入殿试环节，并且能在殿试中考第一名，没有杰出的才能和学识，是绝对不可能的。而且即使才华再出众，如果书法写得不好，不对评委会委员们及皇上的胃口，那也是与状元无缘的。据史料记载，清朝殿试主要以应考者的书法来定优劣，举子不仅要有深厚的经史根底，卓越的属文能力，还必须有一手漂亮的“馆阁体”。所谓馆阁体是指考卷上的端正匀整的小楷。在清朝，康熙帝崇尚董其昌，乾隆帝推举赵孟頫，没有迎合皇上的“馆阁体”是不行的。在康熙三十年，殿试的评委们拟吴昺为状元，可是康熙喜欢第二名的戴有祺的字，于是戴有祺便成为钦点的状元了。书法的优劣事关科举考试名次的高下，举子们都很看重这个，冬寒夏暑，勤练书法。清代的114名状元中有五六十人被后世称为书法名家，由此可见一斑。如果大家想见识下彭浚的字到底如何，可以去市面上买本《清代状元彭浚小楷字帖》来学学，还是精装的呢。

彭浚最出名的，不仅在于他写得一手好字，更在于他机智的巧言妙对。

有关他巧言妙对的逸闻趣事可是从小就开始了。

早在家乡寒窗苦读的时候，他在当地就是个小有名气的人。有个叫李三的渔夫对他可是很不服气，心想你一个小小读书少年，最多会点书本上的知识，对对联能有多厉害啊？于是就想找时间为难为难他。机会终于来了。一次，彭浚来河边晨读，这位李三渔夫便凑趣以渔舟为题出一句上联：“轻舟如梭，编织江中锦绣。”小彭浚连头也没回便用手中纸扇指着山顶一灵塔即兴造句：“宝塔似笔，倒书天上文章。”瞧瞧，出口成对。渔夫自此对他崇拜不已。

衡山县城郊，聂翰林家的五少爷，也喜欢以作对子来取乐。冬季的某日，二人结伴在水塘边玩耍，五少爷触景生情，口拈一句：“水本无愁，因风皱面。”彭浚朝白雪皑皑的衡山祝融峰一望，应声而答：“山原不老，为雪白头。”“山”对“水”，“白头”对“皱面”，妥帖工稳。

这位五少爷不肯罢休，又出一联：“皓月当空，倒挂罗盘观地理。”彭浚才思敏捷，且手舞足蹈说出下联：“荷花出水，仰提朱笔写天文。”听听，你是“观地理”，我是“写天文”。若不是亲眼所见，那位五少爷恐怕打死也不会服。

进了京城，皇帝得知彭浚多才善对。有一次，他在殿上问道：“你家乡衡州是否盛行对对子？”

彭浚点头道：“男女老少，人人精通。”

呜——，引来一片嘘声。

一边的大臣们很不以为然，便奏请皇上，要求对衡阳进行实地考查。

看是否在说撒谎。

彭浚倒是不慌不忙，胸有成竹地恭请考查官员将考察情况详细复述一遍，看是否属实。考查官员说，在回雁峰前，他们以寺塔为题，道出上联问一挑大粪的农夫：“宝塔尖尖，一耸七层八角；”可农夫手一挥，满脸不屑，不辞而别。

彭浚哈哈大笑道：“他已经对上了，你还蒙在鼓里。”

考查官员眉头一皱，还是费解：“他明明一言不发，挑担就走，为何对上了？”

彭浚问：“他可是挥了挥手？”

考察官道：“挥了。”

“哪只手？”

“右手。”

“这就对了，”彭浚接着说，“那农夫是以手代言，他的意思是说‘手掌平平，五指两短三长’”。

考查官员“哦”了一声，憋得满脸通红，明知其中有诈，又如鱼刺鲠在喉，道不出个理来。好一会儿，又支吾着说在城北青草桥他们也请一少女应对，当时出的上联是：“青草桥，青草鱼，口衔青草；”那个少女略有所思，忽然头一偏，并不理睬，只顾自己跑到油菜地里摘一朵黄花插到头上，转身也不见了。可见她是擀面杖吹火，一窍不通。

彭浚马上驳斥道：“人家一个黄花闺女，怎能随便同陌生男人说话呢？她同那位老农夫一样，也是用形体动作在应答对联。”

大家一时纳闷，又是什么形体动作？

彭浚解释道：“她不是采摘黄花吗？

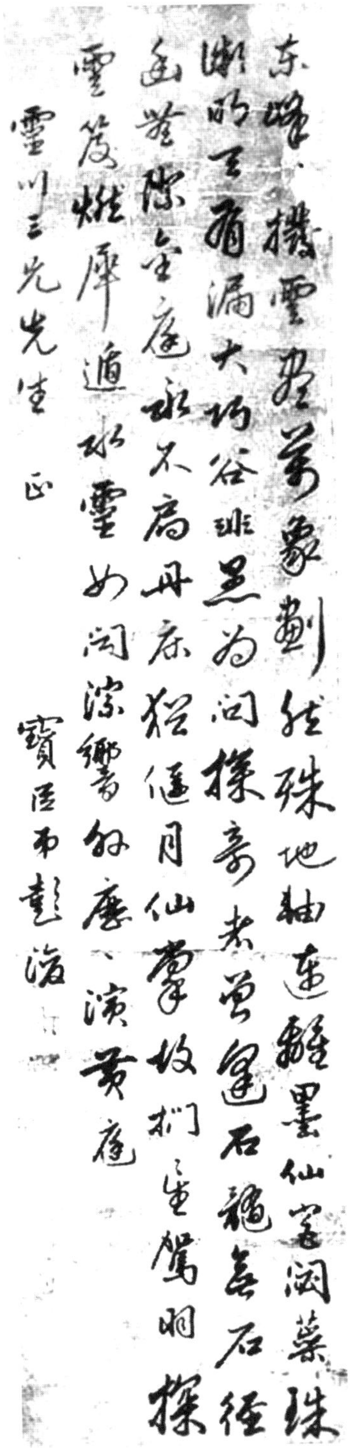

彭浚书法作品

她不是摘了黄花又戴在头上吗？那下联就是‘黄花地，黄花女，头戴黄花’。你们说，是也不是？”

面对彭浚的机智灵活，大臣们连败两阵，一时大殿鸦雀无声，都被衡阳的彭状元、衡阳老百姓的才智折服了。

嘉庆皇帝稳坐龙椅之上欣赏了这幕充满智慧、口唇相讥的喜剧。为了打破官员们尴尬的局面，这位一把手坐不住了，他抖了抖长袖，拍了一下龙椅，便亲自出面调节气氛。嘉庆说：“彭浚，衡州出才俊，老少能作对，朕很欣慰。朕也给你出个题，你是衡阳人，据说南岳衡山有七十二峰，你把这每一峰报来给朕听听。”

彭浚不慌不忙，从首峰迴雁峰开始，一一数来，九女峰、白马峰、莲花峰、芙蓉峰、祝融峰、烟霞峰，数到七十一峰，独独忘掉佝偻一峰。稍停片刻，只得勾下头来思忖。皇上见彭浚这副模样也沉不住气了，即刻问道：“是不是还有一个勾头峰呵？”

彭浚灵机一动，连忙应声：“正是。”

皇帝大笑：“早就看穿你的鬼把戏，跟朕也玩起形体动作来了。”

正因为彭浚这么一说，所以至今还有人把佝偻峰叫做“勾头峰”。

从此，彭浚的名声愈来愈大。相传到奉天府赴任，正逢雷雨大作，地方官员也想见识见识彭状元的才学，便在迎候牌坊的右边，贴出一联的上句：大雨滂沱，洗尽街头迎学士。彭浚不加思索，提笔就在左边书就了11个大字：惊雷霹雳，打开天幕看文章。

一见此状，官员们个个伸出大拇指，交口称赞。

彭浚的金字招牌中还有一截叫“门生天子”。这是什么意思呢？

按照字面解释，就是说彭浚门下出了一个天子。这可是件了不起的事情。这个天子是谁呢？既然彭浚是嘉庆皇帝的门生，那彭浚的门生天子当然就是嘉庆皇帝的儿子道光皇帝了。

中状元后，按惯例，彭浚当上了翰林院修撰，专门掌修国史，并在这一段时间当上了皇太子的老师。大家想想，这皇子的老师可不是一般人能当的，更何况是日后将成为皇帝的太子爷的老师。前提当然是他的学识和人品应得到当朝皇帝的信任和文武百官的信服。关于他的学识我们已经在前面讲得太多，这里就不赘述了，而关于他的人品，我们马上一起来共同感受感受这位衡阳人崇高的思想境界。

从彭浚1805年考中状元，到旻宁1821年登上皇位成为皇帝，彭浚担任了16年皇太子的老师，教他识字用典，教他治理国政。道光元年(1821)，皇太子一登上龙椅，便成了天子。而这天子曾经是彭浚的学生，于是称为“门生天子”实在是水到渠成、自然恰当。所以，他的履历上便有了“天子门生，门生天子”之誉。

对于彭浚而言，无论是嘉庆年间还是道光年间，他都配得上、对得起这个称誉。

为什么呢？我们可以从彭浚的为官、为人之道说起。

道光年间，彭浚有一次到郴州，听说宜章知县贪赃枉法，鱼肉百姓。于是，他就赴宜章微服私访。

也真是无巧不成书。

回郴州途中，路经一座石桥，忽闻前面鼓锣开道，原来是宜章知县回乡省亲。于是，彭浚命轿夫将轿停在路中。

两轿立于桥上，互不让道。

知县从轿门缝探出头来，见前面一乘小轿前无鼓手，后无旗幡，统共也就七八个人，不觉大怒。骄横地将轿门帘一甩，牙缝里蹦出四个字：“掀轿开路。”

衙役们蜂拥而上。一边鞭打轿夫，一边动手掀轿。

只听小轿内也震出四个字：“狗胆包天”！如雷贯耳。众衙役顿时住手。

稍顷，那小轿帘缓缓托起，彭浚从轿内探下身来，右手提着个灯笼，那灯笼上赫然四个大字“天子门生”格外耀眼。

那宜章知县一见，才知道是内阁学士彭浚。顿时滚下轿来，三魂已经走了两魄，跪伏在地，磕头求饶。

“也难怪你呀，这路既窄又小，不好走呵。”彭浚说：“起来吧。”

宜章知县一听更觉五雷轰顶，全身颤抖，表示甘愿受罚。

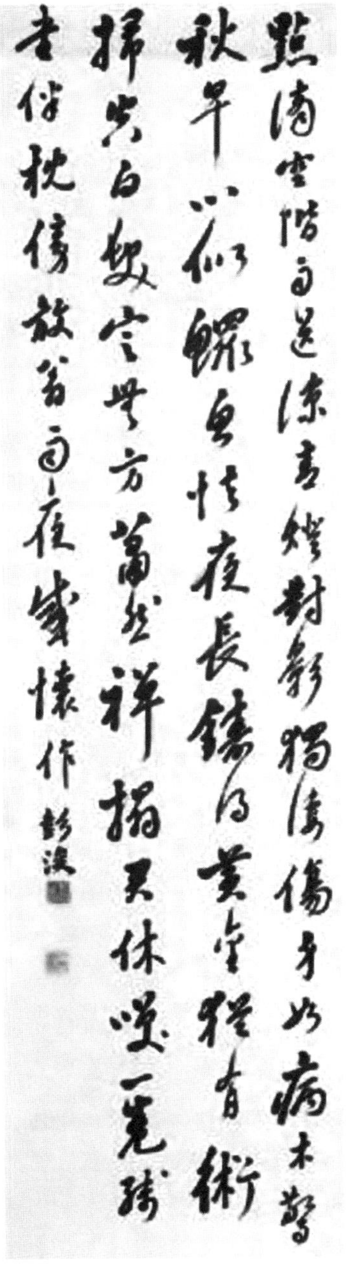

彭浚书法作品

彭浚当即给他开出处罚令：要他私人出资，把从郴州到宜章约九十里崎岖山路修为坦途，让百姓通行无阻。

能保全一条性命，多花点银子是值得的。知县连连点头作揖，回到家，将搜刮到手的民财，悉数用来修路。据说现在修高速公路一公里需人民币1个亿，过去修一条古道也不知要花多少银子。估计那次教训应该让宜章县县长铭记一辈子了。

这条古道一直使用至今。

对于贪官，有如包青天黑面不认人的彭浚，对于寒门学子，却乐于伸出援手，他不但能够赏识人才，而且经常雪中送炭。

作为一个教育部门的官员，在选拔人才上，他具有“伯乐识马”的眼光和胆识。嘉庆年间，一次他协理会试，“前后五鼎甲皆出其门”。这句话是什么意思呢？先讲讲“鼎”，古代的“鼎”也有三只足的。殿试以后一甲也刚好共三名，即状元、榜眼、探花。因此，人们又将这些社稷栋梁之材称为三鼎甲。所以，“前后五鼎甲皆出其门”就意味着彭浚门下培养出了5个前三名的人物，这是一个了不起的成就。而河南祝庆藩兄弟三人同登第，也是出自他手。

彭浚办事兢兢业业，颇受满汉士人赞誉，任乡试同考官时，有百姓给他赠送了一副赞联：

名魁天下，化振陪都，本寿考作人，真教玉数琪花，陆离珊网；
两度来游，一尘不染，藉文章造福，伫看栏芽挂蕊，次第瑶阶。

“名魁天下”说明他成就巨大。

“一尘不染”说明他清明廉洁。

对于寒门学子，彭浚经常开展助学行动。他的方式有：利用自己的积蓄，直接接济穷苦学子；置义田，以田获利资助学子。

作为一介清流，直接资助毕竟有限，彭浚想出一个好法子，就是靠经营获利。经营什么？房屋和田产。用今天的话来说，彭浚在做一项营利性事业，而其本人可以看作为房地产老板。

原衡山县向来没有乡试、会试公款，以至有人取得了参加乡试、会试的资格，因缺乏旅费不能启程赴京；也有人考试落第，因短缺路费回不了家。后来，彭浚将积蓄的钱置田364亩，又在县城建房屋一栋，名叫“成文公所”。他挑选品质廉洁、敦厚诚实的人来经营管理房屋和田产。房屋供贫穷考生住宿，田产的收入作为资助穷苦考生参加会试、乡试的来往旅费。他对家中人说："人不可顾自己，不顾大局，去当一个'自了汉'！我计划筹办此事已经多年，如今初愿已偿，我也就满足了。"

风光考学，他独步天下；学优而仕，他平步青云；嫉恶如仇，他惩治贪官；古道热肠，他乐善好施。因此，彭浚声名远播。作为这样一个侠骨柔情的书生，他对人生应该心满意足，可以颐养天年了。但是，人生变故却悄然而来。

1832年，63岁的彭浚脚患重病，奏请辞职，奉旨回原籍疗养。他在自己的堂门下又写了一副对联：

静观流水乐今日，
好向春风怀古人。

意思是，我坐在门前，静静地看着流水缓缓淌过小河，为今日的好日子而开心，我喜欢面向春风缅怀那已随风而去的古人。"思古乐今"的彭浚此时的心情该是平和中不乏喜悦。平和之处在于他已看透世事，淡泊名利；喜悦的是，状元的一生济人利物，无怨无悔。

次年10月，彭浚病逝故乡，消息传到北京，道光皇帝十分悲痛，亲自写文祭奠，痛呼："朕为太子，先生师也，朕为天子，先生友也。先生逝矣，何师何友？"这段话比较好理解，就是说皇帝我当太子的时候，您为我老师，我当上皇帝后，您是我的益友。现在先生去世了，我哪里还有良师益友？可以想想，能跟皇帝做好朋友，并且由皇帝主动道明这层关系，可见彭浚与皇帝感情之深。尤其后面一句"先生逝矣，何师何友？"更是将彭浚的地位拔到了很高的位置。

这些故事在彭浚的家乡传为佳话，至今被人们津津乐道。

纵观彭浚的一生，他的确是读书人、为官者的一面旗帜，一个典范。

"状元"这块牌子本就不可多得，而"天子门生，门生天子"这八个字恐怕是天下独一无二的广告招牌。

不过五关斩六将，摘取状元桂冠，你无法获此招牌；

当了状元，你不曾侍奉两位皇帝，你无法获此招牌；

即便侍奉了两位皇帝，没有真才实学，天下无人知晓，百姓不口口相传，不干点得民心、顺民意的好事，你无法获此招牌。

这块招牌的有形价值和无形价值根本无法估计，只是我们衡阳这位彭浚老先生并非势利且毫无心眼，没有利用这块八字金光招牌，走向市场，经营谋利，为个人留下一己私产。

彭浚惩治贪官，彭浚造福乡里，彭浚筑桥修路，彭浚培养人才，彭浚还利用一切机会来宣传衡阳，弘扬衡阳优良的读书文化传统，甚至把衡阳人读书识礼、衡阳人形体动作中带有文化含量的广告宣传做进了皇上的金銮殿。

他留给衡阳的是一种气节、一品高贵、一脉书香、一份情怀。

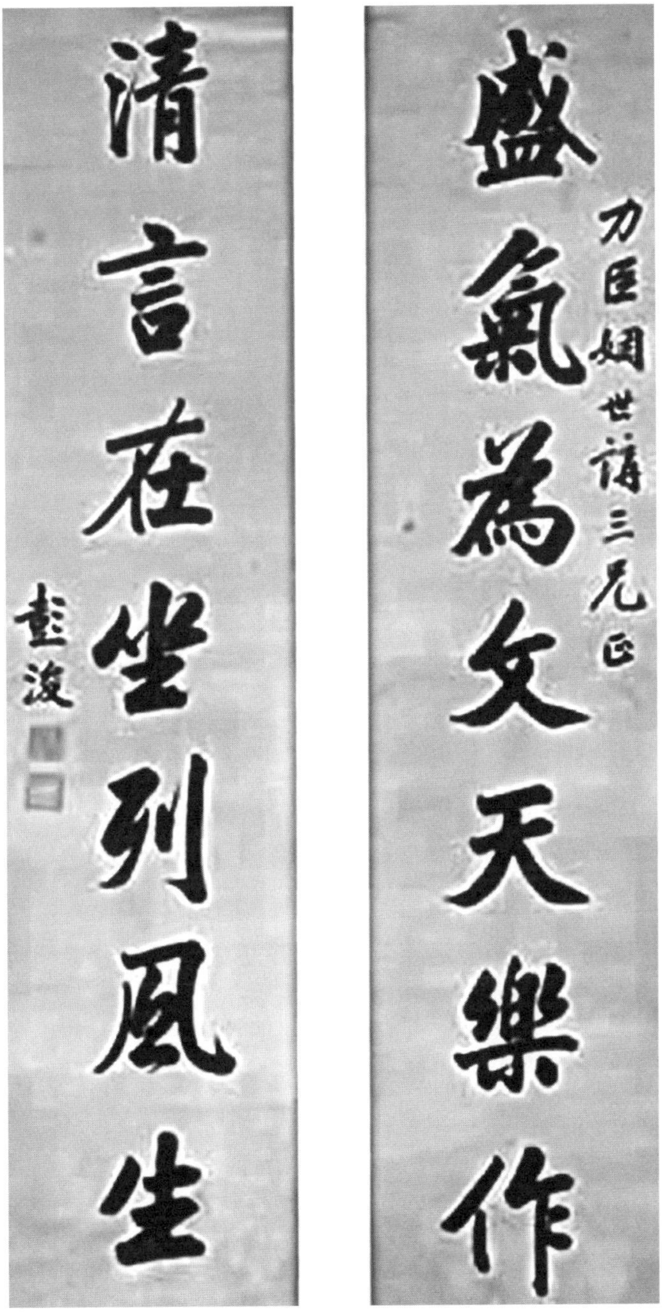

彭浚书法作品

彭玉麟 · 至情至性铁将军

衡阳是部厚重的历史。

它既推出过昙花一现的短命皇帝，如吴三桂，也曾培养出卓越风流的将领名人。彭玉麟就是其中最突出的一位儒将。

彭玉麟是衡阳渣江何隆甸人，字雪琴。因为一手毛笔字写得好，被招兵入伍。虽说那字体不像颜体也不似柳体，但气势却豪放又秀丽。他在清朝的湘军部队里一开始当连队文书，之后一路被提拔为卫千总、营千总、知府、巡抚、水师提督、兵部尚书，用现在的话说那就是营长、团长、军区司令、海军司令直至国防部长。

1882年因法国侵占越南，对我国虎视眈眈，彭玉麟退休后又受命重返战场，以68岁之高龄赴广东筹备防务，指挥边境战事。

彭玉麟不仅会打仗，还会写诗作画，尤其是绘兰既入妙品、画梅堪称一绝。他的部下和他的朋友都喜欢称他为“雪帅”，说的就是他文武双全，颇有儒将风采。下面，我们就讲几段雪帅的故事。

雪帅童年

彭玉麟的爸爸叫彭鸣九，因在家乡受族人欺侮，便只身流落江南，以卖字为生。身处异乡无依无靠，穷困潦倒后只得投奔清军绿营去当兵。在部队他吃苦耐劳，兢兢业业，积功升至安徽怀宁三桥镇当巡检，后调任安徽合肥梁园镇当过县处级以下的武官，相当于现在的派出所所长。彭鸣九工作勤奋，为民办事，不遗余力，还特别廉洁。用现在的标准看完全可以参加“十大杰出民警”评选。在当地，老百姓都喜欢他，极得民心，但他却没能够为自己积攒足够养家育儿的钱。后来李鸿章的哥哥李翰章来湖南当巡抚时，还特意作诗，评价鸣九先生是安徽最好的官。安徽安庆的县太爷也很赏识彭鸣九，并把女儿许配给他，生了两个儿子，长子就是彭玉麟。

彭玉麟17岁那年，奶奶病故。彭鸣九报了丁忧，也就是请了丧假，率全家过洞庭回衡阳。不久，彭鸣九也一病而亡，留下妻子与两个儿子在渣江何隆甸悲情度日。母子3人住茅屋，挨饥饿，仅有的五亩田也被族中的恶徒霸占。孤儿寡母只能靠乞讨度日，弟弟彭玉麒在一次沿街乞讨过桥时差点被人挤到河里淹死。眼看着实在活不下去了，母亲将18岁的彭玉麟与15岁的彭玉麒叫到跟前，一声“跪下”，母亲话语未出眼泪夺眶而下。

“给你们的父亲磕三个头。”

对着墙上彭氏家族的祖宗牌位，兄弟俩虔诚跪叩。

母亲哭诉着：“孤儿寡母，受尽欺压，你俩尚未成年，还是远出避避吧。”

母亲拿出两叠旧衣，捆扎成包，里面各放了几个糍粑。

彭玉麟泪流满面，问道：“母亲，你呢？不跟我们一起走？”

母亲望着两个儿子，一字一句叮嘱道：“从今以后，你们要自强自立，等有了出息，再来见我。”

从此，天各一方。慈母落泪，滴滴如血，滴滴铭刻

彭玉麟(1816－1890)

在彭玉麟的心底。15岁的弟弟跟人流落他乡做生意，长期杳无音信。18岁的彭玉麟因爱好诗文就读于衡阳石鼓书院，听经问义，钻研诗书，但不久便投笔从戎，担任连队文书，好歹有了一份工资，可以补贴赡养母亲，了结了一桩孝子彭玉麟牵肠挂肚的心事。

雪帅治军

雪帅可说是一生戎马倥偬，陆、海军都干过，真正是身经百战。翻开史书，著名的晚清军事战役中，诸如湘潭战役、汉阳战役、田镇战役、湖口战役、安庆战役、芜湖战役与九江战役，他都是亲历前线，身先士卒，几度身负重伤，却几次绝处逢生。他治军以勇气为高，并经常告诫部下：“我从不命令将士一个人充好汉去送死，也从不让胆小鬼一个人去逃生。”

雪帅任水师提督时，他乘坐的船头挂着一面红旗。打仗时，它是指挥船，带头往前冲；休整时，它是巡逻船，到各营地视察。若遇到有人赌钱、打架、吸鸦片，那犯事的人就倒霉了，军法惩治，不死也要脱三层皮。就这样，这个饱读诗书的文人将清朝水军十八营练成了一支纪律严明的劲旅。

那一年，彭玉麟奉旨巡阅水师来到安徽合肥，这地方是与他同朝为官的中堂大人李鸿章的家乡，又是他度过美好的孩童时光的地方。彭玉麟一到，就接到了当地老百姓许多诉状，告李鸿章的侄儿李明生仗着叔父的权势，横行不法，夺财霸产，霸占了许多乡民的妻子。由于这家伙有李鸿章这座靠山，尽管民怨沸腾，官却不敢问，所以李明生更加得意忘形。

一天，李明生又前呼后拥的出外闲逛，行人见了，纷纷避让，生怕惹上了这个祸根苗。有个老倌子挑着一担柴，闪得慢了一点，就挨了李明生好几鞭子。老倌子气愤不过，骂了两句。这下子闯了大祸了！李明生跳下马来就朝着老倌子的下腹部狠狠地踢了一脚，老倌子跌倒在地，口吐鲜血，当即咽了气。李明生却大摇大摆地走了，街上的人个个敢怒不敢言。后来有几个胆大的的后生仔，抬着尸体，告到县衙。县官害怕李鸿章的权势，不敢断案。

碰巧，这天彭玉麟正好从县衙门口经过，他问明了原委，取得了证词，验过尸体，对众人说：“你们不必着急，本官自会秉公而断。”说完，他立即用自己的名帖，打发差役去把李明生请来。李明生一见名帖，知道彭玉麟是他叔父李鸿章的好友，交情不薄，便大摇大摆地来了。彭玉麟叫他一旁坐下，问道：“街上卖柴的老翁是你打死的吗？”

李明生微微弯弯身子，毫不在乎地回答：“是小侄一时性起，脚踢得重了一点，谁知老翁气魄不足，连一脚也受不起。”

彭玉麟压着大气，又问：“李公子，你难道不晓得王法如山吗？打死人要赔命的！”

李明生一听“王法”二字还有点陌生，翻着白眼说：“人已经打死了，难道还能把我怎样！”

彭玉麟冷笑一声：“本官向来按律办事，这次也不能例外。”

李明生见势头不好，想起身开溜，拱拱手说：“彭大人，小生告退了。”

彭玉麟正色道：“只怕你来得去不得了！”

“大人难道不认识李中堂么，就这样轻易惩处我？”李明生威吓着说。

“嘿嘿，本官既然敢把你抓来，就敢惩处你。”说着，彭玉麟把惊堂木一拍，“来人，先给我敲打二十棍！”

衙役一拥而上，将李明生推翻在地，棍棒直下，只有一袋烟工夫，他的两条腿就被打得血肉模糊，动弹不得。这时的李明生，才开始明白彭玉麟是个铁面无私的清官，他借着还有几丝游气，趴在地上，交待了打死老倌子的经过，并在供词上画了押。彭玉麟让他读了供词，然后高声宣布：“按大清法典，杀人者偿命。李明生打人致死，罪

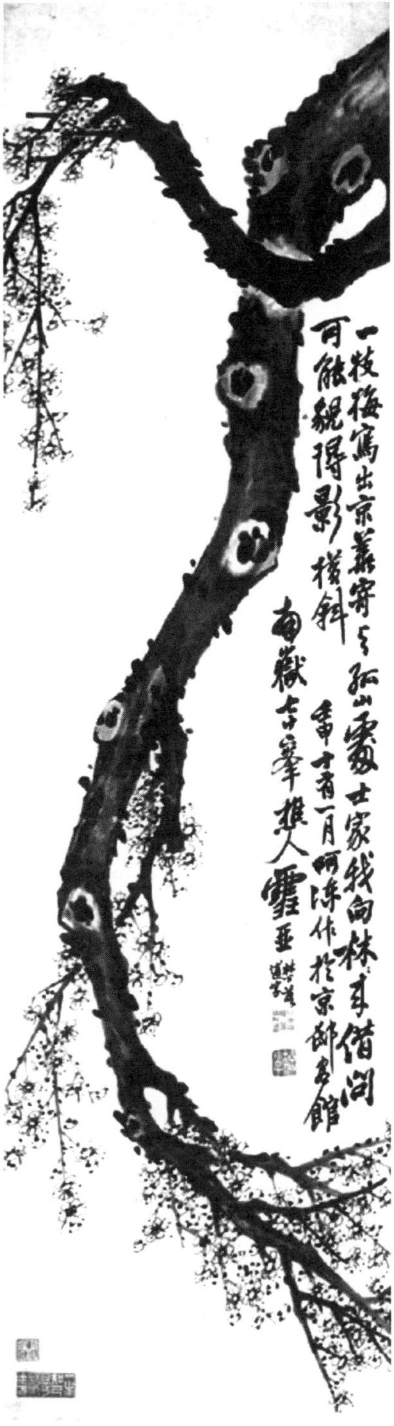

彭玉麟笔下的《梅花图》

该斩首！”

李明生吓得魂不附体，连忙叩头求饶：“大人与叔父是世交，请看在李中堂的面子上，免小人一死。”

彭玉麟板着面孔说：“我彭玉麟只认法令不认人，即使李中堂亲自求情，也饶不了你！”

正当彭玉麟要下令斩杀李明生时，忽然一个衙役匆匆递上一张名帖，原来安徽巡抚贺端来了。还没等彭玉麟起身迎接，贺端已进了大堂，他缠着彭玉麟苦苦求情。彭玉麟怒从心头起，恶向胆边生，又不便在此断面前发作。他十分清楚贺端是拍着李鸿章的马屁爬上去的，要杀李明生，这个老家伙肯定会死死缠住不放。于是他心生一计，押下李明生，喝退左右，对贺端说：“我与中堂大人一殿为臣，又是多年的世交，难道不会给他一点面子？我怎么会真的杀呢？只是吓唬一下，做做样子，你只管放心回府吧。”贺端不知是计，连连拱手，打着轿子走了。彭玉麟等贺端一走，又把李明生提上堂，庄严下令：“速斩李明生！”说完他把手一挥，两个刀斧手像抓小鸡一样，把李明生拉下堂去。

贺端离开县衙不远，忽听三声炮响，知道李明生被斩了，气得几乎昏死过去，像一摊稀牛屎躺在轿子里。

彭玉麟执法后，写了一封信给李鸿章，说：“令侄犯法，打人致死，也坏了你的家声，这样对你的官声不好，我素来敬佩你治家甚严，从不许自己的家属乱来，因此替你将他杀了。”一个“替”字堵住了李鸿章嘴巴，李鸿章只好打落门牙往肚里咽。

那时候，清朝军队里鱼肉百姓，贪赃枉法的人还不少，但只要是落在雪帅手下，一旦查证核实，便成了雪帅的刀下之鬼。比如安庆候补副将（相当于现在的旅长）胡开泰在外嫖娼，回家后妻子指责他，他却将妻子杀了，雪帅得知，一刀便砍了那家伙的后脑壳。湖北总兵衔副将（相当于现在的副师长）谭祖纶用诡计骗走了朋友的妻子，还杀人灭口，为了掩盖罪行，串通地方官员出伪证，连湖北总督念他战功显赫也包庇他，可雪帅不动声色，毫不手软地斩了他的头颅祭奠冤屈之魂。

雪帅恋情

彭玉麟的舅父在安徽芜湖衙门做了个文案小吏。彭玉麟12岁那年，舅父为他在芜湖找了个品学俱优的先生。于是，彭玉麟告别父母，来到外婆家。舅父虽成亲多年，却未生得一男半女，外婆王老太太常感膝下冷寂。彭玉麟生得眉清目秀，聪明伶俐，且秉性笃厚，对长辈恭顺，深得外婆和舅父母的疼爱。

清咸丰八年（1858）彭玉麟等奉上谕建造的石钟山祠

一个冬天的午后，彭玉麟放学回家，走到山脚，见山沟边躺着一个十三四岁的姑娘，脸色青白，两眼微闭。彭玉麟吓了一跳，心想：天气这样冷，若不叫醒她，岂不冻死？他蹲下身来喊道：“你醒醒，你醒醒。”喊了几声，那女孩醒了过来，却不做声。彭玉麟问：“你是不是病了？”女孩摇摇头。他又问道：“你是不是饿晕了？”女孩点点头。“你到我家去吧，我请你吃饭。”听到这，女孩眼睛里惶惶流出两行泪水。彭玉麟于是扶起女孩，一路搀着她回家。彭玉麟把情况跟外婆一说，王老太太也很怜悯，赶紧熬稀饭给她吃。又收拾好自己的床铺，要女孩睡到被子里去暖和暖和。那女孩“扑通”一声，突然双膝跪下，一个劲地磕头，慌得彭玉麟赶快扶起她。晚上，舅父母都称赞玉麟这事做得好，舅母还说心肠好的人今后会有好报，彭玉麟听了很高兴。

第二天，女孩向王老太太恳求：“大妈，我不走了，我就留在你这儿吧！我什么活都会做。”王老太太吃了一惊：“孩子，你怎么能不回家，你父母怕都要想死你了。”女孩流着眼泪说：“大妈，我没有父母，也没有家。”

原来，这女孩姓梅，14岁，浙江人。两年前，父亲得痨病去世。半年后，10岁的弟弟又得天花死去。自那以后，母亲便病倒了，家贫无钱医治，治，拖了一年多，也去世了。剩下她无依无靠，孤苦伶仃。

有一天，小梅的一个远房婶子从合肥回来说：“婶子领你到合肥去，那里有一个剧团，班主是我们嵊县人。你长得漂亮聪明，今后就跟班主学戏吧。”

小梅跟着远房婶子就上了路。夜里落脚在一家伙铺里，半夜醒来，发觉隔壁有两人在谈话，正是婶子与一个外地妇女在商谈，过两天就要把她卖到一家窑子里去卖笑接客。

她惊恐万分，趁天未亮便偷偷离开伙铺，不分东西南北，信天跑去，心里只有一个念头，离开婶子，越远越好。她又急又怕又冷又饿，走到山沟边想掬口水喝，刚弯下腰，头一晕，眼一黑，便倒在水沟边。

彭玉麟书法作品

王老太太边听边流泪。她怜悯小梅的苦命八字，也喜欢小梅的清秀灵泛与一口绍兴府的乡音，和儿子媳妇商量后，收下了这个养女。 没有多久，小梅身体复原了，面孔光洁，白里透红，益发显得标致。

她勤快温柔，样样活都干得好，对老太太贴心，对哥嫂亲热，对待彭玉麟则更是无微不至。她感激彭玉麟，是彭玉麟救了她的命，是彭玉麟把她带到这样好的家庭。她暗暗发誓，今生今世，要把自己全部的心血和爱都奉献给彭玉麟。

每天一早，小梅都把书笔纸砚整整齐齐地放到竹篮子里，提着竹篮送彭玉麟到先生家。到了放学的时候，她早早地跑去接他。回家后，彭玉麟喜欢画画，小梅就常在一旁帮他铺纸、研墨。傍晚，彭玉麟休息时，她就坐在玉麟身边，听彭玉麟讲些书本上的古今故事。那些故事多有味啊！慢慢地，她也懂得了不少知识，并学会了不少字。

时间就这样一天天幸福地流逝。

有一天夜晚，彭玉麟在灯下合起书本准备休息时， 小梅轻轻地问他：“玉麟，我问你一件事。”

“什么事？梅姨。”

“你不要叫我梅姨，我只比你大两岁，听起来多难为情。”

“你是外婆的养女，我不叫你姨叫什么呢？”

“你就叫我梅姑吧。”

“梅姑？太不礼貌了。”

“你就叫我梅姑吧，我喜欢听。”梅姑说着，脸上泛起一阵红晕。

“好！以后就叫你梅姑吧。你刚才要问件什么事？”

“玉麟，你以前讲，古时有个叫兰芝的女子，曾割臂蒸汤给丈夫吃，还治好丈夫的病。人肉真的可以治病吗？”梅姑瞪着两只秋水般的眼睛望着彭玉麟，一转不转的。

“这怎么说呢。”彭玉麟感到很为难，“可能有用吧！不然古书上为何常有割臂疗母、割臂疗夫的记载呢！”

几个月后，彭玉麟感风寒病倒在床，一连七八天，吃了十来服药都不见效。这天，梅姑端来一小碗汤：“玉麟，你把它喝了吧，喝了就会好。”

“这是什么药？”彭玉麟问。

“古书上的药，喝了保证好。”彭玉麟端起碗，见汤上浮着几个油圈圈，心里却在揣摩：古书上的药？她岂能看懂古书？他望着梅姑惨白的脸和不大自然地举动，更加怀疑。他放下碗，抓起梅姑的手，大声说：“你把手臂伸给我看！” 梅姑一惊，知道事情败露便两眼含着泪水，死死地用右手掌护住左臂。彭玉麟明白了，他抓紧梅姑的手，带着哭腔说：“梅姑，割臂疗病，那是古人心诚的表示，哪里真的就可以治病呢！你怎么下得了手，割自己的肉。”

梅姑眼里的泪水流了下来，喃喃地说：“你不是说有用吗？即使无用，表示我的心诚也好嘛！”

听听这话，真叫人感慨……

1832年，彭玉麟随父亲辞官回原籍，不得不忍痛与梅姑分别。这一别，彭玉麟等梅姑等了12年。总算在彭玉麟30岁的那一年，因为舅父在安徽去世了，外婆和梅姑没有人赡养，他马上将年近90的外婆和梅姑接来衡阳同住，再续前缘。只可惜好景不长，后来彭母做主，将梅姑许配给外人。彭玉麟在不敢违抗母亲严命之下，错过了一段姻缘。更令人扼腕的是，梅姑知道此生与彭玉麟无缘，便郁郁寡欢。还未过门，就染上了不治之症。梅姑临终之际，彭玉麟从前线疾趋而返。

这一日，瘦骨嶙峋的梅姑躺在床上，发出低微的呻吟：“玉麟，拿一张红纸与一把剪刀给我吧。”

“你要干什么？”彭玉麟问。

“给你再剪一朵红梅。”

“你好好休息吧，明日再剪。”彭玉麟眼泪夺眶而出。

“恐怕明日剪不成了，你……你……”梅姑话没说完又晕厥过去。

彭玉麟伤心欲绝。

第二天，梅姑病逝。彭玉麟抱着梅姑的头泪流满面，他暗暗发誓：梅姑呵梅姑，我要为你画梅一万本，来报答你对我外婆及我母子的厚爱。

在错过梅姑12年后，他又画了整整40年。雪帅践行了自己的怀念与诺言，无论是在日后的戎马生涯中，还是退休赋闲时，他专一画梅、咏梅，作品无数。这等情深义重的男儿，世间倒真是不可多得，不可多见。他写有两首《感怀》诗，就是对这段12年的恋情最好的印证。诗曰：

少小相亲意气投，芳踪喜共渭阳留。
剧怜窗下厮磨惯，难忘灯前笑语柔。
生许相依原有愿，死期入梦竟无由。
黄家山里冬青树，一道花墙万古愁。

皖水分襟十二年，潇湘重聚晚晴天。
徒留四载刀环约，未遂三生镜匣缘。
惜别惺惺情缱绻，关怀事事意缠绵。
抚今追昔增悲梗，无限伤心听杜鹃。

彭玉麟故居

情真意切，令人伤感。梅姑死后，彭玉麟就将她葬在外婆的坟墓旁，在何隆甸斗笠岭一块向阳之地上。

雪帅理财

雪帅生性不爱浮华，且怜恤贫苦，有一次，在北京大栅栏街上，看到一个姓石的孤老头子没有寒衣，67岁的彭玉麟不顾自身体弱多病，在自己仅有一件板结如铁的旧棉衣御寒的情况下，却将那件因治理水师有功，由皇帝赏赐收藏了30年的狐袍送给了孤老头子。

又一年除夕，一位姓洪的武术教头，因当年他的女儿被人霸占欺凌而死，自己身陷囹圄，是彭玉麟替他伸了冤，报了仇。教头为报大恩，得知彭玉麟想吃鱼，送来一条活鲤鱼。彭玉麟高低不收，把个洪教头感动得热泪盈眶。

雪帅在军队里也经常戴草帽，穿布鞋，素巾布服，一个老农民打扮。而且不愿意做官。历史上就有这样一段评价：彭玉麟舍命辞官，李鸿章拼命做官。每到往上晋升一品的官任，雪帅都诚恳推辞不受，官位反而越做越大。他曾经给上司打过一个报告，他说："我从来没有什么空庭之乐，夫妻之欢，休闲求舒适之心。当兵治军10年来，家中没买过一片瓦，购过一亩地，受了伤，生了病，也没有请过一次假，常年水里来、浪里去，从没想到移居岸上，求一天之安稳……"

雪帅在收复江南后，也不贪位、揽权，硬是要求解甲归田，为慈母守丧终制。他不是守财奴，在部长级高官的位置上坐着，一年的工资和其它加起来至少也有上万两银子，而雪帅不是用来帮助贫穷的亲友就是赠予得胜或立功的部下，更多的则是用于赞助公益事业。

建长沙船山祠，捐银10000两。

建衡阳船山书院，捐银12000两。

建街清书院，捐银10000两。

建育婴堂，捐银2000两。

雪帅与他做生意的弟弟一生捐银近百万两，多数捐给了公益事业。他还特别关心教育，注重培养人才。他在衡阳减免一些税收，开办学校，广印书籍，奏请增加秀才和举人录取名额，用现在的话说，也就是向上级申请给衡阳增加录取大学生和研究生的指标。为此，彭玉麟从用于军费的盐税中提取白银10万两扩充湖南教育经费。

雪帅治军广东时，地方官吏和士兵，恐军饷不继，共赞助白银17万两送至军中，雪帅坚决辞谢不受。他调离广东时，官吏集资万金建立功德碑，并排万人姓名，以颂扬他的品德。雪帅命令将金银全部退还原主，毁掉功德碑，还把称赞他的功德绣屏送入广州市海珠区同福路的海幢寺中。

在当时，也有人诽谤彭玉麟此举是沽名钓誉。而彭玉麟闻后却不愠不恼。他在给他的同事一封信中说道："俗言三年清知县，十年雪花银，实吾不所齿也。十年尚书郎，两袖唯清风。"

直至雪帅退休返回衡阳，也并未大兴土木，建造豪华家院，而是在城东岸盖草楼三间而自居，养花、种树、画梅抒意，怡然自得。

雪帅以一生的实践，履行了他自订的三不原则："不爱官、不私财、不要命。"

不爱官即不贪权力。

不私财即清廉自守。

不要命即乐于奉献。

刚直的秉性，高尚的品格，不正是衡阳人扬名于世的底气么！

彭玉麟故居展览室

谭上连·收复新疆左先锋

左宗棠是清朝末年湘军的首领之一。他精通韬略，足智多谋。他主持收复新疆，抵御外来侵略，被称为是当时中国西北的一道坚固长城。

在他指挥收复新疆的战斗中，担任湘军右前锋的刘厚基、左先锋谭上连两位将军都是我们衡阳人。

今天，我们讲讲左先锋谭上连的故事。

谭上连，字云廷，因其皮肤黑黝性格勇敢，又称谭黑虎。1840年5月25日生于衡阳市衡阳县渣江镇石市乡兴源村。父亲是个农民，母亲不仅能种菜莳田、缝补浆洗，还兼职当接生婆。谭上连出生时其母亲只是请了外婆来帮忙。那天，其父亲谭高照在塘边挑水，见那塘内莲花朵朵，清香四溢，色彩艳丽，沁人心肺，便顺手摘下一朵。一边欣赏一边往回走，前脚刚踏进院门，就传来丈母娘高喊：又是一个崽。谭高照放下水桶，跑进屋内就将儿子乐呵呵地拥在了胸前，手上还拽着那朵滴水的莲花。这莲花也算是圣洁之物，谭高照一高兴，当即为儿取名叫“上莲”。他说，这是天意。说实话这第三胎，他太想要个女孩了。上莲，上莲，这名字听起来，也还有点姑娘的韵味。随着年龄的增大，虎背熊腰的男孩“上莲”才改名为“上连”。

上连身体健壮，体力过人，又长得牛高马大，与人过招，三下五除二就能撂倒对方，少年时即得“谭无敌”称号。他还特别乐善好施。有一次，一个叫化子来他们村乞讨。邻家唤大黄狗去赶叫化子。他却喝退大黄狗，从家里盛了一碗白米饭外加两个荷包蛋送给了叫化子。那叫化子狼吞虎咽地扒完白米饭，又向他索要衣服。他二话没说，就脱下自己的衣衫。正因为这次慷慨的接济，谭上连16岁那年，那位叫化子找上门来，要收他为徒，教他习武。于是，谭上连跟随那位不知名的乞丐在家乡雷子岭秘密习武半年，据说练就了一身轻功。可平地跃取檐瓦。又学会三十六猴手，三十六扣手两套拳路，此为徒手搏斗绝招。之后，又学得三十六锁枪，耍上了冷兵器。18岁时，曾国藩在衡阳市演武坪筹办水师，谭上连报名参了军。考官问他有何本事？他不假思索地回答，乡下人过年杀猪，要几个人合作，而他一个人就可以耐得合（意即干得好）。考官听得哈哈大笑，当即批准录用。19岁那年，在宝庆（今邵阳）攻打太平军有功，被上级授六品顶戴（显示身份地位的一种功勋）。两年后随部攻湖北孝感、德安两镇太平军据点，谭上连一个人背着火炮抢登城堡，建立首功，授把总（相当于副连长），赏戴蓝翎（在那时，买一顶蓝翎要5000两实银）。1862年，又以解颍州之围和攻占霍丘之功升为千总（相当于连长），赏加守备衔。第二年，又因攻无为州和巢县升都司（相当于营长），换花翎（买此官位据传需要7000两实银）。1864年，清军攻陷太平军首府天京（今南京）。他在攻打天京战役中，被长矛刺伤左脚臁骨却随便敷上草药包扎一番，率先带部下登上城墙，攻进城内，这一轻伤不下火线的勇猛行为使他提升为参将（相当于团长）。谭上连由普通兵卒升为高级将领，年仅24岁。当兵五年，连升五级。硬是一年一个台阶。

谭上连 (1840－1890)

清同治八年（1869），谭上连被授予汉中镇总兵，赏穿黄马褂，诏命图形入紫光阁。享受到了封建时代军人的最高荣誉。

清同治十二年（1873）12月4日，谭上连奉左宗棠令，率总兵戴洪胜、提督金庆元攻陷肃州。第二年督修肃州城池。在炮火战乱中重建城市。当时上级批准城建工程预算为白银3万两，全部由国家财政支出。谭上连则亲率士兵共同建城，监工监料，保质保量，六个月便竣工，实际花费白银3千两。剩下的2万7千两，全部归还国库。城池竣工后，谭上连又即刻招集流亡在外的市民回城，安抚孤寡穷人，开垦土地，发展生产。数年之间，境内安宁，民心稳定，丰衣足食。特别值得一赞的是，谭上连娶了个维吾尔族姑娘做老婆。随他征战的谭族兄弟有10人都效仿他的行为娶维吾尔族姑娘为妻。这10位维族姑娘后均回衡阳落户，时称“肃州十姐妹”。

同治年间，新疆浩罕军事头目阿古柏，受英、俄帝国支持，在新疆成立“哲得沙尔国”，举国震惊。为防国土割裂，左宗棠亲举帅旗，命谭上连为先锋官，于清光绪二年（1876），从肃州入疆，讨逆叛贼。

左宗棠3月13日到达肃州，面对着长年不化的雪山，在城东南扎下大营。

军事会议之后，大军准备出发时，士兵情绪却出现了异动。

驻在肃州的主力部队是谭上连的老湘军，此时，官兵中出现了畏战、厌战、不愿出关的情绪，许多人说：“我们生长在南方，一路北上到了新疆沙漠地带，水土不服，气候也不适应，恐怕是‘肉包子打狗有去无回了’。与其死在戈壁滩上，不如死在关内算了。”

还有人说得更是怕人：“沙漠地带，一遇大风，飞沙走石，夏天热气蒸腾，能把鸡蛋烤熟；冬季朔风大雪，能把手指冻掉……”

这种怯战心理，很快传染到全军将士，听到这些议论，没人敢打先锋了。

身为左路将领的谭上连看到队伍士气的低落，不由得心急火燎一般，他向左宗棠回报说：

“部队情绪不高，有畏难怯战心理，单靠军法处置，未必能产生好的效果呀”。

左宗棠说道：“如果是个别人的问题，可以杀一儆百，以儆效尤；若是人数较多，带有普遍性，那就要认真对待了，不能简单化，要从其他方面想办法，鼓励他们去克服困难。”

谭上连听了之后，忽然想起一件事来，他兴奋地走到左宗棠身边，在他耳旁轻声说道：

“你曾经讲过宋朝大将狄青用占卜的办法，激励将士战斗情绪，收效甚好，我们不妨也来一个东施效颦，怎么样？”

左宗棠听了，笑道：“利用将士们微妙的传统心理，通过一项有积极意义的教育活动，来调动军队的战斗情绪和杀敌决心，也可以尝试一下。”

于是，二人经过一番密商，决定如此如此，这般那般，仿照古人的办法，加以精心地策划，便各自回去依计而行。

次日，大队人马刚才集合起来，准备请左宗棠宣布出征新疆的命令之后，西征就要开始了。

这时候，谭上连正陪着左宗棠向台上走去，突然间，有一个士兵从队伍中跳了出来，若有其事地高声叫喊着，向左宗棠冲过去，他神态异常地说道：“左大人！左大人！我有要事报告”

负责警卫的亲兵们一见急忙围拢过来，拦住他，不让他靠近左宗棠。那士兵叫得更响了：“左大人！我是刘老将军派来的，有事要向你报告，……刘老将军派我来的”

那士兵像疯了一样，扯天扯地地大叫大嚷，士兵们顿时乱了起来，左宗棠只得停下脚步，对亲兵们挥挥手，说道：“别拦他，让他过来说话！”

亲兵们这才闪出一条路，让那士兵走到左宗棠身边，只见他双膝一跪，像有鬼魂附体似的喊道：“刘老将军让我转告大人，出关打先锋，到新疆去活捉叛贼白彦虎，可是好长时间不发军饷了，无衣无食，怎么能打仗？”

左宗棠听后，忙大声问道：“你说的是哪个刘老将军呀？”

那个跪在地上的士兵竟手舞足蹈起来：“我就是刘松山，不给我的队伍发粮饷，怎么到新疆去打仗？我特来向您报告，请左大人快发给我们三个月的粮饷……”

左宗棠这才恍然大悟地说道：“放心吧，刘老将军，我现在就派人发粮饷给你们部队。”

那个士兵听了，立即“啊呀”一声，仰面倒在地上，不省人事。亲兵们赶忙上前把他扶进帐篷，过了好长时间，他才清醒过来，又像什么事也没发生一样，拍了拍灰尘，整了整装束，转身便向谭上连的湘军队伍里走去了。

经过这个士兵一闹腾，全军都知道了。这支湘军队伍，原来是刘松山生前所率领的军队，在刘松山战死之后，全军无不为之悲痛，此后逢战便呼喊着“刘松山”的名字，杀红了眼似的，为刘老将军冲锋陷阵，报仇雪恨。

这支湘军现在归刘老将军之子刘锦棠管理，而谭上连是他们父子的老部下、老战友，士兵统一地称呼他为少将军。这工夫，刘老将军一显灵，还口口声声请求去新疆打仗，活捉叛贼白彦虎，将士们听了，非常激动，热血沸腾起来，顿时议论纷纷。

乘着将士们激情澎湃之时，左宗棠说道：“刘老将军是一位可敬可爱的爱国将领，他虽然战死了，但是灵魂不散，精神永在。仍然想着收复新疆的战争，时刻想把叛贼抓回来，这种崇高的思想境界令人肃然起敬！现在，我提议，请全军将士都要以十分虔诚的心情，向空遥拜，以表示我们大家对刘老将军的敬意！”

说完，左宗棠带头向空中顶礼膜拜，全军壮士一个个屏着声息，也跟着向空中遥致敬意。

接着，左宗棠立即命令全军设祭，对刘松山进行祭奠，还焚化了许多纸钱，以及大量纸人纸马、衣服、兵器等。

谭上连接着表态：“老将军的英灵在召唤着我们湘军壮士，我们绝不能辜负老将军的期望……”

新疆的沙漠

这次祭奠活动，就是西征大军的一次誓师动员大会，全军将士的战斗情绪异常激昂，特别是湘军中人人摩拳擦掌，个个斗志昂扬，那种厌战畏难的情绪一扫而光。

此时，谭上连立即命令谭拔萃、余虎恩等将领分别带领部队，先行出发，自己带领大队人马也随之前进。收复新疆，保卫国土的战斗帷幕，正式拉开了。

唐人王之涣的《凉州词》中写道：

黄河远上白云间，一片孤城万仞山。
羌笛何须怨杨柳，春风不度玉门关。

其实，诗人写得并不夸张，到了西北地区，谁都会感到这里春意已经很少，一旦到了玉门关外，恐怕连春风也没有了。

进入眼帘的，是一望无际的荒凉地带。大军行径之外，空中常有一群乌鸦，约有数万只，黑压压的一片，在部队的上空，尾随着飞来飞去，时时不离左右。

在中华民族的传统风俗中，喜鹊被人们看作是吉祥的象征，而乌鸦而被认为是不祥之鸟。俗话说：“喜鹊迎头叫，喜事要来到”。但是，“乌鸦当头叫，灾祸快到了”。

谭上连一见，心里“咯噔”一下，认为此景不妙，千万别以此兆头灭了刚刚产生的激情。这位足智多谋的将领，面对着空中漫天飞翔的乌鸦，灵机一动，对部下说道：“看!刘老将军的英灵护卫着我们，他老人家派来了成千上万的乌鸦兵来助战，给我们引路，是我们西征大军最好的向导啊!”

谭上连的这一席话，顿时激发了全军的情绪，突然弥漫胸间的黑云原来是神奇的“乌鸦兵”，绷紧的神经霎时松弛下来。

部队停下来休息时，成群结队的乌鸦也呱呱鸣噪着降落在队伍的周围，士兵们说：“看呀，刘老将军的神兵们在护卫着我们!”

这还真是变消极为积极，化腐朽为神奇呵!

其实，在广漠无际的西北荒原，人迹罕至，乌鸦觅食确实困难，大军一路经过，特别是宿营之后，都会留下许许多多的食物残屑，这正是乌鸦求之不得的美食。

因此，空中的鸦群紧紧跟随着西征大军，而且越聚越多。在行军途中，乌鸦飞得快，往往是超前飞行，还真是充当了大军的向导。在那荒无人烟的地方行军，虽然见不到周围有什么风光景致，但是空中却有不计其数的鸦群在飞前舞后，不时地呱呱鸣叫着，这不仅能替长途跋涉的士兵解除寂寞之苦，也确实是难得一见的一道别样的风景!

有人说：“千军易得，一将难求”。谭上连把乌鸦的出现，点化成是刘老将军英灵指派的兵马降临，也确实是他智慧火花的闪现。

1876年的闰5月，谭上连的大军到达古城，与另一支清军开始讨论进攻乌鲁木齐的战略。

两位将军相见，谭上连首先说道：“据侦察人员回报，乌鲁木齐的兵力不过几千人，城内比较空虚。”兄弟队伍的张将军却说：“守城的马人得可没把我们放在眼里，他是安集人在北疆的头目，周围几百里地还有几个城池，可相互响应呢。”

谭上连对着地图说：“我知道，从我们所在的济木萨往西240里是阜康城，再往西100多里是古牧池城。由古牧池城再向西60余里才是乌鲁木齐。我们就按照左帅缓进速战的方针，先打阜康城，再进攻古牧池城，让乌鲁木齐成为一座孤城，看他马人得还能不能坐稳。”

于是，谭、张两支兵马合在一处，连夜对阜康城进行了袭击，没花什么力气，便让对方城头挂起了白旗。

第二天，谭、张便开始了进军古牧池城的筹备工作。

往古牧池城只有两条路，一条是大路，直穿戈壁，路上没水喝；另有一条小路，水源充足，但要翻山，而且必经一个叫黄田的关隘。

古牧池城是乌鲁木齐的外围城，守住它就等于守住了乌鲁木齐。而要想守住古牧池城，必须守住黄田。如果黄田能固若金汤，迫使进攻者改走戈壁大路，那就等于战事胜了一半。因为数万大军在那茫茫无际的沙漠中行军，一旦无水，必然葬身在戈壁滩上。而且，在沙漠行军，特别怕迷路。谭上连首先向左宗棠报告，请求拨付银两、树苗，令先头部队在前打探情况，插柳为标。左宗棠采纳了他的建议，并号令全军推广这一经验。沿途各部队均栽种柳树作为路标。于是，传于后世的新疆“左公柳”得以茂密成林。既可遮阳，又可防沙。

之后，谭上连又派遣部队在通往大路口的村庄，大肆开挖枯井，疏通废渠， 寻找水源，忙忙碌碌准备行军用水。

士兵们纷纷议论，四处通告：

提供水源者，重奖。

提供骆驼者，高价收购。要筹集5000匹骆驼运水。

一时间，军民同上，沸沸扬扬。

这些大战前的清军举措被探子一天一报反馈到守黄田的贼军耳里。

黄田本就是一个山口，又狭又长，两边是犬牙交错的怪石，又高又陡，不易攀援，易守难攻。

把守黄田的是马人得的亲信石友三，这家伙有个致命的弱点，就是嗜酒。

可为了守住黄田，他居然一个星期滴酒不沾。现在天天听探子回来报告清军不走黄田，那酒瘾便被重新勾了出来。这时，又有亲信端来酒碗对他说："酒喝多了未必有益，每晚喝一次，即使清军来了，上了这悬崖峭壁，我们照样打赢他。"

石友三一听，再也忍不住了，按过酒碗，一饮而尽。说道："说得有理，每天就喝一次"。

石友三的酒一开戒，先是一天一次，接着就餐餐品酒了。上行下效，整个军营又开始划拳猜令、打牌赌博了。而这个时候，清军也由谭上连率领，直抵黄田城下，原来走大道是谭上连打出的一个幌子。

谭上连一声令下，号角齐鸣，呐喊声起，震天的炮声将石友三从酒梦中惊醒，他"呼"地一声坐起来问："何来雷声，是下雨了吗？"

属下们急忙告诉他："是清军打过来了，城……已被攻……攻破了，我们……快撤吧。"

石友三瞪大眼睛："不是说，清军不从……黄田经过？"

那属下开始哆嗦："是他们造谣…在故意骗人。"

石友三气得跳了起来，从枕头下摸出手枪，吼道："别乱，快点抄家伙，跟老子一起去"话未说完，"轰"的一声被炮弹掀翻，一块弹片从他眼前掠过，鼻子、嘴唇被一起削去……

6月23日，谭上连率领老湘军通过黄田，将古牧池城包围起来。

古牧池城围了34天，切断了它与外界的一切联系，而后谭上连下令炮轰两天，一下子打得守军手足无措且城墙坍塌，但护城壕又深又宽，里面又蓄满了水，如何通过？这时，谭上连手下的兄弟向他建议，我们有成千上万的士兵，每人背一袋土，还怕填不平沟池？谭上连一听大喜，即刻采纳并下令士兵背土，不到两个时辰，壕沟被填平了。时间已到，谭上连发动了总攻的命令，清军势如破竹，半小时后，城中便竖起了清军的大旗。

离古牧池城仅40余里的乌鲁木齐，很快便成了谭上连的囊中之物。

1876年8月，新疆北路除伊犁被俄国占领外，全部被谭上连的西征大军收复。

《新疆图志·武功篇》载：“一月之中行三千里，半年之内复七八城，战必胜，攻必取，于上连首屈一指焉。”这就明明白白告诉我们，当年的衡阳人谭将军率部队在沙漠里一个月平均每天急行军100里，半年内平均每月收复一座城，逢战必胜，战战都是头功。

1884年新疆建省，谭上连任最高军事长官乌鲁木齐提督。其间，谭上连军政兼理，昼夜辛勤。先整军伍，汰老弱，留精壮，改募兵为制兵，并亲自操练士卒，督修城垣，备战平乱。同时创办学校，传播文化；整建粮仓，垦田种粟；又修路种树，防沙保耕，推动了南疆的发展。这期间，驻乌鲁木齐马队后哨哨长赵良正刺杀营官王玉林，率百余骑兵哗变，企图取道伊犁叛国投奔沙俄，被谭上连带兵全歼。绥定土匪勾结驻军军官，打出“吉江马队”旗号，乘夜抢劫商户，骚扰地方，裹胁五百余骑兵流窜作案。谭上连率部队分道堵截，节节搜捕，在精河口生擒匪首何偏颈，并全歼余部。

1886年，巡抚刘锦棠以“新疆喀什逼近强邻，非精兵良将不足震慑”，谭上连“谋勇兼备，声望素孚”为由，奏请将提督署迁移至南疆喀什葛尔。谭上连由此改任喀什葛尔提督。

1890年4月21日，收复新疆的衡阳籍英雄谭上连因枪伤发作，于喀什葛尔提督任上逝世，享年50岁。遗体归葬衡阳县渣江镇石市乡。

谭上连故居

彭 述 · 坦荡高洁真君子

“石鼓江山锦绣华”，这是诗人对石鼓的赞美，倘若你能亲临其境，必定会使你心旷神怡，流连忘返，觉得这诗句还远没有体现石鼓江山的风貌。

石鼓书院位于衡阳市北，海拔69米，面积约4000平方米，虽不像匡庐“跃上葱茏四百旋”那样高大，却有“一山飞峙大江边”那样奇崛突兀；它不像七星岩“削玉辰峰窗外列”那样磅礴，却有“仙洞危楼半出林”那样深邃。且山势之险，水色之秀，实为天下名山胜水中不可多得。

蒸水环其右，从邵阳缓缓而来；湘水挹其左，从零陵滔滔而来；耒水横其前，从郴州滚滚而来。三水汇合，浩浩荡荡，直下洞庭，而石鼓首当其冲，不惧冯夷之威，力敌阳侯之怒。横截江流，泰然若素，此乃石鼓千古之奇观。

12岁的彭述，就读于石鼓书院，在这儿读书习字，吸收天地之灵气。

彭述生于衡阳市珠晖区酃湖乡解放村，后迁居黄茶岭彭家冲。他好学好问，天资聪颖。16岁中秀才，25岁中举人。

光绪十二年即公元1886年，彭述参加殿试，那一天将试卷作完，毕恭毕敬交上前去，其试卷深得主考官翁同龢赏识。

翁同龢是咸丰六年（1856）进士，赐一甲一名及第，官至协办大学士、户部尚书参机务，是光绪皇帝的左右手。翁同龢见卷面干干净净，无一错字，漏字，别字，尤其是那一手楷书，清秀隽永，即刻将此卷列为第一，连同前九名的举子考卷呈给皇帝钦点。翁同龢的意思很明白，就是想皇帝在第一时间审阅这份考卷，而钦批为当朝状元。光绪皇帝看到彭述的试卷时，确在第一时间里被彭述那手毛笔字而倾倒，他十分欣喜地在试卷上面亲笔批了四个字：真写得好。谁知，那光绪帝在逐一审完十份考卷，摞在一起交给翁同龢时，彭述的考卷列在第四，皇帝说："拿去吧，明日可以张榜。" 翁同龢接过考卷一看，前三份又并无御批，十分奇怪又不敢再问。正是他的胆怯与奴性，导致了彭述与状元的荣誉擦肩而过。

第二天张榜，彭述录取为二甲第一名，赐真迹白玉大印一颗，留任翰林院编修，并担任光绪皇帝的书法侍讲，皇族诸子弟皆为其书法门生，成为圣皇之师，从而确立了彭述书法在清朝末期的历史地位。

彭述（1854－1912）

彭述出身于小手工业家庭，父亲彭松丞是个鞋匠，制鞋也修鞋，制鞋规模就是个小作坊。日子过得虽不宽裕，但彭松丞在街坊邻居里却有"善人"之称。母亲姓尹，她伺奉高亲双堂极为孝顺，在家境贫苦膳食不足的时候，常常带着彭述食用瓜菜竹根之类的代用品，而把节省的主粮用以敬奉高堂。有多嘴的邻家大嫂问她为何如此亏待自己的亲生儿子，她回答说，孩子小，今后只要努力，有的是吃喝的机会；老人则时日不多，活一天就应该吃好一天，活好一天。境界如此不同，这让彭述从小就受到尊重长辈的良好家教。

彭松丞为人仗义，乐善好施。尤其对儿子管教甚严，送儿读书时，他曾坦陈其目的：“不求你高官厚禄，但愿能识字知礼，你若品德高尚，我心愿足矣。”因为家中生活贫困，学习环境及条件实在一般。古时候读书人首先要练得一手好字。为了苦练书法，彭述家无钱购买笔墨，他就以土制烟屑当墨苦练。好纸买不起，就买草纸，买来的草纸还想着法儿一纸多用。在粗糙的草纸上先练习写小楷字，继而练中楷，再用土朱练大楷，最后仍用烟屑练行书字和草书字。直到那一张草纸上无一处空白为止。彭述这样练书法成本低，利用率大，效率也高，就这样苦练不辍，才使书法臻于大成，各体皆工。尤以奏折楷书，在当时翰林院中誉为第一。

彭述书法作品

如此看来，无论干什么事，只要有技术含量的东西，除了刻苦练习，坚持不懈，才能熟来生巧艺有所精外，是没有什么捷径可走的。

彭述目睹朝政腐败，教学之余，便常思救国之道。一日读到同朝为官的康有为的《大同书》和谭嗣同的《仁学》如醍醐灌顶，他反复品味，认为这才是读书人的真知灼见，在他的心中产生了强烈共鸣。从那天起，他也开始积极拥护维新变法。并与康有为、谭嗣同成了好朋友，三人经常来往评议时政，探索治国方略。戊戌政变时，谭嗣同等六君子被慈禧杀害。康有为、梁启超被通缉，翁同龢被罢官逐回乡里，而此时彭述恰恰因父亲去世守丧在家，没有参加他们后阶段的部署与行动，因而得以幸免于难。

1900年，彭述任御史。新岗位上的这把交椅还没坐热，他就被人密告慈禧，被慈禧下诏罢官。

罢官的“罪证”有两项：第一项罪证是，作为国家高级官员，他居然撰文、演讲，在公众场合呼喊支持义和团“扶清灭洋”的口号，将自己等同于一般老百姓，光凭嘴巴说说也罢了，他还不经批准就聘请义和团的拳师做家教，教他儿子练拳习武以示决心；更气人的是他还亲自向光绪皇帝上疏推荐义和团勇士董福祥赴京抗夷。八国联军攻占北京时，这个姓彭的文官还率领数百壮士去西直门守城抵抗。花拳绣腿，逞能卖乖。第二项罪证是，彭述是个漏网“维新派”，不能让他苟延残喘，东山再起。

那时候，告刁状连邮票也不用，捕风捉影，颠倒黑白就能整死你。那慈禧还偏好这一口。完全的阴阳倒挂，是非混淆。你一腔热血报效国家，她满肚坏水置你于死地。可怜彭述还蒙在鼓里。慈禧老太婆还真没干过一件好事。

彭述被慈禧摘掉了御史的官帽，降职去福建厦门任际司，也就是个外交办事处主任。可彭述刚正不阿，发誓不与洋人握手而干脆辞职。

老子不干了！

石鼓书院旧照

彭述为人洁身自爱，从不阿附权贵。这里我也讲两件小事。

第一件事，彭述是光绪皇帝的书法侍讲，这跟秘书长的待遇差不了多少。他又是皇族诸子弟的老师，那受他教育、指点、辅导的全是正儿八经的高干子弟，家属都是通天的人物。估计没有办不成的事。可彭述偏偏一概谢绝权贵宴请。好茶不品，好酒不喝。

第二件事是，那年头袁世凯一得志，他就决定扩编他的嫡系北洋军。于是朝廷各部门、各直属机关的宦门子弟都想去当兵，因为读书太苦，求名不易。先混一身军装，当了兵，而且是当了袁世凯的兵，福利好，待遇高，升官还快。许多官宦子弟将此次从军当成了晋升的阶梯。于是，便有人劝说彭述也送儿子去参军。因为他的条件还更好，儿子又喜欢习武，只要他写个条或是请直接领导光绪皇帝打个招呼就行了。也许连条都不用写，只要他愿意。可彭述先生偏偏不愿意，不愿意也就罢了，他还说出了理由：“袁世凯心术不正，天下人个个痛恨。我和他泾渭分明，岂能让儿子投入他的门下同流合污。”

一个坦坦荡荡的真君子。

一个高洁孤傲的穷书生。

辛亥革命后，受上海商务印书馆之聘，彭述去该馆担任编辑。 数月后，因旧病复发逝世，时年58岁。

曾 熙·千秋万古一图春

讲曾熙的故事之前，我突然想起一个问题：

我们究竟知道多少个衡阳籍书法家、山水画艺术家为中国传统文化艺术作出过的辉煌贡献？

欧阳询系初唐四大书法家之一，自创楷书“欧阳结体三十六法”，为一时之绝。得其尺牍文字，咸以为楷范。

彭述，书法各体皆工，尤以奏折楷书，时称翰林院第一。

彭玉麟绘兰能入妙品，画梅更堪称一绝，一生仅为心爱的梅姑就画过万余幅梅花。

萧贤俊，为正规中国美术学校讲授“中国画”课第一人，其作品的淡秀风韵被称为“萧派山水画”。

陈少梅画松，几十幅中的松树，即使松针也无二幅相同，有着参悟自然和驾驭线条的非凡才能。

王祺，作品千姿百态，新意迭出，徐悲鸿、陈之佛、于佑任、张书祺诸人相继推崇。

冯臼厂曾任中央美院教授，齐白石为其冶印，边款刻上臼厂的孤傲自誉“刻印天下无敌手”。

蒋铨衡，松、竹、梅、兰、山谷、人物无不精肖，以篆法写竹，隶法写石，妙趣横溢，齐白石鼎力推荐。

……

他们存世的作品还有多少？除了衡阳市博物馆里留存着几个人的为数不多的几幅外，哪里还可以观赏这些艺术经典和瑰宝？

我曾去过欧洲和南、北美洲，在法国和西班牙许多大城市里均有毕加索的纪念馆、故居、美术馆，专门陈列他留下来的每张纸片。那位画了油画《向日葵》的梵高先生在荷兰阿姆斯特丹中心公园有一座相当于体育场那么大的个人美术馆，世界各地的朝拜者蜂拥相至，鱼贯而出。我们呢？我们到哪里去看欧阳询、彭述、彭玉麟、陈少梅、萧贤俊、蒋铨衡的字画呢？

我们除了追思会就只有拍卖会。

我仅在广州美术馆一次拍卖会上，近距离观赏了一次曾熙先生的一幅屏风画的真迹。

绘画、书法都是视觉艺术。看不到真东西，一切都是空谈。

我今天讲这些大师的故事，没有这些大师的作品，也就成为空谈艺术。

空谈艺术跟无知又有多大区别呢？

感谢富邦升辉公司，若不是他们将这些艺术大师的简历镌刻在湘水明珠风光带中的汉白玉廊座上，我们连他们的名字也差不多忘记得干干净净了。

曾熙(1861－1930)

曾熙（1861-1930）字季子，又字嗣元，号俊园，晚年自号农髯，衡阳县石市乡人。少年时的曾熙，家境十分贫寒。两岁时，其父亲因病去世，母亲立志守节，在村里自理田地并四处为人缝补浆洗，艰难度日。好在他有个好舅舅叫汤杏轩，经常接济曾家，曾熙3岁便跟在舅舅身后启蒙学字，6岁入私塾读书，8岁就能替邻家代写春联。大字小楷，写得像模像样。

1880年中秀才，1891年中举人，1906年中进士，补兵部主事兼提学使，供职兵部。

1894年8月1日，中日甲午战争爆发，11月21日旅顺口被日寇侵占，当时湖南籍将帅刘坤一正督师山海关。

血气方刚的曾熙一听小日本又来掠夺国土，决心投笔从戎，他即刻收拾行装，直奔山海关投奔刘部，任军事幕僚，襄赞军务，抗击日寇。

翻开中国近代史看看衡阳籍文人、秀才，每当国难当头个个都有侠肝义胆。为防止元兵入侵，李芾全家殉难；王夫之周旋于广西瑶家山寨打游击；彭玉麟68岁赴广东严防法兰西贼人；谭上连、刘厚基助左宗棠收复新疆，现又有曾熙热血投笔从戎抗击倭寇。英雄辈出，可圈可点。

1895年4月《马关条约》签订前夕，曾熙参与康有为等人发起的“公车上书”，慷慨陈辞，要求清政府拒和、迁都、变法。1900年，应湖南当局聘请，回湘任教，先后主讲衡阳石鼓书院、汉寿龙池书院。之后几年，又创办了湖南南路优级师范学堂（即当今的湖南第三师范学校）任学堂监督，又任湖南教育学会会长。

1912年，孙中山先生偕好友谭延闿，登门拜访曾熙，邀请他到民国政府任职。曾熙以子女众多且年少（五子二女，小儿仅8岁），上有近80岁的老母体弱多病，加之学堂教务繁忙而婉言谢绝。

曾熙国画作品

孙中山“两顾茅庐”，再次诚心剖露，切盼曾熙能够“出山”。无乃曾熙对官场已生厌倦、力辞不出，而潜心于教学与他的书画挥毫之中。

中国古代的书与画，本来同出一源。曾熙50岁后才开始学画，由于书法功力深厚，绘画亦能独造有得。他的山水取法吴仲圭、释道济；人物、花卉、松石效法徐青藤、陈白阳，莫不笔致超逸，耐人观赏。一日，诗人陈三立来拜访他，见书斋悬画数幅，原来是他将自画的泼墨山水与清湘、石溪的画挂在一起。陈以为都是古画，赞不绝口。他听罢捋着胡子大笑：“老夫的区区戏墨也可以乱真了。”陈当即自认鉴别不精，他又摇着手说：“并没有看错啊!”他就这样诙谐地同老友开玩笑，也可见他是如何自负了。

曾熙55岁那年，在家闲居。他的好友李瑞清(别号清道人)，在上海卖字为生，便致书招他：“君家居碌碌，盍来与我共一旦之命乎？”于是他就去上海与清道人一同鬻书。清道人逝世，他接踵而起，声名大振，四方书法爱好者出重价求他作书的络绎不绝。他主张先学秦汉篆隶，再临摹六朝碑体。故行楷能得数体之长冶成一体，气势磅礴，寓刚于柔。后来的书法家，以一人而兼备众体，并各极其妙，像他这样，实为少见。

曾熙这种愿在艺海中遨游的心境，这种痴迷书画的纯净乐趣，这种坚持传道、解惑、授业的情操确有点像他的前辈——冷眼看官场的唐伯虎。唐寅在断了仕进之念后曾作诗自道：

不炼金丹不坐禅，不为富贵不种田。
闲来写就丹青卖，不使人间造孽钱。

细想一下，俩人同业同调，均无半分攀结的媚态。

60岁那年，他受康有为、谭延闿之托收张大千为徒，并为其取名为“爰”。因张大千在兄弟排行中居第四位，又号“季爰”。多少年后，无论是在大陆、台湾或海外，张大千在自己的书画诗文作品中，都会签一个像猿形的“爰”字，以示没齿难忘的师恩深情。

在恩师的直接教导与熏陶下，张大千逐渐养成了收藏古书字画的习惯与爱好。

1923年春，曾熙为张大千的成长与出道而卖书画，专门写了一篇《张季猿鬻书画例言》。这年，张大千的父亲张怀忠在江苏病故，曾又亲自为张怀忠撰写家传，刊行于世。

1927年，吴昌硕、康有为、王国维相继过世，他命张大千临摹了一张石涛的小像，尔后在画上题诗道：

貌似心古迥迁尘，老千疏花自写真。
不与时流争姿媚，千秋万古一图春。

1930年农历七月初四，曾熙病逝于上海，享年70岁。

张大千与曾家子女扶曾熙灵柩回衡阳老家，归葬于界牌岘塘冲。弟子张大千专门请人在墓旁盖了一间草庐，守墓40余天，以尽孝子之礼。

第二年冬天，一位叫子鹤的朋友拿出自己所珍藏的曾熙作品《秋江图卷》请张大千题字，大千见图如见人，热泪翻滚。为缅怀恩师，他挥毫蘸墨，题长诗一首：

但作上海人，不为上海鬼。
绝笔犹题归未归，此恨绵绵隔湘水。
子鹤手持秋江图，乞我题诗书纸屋。
婆娑热泪不成行，每忆师友若异世。
十载门墙感悟深，视我如弟如骄子。
衣钵愧传恩未报，展卷凄然痛欲死！
老笔犹来夺一峰，藏垢纳迂戏言耳。
衡岳高高不可攀，呜呼心丧曷能止！

颇有老师风范的张大千先生

师生情谊，令人扼腕。

曾熙逝世不久，原湖南省省长谭延闿为他题了一首像赞：“行可以伏一世，而德淑于一身。学足以追三古，而化不被于人人。书画特其余事，犹奕祀而共珍”。

曾熙的书法造诣极深，篆、隶、八分、真、草、行各体皆精。其书法上窥石鼓，下穷南碑，晚期作品更是方圆兼碑，寓刚于柔，用笔藏转，婉畅多姿，被尊为“农髯体”。康有为将他的八分书体与何绍基书法并提：“通州（指何绍基）体竣而公（指曾熙）体逸。体竣者见骨气，体逸者见性情，所谓阴阳刚柔，各有其所妙者也。”

曾熙晚年兼习绘事，倡书画同源之说，常取草篆行狎的笔意作画。其作品博采历代大师之长而有所创新，吸取大自然之美而能超脱俗尘，与明末清初石涛、石溪、八大山人同一种格调。晚年所作泼墨山水和墨梅，尤妙绝一时，30年代一幅墨画被推选参加柏林中国名人画展，并收入大画家刘海粟所编《中国名画辑》中。

一位记者这样评价曾熙：风格，来自于内心深处的灵魂，并不是每个人都能代替他。

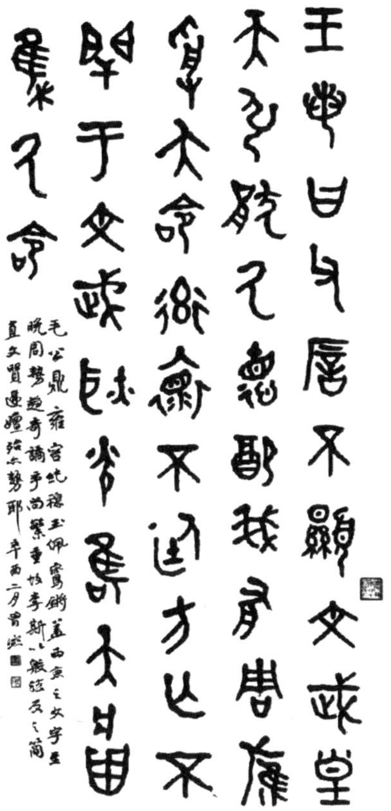

曾熙书法作品

萧俊贤·犹爱春云隔岫飞

曾经在初春薄雨时节去南岳半山亭问茶。

坐在山腰的小茶馆里对着淡水墨画般的满山雾岚，小口啜着新摘的南岳云雾茶，香而清远的气息缓缓散进四肢百骸，其心也静，其目也明。此时，朋友拿来几幅萧俊贤先生的字画欣赏品味。茶亭里就平添了一份文人的味道。

萧老的山水画及画题诗词别具一格。

萧俊贤，字铁夫，号厔泉，别号天和居士、天和逸人、蒸阳子。

1899年，时任湖南巡抚的俞廉三曾向萧俊贤索取作品，35岁的萧俊贤画了一幅设色山水画相赠，画中钤有“稚泉”一印，这是萧氏作品中唯一一枚“稚泉”印。这也是萧俊贤最早的作品之一。此幅作品听说现藏于一位天津的收藏家手中。

萧俊贤是衡阳县人。少好学写字，后学绘画。先拜南岳和尚苍崖师傅学画山水3年，后拜山阴沈翰为师十载。又照董香光的作画方法，先师古人，从王摩诘、关董巨、米家父子，到元朝四大家，观摩临习，继承了古人的优秀传统。

南岳衡山，有着悠久的历史及灿烂的艺术传统，山上的邺侯书院也有数百年的历史。南岳环山数百里，能诗文、善书画者不乏其人。萧俊贤在南岳随苍崖法师学画的同时，先后在南岳衡山结识了衡阳的曾熙，湘潭的齐璜，生于湖南做官于潮汕回南岳探亲旅游的符翕，还有著名的和尚诗人八指头陀等同乡故里，彼此交游颇多。

1901年，萧俊贤在江苏捐了个小吏。上级要求10月到省任职，于是萧氏举家迁移至南京。4年后，会画毛笔山水画的萧俊贤被聘任为南洋印刷官厂图案课长兼书记课长。

1907年，由于工作勤奋，画得一手好画，写得一手好字的萧俊贤被任命为江苏溧县少尉。而恰恰此时，已有6年校龄的南京两江优级师范学堂开办了国画课。担任学堂监督也就是校长的是李瑞清（后李升任为两江总督）。李瑞清首创艺术科，并将自己题写的“嚼得菜根，做得大事”作为校训，是中国近代了不起的教育家兼画家。此时，他也力聘萧俊贤来校任教。一边是官位伺候，一边是粉笔生涯；一边是手拍惊堂木，一边是手持竹教鞭，如何选择？萧俊贤，毅然放弃头戴乌纱而赴两江优级师范学堂教授中国画。

萧俊贤（1865-1949）

正是这一抉择，萧俊贤成为中国近代在新式学校传授中国画的第一人。直至1911年两江优级学堂停办。

1915年，民国初期的北京最早出现的美术社团是由一个叫余绍宋组织的原司法界喜好书画的同仁十余人，后又邀请同年进京的江南名画家汤定之先生指导的宣南画社。宣南画社每周聚会一次，吟诗作画，谈艺论文，地位不分高低，来不迎，去不送。结社松散，定期雅集，很有文人气。后来，梁启超、姚华、陈师曾、沈尹默、陈半丁、郁曼陀等也来参加。

萧俊贤也是这个宣南画社的常客。

那时的画会，大都是由当地几个收藏家、书法家、画家折柬相邀，地点多是临时选择幽雅的园林或寺院举行。茶余酒后往往濡毫染纸，意兴好的，画多少幅，人亦不以为狂；没有兴趣作画的，只管在林下泉边，品茗清谈，也没有人议论。凌叔华先生曾经撰文回忆过民国初期几个画家在他家画《九秋图》的故事：

那是一个冬天的假日，金橙色太阳殷勤地晒着画室的纸窗上，一片淡墨枯枝影子投在北平特有的银粉墙纸上，似乎是一幅寒林图印在一张笺上一般幽雅。北窗玻璃擦得清澈如水，窗下一张大楠木书桌也擦得光洁如镜，墙角花架上摆了几盆初开的水仙，一盆朱砂梅，一盆玉兰，室中间炉火暖烘烘的烘出花香，烘着茶香，也烘托出年青主人等候艺术家的温厚心情。这一天来的画家有陈师曾、陈半丁、姚茫父、王梦白、萧俊贤、齐白石、金拱北、周养庵。另外有一个美国女画家穆玛丽，她是卫色拉大师的弟子。油画、粉画、炭画都作，工夫很深，鉴赏东方艺术也很有点眼光。

齐白石第一个进来，老人家稀疏的胡须已经花白，一双小眼闪闪地发亮，看到房里的玉兰，便滔滔不绝地讲他在湖南的花木，他像所有湖南人一样，特别爱他的故乡。

随后陈师曾及陈半丁两人来了，他们两位属于那种50岁左右清癯而有学者风度的人。陈师曾在日本留学甚久，却未染日本学生寒酸气。虽是士宦人家生长，父亲又是有名的诗人陈散原，但是他的举止言谈都是十分谦和洒脱，毫无公子哥儿习气。陈半丁虽在前清肃亲王门下多时，却也未染满州人官场恶习。他们飘然进来，主人敬茶敬烟，陈师曾说：“这是头号铁观音呢。今天没有好画报答主人，先生也得打手心了。”

“好茶还得好壶沏呢，这个宜兴壶也够年纪了，就是不放茶叶也可以沏出茶来。”师曾把茶壶拿起啧啧称赞道。

“真的吗?这不是可以省掉茶叶了吗?”不知谁说。

“他肚子里故事真

萧俊贤国画作品

多，”陈半丁指着师曾对大家说，“叫他讲宜兴壶，他三天都说不完，就叫他讲那个乞丐与茶壶的故事，很有意思……”

不一会儿，王梦白摇摇摆摆的，嘴含着纸烟走进来。他后面是姚茫父，圆圆的脸，一团笑意；同他一起走进的萧俊贤却是一张历尽沧桑非常严肃的脸，陈师曾问道：“梦白，你这几天怎么又不到咸肉庄坐坐了。我打发人找了你几回都找不到，有几个德国人一定要我请你给他们画几只猪。”

“是哈大门的德国火腿铺子吧？叫他先送一打火腿来，吃完再画。”王梦白说着慢吞吞将烟卷抖抖灰，很随便地坐了下来。

“你们都没有我清楚，哈哈，”姚茫父响着他特有快活地调子笑道，“这阵子他天天到梅老板店里坐着哩。”

“最近梅兰芳跟他学画。”陈半丁解释说：“我看梅兰芳光学画画梅花、兰草也够了，何必巴巴地要学画什么牛羊，别把他自己沾染上猪肉味儿倒是不雅致。”这话引得大家又笑起来。

王梦白慢慢地把嘴里烟卷丢了笑道：“这样说来，就只教他画花卉吧。他画画倒很有一点天分。”

午炮响过，金拱北也来了，他是一个面团很富态极具绅士型的中年人，穿着比起这几位在座的画家考究，这使人们想到他秀整的画风。他进门便说“真对不起，来晚了吧？正要动身家里来了几个客。”金拱北说的话，老挂点子洋味儿。

“总说到府上拜望，直到现在还未去过。”陈师曾说。

金拱北笑道：“下次就在我家聚会吧。”

“金先生的画室可讲究呢，你们没去过太可惜了。”陈半丁说。

“听说一张紫檀书桌至少值万儿八千的。”

“还有翡翠笔洗，玛瑙画碟，水晶压纸。”

“还有貂毛笔呢！”

大家边说边笑，幸而他还有幽默，他也笑说：“这样说，我这个金拱北该是金子打的了！”

大家在笑声中入了座。

饭后大家回到画室中用茶。

“来一张合作的画好吗？”有人提议。

陈半丁把手中纸铺在桌上，簌簌的几笔，画出他得意的秋海棠，笔致苍润，稳妥地摆在纸中心。他递笔与王梦白，王便用他的飞白法勾出一朵白菊花。“嚯，花瓣儿飘飘的像鹅毛。”有人感叹说。

“北京便宜坊没有烧鹅卖，哈，哈……”王梦白把嘴里的烟卷拿下来笑道，他把笔递给齐白石，又说，“让这位大笔来镇压一下，不然我的菊花要飞了。”齐白石随即画了一颗雁来红，浓浓的黑叶，叶筋是用铁线描勾的。陈师曾接着画了一枝秋菊，他那逸笔草草正是表示秋葵的清标绝俗。笔传到姚茫父，他点头含笑看了画一会儿，一口气撇了一片兰叶，嘴里说“够了吧？”便停了手。周养庵接笔画了一枝桂花，花叶匀匀的也还配得上其余的画。他把笔递与金拱北。

大约是对中国合作画画比较生疏（他曾在英国学画），金拱北接过笔后，在笔筒里谨慎地挑选了两只大小不同的笔，把画面仔细端详了一会说，“你们都画满了！我还画什么呢？”

“加两三笔就好。”陈师曾说。金拱北温和地笑着画了一朵牵牛，一小枝红蓼在画角上。

“萧先生来几笔吧。” 陈半丁赶紧说。

“我画什么呢，石头算不算秋天花卉？”萧俊贤是山水专家，这话一出口，引得大家大笑。萧俊贤画了一枝松，松针疏疏的，倒衬托出其他花草的绰约。“最玲珑的松枝子！”陈半丁满口赞赏。

“茫父写字吧，他肚子里装得满满的都是题画词儿。”陈师曾说。

姚茫父拍拍他的大肚子，笑道：“别忘了这里面装的都是主人家的酒菜呢。”说完他也不推辞，提起笔来刷刷地就是一片：九秋图，癸亥正月，半丁海棠，梦白菊，师曾秋葵，厔泉松，白石雁来红，养庵桂花，拱北牵牛红蓼，茫父兰草，集于香岩精舍，叔华索而得之，茫父记。

他的字体有点学魏碑，紧凑的，聚在画的一角，好像镌刻在画上，看着很衬底下的画。

这一天画会尽欢而散。

那张《九秋图》，至今珍藏在凌叔华家中。

1918年4月15号，我国第一所国办的美术学校国立北京美术学校成立。学业分中国画、图案两科，54岁的萧俊贤出任教授、教务长、国画科主任。

1925年年底，国立北京美术学校改为北京艺术专门学校，由教育部专门司司长刘百昭兼任校长，闻一多任教务长，萧俊贤任中国画系主任。

1928年秋，64岁的萧老先生归隐上海，一心作画。

第一次全国美术展览，他送画参展。

比利时百年独立纪念，他送画参展。

中日现代绘画联展，他送画参展。

莆田涵江水灾，他作画助赈。

上海筹募灾款，他画山水、兰石助赈。

朋友乔迁、寿辰、诞子、婚庆、晋升，只要有求，他一律作画赠贺。

70高龄前夕，他于净念楼新春试笔，作水墨山水一幅，又题：

久别家山未得归，家山渺渺思依依。
记得回雁峰头望，犹爱春云隔岫飞。

1944年9月12日至14日，萧俊贤先生名画展在上海西藏路宁波同乡会举行。当时上海的《新闻报》《申报》《时事新闻》提前数天连续刊登此消息：

衡阳萧屋泉先生，绩学擅画，叠居南北讲座，指导艺术，生徒甚众。书法朴茂古雅，题咏尤多风趣，画兼南北二宗，气韵高远，笔墨苍劲浑厚，允一时之冠。先生年逾七十，以笔墨作生涯，海内知名已五十余载。老年作品，极为精辟。兹经同人敦劝，出其生平得意之作。展览三日，赏鉴诸公幸勿交臂失之。

这是80老人萧俊贤先生生平的首次个人画展。

开幕当天，绵绵秋雨，也许正应了“贵人出门多风雨”那句俗话，前来观看画展的贵人肩比踵接，不下2000余人。上海西藏路上车水马龙，盛极一时。

萧老的作品共有200余件展出。

一幅《寒林图》定价500银元（事先

萧俊贤国画作品

被一位叫朱海州的人订购）作品意境高逸，笔墨苍劲，使观者有凛然不胜其寒栗之状。

一幅《雨景图》，远帆片片，欲归不得，饶有满城风雨近重阳之慨。

《秋山落照图》浑厚古拔。

《夏木垂荫图》大气磅礴。

被上海《民报》赞为：独步南北之大家。

萧老此番展出的作品，极为名贵，故价格较高，普价均在100银元以上。但爱好萧老作品的人却特别多，第一天展出便被订购画件83幅。

萧俊贤在清末民初的画坛享有很高的声望，长于山水，兼作花卉。他的作品颇受藏家的青睐，在中国北方也有影响，与萧逊并称为北京二萧。其作品《碧海青天图》《溪水无尽图》《山居图》等等在业内享有盛誉。

萧俊贤的山水画气势雄伟，气韵浑厚，意境幽邃，多画浅绛，喜渴笔，苍茫浑厚而又别具一种淡秀的风韵。正因为风格独特，被称为“萧派山水画”。

1948年，萧俊贤病逝于上海，享年84岁。

1981年10月湖南美术出版社出版《萧厔泉山水课稿》。

1985年，在老画家施翀鹏教授的倡议下，中共南岳区委宣传部在衡山建立纪念堂，以资永久纪念。

翌年，由全国人大副委员长周谷城题写的“萧厔泉画师纪念堂”在南岳衡山正式揭幕。

萧俊贤国画作品

萧俊贤国画作品

唐群英·首倡女权东方惊

我们中国有五千年的文明史，也有几千年的封建史。在漫长的封建社会里，无论王朝政权如何更迭，女人与男人相比，始终处于受压迫受剥削受欺凌受侮辱的地位。

比方说，作为一个女人的父亲、丈夫与儿子，这应当是女人一生中最亲密无间，愿以生命相托的三种男人，同时，女人懂事立身后，在意识形态方面，亦会与他人一道尊重圣人，信教的人还信奉上帝。但是作为父亲、丈夫、儿子、圣人、上帝的这五种人是怎样看待女人的呢？

父亲说：生女是生了个赔钱的货；死上不了墓碑，生进不了祠堂。

丈夫说：嫁鸡随鸡，嫁狗随狗；甚至对外豪言，兄弟如手足，妻子如衣服；进了夫门还要笑不露齿，言不多声。

儿子说：夫死从子。

一辈子都是附属品，社会地位永远低男人一等。

圣人说的话更难听：唯小人与女子难养也。女人与小人同列，都不是好伺候的主。

上帝虽说是创造了万物，但在创造男人、女人这一说上也好不到哪里去。《圣经》里记载：女人是随便从男人身上取下的一根肋骨敷衍制造而成。

这就是女人千古以来的地位，同样都是人，何曾平等过！

但是，这千古以来的不平等，在19世纪初的某一天，被一个衡阳女子的呐喊所震破，她就是令女人自强，令女人自信，令女人自立，令天下女人骄傲的衡阳才女唐群英。

唐群英生于衡山新桥三吉堂。那可真是一个山清水秀的好地方。山上苍翠一片，院内梧桐新发，若是遇到一场春雨，那宽大的梧叶便有了晶莹剔透的雨珠。门前还栽有几棵桃树，花开之初，流霞一片。唐群英从小便勤攻读，美诗文，天生的一块读书料子。她14岁写的一首诗里面一句“邻烟连雾起，山鸟唤晴来。”被名士称为“女中奇才”。21岁时，唐群英便嫁给了双峰县荷叶坪一个叫曾传纲的人。

荷叶坪这个地方，林木葱葱，溪水潺潺；民风淳厚，人文蔚起。其四面环山，中间低洼处恰似一片荷叶。它是曾国藩的故乡，又是辛亥革命女侠秋谨的婆家和共产党早期革命活动家蔡和森、蔡畅的外婆家。曾传纲是大名鼎鼎的曾国藩的堂弟。他为人正直，诚恳善良，性情温和，博学多才，却体弱多病，30岁不到，便一命呜呼。出嫁从夫，夫死从子，无子也要守寡。这是中国封建社会千百年的传统习俗。

唐群英(1871－1937)

可唐群英却不这么想，她不想做“僵死的空头节妇”，也不想在曾家竖立骗人的“牌坊”。她与曾传纲的爱情是坚贞不渝的，到任何地方都是清白如玉，崇高似山，坚贞不二，坐得正，行得稳，什么也不怕。于是唐群英决定把对传纲的思念埋在心底，她要当翱翔于天空的“山鸟”，而不当传统习俗的奴隶。她毅然冲破三从四德的藩篱，走出荷叶坪，回到了衡山三吉堂娘家。那一夜她又作了一首诗：

斗室自温酒，钧天谁换风？
犹在沧浪里，誓作踏波人！

你听听，提出了“钧天”、“换风”，好大的气魄！

1904年，33岁的唐群英自费报考日本东京青山实践女校，她有扎实的国学基础，又能吟诗作赋，于是她将更多的时间花在攻克日语上。别人逛街，她练日语，别人休息，她读日语。墙壁上，贴的全是日语单词，日语文章，除了一日三餐，全在寝室里埋头学习。两年后，她以优异成绩升入日本成女高等学校师范科。继而又因成绩优异由自费改为官费留学生。在此其间，唐群英不再是两耳不闻窗外事，一心只读日语书。这正是唐群英的过人之处。一方面精研学业，一方面广泛结交中国旅日志士，逐渐认识了故乡衡山人刘揆一、刘道一和湖南人黄兴、宋教仁、张汉英以及杰出的女性何香凝等许多在日本留学和从事革命活动的人物。他乡遇故知，乡音倍觉亲，他们互相倾吐振兴中华之志、反满复国之情、缔造共和之计。

1905年8月20日，中国同盟会在东京召开正式成立大会，到会百余人，或西装、或长袍，唯独唐群英一个女子风度翩翩走进会场，她是第一个在同盟会会员登记册上签上自己名字的女性。这个了不起的衡阳新女性，就这样载入了中国近代革命的史册。

不久，唐群英与留日女学生会长主编《留日女学生》杂志，创刊《洞庭》。唐群英为之撰写七绝八章。尤以“展平均新世界，安排先自把躯捐”一句脍炙人口，深得孙中山赏识。

1909年唐群英学成回国，按照孙中山的部署，与陈荆等奔走于湖南与江西之间，联络革命同志，开展武装斗争。

1910年2月，按照组织的安排，唐群英再次东渡日本。她原本爱好音乐，故这一次她以学习音乐专科为名，考入东京音乐专科学校，同时她把主要精力放在组织留日女学生的工作上。

1911年武昌起义爆发。10月22日唐群英在上海组织女子后援会，那可真是英姿飒爽，威风凛凛。只听得这位两次东渡日本的女士调兵遣将：“刘桂芳”。

“在。”一位上海姑娘站起来，声音虽细，却坚定、干净。

“你立即组织人员，分成五个小组，到浙江、江苏、安徽、湖南、广东去募集钱粮，支援民军，银两直付上海，粮草随队押送。”唐群英吩咐道。

“好。”刘桂芳奔出会场。

“李月香，你率50个姐妹组成北伐军救护队，直奔武汉，抢救伤员。”

“那你呢？”李月香问唐群英。

“我也去湖北，”唐群英说。“率领女子北伐队进军南京，跟随北伐军去尝尝火药味道。”

中华民国女子参政同盟会本部总理唐群英
1912年摄于南京

1912年10月，中华民国临时政府成立，3月1日召开庆功大会，唐群英以其在这场历史转折斗争中的突出贡献与弟弟唐乾一参加了这次盛会。

唐乾一说：“八姐，你小时候就想当花木兰，这回如愿了。先父英灵有知，也会感到欣慰的。”

唐群英意味深长地说：“革命尚未成功，男女还不平等，路还长着呢。任务很艰巨……”唐群英走上领奖台，向孙中山等人敬礼。

“群英同志，你好呵。”中山先生握着群英的手感慨万千。

“孙会长，您好。”群英还是用在日本留学时对中山先生的称呼。

孙中山先生深情地说：“中国自古从来女子不出声，你可是南征北战，战绩辉煌呵。”

“不敢当，也就是跟着北伐军搞搞后勤服务什么的。”

“不！你是创立民国的巾帼英雄。”

“会长，天下兴亡，人皆有责。”

说完，孙中山先生把奖章交给黄兴，黄兴给唐群英挂上，会场掌声雷动。“二等嘉禾章”上饰大绶，黄色白缘，金光闪耀，佩在胸前，令唐群英英气十足。

中国在几千年的封建王朝统治下，种种侮辱、奴役、歧视妇女的思想行为无奇不有，从上至下，从官至民，根深蒂固，相沿成习，牢不可破。为女界争取应有的地位和权利，无论在开国元勋孙中山的总统府，或是在窃国大盗袁世凯的紫禁城，抑或是在主持国民党组阁的党内要人面前，唐群英一概无所畏惧。从南京到北京，举旗引路，哪里阻碍妇女运动的开展，她就带头冲向哪里；哪个人要限制妇女地位的提高，她就亲自同他讲。

唐群英慨然以女权运动为己任，朝思暮想，孜孜以求男女平等。为此她明确提出："要取得男女的真正平等，女子参政权必须力争。"在中国政治舞台上以从未有过的姿态，演出了一幕扣人心弦、震惊中外的女子参政史剧。

当时南京临时参议院制定了《中华民国临时约法》。这是近代中国第一部具有资产阶级共和国宪法性质的文件。但这部法典中缺了极重要一条，就是没有男女平等之条文。

1912年4月8日，女子参政同盟会在南京正式成立，公推唐群英为会长。到会男女来宾3000余人。唐群英即席作了热情洋溢的讲话。会上，通过了由其主持起草的《女子参政同盟会简章草案》，规定本会以实行男女平等，实行参政为宗旨，这种将女子参政列入纲要的做法，在此之前未曾有过，是妇女运动史上的一项创举。

紧接着，唐群英通电全国，声明对"南京议院所颁布之《中华民国临时约法》，我女界绝不承认。"

南北议和，临时政府北迁，唐群英继续到北京为争男女平等而奔走呼号。8月25日上午，在北京召开的国民党成立大会上，因男女平权条款仍未写进国民党党纲之中，唐群英带领众多女会员，再次提出抗议。众目睽睽，会场哄动。一队娘子军，直奔主席台，那个场面煞是壮观，主席台上，正襟危坐的是宋教仁与林森，他俩是会议主持。唐群英跨上台来，劈头就问："此次同盟会合并，为什么不通知女性会员？难道女性会员就不是会员吗？会中之事也全由男性会员作主吗？"

宋教仁毫无准备，一时不知从何说起。

唐群英又转身对会场质问道："合并之后，为什么将党纲中'男女平权'一条删去？"

宋教仁憋得面红耳赤，一时哑然。林森似乎缓过劲来，喝道："这是会场，你不得乱来，须按章程办事。"

唐群英大怒："什么狗屁章程。神州光复，专制变为共和。政治革命在前，社会革命在后。欲求社会之平等，必先求男女之平权；欲求男女之平权，必须让女子有参政权。你们出耳反尔，胆小怕事！"

林森亦气咻咻地嚷道："来人，把她们赶下去。"

唐群英怒不可遏："男女一律平等，你要赶我下去，我先赶你下台。"说罢，挥起右臂，"啪"地一声，一个巴掌打在林森的右脸上，全场惊愕。紧接着，又听"啪"地一声，一个巴掌甩在了宋教仁的脑门上。

会场轰动，这两巴掌打出了中国新女性的萌芽；这两巴掌，打掉了中国封建男权的威风；这两巴掌让唐群英打成了全国报纸的通栏标题人物。

事后，她意识到，这绝不是一二个人的问题，而是一种倾向，一股社会力量。

会后，唐群英号召女界“切勿动摇，要达男女平权，女子参政而后已。”

唐群英设计的女子参政同盟会会员徽章

在孙中山的支持下，10月20日，女子参政同盟会在北京成立本部，唐群英任总理。继而，她将矛头直指袁世凯：“袁大总统不赞成女子参政权，我们也决不承认姓袁的为大总统。”

唐群英的此番举措，被人们评价为“五千年来女权之曙光”。

世界万国女子参政会赞叹说：这是在东方作第一场惊人之鸣。

唐群英那振聋发聩的两巴掌，毕竟不是私仇。20多年后的1935年3月，作为国民政府主席的林森在会见已隐居家乡办学的唐群英时，风趣地说：“唐八先生还有当年的豪气？”唐群英爽快地回答：“老了，不行了。只能舞文弄墨了。”说罢，两人会心地哈哈大笑。

林森早已了解唐群英创办几所女子学校的情况，便说：“你这根烛光可是照亮了女界。”

“林主席过奖了，作为一个园丁，能看到树木成材，桃李芬芳，就感到无限快慰。杏坛似乎比政坛更高雅。”

林森若有体会，说：“粉笔生涯，虽是高雅，胸肺可不好受呀！”

唐群英意味深长地说：“多吃一点粉笔灰，好写一生清白的历史。”

两人都会心地笑了。畅谈一阵之后，林森转过话题倡议：“你琴棋书画，样样皆能，今天让我领教你的棋术吧！”

“好，奉陪。”唐群英兴趣也来了。

唐群英的绝招是会用“当头炮”和善使“马前卒”。林森说：“没想到八先生用过河卒子竟使人败北！”

唐群英也风趣地说：“将相出不了门我只好靠小兵呀！这小兵一过河，就决不回头，直逼老帅。”

林森诚服地说：“还是你棋高一筹。”

他们一边下棋，一边谈笑风生，有的话是就棋而言，有的话却意在言外。

为了开展女子参政运动和兴办女子教育事业，唐群英不仅献出了青春年华，而且耗尽了全部家资。

女子参政同盟会后来被袁世凯强行解散后，唐群英进一步认识到，袁世凯压制民主、摧残妇女的倒行逆施行为，表明中国的封建制度和封建习俗是非常顽固的，非一人一时所能破除，只有唤醒广大妇女，让她们都投身到妇女运动的洪流之中，妇女运动才是不可阻挡的。而唤醒全部妇女，最为重要的举措，莫过于对她们实施教育。于是她先在长沙办了5所女子学校，即女子政法学校、自强女子职业学校、女子美术学校、湖南女子法政专门学校和长沙复陶女子中学，接着在自己的家乡衡山又办起了4所女子学校，即虹茶亭女校、衡山女子学校、岳北女子实业学校和一所没有挂牌的“云在庐”课堂。既让学生学习文化，明白道理，又让学生学习生产劳动技术，能和男子一道走上社会，共同承担改造世界的历史责任。以岳北女子实业学校为例。该校课程除和普通小学一样外，还开设有实业课。学生上午学文化，下午学实业。实业课分音乐、书法、刺绣、缝纫、编织、剪花等。学生可根据各自爱好学习掌握一门乃至几门专业。这样，学生毕业后能迅速走上社会，自食其力。很受学生和家长的欢迎。

1912年11月，孙中山先生为唐群英主编复刊的《神州女报》题词

学校收费标准低，每期只收报名费一块银元和少量的书籍课本费，生活费斗米（相当于现在的9公斤）一月。家境贫苦的学生则完全免费入学，只交生活费。

她还编了一首《放脚五字歌》，在学生中教唱，歌曰：“女子最可怜，自小把足缠。痛苦又难看，行路实困难。父训恪妇道，母命实难违。苦勤我女子，有苦也难言。奉劝姐妹们，再勿把足缠。放脚行千里，自强争女权。”

唐群英，是最值得后人尊重与纪念的一位中国女性。

孙中山赞她为“创立民国的巾帼英雄”。

康克清尊她为“一代女魂”。

历史评价她的呼喊为“五千年来女权之曙光”“中国妇女运动第一声”！

是她，第一个喊出：“男女一律要平等。”

在这位百年女杰的身后，挺立的是一代新女性的自强、自立、自信与自尊。

2001年为纪念唐群英诞辰130周年，按原貌在原址上全面修复的唐群英故居

符定一·弥天亘地师生情

东方红，太阳升，
中国出了个毛泽东，
他为人民谋幸福，
呼儿嗨哟，
他是人民大救星。

这首陕北民歌，跟随1970年4月24日中国发射的第一颗人造地球卫星升上天空，唱响了全球。于是，在这颗存有生命的地球上，白种人、黑种人、黄种人，人人都知道中国有一个伟人叫毛泽东。

毛泽东缔造了中华人民共和国，毛泽东让人民当家做了主人。

毛泽东是人不是神。

在许多的电影、电视、传记、回忆录、史料与档案中，我们都曾目睹到社会如何影响毛泽东，生活如何历练毛泽东，同事如何帮助毛泽东，老师如何指导毛泽东。在这一大批先贤能人当中，当过毛泽东老师，对毛泽东一生影响较大的，衡阳人符定一也是其中一位。

符定一是衡阳衡山白果镇人，1879年生。清光绪末年，他毕业于京师大学堂。清朝末年曾任资政院秘书。1908年回湖南后任岳麓书院院长，湖南省教育总会会长。这位年仅29岁的衡阳读书人成为当时湖南教育界的显赫人物。

毛泽东在湖南省立第一中学读书时，符定一是该校校长兼创办者。

毛泽东在湖南省第一师范学校读书时，符定一是该校老师。

1958年6月8日，这位老人葬礼在北京八宝山革命公墓举行，毛泽东、刘少奇、周恩来、朱德、陈云、邓小平等都送了花圈。周恩来甚至这样评价他：这位老人一生有三大贡献：一是发现毛泽东为治国人才。二是建党初期，支持党的活动，营救党的领袖。三是参加反蒋斗争，对建设新中国有贡献。

对于周恩来此番话，概括来讲，就是六个字：爱才，救才，护才，可以说，共和国的总理周恩来给予符定一如此高的评价既客观又主观。客观表明了其评价的真实性，主观则说明党的领导人周恩来亲身见证了符定一与毛泽东之间非比寻常的师生情谊。怎么个不寻常法？让我们追寻历史轨迹细细看来。

符定一(1877－1958)

在长沙，他为毛泽东阅读提供方便

符定一在长沙湖南省立第一中学担任校长时，19岁的毛泽东以优异成绩考入该校。这次考试国文的题目是“民国成立、百端待理，教育与实业、应以何为重”。由于毛泽东对此类问题早有自己的见解，加之他文笔豪放、逻辑严谨，作文章自然才华横溢。符校长看到这个乡下后生的文章，先称难能可贵，后又疑其有伪，会不会请了“枪手”或抄袭他人之文？决定再亲自面试。于是，毛泽东被召来校长室。符定一望着目光炯炯、资质优秀的青年，心里很高兴，便问他家住哪里？在哪些学校、哪些先生手下读过书？毛泽东一一答来，从容自若，时有惊人之语。符定一遂取出纸笔，说道："你在我的办公室里当场作一文如何？"

毛泽东欣然答道："当然可以。请先生吩咐，文为何题？"

符定一说："就论学校教育吧，题目自拟。"

毛泽东神情沉静，从容应试，很快便完成了一篇作文。

毛泽东写的这篇文章，题目叫《普胜法，毛奇谓当功于小学教师，其故安在？》。题目有点绕口，可细读下去，论述则气势磅礴，上下五千年，纵横八千里。从中国扯到外国，以小学教育之忧伤，见战争之成败，国家之兴衰，立意高远而胆识惊人，文笔豪气冲天。

果然是一篇好文章！符定一就想：这小伙子胸怀锦绣，将来定成大器，必须好好栽培。

从这以后，符校长亲自给毛泽东所在的这个班上了几个月的课。在这段时间里，符定一与毛泽东之间的关系更加密切了。符先生爱惜毛泽东的文才，毛泽东尊敬符先生的学识，一来二去，他们情深弥笃、过从甚密。有一次闲谈，文字学家符定一用古文字启发毛泽东说，"国"（國）字是什么意思啊？就是一个人拿着戈保卫一方土地，没有枪是不行的。现在我们无从知道这种启发对毛泽东起了多大的作用，也许正是毛泽东日后那著名的"枪杆子里出政权"思想的渊源吧。见到毛泽东爱读课外书籍，符定一提供了很多帮助，其中包括将自己珍藏的《资治通鉴》供毛泽东阅读。毛泽东如获至宝，自此以后有空必读此书，许多章节背得滚瓜烂熟，以至到老不忘。

《资治通鉴》是一部什么样的书呢？《资治通鉴》自成书以来，历代帝王将相、文人骚客、各界要人争读不止。它已成为为官从政者案头必备的教科书，被奉为金科玉律，无上宝典。古往今来，点评批注《资治通鉴》的帝王、贤臣、鸿儒及现代的政治家、思想家、学者不胜枚举、数不胜数。毛泽东曾17次批注过《资治通鉴》，他对司马光及《资治通鉴》给予了极高评价。

在浩如烟海的中国古典书籍中，符定一独独挑中此书借给毛泽东阅读，可谓用心良苦。他饱含着老师对学生胸怀天下的期许，又深藏着长者对晚辈治国之才的激励。

1913年春，20岁的毛泽东以优异的成绩考入湖南公立第四师范学校，第二年春，第四师范合并于第一师范，毛泽东被编在第8班。毛泽东考入湖南第一师范时，符定一也调到该校任教。因此两人的师生关系更加密切。

毛泽东在毕业后，还常去符定一家中做客，符先生不吃辣椒，但毛泽东来，师母必定烧一碗豆豉辣椒，两人都喜欢吃苦瓜，师母就将几节苦瓜做出许多花样来。师生经常一起研讨学问，讨论时局。1918年，毛泽东在北京时，符师母每月资助5块大洋给这位“身无分文，心忧天下”的学生作为活动费用。

1925年，毛泽东携眷回到故乡韶山来养病。在“养病”期间，他却到处“点火”，把整个韶山烧得通红，把家乡人民的心烧得滚烫！他唤醒了沉睡的山冲。以至湖南省当时的省长赵恒惕愤怒不已，很想将毛泽东抓捕归案。

因为早在1922年，湖南反动军阀、省长赵恒惕为了镇压工人运动，枪杀了湖南省劳工会负责人黄爱、庞人铨等人，为此，毛泽东还参与组织领导长沙6000多名泥水工人举行游行和罢工，作为湖南全省工团联合会总干事的毛泽东还会同其他几个工会的代表与赵恒惕展开说理斗争辩论三天，揭露了赵的反动暴行，使赵怀恨在心。当时就产生了抓捕毛泽东的念头。他事后说，一个毛泽东把半个湖南都搞乱了，这次不把他抓住，再出一个毛泽东，我这省长就别当了。

这一次，回衡山探亲的符定一先生正在长沙，他在时任县议员的郭麓宾家里得知这一消息后，心里非常着急，当即向这位友人表明了他和毛泽东的师生之谊，并劝诫，不要抓他，这是个有志青年，是成就大事的人，将来在你我之上，我要救他脱险。友人却摇摇头说：“恐怕为时已晚，拘捕令已下到了警察署。”符定一见状，随即告辞，即刻赶赴警局。随后，他又找到时任警察负责人的某内亲，嘱托说，老夫以命相保，你妄不可加害，要拖延时间。老人家学生多、朋友广、人脉足，接着，他又以宿儒的威望和国会议员的身份，利用与赵恒惕是小老乡的关系，打通了不少关节。与此同时，他写信一封，派贴身亲信想方设法通知毛泽东赶快离开湖南。过了几天，当他得知贴身亲信已和毛泽东在“昭明茶馆”见了面，毛泽东穿着草鞋，戴着斗笠已安全踏上去广州的征途后，才长长地出了一口气。毛泽东一生遇险无数，这次的化险为夷如果没有恩师的拯救恐怕历史又是另一番景象。

在延安，毛泽东送给他一篮红枣和南瓜籽

1946年，符定一只身来到北平，通过地下党与叶剑英取得了联系。毛

泽东得知后，电请符定一立即赴延安叙旧，符定一偕同女儿符德芳欣然前往。

宝塔山下，师生久别重逢，两双手紧紧地握在一起。毛泽东说："老师，真想念您呵。"

符定一激动万分："润之，八年抗战，你可见老啰。"毛泽东风趣地说："红米饭，南瓜汤，黄土高坡晒太阳。这皮肤白不起来呵。"

符定一连连说道："要保重，要保重，要注意休息，全国人民都看着你呀。"

第二天，在延安杨家坪，毛泽东亲自主持大会，欢迎符定一的到来。符定一在欢迎会上发表讲话，揭露了蒋介石的反动本质及其内战阴谋，支持共产党出义师，救民于水火。情切处，声泪俱下。

接下来，毛泽东陪着老师符定一参观了延安的军政大学、鲁艺学院与三五九旅开垦的南泥湾蔬果基地。符定一一路观赏下来，由衷地为自己当初看好的学生而骄傲。自从1937年1月，中共中央迁到这个民风淳朴，人口不足3000却充满生机的小城，只用了10年时间，延安便成了全世界瞩目的充满希望的红色土地。

这不是自夸，有事例为证。中共的抗日政治主张从这里发出，赢得了众望所归的民心。4万余文化人奔向延安，在这里吸收民主的空气，粮食、被衣、经费、肉菜全部自给，享受着"自己动手，丰衣足食"的年景。毛泽东自己也在窑洞边开垦了一亩八分地，地上结满了西红柿和辣椒。周恩来响应朱德的建议，用延安的羊毛来纺线，被评为边区"纺线能手"。将军与士兵，干部与百姓，全城的男女老少，人人都可以随着悠扬的鼓点、高亢的唢呐，扭到新型秧歌舞里来，感受着集体团结的情绪，体验着革命的欢欣。

符定一感慨万千……

但更多的时间里是师生相拥而坐，谈论《资治通鉴》和《联绵字典》，商讨建国方略。

毛泽东说："老师呵，我前两年就读到您老编著的《联绵字典》，那

延安窑洞

可是部宝典呵。穷文字之源，竟语言之委，上起三代，下终六朝，经史子集，兼收并蓄。不可多得呀。”

符定一一听此言，热泪盈眶。编著《联绵字典》，他花了32年时间，一书400万字，其稿本87册竟与身等高。书中转语5600余条，条条都是心血的结晶。此书1943年由北平京华书店出版。他没想到，在这陕北高原南部，旧称肤施的延安，日理万机的中国共产党领袖毛泽东居然也真情赞颂他的《联绵字典》。

《联绵字典》就是由联绵字所组成的一部典籍。所谓联绵字是指两个字联缀在一起不能分开来讲的双音节词。联绵字主要可以分为双声字、叠韵字、非双声叠韵字三类。如“犹豫”、“彷徨”、“淡漠”等 。符定一先生编著的《联绵字典》就是一部主要收录双声字、叠韵字和叠音字，兼收一般的双音复词的字典。全书36卷，依《康熙字典》例，分为子、丑、寅、卯等12集，按部首排列。毛泽东同志评价其为“宝典”，可以说是对编者辛勤付出的莫大回馈。

9月，符定一告别毛泽东回到北平。其女符德芳留在延安作短暂逗留后，亦由延安返回北平。临行时，毛泽东托她捎上一封信和一篮红枣与南瓜籽送给符定一先生。信写道：宁澄先生夫子道席：即接光仪，又获手示，诲谕勤勤，感且不荆。德芳返平，托致微物，尚祈哂纳。世局多故，至希为国自珍。肃此。敬颂。

大家听听，毛泽东要求他“至希为国自珍”。那意思就是说，我最大的希望就是您老人家要为国家多保重自己，为民族多保重自己。这既是一位领袖对老师的关心，也是对一位衡阳老人的最高评价呵。

在北平，他写给蒋介石一封信

1947年初冬的一个半夜里，几个拿着手枪的便衣带着地段上的户籍警察，闯进了沙井胡同甲4号符先生的住所，号称是北平警备司令部的。这些人先把符先生看守起来，随后就是翻箱倒柜地搜查。结果，只找到邹韬奋写的《苏联的民主》一本书。便衣的头子说，这本书我们借用一下，老先生跟我们走一趟。就这样，符先生和儿子符同天被押解到交道口附近警察署下属地段的一个驻所。

符先生刚被押出门，他的女儿符静宜就找到北京军调处，向叶剑英同志说明情况。叶剑英说，别害怕，他们是奈何不了符先生的，我让李克农想办法。

这时，符先生正坐在分驻所的板凳上，用拐杖指着那些警察说：“你们为什么抓我，为什么搜我家？……”

“是上边命令。”那警察还有点神气活现，耀武扬威。

“哪个是上边？是蒋介石吗？”

一听先生直呼委员长之名，小警察顿时愕然，不知所措。符先生顿着拐杖愤怒地说，“告诉你们，把我冻坏了，你们要负责任。你们随便抓人，我今天就非得打赢这场官司。”

小警察哪见过这气势，一溜烟便跑开了。没多久，抓先生的那个穿便衣的头来了，说：“符老先生，您可以走了。”

“我可以走了？”

“对不起，有点误会，请您老多担当、海涵。”

“我要是不走呢？”

“这天寒地冻，会伤了您老的身子骨，我已派车在外恭候了。”

符先生知道与这帮奴才说理也没用，便身子一扬：“同伢子（指符同天），咱们走，明天再说。”

第二天，符先生写了两封信，一封给蒋介石，一封给时任北京市长的何思源。符先生在给何思源的信中说：“你为一市之长，我为一介老儒”，“你们派人来我处搜家并逮捕我的原因是因为我去过延安，跟毛泽东有关系。毛泽东是我的学生，这不错。但在延安还有一个大官叫徐向前。徐向前是谁的学生？是蒋介石的学生，他也培养出共产党的一个大官来。要镇压就先镇压‘蒋委员长’，我要有罪，他蒋介石就该杀！”符先生在给蒋介石的信中，口气就更加严厉。信发出后第二天上午，何思源先生来了，为了表示对符老先生尊重，他在南锣鼓巷口下车，徒步走到符家大院，进门后见到符老先生就说：“符老先生，让您受惊了，太对不起了”，并连鞠了三个躬。又说：“这事我实在不知道，都是下面胡作非为，我是特意道歉来的。”符先生余气未消，但看到何市长态度诚恳，也就宽宏大量地说道：“你这个市长也不好当呀。”事后经内部消息证实，拘捕符先生的是军统特务干的，何市长确实不知。

以后，符先生到西柏坡时，把给蒋介石写信一事说给毛泽东听，毛主席听后大笑说：“就该这样质问他。”

在西柏坡，毛泽东送他一张沙发

1948年8月，华北即将解放，蒋介石做最后挣扎，在平津地区大量逮捕进步青年和社会贤达，毛泽东指示华北局秘密护送符先生到解放区，当符先生到西柏坡时，天色已晚，周恩来副主席携灯在村口等候，毛泽东迎于院门，三人相见立刻进行长谈，直到夜里两点多钟才吃饭，饭后周副主席送符先生到住所时，符先生把一包东西交给周恩来，并提出先武攻天津卫，后文取北平城的建议，说这样做利国利民，而且实现可能性很大。不会使人民生命财产遭到损失，于国于民大为有利。周副主席听后连连称是，说，我和主席再商量一下。

1949年3月，经过和平谈判，傅作义将军接受和平解放的要求与共产党达成协议。毛泽东得知消息，异常兴奋。从内心上，他更感激符定一和其他人士提出的这个建议。

毛泽东高兴地把这个消息告诉身边的其他同志，尔后对卫士长阎长林说："走！我们到李家庄，看看符定一先生。"毛泽东带着阎长林坐上汽车，风尘仆仆地来到李家庄。符定一闻讯奔出屋外，见到毛泽东，非常高兴，俩人亲切握手。毛泽东说："又有一段时间没看见您老人家了。您的身体还好吧？"

符定一笑着说："身体还好。"

毛泽东说："您来了很久了，不能经常陪您，请先生多加原谅！"

"哪里，哪里。"

"今天，我一是来看您，二是向您报告一个好消息。"

"什么好消息？"符定一听到这里，往毛泽东跟前移动了一下身子，注意力显得特别集中。

"已经接到了指挥部的电报，昨天傅作义将军已经赞成我们的条件啦。他不抵抗我们了，北平和平解放了，交接即将进行。接管工作我们早已作了准备，日内我军将进城接管一切，傅作义将军的军队，将开到指定地带接受我军的整编。傅作义将军有一个特别的要求，他要求来这里亲自见我。我们当然答应他了。"

"喜事，喜事，这可是大家的希望！"符定一由衷地赞叹道："这都是主席胸怀广阔和共产党的英明使然。否则，北平怎能和平解放？"

"这是民心起了决定的作用。"毛泽东谦逊地说。停了一会儿，又道："傅作义这样做很好，北平的人民、北平的古建筑可以免遭战争的损失。这次傅作义决心与蒋介石决裂，站在中国人民一边，算他立了一大功，人民不会忘记他的。"

"还是毛主席伟大，中国共产党伟大，做出了伟大的奇迹。"符定一继续称赞道。毛泽东摇了摇头说："这里面也有您老的一份功劳。再过一些日子，北平稳定一下，您就可以早一点回北平去了。您那儿还有家嘛。”接着他叮嘱道：“有什么问题，您可以找叶剑英同志，他现在已经被任命为北平市市长，您和他很熟悉。不要很多时间，我们都要去北平的，到那时就可以经常见面了。”

符定一露出欣喜的神情说：“这就好了，回到北平就没有精神负担了。过去，我生活在那个专制的社会里，没有民主，没有生活保证，更没有安全感，生命财产随时都可能遭到不幸。”

“现在好了！”毛泽东笑着说，“这次您回去，就放心地睡大觉吧！”他好像想起了什么似的，说：“好，我不待了，我也该回去睡大觉了。”

此时的毛泽东已经两天两夜没休息了。

临别时，毛泽东打量了一下屋内的家具和陈设，亲切地对符定一说：“这里的条件不好，连一个软座椅也没有，我回去让他们给你送一件来。你的年纪大了，坐这些硬木家具会腰疼的。”

回到西柏坡后，毛泽东亲自指定一张沙发，嘱咐卫士们将其送给了符定一。

在北京，毛泽东请他上上座

1949年的一个冬日，毛泽东在中南海寓所宴请符定一、章士钊等湖南籍老人。晚饭前，毛泽东握着符定一的手说：“您是我过去的老师和校长，今天请您坐上座。”

符定一谦让说：“您是主席，还是请您坐上座吧。”

“哪有学生坐上座的道理？”毛泽东不由分说，把符定一拉到了上座的位置。席间，宾主畅叙旧谊，谈笑风生。

当时，中央准备成立一个文史馆，馆长一职，举足轻重。毛泽东考虑再三，提议请符定一这位博古通今的先生出任文史馆馆长。符定一觉得文史馆比较清闲，馆长之职无所谓“官”，不过是“文、老、贫”而已，并说这个职务只要“老而贫的文人”当就可以了。毛主席笑着劝老人家说：“不仅仅是文、老、贫，还有才（才干）、德（德高）、望（威望），这个事还需要您这样有学问和德高望重的人啊！”毛主席还说，有些老朋友年纪大了，都安排做官做不到，不安排又对不起他们。文史馆的事您拍个板就行了，平时能去开会就去听听，不能去就在家休息，具体的事由总理和齐燕铭（时任中央人民政府委员会办公厅主任）去办。

红色景点——西柏坡

从此以后，符定一参与了艰难的“中央文史研究馆”的筹建工作。这个工作最难在于人心的整合。为什么呢？当时，老年知识分子阶层中情况比较复杂，大体可分成三类：一是与共产党长期合作、为革命做出过贡献的老人，对政府中没有安排他们的位置有怨气，不愿当馆员赋闲。二是满清王朝的遗老、孙中山革命大本营的要员、袁世凯、黎元洪、段祺瑞各届政府做过官的人，他们之间矛盾重重，旧怨难解；三是不少老人不愿与在日伪时期做过官的人为伍。这些人物各有才能，但是却很难捏到一块。有的老先生经周总理亲自谈过几次都不成，进展很缓慢。符老先生也很着急。1951年6月，符老受周总理委托，召集“国老们”开会，征集对建馆的意见，会上符老发现不少前清的遗老、民国成立时的官员以及很有名望的文化人在政治上彷徨，生活上无着落，难以度日。这时他感到身上的责任重大，对毛主席关于建立文史馆的意义有了更深的理解。他想起了毛主席说的文史馆工作由他拍板的话，立即写信给毛泽东，一是恳请政府尽快批准这个机构；二是在没批准之前，政府要想办法解决这些老人的现实生活困难。毛主席接信后立即批示：“请燕铭同志办，生计太困难者，先行救济，不使挨饿。”事隔不到一个月，1951年7月29日，由毛主席亲自定名的“中央人民政府政务文史研究馆”正式成立，周恩来总理亲自选定北海的园中之园“静心斋”为馆址。政务院副总理董必武亲自出席成立大会并讲话。从此，符定一先生也正式担任了第一任中央文史研究馆馆长。在符馆长的领导下，馆员们生活有了保障，在国事活动中受到很高的礼遇，又有静心斋(又称乾隆小花园)这样一个幽雅别致的活动场所，馆老们都显得年轻了几分。他们有的修史编志，有的著书立说，有的潜心书画，有的诗词唱和。虽因年龄关系没能实现当初的宏伟抱负，但也其乐融融。

1958年5月3日，符老终因肺炎等疾病在北京逝世，享年80岁。他在神智清楚时曾留下遗嘱“家人团结友爱，努力工作，以期在共产党和毛主席的领导下多做贡献。”

从1912年到1958年，从长沙、延安、西柏坡到北京，从发现、认识毛泽东的那一天起到毛泽东成了人民领袖，符定一用46年的生命历程，近半个世纪的情怀、培养、营救、支持、辅佐他的学生毛泽东。

符定一先生逝世已经整整半个世纪了。纵观其一生，符定一先生治学严谨、为人正直、办事勤勉，彰显了我们衡阳人求知求真、豁达开朗的精神，也许有些人已经淡忘这位学界伟人。但是，历史永远不会淡忘他，今天的衡阳人也不会淡忘他。在湘水明珠文化公园里，一块汉白玉碑用金字镌刻着对老先生的评价：与汉字相伴一生，留两段千古佳话：动荡之秋，将一部名著送给一位伟人，助其济世;历卅二载，编一本名典启迪亿万后人，超凡脱俗。

简约的碑文，让我们追溯着那段离我们并不遥远的浓浓的师生情。

符定一著的《联锦字典》

刘揆一·辛亥元勋担道义

刘揆一，字霖生，衡阳市衡山人，中国同盟会第一个为反清革命流血牺牲的刘道一烈士就是他的亲弟弟。两兄弟的父亲刘方山在湘潭县衙刑房当差时，同当时的会党时有接触，刘方山老头十分同情与赞赏这些会党“反清复明”的宗旨。子如其父，刘揆一也和“哥老会”中的人有些来往。义和团运动失败后，在湘潭附近活动的哥老会首领马福益遭清政府搜捕。得知消息的刘方山一时抽不开身，更担心紧要关头一招不慎便会招来杀身之祸。他急中生智叫儿子假扮走亲会友去传递情报，刘揆一奉父命当天向马福益通风报信，马得免于难，两人从此建立了生死友谊。

刘揆一幼年入私塾，后就读于长沙岳麓书院。1903年春，自费留学日本，考入东京弘文学院速成师范科并与革命家黄兴结识，俩人一见如故，一拍即合，一同参加留日学生反对沙皇俄国侵占我东北三省而组织的拒俄义勇队。同年5月，军中民教育会推举黄兴等回国起义。黄兴深知事关重大便与刘揆一商量起义的具体办法，刘揆一说：“种族革命，固非运动军学界不为攻，而欲收发难速效，则宜采用哥老会。以彼辈本为反对满清而早有团结，且其执法好义……足为吾辈革命所取法。”并向黄兴介绍了哥老会首领马福益的情况。黄兴一听兴奋不已，当即决定同马福益联络，相约3个月后会于长沙。

不久，黄兴、刘揆一相继回国，于1903年9月，在长沙发起组织华兴会，决定采取“雄据一省与各省纷起”的方针，首先在湖南发动起义。为便于联络会党，他们又建立外围 组织同仇会，邀马福益等会党头目参加。1904年春，刘揆一、黄兴在湘潭县茶园铺秘密会晤马福益，共同制订了发动长沙起义的计划。他们决定11月16日（农历十月初十）慈禧太后70岁生日那天，在长沙祝寿会场安放炸弹炸死到场的文武官员，尔后组织义军乘机攻占长沙。会后，刘揆 一到醴陵渌江中学担任监督，暗中负责调度会党及联络军队。他又和黄兴等变卖家产 ，收得的银元充作这次起义的活动经费。这批留学东瀛的仁人志士，现学现卖，仿照日本军制，将会党编成革命军旅，黄兴以同仇会的会长身份兼任大将；刘揆一为中将，掌理陆军事务；马福益为少将，管理会党事务。

刘揆一(1878－1950)

正当起义准备工作紧锣密鼓积极进行的时候，不料走漏了风声，让湖南巡抚陆元鼎侦察知道了。当晚，布告便贴满长沙的大街小巷，黄兴和刘揆一被通缉。9月，两人相继逃入上海。由于负责人的出走，长沙起义未经实现，即遭失败。黄兴与刘揆一到达上海后，上海偏偏又发生了万福华枪击广西巡抚王之春事件，清廷大怒，派兵四处搜捕。为此，反清机关遭破坏，黄、刘又被迫离沪，最终亡命日本。

1905年7月，中国同盟会成立时，与弟弟刘道一不同，刘揆一因持异议，没有参加，直到1907年1月，他才加入。不久，他代理东京本部执行部庶务干事。同年，孙中山与黄兴先后到安南（今越南）组织中国南方的武装斗争 ，留在日本的刘揆一的主要工作是筹划会务，发展会员，为前方武装起义调遣人员和购运枪械等。

此时，同盟会领导意见不一，内部发生分裂，刘揆一为顾全大局，力排众议，反对分裂，作了一些调解的工作，并拒绝召开罢免孙中山总理职务的会议，维护孙、黄合作。1909年8月，因经费问题，陶成章联合李燮和等发表“七省同盟会会员匿名书”，列举罪名攻击孙中山。10月，刘揆一和黄兴、谭人凤联合致函各报社，否认陶等函件的效力，使陶等的谋划未能得逞。

1911年，武昌起义爆发，刘揆一从日本回国，主张“化除畛域，共建新猷”，到汉口前线任督战员。南京政府成立，他任参议院议员。1912年3月，同盟会转变为公开的、以从事议会政治为目的的政党，刘揆一为十干事之一。8月，刘揆一接受袁世凯的任命，任陆征祥内阁的工商总长。为了不受国会关于会员不得参加非政党内阁的决定约束，他登报脱离同盟会。同盟会改名国民党后，国民党推举袁世凯的亲信赵秉钧组阁，以全体阁员加入国民党为条件，力图组成国民党的“政党内阁”，刘揆一继续留任工商部总长。他又表示：“我本系老同盟，若全体加入，我自然复党。”

1913年，他另组“相友会”，表示不与国民党合作。后来由于内阁改组，又因工商部私借外债受到攻击，7月，袁世凯准他辞去工商部总长职务。

1915年下半年，袁世凯加快了复辟帝制的步伐。8月授意其亲信杨度出面，拉拢孙毓筠、严复、刘师培、李燮和、胡瑛等所谓“六君子”在北京石驸马大街发起组成“筹安会”。这是一个为袁世凯复辟帝制制造舆论的政治团体，是为袁世凯复辟帝制效犬马之劳的工具，是一个地地道道的反动组织。可那“六君子”中

辛亥革命时期，革命军战士为老百姓剪辫子

的孙、李、胡、刘4人都曾参加过同盟会，是名噪一时的革命党。杨度也曾以5万元相赠，以换取刘揆一参加他们的劝进，被刘揆一坚决拒绝。1916年初，刘揆一在天津创办《公民报》，刊登反对帝制的言论，还以号外的形式披露《二十一条》，促进反袁运动的发展。由于旗帜鲜明，刘揆一所在的报馆因此被日租界当局查封。

同年6月，袁世凯死后，黎元洪继任总统，刘揆一一度担任国会议员，直到国会解散。

五四运动中，刘揆一赋闲家中，但接触了不少的进步书刊，这位25岁便留学日本反帝反封建的斗士十分同情学生的革命行动和孙中山的护法运动。他为留法勤工俭学者筹集过经费。北伐战争前夕，他又赴广州投入革命洪流，和国民党及共产党领导人都有接触和往来。大革命失败后，他开始思想彷徨，莫知所从，一度寓居北京，闭门著书。1932年他到南京，受聘为中国国民党党史编纂委员会纂修。

1933年，蒋介石邀请一些名流、学者参加政府工作，刘揆一被聘任为行政院顾问。“九一八”事变以后，他不满国民党政府的不抵抗主义，悲愤之情便诉诸笔端，常写诗词对当局加以讽刺。他在天津《大公报》上发表《救国方略之见》，依然主张恢复联俄、联共、扶助农工三大政策；号召停止内战，共同抗日，挽救民族危亡。这引起蒋介石的反感，不久他即被解除顾问职务，遂退隐家园。

解放后，他被聘为湖南省军政委员会顾问。著有《黄兴传记》等。

1949年10月8日衡阳人民庆祝解放

姚 尊 · 能文善画擅书法

姚尊原名鹏图，生于清光绪五年（1879）。30岁后改名尊，字子仙，号壶广，晚署壶翁。湖南衡阳人。

姚尊的父亲当过江苏学政，按清朝律规，学政比巡抚（相当于省长）低半级，但巡抚管不了学政。

姚尊家居城北九角巷（现为石鼓区）。其母亲姓罗，生有两子两女，姚尊排行第四。姚尊2岁时，母亲便去世了。他是由祖母抚养长大的。由于他机灵乖巧、聪慧过人，深得祖母的欢心。平日里，祖母口授《诗经·国风》，小姚尊念上几遍即能背诵。稍长，《唐诗三百首》便能烂熟于心。后寄居姑父常家，与两位表兄弟一起读书，姑父对他要求很严格，晚饭后命题让他作诗文，第二天早饭前必须要交卷。他在姑父的引导下立志读书，发奋图强，天天学至深夜，常常衣不解带。20岁时，他的诗文便名噪一时，很得老一辈赏识。

清光绪二十四年（1898）姚尊中秀才，1905年考入湖南师范馆学习。次年获官费留学日本，攻读师范，习植物专科。这是清朝政府官派的最后一批赴海外的留学生。当时湖南只分配两个名额，姚尊以全省第一名的成绩考上。3年后学成归国，致力于女子教育事业。1909年这位喝过洋墨水的海归派代表在衡阳创立私立进修女子师范学校，同时兼任湖南南路优级师范学堂（现名为湖南第三师范）翻译、劝学所所长。民国时期，被选为湖南省特别议会会员，任省立农业学校翻译。1919年姚尊回衡阳继续开办女子进修师范学校，先后任三女师、三甲工、船山国学院、私立成章中学、咸益中学等学校教员，讲授国文、历史、地理、教育学等。不像现在的老师，一人专攻一门，他是文、史、地及教育学课程全兼。他还任过衡阳图书馆馆长、衡阳县文献委员会主任委员等职。

姚尊(1879－1952)

在书画艺术圈子里，姚尊有个绰号。有曰“姚子仙”，又有称“姚仙子”的。

姚尊个头矮小，且精瘦，行为儒雅，行走敏捷，颇有股子仙气。圈里友人相聚，相互鞠躬作揖，以至于解放后他与政府机关的人员打交道仍旧习不改。但新政府新机关里已互称“同志”，推行见面握手，如他这般文人儒士，反而认为此举极不卫生，容易传染病菌，心里虽有不悦，但嘴巴绝对不说，只是绝少走动去机关单位公关套近乎了。

1949年10月8日，衡阳解放，不久便开始了土改与肃反。姚尊世家为大户人家，晚清、民国时期均有人做过官，他本人还去日本留过学，身上很少流淌过无产阶级的血液，那一举一动的作派也不是贫下中农的风范，这就难免成为红色工作组的“重点帮扶对象”。好在当时衡阳地下党的主要负责人之一熊子烈十分了解姚尊的情况，中共衡阳地委、湘南行署统战部原地下党负责人刘莘田酷爱书画，也与姚尊交往甚深。于是，他们先后向时任衡阳市委书记与市长的毛远耀汇报了这一情况：

1.姚尊思想进步，曾经为党的外围组织做过事。

2.姚尊在衡阳文教界名气很大，是我党的统战对象。

3. 这位社会名流应属进步民主人士，不属于排斥对象。

姚尊篆刻作品

毛远耀是毛泽东的堂属亲侄子，他听了汇报后，问道：“这么说，他的确是个人才？”

熊子烈回答：“的确是个人才，诗词歌赋都很有造诣，尤其是书法。老百姓操办红白喜事、开张志庆书写店牌、撰写对联、写寿屏、撰墓志铭，等等，以能请到姚尊的字为光荣和有面子。”

“写得这么好吗？”毛市长听得颇感兴趣。

“世人称他为隶书王呀！他一直在教书，还倡导男女平等，致力于女子教育。女子师范就是他创办的，是个民主进步的社会贤达。”熊子烈补充道。

毛市长点点头：“既然人才难得，我们不仅要留用，还要给他相应的政治地位，让他更好地为新政权工作。”

从此，姚尊没有受到任何政治冲击。不久，还被推荐当选为衡阳市人民政府委员、省人民代表，省参事室参事。

衡阳是座抗日名城。1944年6月，国民党第十军军长方先觉率全军将士与全城百姓誓死抵抗日军约10万兵力的进攻，血战47天，震撼中外。毛泽东主席在延安就此消息和战况，亲自撰文称颂“守卫衡阳的战士们是英勇的。”当时的国民政府蒋介石也曾在电文中训诫：“抗战八年，大战百余合，小战不可胜计，而衡阳之役支持之久，牺牲之烈，与夫关系之巨，贡献之弘，尤是惊动全世界。”

抗战十四年，全国数百座城市中，国民政府将“抗战纪念城”的匾牌授给了衡阳城。在埋葬4000多忠骨的岳屏山上，蒋中正为纪念碑书写了“衡阳抗战纪念碑”7个字。

解放后，毛远耀市长命人将纪念碑上蒋介石题写的文字剔去，请衡阳的文化名人、书法大家姚尊用隶书写下了“衡阳人民解放纪念碑”9个字，镌刻在原纪念塔上。“有进步倾向”的姚尊又为党和人民做了一件有进步意义的事。

这9个字保留了十几年。直到“文化大革命”，红卫兵们反对封、资、修，将出身不好，字如其人的姚尊撰写的9个字彻底铲除，用印刷仿宋体镌刻了“无产阶级文化大革命万岁，伟大的毛泽东思想万岁”21个字。

中共十一届三中全会后，1979年，碑上又换用了熊星龄用行书写的“衡阳抗战纪念碑”7个字。

进入21世纪，衡阳市的政协委员们提出了“关于恢复岳屏公园纪念碑历史原貌”的议案，经有关部门认真研究，于2007年，又恢复了蒋中正的手迹。

至今，据老人们说，岳屏山东面牌坊上“抗战”两个隶书字，仍是姚尊先生的真迹。

衡阳的公园总算保留了衡阳才子姚尊的两个字。但衡阳后代已经没有多少人知道这个沧桑故事了。

一块碑，50余年，竟经4次折腾，几多风雨，几多曲折。活人在颠三倒四，那4000热血战士的魂魄何曾得到安宁？

姚尊擅长诗书画。其篆书古朴谨严、苍劲挺秀；隶书结构超逸，刚柔相济，时称隶书王；行书圆润峻拔，秀逸流丽。他的绘画以写意为主，题材多为山水花卉，笔墨奔放洒脱，章法结构独特，气势豪放，配上诗歌题款，印章点缀，成为诗书画印结合为一体的文人画。我曾在林下画廊观赏到一套姚尊的书画册页，画有青竹、柳枝、紫藤、石榴、芭蕉、兰花、红梅、黄菊、莲荷等共10幅国画作品。每幅作品均配有一首七言绝句和一则题记，颇有趣味。

姚尊国画作品

如画《红梅》，七绝诗曰：

东州沟院几株梅，闻道尚书手自栽；
十五年前薪火尽，寒枝犹入梦魂来。

题记叙述：壬戌监院船山国际牖外，老梅数枝，高出檐际，闻为彭雪琴少司马手植，阅四十年矣。乙丑再至则已为主事者伐去，至今暗香疏影，犹仿佛在人眉睫间也。

如画《柳枝》，诗曰：

爱莲亭畔柳毵毵，风景依稀似汉南；
曾是昔年亲手种，树犹如此我何堪。

题记叙述：庚戌辛亥，余主邑劝学所事，尝植垂柳数十株于爱莲亭畔，己未六月归至长沙，则已高枝摇风，浓荫覆水，湖边风景如在画中矣。萧笛坞孝廉尝戏称为姚公柳云。

有景有物，有画有诗，有现实、有感叹、有回忆、有幻想。

其栩栩如生形神毕肖之画，其言志抒情凸现主题之诗，其遒劲潇洒龙飞凤舞之书法，可堪称三绝，实属衡州珍品。

观先生的字画，还真有点如入梦境，仙气缠绕。

姚尊著作甚丰，翻译教育、博物、兽医学、农学等书籍30多种，计300多万字。另外，他还广泛搜集整理地方史料，除了送省外，还编印了《衡阳文献》共14集。现有《皕甓斋诗文集》、《皕甓斋集联》、《皕甓斋题跋》、《皕甓斋写意诗画纪念册》等存世。

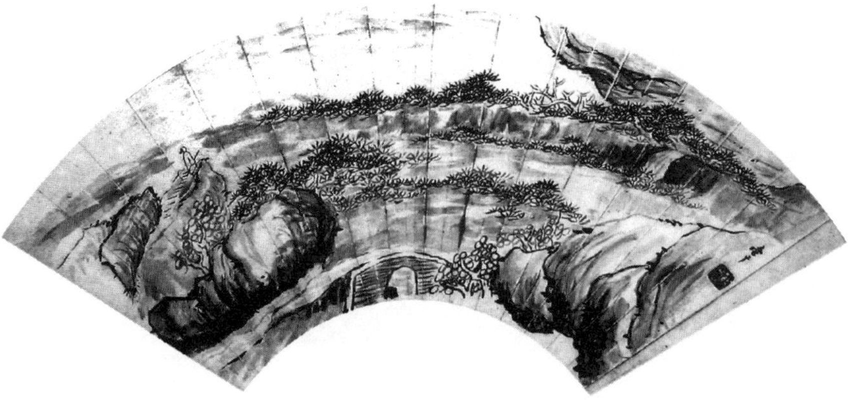

姚尊国画作品

姚尊与友

聂云台·实业救国倡保富

上个世纪中叶，台湾岛上的佛教团体常常翻印一本名叫《保富法》的小册子，赠人结缘。这本书虽然名叫“保富”，却不是教人去当守财奴，实际上却是劝人散财布施积善积功，此书作者就是衡阳籍奇人聂云台居士。

聂云台号其杰，法名慧杰，号息忏，衡阳市衡山人。1880年出生。父亲名缉槼，字仲芳，曾官拜江苏巡抚，是曾国藩的女婿。母亲曾纪芬，晚年号崇德老人，是曾国藩的第3个女儿。聂云台4岁时，父亲便担任上海制造局总办。1890年，擢任上海道台、兼理上海华新纺织新局事务。

1888年，聂缉槼在上海参与筹办华新纺织新局，1891年投产。初为官商合办，不久改为商办。1909年，率子云台独资承购经营，易名恒丰纺织新局，简称恒丰纱厂，它为中国近代机器纺织工业创办最早的工厂之一，也是聂氏父子赖以发家致富，拥资巨万的经济摇篮。

1904年，洞庭湖藕池决口，泥沙淤积，州土扩展，官方设垦务局，招人领垦以“裕库收、增税源”。聂缉槼得知后，以其经营纺织业盈利3千余银做垦照费，领垦淤田4万余亩。接着，又收买与之毗连的刘公垸土地，建立“种福垸”作为他的农庄。设管理机构，雇佣劳力环垸筑堤，东西长16华里，总面积5万余亩，可耕地达4.7万亩，代耕的佃户约3千。每年总收棉花1.5万斤，稻谷5-6万石，还收“公本积谷”等其他杂课。

这为聂家实业的发展奠定了坚实的基础。

聂云台兄弟姊妹9人，他排行第3。家居上海，幼年与兄弟姊妹在家中延师共读。14岁那年，与他二哥其昌回衡山原籍应县试，考取秀才。以后在上海，跟随外国老师学习英语，他的英语老师是其父亲聘请在江南制造局工作的科学家傅兰雅的太太。父亲聂缉槼本身就是近代中国洋务企业著名领导人之一，他不仅是江南制造局时任最高领导，还主管上海地区造纸、纺织等洋务企业。他鼓励和支持儿子钻研科技，并经常带儿子到他掌管的洋务企业去实习、交流，在如此得天独厚的学习条件下，小小年纪的衡阳少年聂云台学习中国汉语的同时涉及电气与化学工程，通达电、化学科，尤精于英语。他曾到美国留学，参加过留美学生组织的“大卫与约翰”兄弟会。

学成回国后，正是清朝末年，国势积弱不振的时候。他主张“教育救国，实业救国”。个人事业也从实业着手。1904年，他的父亲任江苏巡抚，命其亲信汤癸生组织复泰公司，由汤癸生任总经理，聂云台任经理，从事纺织工业的管理与发展。他们又租下华新纺织局扩充实业，聂云台兼任董事。翌年，汤癸生病逝，聂云台继任复泰公司总经理，其弟其臣任协理。聂家有复泰60%股权。宣统元年，聂家以30万两白银购得华新纺织局全部股权，改名为恒丰纺织新局，后来又改名恒丰纱厂，由聂云台任经理。

接办恒丰后，聂云台在厂中开设训练班，培训纺织人才。1911年2月，父亲聂缉槼逝世，聂云台回湖南办理丧事。

聂云台(1880－1953)

1912年，聂云台主持下的恒丰纱厂，率先将蒸汽引擎改为电动机，降低了成本，也增加了产量。在当时纺织界中，这是首开风气的创举。他早年在美国曾加入基督教的兄弟会组织，这时与其妻萧氏同受基督教洗礼，夫妇二人都成了基督徒。

1915年4月，他赴美考察实业，主要仍是考察纺织工业这一方面。

35岁的聂云台访美留下了一段千古风流的佳话，要讲这段故事，首先要从“1910年南洋劝业会”说起。

1910年6月到11月，清政府在南京举办了我国近代史上第一次大型物产博览会南洋劝业会。9月16日，美国太平洋沿岸各商团来到上海。23日，美国商团到南京参观南洋劝业会。随后，他们赴天津、汉口等地考察、交流。结束旅行回国前，美国参访团在上海与中国企业家召开会议，相约合办企业、共同发展。

美国商团离开不久，中国绅商们开始酝酿组织商业代表团回访美国。美国各商会也表示热忱欢迎中国商团访美，并准备了巨额资金准备迎接中方。正当中美双方商人们积极筹备期间，中国发生了辛亥革命。清政府被推翻，中国政治局势突变，出访计划泡汤。

1913年4月，美国政府在国际上率先承认民国政府。这一举措使中国社会各阶层对美国充满感激之情。因此，当美国政府决定为纪念巴拿马运河开通而举办世博会，并邀请中国政府参与时，当时的中国政府积极响应。从1913年开始，中国就建立了有关机构积极筹备参会事宜。

为了进一步促进中美外交和国民交往，1914年中国政府决定组织“中国游美实业团”前往美国参观旧金山世博会，作为对1910年访华的美国商业团体的回访。

经过近一年的筹划和联络，1915年4月7日，来自全国各地的15名团员抵达上海，并在上海总商会召开会议，选举出访团团员。55岁的南洋华侨、张裕酿酒厂老板、民国政府参政院参政张振勋当选为“中国游美实业团”团长；35岁的上海总商会代表、恒丰纱厂老板、上海棉业公所总理聂云台则被选为“中国游美实业团”副团长；上海人黄炎培因“文章经世、学识超群”被农商部特聘为实业团编辑；正在上海工作的“中国基督教青年会组合演讲部”主干余日章因“学贯中西、才长肆应，熟悉彼邦情形”被邀请担任实业团名誉书记；上海总商会书记朱礼琦受邀担任实业团会计；上海阜丰面粉公司及汇昌机器制造公司总经理龚心铭等为团员。

1915年4月9日下午，“中国游美实业团”带着美国驻上海领事和中央政府驻上海交涉使的祝福，在西美商会代表达莱及农商部美国顾问罗炳生等人的陪同下，乘太平洋轮船公司“满洲”号离开上海吴淞口，前往太平洋彼岸的美国。

聂云台夫妇

为了联络中美人员感情、丰富旅途生活，4月23日，在实业团成员的提议下，聂云台和张振勋决定在船上举办茶话会。代表西美商会邀请中国实业团访美的大来先生及夫人，“满洲”号船长及船上的美国传教士、随行中外记者60多人出席了茶话会。中美双方在张裕葡萄酒的醇香中叙友情话将来。

4月26日，“中国游美实业团”到达美属檀香山，在那里他们听到了美国人的第一声“欢迎”。实业团刚刚抵达码头，无线电台就播出了檀香山美商会、华商会热烈欢迎中国实业代表团访问美国的内容。接着，檀香山美国商会在公园宴请中国实业团一行。在宴会上，聂云台发表了热情洋溢的演讲。在演讲中，聂云台感谢美国退还中国庚子赔款扶植中国教育。聂云台的演讲得到了随行的达莱先生的积极响应。

1915年5月3日下午4时，中国游美实业代表团抵达美国旧金山。

美国方面隆重而热情地接待了中国实业团一行。当天下午，美国总统代表、旧金山市税务司司长、外交部代表远东事务局长、商部代表纽约商业局局长、工业部代表、西美商会联合会总理、旧金山世界博览会总理、旧金山商会总理、旧金山市市长、美国各商家代表以及中国有关人士冒雨到码头迎接“中国游美实业团”一行。

中国代表团在美国商务部有关人士的陪同下，在各城市、港口进行了近两个月的考察和交流。所到之处受到了美国各级政府和商会团体热情、友好的接待。

中国积极支持和参加旧金山世博会的行动也使美国旧金山世博会总理摩尔深受感动。他不仅在5月3日同美国政府其他官员一道冒雨前去码头迎接中国代表团一行，而且在中国实业代表团刚刚下榻旧金山的第2天上午就向中国代表团一行赠送世博会游览券，请中国实业代表团参观旧金山世博会。

5月4日上午，中国实业代表团在美方的陪同下，饶有兴趣地参观了旧金山世博会。中午，旧金山世博会总理摩尔先生在世博会总办事所亲自设宴，热情款待中国实业代表团一行。中国实业代表团在世博会所享受的礼遇令许多人羡慕。宴会上摩尔邀请中国代表团负责人发表讲话。

本来安排讲话的，是此次代表团的团长张振勋。但经过近一个月的海上颠簸，年届60的张振勋在抵达旧金山后就生病了。在旧金山时的宴请全由副团长聂云台来代表他。

这位年仅35岁的衡阳企业家操一口流利的英语在宴席上侃侃而谈，第二天经传媒报道名震旧金山。如今，美国加利福尼亚州大学图书馆仍保存着1915年邀请中国实业团到世博会宴饮的东道主旧金山世博会总理摩尔所拍摄的照片。在那里我们可以一睹当年衡阳年轻的企业家聂云台演讲的风采！

1915年的美国旧金山世博会，是旧中国时期，中国商品在世博会上出展最多的一次，共有19个省提供的1.8万箱10万件展品漂洋过海。中国馆以北京太和殿为蓝本，很有特色。当时的中国留学生范永增在《申报》上这样评价："房屋虽低，为足云陋，然界乎四面高大洋屋中，迨有一种特色。"当时的主办方评价，除东道主外，中国展品无论从数量，参展面积都可排在各参展国的第一位，开幕当天，参观中国馆的观众达万余人，整个博览会期间，逾200万人到中国馆参观。9月23日定为中国日，并请中国驻美公使夏偕复到会种树刻碑留念。中国展品一共获得金、银、铜、名誉奖章共1121枚（张）。有外国人评价中国为"东方最富之国"。有数据显示：1915年中国对美国出口额，丝绸1.4亿美元，茶叶1800万美元，桐油1120万美元，产于甘肃、东三省、云南等地的地毯原来每年出口额不过10万两白银，博览会后，销售额几乎增长10倍。

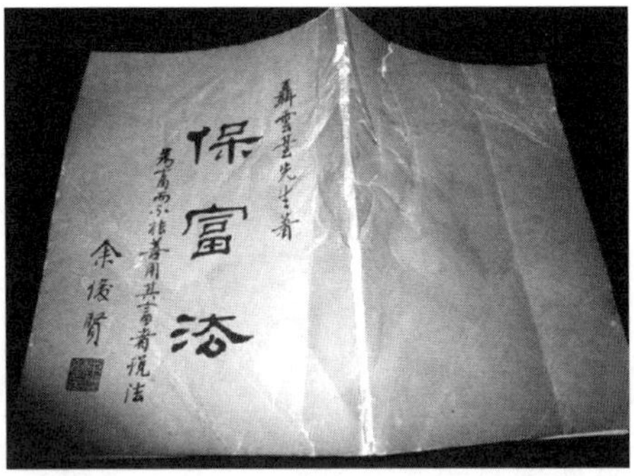

聂云台《保富法》原著

衡阳人在此风光了一把。

1917年，聂云台与蔡元培、黄炎培、张謇、郭秉文等，发起组织中华职业教育社，自任干事。他在上海设置职业学校，推行职业教育，以实现他教育救国的理想。

他平常热心于改良中国的棉业，以挽回国家的权益。他曾捐助巨款，支持金陵大学农科，改良中国棉种。1915年，他赴美考察时，还约请美国棉业专家来华调查，协助改良中国的棉花种植。

1922年，他与友人尹任先合伙发起招股，在吴淞投资兴建大中华纱厂，当年建成，有纱锭45000枚，在当时这是甚具规模的大厂，聂云台出任董事长兼总经理。在民国前后的数年之中，他与姚锡舟集资在崇明创了大通纺织股份有限公司，与吴善卿等合作在上海创办华丰纺织股分有限公司，与张謇、荣宗敬等合资在吴淞创办中国铁公司；并与孔祥熙、陈光甫等合资创办中美贸易公司。由于他家世显赫，事业庞大，且久居上海，他担任过上海租界工部局的顾问、教育委员、中华文化教育基金会董事、复旦大学校董等许多名誉职称。1920年，他当选上海总商会会长，获北洋政府颁发三等宝光嘉禾勋章。那一段时间，他是上海工商界风云一时的人物。

可是好景不常，到了1924年以后，由于外资侵入，华资棉业大受打击，经营困难。他的家族企业恒丰纱厂后来负债60万银元，被迫将大中华纱厂股权全部出售以偿债务。其他如大通、华丰等厂亦莫不亏损，聂云台事业大受打击，于1926年以退休为名，退居幕后。

事业失败之后，继之又大病了一场，几度濒危。1917年，妻子萧氏病逝，他亦感到生离死别，生命无常。事业失败，大病几死，他更感到人世万法如梦幻泡影，乃皈依如幻法师，潜心学佛，闭门思过。后来，他又参谒印光法师，受持五戒，几度想剃度出家，因母老而止。

1926年以后，聂云台所创办的实业中，华丰纱厂后来被日本人兼并了；中国铁公司的工厂，1932年“一二·八”战事中毁于炮火；他的基本事业恒丰纱厂，用“以债养债”的方式拖延了几年，终以亏损过巨，无力经营，最后租给了宋子文的中国棉业公司。中日战争期间，又被日本的大康纱厂合并，直到抗战胜利后，聂家才收回了一部分产权。

聂云台晚年，隐居礼佛，不问外务。他设置佛堂，供奉观世音菩萨及地藏王菩萨，每日诵读《金刚经》、《观世音菩萨普门品》及《地藏菩萨本愿经》作为常课。在他领悟大乘六度的意义后，将自己的私财及妻子萧氏夫人遗留的遗产、金饰等全部捐了出去，用以救济湖南各地的灾民。同时，他在上海《申报》上刊出《保富法》，劝人散财布施。

1943年，他因骨结核病截去一条腿，行动不便，自此除读经念佛外，更不外出。1953年，因病在上海逝世，享年74岁。

他早年曾翻译有《无线电学》《托尔斯泰传》等书，并著有《勤俭救国说》的小册子。晚年写佛教著作，多记述因果感应之类，如《地藏菩萨灵感近闻录》《观音经咒感应汇篇》《历代感应统记》等。不过对社会影响较大的，还是那一本《保富法》。

蒋铨衡·笔走龙蛇一时盛

蒋铨衡，别号啸霞山樵，晚年自号春晖老人。衡南县三塘镇人。毕业于湖南南路优级师范学堂，历任湖南省民政厅秘书、衡阳女子职业学校校长。曾讲学于雁峰学塾，岳屏书院，并任西湖、广德、大同等中学国文教员，是清末民初时期湖南著名的书画家。

蒋铨衡自小跟随叔父玉轩学习，精晓六艺，娴习诸子百家，尤酷爱书画，6岁就能在宣纸上书写直径在一尺以上的大字。同县的老辈书画家符子琴非常器重他，便在书法上传授他“悬腕中锋之法”。这种方法就是将杯子盛水置于肘上，悬笔走墨，大字一气呵成，而杯中水面纹丝不动。蒋铨衡练此方法，尤其认真。一日早晚2次，每次数小时。久而久之，有一天一位朋友在旁边观望，突生趣意，趁其不备，欲抽掉他手中之笔，蒋铨衡居然手如铁钳，夹住那笔如铁杆立地一般；又想推动其手，蒋铨衡依然走笔如故，纹丝不乱。那朋友问他：“自古学问，唯乃专精，君博而能精，何术至此？”

他答道："人一能之，我十之；人惜寸阴，我惜分阴。"那意思是，人们为达到一个目的付出一份力量，而我要付出十分的力量；人们珍惜每一分钟时间，我却珍惜每一秒钟时间。

26岁那年冬天，是蒋铨衡的花好月圆之日。

新娘子入得门来，那个房间的暖意和喜气便荡漾开来。

婚宴散毕，按当地的习俗，调皮的少年男女们都躲在门外、墙角、窗外听洞房，准备好好热闹一番。可是扯长了耳朵，按住了心跳，那新房内居然鸦雀无声。等那胆大的戳开窗户纸一看，却见新娘一人独坐房中，新郎竟然杳无踪影。

"新郎官不见了！"

"新郎官撇下新娘逃跑了！"

这还真让人惊得目瞪口呆。

闹房的亲友煞是诧异。却听见雕梁画栋的新床帐幔中新娘柔柔的、细细的语音传了过来："别闹了，还早呢，公子还在习字呢。"

原来，蒋铨衡正藏身房内僻室，屏声静气地书写《柳楷千字文》。

妻子问他："你白天接待宾客，深夜还刻苦学习，不感到疲倦吗？"

他含笑回答："你的好意我感谢，但我不能因新婚而中断习字，影响学业。"

妻子敬爱交织，含笑研墨以待。

蒋铨衡自定的学习习惯，即便是新婚之夜也未能更改。

直至三更，蒋铨衡才品尝洞房花烛之夜的浪漫与温馨。友人戏谑他道："先生读书破万卷，竟不识新婚燕尔。"

古人学习，有"头悬梁、锥刺股"之范例，说实话，那是怕学习期间打瞌睡。

而蒋铨衡先生的用手肘悬水练字，洞房花烛不改夜必临帖的范例，又是一种什么习惯？以这样一个习惯，一种方法去钻研、弘扬一种艺术，岂有不成功者？

所谓"铁杵磨成针"，不是功夫深，而是一种日积

蒋铨衡(1881－1944)

月累，坚持不懈，不达目的誓不罢休的一种信念，是一种信奉认真，从不敷衍塞责，始终如一的精神。

文化是基础，精神是表现，文化的状态如何，决定了人的精神支柱，而人的精神状态如何，则直接决定着事业的兴衰成败。

蒋铨衡书法，蜚声全国，前往求字的人，应接不暇。书法老人蒋卓如先生生前回忆：“我年轻时在农村很穷，而听人传说家乡有个名家蒋铨衡先生顺手画个字就能赚回一块光洋。你想想那一天可以写多少个字？一块光洋一个字，一天又该赚多少钱？这是谁掐指就会算的算术题。于是，我决定发愤学写字，并托人拜蒋老先生为师。”

更神奇的是，百姓间口口相传：同一条街，同一类商品，只要有蒋铨衡书写的店牌就有生意，就人丁兴旺有钱赚，连衡阳后宰门卖猪肉的屠户都恭请蒋铨衡先生书写档口牌号。

其实，蒋铨衡先生口碑的确不错，不管地位高低、财产多寡、酬劳有无，凡来求字者一概应允。

1919年，蒋铨衡与友人姚尊、肖企云等组织“湘影书画社”于雁峰之麓。

清末民初时期是一个新旧文化思想相互撞击、剧烈摩擦的时代。中国的新文化运动已经在母亲的襁褓中躁动，任何一种文化、艺术形式都将处于一个求创新、寻变革的新局面，衡阳历史悠久的书法艺术与中国画艺术传承也在悄悄地发生着变化，无论从客观的形式变化来讲也好，抑或从衡阳个体从事书法、绘画者的主观思维上来讲也好，都要在这场巨变中寻找自己的位置，这种“寻找”单靠个人的能力是远远不够的，于是，“湘影书画社”就应运而生了！

“湘影书画社”是谁组织成立的？它的领军人物是谁？众说纷纭。有人从衡阳的市、县、区等志书上翻阅，其主要集中在蒋铨衡、姚尊、肖企云三位先生身上。史书都认定成立了“湘影书画社”。那么蒋、姚、肖究竟谁是主要发起者？三位老先生的弟子们都认定自己的老师为宗师。其实，认定三者任何一个人为主都有失偏颇，应尊重客观历史事实。“湘影书画社”的成立本来就是以此三人为主要倡导并联系衡阳的各方名家共同成立起来的，其理由有以下几点：一是以蒋铨衡为首，代表了厚重的历代师传的书法、国画群体；二是由姚尊为首，从海外归来带有一定新思维的新派群体；三是以肖企云为首，拥有较丰厚的财力，同时又具备历代书法美术作品收藏颇丰且具备较高鉴赏水平的藏家群体。正因为有以上三方面的因素存在，为“湘影书画社”能在全省，乃至全国产生很大的影响，奠定了厚重的物质基础和思想基础。所以说“湘影书画社”由蒋、姚、肖三人为主组织成立，并能有效地开展活动，这应该是一个不争的客观事实。

“湘影书画社”的主要成员有：蒋铨衡、姚尊、肖企云、陈琪、高翥、曹藻、冯臼、彭白屋、朱大何等。在当时，与“湘影书画社”有密切往来的还有萧俊贤、符翕、符铸、齐白石、何香凝等全省、全国名家。

齐白石曾慕名亲访蒋铨衡，一见面便执手大笑：“衡阳满城市招，稍可观的都是蒋家书法一派，附近城市，亦多如是，可谓春风桃李，极一时之盛。”两人相谈甚欢，品酒作画，难以尽兴。蒋铨衡盛情挽留，齐白石在蒋家居住一月有余。从此，两人书信往来，并结为契友。

浙江陈子毅，江西龚仲伦，祁东管锄非，衡南李玄九、李准一、胡香九这些丹青雅士，文坛名流，都先后学于蒋铨衡。

蒋铨衡攻书法，广征博采，初学何绍基的字，继习王羲之、颜真卿书，中年精研北魏《黑女志》《张猛龙碑》，晚年摄取米芾、柳公权笔意，兼众家之长，具诸家之美，创造出结构严整、文而不野、妍而不俗、酣畅淋漓的书风，自成一家。

蒋铨衡著有《石牛叟诗画》《春晖草堂诗画》。1944年衡阳沦陷，所有题字、画谱和善本书籍10余担，被乱兵洗劫殆尽。现在可供瞻仰的，除珍藏在亲属和好友中的少数字、画以外，还有回雁峰的“莫作等闲观”石刻；衡阳店家的招牌“正康祥”；南岳上峰寺和丹霞寺题额，其笔力遒劲，风度俊逸。四川峨眉一古寺请他书写的一丈五尺见方梵语，则更是龙蛇飞动，结构天成。

蒋铨衡还善于绘画，工山水花卉，尤其喜欢作松竹梅兰。他常以篆法写竹，隶法写石，作品妙趣横生。他还自己建了个花园，取名为“容膝居”，在里面种了100多棵竹子，还种上了梅花与兰花。每天从早晨到黄昏，他都细心观察，对景写生，作品秀丽潇洒，形神兼备。

1950年初，齐白石向有关领导推荐蒋铨衡为中央美院国画系教授，并遣其儿子专程来衡，登门敦请，可惜蒋铨衡已于5年前去世。

浪漫岁月，空留怀想。

蒋铨衡国画作品

杨伯熊·法界明星育后昆

少聪慧　乡间佳话

杨伯熊3岁时，母亲因痨病逝世。

父亲是一位乡间小铁匠，走村串户去补锅、锻刀、修犁，做个小铁件什么的，一家人主要生活费用的多寡全取决于那担肩挑的炉火旺不旺。活儿接得多，这个月饭碗里还能散发点油腥味，活儿接得少，那炉火烧得都见不到红光。

咿呀学语、蹒跚学步的杨伯熊由父亲与大他12岁的哥哥哺养拉扯成人。9岁时，父亲也撒手人寰。

哥哥字济玲，号淑智。

杨伯熊13岁那年，正逢晚清政府的北洋海军覆灭，丧权辱国的《马关条约》在日本下关签订，日本帝国的野蛮行径与晚清政府的软弱腐败令全国民情激愤。在京城，康有为联合在京参加会试的举人1300多人集会，联名上书皇帝，要求改革变法拯救国家；在南粤，孙中山上书李鸿章，提出变法自强主张，但未被采纳。于是他前往檀香山，联合华侨20多人成立了兴中会。其章程规定以“振兴中华、维持国体”为宗旨。在衡阳县的洪庙镇，杨伯熊血气方刚的哥哥杨淑智也作出了一个重要决定：送弟弟伯熊读书。

平泛艰难的生活让杨淑智认准一个死理：杨家人必须要识字，不能再学父亲去打铁。

有人劝他：“读书要花很多银子。”

“我来出。”杨淑智答得十分干脆。

“不如带他学做生意，还可以给你当个帮手。”

“狗屁。那点生意都不够一个人做，还耗费两兄弟。”

“为什么非要读书呢？”

“读书才有出息。你看看隔壁王衙平就出了个王船山，西乡湛江就出了个彭玉麟，哪个是做生意做出来的？”杨淑智振振有词。

那年杨淑智25岁，已在洪庙镇开铺坐店5年。铺面虽然不大，但日有进账。他请一位读书人为店铺取名为“同济庄”，经营百货。闲暇之余更拿出了自己与父亲的拿手好戏——蒸白米酒卖，四方八邻都认准同济庄的白米酒纯正浓香、价格公道，逢年过节或红白喜事，均以此白酒为上。仅此一项，便红了洪庙镇半边街铺。

那时候，乡下人攒了钱第一个愿望就是砌屋，给自家盖房子。杨淑智也不例外，他节衣缩食，分厘必争。一不吸烟，二不赌博，自酿的米酒，除了试味品尝质量从不贪杯。积攒下来的钱便盖了一栋大宅子。

杨伯熊(1882－1956)

前面是一列三间悬山顶房屋，中间是一溜铺面，两侧是居室。室内有天井，天井两旁为廊，廊有门与街道相接。作门房用。别一侧廊作厨房。再往后便是上房。一并9间，3个院落。中间是他自己的，左、右两边是两个弟弟的。轩窗四开，一望空碧。三伏时，藕花香出，清风徐来，令人顿忘酷暑。园内种有枣树、橘树。

杨淑智这一回是自己为宅子取名叫“杨怡怡堂”，没有去请先生。他听戏班子唱戏，戏文里有“兄弟怡怡然”的台词，他不懂，就问人家，人家向他解释了“兄弟和睦，怡然自得”的意思。杨老大就认准了这句话并借用过来给家宅命名。他出钱盖家，三兄弟共住。因为父母去世早，兄长就是父。

由于哥哥的资助，13岁的杨伯熊开始启蒙。

哥哥杨淑智每天陪着弟弟夜习。一夜要点完3两桐油。不讲别的，就讲练写字，杨老大想了个办法，他找人打了一块青石头，磨平、磨亮，安放在屋门口。然后就叫弟弟用毛笔蘸水在石头上写字。水写的字也还清晰可辨，且能分出好坏，只是不能存阅。不一会儿，水干了，字没了。但水一干字没了又可以在石头上重写，水一干又可以写，练的就是腕力与字架子。一块“石头纸”，永远用不完。杨伯熊一手漂亮的蝇头小楷就是这样磨练出来的。先生们说，读书想上进，要学杨老三。后来，杨老三读书成了名，祠堂里就挂着块匾，那块匾是朝廷颁发的，有1米宽、2米5长，上面写着“优贡杨伯熊”5个大字。你说，读书不努力，哪里有匾挂呵。这与现在三好学生证书是一样嘛！

当年的杨伯熊，年少聪慧，不辱兄命，好学勤研，至阅书一目十行，过目成诵。16岁那年，杨伯熊在哥哥的陪同下，步行50余里赴衡州府参加童试，阅经、诵文、择义、书法，行行过关，被录为“秀才”。杨伯熊翌日返回乡赋诗铭志曰：“男儿有志凌云阁，心系功名不图钱。”当时，他还不知道在北京菜市口也有6位心系功名不图钱的热血男儿被斩首示众，头没了，才换来永远的功名。

16岁的弟弟当了秀才，哥哥杨淑智更是兴奋，一返乡便摆出自酿米酒，招募数人磨豆腐、搓鱼丸、蒸全鸡、做头碗、席设20桌，款待四乡八邻，香了整条洪庙街。

米酒的醇香也醉了特来庆贺的乡儒陈景溪。这位德高望重、名震一时的读书人早知杨伯熊智慧过人，如今其年少得志，更重其才。不久，他主动约出杨淑智，吐露心声，愿将小女陈氏许配伯熊。杨大哥一听是受宠若惊。陈氏之女，乡邻谁人不知。年方二八，端庄淑丽，身儿匀称，个儿适中，颖秀清腴、温婉娇憨，又出自书香之家，略通文墨。这可是烧高香都难求的好事，如今从天而降，哪有不受之理。但他的回答却是：“愚侄家素寒俭、僻处乡隅，父亲曾是走乡串街的小铁匠，弟弟也倒是稍事读书，不要说令爱小姐、闺阁名姝、不敢亵渎，就是红庙街上一般家庭女子，都怕荜门圭窦、有辱高轩，此议是否不妥？”

陈景溪听得此言更是大喜，弟弟有才、哥哥有礼，实在难得。对于门户登对诸多要求他早已弃之一旁，便脱口而出："我女非伯熊不嫁了。"

杨淑智当即应允，说道："陈老先生盛情难却，就恳请你寻得千金年庚八字过来，待到庙堂里上一炷香、祈一道灵签。属相吻合，凭神作主。"

至于两人男才女貌，自是不消说了。

两家说办就办，选定良日吉辰，第二年5月杨淑智便助弟完婚。

17岁的杨伯熊娶得名门闺秀。男才女貌，在乡里一时传为佳话。

清光绪二十六年（1900），杨伯熊赴长沙参加乡试，成绩优良，录为"举人"。

中优贡　苦研法学

1904年，在兄长再一次的资助下，杨伯熊打点了行装赴京城礼部参加最后一届科举考试。第一场考经义，第二场考论、制、诏、诰、表，第三场考经史时务策论。几轮熬下来，两榜发布，杨伯熊被录为贡生。紧接着又由湖广学政择优保送国子监清政府中央教育机构，是为"优贡"。

1906年，沿袭了1000余年的科举考试制度废止。同年8月，孙中山等人在日本成立中国同盟会的消息传到了国内，孙中山手书的"驱除鞑虏，恢复中华，创立民国，平均地权"的16字纲领登在了大小报章上。

新聘的国子监生杨伯熊在这一桩又一桩新鲜事情的刺激下，异常兴奋。

他也不甘守旧，思想较为活跃。每晚守在油灯下，或苦思冥想，或奋笔疾书，但所有文字都只能锁在柜箱之中。因国子监内等级森严，何况他又是个外乡人，连京腔都还说不顺溜呢，哪有他说话论理的份儿。他虽不胆小，却也没有冒头的勇气。每天就这么憋着，人形就越憋越消瘦。每日官服一上身，便依然开始正儿八经、按部就班地混时光了。

因经济拮据，他不能常守京城，一旦天气转暖便返家乡乞求哥哥筹集些银两作生活费用，顺道探望新婚不久的妻子及其二月初七出生的长子杨少韩。数年间，便奔波于北京、长沙、衡阳之间。

1911年，辛亥革命爆发。

杨伯熊在衡阳参加了反清革命团队。

那一年，他结识了程潜。

程潜在日本就加入了同盟会。1908年12月回国便在四川从事革命工作并帮助训练新军。1911年8月，程潜请假回乡奔父丧，后听说武昌起义，心情振奋。几经辗转赶到武昌，担任龟山炮兵阵地指挥。11月27日革命军进攻汉口失败后，程潜回湖南长沙，继续准备力量。1912年3月北京政府成立，程潜任湖南都督府参谋部长。

在都督府，程潜与杨伯熊有过这样一次谈话：

“荷擎贤弟，此番回京，准备何处高就？”大清王朝已经作古，北京政府刚刚成立，程潜关心地问道。

“贤兄若不嫌弃，愚弟就在此处讨个饭碗了。”

“哪里哪里，贤弟何出此言？论出身，你是优贡，我是秀才；论现实，你为文人，我则行武，新政刚刚诞生，百废俱兴，急需汝这等人才鼎力相助，拨乱反正。贤弟岂可袖手旁观？”程潜谦虚、坦荡，言辞真挚。

“颂云兄高抬我了。如今时局动荡、民心摇晃，我在京这几年，也略知现政府里一干人马的所作所为。难平民心，难安天下，我又何苦此番去凑个热闹呢。”

“荷擎弟此言差矣。不驱除鞑虏，就难以恢复中华；不平均地权，就难以安我民生。你不敢立清廉于世，就会让他人搅混于池。有人愈想从中获利，你就越应在此坚守，让其阴谋休想得逞。你一肚才学，满腹经纶，你深知‘政权其义不谋其利，明其道不计其功’。立国必须立法，立法就需汝等挺身而出。十余年寒窗苦读，此时不用，更待何时？我在日本留学，目睹弹丸之国因法制而日益强大；如今新学涌进国门，你即便心有所骛，也可以尝试一下接触新学呵。辩诸儒之得失，辟异端之论谬，明天理，正人心，以便日后成就一番大事业呀。”程潜慷慨激昂又循循善诱。

杨伯熊激动不已。程潜的一番话犹如醍醐灌顶。

回家的路上，杨伯熊心情爽朗。

在街口的地摊上，他买了一个石头雕凿的小马，黑黝黝的，巴掌大小，两蹄腾空，有点昂扬奋蹄的韵味。他将其放在书桌上，不时瞟上一眼。

他崇拜英雄，英雄都喜欢骑马。刘备坐的是的卢，关云长坐的是赤兔，唐僧西天取经，坐的还是白龙马。今天见到程潜，院子里也拴着他的坐骑，枣红色的，高大威猛，可惜没打听名字。

他想象着自己有朝一日骑着黑马在草地上奔跑的情景，颇觉舒畅。

他想象着他的黑马蹬地而奔，御风而行的架势，他感觉很豪迈。

他想象着，进入了梦乡……

第二年，杨伯熊又一次打点行装赴京，考入国立北京法政专门学校（北京政法大学前身），接受新式教育，立志钻研法学。

督潮州　遇变不惊

四年寒窗苦读，新学点滴在胸。

走出校门，天变了：先是孙中山在南京当了总统，旋即又变成袁世凯在北京当了总统。跟着第一次世界大战爆发。袁世凯当了3年总统不过瘾，那年年底又悍然下令改称皇帝，将民国五年改为洪宪元年。皇帝梦未满百日又被迫撤销帝制，接着一命呜呼。人变了：男人全都没了辫子，女人也开始抛头露面了。杨伯熊也变了：毕业时他居然也买了套西装穿在身上，踌躇满志，更显意气风发。

他参加了中华民国司法部司法讲习所短期培训后，听说自己被分配到广州省高等检察厅任检察官，他一刻也没停留，第二天便出现在新岗履职的南下路上了。

在广东省高等检察厅，他经人介绍认识了法界名人罗文干。

罗文干是广东番禺人。1904年赴英国留学，入牛津大学荣誉班，专攻法律，四年毕业。获法学硕士学位。1909年归国，任广东审判厅厅长。1911年应晚清政府学部留学生考试，授法科进士。1912年任广东都督府司法司司长，旋升广东高等检察厅厅长。1913年辞职北上，1915年因参劾筹安会受袁世凯冷遇，又辞职南下返回广东，参与倒袁活动。

罗文干与杨伯熊一见如故，他好奇地问道：

“我也才刚听说京城又分来一个法界才俊，是个湖南人，前清优贡。怎么就如此快捷履任了，也不顺道回衡阳老家看看？”

“出来久了，惯了。”杨伯熊躬身上前答道，“多谢老厅长关心，我也想等这边安排妥当，再去接家眷。”

其实罗文干并不老，他比杨伯熊还小7岁。

“这样也好。”罗文干从台面上拿起一张报纸，又道：“我建议你去潮州任监督（地方法院院长），不知意下如何？”

“不是分配在此做检察官么？”

“那是京城里乱点鸳鸯，潮州此位正缺人手，你首次入粤，也需熟悉本地风俗人情。新来乍到，去地方独挡一面，锻炼锻炼，机不可失哦。”

杨伯熊当即双手作揖：“谢老厅长良言提醒。属下即当赴潮州，克勤克俭，报效国家。不负老厅长举荐矣。”

后来，杨伯熊才知道，罗文干推荐他任潮州监督，一是他极为反感北京新政司法部对广东指手画脚。山高皇帝远，不熟悉情况，哪有他知人善用呢。二是他见杨伯熊一表人才，西装革履的外表之下分明透露出一种精干，这给喝过四年洋墨水的罗文干留下了十分亲切的印象。于是才有了这真心实意的举荐。

杨伯熊却也实实在在兴高采烈，欣然前往。

杨伯熊到达潮州的第三天，便去谒拜了纪念唐代文学家韩愈的祠宇韩文公之祠。

韩愈是杨伯熊心中最敬崇的读书人之一。此番朝拜，就是来寻求韩文公的治世精神。

当晚，他按捺不住心潮的激荡，在书房书写了一副对联：

兴学堂、治鳄患，百世师表。
护民生、重法理，一代新业。

上联是表述韩愈的丰功，下联则是阐述自己的决心。

杨伯熊到任后，以极大地热情投入道德秩序教育，劝导百姓遵纪守法。没多久，广州军政府成立。孙中山就任中华民国军政府陆军大元帅。孙中山发表通电，否认北京段祺瑞政府。命令各陆军出师北伐。那段时间里，杨伯熊任职的潮汕地区基本上成了中山先生从事革命活动的前沿阵地。经过5年时间的努力，当地民众也从他颁布的规则、案例的结审中受到启迪，争抢好斗的市井之风渐渐好转。

然而大功未竟变乱生。1922年5月，孙中山亲赴韶关督师，命令北伐革命军分三路向江西进攻，6月16号粤军总司令陈炯明在广州叛变，围攻总统府。孙中山脱险后，登上永丰舰，亲率海军舰队讨伐叛军。叛军败往潮汕，沿路大肆抢掠。杨伯熊闻讯，安排好一应事物，深藏好公家财物，正欲脱身，门外已是一片嘈杂。他已来不及趋避，被叛军堵在署内拘禁起来。第二天，叛军的一个上尉连长过来问话：“你叫杨伯熊？”

“杨伯熊是我。”答得十分坦然。

“当家的？”

“百尺之内我做主，百尺之外民当家。”杨伯熊用手指着署内围墙划了一圈。

“哟呵，你还跟老子拽文拿调了？告诉你，百尺内外都由我们陈司令当家了！你这衙门人员就跟着我们了。给我们管管帐，登记登记财产，分发个物品什么的，听懂了吗？”上尉连长倒是干脆，直接就派活了。

“不行！”杨伯熊反而不假思索、斩钉截铁。

“为什么？”连长勒起了衣袖。

“我们是政府命官，岂能干草莽流寇之事？”

“狗屁政府，”上尉连长一个耳光扇来：“不干就给老子打！打到他们愿干为止。”

连长的手下一拥而上，杨伯熊与几个部属遭到一顿暴打。单瘦孱弱的杨伯熊却始终没吐出一个“干”字。

当夜，他被关闭在柴房里。

三更时分，看守他们的士兵终于抵不住疲惫，头和枪都歪在了一边，轰隆隆打起鼾来。杨伯熊与两个部属相互搀扶，爬出窗子，仗着熟门熟路，避开叛军巡逻人员，跌跌撞撞地逃出城外。陆路水路均有叛军游弋，沿路又烧抢不止，灾乱迭起。3个人只得夜行昼宿，翻山越岭，走了13天，赶到了广州。

还是五年前的那间办公室，但罗厅长已换成了张厅长，杨伯熊一脚踏进办公室，张厅长还以为撞上了鬼。

杨伯熊脸色苍白而瘦削，长发几乎散落肩上，一半已成灰白，披着一件旧夹上衣破烂不堪，失魂落魄、满身污垢，形销骨立还就见两只眼睛在咕噜噜转。

张厅长一时感慨万千。

“伯熊，伯熊，对不住。让你受此劫难。”张厅长上前扶住了杨伯熊风吹欲倒的双肩，潸然泪下。

杨伯熊则气若游丝地吐道：“厅长，听说叛军已被孙大总统平定，我稍事休整几日，再赴潮州继任。”

“好好休整，好好休整。”张厅长连声嘱道。

紧接着，杨伯熊从包裹里掏出一本账簿和一张草图，说：“公物大多藏于山洞和深置于署内地下密室。这是账册细数和山洞线路图，请你验收。”

张厅长两眼湿润，接过账簿与草图，小心翼翼地锁进柜里。

一周后，在广东省高等检察厅的议事室内，张厅长宣读了一项委任状：任命杨伯熊为广东省地方审判厅推事庭长。

张厅长在会上即席致辞：陈逆之变，国遭大难，而杨伯熊却临危不惧，保护公物，其誓不从贼的高风亮节应予以褒奖。号召全体同仁以杨伯熊为榜样，秉公守法，护国安民。

掌声响起。

那一天，杨伯熊感觉岭南的天空格外灿烂……

施巧计　智擒恶僧

佛山有个大佛寺，寺内古树参天，绿竹掩映，黄墙黛瓦，庙宇宏伟，香火旺盛，僧侣众多。可是，在1927年期间，庙中住持普济和尚貌似有道高僧，实际是个邪恶淫贼。

这个普济和尚不简单。他既能诗文，又精武功，手下僧众多会拳脚，想那佛山本就是黄飞鸿、李小龙的故乡，习武练拳、健身强体是佛山民间体育的一大特色。但普济和尚却以此作为招牌，将那些靠香火钱养大的年轻弟子训练成挥刀弄棒的打手。他们横行乡里，欺霸民女。遇有几分姿色的进香女客，便会被普济诱入密室，强行奸污。致使受害者有的抱恨终身，见光头就躲；有的当即走向绝路一命了之。曾有一位受害者的丈夫斗胆上告，官府尚未查究，告状者在回家路上已被乱棍暴打弃尸荒野，死无对证。

清末民初时期的广东紫洞艇

大佛寺附近的村民也经常报告，一旦入夜，鸡鸣狗盗之事不断发生，那帮贼子翻墙越室，搜刮抢劫，手法十分老到，遇到反抗和追赶者，还多有点拳脚功夫，一般人还近不了身，从无人逮到一个毛贼，搞得人心惶惶，寺无宁日。

杨伯熊回到省厅后经常听人提及此端异常情况，又接到不少这类捕风捉影的状子，却始终没有得到确凿证据。于是，他向当时已任广东高等法院院长的罗文干请示，自己来省城不久，还需熟悉周边县镇情况。目前，家眷也不在身边，就让他一个人往佛山走一圈，先了解了解周边习性，边查询边取证，一旦查实，再作部署。

罗院长也正为此地的民愤绞尽脑汁，但他又是个讲究证据重程序的人。见杨伯熊主动请缨，当然高兴，立即批准了杨伯熊的预案。

半年后，杨伯熊在佛山获得重要线索，某某街的太如楼酒家是普济和尚手下几个高徒经常涉足的场所，这帮本应戒酒、戒色、戒肉的佛门子弟在此却完全忘了秉性，隔三差五就化装在酒楼开雀局饮花酒。于是，杨伯熊打定主意在此守株待兔。

太如楼楼高3层。第一层较高，走近大门举头望，楼面竟高达22尺，进深60余尺，宏大宽敞。门面是4柱3拱券，门罩隔扇，彩绘灰饰，装潢华丽。所绘田园山水，非常的闲适雅致。

楼上则雕梁画栋，古色古香。设有包厢10余间。这儿的精美点心、河鲜海味令人赞不绝口，侍服女子更是天姿国色、才艺双绝。太如楼早上不开市，下午3点起营业，通宵达旦。

杨伯熊向罗院长请示派来一位年轻助手，通过他这段时间说服的太如楼“梳头婆”四姑的引领，让助手打扮成阔少爷，经常出入太如楼，设法和楼中一个红牌阿姑混熟，很快便有了重大线索。探听清楚，大佛寺确有和尚化装在此下榻，与属意名妓相约度夜，其名字、时间、地点、所用物品及给名妓的信物均已查清，那些信物还是这帮淫贼打家劫舍所获，与附近村民所报失窃财产吻合。

杨伯熊并不着急，擒贼必先擒王，了解的还是区区几个走卒之恶性，大戏才刚刚开始。

这一天，杨伯熊换上了他在北京毕业时买的西装，系上领带，又在佛山街头买了一顶遮阳帽，来到大佛寺，求见住持。

普济和尚出来相见，见杨伯熊身材虽不魁梧但却气宇轩昂，便双手合十，问道：“阿弥陀佛，请问施主有何见教？”

“普济住持，此番返乡，慕名而来大佛寺，一是参见尊荣，祈求指点迷津。二是奉上一点薄金，供菩萨几滴香油。”

好家伙，杨伯熊扮成了南洋华侨，他一边拿着腔调，一边掏出3根金条，放在案上。

普济和尚两眼放光，却纹丝不动，仍手捻佛珠，“多谢施主恩赐，贫僧感激万分。施主还有何愿相求？”

杨伯熊道，“只求佛法无边，保佑我民一帆风顺，保佑愚才生意兴隆。”

普济脸露笑容，应道，“施主诚意可嘉，何不在鄙庙小叙片刻？”

随即吩咐手下，设素席款待。

席上，两人以诗谈文，以古论今，十分投契。

之后，一年之内，每月逢十，杨伯熊便进庙烧香，次次必备厚礼，与普济和尚共话时弊，批评官府，或泛论佛法，逢迎僧众。

那普济住持竟将杨伯熊视为知己，无话不说。

真是鬼使神差，这一天，普济住持居然相约杨伯熊同赴太如楼。

杨伯熊已从普济的心腹口中得知，倘若普济化装去了太如楼，便会命太如楼挂牌，称有人包厅，外客一律谢绝，只接待普济一人。他的武僧护卒在门口、楼梯一站，外人便难越雷池半步。

这可是个绝好的机会。

杨伯熊满口应承，并迅即派助手向省院报告，暗调法警，周密部署，一切安排妥当。

是夜，两厢丝旋绕梁，一杯下肚，杨伯熊顿觉口感不对，既无醇香，又无刺激，实乃白水一壶。正欲开口，普济哈哈大笑：“如何？贫僧不甚贪杯，今日以水代酒，贤弟不会怪罪吧？”

“哪里哪里，愚弟也不胜酒力，此水正合我意。”

杨伯熊随即意识到普济仍存有戒备之意，他更加谨慎起来。

两人谈天说地，品完佳肴，弦曲即终，厢房内外毫无动静。

杨伯熊感慨道:“此处良宵美辰，可惜无美女相伴矣。”

普济和尚两眼放光：“愚弟好此一口？”

“非也。只是觉得即时行乐，人之常情。古人曰，此水怀珠先献媚，有人如玉更增辉。你我两个大男人杯水寡饮，少了点色彩罢了。”

“好，一言为定。贫僧就给贤弟来个如玉增辉。”原来狡猾的普济今日设宴以水代酒的确是最后一次试探。杨伯熊一番话、两句诗，让他的戒心烟消云散。他站起身来，用手指着门外说道：“趁着皓月当空，我带你到河边走走，这里的大小花艇我还是熟悉一二的。杨帮、潮帮随你挑。”

此时，普济戒心全无，吩咐手下在太如楼恭候，自己挽着杨伯熊走出门来。

从太如楼出来，往左拐，不出二里地就到了河边。这段河堤正是佛山的烟花荟萃之地。杨帮就是以扬州人为主的地盘，潮帮则是潮州人的地段。

杨帮的酒船，大的叫“恒艘”，小的叫“沙姑艇”。

嫖客们放艇江中，自由自在，一夜百金，笙歌彻夜。

大船船顶有楼，叫做寮，可以在这儿会客畅饮，也可以在此过夜。寮里有长榻、茶几、大床、衾帐，镜奁等等，装饰考究，一应家私，一样不少。船上皆用洋锦毡毹铺垫，踩在上面根本感觉不到是在水中。

沙姑艇则小些，这是专门预备客人带姑娘到江中过夜的。

杨伯熊暗暗高兴。好在他前期取证、调查，准备工作充足，在河堤一带也有部署，便附和着普济来到河边。

船码头离沙姑艇相距有五六尺左右，普济纵身一跳，便跃将下去。一看便知是个惯家，否则一不小心便会落入水中，洋相百出。

杨伯熊则小心翼翼上了另一条沙姑艇。站稳后，给岸上发了个信号。

真是机关算尽太聪明。普济做梦也没想到自己挖坑埋自己。到了这河中，进了沙姑艇，就连逃跑的机会也没了。

半小时后，正当普济钻进被窝，欲行云雨之时，几条沙姑艇围将过来，10余盏灯笼将河面照得腥红，灯笼下或立或蹲的全是持枪握棒的警察。

为首的沙姑艇上，杨伯熊屹立船头，正气凛然，毫无一丝笑容。水光涌着月色，如玉宇银涛，一点尘障儿也没有。

再硬的拳头也抵不过枪子，普济和尚乖乖就擒。岸上一众僧徒，一网打尽。

经过审讯，核实罪证，普济和尚被处以极刑，其余僧众也根据罪责轻重，一一惩治。

这件事大快人心，在当地引起轰动，人们携儿带女，竞相争看处决“花和尚”“骚和尚”。

杨伯熊再一次来到大佛寺。

面对笑容可掬的弥勒佛，他磕了3个响头，嘴里喃喃有词：大肚能容容天下难容之事，笑颜常笑笑天下可笑之人。

抑豪强 抚恤孤寡

1926年，杨伯熊坐在推事庭的审判台前，确实有点春风得意。这一年，他还真是喜事连连。

第一件事是国民革命军大举北伐，国民党迁都武汉。他认为这是国家盛事。

第二件事是历时二年，以他为主查办的“恶僧淫乱案”终于结案，且受到上面嘉奖。这可是任上大事。

第三件事是农历二月二十九号，他的长子杨少韩在老家乡下给他生了个大孙子，辈分又升了一级。他获信后，特地为长孙取名为“臣尧”，字友勋。一个“尧”，一个“勋”，可见他欣喜之余用心良苦。此乃家庭喜事。

44岁的杨伯熊，可谓吉星高照。他休闲信步于清水濠畔，赏木棉、品香茗，思乡之情陡然剧增，望着手中的三水白酒，更勾起了他对出自兄长之手的白米酒的一份眷恋。

这年9月，他又接到了一桩财产霸占案。

原来，在那小北区，有位老人叫陈宝珍，长期经商，家产富裕。家中娶有一妻一妾。妻子姓王，给老人生了个大儿子叫陈伯华，年方20，不思读书，也不恋经商，整日游手好闲，仗着老子有些铜板，整日混迹于茶肆酒楼，烟馆妓院，十足的一个“烂仔头”。陈妾姓胡，也为老人生了一个儿子，叫陈仲华，却尚未成年，仍在执信中学读初一。去年秋，妻子王氏突然病亡，毕竟是结发夫妻，陈老头备受打击。悲伤忧郁之际，又见长子毫无长进，便会同二奶奶胡氏母子从地下正房搬居二楼，将地下正房交给长子居住。一应家务、店铺打理均交给老管家陈安与长子陈伯华共同负责。谁知今年春，陈老头又追随妻子而去，无疾而终。生前对家事没有立下一字遗嘱。于是，一贯强悍、野蛮成性的陈伯华借故将管家陈安辞退返乡，继而开始虐待胡氏母子。族人亲戚明知这二奶奶贤淑本分，却无人敢主持公道。无奈，胡氏走投无路，为了儿子仲华的学业与母子生计，具状告上广州地方法院。

那陈伯华得知信息，即刻托友探访。正事做不来的陈大公子送礼行贿却一点也不外行，硬是拐弯抹角找到了法院承办人员，一场花戏三餐美酒十数块大洋将其搞掂。那地方法院乃以胡氏不知财产实有数目为由，一推二拖，不了了之。胡氏悲愤交加，欲悬梁自尽。生死之际，有人劝她上诉省高院找杨伯熊。

杨伯熊受理此案，日夜推敲，几经查询取证，认定关键在于找到老管家陈安。于是，他派出专人查访，终于将避居台山的陈安找回。陈安一见杨伯熊，便扑通一声跪倒在地。

“大人，推事大人，我什么都不知道啊。”

杨伯熊将陈安双手扶起，“老人家，我什么都没问，你又从何说不知呢？来来来，坐下慢慢谈。”杨伯熊吩咐手下给陈安沏了杯茶。

“老人家，近来可好？”杨伯熊和颜悦色地问道。

20世纪初的广州街景

扑通，陈安又一次跪下：“大人，我真的不知道啊。”

这一跪，让杨伯熊顿时悟到：这位老先生是不是受到恐吓了？于是，他再一次将其扶上椅子，递上热茶。“老先生，我们能找到你，又将你带到此，就能保证你的安全。这里是官府，是法院，是讲公理的地方，你不要有什么顾虑。”

一杯热茶入肚，陈安半信半疑。

“老先生，今年高寿？”杨伯熊似乎聊起了家常。

“老朽70有2。”

“在陈家多少年了？”

“22岁就跟着宝珍老爷了。”

“感情如何?”

“亲如兄弟。”

“老先生，你家主人宝珍公在世时可是嘱咐你与大公子共同管理家产？你难道不知实数？”

“我？”陈安欲言又止。

“不急，不急，你慢慢回忆。”杨伯熊一边亲自把壶斟茶，一边劝慰，“老先生，我知你必有难言之隐，是不是伯华威胁你了？你既然与宝珍公亲如兄弟，就应该了解伯华的恶习脾性。胡氏已具状上告，公堂之上，你岂能隐瞒不报为虎作伥？那胡氏已是孤儿寡母，几欲轻生，你就忍心看她终日以泪洗面？那仲华更是年少无知，本可安稳求学，可现在家中一贫如洗，你就忍心看他被逐出校门流落街头？”

一番话，说得陈安无地自容。他干嚎一声：“都是伯华造的孽啊！”

杨伯熊即刻重申：“只要你有良心吐出真情，我就有胆量保你无事。”

如此晓以大义，陈安顷刻将陈宝珍各类财产数目与所在地方及合同、文契、账本等等和盘托出，且愿意出庭作证。

第二天，法庭庭讯取证，陈伯华一见陈安如从天而降，顿时崩溃，只得全部招认。

杨伯熊依法作出裁决：胡氏母子得住房两间，银元11万元。

当晚，杨伯熊返回家中，又见胡氏母子双双跪在厢房门外。杨伯熊大惊，连忙吩咐速速起身，并询问胡氏还有何事。

小仲华从袋中拿出一张1万银元的支票（当时可买200亩水田），双手托起：“杨叔叔救我母子于水火，恳请笑纳。”

“还笑纳？你这是叫我哭笑不得啊！是你母亲教你的吧？”杨伯熊瞪着胡氏问道。

胡氏哭泣着：“请杨大老爷收下吧！您老恩重如山，我母子无以表达啊。”

杨伯熊故意嗔怒道：“哪来的‘恩重如山’，不就是帮你们家分了一下财产嘛！怎么，刚刚罚了你的大儿子，你又叫小儿子来公然行贿了？”

“不敢不敢，我们是真心诚意啊！”

“真心不错，诚意就不必了。好好带孩子吧。读好书，做个好人，长大了也好求个功名。”

那胡氏母子千恩万谢而去。

杨伯熊的美名又一次在越秀山麓传播开来。

抗强权　严于执法

1938年10月，武汉失陷，城头飘起了太阳旗，国民党军事委员会一度内迁南岳。蒋介石在这里于1938年11月、1939年10月、1941年10月、1944年2月先后召开了四次军事会议，四次会议的地址均在南岳大庙右后集贤峰圣经学校。

第27集团军总司令杨森出席了这些会议。

杨森何许人也，这可是个传奇式的人物。22岁投考陆军速成学校，毕业后任尉级军官。10年搏杀，官越做越大，老婆越找越多，倚红偎翠，妻妾共12个。他既有早年讨袁护国，炮击英军，保护朱德、陈毅的正义之举，又有勾结吴佩孚、滥杀无辜的斑斑劣迹。在国民党眼里，他是抗日战争的名将；在共产党眼里，他是“平江惨案”的制造者。1977年3月，杨森在台湾逝世，终年96岁。

杨森出生于四川广安，祖籍却是湖南衡阳县草堂寺。

因此，杨森来南岳开会，便多了一件私事，乘机拜祖合谱，衣锦还乡，还能就此招兵买马、网罗自家能人。

此时，杨伯熊也调任海南岛高等法院院长一职，闻讯日寇步步为营，战火已烧到长沙城边，便告假回家乡来作些安排。杨森与杨伯熊不期而遇。

杨森司令长官祭祖合谱，可不是件小事。日子一定下来，便惊动了整个县府。杨森的车队、卫队、礼队、戏班子等一长串全都扎上牌衔，挂着彩旗，仪仗执事，披红挂绿，鼓乐开道，浩浩荡荡由衡阳经英陂，沿着西渡大街直奔洪庙镇。

杨家祠堂早已打扫洁净，祖祠内外，悬红结彩，由杨森亲书的“我武维杨”四个一米见方大字的红旗迎风飘扬。祠堂正厅上也悬有他写的一块金底墨字“衡岳仰止”大匾，两旁柱上是他撰写的对联：

数传自巴蜀归来，得拜祖宗，欢腾一族。

千载翼衡湘子弟，共矢忠勇，捍卫中华。

杨伯熊及族中一二神衿耆老，也长袍短褂，戴着瓜皮帽，在旁恭候着。杨伯熊与杨森两人见面作揖打拱，寒暄一通，一齐进了祖祠。但见祠门前新挂一联：

官声蜚南国，抗倭数当朝。

这是杨伯熊的新作。祠内墙上已遍贴报红，祠内摆设香案，先行三献礼，尔后是献花献词，合谱挂匾。新挂的匾有6块，全部是杨森属下杨家子弟将校级官员所赠，一律的墨底金字。祭毕，随即在两廊会茶。

杨森毕竟是行武出身，坐定下来便先声夺人：“好，好，今日相见，三生有幸。我原名叫淑泽，你叫淑寿，辈分相同，你生于壬午二月，我是甲申二月，刚好大我3岁，我就称你为老哥吧。”

“岂敢，岂敢，将军乃中华英雄，台儿庄一捷令民族振奋，淑寿我一介书生，毫无建树，岂敢在将军面前妄称兄长。”杨伯熊谦恭答道。

“哈哈，也就打了那么一战，卖的是力气与性命，叫什么英雄。是英雄今天就没法拜会你了。”杨森语气中极显得意。

“哪里，哪里，将军今日驾到令蓬荜生辉。如此英武盖世，乡里尽传美名啊。”

“你才是乡里尽传美名呐！早就听说你学富五车、才高八斗，在广东做官，秉公执法，威名显赫，潮州、广州、曲江、韶关、仁化等地无人不知。我可是慕名而来哦。”那杨森声音宏亮，寒暄几句便单刀直入：“淑寿兄，你就别在那个岛上待了，回家来吧。”

“回家干什么？”杨伯熊有点摸不着头脑。

“回家与愚弟一起干，怎样？还干老行当。”

“你要我参军？”

“对，参军。如今国家破败，民不聊生，小日本猖狂至极，我们连武汉都没了，再往南打，就打到家门口了。抗日可是头等大事，容不得你计较得失。我杨森几十万兄弟出川，精忠报国，可还是被人家瞧不起。要军饷军饷不足，要装备装备太差，老子计较了吗？说我们是杂牌军，纪律乱，没素质，放他娘的屁，老子就要让他们看看，杀鬼子掉脑袋都不怕，还怕搞不出个素质？”

“我手无缚鸡之力，我能干什么？”杨伯熊探问道。

“给我干军法处长，专门整肃军队纪律，老子就是要提高素质，看他老蒋一碗水能不能端平。”

杨森此话虽显粗鲁，但却是实情所至。抗日战争期间，川军将士在装备简陋到不堪使用、给养短缺到“几乎没有”的艰难困苦下，还是顽强地与装备有飞机大炮的机械化优势日军死拼，在忻口战役、台儿庄战役、淞沪战役、南京战役和武汉会战中，死伤极为惨重。就这样他们还作为“杂牌” 饱受国民党系统内的排挤和非难。刚刚由蒋介石主持召开的南岳军事会议上，第九战区司令长官陈诚就将武汉会战中南岸战场的失利的责任推往川军第30集团军总司令王基陵头上，说是训练差劲，毫无战斗力，见敌即溃。川军第29集团军总司令王瓒绪在会上也挨了训斥。作为川军代表人物的杨森，可是憋了一肚子的气。

当晚，杨伯熊彻夜难眠。

第二天，杨伯熊修书一封，内启：

杨森将军台鉴：

国难当头，匹夫有责，将军昨日所言极是。老夫毕生痛恨东瀛倭寇，虽一介书生百无一用，亦愿随将军奔赴疆场，尽报国之力。待我即返小岛交接有关事宜，事毕即来报到。

杨伯熊敬呈

己卯年初冬

1941年，中国军队全面抗日处于胶着状态，59岁的杨伯熊毅然辞去海南岛高等法院院长职务，应杨森之邀加入了国民党第27集团军，任司令部少将军法处处长。

颁布条例，检查军容，整肃军纪，处理军内纠纷成了他的日常工作。

1941年12月8日，日军偷袭珍珠港，发动太平洋战争。同时日本天皇发布命令：“南下作战计划立刻实行”。于是在二次长沙会战中无功而返的日本鬼子，狗急跳墙地拉开了第三次长沙会战的序幕。

当战斗打响时，杨伯熊所在的27集团军首当其冲。

连续几天的激战，杨森部属的第20军和第58军将日本第9旅团的突击力量山崎大队歼灭于影珠山，又与罗卓英部将日本第6师团“包了饺子”。这是抗日战争中不可不写的辉煌的一笔。打扫战场时，因日军尸体太多，无法处理，平江、长沙、湘阴三县出动民工，挖了3个大坑，每个坑里埋了上千具尸体。

打了胜仗让20军的军长杨汉域得意忘形，他就地做起了生意，非法倒卖战利品和军用物质，所得巨款，全入私囊。没多久，有人向国防部告发，国防部致电总司令部查明情况，严肃处理。

杨森将杨伯熊叫到了办公室，商量处置办法。

杨伯熊问明情况，答道：“给我3天时间，让我取证查实。”

“查实以后呢?”杨森问道，语调之外似乎另有玄机。

“若证据确凿，按军纪处置。”杨伯熊不假思索，脱口而出。

“他可是抗日名将，你不清楚吗？他天天将脑袋别在裤腰袋里卖命厮杀，他才不久还灭掉小鬼子一个大队，你不知道吗？”杨森连珠炮似的数落开来：“现在东洋人听到20军杨汉域的名字都闻风丧胆，你就不能网开一面想办法按特情处理？不就是几个小钱吗?”

“正因为他是一军之长，守军纪更应率先垂范。”杨伯熊毫不让步。

“那你将如何处置？”杨森咄咄逼人。

“杨军长倒卖挪用军用物资属实，应先行撤职。然后按罪依法处理，并通报所属各军。”杨泊熊字字铿锵。

“可他还是我的亲侄子！你就不能法下留情？”

“我也是你同门同宗的表兄弟，你请我来部队，就是来整肃军纪、秉公执法的，否则，我还能干什么？”

杨伯熊毫不胆怯，杨森满脸涨得通红，憋了好一会儿，手一挥：“你那处分太重。我命令：没收全部赃款，给个警告就行了。”

杨伯熊没有作声。他来到台前，取出纸笔，即刻就在上面书写司令部处分令。他在处分书上把“警告”写成“严重警告”，最后又加一句：通报集团军所属各部门。尔后，双手递给杨森。

杨森看罢，默视良久，最后签名画押，把笔往台上一掷：

“淑寿兄，你的书读得真是太多了！”

“那将军只得另请高明了。”杨伯熊行了个军礼，正步迈出了司令办公室。

求光明　密送枪支

1943年，意大利投降，中、英、美三国正式发表《开罗宣言》，国际形式对中国的抗日战争愈发有利了。

而“书读的太多了”又一根筋的杨伯熊因与第27集团军上层的分歧而辞去了少将军法处长一职，来到贵州省禁烟处谋了一个“处长”差使。在云贵高原举起了当年林则徐在广东沿海横扫鸦片的大旗。

第二年，那位16岁就嫁给秀才杨伯熊的原配妻子陈氏病逝，享年61岁。

1945年8月，日本天皇宣布无条件投降，中国抗日战争胜利。

杨伯熊也在此时调任贵州镇远法院院长，干回了老行当。

古城镇远，自秦昭襄王30年设县开始至今2200多年，其中1300多年都是府、道、专署所在地。城内㵲阳河自西向东呈“S”形蜿蜒贯通全城，形成了“九山抱一水、一水分两城”，山水浑然一体、天人合一的独特的太极图古城风貌。

独特的地理位置使镇远自古以来就以“欲据滇楚、必占镇远”、“欲通云贵，先守镇远”的政治军事要地著称于世。还是湘楚中原西通滇黔至缅甸、印度等东南亚国家“南方丝绸之路”的重要驿站。

胜利了，太平了。杨伯熊想起这一生颠沛流离：赴北京，下南粤，进海南岛，如今来到如此一个佳境，他满足了，他不想再折腾了，他决心过清闲的日子。

接下来，他趁着赶走了日本鬼子，百废待兴，各行各业都需要人手，他替二儿子少增、三儿子少鲁在贵州省镇远附近的县城谋了个公差。19岁的长孙杨臣尧也跟着爷爷在法院吃起了官饷。

杨伯熊返乡接儿孙之际，经他人介绍在家乡续弦陈福新。此女子小他33岁，那年刚30出头，衡阳县礼梓乡财源村人，正丧夫寡居，生有一女叫陈双莲，当年11岁。杨伯熊见她孤儿寡母也还文静清秀，便满口应承下来。第二年，夫唱妇随，杨伯熊又喜得一女，这一次他不查字典，也不翻家谱，为女儿取名叫镇阳，即在镇远、衡阳两个地名中各取一字。

那段日子过得真是惬意。一旦松闲下来，杨伯熊便抱着小女儿镇阳慢慢踱到临江茶楼去喝茶。

可惜好景不长，杨伯熊想过太平日子，蒋介石却发动了全面内战。

这让杨伯熊十分不能理解。

毛泽东的《论联合政府》有什么不好呢？

为什么非要出动军警特务，武装镇压并殴打罢课师生，造成死4人、伤20余人的昆明“一二·一”惨案呢？

为什么才过半年，又接连刺杀民主同盟中央委员李公朴、闻一多呢？

贵州镇远古城

他们可都是读书人呐！手无寸铁啊！

杨伯熊气得一个多月不愿再看报纸。

他决心不再过问政治，只埋头做事，做有良知、有道德的事。

在镇远法院院长任上，他匡扶正义，安定民心，秉公办案。忙得不可开交。可是，1946年年底，又传来了北京女大学生沈崇被两名美国兵强奸，从北平开始，爆发了全国学生抗议美军暴行的爱国运动的消息。这在杨伯熊心里掀起了轩然大波，赶走了日本贼，又来了美国兽。不去自强自立，团结御敌，还要自己打自己，这是什么狗屁政府：他对国民党越来越失望了。

这天他突然听孙子杨臣尧说，隔壁药铺周老板被警察局抓走了。

“为什么抓他？”杨伯熊大吃一惊。

“说他是共产党地下游击队员。”

“周老板可天天在行医卖药呀！”

“说药铺就是情报站，爷爷，你能想办法救救他吗？”

杨伯熊没有作声。周老板他是熟悉的,斯斯文文、一副近视眼镜架在鼻梁上，脱下来就走不得路。但为人治病，却是手到病除。镇远城上至达官贵人，下至贫民百姓，没有不说他好的。就是到临江茶楼喝茶，也常常听到他功比华佗的传说和故事。还真不是以讹传讹，吹得神乎其神，自己的风湿痛就是吃了他的药才渐渐有所好转，怎么就看不出他是扛枪打游击的呢？

真是世事难料呵！但周老板毕竟有恩于他。其人品正直、为人善良，这一点杨伯熊是坚信不疑的。既然周老板一边开铺售药、悬壶济世，一边又暗地里为共产党做事，自有他个人的道理。现在他身陷囹圄，我不能坐视不管。

第二天一早，他便找到了县警察局，县警察局黄局长听说是杨伯熊求见，立刻跑出门外迎接。几轮茶后，杨伯熊问道：“听说贵局抓了城东药铺的周老板，可有其事？”

“有，有，这小子是共产党的地下游击队，”黄局长附过身来低语道：“我正准备拿他钓大鱼呢。”

“他能钓什么大鱼？也就是个江湖行医，走街串巷的，有点见识罢了。”

“杨老，他可真是共产党，我们有证据。”

“真共产党又有何惧？打日本鬼子时国共还合作了几年呢。1939年，我在衡阳探亲，与杨森司令就见到蒋委员长与周恩来一起办游击干部训练班呢。你敢抓他们吗？”

那黄局长一听杨院长如此口吻，刚上来的那点得意之气顿时泄了一半。他知道杨伯熊后台硬、底气足。也不是个不知道来事的人，他即刻满脸堆笑，探下身来问：“依您老人家的意思？”

“放了算了，都是混口饭吃，不容易呵。”

“那，那我如何向上面交代啊？”

“这一点你可比我这老朽强多了。还用得着我来教？”

“杨院长，我可也是在为国家办事呵。”

“国家？日本人打过来，我们联手抗日确实是为国家。这日本走了，老百姓刚刚休生养息，中国人又开始打中国人，同室操戈还是为国家？不说了。”杨伯熊摸出一张支票，放在茶几上，推了过去：“这茶不错，如还需要什么打点，就通报老朽一声，告辞了。”

“我懂，我懂，杨院长慢走。”黄局长一边恭敬送客，一边将支票揣进了口袋里。

其实，在所谓的国统区，特别是云、贵、川，大多数人没有多高的文化水平，讲不出什么大道理，他们很难像现在一些理性的精英那样对个人利益与国家利益之间的关系有着深深的感悟，身处边远地区，也没有“国家”这个概念。出来做事为官，就是听某个人的，听有权有势人的话。他们从来没有感受过“国家”对他们做过什么。但他们知道，刚刚赶走日本鬼子，自己人又打自己人就是耻辱。在后来的人民解放军解放大西南大进军中，川军几乎是全线起义，连前面提到的受处分的第20军军长杨汉域都在成都起义，将城市归还人民，根本不愿意跟随蒋介石反共到底。这是后话。

第二天，周老板就被释放了。

1949年3月的一天晚上，孙子杨臣尧又对爷爷说：“爷爷，我想向您借点钱。”

“借钱干什么？”杨伯熊十分诧异，每天按时当差，管吃管喝管住，又未见孙儿谈婚论嫁，怎么想起借钱来？

“买枪。”杨臣尧这二个字一出口，将爷爷从座椅上惊得站立起来。

“买枪？你想造反？”杨伯熊的脸色异常严峻。

“是他们急需。”杨臣尧显得有点神秘。

"谁？"杨伯熊压低了声音。

杨臣尧却毫不犹豫，和盘托出。

原来，中国共产党湘中游击队五支队一团队负责人李指云、李岗云、陈乙文经常与杨臣尧书信来往，互通各种有关情报信息。这一次游击队委托杨臣尧在镇远地区购买枪支弹药。镇远工业基础良好，中国近代第一家官办实业清溪铁厂就是李鸿章、张之洞在洋务运动中创办的股份制企业，比武汉汉阳钢厂还早3年，镇远的和平村还曾是国民党日军收容所旧址，又是云、贵、川、湘等的交汇点，搞枪支弹药比其他城市都方便。.

杨臣尧劝道："爷爷，你素来反对内战，这几年你也痛恨国民党政府的腐败、贪污。而共产党就是要来结束内战，结束国民党政府的统治。"

"你少给我上政治课！"杨伯熊呵斥道，"我只问你一句，你什么时候跟他们联系上的？"

"我早就替他们做事了。"

"为什么不告诉我？"

"你去年不也帮他们去救了周老板么？"

"我那是乡里乡亲、隔壁邻居互相帮衬，与政治不搭边。"

"爷爷，你别蒙我了，他们说要给您记功呢。"

"扯蛋，这举手之劳记什么狗屁功。"

杨伯熊沉默片刻，问道："要多少钱？"

"500大洋"。

"500大洋？这么多？"

"爷爷，是买枪，不是买犁。"杨臣尧揶揄道。

"就你能干？休息吧。明天再议。"

这一夜，杨伯熊先生一直坐在椅子上，思前想后，总结自己一生的遭遇，直至东方发白。

一周后，祖孙俩筹集了数百大洋，购买了一批枪支、弹药，在清明节前送到了湘中游击队指定的地方。

1949年11月，杨伯熊携法院全体官员随当地驻军起义。

起义后，在贵阳市军政大学集中学习半年，鉴于他年已67岁，由新政府送他返回原籍。

杨伯熊带着妻子陈福新、3岁女儿杨镇阳踏上了返回故乡的路程。

办新学　造福乡邻

1951年土改，杨伯熊先生已年近70岁。他没住杨怡怡堂，也没有与正风华正茂的孙子们进城享福，而是选择了住在洪市谢家坪中福堂陈福新改嫁前所生的女儿陈双莲家，女婿叫陈佑盘。一日，听说乡村农会按政府要求要划分“阶级成份”，翌日清晨，他洗漱完毕，着长衫一人跑进乡政府要求评“阶级”。

此事霎时惊动乡里，区长霍增宝亲自坐堂询问，房屋四周全是贫雇团员扛着火铳，柱着梭标为区长助威。

霍区长是外乡人，不识杨伯熊，当头便审：“你姓什么？”

“姓杨。”

“何名？”

“杨伯熊，号淑寿，字荷擎，乡邻都称我荷擎三爹。”杨伯熊不慌不忙。

“来此何为？”霍区长提高了嗓音。

“请求划阶级成份。”

“你在何处为官？”

“在广东、贵州等法院都干过一官半职。”杨伯熊答得十分平缓。

“官僚地主必定迫害百姓，你在国民党政府当官已铁板定钉，还划什么成份？这是故意闹事，扣起来！”霍区长一声令下，声震屋瓦。

伯熊先生举手示意，“且慢，我做官是实，却没有买过一亩田。祖上留给我的田，我也都卖了换成盘缠去求职谋工。包括‘杨怡怡堂’，兄长留给我三分之一的厢房，我于1939年探家时便申明退还兄长。现暂借居女婿之家。故要求按实划分阶级成份。”

霍区长无言以对，思忖片刻，便吩咐梭标队：“先关押起来，调查后再说。”杨伯熊双手一拱，说道：“也好。老夫静候佳音。”自此，杨伯熊便被关押在洪市镇乡政府内。

他与其他土豪劣绅、地痞流氓一起关押在一间茅屋里，一律睡地铺。因一把年纪，没有人在此种境况下难为他。

区政府不管伙食，吃的饭由他女婿送，每餐饭前必须由女婿事先对送来的饭菜尝两口，农会梭标队的警惕性很高，大家担心老头子在此处遭遇不测。

那几天，杨家大屋所有乡亲父老分批去了区政府请愿求情放人。

霍区长办事一丝不苟，极为认真。20多天里，他派人组成小组走访了拓塘、太山、新塘、茅思堂、虾塘等村落四处调查。还真是马不停蹄，步步跟进。

随着调查的进程，杨伯熊先生由睡地铺改为睡高铺，由多人间改为单间拘留。杨伯熊感觉有点不妥。

那一天，焦灼、无奈的杨伯熊看见乡政府工作人员忙着进进出出，似有大事发生，想问又不敢开口。憋了好一会儿，瞅准一位同村的梭标队员询问，那队员告诉杨伯熊："明日举行公审大会，枪毙18个土豪劣绅及国民党残渣余孽。"杨伯熊当时瘫坐于地，往事顿时一幕幕浮现眼前。细想自己为人做事也无愧于心。虽未扛着红旗求自由解放，也未打着白旗祸害百姓。晚间，杨伯熊嘱咐送饭的女婿陈佑盘："明日早来，枪毙后若无家属收尸，怕会被野狗吃了。"

结果，第二天陈佑盘做好了一切准备。亲属们瞪着眼睛对着政府大门扫巡，拉出来的一众犯人中却不见杨伯熊的身影。陈佑盘惊疑未定，又深感岳父罪不至死，即刻返回家烧香拜佛，请求祖宗保佑。

3天后，杨伯熊被判定为前朝清官而放回。

霍区长召集有关人员说，荷擎三爹既无恶行却有美名，既无田产却乐意公益，当官数十年，四里八乡知道的尽是好事，现应解除羁押。

杨伯熊放回家里后，霍区长又一次登门拜访。霍区长开门见山，真诚地说道："杨老先生，你学问渊博，又有胆识，虽然年迈却事理分明，我想请你老人家就在本乡本土教书育人，你看如何？"杨伯熊欣然应诺为乡梓再做点事。

学堂就设在杨家大屋，其实也不叫学堂，就是杨氏收五升谷，富裕者也可给一担谷。学生并不多，少则五六个，多时十数余，来去自由。每日课程都安排在下午，因为农村的孩子早晨基本上要干一些农活。课程内容也不复杂，除了识字、读诗、阅古文，就是练习毛笔字。

杨伯熊就这样如此清闲地度过了两年。

10月1日是新中国国庆二周年，学生杨吉祥摆好笔墨，喊："三太公，今日国庆，请你给贯副对子。"

杨伯熊来到桌前，略作思考，一挥而就：

上联： 解一切痛苦。

下联： 放极大光明。

巧妙地将"解放"二字嵌了进去。表达了一个旧知识分子对新社会的肯定与憧憬。

这幅对联扎在了杨吉祥的脑海里，现年84岁的他回忆这个细节时随口吐出，激动不已。

吉祥老人说，这幅对联在祠堂里足足挂了3年。

传清风　一生廉明

杨伯熊担任衡阳市光明补习学校副校长，分管国文教学、毛笔字练习和工人识字扫盲班。

学校就在蒸阳路西头的3间瓦屋里。

这一年，杨伯熊作为中国国民党革命委员会成员任衡阳市政协特邀委员。

1956年，杨伯熊因病逝世，享年74岁。

衡阳市政协与衡阳市民革为杨伯熊举行了追悼会。

衡阳市中级人民法院院长萧企云来了。

民国初年，萧企云入岳麓高等学堂攻读政法，学成后，曾投广州护法军政府，相继担任过广东文昌及广西博白、上林梧州等县知事、县长，与杨伯熊先生年龄相近，学业相同，志趣相投且均为政府司法行政，又同是衡阳县老乡。萧企云于1921年辞官回乡，通过共产党员蒋啸青的介绍，在宝华书局销售进步书籍。北伐军进军衡阳前夕，萧企云的新文化书社被查封，便回家乡将祖遗田产全部捐出办学，自己教课等一应操劳，概不取酬。杨伯熊次次返衡探亲，必定到萧企云舍下共叙。解放后，由谢觉哉推荐，萧企云任衡阳市中级人民法院院长。

萧企云献上的挽联是：

崇尚正义、践行正道、恰似老树逢春，总将慈爱蓓新叶。

民革同学、政协同组、方研长期共存，忽惊旧雨摧黄花。

杨伯熊先生，清贫地走完了他的人生历程。没有物业、没有资产、没有股票、没有银元、没有字画、没有著作、没有……什么物质也没有。74年的风雨兼程，换来了32个字的族赞：文坛豪杰，法界明星，拒腐倡廉，利国泽民，一身正气，两袖清风，名标前贤，德育后昆。

蒋啸青·世称湖南教育王

教师是一种非常神圣的职业，所以人们才赞颂：老师是人类灵魂的工程师。

蒋啸青曾被人们尊为“湖南教育王”。

开录一份名单，人们便会觉得他当之无愧，从而对他肃然起敬。在他的学生队伍里，有毛泽东的堂妹毛泽建，朱德的妻子伍若兰，还有蒋先云、黄静源、谢维俊、陈为人、何宝珍、卜仁贞等著名先烈。

蒋啸青号常青，衡阳耒阳肥田人，出身书香世家。6岁入私塾，14岁参加晚清的科举童子试中秀才。1903年就学于衡阳船山书院，1912年毕业于湖南优级师范博物科。毕业后的蒋啸青开始粉笔生涯。

从1916年起，先后在衡州府中、新民、成章、蒸湘等中学和省立三中、三师、三女师讲授博物学和社会学，并在三师、三中、三女师当过多年校长。他崇拜达尔文，深信进化论，喜欢阅读《东方杂志》，关心政治和时局。1915年，他发动组织学生参加倒袁世凯运动。

俄国十月革命胜利后，给了蒋啸青极大地刺激与鼓舞，一向蔑视官吏，同情弱者，生性好动，满腔激情的他开始潜心研究马克思主义，悟出了“挽救中国危亡，必须走俄国十月革命之路”的真谛。他认定：“一切社会问题都要实现社会主义才能解决”。这与“只有社会主义才能救中国”完全相同。

1919年五四运动爆发，蒋啸青立即发动学生响应，在衡阳开展反帝、反封建的新文化运动。6月，又与进步学生夏明翰、蒋先云等联合发起组织湘南学生联合会，任学联指导员。

目标明确的蒋啸青又开始联络衡阳各界人士，成立衡阳国货维持会，带领学生到街上和湘南各县演讲，查禁日货。宣传科学，倡导民生，豪情万丈，轰轰烈烈。

1920年春，蒋啸青以湘南学联为基础，组织学生和爱国人士参加毛泽东和何叔衡领导的驱张（敬尧）运动。并筹集资金、撰写文章、办驱张刊物，受到毛泽东和何叔衡的赞赏。这年夏天，蒋啸青等创办“三师新书报贩卖部”，这个贩卖部刚一开张就不同凡响，他从北京等地直接购进《共产党宣言》《新青年》等进步书刊，再销售给进步师生，还与屈子健等人组织“星期日讲演会”，分赴各学校介绍俄国十月革命，宣传马克思主义，揭露中国社会时弊，启迪和鼓励学生思考、研究中国社会现状问题。这年冬天，这位言行举止同样不同凡响的青年教师加入了中国社会主义青年团。第二年秋天，蒋啸青经毛泽东介绍在衡阳加入中国共产党，中共创始人之一的毛泽东庄重地投了衡阳人蒋啸青一票，在毛泽东的直接影响下，不同凡响的蒋啸青即刻又创建了衡阳第一个党组织中共湖南省立第三师范学校小组，成为衡阳地方党组织的创始人之一，成为湘南革命的先驱。

蒋啸青(1882-1928)

1923年，蒋啸青在三师组织学潮，赶走时任湖南省省长赵恒惕的走狗三师校长刘致远后，经谢晋介绍任湖南讨贼军总司令部宣传委员并随军赴粤。1924年转入国民革命军，在湘军总司令部任参谋。2月底，根据李大钊、毛泽东等人的意见蒋啸青受中国共产党派遣返回衡阳，复任三师校长，并担任中共湘南区委委员主管统战工作。参与建立国民党衡阳市党部，任常务委员兼组织部长。

共产党员蒋啸青为什么会参与组建国民党衡阳党部呢？这得从共产党建党的历史讲起。早在1921年12月，参加过中共一大的共产国际代表、荷兰人马林在桂林拜访了孙中山。此番接触，马林认为，广东所做的一切，正是中国革命所不可缺少的。之后，他向共产党总书记陈独秀建议，中共采取加入国民党的方式与国民党实现彻底的合作。此提议遭到陈独秀拒绝却得到共产国际后来的支持。共产国际还为此对陈独秀和中国共产党进行了批评。1922年中共二大专门讨论了共产党员加入国民党的问题，新的中央局5人全都反对，马林又在会上竖起共产国际的牌子施压，陈独秀才提出有条件的勉强同意。基于此，当时主管统战工作的蒋啸青参与建立国民党衡阳市党部工作，便是顺理成章的事了。

“马日事变”后，国民党残酷镇压衡阳的革命运动，蒋啸青被迫出走武汉，秘密组织力量，准备继续战斗。转入地下斗争后，由于势单力薄，蒋啸青因一时没有找到共产党的组织，于1928年1月23日化装回耒阳，参加湘南起义。湘南起义部队进入井冈山后，他留在耒阳开展革命斗争。

1928年4月18日，蒋啸青率领的农民军被敌人包围，他奋起抵抗，终因敌强我弱而不得不实施突围，蒋啸青的队伍从耒阳二官塘拼死杀出一条血路，一路死的死，伤的伤，有的趁黑夜悄悄地溜回了家，到长冲乡的时候，　他身边只剩下十来个人了。

“哥，我们这要往哪里走？”疲惫不堪的弟弟次青小心地问蒋啸青。

当时突围的时候，由于匆忙，没有事先确定好方向和目标，所以蒋啸青也不知另一队战友谢维俊他们会往哪条路转移，更不知他们是否已经突围出来，他心急如焚，想了一阵，对大家说：“听说毛泽东带着秋收起义的队伍上了井冈山，还有我们耒阳县的伍中豪也在这支队伍里，我们的唯一选择就是到江西井冈山去。”

大家听他这么一说，打起精神朝井冈山方向开拔。来到耒阳一个叫上架的地方，由于各条通道路口都有敌人严密把守，队伍被困在离上架不远的古楼山上。队伍走了一天一夜，又饥又渴，蒋啸青十多岁的儿子蒋乐群忍耐不住，呻吟着说：“爹，我肚子很饿，实在坚持不下去了，如果没有食物，今晚上冻都会冻死在这座山上。”

到了这种地步，蒋啸青也无计可施，他安慰了蒋乐群几句，看到一个学生跟随他左右，于是说："一德，你是大义乡人，对上架这边也比较熟悉，你能不能下山去搞点食物来，解决目前的困难？"

这个学生叫丁一德，大义乡人，家境贫寒，在衡阳读书时，几欲辍学，全靠啸青经常接济才得以坚持学业。当时这个丁一德听到老师求于自己，毫不思索地说："老师，这里离我亲戚家里不远，我很熟悉这地方，你们在这里等，我一定不负老师重托。"说完，悄悄摸下山去。

丁一德走后，蒋啸青的堂弟蒋式鳞机警地说："哥，为防万一，我们还是转移到另一个山头去，派人去来路上监视。"

疲惫不堪的蒋啸青根本不相信丁一德会做叛徒，轻轻地摇了摇头。

天快亮的时候，也没看到丁一德回来，大家心里不免猜疑起来，正准备转移，敌人像蚂蚁般从四面八方围上来，枪弹飞蝗般向林子里射击。蒋啸青镇静地指挥大家以树木为掩体进行还击。

"蒋老师，别打啦，放下武器，泥脚杆子闹革命不会有前途，保全自己的性命要紧。"枪声中传来丁一德的声音。

"你这个可耻的叛徒，背叛革命，出卖师友，绝无好下场！" 蒋啸青骂道，双枪齐举，左右开弓，愤怒与仇恨激得一腔热血直往上涌。

激战中，蒋啸青堂弟蒋式鳞、儿子蒋乐群和几个农民军战士相继牺牲，蒋啸青也四肢中弹。当敌人来抓捕他的时候，他像头愤怒的狮子，用头撞、用口咬、用最后的气力去反搏，最后力尽被俘。

敌人抓到蒋啸青，乐不可支，想通过他来分化瓦解农民武装，许愿以高官厚禄来诱降他。但蒋啸青不为所动，坚决回绝说："若死得其所，实为快事！"

敌人见软的不行，就来硬的，对蒋啸青施以种种酷刑，灌辣椒水、坐老虎凳……

尽管敌人玩遍各种花招，都无法摧毁蒋啸青钢铁般的意志，最后不得不下毒手，把蒋啸青枪杀于上架河畔的石拱桥边，弃尸荒野。

湖南教育王，一个高贵的生命终结在一个叛徒的手里。

湖南教育王所播下的民主、自由、革命的火种，却由他的学生毛泽建、伍若兰、蒋先云、谢维俊等一代一代传了下去，燃烧起来，最终锻造出一个红彤彤的新中国。

谢 晋・湖南的一面旗帜

说起谢晋，那可是个了不得的人物。

1927年8月1日的南昌起义，那是中国近代史上中国共产党领导的革命武装向反革命的武装打响的第一枪，那是中国人民解放军在炮火中诞辰的纪念日。这么有意义的一次壮举，如此刻骨铭心的一次战役，资金从何而来？正是谢晋巧借名目向参与南昌起义的武装部队提供了20万块现大洋的活动经费，才有了举世闻名的南昌起义。

1950年，毛泽东称赞他是“湖南的一面旗帜”。

谢晋出生于衡南县谭子山镇杨湖村一个贫苦家庭，父亲是乡村中医。他7岁启蒙，26岁随长兄入衡阳岳屏书院读书。1902年，谢晋以优异成绩考入衡阳第一所新学衡州国民高等小学。在同期学生中他是最年少的，可文章却写得很好，老师经常赞他的作文是结构严谨，用词准确且一气呵成，是个“百里挑一的好苗子”。

求学期间谢晋便开始追求真理，常和一些志同道合的同学在西湖寺聚会，立志推翻清王朝，每当论及国家大事，总是慷慨激昂，用他自己的诗词来印证，那真是“立马台前一曲歌，悲声壮气欲吞岳”。

1907年他在上海加入同盟会，1908年进入长沙优级师范学校学习。寒暑假时常奔走于湖南、武汉、上海之间进行革命活动。辛亥革命发生，湖南首先响应，谢晋积极活动，被举荐为都督府参议及南路筹饷总局局长。

1912年，孙中山派谢晋到北京出任《世界新闻社》经理，在北京建立革命党的据点。此时，袁世凯获知谢晋在北京，深知人才难得，便命令京畿军警执法处处长陆建章不惜一切代价拉拢谢晋，让谢晋入伙。谁知谢晋严词拒绝，还臭骂了陆建章一顿。

1913年爆发了“二次革命”，孙中山任命谢晋为幽蓟殄凶团团长，密谋策划京畿拱卫军暴动，以阻止冯国璋、段芝贵两军南下。由于叛徒告密，袁世凯令京畿军警执法处立即逮捕谢晋，那陆建章一得命令，高兴得咬牙切齿：好你个谢晋，当初有官你不做，现在叫你成为阶下囚，看你还敢不敢辱骂老子！当即便率队出发。

此时谢晋正在办公房里查阅资料，忽听门外一片推攘之声，他的警卫员大喊道：“谢团长正在休息，不准打扰！他已经两天两夜没合眼了，有什么事，晚上再说。”随着吵闹之声，人马都往他东面的住宅方向走去。谢晋知道警卫员已经报警并引开了来者。情况紧急，刻不容缓，谢晋立即打开窗门跳到后院，越墙逃脱。

谢晋(1883－1956)

之后，他一直躲避在朋友家里，等风声一过才得以化装逃往天津，又四处筹钱东渡日本再回到上海，并在上海购买枪支，准备赴太仓海州起义，没想到，天有不测之风云，又被租界工部局发觉，将他驱逐出境，他只得第二次孤身前往日本长崎暂避。以后又潜回上海继续联络党人，开展地下斗争。

1917年孙中山到达广州成立军政府，谢晋埋在心底的反封建、寻自由的火种又被点燃了，他在长沙岳麓山积极响应并筹建秘密据点。同时，他暗地找来一些工匠与设备，自己动手制造手榴弹。之后又赶到衡阳密谋策划，于9月8日与刘建藩、廖湘之等人，在衡阳成立湖南护法军，宣布湘南独立，此举受到了孙中山的电报嘉奖。

1919年冬，谢晋以湖南护法军秘书长身份代表湘军去上海与孙中山洽商“湘事”，也是命运多舛，刚出湖南，又被军阀张敬尧部所俘虏。好在当晚因战地混乱，士兵疲乏，谢晋乘看管疏忽，漏夜逃脱。这正是谢晋第3次逃离牢狱之灾。这次谢晋赴上海，带回孙文著作400本，分发给他的部下与朋友，组织学习讨论，在湖南积极传播孙中山的革命思想。

谢晋追随孙中山先生，劳碌奔波，出生入死，屡建奇功，但最终仍不免失败，内心十分郁闷不乐。他于1921年3月写了《蓬莱词》100首，记叙了辛亥革命后9年中的要事和他自己“一片丹心一片灰”的复杂心情。

1921年7月中国共产党成立，中国革命的前途出现了一片曙光。谢晋在苦闷彷徨中到达上海，先后结识了共产党人陈独秀、李大钊、毛泽东等人，接受了共产主义真理，积极拥护国共合作、改组国民党的主张。1923年他在广州秘密地加入中国共产党，成为一个不公开身份的共产党员。并以湖南国民党党员代表身份，出席国民党第一届全国代表大会。尤为可贵的是，谢晋的儿子谢宣渠于1924年在黄埔军校也加入了中国共产党，当时才17岁。第二年，谢晋任广东大元帅府咨议，在1926年国民党召开的第二届代表大会上，当选为中央委员会监察委员，并任广州国民政府参事。

紧接着，他按照共产党的指示，利用他长期从事湘军工作的地位和影响，推荐李富春出任国民革命军第二军政治部主任，又给贺龙、刘伯承所部提供较优裕的经费、装备，使这两支部队迅速扩充壮大。

1926年11月，国民党中央决定在武汉召开二届三中全会，当时蒋介石反对国共合作，将国民政府主席谭延闿和部分中央委员阻于南昌。这是蒋介石玩的诡计：只要谭主席和部分委员去不了武汉，国共合作就是纸上谈兵。年底，中共中央密令谢晋去南昌劝说谭延闿去武汉。这一消息被蒋介石侦察获得，他由此怀疑谢晋是共产党员，但又拿不出实在的证据。谢晋到南昌后，谭延闿劝他迅速离开南昌，以免被害。临行前还交给他密电码一本，相约互通情报，伺机行事。

次年2月，国民党中央又派谢晋、陈铭枢等人“赍函”去南昌请谭延闿、蒋介石、何香凝等来武汉开会，“赍函”是什么意思呢？“赍”就是抱着、怀抱。这个函不是邮寄的，而是派专人抱着去的，以示重视。谢晋刚抵南昌，就被蒋介石派来的所谓“欢迎”人员强行抬往总司令部，蒋介石要当面对他进行审查，这正合谢晋之意。在蒋介石的办公室里，他头脑冷静，对答如流；分析国共合作的局势，条缕清晰；对不实之词，大力挞伐，据理力争。迫使蒋介石同意与谭延闿等一起前往武汉。为保证去武汉人员的沿途安全，谢晋又暗地与中共江西省军委书记傅烈联系，布置沿途保护。3月初，谭延闿、何香凝、李烈钧、陈果夫等10余人顺利抵达汉口。为促进国民党二届三中全会的召开和武汉国民政府的建立做出了贡献。会上，谢晋被推定为国民政府预算委员会委员、中央军事委员会经理处处长。财权在握。

叶剑英元帅题写的“八一南昌起义纪念塔”

“四一二”反革命政变后，谢晋与宋庆龄等60余人在汉口发表了讨蒋通电，宣布和蒋介石彻底决裂。是年6月，他得知汪精卫即将叛变的情况后，立即向中共中央作了汇报。

“七一五” 汪精卫反革命政变后，中共中央准备南昌起义，急需军费，谢晋冒着极大的风险，采取果断措施，从国库中提出巨额银圆，以发军饷为名，供给刘伯承部。8月1日，谢晋和宋庆龄、毛泽东、董必武等22名国民党中央委员在南昌《民国日报》上发表了《中央委员宣言》，揭露了蒋介石、汪精卫叛变革命的罪行，号召为建立真正的革命政权而奋斗。

直到这个时候，汪精卫、谭延闿对谢晋的身份仍然不明，他们写了亲笔书派人送到上海，要谢晋“速回武汉，共商大计”。谢晋一概置之不理，把信件交给了中共中央。

谢晋在追忆这一段历史时愤怒写道：“当国家政变时，投机者势如潮涌，不可遏制，其奇形怪状，虽神妙之丹青家亦不能描写其万一！”其鄙视、不屑之情溢于言表。

1927年秋，白色恐怖笼罩中国，谢晋奉中共中央派遣，乘船经海参崴去莫斯科。在莫斯科写了《抵莫斯科》、《列宁墓》等诗篇，热情地歌颂了苏联和列宁。诗中“光芒引自垂杓斗，定知人世不沉沦”之句，表达了他对马克思列宁主义的崇高信仰和革命必然胜利的坚强信念。在苏期间，他还不屑与王明为伍，也许他看透了王明的趾高气扬，外强中干，实在是干不了什么大事。

1928年春，谢晋由莫斯科经海参崴回到上海，编入中央直属小组。1933年，中共中央迁往苏区，谢晋发生脑溢血，从此失去党的组织关系。这一年，蒋介石才获悉谢晋的秘密身份。在蒋介石的通缉追捕下，谢晋被迫第3次流亡日本。

1937年，谢晋抱病回到衡南县乡下，隐居了10年，虽然贫病交加，但他始终坚贞不屈。谢晋在极端艰难困苦中，汪精卫、孙科屡以高官厚禄诱他“出山”，他以“志不同，道不合”相拒绝。并说：“我意决如铁，誓不做蒋家一官半职。”并作诗道：

眼前狐貉已成丘，
几抱明珠莫肯投。

又一首写道：

非关理乱太分明，
人物权衡剂重轻。
阅世自知遗世误，
出山翻比在山清！

他在家里的大门上篆刻“大同”二字以寓志，以“不为五斗米折腰”自励。他心目中的“大同”就是共产主义世界。他对于失去党的组织关系，又有重病在身，不能为党工作，感到十分痛苦。他在诗中写道：“世界无穷海几枯，余生有涯愿难如。”

抗日战争期间，毛泽东去重庆和蒋介石谈判，谢晋万分喜悦，冒险致电毛泽东，热烈拥护共产党的主张，写了“相期莫负平生意，须看黄花久耐霜”的诗句。

谢晋不但是一位革命家，而且博学善诗，年轻时参加“南社”被誉为

"湘五子"之一。由于他一生主要从事政治活动，颠沛流离，大部分稿件在动乱中散失，今残留诗稿《屡劫余集》两卷、《蓬莱词》一卷，共260余首。文集《齐州外室札记》两卷、《縠音集》两卷、《蒙言》十四卷，共约20万字。

谢晋的诗大部分是叙事诗，记叙了他亲历的许多史实。有关"讨袁"、"护法"等革命活动，及人物、风情、僧道、教士、名伶在他的诗中都有生动的描述，歌颂鞭笞，态度鲜明，气势磅礴，音节和谐，意境深远，兼有现实主义、浪漫主义风格。

他的文集，有人物传记、散文、读书笔记、心得、评论，广涉博引。文中既表达了他的立场、观点、思想、情操，又严守党的机密，行文之间不露庐山真面目，算是颇费苦心。

谢晋一生廉洁奉公，刚直不阿，严肃认真，道德高尚。在武汉国民政府时期，他主管全国财政预算、对外贸易、军队后勤，一切秉公办事，一丝不苟。林伯渠同志说："钱放在谢晋那里，大家放心。"

1950年6月，谢晋受特邀出席全国政治协商会议。在会场里，刘伯承紧握着他的手说："谢老，当年若不是您老那笔钱，南昌起义真搞不成哩！"

谢晋到达北京时，毛泽东在家里设宴欢迎他，促膝长谈，留宿过夜。他接受了毛泽东的建议，加入国民党革命委员会，担任"民革"中央委员和"民革"湖南省委第一任主任委员，被选为湖南省政协副主席、省人民政府委员、第一届全国人民代表大会代表。

1956年8月4日，谢晋心肌梗塞，在长沙寓所逝世，享年74岁。中共湖南省委为他竖碑造墓于岳麓山腰。青山依依，泉水淙淙，松柏丛中，忠魂长眠。

他跟随孙中山，出生入死。

他拥护毛泽东，一片丹心。

他是中共地下工作者的鼻祖，始终无怨无悔。

他是我军八一南昌起义的后盾，一生无名无利。

他能文能武，能屈能伸，3次流亡日本，10年抱病居乡。矢志反帝反封建，追求光明与自由。

谢晋，的确是湖南的一面旗帜，衡阳的一座丰碑。

油画“八一南昌起义”

刘道一·锄非断颈第一人

为了保护哥哥，他冒名顶替。
为了保护同仁，他受尽酷刑。
为了民主革命，他成了中国同盟会第一个惨遭杀害的人。
他的死，让辛亥革命的先行者孙中山悲愤不已。
他的死，由中华民国发令由国史馆立传。
死者何人也？他就是衡阳人刘道一。

刘道一原名叫刘吉唐，祖籍衡阳市衡山县。其爷爷刘宗汉从衡山迁居湘潭县白石铺杨柳冲。父亲刘方峣在为湘军当兵时，因行侠仗义打抱不平而擅自离开营房去为朋友助威，谁知半路被太平军俘虏。为了避祸，他急中生智，信口胡诌，改名为鹏远，太平军经过一番审讯见没有什么价值而将其释放，他不敢再返回原单位，又无法联络朋友，更觉无容颜返回家乡，便单独一人躲到湘潭县花莺乡八斗冲定居，之后在湘潭县衙门报名谋了一个刑房差役。从此，熬日度年，娶妻生子。

刘道一幼年入私塾读《孟子》，能琅琅成诵。他性格开朗，能言善辩，有着父亲遗传的智慧因子，更有超过父辈的胆量元素。小小年纪便锋芒毕露。后入县城益智学堂学习，这是一所美国人办的教会学校，在相对宽松的教学环境里，刘道一受革命潮流和哥哥刘揆一的影响，思想较为激进。读《汉书·朱虚侯传》时，对“非其种者，锄而去之”这句话非常欣赏，便自号“锄非”。长大后考入长沙修业学校。

1904年，黄兴、刘揆一等在在长沙组织革命团体华兴会。俗话说，打虎亲兄弟，上阵父子兵，年仅20岁的刘道一见哥哥刘揆一整日里激情饱满，为革命四处游说，便也效仿兄长率先加入华兴会，并参加长沙起义的准备活动。2月，刘道一以优异的成绩考取留日官费生。东渡日本后，入东京清华学校学习，学习期间，一腔热血的刘道一又与秋瑾、仇亮、王时译等10人组织以“反抗清朝、光复中华”为宗旨的“十人会”。后来他又与秋瑾等参加冯自由在横滨组织的洪门天地会，任“草鞋”一职（即将军）。

刘道一（1884－1906）

清末到日本留学的很多，尤其是湖北、湖南、四川和广东这几个省份的学生。他们到日本后大多办杂志，各个省的学生都像同乡会一样分别聚集在一起。办杂志有两个任务：一是揭露帝国主义在中国的侵略，掠夺中国的物产资源，强行修建铁路、开矿山等；二是揭露清政府的无能、腐败，号召人民起来反清。当时，兴中会的革命志士广东人居多，华中会则是湖南人为最。还有光复会、龙华会、共进会等等。1905年，返回日本东京的孙中山认为这些革命团队过于分散，不利于革命，应要组织一个政党。于是，他就把华兴会、兴中会和光复会等组织和其他留日学生联合起来，成立中国同盟会。刘道一正好赶上了这股历史潮流，自然而然就跟孙中山走到一起来了。1905年8月，他在东京加入中国同盟会，由于年轻好学，思维活跃，被推任书记、干事等职，办理对外交涉事务，同盟会的另一位领导黄兴评价他是“将来从事外交的绝好人物”。

1906年秋，他与覃振、蔡绍南等被黄兴派回湖南“运动军队，重整会党”，酝酿武装起义。在萍乡联络上会党首领龚春台，又一起到长沙，邀集革命同志数十人在水陆洲附近的船上开会。会上，他们提出五点计划，准备在年底清朝官吏一年一度的封印活动时起义造反。会后不久，由蔡绍南、龚春台往萍乡、醴陵、浏阳联络会党。刘道一留长沙运动军队，掌握全局，并负责与东京同盟会本部联系。

12月4日，蔡绍南、龚春台等领导的萍、浏、醴起义提前爆发。起义初期，声势浩大，三地都传来打败清军的捷报。清廷急调湖南、江西两省军队镇压，相持月余，起义失败。由于信息不灵，情报不通，此时的刘道一还在长沙运动策反新军，以便起义队伍攻打长沙时好在城内反击响应。当得知起义提前时，他只好急急忙忙改变原计划，赶往老家衡山为新军筹集枪饷，由于匆忙慌乱、行动动作大，引起了清吏注意，尔后在由衡山返长沙途中被清军截获。清吏一开始怀疑他是刘揆一，为保护哥哥他也就坡下驴承认自己就是刘揆一。

刘道一坐牢了。他在狱中与友人书写道："彼若刑讯，吾则自承为刘揆一，以死代兄，吾志决矣"。为显示把牢底坐穿的决心，他还在监狱的墙上题诗："舍身此日吾何惜，救世中天志已虚"。

清吏最终发现他不是刘揆一，恼羞成怒乃刑讯逼供。而不屈不挠的刘道一却借用笔墨在所谓的"供词"中大书清政之残暴、中国之危亡及时下世界政治要略，洋洋洒洒数千余字，看得审讯官瞠目结舌。无奈，清吏们换上新的墨、纸，逼他继续交待，他反而一、二、三、四将"供词"写成教案给对方上起政治课来。气急之下，审讯官只好先在一张纸上列出十人名单，逼令其供出谁是同党，只要他在上面画个圈或点个头就行，他坚决拒绝，又遭酷刑。他大声叱斥说："士可杀，不可辱，死则死耳！"

垂危腐朽的清政权的确不想让他活了。但在既无人证又无物证的情况下，仅凭一份政治教案似乎还不能让他丢掉脑壳。于是，审讯官绞尽脑汁，将逮捕刘道一时从他身上搜出刻有"锄非"二字的印章拿了出来，问道："这是你的章吗？"

"别人要有何用？"刘道一反诘道。

审讯官："锄非是什么意思？"

刘道一："锄天下万恶之根，锄人间是非之事！"振振有词，声振屋瓦。

审讯官："非指的是什么，说明白点。"

刘道一："非就是你们这帮人渣，就是你们这帮狗官。"

审讯官："好呵，图谋造反，刻此印章蛊惑天下，死罪。"

审讯官不想再费口舌，刘道一被判处了死刑。

1906年12月31日刘道一被惨杀于长沙浏阳门外，年仅22岁。凶讯传至家中，其父悲痛去世。噩耗传至东京，同盟会总部为之举行追悼大会。黄兴、刘揆一相抱痛哭，赋诗哀悼。孙中山挥泪写挽诗一首云：

半壁东南三楚雄，刘郎死去霸图空。
尚余残遗艰难甚，谁与斯人慷慨同。
塞上秋风悲战马，神州落日泣哀鸿。
几时痛饮黄龙酒，横揽江流一奠公。

留日同盟会会员十分哀痛，纷纷请求回国革命，为刘道一报仇。1911年，辛亥革命爆发。1912年，中华民国南京临时政府孙文发布《命黄兴优抚刘道一令》。命令说："烈士尽瘁革命，屡蹶愈奋。联络会党，彭励民气，厥功甚伟。自应准予列入大汉忠烈祠，同享祭典，并将事宜宣付国史馆立传"。

刘道一是清朝留日学生中因反清革命被杀害的第一人，也是中国同盟会会员中为革命流血牺牲的第一个烈士。这位22岁的衡阳才俊文武双全，才华横溢，生前还著有一本大作《衡山正气集》。死后迁葬于长沙岳麓山。

湘潭县议事会作出决议：将城区宣化街（今城正街）的原守备衙门命名为刘烈士祠。烈士就义80年后，民革中央主席屈武先生为烈士祠题词：慷慨捐躯，刘郎不朽。赤心报国，岳麓千秋。

1983年，湖南省将刘道一墓列为湖南省文物保护单位。

1905年华兴会部分领导人在日本合影留念，穿白衣服者为刘道一

谢 彬·百科全书式学者

影像进入中国应该是清末时期。因而我们对旧中国最精确，最真实的认识应该是从照片上的清末时期开始。

曾在画报上看到这样一张老照片：驼队穿越古老的北京城，街道上熙熙攘攘，男人留着辫子，格格们头上顶着装饰物品，脚上还穿着高屐鞋。这是日常的中国，也是一个动荡不安的中国；这是一个黑白无声的中国，也是一个斑驳的风化了的中国。

谢彬就诞生在这样一个时代里。

谢彬，字晓钟，祖籍衡阳市衡南县东阳乡石桥村，生于衡阳县金兰区龙溪村一个贫苦家庭。小小年纪要随父辈上山砍柴，下田种地，却又喜欢读书。凡是能买到的、借到的书，甚至捡来的纸片，他都会饶有兴趣地浏览一遍。读书一目十行，且能讲出大意。唐诗宋词、汉赋元曲中的经典之作，皆能一一吟诵，被称为“神童”。

1912年，谢彬由当时的湖南省府遴选，准备资送去美国留学，却因袁世凯在北京窃夺了辛亥革命的胜利果实，政治风云突变，原定派学生留美之事也中途而废。于是，谢彬放弃公职改渡东瀛，进入日本早稻田大学专攻政治经济学。在留日期间，与孙中山、林伯渠、董必武等人结识，此时的谢彬完全被孙中山的志向、口才及风度所吸引，更被其人格、意志所感染。他极积响应孙中山的号召，加入了“中华革命党”。一个书生，在日本也没办法舞刀弄枪，于是，他用手中的那支笔为阐述孙中山的三民主义、捍卫共和、反对帝制写了许多文章。

1916年，谢彬从日本学成归国。这时，梁启超、蔡锷发动的“护法运动”正在进行，并在广东肇庆建立“军务院”，作为反袁力量的最高联合机构。谢彬一听此事，特别兴奋。恰恰又收到同学和友人的邀请，于是，从上海急冲冲赶赴肇庆参加反袁斗争。

同年10月，谢彬奉孙中山之命，以财政部特派员的身份，前往新疆省阿尔泰地区调查财政问题，往返历时15个月，行程四万六千余里。这一次赴疆调查，谢彬除完成孙中山和财政部交给的任务之外，还就考察所得，写成《新疆游记》凡30余万言，足迹所至，观察所及，有关政治、建制、经济、财政、交通、防务、外交、户口、牧界、山脉河流、历史沿革、风俗民情以及文化教育，名胜险要，无不详咨博采，一一备载。对如何开发西北，巩固国防，也提出许多有益的建议。孙中山亲自为该书作序。《新疆游记》出版后，风靡全国。上个世纪80年代，美、英、日等国都有译本出版。

谢彬（1887–1948）

谢彬从新疆归来后，参加了五四运动。于1919年在上海主编《民心周报》，这一次，他跟中国共产党的缔造者们如陈独秀、李大钊等人又有了交往。后又任中华书局特约编审，并一度执教于厦门大学。在编辑教学之余，写成《中国关税史》《中俄划界痛史》《民国政党史》《蒙古问题》等书。

1922年春，谢彬应孙中山之召，在广州大本营任经济顾问。不久，去云南考察，归来后，又写成《云南游记》。1924年，谢彬坚决拥护孙中山改组国民党，实行

"联俄、联共、扶助农工"三大政策，积极参加第一次国共合作，出力甚多。他一面从事政治活动，一面仍从事著述，写出《中国邮电航空史》、《西藏问题》等书。

一个书生，一个秀才，一个热血青年，一个有志之士。参加反封建斗争，调查财政问题，编辑出版刊物，参与大学教育，用手中的一支笔写新疆、写蒙古、写云南、写西藏，光看书名，就能看出他的拳拳爱国之心。

1926年，谢彬参加北伐战争，先后任国民革命军第六军、第八军和湖南省政府的秘书长。以后调任军事参议院参议，授中将衔。

大革命失败后，谢彬愤世嫉俗，曾息隐家园，以主要精力从事著述。著有《中国铁道史》《经济学新论》《中国政治学》《中国国债史》《新湘军志》《王船山遗书研究》《中英藏界研究史》等书。

谢彬博大精深的学识，勇于探索的精神，爱国爱民的情怀，太值得我们衡阳后辈去弘扬了。他是继王船山先生之后在衡阳这块热土上成长的又一位百科全书式的学者。

王船山是南国一代儒宗，谢彬则是南国一代贤师，两人所处历史时期不同，却同是衡阳骄子，士林楷模。

我讲谢彬的生平，讲谢彬的故事，只想让人们记住三点。

第一，谢彬是一位立志做大事、不屑于做大官的人。当他从日本归来后，由上海赴肇庆参加反袁斗争，路过广州时，友人陈质夫问他："此行愿做何事？"谢彬回答说："若有机会，能与士兵一起亲临火线，与逆军一拼血肉，余愿足矣。升官发财，则非所望。"之后的实践证明：谢彬是言行一致的。论资历、学历和才干，他是最早的同盟会会员之一，又有出国留学的大学文凭，只要想做官，便可青云直上，但他志向不在做官。他奉孙中山之命去新疆考察，按常规，他完成财政问题的调查就可以打道回府或游山玩水，然而他于公务之余，却埋头写出30万言的大著。你说，你见过多少这样的公务员？当时，孙中山欣然为之作序，高度称赞说："今读谢君晓钟之《新疆游记》，其兴起吾国前途之希望，实无穷也。夫自民国创建以来，少年锐进之士多汲汲于做大官，很少有留心于做大事的人。乃谢君不过财部一特派员，正俗语所谓之芝麻绿豆之官耳。然于奉公万里，风尘仆仆中，尤能从事于著述，成一数十万言之书，以引导民国远大之志，是亦一大事也。如谢君者，诚古人所谓大丈夫哉！亦吾所钦之有志之士也。"

当国民政府迁往重庆时，蒋介石曾敦请谢彬出山，说："做别的官你不感兴趣，当教育部长总可以吧？"但他深知国民党已非昔日可比，官场腐败每况愈下，乃明确拒绝而回到故乡衡阳，潜心著作。毕生著书达三十多种，约一千万余字，公开出版的就有27种。

第二，谢彬是一位高尚的、有益于人民的人。他毕生为推翻封建专制统治，实现民主共和而努力，欲使中华民族屹立于世界民族之林，不受列强侵略，不被列国瓜分，不让民族割裂，不使人民屈辱。在他几十部论著，特别是边疆史的论著中，贯穿着一条爱国主义的脉络。这首先表现在他强烈地反对帝国主义的侵略上面，他抚今追昔，痛惜国土之沦丧。他在

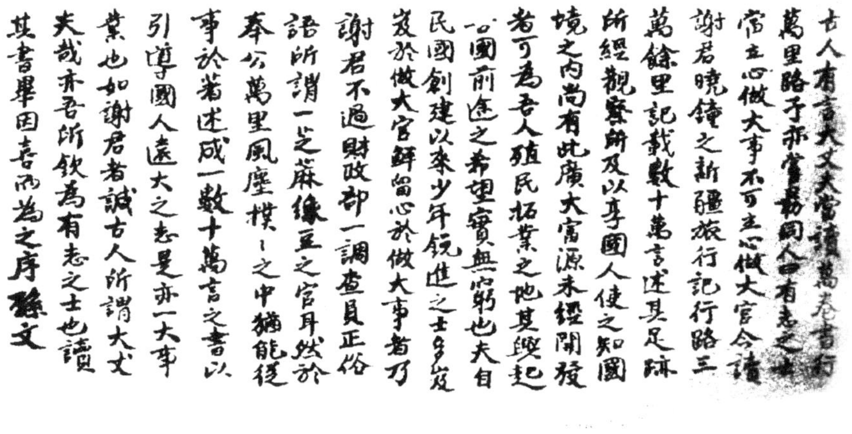
古人有言大丈夫當讀萬卷書行
萬里路予亦嘗勸國人有志之士
當立心做大事不可立心做大官今讀
謝君曉鍾之新疆旅行記行路三
萬餘里記載數十萬言述其足跡
所經觀察所及以享國人使之知國
境之內尚有此廣大富源未經開發
者可為吾人殖民拓業之地其興起
愛國前途之希望實無窮也夫自
民國創建以來少年銳進之士多發
奮於做大官鮮留心於做大事者乃
謝君不過財政部一調查員正俗
語所謂一芝麻綠豆之官耳然於
奉公萬里風塵僕僕之中猶能從
事於著述成一數十萬言之書以
引導國人遠大之志是亦一大事
業也如謝君者誠古人所謂大丈
夫哉亦吾所欽為有志之士也讀
其書畢因喜而為之序 孫文

孙中山先生为谢彬著作撰写的序文

《新疆游记》中指出：“伊犁西路属地六十有二，今除霍饵果斯外，全部都属于俄国，可叹也！”又说：“纳林河域，昔日皆属我疆土，不知何时，弃为瓯脱，致属俄人，扼我天山南北之要冲也。披览图籍，不禁泫然。”因此，他挥笔直书：“今不急谋交通……一旦有事，南路八城，恐非我有。喀什葛尔尤必先亡，而新疆危矣。”

他所写的《西藏问题》和《西藏问题之研究》两篇文章，目的在于引起国人注意：其一是论证“西藏领土主权自始属我”；其二是叙述英帝侵略西藏和中英交涉的经过。在文章的最后，谢彬写到：“幸望邦人君子，共筹肆应之方，树立国民外交之帜。西藏领土主权，或可少保须臾也乎！”他多么希望获得广泛的应声。

他在《西藏交涉略史》一开头就指出：“英人之经营西藏，不啻日人之经营南满、东蒙”。“现在西藏危急之情形，不亚于东北……英国人的种种规划，都把它当作是他们的领土，我所有者，不过名存实亡之主权而已。”谢彬认为，今后同英国交涉西藏问题，最基本点是要坚持西藏为中

国领土的一部分，英国不得加以侵略。

看看“雪山狮子旗”下那帮出卖祖国的人在2008年奥运会前的打砸抢烧，在欧洲17个中国使馆大门口的涂鸦，难道我们不佩服谢彬先生的先见之明和民族之情吗！

他的《云南游记》，是继《新疆游记》之后又一部力作，从边疆史地的角度看，书中最值得注意的是关于西沙群岛之论述。谢彬呼吁全国各界积极支援琼崖人民的斗争。他写道：“西沙群岛，为我国南方主权所在，现应收回自行经营，即无经济上之利益，亦应由国库特拨经费，设官疆理，不能听任外人自由盘踞。琼崖各界，对西沙群岛，刻正奋起力争，期达收回目的，全国国民，应予以一致援助，俾得早观厥成。”开发琼岛与西沙，“用保主权而固国防”，这种高瞻远瞩和爱国激情，能不令人肃然起敬？

在《中国丧地史》一书中，更强烈地体现了谢彬的爱国思想。他在《编辑大意》中就彰明：“本书应国情时事之需要而编辑。历述我国自清乾嘉以来丧失领土领海权之重大事实，俾国人得以明了领土领海观念，并作政治上教育上种种之参考。”“意在促进读者之爱国思想”。他在最后一章《结论》慨然陈词，真是情凝笔端，字字溅泪。他写道：“愚述《中国丧地史》竟……不禁默然神丧，悲从中来，莫知所云。呜呼！吾先民艰难缔造、惨淡经营之锦绣河山，竟为强邻次第蚕食，将及于尽……盖自鼎革而还，内政不修加甚，工商业衰败加甚，国民党自私自利加甚，国家财政穷乏加甚，军阀官僚私斗急激加甚。国防均势已破裂，国内战区日扩大，而社会士大夫，犹作承平雅颂之声，此皆吾全民族弱点之暴露。试问并世各族，有一如是乎！物竞天择，优胜劣汰，天演公例，安能幸逃。”“国苟云亡，家于何有，兴言及此，不寒而栗”。

谢彬痛恨一切媚外卖国行为，他对袁世凯一心只想复辟帝制，不顾边境安危的行为，十分气愤，指责说：“袁氏美梦，不知乘欧战期间，力图自强，转谋子孙帝王私利，死有余辜！”对于不屈服帝国主义势力的官吏，谢彬则表示了极大的敬意。他不仅在著作中，用充满感情的笔调，记载了敢于反帝捐生者的事迹，同时还嘱咐当地长官：“纪其事于碑，立之祠上，以风儒吏。”明确地表示了自己的所憎和所爱。

第三，谢彬是一位严谨办学兴教，脱离了低级趣味的人。他先后在上海、长沙、衡阳从事教育工作，宁肯不当教育部长，却愿扎扎实实当一名园丁。他既当过大学教授，也当过中学教员。他是一名真正搞学问、重教育、以造就人才为己任的人，是以“诲人不倦”、“得天下英才而教之”

为乐的人。1947年，衡阳扶轮中学与船山中学发生械斗，轰动全市，不可收拾。船山中学因国民党、三青团搞党、团活动十分猖獗，干扰学生学习。校董事会权衡，只有请谢彬出马，才能挽救危局。而谢彬则强硬提出：要我当校长可以，但国民党、三青团等组织必须退出学校，教学工作才能正常开展，学生是以读书为主。他任校长之后，校风立即大变，学习风气加浓，因而造就了一批栋梁之材。谢彬逝世后，许多要人都为之哀悼。

1980年，李维汉在京热情地接见谢彬的第五子谢宗徭，并设家宴招待时谈到：解放初，中央统战部召开各界知名人士代表座谈会，周总理还特别提到你父亲。周总理问林伯渠同志："你的老朋友谢晓钟先生来参加吗？"林老说："晓钟先生已作古。"周总理叹息地说："这个人是宝贝，他在政治、经济、军事、外交、历史、地理、文化、教育方面都是专家，是位博学多才的人，是一本活字典。没想到晓钟先生已作古，太可惜了！"

"历史瞬间"的目击者是有限的。而人们对"历史瞬间"的知情权是无限的。谢彬先生一生跌宕起伏，又见多识广，经历过太多的"历史瞬间"，了解太多的"来龙去脉"。

于是，他用自己的笔，用自己的智，将自己的所见所闻所识用文字还原珍贵而丰富的历史现场，使后人始终能感受到真实的历史。

谢彬先生墓地

王 祺·翰墨丹青铸国魂

王祺是我国近代史上一位追随孙中山的著名政治家。他以赤诚爱国之心，嫉恶如仇之性，清正廉明之风，刚直不阿之气，著称于世。他生性耿直，又曾自名为思直。后来因患肺结核病立志戒酒，又署名醁散居士。他曾将自己所写诗词汇编成集，名曰《醁散诗存》。他曾担任过中华民国临时政府内务部秘书，因为他的倡议，1933年，国立戏剧学校在南京诞生。因为他的筹措，1934年，中国美术会成立，他担任了该会理事兼总干事。

知恩图报

光绪十六年（1890）2月12日，王祺诞生在南岳之麓，蒸水之旁的湖南省衡阳县石市乡的一个书香之家。

在祖父王仁圃的启蒙下受到教育，接着又跟随父亲去湘乡读书，12岁回衡阳石鼓高等小学读书。王祺勤奋苦学，不管遇到什么困难，都锲而不舍，持之以恒。在这里读书时，他染上了疥疮，奇痒，夜不能寐，他便蹲在床边看书，一个冬季未曾上床，床上铺盖未曾打开。这个冬天身体虽吃了大亏，但学业获得猛进。1908年以优异成绩被选送长沙湖南优级师范学校学习。

读了一年，因无钱而辍学，旧历3月在家闲荡时遇见族内一位长者叫精卿公，他惊讶地问到："德植，为何还在家不去学堂？"

王祺答道："没钱。"

其时精卿公掌有公款。他了解到王祺的辍学原因，次日即邀请族董开会。在精卿公的倡议下，一致公认王祺是王家优秀后生，应该支助，遂出30吊钱给王祺做学费。王祺因而更勤奋学习。他对博物极感兴趣，同时对文学、书法、数学及格致、修身都能兼顾，取得优异成绩。因为生活实在困难，不得已还曾为阔公子捉刀代替入学考试。那时尚未实行照片报名和身份证制度而得以混过。用捉刀的微小收入，和师范生的公费供应，过着极其简朴的学习生活。毕业获得第2名，获奖给予举人头衔。学部复试又荣获第1名，钦奖七品小京官，以主事补用。1928年，王祺拿着300银元亲手给归还精卿公，感谢在自己读书困难时期给予的大力帮助。同时也增加了精卿公掌握的公款数目，以更好地支助有困难的后来人。

王祺(1890－1937)

追随中山

1912年1月，孙中山就任中华民国临时大总统，王祺担任中华民国临时政府内务部秘书。王祺因对辛亥革命有功，于1913年以湘省公费赴美留学。

王祺在美国加利福尼亚大学只读了一年书，因他看到袁世凯策划恢复帝制，非常愤慨，一方面表示退出袁氏的政界；另一方面公开表示反袁，于是他赴美读书的公费就被袁世凯取消。他不得不于1914年转赴日本，就读日本法政学校。这个学校是孙中山和日本名流共同主办的，同年7月，孙中山在日本召集一部分国民党激进派组成中华革命党，王祺被任命为中华革命党湖南省支部参议。

1920年底，孙中山回广州就任非常大总统，次年电召王祺去广州工作，王祺欣然去广州就任。

1922年，陈炯明叛变革命，王祺又转赴上海。在上海不及半年，于1923年春，又经孙中山电召，去广州任大本营军政部秘书。为了准备北伐，宣传孙文思想，他受湖南同乡、上海太平洋书店经理张秉文的委托，从事孙中山全集的搜集编辑工作。《中山全书》经王祺的努力，编成四辑。这是一部最早出现的《中山全书》，于1926年编辑完成。据作家茅盾在回忆和王祺有关的信中说：“1926年我在上海看见他，他刚刚替上海太平洋书店编了一部《中山全书》。”

王祺书法作品

王祺在其政治生涯中，有一种可贵的品德，他实事求是，不以人废言，也不以言废人，而是具体问题，具体对待。他忠于自己所参加的国民党，是孙中山亲自组建的，实践孙中山学说的国民党。他所信仰的三民主义，是孙中山所制定的三民主义，是以联俄、联共、扶助农工三大政策为核心的三民主义。在反袁中，他是孙中山的重要支持者；在国民党第一次代表大会上，他由无政府主义者而转为坚定执行新三民主义；在抗日问题上，他高瞻远瞩，呼号奔走，力主抗日，始终不渝；在工农群众斗争中，无论五卅惨案或一二·九运动，他都坚决站在工农和学生一边。

刚直不阿

1933年1月，国民政府任命王祺为第三届立法院立法委员。在立法院草拟、讨论、辩论立法，他每会必到，到会必发言。他认为这是给予他的民主权利，他要好好发挥自己的见解和作用。特别是对于当时立法院宪法起草委员会起草《五五宪章》，将拟提交国民代表大会当作宪法通过，他认真做了研究。王祺认为其中许多条款不符合孙文学说的精神，次次都据理陈词，痛加抨击，慷慨激昂，声震屋瓦。他的衡阳乡音又重，讲话速度急速。因此，苦了立法院的速记员，痛感记不下来，为此写了一首打油诗，在当时的政界盛传。诗中有曰：“开会怕逢王老祺，记坏铅笔两三枝。”国民政府于1935年5月任命王祺为监察委员。王祺上任后便在监察院提出弹劾汪精卫的改组派大员、铁道部长顾孟余的贪污案，并与于右任院长发生争执。他严正指出：“监察院不能只拍苍蝇，不打老虎。”经他力争，这个弹劾案终于在监察院通过，并公开发表于报端。

1935年7月间，何应钦与日本华北驻屯军司令官梅津美治郎订立所谓《何梅协定》，回到南京在中央政治会议汇报，自知理屈，在会上故作姿态号啕大哭。王祺义愤填膺，站起来大骂道：“我历来坚决提醒你们要作全面抗日的准备，你们却毫不在意。今天签定了这样丧权辱国的条约。哭有什么用？还不切实准备抵抗敌人？”

由于他的刚烈与耿直，人送绰号“王大炮”。

友谊长青

王祺和林伯渠的交往和友谊，在政治家中，可说具有典型的代表性。他秘密参加同盟会，即与林伯渠结识。1912年1月，王祺任内务秘书，林伯渠任总统府参议。他们住在一起，工作时有联系。孙中山为了继续革命，重组中华革命党。王祺与林伯渠同为孙中山所召，参加了该党。王祺任湖南护国军秘书长兼署民政处长，林伯渠任参谋兼署财政处长。他们共同筹备了于湖南靖县召开的湖南48县共同讨袁大会。同年，王祺与陈组威在长沙结婚，林伯渠亲临祝贺。

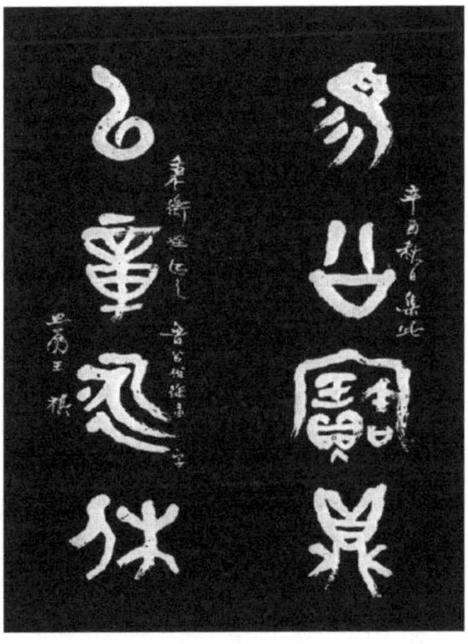

王祺书法作品

1920年王祺父亲王摩义60寿辰，林伯渠出于对王祺的深厚友谊，为王祺之父书自寿诗并作跋文。文曰：“先生博学，擅艺材，能诗，琴棋医数之学，皆通知之。不以售世，怡然自足也。先生为吾友淮君翁，人故知之备。今届六十之年，配汤太夫人，长于先生2岁，皆健强眉寿也。今读其自寿诗，与人之所以寿先生者，敬为之书。”

1922年林伯渠参加了共产党，两人

友谊仍然甚笃，虽各有信仰，但各自互相珍重。心有灵犀一点通，在关键时刻，照样伸出友谊之手，始终保持着珍贵的友谊。

1924年9月，王祺夫人陈组威拖儿带女在上海踯躅于炮火之中。林伯渠闻讯，即将陈氏母子接住自己法租界巨籁达庐松鹤里17号家中，尽保护之责。1925年，林伯渠转入地下斗争去北京，也将儿女托付给王祺家照顾。

广州革命政府时期，王祺与林伯渠同住广州牛巷，又朝夕相处。

北伐时，林伯渠任第六军政治委员，党代表，王祺任第六军秘书长，在征战中甘苦与共。

大革命失败后，林伯渠去了莫斯科，王祺藏身杭州西大街44号“十竹斋”。林伯渠的夫人伍氏率儿女借住杭州皇清巷亲戚家，处境是不言而喻的。但陈组威经常去探望林伯渠的夫人与其儿女，嘘寒问暖，互相帮助。

林伯渠从莫斯科回来后上了井冈山，以后两位老友不再相见。但是王祺却在心中寄予对老友别具意味的思念。1935年秋，林伯渠长征到陕北。林伯渠次女林秉衡到南京王祺寓所去看望王祺，要求王祺送她一些书画。王祺替秉衡写了一副钟鼎文的对联，联曰：

锡宝公鼎，（锡同赐）

以章永休。（章同彰，休同福）

有人分析这副对联不是用来送晚辈的，王祺对林秉衡断难称公，用“宝鼎”二字，也是很庄严的，用起来需讲究。古时一般用作社稷和国家权力的象征或栋梁之臣的称呼。此处也可以理解王祺对中国共产党，至少是对林伯渠的厚望。

王祺国画作品

衡阳进步人士杨晓麓30年代在南京被捕，后经王祺设法营救得以出狱。共产党人、著名戏剧学家田汉在上海被捕，押解到南京，王祺也曾设法营救。

桃李芬芳

王祺一生在政治上遇到风波、挫折或无法施展抱负时，曾几度潜心于教学工作。

1920年夏，王祺、陈组威夫妇双双应杭州浙江省第一师范之邀去该校任教，王祺教国文与生物课，太太则教音乐、体育。受五四运动影响，学校革命风气甚浓。王祺思想开放，兼学识渊博，深得学生尊敬，与朱自清、俞平伯、刘延陵三位老师同称“后四金刚”。学生中也人才辈出，有后来著名的左翼作家柔石和冯雪峰，著名画家潘天寿，文学家曹聚仁，画家、文学家丰子恺，湖畔诗人汪静之，财政学家周伯棣，科学家陈范予，以及蒋经国的秘书黄寄慈等等。柔石之子赵帝江至今保留了王祺的两幅字，一曰：“修身则道立；尊贤则不惑。”一曰：“一字不识而得诗意者得诗家真趣；一偈不参而有禅意者悟禅教玄机。”在严重的白色恐怖中，柔石知王祺处境艰难，很是关切，多方打听。后来在给他的同学陈范予的信中问起：“淮君（王祺）先生来沪否？”

曹聚仁在《我与我的世界》一书的“后四金刚”篇中，写道：“后四金刚带来了新文艺的气息，那是我们所预想不到的……”

“谈到后四金刚之一，淮君师，也是多才多艺的文士。”

王祺对学生如同子弟，关怀备至，从学习、思想到生活无不过问。学生中有的经济困难，尽管他经济不宽裕，他仍然诚心诚意帮助解决困难。当陈范予生病时，他经常寄钱、寄信。如在以下一封信中说：

“亲爱的范弟、前日接着你从家里的来书，知道你已经好了一些，使我心里生出许多的愉快。你病的咯血，证明是肺病……你的舅公是良好的中医，能够诊治你到痊愈的途上前进，据他判断怎样？请你下次告诉我……我必须郑重声明：而要你必然如此做的，就是断绝从自身以至宇宙的一切的思想，把自家做成一个木头人，在没有完全好以前，你都应该是，将来你自然有机会支配一切。你是个聪明而多思想的人，但剩下思虑，就是你的病原菌。你可要知道啊！”

“三日前……寄50元给你作药费，想在日内可以收到，你可决定如何的医治法，将来医费不够，我若能够久居于此，一定继续接济。这是我为社会的应该，毋须你说一个感激的字样。我不能来照顾你的病身躯，我会时常给信使你安慰……”

他在政治思想和学术上与学生的讨论更多，也很耐心，不仅耳提面命，促膝交谈，而且鸿来雁去，在书信中不厌其烦地反复论述，阐明自己的观点。如他在给陈范予的信中论述战争的问题，说：“你的前信，有许多精实深切的议论，可见你读书日有进步，是洞彻人生的一个纯洁青年。我很希望你能循着无限路程前进。你的论‘战争’一节，理由更为充足，人类应该消除一切阶级，互相亲爱，互相帮助，不应该互为残杀，这是毫无疑议的事。但为‘自由’，为‘正义’而出于‘革命的战争’，这也是忍痛一时，不得已的举动！所（以）俄国革命，红军所至，不特厉行战争，而且有时候杀戮亦所不免，这就是牺牲‘小数的阻碍物’，若果真能达到‘最大多数的利益最大幸福’，也就不能不行此权宜。”从这封信中我们不但看出王祺对于学生在政治上的关注和引导，而且证实他赞成正义的战争，同情苏俄红军为大多数的自由、幸福而战。

在对待一师的学生中不论是发迹的或者地位较低的，他都一律接待。当时做蒋介石侍从的一师学生柴武文，做浙江省建设厅科长的蔡炳贤，做小学体育教师的邵仁去看他，他一律亲切接待。对于有才气，并且同爱好的一师学生潘天寿，他们谈书说画，更是热闹。一师学生黄寄慈喜做诗，擅篆刻，王、黄师生之间，互相赋诗唱和。他的学生，杭州著名湖畔诗人，现年九十高龄的汪静之为纪念淮君老师诞辰百周年敬赠联语：

园丁汗水浇桃李，
良师心血育灵魂。

这副挽联道出了王祺的学生对他永久的怀念和尊敬。

传世珍宝

王祺的诗和他的书法绘画形成了他独自的风格。

最初，他的诗书画并不出售，仅因亲友索求而赠之。1922年广州陈炯明叛变革命，迫走上海，乃曾卖艺售书 。后来在绘画方面又思以西方印象，未来诸派作法化于其国画之中，以求沟通之道，是则画风又为之大胆一变。其着色的山水，既有泼墨山水的奔放，又富印象派的着色与笔触。

其代表作《岩壑秋风》《静》《大壑》，极具特色，彩绘花卉如《君子之风》《岁寒相友》《甘瓜》《花如解语》等雍容华丽，着笔浑厚而多姿，粗犷与纤细兼具，亦新颖别致。其泼墨山水与花卉，以豪放的笔锋，又具墨汁朦胧水化的特色，大气磅礴，意境高远，千姿百态，或深山幽林，或峭壁奇壑，或古屋茅舍，或隐士闲散，或蔷薇菊英，或松梅竹石，均别具一格，以奔放的泼墨山水与花卉的功法，而极具印象派的作风。既有古风，根底甚深，又具新意，出类拔萃，在上世纪二三十年代诚为稀见的新派国画。晚年更喜用有纵纹的高丽纸作画，更具墨汁泥化的朦胧特色。他对画的题词作诗，以及用印均极具深思与讲究。他的创新尝试对后来我国的新国画带来一定的影响。

上世纪20年代他不仅替他人撰写寿屏，也经常书写对联。他曾连续3年先后在宁、沪举行3次个人诗书画作品及收藏展览会。

他与徐悲鸿、汪亚尘、张道藩等组织的中国美术会也曾在南京举行展览会3次，他有大量作品参加展出。

1934年10月，上海文化美术图书公司专为他出版《醁散书画册》（第一册），刊印其1930年至1934年的书画作品76件，用铜版纸精印。当时名人霍丘管笠曾以“敬题淮君先生书画展览”诗赞曰：

淋漓大笔一挥洒，精细雄豪雨有之。
已是十年丹鼎熟，熔成三绝画书诗。
铁马黄河推大手，能驱真气作山横。
世间剽窃矜工巧，毕竟输君有性情。

著名画家许世骐，评王祺的作品说：“王先生的作品浑朴无华，天机流露，我们看他和汪先生合作展览会的《葡萄小鸟》，挥洒自如，墨韵独绝，已为悲鸿购去。那幅《卓然独立》的雄鹰松枝，寥寥数笔，生趣盎然，为林主席（林森）选购。所作山水设色用墨，独出机杼，毫无前人窠臼。《黄山之气》《山阴道上》《冷艳浓香》，这都是他杰出的代表之作。”

浙江著名画家、杭州艺专教授、《艺风月刊》主编孙福熙，曾以《中国绘画的新纪元》为题，著文评价王祺的绘画说：“在艺风社第一届展览会中已很使人惊叹，这一次，王先生在上海开书画个人展览会，作品三百余件，更丰富，更浓厚的给我们瞻仰与研究的机会。”

“我们看了王先生的绘画，知道他是创造了中国绘画的新纪元。”

“王先生亦研究日本与欧洲的画理，然而不肯做他人的奴隶。他很富有历代中国绘画的精神，然而，每一幅画里，都是他自己的精神。”

王祺诗书画流落民间数量甚多。但解放后，一度因“左”的思想影响，因王祺曾任国民党中央委员，未敢保存，特别是“文革”期间，流失更多。国家现将他的书画定为二级保护文物。

1935年12月，国民党中央任王祺为中央文化事业计划委员会委员，王祺却推荐一师学生丰子恺担任该委员会委员。

1937年6月4日王祺病逝。

国民党中央对王祺之死，决定公葬，南京各界举行追悼会。于右任主祭致词并书挽联曰：船山著述传南岳，摩诘丹青映辋川。

赞喻他的著作正如衡阳之王船山，诗话则如唐代之王唯。

王祺用他一生的风范和创作的精神产品印证着自己：翰墨丹青铸国魂，清白高雅启后昆。

王祺夫妇之墓

王祺的工笔花鸟画

廖 磊·屡为民国建奇勋

行伍出身求革命

廖磊祖籍是衡阳市常宁县荫田乡人。他的父亲是一位普通的农民，祖祖辈辈都与田地打交道。为了维持全家生计，其父亲帮人挑过货，打过短工。后逃难到广西陆川县清湖乡上坡村。1890年2月2日，廖磊在此地出生。廖磊从小见父亲一年四季辛苦奔波，实在不易，懂事的他经常主动帮父母亲做些力所能及的活儿。其父积攒点钱后，出于不甘受人欺侮和望子成龙的心愿，下定决心，将廖磊送到离家不远的私塾读书识字。读了3年后，廖磊的父亲因实在找不到什么赚钱的活干，家庭生活异常拮据，廖磊被迫辍学。但是，廖磊并没有因此而荒废学业。过去的3年给了他一个全新的天地，他太喜欢读书了，他渐渐意识到要出人头地，非读书不可。因而，他一面在家务农，一面刻苦自学，把能够借到的书都借来阅读。

廖磊17岁时，机会终于向他招手。当时，广西陆军小学在全广西招收第2期学员，报考资格要求：年龄在15—18岁之间，体格强健，无疾病，且国文考试文理通顺，算术懂得加减乘除。如能考取，待遇很好，服装、膳食、书籍、文具等都由公费供给。面对这样的好机遇，廖磊喜不自禁。他和家人积极做好报考的一切准备工作，终于如愿以偿，被录取为广西陆军小学第2期学员。

广西陆军小学直属广西兵备处管辖，每期学员100名左右。陆军小学3年毕业后，学员可以升陆军中学学习。两年中学毕业后，入伍见习半年，合格后可以进入保定陆军军官学校。在保定军校学习一年半后，学业才告完成。

1908年春，廖磊18岁，携带着父母亲给的十多元盘缠，从广西东南的陆川赶赴广西北面的桂林，进入广西陆军小学学习。广西陆军小学学堂坐落在桂林象鼻山附近的苗圃场，依山傍水，环境十分优雅，是读书求学的好地方。在这里，教学内容比较充实，开有国文、修身、中国历史、中国地理、物理、算术、士兵操典、体操教范、劈刺教范、野外勤务令及枪操、体操、器械操、劈刺术、野外演习等军事操练课程。这些课程既注重基础文化课的教育，又兼顾了军事实用技术的培养训练，与传统的“四书”、“五经”教育明显不同。廖磊和其他同学非常喜欢。更为重要的是，学校的高级人员多为日本士官学校毕业生，他们又多是中国同盟会会员，在教育教学活动中，他们自觉或不自觉地向学员们灌输着革命思想。加上当时革命报刊杂志的影响，广西陆军小学的学员多数是进步的、朝气蓬勃的，逐步培养了坚定的革命志向和革命勇气。廖磊与张任民、徐启明是同期同学，而与李宗仁、白崇禧还是先后期同学。这些人之后之所以成为新桂系叱咤风云的历史人物，这与广西陆军小学良好的学风和校风不无关系。

廖磊（1891－1939）

1911年，廖磊从广西陆军小学毕业后，升入湖北武昌南湖的陆军第三中学第二期继续学习。这年10月10日，湖北新军在武昌发起起义，辛亥革命爆发。廖磊与陆军第三中学第一、二期同学一起，积极响应武昌起义，并担任督战员，与清军激战于滠口，手臂负伤，但从此崭露头角。1913年，廖磊以优秀成绩毕业进入清河陆军第一预备学校，第2年升入保定陆军军官学校第二期步兵科继续深造。毕业后，廖磊已奠定了初级指挥军官的扎实基础。

猛士风格建功勋

1916年，袁世凯复辟帝制失败暴死，黎元洪继任大总统，北洋军阀执掌中国政权，对保定军官学校毕业生直接留用的很少，一律发回原籍候差，其实是要学生自寻出路。廖磊出身贫寒农家，在广西与当局没有什么关系，而湖南对保定军校毕业生较为欢迎，于是廖磊前往湖南谋职。开始，廖磊被分配在湘军唐生智部的第一师（师长赵恒惕）第三团三连任中尉连副。由于廖磊既勇敢又能吃苦耐劳，上下级关系处理得体，不说空话废话套话，只干实事，扎扎实实，任劳任怨，讲求实效，他很快升任为上尉副官、少校连长、中校营长等职。

1921年，第二次护法战争爆发，此时廖磊已是上校团长，他奉命率部由衡阳出发，进击宝庆及永丰镇，抗击敌军两旅之众，并将该敌俘虏毙伤过半。此后，敌人闻风丧胆，廖磊率部勇猛作战，所向披靡，直取岳州。于是，人们给他起了个绰号：廖猛子。廖猛子实在是猛，不仅率部作战猛，平时训练也很猛。因为他深知：自民国以来，南北异政，一旦有变，湖南必是兵家必争之地。因而，廖猛子训练特别刻苦卖力，他作为上校团长，身先士卒，严格训练，有时演习竟持续两昼夜不休息，日行军不达100里不罢休。当然，苦中也有甜与乐。1926年6月，唐生智被任命为国民革命军第八军军长，36岁的廖磊被任命为刘兴的第四师少将副师长兼第三团团长。

同年7月，国民革命军誓师北伐。两湖战场是北伐战争的主要战场。7月初，北伐军第四、七两军开赴湖南前线，与原在湖南的第八军兵分左、中、右三路向北洋直系军阀吴佩孚的军队发起进攻。由于得到湖南工农群众的大力支持，加上北伐军中的共产党员和共青团员发挥了先锋模范作用，进展十分迅速。7月9日，北伐军占领湘乡，10日克复湘潭、醴陵，11日进入长沙，22日进占岳阳，并取得了汀泗桥、贺胜桥战斗的胜利，夺取了武汉三镇。从长沙进军武昌，廖磊身先士卒，率部顽强作战，战功卓著。攻占武汉后，唐生智将第八军扩充为4个军，廖磊也升为第36军第1师中将师长。

1927年4月，国名党右派蒋介石在英美帝国主义和浙江财阀以及占据四

武汉保卫战中中国军人正严阵以待

川、广东军阀的支持下，在上海发动“四一二”反革命政变，向共产党人和工农革命群众举起了屠刀，继而从东南西三面对武汉实施钳形军事包围。奉系军阀张作霖在日本帝国主义的支持下，趁机进兵河南。刚从广州迁到武汉的汪精卫国民政府陷入四面包围之中。此时，汪精卫打着反蒋旗帜，以“左派领袖”面目出现，表面坚持革命，而骨子里却在观望风向，随时可能从动摇转到背叛。为了打破敌人的军事包围，4月19日，武汉国民政府在武昌南湖举行第二期北伐誓师典礼，任命唐生智为北伐总指挥，统率三个纵队6万大军，分三路北上河南讨伐张作霖。这次北伐结束后，廖磊由于战功赫赫，升任第36军上将军长。这一年，他才37岁。37岁任上将军长，衡阳历史上恐怕仅此一例。

第二期北伐虽然取得了很大的胜利，但武汉国民政府不仅没有解除反革命军事包围，也没有解决严重的经济困难，而且汪精卫迅速右转，加快了反共步伐。策划发动了“七·一五”反革命政变，对中国共产党人和革命群众展开了疯狂的大屠杀。至此，轰轰烈烈的国共合作的国民革命夭折。

奋起抗战御贼寇

1937年“七七”事变后，抗日战争全面爆发。抗战初期，李宗仁任第五战区司令长官，廖磊于10月19日升任第21集团军上将总司令。集团军编成后，廖磊奉命率领第21集团军与第11集团军一起依次北上入湘，开赴前线。同年11月初，廖磊率部抵达上海，投入淞沪会战。

淞沪会战，日军投入兵力约30万人，中国参战部队约70万人。中国军队在上海人民的积极援助下，奋勇战斗近3个月，毙伤日军5万余人，给日寇以沉重打击，有力地粉碎了日军3个月灭亡中国的梦想。但是，由于国民党政府的错误抗战方针，蒋介石指挥的无能，中国军队也受到很大的损失。在淞沪战役中，廖磊率部在陈家行、大场等地奋勇歼敌，打得日军胆战心惊；随后又在黄港、湖里宅、徐六泾、新泾口等地协助其他中国军队掩护主力撤退。

1938年春，廖磊率部渡江北上，驻扎合肥。其间，他多次派部队向皖东出击，不断歼击日寇，使皖中、皖西的局势得到稳定。1938年3月，日军矶谷师团主力沿津浦路南进，企图占领台儿庄，进而迂回攻打徐州。国民党第五战区司令长官李宗仁按预定计划在台儿庄附近集中40万优势兵力，从3月24日起，中日双方军队在台儿庄展开激烈的争夺战，国民党军在李宗仁的指挥和八路军第129师一个旅的配合下，英勇抗击，至死不退，日军未能全部占领台儿庄，从而为国民党的外线部队完成对日军的反包围争取了时间。4月初，国民党军在切断了敌人的退路之后，向进至台儿庄的矶谷师团发动攻击，并击退了由临沂增援的日军板垣师团。4月7日，日军被迫突围，中国军队乘胜追歼，一举歼灭敌军1万余人，缴获了大量战利品，取得了台儿庄战役的胜利。在台儿庄战役中，廖磊奉命率领第21集团军主力移师淮北，坐镇宿县，并向定远一带侧击敌人，使敌人第

抗战时衡阳妇女为前方将士做鞋

21集团军主力移师淮北，坐镇宿县，并向定远一带侧击敌人，使敌第13师团主力侧背受击，被迫退援淮南战场，不仅使张自忠率领的第59军乘势收复了淮河北岸阵地，而且牵制了日军第13师团于淮南而不能北上参加台儿庄战斗，从而为中国军队取得台儿庄战役的胜利起到了积极的配合作用。

台儿庄战役后，日军按照原定意图，加紧部署进攻徐州。5月7日，日寇绕道进袭蒙城。廖磊所部守军第172师副师长周元，奉廖磊命令率领一个团展开激烈抵抗，与日寇鏖战三昼夜，最后因寡不敌众，全部壮烈殉国。在保卫第五战区司令长官部撤退之时，廖磊曾严令所部第171师师长杨俊昌率部死守宿县，等司令长官部退过宿县，才可弃守。但日军企图切断中国军队后路，以优势兵力猛攻宿县。激战中，杨俊昌向廖磊请示，电话尚未说完，敌军已攻入城内，杨俊昌见情况不妙，慌忙丢下电话听筒就跑，从而将宿县放弃。廖磊勃然大怒，当即呈情严办杨俊昌，于是杨俊昌被押往汉口交军法会审，最后被判处10年监禁。

日军在攻占徐州、开封、安庆、九江等地后，从1938年8月初起，正式展开了以夺取武汉为目标的进攻。日军调集约35万人，兵分五路，沿长江两岸西进，并以海、空军配合作战。国民党为了保卫武汉，调集第五、九两大战区部队和海、空军各一部共100万人，与日军进行了大小数百次战斗，毙伤日军20多万人，并给予日本空军以重创。但由于国民党坚持片面抗战路线，10月26日，武汉三镇全部失守。在武汉会战中，廖磊开始率部退守霍山、六安，阻敌西进。后又转进大别山，守备大别山东侧各隘口，建立抗战游击据点，统率豫、鄂、皖边区游击兵团。10月22日，他奉命赴金寨县，就任国民党安徽省政府主席。

长使英雄泪满襟

1938年10月，李宗仁撤往老河口时对廖磊说：“燕农，你有没有兴趣留在大别山内打游击呢？”廖磊答道：“好得很呀！我愿意在大别山打游击！”廖磊主政安徽时，大别山周围正被日寇占领，形成了大包围的态势，交通被封锁，物资供应奇缺。面对这种局势，廖磊于就职前夕对部属说道：“吾人应死守大别山，其有怕死者，望速他去。”就职之时，他又宣称：“我想一德一心的干，若再干不好的话，照道理说，是说不过去的。”“故敢于大胆的说，不能不干好！”以后，他确实积极努力，做了不少有利抗战的工作。事后，李宗仁在他的回忆录中，对此这样说道：“最初在我们想象中，在敌后打游击是件极艰苦的事。孰知事实证明其实不然。大别山根据地后来竟变成敌后的世外桃源，比大后方还要安定繁荣……廖磊在大别山苦心孤诣经营的结果，竟形成令人羡慕的小康之局。可惜廖磊原有心脏病，一度又曾患轻微的脑溢血，医生嘱咐，须安心静养。但是值此抗战最紧张的阶段，戎马倥偬，一位责任心极强，勇于任事，能征善战的将官，哪有机会静养呢？廖磊终于积劳成疾，旧病复发，于1939年10月不治而逝。廖磊死时，大别山根据地内的军政设施初具规模。”

1947年2月15日，曾是廖磊生前部属的黎民兴，写下《廖磊将军传》，对廖磊大加称颂，其中说道：“廖磊将军治军严明，与官兵同甘苦，勤政爱民，视吏民如弟兄，威德兼施，刚柔并济。平时不苟言笑，言出必行，力行贯彻，不成功不止”；“将军以建设安徽、复兴中国为目的，一年之间，巡视鄂东豫南二次、皖中二次、皖北一次，轻身简随，履险如夷，行旌所至，军民夹道欢迎”。

国民党中央曾派要员视察廖磊统治下的安徽省，视察结果认为该省军事政治均见整顿，对于组训民众、办理兵役、厉行精神总动员等，均能依照法令，积极推进，士气振奋，民情翕洽，尽劳懋绩，有抗战模范省之誉。因此，1939年11月10日，国民党政府在廖磊辞世一个月后发出褒扬令，其中赞道：“安徽省政府主席廖磊，才略优长，忠勤夙著。抗敌军兴，率师转战前方，屡树勋绩。年来兼主皖政，艰难筹措，建树尤多。”

廖磊在当时特定的历史条件下，能够坚持团结，坚持抗战，坚持国共合作，共同抗击日寇，这种注重民族大节的精神是永远值得后人追忆和学习的。廖磊病逝后，周恩来、叶剑英、朱德、彭德怀、叶挺等领导同志，代表中共中央、八路军、新四军都致电哀悼并题写挽联。

右起第二位为将军廖磊

丁鹏翥·羽绒产品始姓丁

1901年是一个新世纪的开始。

这一年，当时的大清帝国破天荒走向世界，第一次参加了巴黎国际博览会，花45万两银子建了一个“中国宫”，可是里面没有什么工农业产品及设施，而是展出了中国人吸鸦片的烟枪、烟灯和几个缠足的淑女泥塑，这是当时的“国粹”。

这一年，美国小伙子福特刚刚制造出四个轮的新款汽车。几个月后，匈牙利人李恩斯就将汽车带到了上海。大清政府的海关官员们从未见过这玩意儿，于是，认真研究一番，最终决定：以马车之名向匈牙利李先生予以征税。

可以想想，20世纪之初的中国，有什么工业？

丁鹏翥则可以算是中国工业早期创建和发展的杰出代表之一。

丁鹏翥是衡阳市雁峰区白沙洲人，毕业于湖南成德法政学校，一生从事羽绒工业和教育事业，他是中国羽绒工业的先驱，发明提取羽绒机器，为发展中国民族工业做出了重要贡献。

1918年民国初期，国家内忧外患，军阀混战，民不聊生。大量洋货充斥市场，洋油、洋火、洋布、洋伞……日用百货几乎以“洋”为主。民族工业落后的现状让丁鹏翥忧心如焚。为开发民族经济资源，抵制洋货，丁鹏翥四处奔走，不断琢磨，终于发现鸭毛、鹅毛的巨大利用价值。

丁鹏翥立即返回衡阳，开始在家乡白沙洲收集鸭毛、鹅毛，与妻共同试验，采取手工操作，提取绒毛。一个月内便与妻子拿出样品，赶到长沙、广州向外商试探销路。外商们拿着样品反复掂量，用手捏、用镜察，即而要求在样品基础上选净粗翅，剔除灰尘杂质，绒毛商品才能够被接受。

为达到外贸出口绒毛商品规格，提高生产效力，丁鹏翥考虑到采用手工操作难以达到国际标准，怎么办？他陷入苦思冥想。每天都往集市跑，在街巷里转，回来就坐在家门口的台阶上，望着远山发呆。

这天，他路过一禾场，见一农妇正用风车吹谷，左手用摇柄扇动风叶，右手在风车上口梳动稻谷。饱满的谷子从下口泻出，秕谷和稻草、杂叶随风从右出口飘出。他望着出神并突发奇想：我能否造出一台机器，运作中使绒与毛截然分开？他即刻赶回家，开始潜心研究并试制取代手工操作的机械。

丁鹏翥(1891－1958)

历时半年多，丁鹏翥试制出世界上第一部铁木结构的提炼车，以及洗毛、消毒、烘烤等设备。于1918年4月，得到当时的北洋军阀政府工商部给予的五年专利。并在政府公版上刊登发布，丁鹏翥成了湖南省发明机器设备的第一人。用这种机器所制的鸭绒被亦为世界上当时的中国所独有，从此彻底改变了我国羽绒只能出口初级品并由外商操纵垄断的局面。他的发明，促进了中国民族羽绒工业的发展。

1920年，丁鹏翥在长沙市创建中国第一家羽绒企业——长沙华新羽绒公司。第二年又扩资组成华新羽绒股份公司，丁鹏翥任董事长兼总技师。羽绒产品销路日益广阔。“丁制鸭绒被”选料严格，制作精良，于当年隆重推出上市，在香港、日本、英国等地畅销，即刻成为名噪一时的品牌。不但获利甚丰，而且获得当时的工商部、农商部及上海总商会的奖励。1923年，丁鹏翥再次推出“丁制三层式被”，质量更佳，“丁制三层式被”超过了欧洲同类商品，并被推荐参加国际展览，在巴拿马世界博览会上被授予“中国特产奖”，在国际市场上享有很高的声誉。

用现在的话来说，丁鹏翥不仅是个发明家、制造家，还是个对策划包装、市场营销都游刃有余的太极高手，是个经营有方、管理到位、功勋卓著的企业家，是衡阳工商界的楷模与翘楚。更可贵的是，丁鹏翥经营羽绒业30年，在实践中勇于创新，不断总结制作经验，从1925年起，还先后著书20余本，集中反映了他的技术成果和生产经验。为后人留下了一笔宝贵的文明成果。他著作的《整理中国羽绒贸易业商榷书》和《羽绒提制法》，对中国羽绒工业的发展提出了独创性的意见，发明了新进的技术手段。他历任国民政府工商部机械科工业技副、湖南省合作事业委员会常委兼总干事、湖南大学合作系副教授等职，并创办、出版、主编了《湖南合作月刊》《合作事业报》《合作实行新法》《生产合作》《合作概要》。

中华人民共和国成立以后，他拥护社会主义，主动放弃股息，对企业进行社会主义改造。1951年去北京，受命为轻工业部草拟全国羽绒工业发展计划。1956年被任命为长沙市轻工业公司董事长兼湖南省鸭绒被厂厂长。1958年在长沙市因病逝世，享年67岁。去世之前，仍念念不忘中国羽绒工业的发展，在病床上将《中国羽绒工业》一书加以补充修改，给中国现代工业史提供了可贵的资料。

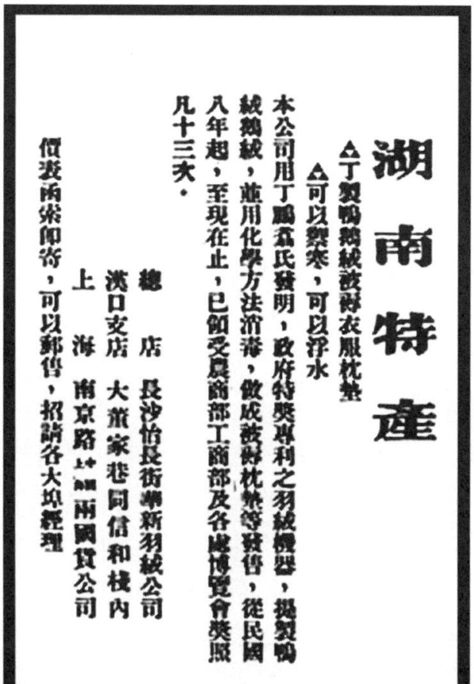

纯净的羽绒材料

现代家居生活中的羽绒产品

马宗霍・说文专家书林秀

马宗霍原名马承堃，衡阳市衡阳县集兵滩人，是一位著名的经学家、文字学家和书法家。

1911年，马宗霍就读于南京师范大学。1912年，入湖南南路优级师范学堂（现为湖南第三师范学校）就读，毕业后留校任教。1919年后任江苏武进县立女师教员，南京国立暨南大学、金陵女子大学教授。1926-1937年，先后在上海中国公学、同济大学、交通大学、南京国立中央大学任教，并兼任国民政府考试院襄试委员、立法院秘书。1939-1949年，先后任国立师范学院教授，湖南大学教授、国文系主任、教务主任和文学院院长。新中国建立后，任湖南师范学院中文系教授，中国人民政治协商会议湖南省委员会第一届委员，湖南省人民代表大会第一、二届代表。1960年7月被聘为中央文史研究馆馆员。次年受聘任中华书局编辑，主持二十四史明史点校工作。1976年逝世。

马宗霍曾受业于王闿运、曾熙、李瑞清，自幼酷爱书法，13岁入衡阳“船山学院”。年少时失去了父亲，却因童年时便显露才华，刻苦学习，得到了同县大书法家曾熙的赏识（马宗霍成年后，曾熙还主动作媒将其妹妹许配给了他），才得以在曾熙创办的南路优级师范学堂毕业。

马宗霍治学法度谨严，博通兼擅，著述宏富，为学界所宗。因为其曾在《学衡》杂志连载《国学摭谭》，受章太炎激赏，收为弟子。聘他为章氏自办的国学讲习会特约讲师，并代为取名宗霍。1931年出版《音韵学通论》，全面系统地总结包括章太炎在内的前人对音韵学的研究成果。1925年出版的《文字学发凡》，则为兼包文字、音韵、训诂之著述。

贫穷发奋的马宗霍直至当了教授，才用历年省吃俭用的钱在衡阳市洪家塘买了一所小房子。他留衡的家属至解放前均一直住在那里。

1958年至1959年，马宗霍出版著名的《说文四考》，即《说文解字引群经考》《说文解字引群书考》，考订精审，为治许慎“说文”者推崇。

马宗霍写过很多古体诗，有一部分在报刊上发表过。这里抄录几首：

马宗霍(1897－1976)

倚阁

对影相看认不清，支离漂泊尔何人。
横流莫漫思浮海，植杖凭谁许问津。
已遣一生侪木雁，可堪千里梦鲈莼。
微霜渐白江南草，倚阁天涯眼又新。

竹影次钱默存韵

梦断苍梧泪已枯，向人青眼不曾殊。
沉烟漠漠欲迷楚，蘸月娟娟疑坠湖。
入律好从调管在，斫光宁许写辞无。
输他处士山中友，委质窗前未肯孤。

次韵默存见贻

几见琼琚佩玉人，贪从避地许能亲。
碎金掷句高难和，挥尘流谈屑共珍。

立春叠前韵答默存

据梧杖策竟何人，物论难齐道未亲。
稍觉成亏非我有，欲携襟抱向谁珍。
乘流壑去舟还在，振蛰风来地已春。
早晚青归凫试暖，破吟待子发硎新。

马先生的诗清新雅健，格调甚高，从上面这几首可以略见一斑。在1945年前后，马宗霍为周恕斋《溆浦邅回集》作序说：“余亦好游，愧不善为诗。恕斋或督之，偶出以应，自视不足存。”这是先生自谦的话。马宗霍潜心学术，把作诗看成余事，所以这样说。其实马宗霍的诗是很好的。

湖南师范大学著名教授马积高在回忆恩师马宗霍先生时，讲了4个小故事，听起来，件件均令人感慨万千。

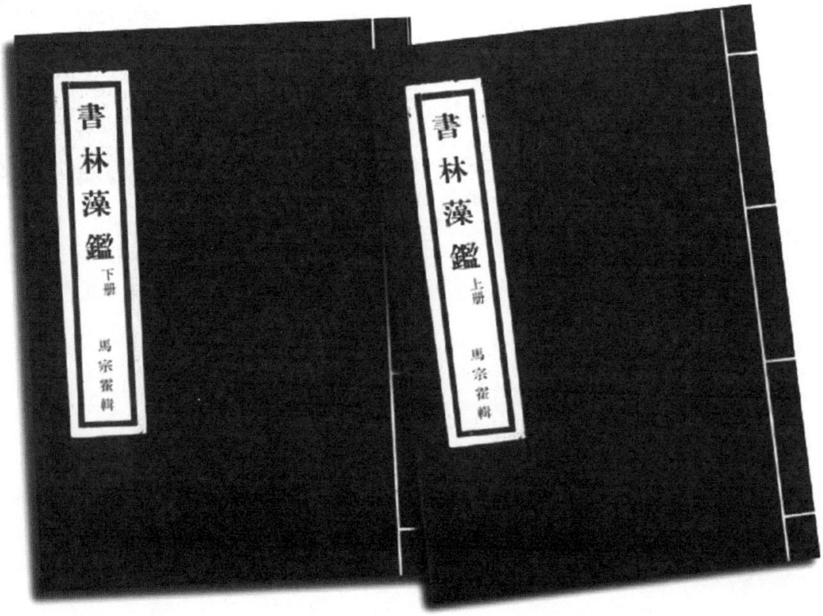

马宗霍著作

第一个故事：读书略识字

马宗霍先生教我们的第一个课程是《文字学》，他讲的第一课是“读书略识字”。“韩文公说：读书略识字。你们读了一些书，识不识字呢?我看一字不识。”这是他的开场白。接着就说开来了，原来初民是没有文字的，是“结绳纪事”，后来才创造了简单的象形字和指事字，“一”字就是最初创造的文字之一。《说文解字序》说：“仓颉之初作书，盖依类象形，故曰文：其后形声相益，即谓之字。”故分别言之，“一”应该说是“文”，而不能叫“字”。“一”并不只是简单的数字。《说文解字》说：“惟初太始，道立于一，造分天地，化成万物”，其说本于《老子》《周易》，故不通《老》《易》则不知“一”。马先生当时问我们：“你们知道吗？我看不知，所以你们是‘一’字不识。”接着，他还讲了一些常用字，有些是我们不知其本义的，有些是我们不知其形体构造而容易写错笔画的。通过这些例子，马宗霍启发我们一定要学好文字学，懂得文字的构造和本义。先生讲的这课，连同他讲的全部《文字学》课，大抵都以许慎《说文解字》为宗，虽间采后人之说，但形体都以许慎的书为准。这是先生从章太炎先生那里承继下来的治学的家法，为现代一些治甲骨文的学者所不满。这一点，那时我们这些好“趋新”的年轻人也有所耳闻，因而也有去看甲骨文的。但《说文》终究是基础，离开《说文》而谈甲骨文，往往不是近于盲，就是邻于妄。因此，那时我们同学几乎没有一个不遵循先生的教导去读《说文解字》的。从个人的经历来看，我深感受益不浅。

第二个故事：戒“陋”

马宗霍先生虽然强调要“识字”，但绝不像某些小学家那样，以识字为依归。相反，他屡次对我说，研究小学只是研治经、子、史和文学的始阶，而且不博览经、子、史和重要的集部也不能精研小学。因此，他常说那些只读八家、桐城文或只搞小学的人是“陋”，经常教育我们不要“陋”。我觉得，这正是先生治学的一个特点。一些不甚了解先生的人往往说先生只是以小学名家。虽说这并非无据之谈，他的著作如《文字学发凡》《音韵学概论》《说文引经考》《说文引群考》等都是属于小学方面的。但他也写了属于经学的《中国经学史》，属于文学的《文学概论》《读全唐文札记》，还有《淮南子校注》《读南北史札记》以及关于书法艺术的《书林藻鉴》《书林纪事》等。关于《淮南子》的一种，新近才出版，我没有读，关于《南北史》的一种尚未刊，我仅知其书。就我所读过的而言，《中国经学史》一种，其价值似尚在小学诸书之上。因为像这样的书，倘非博通经史，弥纶群言是不能作的。

第三个故事：强调读和写的基本功

马宗霍先生提倡博览，提倡读书要观其会通，反对漫无目的的泛览，且非常强调要训练读和写的基本功。旧时研究国学的学者大都视熟读《四书》《五经》为家常便饭，先生也这样要求我们，所以那时这些书都开了专课。另外，他还要求我们要读《四史》和《老》《庄》《荀》《韩》等重要史书，《史》《汉》《庄》《荀》也开了专课。我们班开的《周易》《史记》《庄子》都是先生教的。先生治经，强调要读注疏，还要求看没有断句的本子，自己亲自圈点。他常说，读书最忌粗心浮气，借口不求甚解，对一知半解或根本不懂的东西轻易放过。古人读书"得间"（意即善于发现问题，求得解决），都从认真、仔细得来。自己点书，就是培养认真读书的习惯的最好方法。我曾问先生，陶渊明讲"不求甚解"，我认为不是指读书不认真，而是反对当时玄学家对玄理的剖析力求刻深，对前人书中讲的有关治国、持身的大义反而忽视，这个理解是否对？先生欣然赞许，认为"颇得渊明的微意"。在先生以及骆绍宾先生等人的启示下，我们系当时有不少同学都动手点书。我自己原计划把《五经》《尔雅》的注疏和其他各经及《四史》的白文与注全部点过，但那时我很穷，连一册《十三经注疏》和《四史》也买不起，到读三年级时才弄到一点钱，买了一部《注疏》，只点完三部经书的《注疏》就毕业了。以后忙于工作，再也没有机会来做这件事。但读书要认真的精神，我却是至今不敢忘的。对写作的基本功，马宗霍先生尤为重视。故当时国师国文系的学生从一年级到三年级都要作文，三年级还要练习写诗、词。先生对我们的写作要求是很严的。一个字的点画之误，也要严加指摘。他常对我说：文字是要给人看的，一字不慎，就要"谬种流传"，因此决不可马虎。他还说："太炎先生是国学大师，写张便条，也不草率，写过之后，要反复审查，倘有不当，即改正重抄。"我没有见过马宗霍先生自己写文章，但曾见过他批书，就是先打草稿再写上去。这种一丝不苟的态度，我至今没有学到，但每当正式作文时，还是常常记起先生的教导，注意对文字加以检点。

第四个故事：严中有宽

凡是受过马宗霍先生教导的，都感到先生对学生的要求很严，有的人甚至不敢亲近。我也同样感到他的严，所以回答他的问题总不敢随便。其实先生对学生和后进要求虽严，心地却是宽厚的。对此，我有深切的体会。1946年秋，国师从溆浦搬到南岳。在中学时曾教过我的国文、历史的颜敏生先生和他的一个儿子（是我的同学）当时都在南岳五四中学工作。他们得知我的家境很困难，连最基本的书籍和粗布衣服都买不起，就大力推荐我到该校去教历史课。这件事，马先生的女儿志琳和志珍（当时她们都在国师附中教书）是知道的，她们都为我高兴。但估计马宗霍先生一定会反对，所以她们又都替我“保密”，一些知道此事的同学也不约而同地替我“保密”。但是，到了学期中间，这件事却败露了。原来五四中学有位教国文的邝老先生同先生颇熟，他有一天去看先生，闲谈之间说及，他学校请了一位兼课的年轻教师，姓马，也是衡阳人，问先生是否认识。先生一听，当然知道就是我，当下含糊作答，心里可大不高兴。于是当天就把志琳、志珍叫回来，首先责怪她们为何知情不报，然后就把我数落了一番。大意是说我不走正路，不安心刻苦读书，还只开始进三年级，就忙于到外面赚钱。先生平日对子女颇严，志琳她们虽已是中学教师了，对父亲一向是奉命惟谨的。但她们知道我的处境确很困难，而先生却不尽知，故婉转地将我的情况作了说明。据说，当时先生默然了，但面色仍很严厉。她们都替我捏了一把汗，第二天赶忙把情况告诉我，叮嘱我小心。我当时想，这回大概要狠狠地挨一次训了。然而日子一天天地过去，未见先生写便条来叫我，上课时见了我，也如往日一般。我才慢慢地放下心来，知道先生已经原谅我了。现在想来，我过后是应当向先生去作个检讨的，但那时年轻，负气，不肯认错，故始终未说一言。不过，先生通过志琳她们转达给我的训戒，我是时刻不忘的。尽管在学术事业上我未能达到先生及其他关心、爱护我的师长所期望的成就，但是，40年来，我从未放弃本职的工作和对学问的追求而去赚取额外的收入，哪怕是在生活极拮据的时候。这一点，也许是能告慰于先生的吧！

马宗霍于文史尤精。早年所著《文学概论》，对中国文学理论作了系统的整理和阐发，在香港等地一再重版。所著《中国经学史》，资料翔实，评论公允，海内外均曾重版。

马宗霍精书法，擅篆、隶及八分，尤以行书见长。所作融篆、隶、八分于行体之中，结体严谨，笔势灵动，潇洒脱俗，风貌别具。能作三尺见方的榜书，又能作细如毫发之小楷。平生为人书写碑匾楹联条幅甚多，其信札、著述手稿亦为人视作珍品收藏。郭沫若盛赞其书法精美，在他编审出版的马宗霍所著《说文四考》之后，特令科学院出版社影印其手稿，线装分术，以为书法楷模。马宗霍于书法理论亦深有研究，所著《书林藻鉴》《书林纪事》二书，为研究、鉴评书法之专著，资料宏富，见解精到。二书于1935年出版，翌年再版。1984年北京文物出版社复重版发行。

遗著除《淮南子高注参证》已由齐鲁书社出版外，尚有《墨子臆铨》《庄子郭注参证》《荀子杨注参证》《群经论略》《汉四史校谈记》《船山遗书校记四种》等数十种。

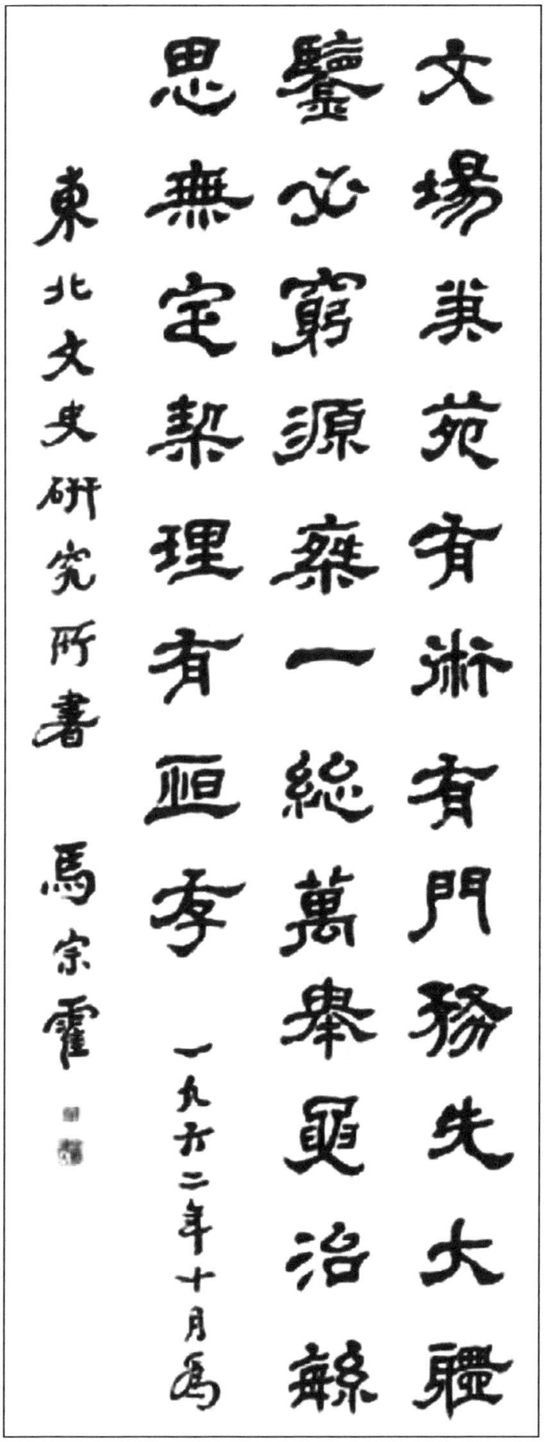
文場美苑有術有門務先大體
鑒必窮源乘一總萬舉要治繁
思無定契理有恒存
一九六二年十月馬
東北文史研究所書
馬宗霍

马宗霍先生的书法作品

夏明翰·头颅高悬主义真

1928年3月20日，衡阳才俊夏明翰在武汉余记里刑场就义前，写了一首诗："砍头不要紧，只要主义真；杀了夏明翰，还有后来人。"就这么简简单单的20个字，写得豪迈、自信、潇洒、大义凛然、气壮山河。也就是这简简单单的四行五言绝句，在后来的日子里指引着一代又一代仁人志士无畏前行。

夏明翰当时的职务是：全国农民协会秘书长、中共湖北省委委员。

夏明翰当时的年龄是：29岁。

年纪轻轻何来如此胆识，关键在于他有信仰。他坚持自己选择的主义，他坚守自己认定的真理。

至于砍头，对他来说，那也就是碗口大的一个疤。

夏明翰的家在衡阳县礼梓山。爷爷是当地德高望重的绅士，中过进士，饱读诗书。夏明翰的父亲也曾赴日本考察过政务，写过一些向往科学民主的书。母亲是清末国史馆秘书陈嘉言之女，对唐诗、宋词、中国古典文学名著更是烂熟于心。夏明翰在此书香门第里，耳濡目染，对平仄韵律也就十分喜欢。但作出来的词句却总是与父辈大相径庭，比如在几个同学组织成立的“湘滨诗画社”里，他就以“诗配画”的形式，替军阀政客画像：

眼大善观风察色，
嘴阔会拍马吹牛。
手长能多捞名利，
身矮好屈膝磕头。

1919年北京学生革命之风传入衡阳，他首先响应，带头罢课，领先游行，19岁的夏明翰担任了湘南学生联合会的总干事。

这天，吴佩孚登门拜访夏明翰的爷爷夏时济老先生。酒酣饭饱之余，吴佩孚挥笔写了“德盖衡岳，誉满蒸湘”八个大字，送给夏老太爷，上款写“夏公时济兄雅正”，下款写“吴佩孚敬题”。夏老太爷受宠若惊，犹如获得珍宝。立即吩咐仆人，把条幅装裱后挂在厅堂的最显眼处。让人随到随看，固自欣赏。第二日恰逢明翰休假返乡，爷爷好不高兴，带着孙儿来到大堂进行观赏，谁知夏明翰见那落款题字便飞身上前。只听到“哗啦”一声，条幅被撕下来了，待老先生回过神来时，被撕成碎片的条幅正随风乱舞，气得老先生七窍生烟，连声怒吼：“你……你疯了？”

“我没有疯。”夏明翰分外冷静。

“为什么要撕毁条幅？”夏老太爷几乎跳了起来。

“因为它不配挂在墙上。”夏明翰针锋相对。

“大胆狂徒，你也不想想这是谁写的字？”

“不就是臭名远扬，万人切齿的军阀吴佩孚吗！”

“畜牲！原以为你聪明出众，谁知你愚蠢出奇！”夏老太爷的叫骂一声比一声高。

“不对，愚蠢的是把豺狼当作贵宾，把歪字当作珍宝。”夏明翰毫不畏惧，步步紧逼。

夏明翰(1900－1928)

"住口！你知不知道，你撕毁的不是条幅，是撕毁了我夏家的体面！"

"我不要这样的体面。"

"放屁！你还毁了吴将军的声誉！"

"什么声誉？"夏明翰非常激动，更大声地说道："吴佩孚骄横残暴，为非作歹，衡州街头，到处都刻着他欠下的血债，这就是他的声誉？"

"混蛋，你是十足的小混蛋！"

夏老太爷气得眼睛都要出血了："你这混账东西，叫我这老脸往哪里放呀！"

他深知自己在当地军政各界声望很高，如果连个乳臭未干的孙子都管教不住，还算什么"德盖衡岳"、"誉满蒸湘"？于是，他把全家人集合到厅堂，冲着夏明翰，厉声喝道："跪下！"

"我犯了什么罪？"夏明翰理直气壮地问。

"你自己还不清楚吗？"

"清楚，我没有犯罪。"

"哼！"夏老太爷怒不可遏："你中了邪说，图谋造反，家族的败类，地道的逆子，还说没罪？"

夏明翰毫不畏惧，泰然自若地回答："爱国学生反对军阀卖国贼，所作所为，光明磊落，何罪之有？当前，洋人跋扈，政府腐败，社会黑暗，人民困苦。谁甘心为奴，谁就是犯罪！"

"畜牲！你……"夏老太爷万万想不到夏明翰竟敢如此顶撞，一气之下，昏蹶过去，大约过了两袋烟的工夫，才从人们的嘈杂声中苏醒过来。

夏时济把夏明翰的大哥夏雷根叫到跟前，说："雷根，你父亲早年去世，长兄当父，你给我把这个小畜牲关起来！关到黑房里，他一日不悔过，一日不准见天日！"接着他还吩咐："如再不思过悔改，就拿他去沉

夏明翰夫妇

潭，祭祖！”

于是，夏明翰被关进夏府的一间黑房里，弟妹都非常同情他，偷偷地给他送书报，送食品。母亲不便正面和他的祖父顶撞，心底却偏向夏明翰，并经常去看他，劝道：“好汉不吃眼前亏，你莫和爷爷顶嘛！”

夏明翰却说：“妈妈，你不能迁就爷爷呀！坐黑屋不算什么，沉潭我也不怕，越压我越斗！”

郭沫若录写夏明翰的就义诗

夜空沉沉一片漆黑，前半夜还是满天星斗，骤然间寒风四起，树梢枝叶呜咽。他面对黑房的窗棂，思绪随风飘散开来。他想着这个家，他爷爷主宰的这个家，束缚自己的手脚，太不合自己的理想了。小时候，他帮助保姆张大娘挑河水，爷爷见了发脾气：“做你该做的事，你应该去背唐诗，不应挑河水。”那一年，他将自己与弟妹的“压岁钱”给了一个抱着婴儿讨饭的女乞丐，爷爷居然大发雷霆：“穷人那么多，你这善事做得过来吗？今天给他10元钱，明天他就找你要100元钱！”干什么都不能满爷爷的意。突然，他脑海里闪出一个念头：冲出这个家。对，冲出这个家！决心一定，他的苦恼立即消失，但他唯一放心不下的是母亲。母亲中年丧偶，一颗心、一片爱全部寄托在儿女身上。母亲知书达理，富有正义感。她不会阻拦爱子的行动。然而她的心理却从此要承受巨大的负荷，儿行千里母担忧呀！怎么忍心舍她而去呢！夏明翰又想到他的姐姐夏明玮、弟弟夏明震、夏明霹和妹妹夏明衡，他们也是有理想、有才华之辈，过去朝夕相依，志趣相投，手足之情甚浓。夏明翰也不忍心离开他们。但是，为了施展自己的抱负，他决心舍弃这不忍心舍弃的一切。

正想得入神，突然有人轻轻敲窗户：“三哥，给你灯。”这是夏明震的声音。

“爷爷睡了么？”夏明翰走到窗口边，细细地问弟弟。

夏明震悄悄地说："我是看他睡了才来的。"

夏明翰把自己要和这个家庭决裂的想法告诉了夏明震。夏明震开始感到愕然，后想了想觉得有道理，就决然答道："好，你冲出去，以后，我也跟你去！"

"对！你、明霹、明衡、还有大姐，都要冲出去。"

"妈妈呢？"夏明震担心地问。

夏明翰自信地说："妈妈常教我们'莫等闲白了少年头，空悲切'，她会支持我出走的，你先告诉妈妈，要她先给我一点钱，然后再给我找一把斧子来。"

这天半夜过后，夏明震向母亲要了几吊钱，又暗暗找了一把砍柴的斧子，夏明翰把窗棂棍砍了，纵身跳了出来，对夏明震说："你告诉妈妈、大姐和明霹、明衡，叫他们不要挂念我。"然后翻过墙头消失在茫茫夜色中。

第二天，他找到还在衡阳指导学运的何叔衡，把事情经过说了。何叔衡拍着他的肩道："你这是一个勇敢、正义的举动。革命青年就要有这种同封建势力决斗的锐气。"事后，何叔衡还特为夏明翰题了这样一首诗相赠：

神州遍地起风雷，
投身革命有作为。
家法纵严难锁志，
天高海阔任鸟飞。

在那个污浊的世界上，能干干净净度过自己一生的人，是值得钦佩的。

而如果他还能做出一些成就，留下一种精神和信念，那么我们可以说，这是一个伟大的人。

夏明翰就是这样一个人。

中国画《只要主义真》

罗荣桓·国有疑难可问君

1963年12月16日，中国人民解放军元帅罗荣桓与世长辞。这天晚上，毛泽东在中南海颐年堂召集会议听取聂荣臻元帅等汇报十年科学技术规划。开会前，毛泽东提议大家起立为罗荣桓默哀。默哀毕后，毛泽东说：“罗荣桓同志有一个优点，很有原则性，对敌人狠，对党忠诚。对同志有意见，背后少说，当面多说，不背地议论人，一生始终如一。一个人几十年如一日不容易，对党的团结起了很大的作用。”

出席这次汇报会议的罗瑞卿大将随即打电话给自己的夫人郝治平，传达了毛泽东讲的话，并叫她转告罗帅夫人林月琴，节哀珍重。

会后，毛泽东悲痛异常，几天夜不能寐，遂写成七律《吊罗荣桓同志》：

记得当年草上飞，
红军队里每相违。
长征不是难堪日，

战锦方是大问题。
斥□每闻欺大鸟，
昆鸡长笑老鹰非。
君今不幸离人世，
国有疑难可问谁？

毛泽东用诗词赞颂、给予极高评价的元帅罗荣桓，就是我们衡阳人。罗荣桓曾任八路军115师政委、山东军区司令员兼政委。建国后任中央人民政府最高检察署检察长、全国人大常委会副委员长、解放军总政治部主任、中共中央政治局委员。1955年被授予元帅军衔。

1902年11月26日，罗荣桓诞生于衡阳市衡东鱼形镇寒水乡南湾村，其名取自《诗经》“恒恒于征”之意，没想到他后来与军事结下不解之缘。罗荣桓的父亲罗国理是一名私塾的教师，后来弃教经商，在南湾开了一个杂货铺，不久兼卖中药。经商确实比教书收入多，罗国理的家道开始走向小康。他还买了一些田产，当了罗氏的族长和乡里的团总，成为南湾的乡绅。

罗荣桓的母亲姓贺，是一个贫农的女儿。她为人善良、勤劳、宽厚，又很坚强。她对罗荣桓的性格的形成有很大的影响。她一生养育了六男二女，罗荣桓是第八个孩子，第五个儿子。

罗荣桓(1902－1963)

小故事：提防社会戒尺

罗荣桓8岁入私塾。因为小时候父亲教过他《三字经》《百家姓》，还教他背过唐诗，他在私塾学习并不感到吃力，但是，那时先生只是教认字死读，不讲意思。他天天都要被迫去念那些不知所云的什么“大学之道在明明德”，感到十分无味。时间长了，难免做做小动作。

有一天，罗荣桓拿出一张毛边纸折叠小船。被私塾先生发现，先生没收了他的纸船，并厉声喝道：“桓牙子，站起来！”

罗荣桓满面羞红地立在桌子旁。

“把手伸出来！”先生又发出指令。当着其他学生的面，罗荣桓伸出了左手。

“不行，伸右手。”先生说。

右手刚一伸出，先生右手的戒尺便“啪、啪、啪”地落了下来。“要长记性，知道吗？”先生似乎还不解气。

“知道。”罗荣桓强忍疼痛，吐出两个字。“两耳不闻窗外事，一心只读圣贤书。你倒好，窗子内也玩把戏了。”先生依然滔滔不绝。

手被戒尺打肿了的罗荣桓回家连筷子都拿不住。这次挨打，他永远也忘不了。直到晚年，他还对孩子们讲这件事。罗荣桓谆谆告诫孩子们：“现在没有竹戒尺打我们了。可是如果不自觉，不好好学习，将来要后悔的。社会的‘戒尺’是会惩罚我们的。”

小故事：鉴别是非曲与直

1927年4月罗荣桓到武汉投考武昌中山大学，在那里参加了共产党。不久，传来了南昌起义的消息，接着上级又派人来传达了中央八七会议的决定和湖北省委关于秋收暴动的计划，要求9月10日以前举行起义。正当罗荣桓和湖北通城的同志研究如何执行省委这一计划时，位于通城北面的崇阳县农民自卫军一百多人因受国民党军队的压迫而南下。于是，这两个县的农民自卫军便联合起来，里应外合，夺取了通城，组建了通城、崇阳农民自卫军总指挥部，罗荣桓担任了这支队伍的党代表。

农民自卫军总指挥部建立后，队伍里缺一个管账先生，大家看罗荣桓是大学生，建议由他兼管财务。于是，他这位党代表随身提着一只盛钱的小箱子，走到哪里都提着。

抗日战争中我军缴获的大量日军武器

8月下旬，国民党军队由北面向通城进逼。为了保存革命力量，8月底，通城、崇阳农民自卫军在罗荣桓等的率领下向江西修水转移。他们出发时已近白露。可南方的“秋老虎”仍在施展着淫威。罗荣桓背着包，提着装有二三百块光洋的箱子，跟随着队伍翻山越岭，走了整整一天，他的上衣前襟和后背布满了斑斑汗渍。

第二天，罗荣桓提着箱子，一路上不断地倒手。刚走了十几里路，就热得口苦唇焦，嗓子里像是在冒烟。下午，在翻一座大山的时候，有两个农民军弟兄跑到罗荣桓跟前，指着他手里提的箱子说，“先生，我们来帮你扛吧。”罗荣桓摇摇头说：“不用，我自己可以提。”

其中一个抢上两步，一边从罗荣桓手里夺过箱子，一边说：“先生你是识文断字的，哪里提得动。还是我们帮你扛吧。”罗荣桓看着这两人很面熟，挡不住他们连说带抢，箱子就这样被他们拿过去了。

傍晚，队伍到达修水县桃树港宿营。罗荣桓去找这两个人。这两个家伙已经逃之夭夭。

丢了钱，罗荣桓心情非常懊丧。后来他经常提起这件事。1937年5月，罗荣桓对他的夫人林月琴说；“那个时候，思想单纯得很。以为大家都是来革命的，都是一样的同志嘛！其实，并不都是来革命的。也有混饭吃的，找条活路的。那个时候，我们都是‘秀才’造反，脱不了书呆子气。一个知识分子要成为坚定的革命者，不经过一番磨练是不行的。”

这是罗荣桓的自我解剖。毛泽东对这件事又有不同的评价。在延安时，有一次毛泽东接见林月琴，向林月琴说：“老实是罗荣桓一个很大的特点。”听了毛泽东的话，林月琴就讲了丢钱这件事。毛泽东听了哈哈大笑。他对林月琴说：“你看，他非常老实，可又很善于总结经验，他从这件事就悟出一个真理。因此他对是非、对正确和错误鉴别得特别分明。”

小故事：尊重士兵人格

“支部建在连上，对部队进行强有力的政治工作，是许多因素中的重要因素。”罗荣桓按照毛泽东的这一指示，做了大量工作。

1928年初冬的一天傍晚，刮起了西北风，气温急剧下降。九连四班战士放哨回来。因为班里的柴禾烧完了，无火可烤。大家都钻进了稻草堆。一位由俘虏改正过来的战士建议烧点稻草来烤火。班长黄永胜嘟哝了一句：“老表的东西不能动！”这位战士也不知是否听见，便出屋去了。不一会儿工夫又抱了一捆柴禾高高兴兴进了屋。招呼大家来烤火，黄永胜从稻草堆里坐起身来，责问他：“你这柴禾是从哪里来的？”

这位战士眨巴眨巴眼说："是从老表院子里抱来的。"黄永胜没好气地说："快给我送回去！"这位战士将稻草往地上一甩："不去，两根稻草值几个钱？"

黄永胜猛然从草堆里爬起来，"他娘的，你聋啦！"

"你他娘的，你才傻了呢！"

黄永胜火了，"啪"地一声，甩出一个耳光。这位战士没有还手，捂着脸偏过头像孩子一样伤心地哭了起来。

屋里其他战士看到班长打了人，又不敢说班长的不是，为了打破僵局，一位战士将柴禾抱走了。黄永胜即刻下令："全班集合。"在这被寒风包围的茅屋里黄永胜向全班训话："军人以服从命令为天职，今后大家都要服从命令！"

第二天一早，罗荣桓听到曾连长汇报了黄永胜打人的事，便命令传令兵去把黄永胜找来。问道：" 听说你昨天晚上打人啦？"

黄永胜辩道："他违反群众纪律，又不服从命令。"

"这么说你打人是对的？"

黄永胜答不上来。

"我再问你，如果你是当兵的，犯了一点错误，班长把你打一顿，你心里会好受吗？"黄永胜低下了脑壳。罗荣桓接着说："毛委员再三说，靠拳头来代替教育，那是不能解决问题的。同志之间有缺点和错误，要反复向他讲道理，使他们明白为什么错了，要以理服人，不能以力服人。口服不如心服，只有心服了，才能自觉遵守纪律。记住了，要尊重士兵的人格！"

在罗荣桓的耐心教育下，黄永胜承认了错误。

罗荣桓对基层的连队伙食抓得很紧。他要求每天的正副采买都由班里的战士选派，正采买由正、副班长轮流担当，从另一个班选一名战士为副采买，外出采买必须俩人同行，以便互相监督。他还要求司务长在士兵委员会的监督下及时清理账目，每月公布。凡是发衣服、分伙食费和零用钱，他都要求先战士后干部，干部和党员必须要做到吃苦在前，享受在后。毛泽东在《井冈山的斗争》一文中写道："红军的物质生活如此菲薄，战斗如此频繁，仍能维持不败，除党的作用外，就是靠实行军队内的民主主义。"

1929年在古田期间，有一天，毛泽东和刚从上海调来的前委秘书冯文彬在散步，罗荣桓恰巧从一旁走过。毛泽东指着罗荣桓对冯文彬说"这个同志是个人才，是一位很好的领导干部，对这个同志，我们发现晚了。"

1930年8月，总前委正式任命罗荣桓为红四军政委。

这年10月在红军中开展的第一次肃反斗争即肃清AB团的斗争。由于对敌情的错误估计，加上没有经验，没有正确的政策和方法，斗争一开始便出现了乱捕乱杀扩大化的倾向。正在部队检查反“围剿”准备工作的罗荣桓，听说杀人的情况后，匆匆赶回已转移到约峰的军部。罗荣桓一下马，便来到关押“犯人”的临时监狱。他看到屋里关的犯人中有一个约摸十三四岁的小鬼蹲在墙角哭哭啼啼。听陪同前来的保卫干部介绍，这是十师宣传科的勤务兵，叫王东保，在师里没有审出什么名堂，便转送到了军部。

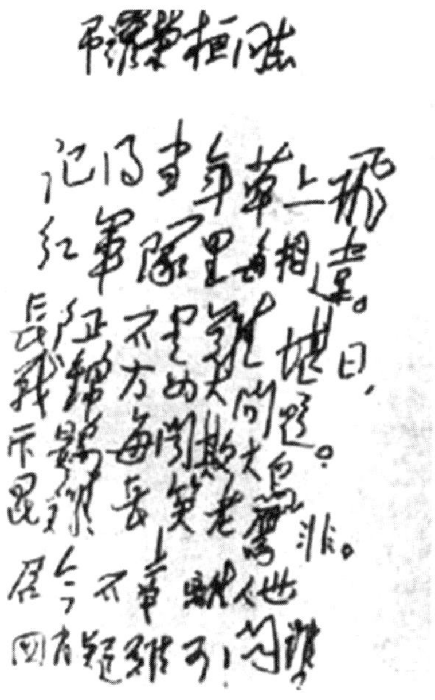

毛泽东写给罗荣桓的诗

罗荣桓走到“小鬼”跟前，和蔼地说：“小鬼，你告诉我，是怎么回事？”

王东保一见是罗政委，慌忙站起身来，用袖子擦擦眼睛，抽泣着说：“我就是给他们打了一斤白酒，买了半斤花生。”

罗荣桓皱起了眉，“你不要哭，慢慢地说。帮谁打了酒买了花生？”

“他们”王东保仍然在不住地抽泣，“就是十师宣传队的，前几天被杀掉了。说他们开AB团的会，我不晓得他们是AB团。”

罗荣桓长长地嘘了一口气，责问陪同他的干部。“这是一个小孩子，怎么会是AB团？你杀他干什么？”

那位干部支支吾吾。罗荣桓见他说不出什么道理，便立即下命令：“把他放了！”

后来，罗荣桓把他要去当了勤务兵。而“一斤酒，半斤花生米”，便成为同志们用以同王东保开玩笑的掌故。

小故事：无声的战斗

1941年11月初，侵华日军山东司令上桥次郎中将纠集了日军3个师团再加上伪军共5万人，对沂蒙山区进行扫荡。为了冲出包围圈，罗荣桓主持山东分局军事会议，大家提的突围方向有东、西、北。而只有罗荣桓提出向南。为什么向南突围？罗荣桓分析了敌情：东面是沂河、沭河，已被敌人严密封锁，敌人预料到我们可能要到滨海，已在沂、沭河之间集结重兵，布下口袋。北面：敌人正疯狂南压，北面的沂鲁山区在国民党军队的手中。皖南事变后，他们同八路军关系恶化，最近还同山东纵队打了一仗。我们如果北上，很可能被日、顽两面夹击。西面，临沂蒙山的公路已成为敌人戒备森严的封锁线。即使我们能越过此线进入沂蒙山，那里也是敌人合击的目标。而南面呢？虽然是敌人的大本营，但是敌人估计我们不敢向其大本营前进，既然敌人的兵力都集中到沂蒙山区，其后方必定空虚。罗荣桓主张，先向南突围，跳出敌人包围圈后转而向西，进入蒙山和鲁南的结合部。

罗荣桓的意见乍一听，出人意料，仔细琢磨，又非常合情合理，很快得到大家一致赞同。于是，罗荣桓又把特务营长陈士清等人叫到地图跟前，用手比画出一条行军路线，从留田向南，经张庄、高里，折而向西南，越过临（沂）蒙（阴）公路，到汪沟一带宿营。

罗荣桓等大家把路线记清以后，又详细交待了经过每个地方的注意事项，他对沂蒙山的地形比他对故乡衡东寒水还要熟悉，连哪里有一个隘口，哪里可以通炮车，都烂熟于心。敌人“扫荡”前，他曾派出人员仔细勘察了沂蒙山的同峰、河川、填路和隘口，他召集大家对着地图讲解。一些重要的地方他都亲自察看，同时他给营地干部作了具体分工，他要求战士的步枪一律压满子弹，上好刺刀，随时准备战斗。他又宣布行军纪律：在跳出合围圈之前，不许说话，不许咳嗽，不许发出任何响声。

太阳落山，河滩里飘荡着雾霭，夜暮悄悄地垂下。

队伍出发了，侦察科副科长周去带着侦察员走在最前面，并不时派人回来报告敌情。敌人封锁线到了。两股敌人之间的距离只有一公里半，罗荣桓吩咐往后面传令，成三路纵队快速前进。队伍在敌人的缝隙中宛如一条游龙，腾挪闪避，迂回穿插，一共越过三条公路，几次听到敌军的车马喧闹，又悄悄避开了。到高里，已是敌人后方，果然是守备空虚，部队折而向西，在埠山庄宿营，此地紧靠临蒙公路，离临沂城只有25公里。这时，天已经亮了，在术村边不用望远镜就可以看到敌人的后续部队，辎重队正源源北上。就在敌人鼻子底下，罗荣桓命令派出警戒，就地宿营。当大家躺在草铺上时，远方传来了隆隆声。敌人对留田的进攻又开始了。对于劳累了一天的指战员来说，这炮声无疑是绝妙的催眠曲。

这次突围，八路军不费一枪一弹，未损一兵一卒，便安全跳出敌人五万大军的包围圈。

罗荣桓同志参加开国大典

在突围的行列中，有一个外国人，他叫希伯，是德国的进步记者。1941年9月，由苏北过陇海路来到山东根据地，于留田突围前，罗荣桓打算让他转移到一个安全的地方去，希伯不干，他激动地说："我要和战士们在一起，向全世界报导山东战场的情况。"

度过留田突围惊险的一夜后，罗荣桓兴奋地对负责接待他的谷牧说："这是我一生中最难忘的夜晚，比在西方参加过的任何一次最愉快的晚会，都更有意义，更值得留念。我一定要把这奇妙的经历写出来，告诉全世界人民。"他的文章经译出后，登在五师油印的《战士报》上，题目就叫做"无声的战斗"。

罗荣桓指挥山东军区部队进行了1944年春、夏、秋、冬和1945年春、夏的一连串攻势，消灭包括革野清大队在内的日军4000余人，伪军吴化文、历文札、张步云、赵保原、张里元等部队被歼或被重创。争取了大股伪军王道、莫正民、张希贤、韩寿臣等部队起义，先后编成4个独立旅。

1945年7月7日，罗荣桓发表《处在总反攻前夜的山东解放区》一文指出："山东五块大解放区已联成一片，有170万人口，20 万八路军的正规军，50万民兵，已统一组成为一支坚持抗战与建设新民主主义的雄厚势力。"

毛泽东致电罗荣桓等并指出："你们的路线是正确的。你们已有丰富的经验。估计1945年，山东全党工作会有极大进步。"毛泽东对罗荣桓的工作十分满意。后来，他曾对身边工作人员说："山东换了一个罗荣桓，全局都活了。"

小故事：反对个人迷信

解放军政治学院成立时，罗荣桓兼任院长。他特别注重树立理论联系实际的优良学风。他认为，学习理论必须强调联系实际，防止教条主义。

他说毛主席的著作本身就是反对迷信，“毛主席如果不破除对共产国际、对斯大林的迷信，也就不可能创造性的发展马列主义。不要只对毛主席著作中的个别词句发生兴趣，而是要领会其精神实质。”为此，罗荣桓提出，在学习毛主席著作时，必须了解毛泽东每一篇著作的历史背景，弄清他的某一论断是何时在何种条件下针对什么问题而发。他倡议，要以中共党史为线索学习毛泽东的著作。

1956年11月，罗荣桓在南岳衡山参观

1959年7月，罗荣桓作为军委委员分管民兵建设，任军委民兵工作组组长，当时由于错误的“反右倾”，浮夸风、说假话等不良风气盛行，也影响到民兵工作。

当时，据专业部门汇总，全国民兵有两亿四千万，其中基干民兵九千万。罗荣桓明确指出，这些数字中有浮夸。他认为，要扎扎实实做好民兵工作。必须对毛主席提出的“全民皆兵”和“大办民兵师”的口号做出正确解释。他认为：“全民皆兵”是一个战略口号，而不是行动口号。“大办民兵师”也必须有步骤地去做。他建议提高民兵年龄下限和降低民兵的年龄上限。根据他的建议，1961年12月中共中央、国务院颁布的《民兵工作条例》修改了民兵的年龄条件，将民兵数量减少了几千万人。

1961年初，针对林彪提出的毛泽东思想是当代思想的顶峰，对毛泽东思想要带着问题学、“活学活用”、“立竿见影”，对此罗荣桓提出了异议。他同调到总政任副主任的济南军区政委梁必业谈话时指出：“带着问题学，就是要到毛泽东著作中去找答案。这样提法不恰当。比如两口子吵架，发生了问题，如何到著作中找答案？还是应当学习立场、观点、方法。”梁必业在总政办公会议上传达了罗荣桓的意见。

林彪的“顶峰”论，罗荣桓也明确表示不赞成。他在听取总政干部部部长付清汉汇报干部工作后说：“把毛泽东思想说成是当代思想的顶峰，那就没有发展了？毛泽东思想同马列主义是一样的，马列主义向前发展了，毛泽东思想也要随着时代的发展而发展嘛！”

小故事：不要特殊照顾

1956年，在党的八届一中全会上，罗荣桓当选为中央政治局委员以后，中央办公厅按规定要给他增派工作人员，增加车辆。他一概拒绝。他说：“我现在身体不好，具体工作管得不多，有一个秘书管文件就行了。”

为了照顾秘书的学习和休息，罗荣桓在通信员来时还常常亲自收发文件。按照当时的规定，在他家里可以放映专场电影，但他坚决反对这样做。有一次他不在家，放映队来放了一场电影。他严肃批评了身边的工作人员和总政文化部的负责人。以后在家里再也没有放映过电影。有一次他住院回来，发现家里多了四张躺椅，就问秘书哪里来的，要秘书退回去，秘书解释说：“总后的首长说，因为您有病，办完公好靠着休息休息。”罗荣桓一听喝道：“乱弹琴，一个人有病，用得着四张躺椅吗？都给我搬回去。”秘书很为难，不想去退。他最后说：“不退也成，一定要照原价给钱，用我的薪金。”

罗荣桓等人在研讨战事

罗荣桓常常心脏病因发作而卧床不起。医生为了他在床上看文件、读书。找人谈话方便些，就从北京医院借来一张折叠升降床。他批评医生说：“医院有许多病人比我更需要，怎么能把医院的床搬到自己家里来呢？”夫人林月琴怕医生为难，就婉转地问：“你不同意借，咱们自己出钱买一张可以吧？”他答应了，于是林月琴拿了400元钱到上海订制一张病床。

有一次，他到政治学院，院务部的同志让随从人员带回一小包学院自己培植的蘑菇，让首长尝尝。罗荣桓吃饭时看到了蘑菇，忙问是哪里来的，家里人告诉了他。为这件事，他专门向秘书交代，要长期教育提醒司机、警卫员等工作人员，今后外出绝对不允许接受别人送的任何东西。

他在杭州想到北高峰去参观。因为山比较高，警卫处处长便准备一副滑竿跟在后面。走到半路，警卫处长悄悄催随行的顾医生说：“路不好走了。你去讲讲，请首长坐滑竿吧。”顾医生到罗荣桓跟前一讲，罗荣桓直摆手，头也不回，拄着拐杖径直走上山去。回到住处后，罗荣桓对顾医生说：“你这个同志搞什么名堂，我是出来休息游览的，怎么能叫人抬呢？”顾医生解释说：“您身体不好，抬滑竿的人都是自己的同志，又不是雇的人。”他连连摇头，很严肃地说：“不好。不用说叫我坐了，让他们跟在后面也不应该嘛！”

罗荣桓更反对对他个人的宣传和颂扬，照相、题词、上主席台之类的活动，他都尽可能回避。1956年，衡山中学给他写信，为表达对老一辈无产阶级革命家的崇敬，建议学校名改为“荣桓中学”。 他立即写信婉言谢绝，并希望领导努力学习，多宣传人民群众的英雄事迹。

罗帅走了，他什么也没带，却给家乡的人们立下了一座不朽的精神丰碑。

罗荣桓元帅故居

蒋 溶·中国金刚石之父

中华人民共和国建国初期，国家地质部有“三大支柱”。蒋溶就是其中之一。

中国人自己办地质事业，是从1912年开始的。当时在南京临时政府实业部设立了地质科。由浙江吴兴的章鸿钊任科长。1913年，章鸿钊来到北京工商部，开始调查煤矿，因感人力不足，于1914年开办训练班（初名：地质研究所），招收学员30名，这是我国自己培训地质人员的开端。丁文江、翁文灏参加了训练班的教学工作。1916年训练班结束时，仅有学员13名毕业。就在这一班毕业生的基础上，成立了农商部地质调查所，由丁文江任所长，翁文灏任副所长。地址设在北京西城兵马胡同9号。

1919年，丁文江到欧洲考察，获知李四光是专学地质的，特地找到李四光，希望他回国教书，并且指出，培养地质人才，是当务之急。李四光同意了。

1920年，李四光回国。蒋溶在此之后则成了李四光的学生与同事。

蒋溶是衡南县三塘镇人。1928年毕业于南京中央大学地质系。曾先后在两广地质调查所、中山大学地质系、贵州矿产探测团、中央研究院地质研究所等单位任职。对两广地区的地质矿产进行过广泛调查，在贵州发现了著名的修文小山坝铝土矿。1943年至1944年，蒋溶参加了修建黔桂铁路都匀段的地质测量。由他命名的中泥盆世蟒山石英岩和早石炭世佛爷山煤系等地层名称沿用至今。

解放后，蒋溶积极投入新中国的建设事业。历任中南地质局实验室主任、副总工程师、地质部矿物原料研究所地质研究室主任、地质科学院第六室主任、地质部矿床研究所矿物研究室主任等职，致力于矿物学方面的研究，为地质科学院矿物研究室的建立、矿物学研究及其为找矿服务付出了辛勤的劳动。为解决我国急缺的原生金刚石的找矿问题，曾分别赴苏联和坦桑尼亚进行学术访问，为在山东省发现我国第一个金刚石矿床做出了重要贡献，被誉为“中国金刚石之父”。

野外观测是地质工作的基础。蒋溶与他的团队始终按照由近及远，由简入繁的程序工作。一个山头，一条沟谷，一堆石子，一排裂缝，他都不放过。他经常向自己和同事们提出问题，启发大家的观察能力，提高大家的思考兴趣。地层层序、走向倾角、断裂方位，他都要求大家实测。岩石、矿物、化石都要采集标本，注明地点，归类整理，贴上标签。

蒋溶(1902－1993)

中国的知识分子本来就不多，全国解放以后，国民经济的恢复，大规模经济建设的开展，更感到知识分子的缺乏，可是到了“文化大革命”，知识分子被划为“臭老九”后，科技发展受到严重影响，国民经济到了崩溃的边缘。蒋溶看在眼里，急在心里，加上他自己在科学研究道路上的备受艰辛，他更感到知识获得的不易和知识的力量。他别无他求，关起门来，潜心著作。

自1971年以来，蒋溶老先生先后主持编著了《透明矿物显微镜鉴定表》《英汉地质词典（矿物学部分）》《英汉矿物种名称》《中国矿床金刚石矿床》等重要论著。

这是蒋溶对寻找中国矿产资源的独特贡献。他指出：“国家工业建设不断地迅速发展，要求我们在已知的地质条件的基础上，分清矿藏物种，作好进一步的勘探工作。要借鉴国外的先进经验，要同世界性研究同步。”

蒋溶多年担任中国地质学会矿物学专业委员会主任，并任《岩石矿物学杂志》主编，为繁荣我国矿物学研究事业做了大量组织领导工作。尤其使人感慨的是，他常常告诫自己的属下和学生，要科学勘探，不能盲目勘探，要实事求是，搞地质研究的，是跟大地打交道，不脚踏实地行吗。不能光喊口号，我们的钱是老百姓的血汗，他们节衣缩食，支援国家建设，我们随意糟蹋，就是在犯罪。

看看中国出土文物中的青铜器就知道，我国是世界上最早懂得识矿、冶金的国家之一。由于长期封建社会制度的限制和以纯哲理代替系统实证的自然观的影响，使这些可贵的知识很少能取得科学理论的升华。

在衡阳，资产阶级民主革命产生过一代中国政治上的卓越人物，如夏明翰、罗荣桓、符定一、伍中豪等等。同时，还孕育过一代近代科学上的先驱。如丁鹏翥、周荣琮、蒋溶、李待琛就是其中的佼佼者。

他们从蒙昧中惊起，从落后中激发，学东洋，学西洋，以开发中国资源为己任。尽管他们在复杂的社会变革里，辕辙时有分歧，而在富国图强的理想中，毕竟殊途同归。衡阳人几千年历史形成的爱国精神，在他们的身上都曾发放过光辉。

蒋溶德高望重，作为国家一级教授，一级研究员，著名地质学家、矿物学家，“文革”前曾被第四届全国政协选为特邀委员。1991年经国务院批准，成为享受国家特殊津贴的有重大贡献的科学家。

蒋溶毕生努力的方向和最终达到的高度，是无愧于这些称号的。

1993年8月13日，蒋溶因病逝世，享年91岁，葬于北京八宝山革命公墓。

黄金矿石

伍若兰·唯有兰花香正好

没有一支人民的军队，便没有人民的一切。

中华人民共和国屹立于世界，就因为我们有一座摧不垮，打不烂的钢铁长城——中国人民解放军。

解放军的缔造者之一朱德元帅就曾是这支威武、文明之师的总司令。

朱德总司令一生酷爱兰花，这源于朱总司令与衡阳妹子伍若兰一段缠绵、热烈、荡气迴肠的爱情故事。

伍若兰生于衡阳市耒阳城郊南门外九眼塘一个书香世家。8岁从父读私塾，12岁入耒阳女子职业学校，21岁考入湖南省立第三女子师范学校。为人豪气、做事泼辣。正值青春少女时期却讨厌涂脂抹粉、梳妆照镜，偏偏喜欢上了舞刀弄枪，货真价实地不爱红妆爱武装，干什么都风风火火。1925年便加入了中国共产党。

1928年2月15日，朱德率领工农革命军第1师攻下耒阳古城。那天，朱德率领队伍进城时，突然见到街道上一位年轻女子边跑边喊：

“乡亲们，共产党领导的工农革命军进城了，章家梅的狗屎队伍逃跑了，耒阳城解放了，穷人有饭吃了，大家快到广场开会吧。”

这一阵吆喝惊动了朱德，他好生兴奋，在这南方小镇出现这样一种令共产党人惊喜的场面确实成了一道亮丽的风景。又见此女大眼睛，短头发，飒爽英姿，大胆泼辣，便情不自禁问当地的县委书记邓宗海：“这个妹子叫什么名字？”

邓宗海说：“她叫伍若兰，父亲是个教书先生，她本人毕业于湖南三师，前年加入共产党，是我们耒阳有名的女秀才。”

朱德连连点头：“好女子，好女子，女子都起来造反了，中国应该有救了。”邓宗海又说：“朱师长，您可别小看这妹子才二十几岁，她可是有觉悟，有文化，干活做事不亚于男子，最令人佩服的是她还会双手打枪呢。”朱德一惊：“双手打枪？那开完会你叫她到我这儿来一下，我们认识认识。”

邓宗海即刻便往会场赶去。他在人群中找到伍若兰说：“兰妹子，师长派我来叫你。”

“哪个师长？”伍若兰拢了拢头发，似乎不大经意。

“是工农革命军的朱德师长。”邓宗海道。

伍若兰一听朱师长找她，连忙向部队驻扎地赶去。朱德笑容满面，双手握着伍若兰的手，深情地称赞道：“听说你这个女秀才能文能武不简单呵”。

伍若兰微微一笑，说：“朱师长过奖啦！”

“民国十六年入的党？”朱师长问。

“是的，党龄快有3年了。”

“好呵，我的党龄也比你多不了几年呀，你具体干什么工作？”

若兰羞涩地低下了头，不好意思地说：“县农会妇女部部长。”

“农民们都熟悉你吗？”

“耒阳没有不认识的，都说我是个不怕死的傻妹子

伍若兰(1903－1929)

仔。”

“哈哈”，朱德大赞起来：“不怕死的傻妹子，干革命，反封建就要不怕死嘛。”

当天，伍若兰率领姐妹们给工农革命军送去了大米、蔬菜、稻草等物，朱德让后勤部的同志一一按价付款。临走时，朱德热情地把她们送出军营。

此番军营慰问，细心的伍妹子发现许多官兵都是打着赤脚。于是，一个新的计划在她脑海里酝酿开来。第二天，她便和女子联合会的姐妹们，发动全县妇女开展“编草鞋竞赛”。夜里，伍若兰和姐妹们坐在豆油灯下编织草鞋，她特意为朱德编了一双宽厚的草鞋，又做了一双布袜子，精心用花布包好，悄悄地藏了起来。

人多力量大，全县妇女三天时间就编织了1000多双草鞋。随后，她们肩挑一捆捆崭新的草鞋，送往军营。趁大家欢声笑语之际，伍若兰走到一边打开花布包，取出草鞋、布袜递给了朱德，含笑道：“这是我特意为你做的，请师长收下吧！”说毕，她时感羞涩，脸上飞起红云，心脏突突地跳。不等朱师长反应，便跑了出去。原来这位多情的少女已经爱上了将军。

一天下午，伍若兰又来到县苏维埃政府，左看右瞧，像在找谁。正好撞上了准备出门的书记邓宗海，一见她那神态，邓书记便什么都明白了。他在她的耳边说：“兰妹子，是找朱德师长吧？”

伍若兰大大方方地说：“是找朱师长。”

朱德和伍若兰居住过的住房外景

邓宗海笑容满面，拍拍伍若兰的肩，亲切地说：“朱师长也正想见你呢，他刚刚托我给你带句话。”

“他说什么？”伍若兰急切地问。

邓宗海将她拉到一边，告诉她：“朱师长请你明天晚饭后到城南河堤等候，他约你到耒河岩畔聊聊天。”

“好的！”伍若兰答应了。

第二天晚饭后，伍若兰独自向城南走去。

城南河堤上的大柳树下，果然站着朱德师长。见她走出古城，朱德笑迎过来。朱德说：“你这个若兰之名很好听呵。”

伍若兰：“我爸生下我这个女娃，就希望我像兰花一样，香时幽清，品格高尚。他说，那才是君子之人。”

朱德：“我也喜欢兰花，孔夫子称兰花为王者之香。”

伍若兰：“我爸还说，像兰花，不以无人而不芳，也不要时常炫耀与显摆。”

朱德：“怪不得你小小年纪，还有蛮大的志向。”

沿着耒河，顶着繁星，两人边走边谈。朱德详细讲述了他的家庭、人生的曲折和体会。伍若兰听着这位南征北战的大将军的经历，将以身心相许的决意已定，坚决地说：“我真心爱你，是永远不会变的！”

小径弯弯曲曲，情侣缓缓而行。那一夜，星光柔和、浪漫，似乎都在兴奋地眨眼、闪光。

三天之后，朱德和伍若兰在工农革命军第1师师部举行了婚礼。朱德挽着伍若兰的手风趣地说道：“我是个不怕辣的汉子（指四川人），你是个怕不辣的妹子（指湖南人），我们俩个辣到一起了。今后让我们共同投入到火辣辣的革命斗争中去吧。”

4月28日，朱德率领的部队与毛泽东领导的秋收起义部队在江西井冈山胜利会师。两支部队合并后，组建了工农红军第四军，朱德任军长，毛泽东任党代表。在这期间，伍若兰从未离开过朱德。除了协助他工作以外，还精心照顾他的日常生活。同时，伍若兰被任命为军部宣传队队长。8岁就跟父亲学写毛笔字的伍若兰，是当时红军队伍中的书法家。这位能写能唱能说能跳的女队长可真是屋里屋外忙不赢。在家她是主妇，锅碗瓢盆摆弄得有条不紊；外出工作，她通常是身挎两支手枪，被战友们称为“双枪女侠”。想想看，执行任务时的伍若兰身挎双枪，英姿飒爽；手里再握着一支毛笔，加上那一挥而就的毛笔字，嘿！还真有点巾帼不让须眉的儒将风范。

一次，伍若兰带着两名宣传队员在一个小村里写标语，标语刚写完正准备离开，十几名敌人从村后的山坡上偷偷摸了过来。敌人一看伍若兰他们只有3个人，其中一个还是手握着毛笔的小女子，便怪叫着围了上来。见此情景，伍若兰镇定自若，她一边安排其他队员隐蔽，一边收起笔墨准备战斗。伍若兰抢前几步，隐蔽到一面土坯墙后面，利用墙角做掩护，从腰间抽出两支驳壳枪，稳稳地瞄准了围上来的敌人。只听“啪、啪”两声清脆的枪声，两个敌人应声倒地。后边的敌人还没反应过来，伍若兰又迅速地举起双枪，把后边的一个瘦高个子打了个倒栽葱。其他敌人一看这才多大工夫，就有3个弟兄倒在了地上喊爹叫娘，一个个脸色蜡黄不知所措。这时，不知谁喊叫了一声：“红军来了！”顿时，吓破胆的敌人丢下枪械四处逃窜而去。伍若兰确定敌人已经逃走后，带着两名宣传队员清缴了敌人丢弃的武器，安全返回了部队驻地。

当时，井冈山由于被敌人四面包围，交通阻隔，通信难且消息闭塞，想了解山外的情况很不容易。为此，朱德单独交给妻子两项重要任务：一是调查井冈山内军民的详情，收集红军歌曲、短诗、歌谣及战役、战斗简况等；二是搜集敌占区的报纸，了解国际国内情况。伍若兰愉快地接受了任务。她走遍了整个山区，边调查边搜集宣传材料。为了给朱德提供情况，她派人化装成老百姓混到敌占区弄来一些报纸。夜幕降临后，她在豆油灯下，整理简报或者抄写文章，再给朱德参考与阅读。喜得朱老总逢人便夸：我的老婆不仅是个战士，还是个作家。

当时的井冈山，“人口不满两千，产谷不满万担。”由于大量红军生活在这里，吃的、穿的、用的，均严重短缺。

而国民党军队又视井冈山为眼中钉，不断调集重兵，重重围困，拟对井冈山发动全面进攻。在这样的形势下，1929年1月14日，毛泽东、朱德、陈毅率领红四军三千多人离开井冈山，向赣南开进。

2月1日部队转入寻乌县吉潭的圳下村宿营。

圳下村，四面群山环抱，中间有个狭长的田段和一条小河，村中住有十几户人家。红四军进入圳下村后，毛泽东、朱德、陈毅等军部领导就住在村中心的文昌祠和一个较大的土围子里。

2月2日清晨，天还未亮，负责后卫工作的28团已奉命开拔，军部和特务营一部分人刚刚起床整理行装，一部分人正准备开饭。突然，从小河对面传来一阵激烈的枪声。

朱德和伍若兰居住过的房间

原来，敌军总指挥何键得知红四军下了井冈山后，速调刘士毅第7师两个独立团追袭而来。

敌军先头部队很快就冲进了村子，红四军军部被包围，毛泽东、朱德、陈毅等都被敌人围困在里面。

枪声将刚刚睡下不久的毛泽东惊醒，等他披衣下床，走到门边时，屋外已是一片杂乱的枪声和脚步声，他立即跟随警卫人员趁着天色未明的时机冲出村外。

正在吃饭的陈毅披上大衣急忙往外走，被突然冲上来的敌人一把揪住，陈毅顺势把大衣一抛，正好罩住敌人的头，陈毅一路快跑，终于脱身。

朱德与伍若兰离开住处时，敌军已近在眼前。警卫员开枪掩护，自己却中弹牺牲。朱德迅速摘下警卫员的冲锋枪，近距离点射突围。若兰护在朱德左右，接近门边时，尽力将朱德推出门外，大吼到："你快走，再拖延会出事。"朱德却转身道："若兰，你身子弱，你先走。"回答他的却是"叭、叭"两声枪响，隐约间只见若兰挥舞双枪，左右开弓，把敌人吸引到她那一边："你快走，我和警卫掩护你。"

紧随而来的红军将士奋不顾身冲向敌人，杀出一条血路，把毛泽东、朱德、陈毅救出重围，红四军军部也终于脱离危险。

遗憾的是，伍若兰在与敌人交火中不幸受伤，被敌军俘获。

伍若兰被捕后，被迅速押解到赣州。

敌军审讯官刘士毅不敢掉以轻心，他深知要想消灭红军就必须从这个年轻女人的嘴里捞到红军的重要机密，他亲自坐阵审讯，一开始便来了个下马威，对她施以严刑，用绳子倒吊，用杆子两头压，用皮鞭狠抽，浑身是血、皮开肉绽的伍若兰除了咬紧牙关就是破口大骂，令刘士毅十分恼怒，他威胁说："你不怕死吗？"

伍若兰昂然答道："怕死还敢在此与你聊家常吗？"

刘士毅吼道："朱德、毛泽东在哪里？"

"在红军队伍里，在老百姓心里。"

"20来岁的妹子，为什么不学好而去当土匪？"

“你们才是土匪，欺压百姓，搜刮钱财，是真土匪。”

“看你嘴硬，老子用辣椒水来灌，看你低不低头？”

伍若兰斩钉截铁：“若要我低头，除非日从西边出，赣江水倒流！”她始终威武不屈。

敌审讯官对伍若兰毫无办法，则电告蒋介石，汇报情况，蒋介石复电：从速处决，割头示众。

2月12日，伍若兰在赣州卫府里英勇就义。敌人杀害伍若兰后将她的首级挂在木杆上“示众”。那一年，她年仅26岁。

1961年3月，朱德在广州游览越秀公园时，写了一首诗，表达自己对兰花的钟爱，诗曰：“越秀公园花木林，花花齐放各争春。唯有兰花香正好，一时名贵五羊城。”

1962年3月4日，朱德重上井冈山。下山时，他什么也没拿，只带走一盆井冈山兰花，是井冈兰。总司令遥望三百里井冈，深情地说，这是一盆井冈灵兰，香飘万里，长青万年。

幽兰吐秀乔林下，
仍自盘根众草傍。
纵使无人见欣赏，
依然得地自含芳。

总司令一辈子都偏爱兰花，他写的这些咏兰诗，表达了对他曾经的妻子伍若兰的敬重。

情真意切，志向高远。

油画中的伍若兰威武不屈

伍中豪·举旗腾跃过汀江

20世纪中国的第一次历史巨变，是从革命的先行者孙中山开始的。

革命党人高举孙中山倡导的三民主义旗帜，经过10多年的不懈奋斗，终于在1911年的辛亥革命中推翻了帝制，结束了几千年的封建王朝历史。但是辛亥革命没有导致中国社会的根本变革，在帝国主义列强的操纵下，中国陷入军阀混战的深渊，污泥浊水仍旧充斥社会的各个角落。1919年，北京五四爱国运动爆发，马克思主义在中国迅速传播。1921年，中国共产党诞生。1924年6月，孙中山在中国共产党和苏联的支持帮助下创办了“黄埔军校”。

伍中豪就出生成长于这个时期。

伍中豪，原名伍召蒋，衡阳市耒阳人，出生小康之家，父亲有10余亩薄田。6岁时，父亲因肺病去世，家境随之开始衰落。

1922年伍中豪考入北京大学，同年冬加入社会主义青年团。在校期间，受到李大钊等共产党人的教育与熏陶，1924年加入中国共产党。1925

年5月，生性豪爽、满怀救国大志的伍中豪又进入黄埔军校第四期学习，与后来随朱德上井冈山的林彪是同期同班同学。据有关史料记载，伍中豪曾在黄埔军校一次军人大会上作了一次演讲，其内容志向高远，语言铿锵有力，配合手势与情感，在台上英气逼人，当场博得总教官兼教导一团团长何应钦的钦佩。演讲一结束，何应钦便上前拍着伍中豪的肩膀说："好好干，毕业后给我当副官。"然而，何应钦提前网罗人才的计划未能实现，伍中豪最终听从了教授部副主任叶剑英的建议，去国民革命军第四军12师当了一名连长。

1926年5月，因成绩优秀，伍中豪被派到广州农民运动讲习所任军事教官，并结识了在广州农民运动讲习所的毛泽东。

毛泽东与伍教官，两个同是湖南人，一文一武，话题一拉开，彼此就缩短了距离。两个月内，俩人朝夕相处，从此结为知己。

农讲所当时有327名学生，来自全国20个省市。授课时间有13个星期，252课时。学校一是组织学生学习农民运动和方法。二是组织学生参加军事训练128小时，占总课时的二分之一，实行严格正规的军事训练。在此时，伍中豪还认识了赫赫有名的恽代英、彭湃、萧楚女等人。

毛泽东是专为培养农运干部而来。在农讲所，毛泽东有一间单独的办公室兼卧室，伍中豪在值班室当完班就会往毛泽东的住处跑，交心谈心拉家常，这位北大的毕业生与曾在北大图书馆工作过的毛泽东都深受李大钊的影响，天天都有谈不完的话题。一次，毛泽东亲切地说："豪子，别走了，你那集体宿舍太挤，干脆过来与我搭个铺吧。" 伍中豪说："我求之不得，我是粗人，你不嫌我脚臭就行。"于是，俩人同睡一张床。伍中豪十分佩服毛泽东对时局的分析，诚恳地对毛泽东说："跟你在一起，还真学到不少东西，足不出户，便开阔了视野。你太了解农民了。"毛泽东哈哈笑道："我本身就是农民。别忘了，我们可都是湖南农村走出来的。

伍中豪(1903–1930)

往上数三代，代代都是农民。我们互相学习，再说，我还要跟你学打枪呢。”

毛泽东的《中国社会各阶级的分析》就是在农讲所讲课教案的基础上修改而成的。

1926年7月，国民革命军北伐，伍中豪随军进入湖南，由于熟知风土人情，在家乡任耒阳团防局局长。

“马日事变”发生，伍中豪转入湖北，任武汉国民政府警卫团第10连连长。

1927年9月9日，毛泽东领导的湘赣边界秋收起义爆发，湘东地区的农民自卫军、江西的工人以及武汉国民政府警卫团共5000余人，编为工农革命军第一军第一师。伍中豪又跟毛泽东走在了一起，起义部队捣团防，打平江，像一股狂飙袭卷神州大地。伍中豪次次身先士卒作战有功，又极富指挥才能，升为三营副营长。

9月15日，毛泽东率领秋收起义军第三团离开上坪，由于江西铜鼓的排埠突然转向浏阳，于9月19日与一团、二团余部在文家市汇合。毛泽东主持召开前委会议，主张向敌人防守薄弱的罗霄山脉进军，一师师长余洒度却要坚持攻打长沙计划：“往乡下跑干嘛，乘着兵强马壮势头好，直取浏阳，再攻打长沙。”

毛泽东不同意：“长沙不是说攻就能攻的，我们人数还算可以，可有一半拿的是梭镖和大刀，怎能与长枪、炮火对着干。”

余洒度将枪取下往桌上一甩：“读书人就是怕死。老子坚决不去乡下。”

“我们不能拿鸡蛋去碰石头！”

“是好汉的跟我走，是孬种的躲到山里去。”

余洒度话音未落，一支驳壳枪的枪口直指余洒度的脑门：“你是领导前委，还是前委领导你？”持枪的汉子就是伍中豪，他浑身上下焕发出一股英气。那双眼睛明明白白在警告余洒度：不听毛委员的，老子就一枪崩了你。

会议还一度有点儿火药味。

担任起义部队军事总指挥的卢德铭即刻站出来，表态赞同毛泽东的主张，并要求大家举手表决，大多数干部举起手臂表示拥护，伍中豪等也表示了对毛泽东的坚定支持。

在随后不久的战斗中，卢德铭壮烈牺牲，余洒度变节投敌。

谁英雄，谁好汉？一场战斗立马就见分晓。

1927年9月29日至10月3日，毛泽东在江西永新县的三湾村，领导了著名的“三湾改编”。伍中豪为三团副营长，后任营长。

11月，毛泽东率领工农革命军攻克茶陵县城，建立了茶陵县工农兵政权。但是，新生的革命政权刚刚建立，国民党顽固派的吴尚师就将茶陵县城团团围住，想伺机把毛泽东领导下的工农革命扼杀在摇篮里。也真是巧了，时任工农革命军1团团长陈浩和副团长韩庆剑，正在毛泽东组织突围的前夕，两个人起了投敌之意，于是暗中勾结共同签署了一封密信，派手下去联系吴尚师，准备阵前倒戈，叛变投降。

堡垒最容易从内部攻破，工农革命军做梦也没有想到，敌人拟内外夹攻，里应外合，情势危在旦夕。这天下午，3营营长伍中豪见陈团长的卫兵急匆匆出来往茶陵城东门走，跟他打个招呼，他居然不留步，神色也是少有的严肃。伍中豪觉得有些异常，于是带上3名战士紧随其后，这一跟不要紧，跟了一会儿便冒出了冷汗，团长的卫兵鬼鬼祟祟，那样子一点儿不像执行公务，明明是想借机欲单身溜出城外。敌人已兵临城下，他这是什么意思？团长的卫兵还有什么见不得人的事？毛泽东知道不？伍中豪来不及细想，一挥手，几名战士扑上去将那卫兵擒获，并从其身上搜出陈、韩二人的联名密信，伍中豪立即将此信交给了毛泽东。

毛泽东看完密信，激情全无，和悦的脸庞变得异常冷峻，接下来连续抽了三支烟。深思熟虑之后，他马上布置人通知陈、韩即刻来县部召开军事会议，商议紧急突围。待陈、韩一到，毛泽东一拍桌子，埋伏在外的伍中豪率一班战士冲了进来，下了他俩的枪。毛泽东拿出密信，当场对质，两人哑口无声，毛泽东喝令即刻将叛徒推出处决。

随后，毛泽东率领所属人马，乘着夜色，一声不响地跳出敌人的包围圈，将队伍拉到井冈山北麓的茅坪村。毛泽东派出人马探得身后并无追兵，看到自己的队伍安全地宿营，才长长地舒一口气。

1928年4月，朱德率领南昌起义保存下来的队伍和湘南农军，到达宁冈砻市，与毛泽东领导的工农革命军胜利会师。朱、毛两支队伍会师后，正式成立了中国工农红军第四军，朱德任军长，毛泽东任党代表，陈毅任政治部主任，王尔琢任参谋长，下辖3个师，师长由朱德、毛泽东、陈毅兼任，共9个团8000余人，伍中豪任31团团长，战士900人，枪械最多，是当时的第一主力团。

1929年1月4日，红四军前敌委员会召开会议，决定由彭德怀领导的红五军与红四军32团留守井冈山，红四军第28团、第31团突围向外发展，以牵制敌人。但是，突围红军向哪一个方向发展，成了会议的焦点。有的主张向赣东，有的主张往赣北，有的主张走湘南。

31团团长伍中豪深刻地分析井冈山周边敌我态势，主张向赣南发展，却遭到接替王尔琢任28团团长的林彪的极力反对（王尔琢于1928年9月牺牲），林彪主张向赣东发展。于是，伍、林二人各抒己见，争得面红耳赤，还拍起了桌子。

伍中豪的理由是：赣南地域广阔，山多林深，有游击回旋余地；敌人驻防兵力不足，斗志松懈，不难对付；所处地方农作物丰富，易筹给养；还有中共组织和地方革命武装，群众基础好，群众觉悟高，向赣南突围才是上策。

毛泽东面对两个部下的争执，异常冷静。他仔细地倾听着，尔后经过周密考虑，最后采纳了伍中豪提出的意见，并亲自率领红四军主力突出敌人的包围，向赣南挺进。

2月29日，伍中豪率部抵达瑞金城北的大柏地，抓住了敌军刘士毅领导的第15旅孤军作战的弱点，并利用有利地形，采取围堵伏击的战术，用全团4个营把敌人赶进“口袋”，一阵强攻猛打，歼敌两个团共800余人，生俘敌团长，取得了进入赣南的第一个胜利。

毛泽东在赣州楼梯岭会议上高兴地说：“红军在赣南有今日之发展，伍中豪应记第一功，他是力主到赣南来的。”

之后，红四军重新整编，下辖3个纵队（相当于师），伍中豪担任第三纵队司令。

同年5月，为了进一步扩大红色根据地，伍中豪率第三纵队5000名红军，秘密挺进闽西，出奇不意攻打闽西重镇龙岩。全歼龙岩当时驻国民党福建省防军陈国辉旅2000多人。

毛泽东闻讯后兴奋地卷起了旱烟喇叭筒，云里雾里的吞吐着，尔后，掰着手指头对朱德说：“军长呀，豪子现在就可以指挥30万人马了，看来你我得多给他招兵买马哟。”

“是啊，以后你仍是他政委嘛，我就打算给他当后勤司令啦。”纯朴敦厚的朱德带着浓厚的川音应答毛泽东。

当伍中豪率领第三纵队打下汀州，击毙福建省防军第二混合旅旅长郭凤鸣的捷报传来后毛泽东激动万分，挥毫写就《清平乐·蒋桂战争》一词，“红旗跃过汀江，直下龙岩上杭，收拾金瓯一片，分田分地真忙”，用词抒情，真挚地赞扬伍中豪夺取了这一辉煌的胜利。

前后不到一个月，伍中豪率部三次攻克龙岩，又两次把敌人引进龙岩来歼灭，把毛泽东的作战艺术发挥得淋漓尽致，运用得炉火纯青，带动了闽西7县农民起义，建立苏维埃政权，奠定了闽西根据地的基础。

1930年6月，战功卓著的第3纵队扩编为红一军团第12军，伍中豪任军长，谭震林任政委。

井冈山革命时期，毛泽东领导的工农红军当中，要数最能下象棋的只有伍中豪，他有文化，上过北大，读过军校；他阅历广，北至京城，南到广州、武汉、长沙等大城市都呆过；他兴趣多，能文能武，善讲会演，这下象棋就是他的“雅兴”之一，而且还特别上瘾。当时红军里还没有一个下赢过他。可谓杀遍军中无敌手。有一次，伍中豪从一位协助筹备军需的农夫嘴里得知，福建长汀县有个长角圩，村子里一位叫刘天良的老人精于象棋，伍中豪一听就心里发痒，恨不得即刻就去请教。只是，红军当时还没有攻占长角圩，那儿还属于敌占区，名正言顺的大白天登门求教棋艺，恐有诸多不便。但此事压在心底，只能让伍中豪念念不忘。

对象棋上瘾的伍中豪终于憋不住了，当某天行军驻扎在长汀县区域时，伍中豪带上手枪班，乘黑摸进了这位老人住处。一声令下，战士们将三间茅房围了起来，沿路设了两个流动岗，山头村口还加了暗哨。伍中豪整了整戎装，提着小布袋装的象棋，敲门进了老人家里，与老人连走了五盘棋。那阵势，兵来将挡，水来土掩，你架炮，我跃马，着劲厮杀，通宵鏖战。决战成绩，老人家果然是三赢两输。伍中豪心痒得只想在楚河汉界边再分个高低，无奈天已发白，他跟老人作了个揖，送给老人一包点心，约好3个月后再来较量。

就为下棋之事，伍中豪受到朱德的严厉批评，这也是他投身革命以来第一次违反了部队纪律。

1930年8月，当时的中共中央领导人错误实施左倾冒险军事路线，命令毛泽东和朱德率领红一军团进攻长沙，贺龙率领红二军团进攻武汉。谁知敌人在长沙集结了31个整团，兵力充足，工事坚固。装备较差的红军尽管英勇善战，但仍久攻不克。每攻击一次，勇敢的战士就要倒下一批，还面临被敌反包围聚歼的危险。毛泽东心急如焚，却无可奈何，痛心疾首之余只能希冀部队一鼓作气拿下长沙。

面对左倾盲动在军事上带来的挫折，毛泽东和朱德多次聚在一起商讨对策。为了早日攻克长沙，毛泽东在给驻扎江西的伍中豪的信中写道：赣西南预备军须在信到半月内送一万人到长沙来。信到一月内再送两万人，总之愈快愈好。第一批由伍中豪同志带来。第二批由陈毅同志带来，这事非常重要，务望极力办到。

身为红12军军长的伍中豪因患肺炎，此时正躺在瑞金傅连璋任院长的中央红军医院里，他一接到毛泽东的信，不顾病未痊愈，拖着虚弱的身体，立即赶到吉安，组织5000多名红军和赤卫队员，准备开赴长沙增援。

毛泽东一见到伍中豪，悲愤地一把抱住他说："豪子呀，中央进攻长沙和武汉的决策不对头呀！"

"纯粹是胡来，哪能以长途跋涉之孤军去攻打大城市呢？" 伍中豪说。

"是啊，我们要向敌人力量薄弱地区发展才是上上策啊！"毛泽东再一次坚定了自己的军事主张。

1930年10月，根据红一军团的命令，伍中豪带领一个警卫排，经横江渡调集赣西各县的独立团，准备向漳州进军。途经安福县城时，突遭安福县靖卫团的包围袭击，因寡不敌众，伍中豪率部突围至亮家山，子弹打光又无后援，被靖卫团团长罗汉苟开枪杀害，此时伍中豪年仅27岁。

听到伍中豪牺牲的消息，红12军全体官兵失声痛哭。毛泽东红着眼眶，咬着一条毛巾，豆大的泪珠直往下滴，几天没有出门。

性格暴烈的红三军团军团长彭德怀，红着双眼，抄起驳壳枪亲自率领数千名红军战士，把安福县靖卫团团团围住，并一举歼灭。尤其欣慰的是，还将杀害伍中豪的凶手罗汉苟活捉，并押赴到伍中豪遇害的亮家山。

为豪子报仇。

血债要用血来还！

军团长彭德怀监斩，红12军政委谭震林操刀，只听到彭德怀旱雷般的吼声震天一响，谭震林手起刀落，罗汉苟人头落地。

红20军军长曾炳春双手捧起罗汉苟的污血，洒在伍中豪的墓穴里……

惨烈、悲壮、豪气！

"出师未捷身先死，长使英雄泪满襟"。

伍中豪是个杰出的军事家！

他经常使用的"围城打伏击"等技战法屡屡取胜。

他提出的"时东时西，时分时合"，是中国革命早期的智慧结晶，长征的基本思想来自于它的延伸。

他开辟赣南根据地，反对攻打长沙，这两件事所体现的战略眼光不输于红军中的任何将领。

生死关头，毛泽东写信点名求援；灾难过去，兄弟俩相抱鸣冤。

一声“豪子”，寄托多少战友情谊。

多少年过去，人民坐了江山，毛泽东成为领袖，出生入死并肩作战的战友、老乡与同学朱德、彭德怀、陈毅、叶剑英、林彪个个都成为元帅，谭震林也官至国务院副总理。

豪子，这位北大毕业生、农讲所军事教官、红军高级将领、象棋业余高手却只能永远安眠于安福县亮家山的青山绿水间。

战争时期的井冈山（油画）

伍云甫·红色电波创始人

伍云甫担任过中共中央军委秘书长,中华人民共和国卫生部副部长。

伍云甫原名伍允福，因革命工作需要，曾用过许多名字，如伍永福、左兆贵、吴兢生、王耘等等。每一个名字都产生于血与火的考验中，每一个名字都孕育着一段传奇的经历。这位1904年7月14日出生于耒阳县城厢区松茂堂村一个教师家庭的小知识分子，一走上社会便与刀、枪结下了不解之缘。

伍云甫的父亲伍如春，在长沙湖南省立第一师范读书时与毛泽东是同学，毕业后没有放弃本专业，依然以教书为业。伍云甫自幼随父读私塾。1918年进入耒阳县杜陵书院读高小。1920年考入衡阳省立第三师范,受蒋啸青、张秋人等进步教师影响,聆听了毛泽东所作的关于社会主义的演讲,成为当时学生运动的活跃分子。1923年在衡阳湖南省立第三师范学校读书时，加入了中国社会主义青年团。

1925年伍云甫从三师毕业后回到耒阳,在县立第一高小任教。1926年

4月加入中国共产党，任耒阳县教职员联合会党组织成员、耒阳县总工会教育科长、总务处长。1927年上半年，任耒阳县农民协会秘书长，兼任省农民协会驻耒阳县农会特派员。马日事变后，反动军队开到了耒阳，地主土豪同反动军队联合起来，搜捕革命同志和革命群众：到处传来党组织被破坏和同志遭杀害的消息。革命斗争被迫转入了地下。

伍云甫在家里呆不住，只好隐蔽起来，并且交代家里："如果有人来找'至公'，就马上通知我。""至公"(职工二字的谐音)是伍云甫在县委工作时用的代号，这是团体成员分散时大家约定了的。

伍云甫潜伏乡下不久，就接到家中捎来口信："有人来找'至公'了。" 伍云甫连夜跑去联系。原来是湘南特委派来的新的县委书记邓宗海同志。邓宗海掏出一张密藏在身上的小纸条交代，这是特委的指示，要立即重建县委，并在各区乡秘密恢复党的组织，组织乡村游击队，准备秋收起义。接着，邓宗海同志指定伍云甫担任县委秘书长，负责城西和水东江一带地区的工作。

伍云甫(1904—1969)

这样的时候能够见到党的负责同志，接到党的指示，简直像在黑夜里见到了指路明灯一样。于是他们立即按照党的指示行动起来。

伍云甫化了装，在漆黑的夜里，依照原来约定的地址，悄悄地溜到一个同志的门前，轻轻敲一敲紧闭着的门窗，按着暗号叫一声："喂，喂，应龙在家吗?"

"你是谁?"

"我是至公。"

尽管敌人正在进行血腥的镇压，但绝大多数的党员是决不屈服的。他们与党组织失掉联系之后，也在急不可待地找党，听到了这只有自己人才晓得的暗号，大门轻轻地开了。于是伍云甫便联络上了一个同志，多了一条向四里八乡扩展的线头。

但是，也并不是每个同志都能联系上的。许许多多优秀的同志牺牲了。农运特派员邓宗翰同志和曾做过工会工作的伍云甫的叔叔伍风林同志被惨杀了，工会负责人之一谢幼安同志被反革命用一块大石头压了几天，活活地压死了……在联系同志的同时，他也偷偷地去慰问受难同志的家属。一个漆黑的夜里，伍云甫见到伍徽寿同志的家属。伍徽寿同志的爱人向伍云甫诉说了丈夫被害经过以后，流着泪把未成年的儿子领到伍云甫面前说：“云甫，把他也领去干革命吧!一定要报仇!”

战争时期播发新闻的电台旧址

也还有另外的一种情况：当伍云甫敲敲门窗，说出了暗号以后，明明知道有人在家中，却久久地听不到回答。这时的伍云甫只好压抑着愤怒，悄悄地走开，并且在队伍的名单上勾掉了这个人的名字。因为他已感到这个软骨头经不住困难环境的考验，已在敌人的高压下背叛了党或是动摇了。

就这样不到一个月时间，全县主要乡区都已恢复了党组织。这位三师毕业生同时创办了县执委机关报《耒潮》, 自任总编, 在创刊号上，他奋笔疾书写下“拿起刀枪, 为烈士报仇”的口号。

1928年春，根据中央军委的决定，朱德、陈毅部队进行了整编，这支不到2000人的部队编成“中国工农革命军第一师”。

2月16日，中国工农革命军进入耒阳县城。

部队一住下，干部战士立即深入到农户发动群众打土豪，分田地，组建苏维埃政权。

工农革命军在耒阳的活动，震惊湖南全省。敌人十分仇恨这支革命武装。

2月下旬，驻扎在衡阳的敌19军李宜煊部分东西两路向耒阳扑来。耒阳依水为城，“背水作战”历来为兵家所忌。朱德、陈毅见敌人来势凶猛，决定避其锋芒，保存实力，主张撤出耒阳县城，向东转移到耒、永边界的上架桥、安福寺等地。县委动员群众将粮食及其他生活必需品运往深山储藏。又命宣传队四处张贴标语口号，或用木板书写标语口号投入水中，随水流下，以扩大影响。李宜煊部的西路到达耒阳后，扑了一空，恼羞成怒，在城内烧杀掳掠。

当时林彪带领的二连撤出县城后驻扎在离耒阳城35里的高炉水口。李宜煊部东路攻击队伍得知朱、陈部的主力在此，立即派一支500人的加强营去偷袭。这一情况恰好被打入敌人内部的情报员获悉，于是马上通过秘密渠道通知了伍云甫，伍云甫火速派人送信告诉了朱德。

敖山，地处耒阳东北部，距县城20公里，是一座南北走向的山丘。山顶建有一座大庙，状如遨鸟之头。站在这里向下俯瞰：西面是一片开阔地带，东南北三面山坡连绵，古树参天，遮天蔽日。

根据这一情况，朱德即与耒阳军事委员会主席李天柱研究，选定大陂市附近的敖山庙作为伏击地点。同时把驻守敖山的县苏维埃副主席徐鹤找来，面授机宜。并命令驻在高炉水口的林彪，率二连战士就近配合作战，相机歼灭敌人。

林彪带领一干人马察看了地形。敖山庙地形特好，此处三面环水，四周有5个村庄，庙东北角有条小河，河上面有一座小桥。敌人若从大路进庙，必走这座桥。庙的东南西三面是陡峭的山路，像几把铁钳，紧紧地卡住了村子的咽喉。这是个易守难攻的好地方，只要敌人过了石桥，关门打狗，保证有去无回。

为了引诱敌人过桥，伍云甫想出一个好主意。

当时耒阳县委在庙里设了一个临时招待所，已经在二连未到之前就帮工农革命军筹到一批粮物，堆放在庙里。招待所由伍云甫负责。他决定在这上面做文章。

伍云甫委派游击队几个人将1000多斤刮得雪白的猪肉统统搬到庙门外堆着。

“放在庙门外？”游击队员们十分惊异。

林彪一见，心里明白了几分，解释说：“我们要用这些猪肉诱敌入袋。最后，要他们

纠获敌人的无线电台为我使用

一两肉也拿不走！”

天一黑，二连悄悄来到离敖山庙4里地的贺家冲宿营。另外700名农民武装人员埋伏在三面的山上。

夜半时分，500余名敌人潜入敖山庙口，准备偷袭工农革命军。

他们派一部分人先过石桥，没发现工农革命军，却见庙前堆了那么多肉，于是一拥而上，嚷着要在庙里煮肉吃。

敌人乱糟糟地抢运猪肉，林彪见时机成熟立即鸣枪发令，一时间，埋伏在四周的工农革命军，农武人员一齐向敌人发动猛攻。霎时间枪声大作，山炮齐鸣。

敌人被打得抱头鼠窜，无处藏身，乱作一团。战斗只进行一个多小时就结束了。敌营长被乱枪打死，毙敌100余人，缴获100多支枪。

敖山庙战斗的胜利，既鼓舞了耒阳县的人民，也鼓舞了工农革命军全体将士。

李宜煊部占领耒阳县城后，在城内大肆搜刮、烧杀奸掳、无恶不作，老百姓怨声载道，忍无可忍，纷纷向县委负责人请求，请工农革命军重新打进城里，消灭这股残害百姓的敌人。

耒阳县委作出消灭城内敌人的决定。当时毛泽覃率特务连，从井冈山下来，与朱德取得联系，曾应县委要求，协助耒阳农军攻过一次城，但未成功。

朱、陈二人也当即同意攻打耒阳。

林彪又多了一条计谋：他派一部分农民自卫军战士乔装成农民趁机混入城去，发动城里的居民，里应外合，歼灭敌人。

3月1日，工农革命军与耒阳农军再次配合，发起攻城战斗。这天下午5点左右，部队运动到耒阳城根。第六连、第七连从西门攻城，第八连、第九连从北门攻城，另一个连则从城西方向的马埠岭担任主攻。在包围圈尚未形成之前，六、七连过早地发起冲锋，致使西门久攻不下，被迫退至灶市街。八、九连在北门与敌激战受挫，也不得不往南撤退。晚上，当敌人惊魂未定之时，工农革命军一个连由马埠岭向耒阳发起了攻击。全县3000多农民武装在县军事委员会主席李天柱、伍云甫的指挥下，自东南西三面向县城取包围之势。他们按照部署，运动到城郊附近，听到主力连队打响，立即出击，压向城根。东乡的农军强渡耒水，直取东城门；南乡的农军，从九眼塘、伍家和蔡伦祠等地发起冲锋，猛攻南门。北乡的农军埋伏在一把伞、三架等地截击逃敌。一区的农军，除直接配合攻城外，还组织了敢死队。他们从城东的铜锣洲泅渡过河，绕到敌人背后的青麓书院，收集稻草干柴，燃起冲天大火。城外枪炮声急，城内群众哗然，敌军有如惊弓之鸟，四散逃命。李宜煊指挥失灵，只得率领残兵败卒逃出县城。耒阳县长谢清河也逃往衡阳，成了“流亡县长”。耒阳城又回到了英雄的耒阳人民手中。

伍云甫用过的皮大衣

之后，伍云甫前往长沙。与隐蔽在国民革命军第51师的共产党人曾希圣、曾子唯取得联系，以当兵作掩护，从事兵运工作。

1930年春，伍云甫离开51师，到达武汉，由中共中央长江局选送，到上海中共秘密设立的无线电训练班学习无线电通信技术。学成毕业后，与曾三、涂作潮同志一道带着电台呼号与密码调到江西中央苏区创建无线电通信部队,经过艰难的行程，过了很多危险的关口，辗转来到中央根据地。那时，第一次反“围剿”已胜利结束，正在准备第二次反“围剿”，中央局和军委都驻扎在青塘。伍云甫一到那里，就看到了朱德同志。伍云甫向朱德奔去，正要向他敬礼，却被朱德一把拉住了手，朱德抚着他的肩膀说：

“来了啊，真好。”

伍云甫一时激动，居然不知所措。

沉默片刻，朱德慢慢地说：“你的弟弟永禄同志打长沙时负过伤。他已经长大了，后来当了连指导员。据说在一次行军中，他们连的连长叛变了，开枪打死了他。他年纪很轻，进步很快，真是可惜！”

伍云甫一听，顿时泪往上涌，他极力抑制住自己。脑子里浮现出弟弟小时候的印象，后来给总司令当小传令兵的他是那么活泼、矫健，充满朝气，怎么一下子就没了呢。伍云甫眼泪夺眶而出，却一句话也说不出来。

朱德同志神色凝重：“不要难过了，干革命总是会有牺牲的。化悲痛为力量吧，做好各种工作，坚决消灭敌人，为死难烈士复仇。”

伍云甫用手擦了擦眼泪，胸膛一挺：

“我请示组织分配我工作。”

朱德说："你学哪一行，就做哪一行，分配你到无线电队去工作。"接着他又说："去年年底打张辉瓒和谭道源时，缴获了两台十五瓦特的无线电报机，其中一台机器损坏了，现在只能收报不能发报。你就先到无线电队见习见习吧，将来还要成立新的电台。"之后，伍云甫带领几个骨干筹集器材，选调人员，白手起家，组建了中国工农红军无线电通信大队，先后任政委、队长、无线电总队政委，成为红军无线电通信事业的创始人之一。

红军长征途中，伍云甫先后任中央军委三局副局长、政委、中央军委二局政委、中央军委直属第二政治处主任。1935年，红一、四方面军会师后，伍云甫到左路军工作，同张国焘分裂主义进行了坚决的斗争，并想尽一切办法，保障一、二、四方面军的无线电通讯联系，为二、四方面军与中央红军的胜利会师起了重要作用。

抗日战争全面爆发后，1937年8月25日，红军主力改编为八路军后在国统区设立的第一个公开、合法的办事机构"国民革命军第八路军驻陕办事处"（简称"西安八办"）在西安市七贤庄一号正式挂牌成立，在延安，毛泽东同志点名由小知识分子出身的红军干部伍云甫同志出任西安八路军办事处处长，与时任中共驻陕党代表林伯渠同志搭档，在一个全新的环境中从事一项全新的工作。1941年秋，伍云甫回延安，先后任陕甘宁边区政府财政厅副厅长、银行副行长。1942年春任中央军委秘书长。1945年当选为党的七大代表。1946年任解放区救济总会秘书长兼党组书记，在此期间，他通过宋庆龄主持的保卫中国同盟和中国福利基金会，向爱国华侨、爱国团体、友好国家争取募集了大批药品和救济物资，有力地支援了解放战争。1947年以后，先后任中央工作委员会秘书长、中央办公厅行政处长兼直属机关党总支书记等职。

新中国成立后，伍云甫任中国人民救济总会秘书长兼党组书记、中国红十字会副会长兼党组书记、卫生部副部长、卫生部党组成员。他在社会救济福利工作中，认真清理和改造旧社会遗留的机构，正确贯彻执行党的统一战线政策，肃清帝国主义、封建主义、官僚资本主义的反动影响。在领导中国红十字会的工作中，按照"救死扶伤，实行革命的人道主义"的原则和党的外交政策，进行了国际救济、协助外国侨民回国、遣送战俘等工作，促进了中国人民同各国红十字会、各国人民的相互了解，加深了友谊，加强了国际反帝统一战线。他先后出席了第18、19届国际红十字会会议，为恢复中国在国际红十字会的合法席位，对西方某些国家制造“两个中国”的阴谋进行了针锋相对的斗争。

他当选为第一届全国人大代表，1962年当选为中央监察委员会候补常委。

“文革”期间，他同林彪、“四人帮”进行了坚决斗争。1969年7月25日在北京含冤病逝，终年65岁。

1979年党中央为他平反昭雪，恢复名誉。

他的临终遗言是：“不为名，不为利，不怕苦，不怕死，一心为革命，一心为人民。”

通信战士在大礼堂门前合影，前排左起第一个为伍云甫

彭明治·抒写军史创奇迹

彭明治又名彭明经、彭宪章，号课农，衡阳市常宁瑶塘乡人。

这是一个顶天立地的汉子。

这是一个钢铁铸就的军人。

他个人的戎马生涯就是一部豪迈的军史。

翻开他的履历，张张档案都充满着鲜血、炮火与硝烟的余味；时时刻刻都布满了曲折、危难与奋斗的艰辛。

1924年入黄埔军事教导队习武从军。

1925年加入中国共产党。

1926年任北伐铁军叶挺独立团排长。

1927年参加南昌起义。在沙河坝战斗中负伤后，与部队失去联系。

1930年参加中国工农红军，重新加入中国共产党。

1932年任红三军第二十六团代理团长。

1933年任红一军团红一师参谋长。参加了中央苏区的五次反“围剿。”

1935年参加二万五千里长征。

抗日战争时期，他任115师343旅685团参谋长，参加了平型关大战。

1938年任苏鲁豫支队支队长。

1940年苏鲁豫支队改编为第五纵队第一支队，他任司令员。

1942年“皖南事变”后，改任新四军第三师第七旅旅长，转战于津浦路东、路西、淮南、淮北，领导了有名的曹甸、保安山、黄疃庙、山子头、淮安等战役战斗。作战1500余次，击毙日伪军5000余人，被陈毅称为“华中主力的主力，党指到哪里，就是哪里的钢铁部队。”

1946年改称东北民主联军第三师第七旅，他任旅长，参加了秀水河子战斗和四平保卫战。

1949年初，任第四野战军第十三兵团副司令员兼参谋长，参加了平津战役，兼任北平警备区副司令。

接着进军华中、华南，先后参加了宜（昌）沙（市）、衡（阳）、宝（庆）等战役，后进军广西，并兼任南宁警备区司令员、广西军区副司令员。

回顾戎马生涯，他说，我给你们讲件战争中手和脚的故事。

彭明治(1905－1993)

抗日第一战，打钢军、杀鬼子，那双手，血渍斑斑

平型关位于山西东北部古长城线上，自古以来就是晋、冀两省的重要隘口。

平型关内外是群山莽莽层峦险峻，沟壑山谷纵横，连绵数十里。

从平型关口至灵丘县城的一条由东北向西南延伸的狭窄山沟公路，其中最险要最狭窄的中段，长约10余里，深沟数十丈两面夹峙，沟底公路仅能通一辆汽车。

这正是打伏击的天赐的好地方。

就在太原阎锡山的招待所里，在炮火摇曳中，林彪作出了他那个足以使他自豪终生、骄傲终生的决定：主动发起平型关战役。

决策已定的林彪与他的先头部队343旅会合后，彭明治就在343旅任685团参谋长。随即率军由太原、原子向灵丘急进。

沿途所见，使他们求战之心更切。

他们看到国民党退兵潮水般不断退向后方，他们与相反方向急退而去的国民党军擦身而过。

彭明治询问国民党士兵：“你们为什么退下来？”

“日本人有飞机坦克，炮弹比我打的机关枪子弹还多，不退下来咋办？”一个兵油子横背着长枪，反问彭明治，似乎久经沙场。

“当兵还怕死？” 彭明治眼睛一瞪，那兵油子反而拉开了腔调：

“别吹牛皮，你上去试试”。

“你们究竟打死了多少日本鬼子？”

“我们还没见过日本鬼子的面呢。”

“为什么不跟敌人拼一拼？”

“找不到长官，没有人指挥，打不了哇……”

彭明治不再理会那兵油子，他看到了自己的战士齐齐望向他的燃烧着战火和决死的目光，还有，他的战士队伍中在国民党军队反衬下，那种饱含自豪和骄傲的神态：我们的长官正带领我们上前线，杀鬼子呢。

他们改走小路，直插灵丘，尽快赶到平型关。

343旅进驻平型关东南的上寨镇。

一到山寨，他就与杨得志团长到灵丘至平型关一段勘察地形。

勘察地形后的彭明治更是兴奋难抑：地图、了解和勘察的结果，都证明115师抉择的正确。

1937年9月24日，彭明治率领战士们进入百崖台。那夜风雨大作，狂风暴雨在平型关山地肆虐。战士们既无雨衣，又无御寒之衣物，单衣薄裤，顶风冒雨沿着崎岖的山道艰难地前进至百李庄一线，进入伏击阵地。

685团将首先发起攻击，要打的是“蛇头”，也就是敌军进入我伏击阵地先头部队。687团的任务是截尾，686团则拦腰打下去。

那时，他们并不知道他们的对手板垣征四郎是日本陆军大学的高材生，这家伙最爱读的书和研究的理论是中国的《孙子兵法》，他率领的是日本最精锐的陆军机械化部队，被称为“钢军”。这与彭明治在北伐时所在的被称为“铁军”的叶挺独立团有着相同荣誉而非一般的部队。

日本钢军碰上中国铁军，实在有得一战！

他们更不知道，一年半以前，抗日战争还未全面爆发，这个身任日本关东军参谋长的板垣兔崽子就已经微服私访，亲自侦察了入侵中国华北的路线，曾经徒步勘察了他的钢军要行走的平型关之路。

9月25日早晨7时半，敌人过来了，前有20个尖兵探路，紧接着是汽车队、马车队、九二式步兵炮车队耀武扬威地过来了。步兵加骑兵，估计有四千多人。只听团长杨得志向指挥部报告："敌人汽车进入我团伏击圈！" 彭明治的手心开始发痒。

时候到了。

三颗红色信号弹飞上高空，划过三道长长的弧线，还没落下，685团阵地上就响起了狂风暴雨般的枪声。

彭明治举起了望远镜。

就在第一轮枪声中，日军第一辆汽车上的司机被打死跌出车外，第2辆车被机枪一个点射打瘫再不能动弹，接着前面几辆车全部被打坏，堵死了狭窄的出路。

685团伏兵四起，形成三把尖刀，迅速插向敌人。

冲锋的战士边冲边朝沟底扔手榴弹，手榴弹不断在敌群、敌车队中爆炸。十几把冲锋号同时吹响。

685团战士高喊着"杀"声冲下山，一下子把日军拦腰斩成十几截，双方交织在一起厮杀……

他看到，被打散的日军士兵在失去指挥的情况下，自觉形成小组，三人一组，背靠背，成三角形挺出刺刀，与我冲下山沟的战士拼杀，往往三个敌人与我十几个战士拼杀，我战士杀伤三个敌人，也差不多要付出相当的代价。他看到，形成战斗小组或与连营一级上级失去联络的敌班排一级单位，仍然很有战术意识地寻找我军薄弱环节，寻找对其有利的战机。

他看到一股敌人以地形地物为掩护悄悄接近我685团一营机枪阵地，突然发起冲锋，竟把我一个机枪排的阵地夺了过去。

他看到打晕了的日军很短时间内就开始清醒，开始快速集结，凭借汽车作掩体，运动着朝制高点冲去。

他看见，攻击"1363"高地的日军前锋已接近高地的顶端。

彭明治立即更正预案迅速将计划向杨得志报告，杨得志果断下令，685团两个连行动更快，从两侧快速冲上山顶，一上山顶就架起机枪，朝着距山顶已不到三十米的日军猛烈扫射，一排排的手榴弹投向敌人，把敌人炸得死的死，伤的伤，活着的全伏在地上不敢抬头。彭明治要求出击，急得他直往手掌里吐口水。杨得志却令他坚守岗位，观察敌情。

狼牙山五壮士之一 ——葛振林（右）

更多的我军战士冲上了山顶，冲上山顶的部队在山顶火力掩护下，迅猛冲向伏在地上的敌军，不到十分种，企图抢占“1363”高地的日军被全歼。

半个小时的惨烈肉搏，我军以优势兵力打得日军辎重兵们再也支持不住，纷纷钻入车下。

我军也停止攻击。

他们没去烧车，也没朝车下射击，而是像对待国民党军队一样，向着车底的日军喊话：“缴枪不杀，优待俘虏。”

他们没想到，日军不是钻出来投降，而是伸出枪来向我军战士射击。

双方距离太近，不少战士就这样死在日军枪弹下。

这些，他在望远镜中看得很清楚。

他还看到，一个电话兵沿公路查线，看到汽车旁躺着一个日本伤兵，就跑过去似乎是想要日本兵放下枪投降，他刚跑近，日本兵挣扎起身体，一刺刀就刺进了电话兵的胸膛……

有的战士想把负重伤的日军背回来抢救，结果被背上的日本兵咬掉耳朵。

有的战士给已失去作战能力的日军伤兵裹伤包扎，被日军伤兵拿出自杀手榴弹同归于尽……

彭明治再也憋不住了，握紧拳头往泥土上一砸，正欲跳出掩体。

这时敌机突然飞临。

敌机几乎是贴着山头盘旋飞行，巨大的尖啸声，震得耳鼓发痛。

我军有些慌乱，只顾抬头看敌机和四处找地方隐蔽，而放松对冲锋之敌的射击。

冲锋之敌甚至半直起腰向前冲，速度加快。

我军防线出现松动，部分战士从阵地跑出，向后撤。

必须马上制止这种情况蔓延，否则后果不堪设想。

他下令各级指挥员对所属部队大声呼喊："靠近敌人，飞机不敢扔炸弹，鬼子和咱们挨在一起了，飞机不敢扔炸弹，别慌，靠近敌人打……"

我军马上稳定。

一支支部队从地上跃起，冲杀向敌群。彭明治也豁出去了，与敌军厮杀在一起，短兵相接，白刃战。手脚要麻溜，越快越好。

几小时打下来，我军已基本摸清日军拼刺刀的路数。

日军拼刺刀的战术原则是把子弹退尽，就只拼刺刀。

我军马上采用新战术，能刺杀敌人就用刺刀，不能刺杀敌人或拼不过敌人就开枪射击，在白刃战斗中，我军也占了上风。

20多辆日军汽车瘫在685团阵地前的公路上，有的正起火燃烧，有的被炸成了一堆废铁。几乎所有的有利的地形全被我军占领，强大的火力有效的控制着整个山谷。

敌人如困兽左冲右突，拼死想打开缺口冲出重围，但一次次冲击，一次次被打回，地上留下越来越多的尸体……

但是敌军仍然顽强抵抗，垂死挣扎，一次次组织残余力量，更猛烈地反扑……

下午3时。

师部命令："吹冲锋号，发起总攻击。"

三十余里山道上空响彻凄厉嘹亮的冲锋号声，我军以泰山压顶之势从战壕中跃出，从掩体中跃出，从山崖石缝中跃出，冲向公路上残余之敌。这一回，彭明治跑在最前面。

那是真正的追杀，追杀逃窜之敌。

敌军在我总攻击下除一部夺路而逃外，其余被包围在沟中已完全崩溃，他们成为我军追杀的对象。

彭明治率领战士端起刺刀四处追杀鬼子，追上就杀，就杀死，毫不留情。刺刀弯了、钝了，就用大刀片子砍。反正手不歇气。

狭窄的山道上躺着一千多日军官兵的尸体，血流成了小溪。

100多辆汽车，200多辆畜力大车，挤塞在山道上，成为战利品。

一座座山在公路上耸起，那是缴获的布匹、服装、罐头、粮食和日币……

还有威风凛凛的东洋战马，一群群被赶拢在一起，对着即将落山头的夕阳恢恢低鸣……

终于胜利。

胜利属于中国共产党领导的八路军，属于115师。

彭明治并没有因胜利而狂妄而得意。他看着自己那双手，已经血渍斑斑。

攻打四平、四保临江、三下江南，那双脚，血泡串串

打四平，保四平，几进几出，有胜有负。对军人来说，枪林弹雨，硝烟烽火习惯了。而对南方出生的军人来说，那北方的冬天实在是折磨人呐。

北方有句谚语："头九不算九，二九冻死狗，三九四九石头裂口，五九六九穷人伸手。"

"冻死狗"和"石头裂口"的时候，正是仗打得最激烈的时候。

地是白的，山是白的，天是白的，连太阳都冻白了。像孩子们玩耍滚上去的一雪球，冷冰冰挂在天上。积雪冻得像冰一样坚实。大地冻裂了，张开一道道纵横的口，极易别断马脚。老百姓称之为"鬼牙"、"鬼咬脚"。

民主联军后勤部颇具战略目光，棉衣里子大都上白的，可一次行军，就油渍麻花，黄不啦叽的了。里子不是白的，雪地行军作战，就像样板戏中少剑波的小分队一样，披件白斗篷。舞台上的斗篷如银似雪，生活中的斗篷像孩子的尿布。脸上则由老天爷帮着洗，眉毛胡子全是霜，两个鼻孔喷云吐雾。远远望去，天地一色中，队伍就像腾云驾雾。

风助火势，也助寒威。无风零下30度不觉太冷，有风零下10度就苦不堪言。狂风吹透衣裤，拼命劫掠热量，脸像针扎刀割似的。"大烟泡"一到，天昏地暗，睁不开眼，迈不动脚。掉队了，十有八九别想归队了。

最易冻伤处为手脚、耳鼻和面部。撒尿没有用棍子敲的，但撒完尿裤门没系好冻坏生殖器的，却不鲜见。最初感觉疼痛，不久麻痹，抓摸无感觉，既已冻伤。初时皮肤呈红色，继为紫色，后变成白褐色。深紫色尚可

治愈，白褐色即已无望。

张麻子沟伏击时，彭明治是6纵1师副师长。部队在没膝深雪地里趴了一夜，回来路上赶上大风，全师冻伤3千多人。主要是没经验，到宿营地就进屋了。应该把冻伤部位用雪搓红了再进屋。就像冻梨，得放到凉水里缓，放到热水里就烂了。

伏击日寇

二下江南北撤时，国民党打开小丰满水库放下的洪水。把两里宽的江面都漫平了。雾气腾腾，几里外就能看见。江边柳丛和芦苇结满霜挂，江面蒙蒙，看不真切。顺流而下的冰块撞击着，嘁哩喀嚓的，像妖魔鬼怪磨牙。

前面部队有的过去了，有的正在过。有的脱下裤子，有的没有脱。浅处没膝，深处没腰。棉衣泡水像铅花似的，滑倒自己很难爬起来。十几辆满载弹药粮食的大车陷在江心里，牲口冻僵了，淹死了。干部战士互相拉扯扶架着，冰块能躲就躲。躲不开就用刺刀挑，用枪托砸。炮弹不时在江中爆炸，溅起水柱，落下殷红。

看看江水，有些发怵，可来不及犹豫。下到江里，水凉刺骨，也得忍着，好歹上岸了，就冻得不行了，棉裤硬梆梆，两条腿有水桶粗，只能走一步挪一步。有的上岸就抽筋了，冻僵了。

彭明治是骑马过去的。上岸便组织部队、拖拉机拽架那些不能动弹的战士，不马上弄起来就完了。

咱们过来了，国民党就没这劲头。

山头没法筑工事，泥土跟石头一样硬。也不用挖，把雪堆起来，浇上水，拍打拍打，一会儿就冻得钢筋水泥般坚固。人就在那里蹲着。班长隔10分8分钟得喊上一阵：起来，都起来，跺跺脚，搓搓手。

那年有个新兵，站岗时睡着了，冻死了。彭明治在房前掩埋了他，还立了个碑。

睡眠不足，营养不良，是冻死冻伤的重要原因。吃的是窝头，送上山来变成了冰坨，得用枪托砸碎着吃。菜是酸菜、咸菜，后来连酸菜罐里的水都喝光了，有的部队揭不开锅，便在地里翻老乡没来得及收获的玉米棒子，煮玉米粒子吃。

只盼着敌人不攻，盼着打出去。枪一响，不冷不饿也不困了，可枪栓拉不动，冻住了，手碰上去就粘走一块皮。大栓拉开了，枪又打不响。热胀冷缩，撞针变短了。赶紧撒泡尿，趁着热乎劲儿赶紧打，不然就更打不响了。可那“玩意儿”也跟着冷缩了，就剩那么一点点，不好使了。后来就把枪栓卸下来揣怀里，打仗时再装。一仗下来，看吧，什么穿戴都有，连美式雨衣都套巴上了。

从敌尸上扒衣服，自己人也扒。没法子，顾活人要紧。

若是受了伤，连伤带冻，就更糟了。

双方倒在战场上的，大都是负伤后冻死的。伤员向后转移，路上也有冻死的。

在黑土地3年内战中，要想说出哪个纵队走路最多，那是困难的。

所有老人一致见解是：脚是最宝贵的。

彭明治曾经告诫部属当班长的基本功，也是管理教育基本的一条，就是得把全班同志的脚管好。

到宿营地，正副班长三件事，一洗脚二喝水三吃饭。买柴找锅烧开水，什么不管先管脚，吃不上饭也要洗脚。先温水，再加热，把走麻了的脚烫得觉的痛了才算好。觉出痛了就是血液流通了。脚就是你的了。烫完了再挑泡。正副班长要一个个检查。有的睡得死死的。耳边打雷也不醒。你就得给他洗、将他弄醒。不然，第2天你就替他背枪，背背包，甚至背人。走好路才能打仗，走路靠脚。

那时候发服装，衣服长了短了肥了瘦了，无所谓。最要紧的是鞋，是鞋合脚不合脚。那时不像现在，司务长几个月前就拿本子来问你要多大号的。那时一堆穿戴发下来，大了小了班里选调，班里调不开连排调。再调不开，有人就和老百姓调。别的违犯纪律不行，为了脚，领导睁只眼，闭只眼，一般都能原谅。没有脚不能革命，脚是革命的宝。

那时讲怕苦怕累，主要就是怕走路。不怕打仗怕走路不是个别现象。有些人开小差不干了，主要就是怕走路。那路也真是有点走不起。特别是那些脚不好的，老造孽啦。

黑土地上的行军纪录，先有1师三下江南一昼夜140里。接着，2师创一昼夜150里。秋季攻势中，23师一昼夜走185里。辽沈战役中，16师一昼两夜250里。

彭明治清楚的记得，那时候战前订立功计划，第一条就强调“行军不掉队”，凡是能打仗的部队，都能走路，都是铁脚板，飞毛腿。

很多老兵都有走路睡觉的经验，骑马也能睡觉。有的睡觉还不耽误行军。部队停止前进了，撞到前边人身上，有拐个弯儿还走。有的睡着就栽倒了。若是夜间未被发现，冰天雪地中，就再也醒不了了。

有行军累死的。

走时一身汗，停下一身冰。连续地走，不停地走，吃不好，睡不好，体质差点，再生点病，这一切就难免了。人的承受能力本来就是有限的。

今天拿着遥控器坐在电视机前沐足的人，能想象出穿件汗淋淋的空筒子棉袄，在冰天雪地的“大烟泡”中跋涉的情景吗？能领会到在没膝深的积雪中穿着露趾头的张嘴鞋，在7月骄阳下穿着破烂的棉袄，全副武装行军的滋味吗？

彭明治和他的许多战友，曾从江西走陕北，又从陕北走向大江南北，再走到黑土地。又从白山黑水走到平津，走到两湖两广，一直走到天涯海角。

中国共产党的历史就是这样走过来的。

中华人民共和国就是这样走出来的。

战争要勇敢的士兵，更需要杰出的将军。

1950年6月，彭明治调任中华人民共和国首任驻波兰人民共和国大使。1952年5月回国后任河北省军区司令员。1955年9月被授予中将军衔，并授一级八一勋章，一级独立自由勋章、一级解放勋章。1975年1月被选为第四届全国人民代表大会代表。1978年2月，在第五届全国人民代表大会第一次会议上，当选为人大常务委员会委员。1988年被授予一级红星功勋荣誉章。

四平战役

罗芳珪·民族复兴大英雄

有一个外国人留下一句格言被很多人传诵或引用。那句格言是：“每一个人的生命都值得仔细审识，都有属于自己的秘密与梦想。”

我翻阅罗芳珪的档案材料，也曾经仔细地审视和思索这一伟大生命的简短历程，却感慨他没有秘密，只有梦想。

罗芳珪1907年12月20日生于衡阳衡东县一家书香门第。13岁时，考入长沙岳云中学，考该校的原因，是少年罗芳珪极其仰慕岳飞、岳云等民族英雄，有志执戈为国，驰骋沙场。自踏入校门的那一天起，他便开始接受岳家父子勇赴国难，铁胆豪情的熏陶。

罗芳珪浓眉大眼、身材高大、喜爱体育，尤其对舞拳弄棒着迷。2年级便代表学校参加华中运动会夺得800米中长跑的冠军。1925年高中毕业后得知黄埔军校招生，他连夜就与堂兄罗芳中这位莫斯科东方大学的毕业生一起结伴从上海走海路赶赴广州。军校的教官见到这位厚背阔肩、体格魁梧的小伙子便眼前一亮，心想：这才是块当兵的料子。一测试，完全合格。

考官板着脸孔问他："想好没有，当了兵，脑袋就别在腰里走了。想爹娘，现在还可以回家"。

罗芳珪啪的一个立正，挺起胸脯对考官说："我的梦想就是拿起枪，像岳家将一样保家卫国。"

罗芳珪进入黄埔第四期，分配在步兵科一团七连。

学习期间，他在班上是最刻苦的学生。战术、筑城、兵器、地形、交通门门学科成绩名列前茅。不放过一次实弹练习甚至一场早操。毕业后他便精神抖擞地参加北伐。历任排长、连长、营长，1934年升任国民党第20集团军第89师529团团长。

1936年，他与他的部队驻防内蒙绥东一带，英勇抗击入侵的日本军和投敌的伪蒙军。在收复百灵庙的战斗中，沉着冷静，指挥得当，荣立战功。

罗芳珪(1907－1938)

1937年7月7日，中日战争全面爆发，北京、天津相继沦陷。8月1日，罗芳珪率部扼守北京昌平县的南口。南口是京畿名镇，它既是燕山山脉与太行山山脉交会之处，又是到达八达岭的唯一入口点，与居庸关、八达岭同为重要交通要冲。日军为实现其经由华北征服中国的野心，8月9日大举进兵南口，投入7万余人的兵力，主力部队为板垣师团、铃木师团、山下旅团和酒井旅团，另有航空飞行大队、战车队、化学部队协同作战。战前扬言，"三日内攻占南口"。中国参加南口战役的军队6万余人，以南口为中心布防，阵地东起德胜口、苏林口，西至镇边城、横岭，战线长达90公里。中国军队奉命抢防南口的保卫战中，89师529团团长罗防珪率部为先头部队。

8月1日，罗芳珪团从大同出发，冒着日军飞机的狂轰滥炸，赶赴南口前沿阵地。到达指定位置后，在龙虎台、南口火车站、南口村一带迅速构筑防御工事，进行战前准备。

8月8日至15日，侵略军以比罗芳珪部队大十倍的兵力，携野炮60多门，坦克30多辆，向南口罗芳珪扼守的阵地虎峪村、苏林口等地猛扑，而且有飞机30多架在上空轮番轰炸。罗芳珪率部临危不惧，坚守阵地，他守在指挥所三天三夜未曾合眼，神形俱瘁，警卫员劝他略事休息，他勃然大怒道："壮士出征，死生都可以不计，哪里来的疲劳！"指挥部全体官兵听到团长的吼声，不仅没有惧怕，反而群情激昂。个个坚守岗位，人人摩拳擦掌。一营拼光了，二营上。二营没了，警卫排上。遂至全团官兵大半阵亡。

第5天，日军派出战车向529团1营阵地发起猛烈进攻，罗芳珪下令官兵进行阻击，即使剩下一兵一卒也绝不后退。他与部下研究爆破战车，破坏其履带促其瘫痪的办法，同时研究接近战车，捣毁其瞭望孔的方式。方案确定后，他挑选精兵，分成两批，一批带手榴弹，匍匐滚身接近战车，用集束手榴弹炸毁履带；一批紧接着攀上战车对准瞭望孔进行射击，击毙驾驶员。等日军耗费力气清除被毁车辆，继续进攻时，罗芳珪又率领529团剩余官兵改变战术，仍然兵分两路，以密集火力，专门攻击跟在战车后面的日军步兵，步兵夹在隘道中难以招架，只能留下一片尸体，活着的则狼狈逃回。

在6天的战斗中，罗芳珪团与日军反复争夺，虽重创了日军，529团也伤亡惨重。打红了眼的罗芳珪硬是率一部分残余战士在飞机、炮火夹击下顽强突围出去。南口一战，大振了军威国魂。之后中外反法西斯报章一片赞誉，纷纷将罗芳珪的团队与1933年3月在卢沟桥抗击侵略军的吉星文团、1937年10月夜袭阳明堡机场的陈锡联团和淞沪抗战中八百壮士坚守四行仓库的谢晋元团并称为英勇杀敌的中国"四大名团"。

打击侵略者

记者采访他有何感想，他举起左手将照相机遮住，说：“没有感想，只有梦想。战死就马革裹尸还，做梦都想把鬼子赶出去！否则，对不起我全团三分之二的兄弟。”

1938年春，津浦路北段告急。日军矶谷师团企图打通津浦线，占领徐州。其第一步就是要夺取徐州以北的藤县，然后直取战略要地台儿庄。罗芳珪于3月15日奉命开赴枣、峄县一带应援。4月初，日本侵略军坂垣师团赶来增援矶谷师团，猛扑台儿庄。罗芳珪率补齐编制后的全团官兵奔赴台儿庄前线，向敌军右翼突击，配合友军，夹击城内之敌。战前，他对部属庄严地说：“今日之战，有进无退，有我无敌，连以上干部全部编入敢死队。我就是敢死队队长。男儿要报国，就看今天的表现了……”他眼睛里喷出一团火，一声“跟我来”。便要带头冲锋。

“不，团长，让我先上。”他的警卫员声如洪钟，抢在了前面。

“敢死队，敢死队，老子不敢死谁敢死？”罗芳珪一把拽住警卫员，“你给我在这儿盯着，我和副团长做个样子给大家看看。”

罗芳珪用命令的口吻嚷道，不容半点反对。他率队伍到达城下，命令架上梯子，准备爬城，副团长抢先一步，正待登攀，“哒哒哒”一梭子弹正中副团长头部，鲜血喷涌，溅了罗芳珪一身，副团长当场阵亡。罗芳珪扑在副团长身上悲愤交加，痛心疾首地呼喊着：“李团副，李团副，老子给你报仇！”

罗芳珪率领敢死队员，继续冲锋前进，双方似胶着，谁也不肯退让。一直到下午3时罗芳珪部发动了三次冲锋，仍因敌人占据优势，居高临下，用机枪火力疯狂扫射，我军梯子搬不上去，仍无法攀城。

此时，天色渐晚，残阳已收尽了最后的余晖。山川都染上了一层淡淡的铅灰色。阵地上的官兵心情愈发沉重起来。在敌人密集火力的监视下，他们根本无法施展大面积行动。许多人连水饭都得不到。又饥又渴，疲惫不堪。罗芳珪振作精神，不顾一切地冒着随时死亡的危险来回于阵地，亲自送饭送水给士兵。同时清点阵亡人员的枪弹。

第4次冲锋开始了。罗芳珪决定拼死一搏，他手持驳壳枪，身扎6颗手榴弹，率领4名战士攻到一个城墙下的死角。

正待第四次攀城，一颗迫击炮弹飞来，就在罗芳珪身边3米处爆炸，罗芳珪头部、胸部均负重伤。因流血过多，壮烈牺牲，临死前留下的遗言是：我死不足惜，就盼着你们杀敌前进……

这就是他最后的梦想。

时年31岁。

罗芳珪的灵柩返湘后，家乡各界举行隆重公祭，长沙《大公报》于4月15日刊登了题为《扼守南口，威震中外，台庄会战，为国捐躯》的长篇悼念文章。国民政府军事委员会追封罗芳珪以陆军少将军衔。蒋介石、李宗仁、林森、于右任等送了挽联，并为墓碑题词。

中共中央副主席周恩来也写了挽联：为国家合作抗日，南口防守决死战，声震中外；作民族复兴英雄，台庄大捷成壮烈，独有千秋。

罗芳珪——这位英雄的名字永远镌刻在南岳香炉峰烈士陵园忠烈祠的墓碑上。

湘水明珠文化公园雕塑《血肉凝成》

谢维俊·浩气连天泣鬼神

谢维俊，衡阳市耒阳肥田乡人。17岁被选为湖南学联代表，18岁加入中国共产党。湖南教育王蒋啸青是他妻舅，他又是蒋啸青的学生。朱德的妻子伍若兰，毛泽东的堂妹毛泽建是他的同学。毛泽东赞扬过的红军将领伍中豪、伍云甫都是他的耒阳老乡。他的哥哥谢风亭因带头闹革命被地主武装将脑袋砍下，用竹叉子叉在祠堂里示众。1930年7月至12月，谢维俊还给时任红军总政委的毛泽东当过五个月秘书。

下面说说谢维俊的几个小故事。

反过来数，我还是第一

1921年秋天，13岁的谢维俊跟着老师蒋啸青坐船从耒阳来衡阳三师附小读书，由于刻苦，各科成绩都名列第一。同时，他接触到许多进步书刊，如《新潮》《湘江评论》及鲁迅和冰心的文章。1922年4月30日，毛泽东又到三师操场给师生们上了一堂“社会主义”的学术演讲。那堂课上的每一句话，主讲人的每一个手势都刻在了谢维俊的心里。当晚，他就与部分同学进城散发了几百张《告劳动者》《怎样雪我们的国耻》内容的宣传传单，且兴奋不已。

打这以后，维俊立志投身革命事业，他认为革命才是青年人最光明的路，他感到一种激动人心的号角时时在召唤着自己。

他经常跑到新书报贩卖部去买书。他连续阅读了《唯物史观》《共产主义ABC》《共产党宣言》，还阅读了大量的进步杂志。有时以课本作掩护，在课堂上偷看进步书籍。

由于维俊专心致力于课外书籍，他的成绩一落千丈，期末考试，总成绩从顺数第一变成全班倒数第一。谢维俊背榜的消息不胫而走，很多老师和同学们感到愕然，也有人拿这件事讽刺挖苦道："自持其聪与敏而不学者，自败也！"谢维俊正色反问："当务之急不是安心读书，而是立志报国。国将不国，读书何为？"那同学也毫不相让："废弃读书，拿何报国？"谢维俊答道："如今国难当头，工则几频失业，农则多为饿殍，商有破产之虞，学有弦歌之断，半壁江山，尽遭外侮，我热血学子，岂不救国救民乎？一心苦读儒术，不问国事，实在有辱炎黄英明！你高唱'读书救国'，也不看看你读的是什么书，简直是欺人之谈！"最后，他还是幽了一默："论成绩，过去顺着数，我是第一，现在反了，反过来数，我还是第一。"

谢维俊(1908–1936)

思想不能太贫穷

1926年，谢维俊作为省委特派员被派往耒阳从事农民运动。组织上还给他配发了枪支。经过一段时间调查和配合，谢维俊与当地党组织协商决定：六月末在蒋家祠堂成立当地第一个农会。

这天，谢维俊的哥哥谢凤亭举着一面绣有"肥田农会"四个大字的红旗在台上转圈挥舞，谢维俊庄严宣布布："从今天起，肥田农会成立了！我们要团结，要人人有田种，有饭吃，有衣穿。"

谢维俊说完，立即把自己家和岳父蒋翕琴家的田契拿出来当场烧毁，台下响起一片赞誉声和欢呼声。

"打倒土豪劣绅！"

"一切权力归农会！"

开完会，农民押着土豪劣绅到各处去游村，沿途不断有人加入到游行的队伍里来。忽然有人报告说："有两个农民在争吵着要分大地主谢柏安的大老婆和小老婆。"谢维俊说声："岂有此理！"拔腿就走。来到谢柏安的住所，就听见里面传出争吵声和啼哭声。

"你年纪大，应该分他的大老婆。"一个男人带着哭腔说道。

"放屁，凡事都有个先来后到，小老婆是我先搂住的。"另一个声音十分蛮横。

"谁不喜欢漂亮的？谢柏安的大老婆一身的肉，哪个要都有毛病！"

里面还传出谢柏安小老婆嘿嘿的笑声。

"真是胡闹！"维俊对着门大喊："里面的两个人听着，你们这是违法行为，赶快滚出来！"

这时，门外聚集了很多人，里面却突然鸦雀无声，谢维俊掏出枪"啪啪"朝天放了两枪，两个农民才哆哆嗦嗦地走出来，其中蛮横的那一个还在强词夺理："这有什么大惊小怪的！共产党不是闹共产吗？地主的老婆也是剥削穷人的钱财娶的。有钱的人三妻四妾，我们穷人三四十岁了还在打光棍。谢柏安经常霸占别人之妻，我看他的老婆也应该让大伙睡一睡。"

在场的人大笑不止。

"共产党闹共产不假，但没有哪一条说要共妻，你们两人的行为触犯了纪律，每人打20棍子屁股！"谢维俊说完，立即指派两个人将两个农民拉到禾坪上当众执行惩罚。

这件事对谢维俊触动很大，他再一次认识到：农民不只是经济上的贫穷，更重要的是思想上的贫穷，这种贫穷的根源就在于缺乏教育；不解决农民思想上的问题，不从思想上去提高他们的认识，农民的闹翻身、求解放就会成为昙花一现，就会走历代农民起义的老路。于是，谢维俊把自家在镇子上的绸缎铺经营所得资金拿出来办起了农民夜校。每天晚上，蒋家祠堂灯火通明，农民成群结队来这里学习。以毛泽东发表的《中国社会各阶级的分析》和县里编印的《国民革命》《农民问题》《快入农民协会》

《打倒列强和军阀》《铲除封建势力》等五种资料为教材，很快提高了农民的思想觉悟。不久，谢维俊又在肥田建立了党支部，全体党员推选他哥哥谢凤亭担任支部书记。

这年，谢维俊被推选为新市区委书记。

前头捉了张辉瓒

1930年，蒋介石亲临南昌，指挥各路大军向井冈山迅速推进。第十八师师长张辉瓒想抢头功，率部耀武扬威一路朝东固杀来。

面对国民党强大的攻势，毛泽东一个晚上没有睡觉。天刚蒙蒙亮，毛泽东就手捏着一叠纸笺来找谢维俊。这时谢维俊刚刚起床。

“来得早，不如来得巧，我一来，你就起床了。”毛泽东精神充沛，话语诙谐。

“总政委又熬了一个晚上？”谢维俊问道。

“我与你们相反，我是白天睡觉，晚上办公。”毛泽东一边解释，一边看到桌上谢维俊写的《我对“诱敌深入”战略的几点体会》，立即拿在手上读起来：“采取‘诱敌深入’的优势在于：一、可以充分利用地形战胜敌人。古人云：‘一夫当关，万夫莫开’就是很好的例子。二、可以充分利用老百姓的帮助。使我军主力能高度集中用于作战……”

毛泽东一口气读完，大加赞赏：“没想到还有一位了不起的军事人才埋没在我毛泽东的身边。”

谢维俊说：“我是跟你学的，让总政委笑话了。”

“你已经很了不起了。至今还有人说诱敌深入会损害老百姓的利益，会打破‘坛坛罐罐’，还没弄懂不丢掉短期利益，就换不来长期利益的道理。”毛泽东说完拿着手上的一叠纸笺给谢维俊：“这是我昨夜写好的一份材料，你赶快印发给各部队。”

谢维俊接过一看，上面写着《八个大胜利的条件》，立即向毛泽东敬了个军礼，转身朝方面军政治部驻地跑去。

第二天，各连队都在组织学习这份政治动员文件。罗瑞卿还一字一句地念给战士们听：“群众组织了担架队、运输队、救护队，还报告敌情，带路做交通，而敌人没有人带路，没有人送信，只有人破坏他的交通，捉他的探子，扰他的后方；我们一打仗，群众到处登山助战，使得敌人不晓得我们有多少兵力，发起慌来……”

谢维俊对毛泽东每到一个地方都要深入农村调查又有了新的认识。毛泽东在军事上往往能够提出令人想不到的思路，他的真知灼见大部分来源于调查研究，把群众的智慧变为自己的智慧，把理论与实践紧密地结合在一起。

这是个真正的“高人”。

12月25日，在一个宽阔的河滩上，万头攒动，红旗招展，枪矛林立，主席台上挂着一副毛泽东撰的，谢维俊书写的对联：右边是“敌进我退敌驻我扰敌疲我打敌退我追游击战里操胜券”；左边是“大步进退诱敌深入集中兵力各个击破运动战中歼敌人”；横幅：“苏区军民歼敌誓师大会”。

鞭炮声响后，毛泽东走上主席台，左手一叉，右手一挥：“同志们，蒋介石十万大军正向我根据地扑来。你蒋介石有你蒋介石的打法，我毛泽东有我毛泽东的打法。你想打我时，我不跟你打；你不想打我时，我偏找你打。好比一个儿童跟十个瞎子打架，怎么打呢？先给他转圈，让瞎子处处扑空，等瞎子累了，冷不丁给他腿上一棍，要他挨了打还不知道是怎么回事……”

台下响起雷鸣般的掌声，紧接着是潮水般的呼声：“打倒蒋介石！活捉张辉瓒！”

12月30日凌晨，毛泽东带着谢维俊等人来黄竹岭。黄竹岭海拔430米，他们将临时指挥所设在半山腰一个中伙店里。当天，大雾蒙蒙，毛泽东站在半山腰，指着笼罩在雾霭中的群峰对维俊说：“我们这套‘诱敌深入’打法，必须要有一个前提条件，知道吗？”

谢维俊回答：“依靠人民群众。”

毛泽东显得有些兴奋：“说得很正确，没有人民群众，红军就是死老虎一只。我们要用游击战术以发动群众，以群众公开割据，深入土地革命，建立工农政权。”紧接

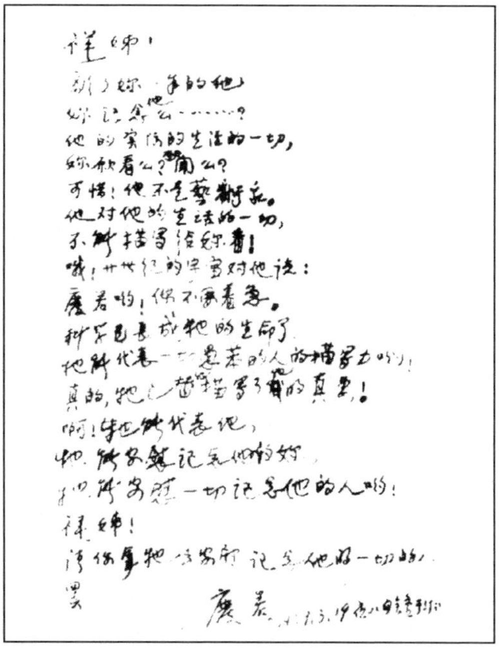
祥姊！
他的实际的生活的一切，
可惜！他不是艺术家。
他对他的生活的一切，
不能描写给你看！

谢维俊写给妻子的诗

着，毛泽东转向谢维俊说：“你要准备去抓地方工作，到地方去施展自己的政治才能和军事才能。”

谢维俊知道又有机会投入战斗了，心里异常激动，一个立正：“一定完成任务。”

稍顿，毛泽东又讥讽道：“张辉瓒这个湖南老乡一点也不买我毛泽东的面子，气势汹汹杀奔东固而来，我们就在龙冈来个关门打狗，叫他有来无回。哈哈，我现在可要看书去了，战斗没有结束，你不要来打扰我。”

毛泽东转身走进中伙铺，拿出一本《三国演义》津津有味地读了起来。不一会，山下雾海中传来阵阵激烈的枪炮声。下午，枪声渐渐稀落。6点钟左右，古柏急急从瞭望哨所走来，老远就对着站在中伙铺门外的维俊大喊：“谢秘书，快告诉毛政委，捉住张辉瓒啦！”

谢维俊听到此消息一蹦老高，跑步向毛泽东报告：“政委，我们捉住张辉瓒啦！”

毛泽东把书一丢，惊喜地说：“这可是一个大宝贝，告诉林彪，千万别杀了他，我们还要用他来钓大鱼的。”

那晚，毛泽东兴致极高，铺开纸笔，赋诗一首，他摇着手中的诗笺对谢维俊说道：“来，来，来，谢秀才，你就当我的第一个读者，看看平仄如何！”

渔家傲·反第一次大围剿

万木霜天红烂漫，天兵怒气冲霄汉。雾满龙冈千嶂暗，齐声唤，前头捉了张辉瓒。

二十万军重入赣，风烟滚滚来天半，唤起工农千百万，同心干，不周山下红旗乱。

“好词，好词” 谢维俊连声赞道，“大气磅礴，巧用典故，妙绝千古”。

哈哈……

“江西罗明路线”的罪人

罗明是什么人？

罗明是1930至1933年的中共福建省委书记。他崇敬毛泽东，喜欢按毛泽东的指示去指挥红军和地方武装。还将自己作为特派员跑到福建的杭、永、岩山区去开展游击战。

就在红军从井冈山下山时的三千多人发展到六万多人，根据地不断扩大的大好形势下，王明、博古认为毛泽东不但无功，而且有过，将毛泽东罢免了。而我们的罗明书记此时不但不跟风拍马屁，反而满腔热情地打了一份报告给中央领导，阐明了三个观点：一是应坚持打游击战，不宜与敌展开主力决战；二是应注重地方武装质量，提高作战能力，不宜盲目求数量；三是党应针对边缘地区和中心地区分别制定政策，实事求是。

这些本是金玉良言的建议，却被当时的中央领导视为非常危险的“右倾机会主义”，并决定予以打击。

一场铺天盖地的政治风暴随之扫荡福建省委。在瑞金举行的批判罗明斗争会上，竟有人高呼：“枪毙罗明！”……

那个时期，王明学的是苏联经验，强调的是“进攻路线”，要全线出击，要打大城市；而毛泽东倡导的是农民行为“诱敌深入”，要打游击，要农村包围城市。

而王明、博古、项英等又恰恰掌握着中央决策权。他们认为，虽然毛泽东此时靠边站了，但毛派人物尚多，在福建省搞掉了罗明，但江西省还有“罗明分子”，其中“四大金刚”就是邓小平、毛泽覃、谢维俊与古柏。他们都是江西省苏维埃政府和地方重要领导干部，与毛泽东有千丝万缕的关系，毛泽覃是毛泽东的二弟，谢维俊是毛泽东井冈山时期的老战友，后来又与古柏同在毛泽东身边工作。他们决定借批判“江西罗明路线”来打击毛泽东。

1933年3月20日，江西省委宣布撤销谢维俊的职务。而这个春季，谢维俊正率领独立五师和宜黄、乐安独立团穿行在摩罗嶂山区诱敌深入，配合主力红军进行第四次反“围剿”。1月27日，取得宜黄黄陂战斗大捷，活捉敌人两个师长。3月21日（也就是撤销谢维俊职务的第二天），谢维俊率部配合林彪的第一军团埋伏在宜黄南部的草台岗，又全歼敌人一个师。草台岗大捷，给第四次反“围剿”画上了圆满的句号。

“老胡，我们胜利了！”谢维俊当晚一脚跨进乐安县委机关就大声喊起来。

没人应，迎接这位凯旋的英雄除了宁静还是宁静，连平日里那种忙忙碌碌、严肃而又充满生机勃勃的气氛也消失得无影无踪。谢维俊走进胡嘉宾的办公室，见他坐在桌旁发呆，不满地说：“我还以为你不在呢，你聋了？第四次反‘围剿’我们打赢了，还活捉了敌人两名师长。”

胡嘉宾却轻轻地说：“我知道了。”

谢维俊见胡嘉宾的神色很异常，忙问：“老胡，你怎么啦？”

胡嘉宾欲言又止，含着眼泪拿起桌上江西省委的指示信和2月23日在苏区中央局机关报《斗争》第三期上发表的《什么是进攻路线》一文给谢维俊看，满腹冤屈地说：“他们把福建苏区反对所谓‘罗明路线’使用的‘纯粹防御路线’、‘退却逃跑’等罪名，套用到江西了，你和小平、泽覃、古柏都被撤职了。”

谢维俊的故居

谢维俊一把将《什么是进攻路线》撕得粉碎，转身走出房门，跃身上马，甩鞭猛抽。那马撒开四蹄，风驰电掣般朝瑞金急奔。

这可急坏了胡嘉宾，他唯恐战友惹祸，也匆忙跨上马来拦阻维俊。他一边策马狂追，一边大声呼喊。使出了浑身力气，两匹战马仍然拉不近距离，一前一后，八只马蹄溅起一路尘烟，那蹄声比古战场上的鼓点还要急骤……

胳膊岂能拧过大腿？

1933年4月16日至4月22日，中共江西省委迫于博古等人的压力，召开了“江西省三个月工作总结会议”。两百多名到会者，全部愕然，在整个中央苏区都享有声誉和威望的“四大金刚”，怎么突然成了“反党的派别和小组织的领袖”了？而且罪状有四大条：

一、邓、毛、谢、古“在江西创造执行了一条反国际的反党路线”。

二、邓小平在上海时就“散布对于四中全会后中央领导的不信任，实际就在反对共产国际和四中全会”。

三、毛泽覃、谢维俊、古柏多次散布对中央的不满，说“大城市里产生了立三路线，我们苏区的山上全都是马克思主义”；并在“赣南会议”前后，公然指责博古等人是“洋房子先生”，是专门到苏区来“找岔子”的；而邓小平完全附和毛、谢、古的观点。

四、邓、毛、谢、古“互相通信，谈话和讨论，所谈的，所写的，讨论的，并不是一般的政治问题”，而是与“进攻路线”绝对相反的策略和口号。

接着，谢维俊、毛泽覃、古柏被下放到宁都附近农村劳动。“改造”一段时间后，毛泽覃被调回瑞金，在苏区互济总会当宣传部长。古柏调回中央，安排到粮食部当秘书；谢维俊则分配到中央组织部当一名普通办事员。

最惨的是邓小平，先是被送到红军总政治部批斗，晚上又被押解送回禁闭室。批斗完后，被流放到三百华里外的乐安南村当一名区巡视员。

紧接着，各级党的领导更是大换班，二分区被洗刷50多名干部，乐安县被洗刷72名，泰和县60人，胜利县23人，于都县38人……

如果不是周恩来极力顶住这股逆风，说红军队伍里没有“罗明路线”，恐怕红军队伍里也会被掀个底朝天。

浩气连天泣鬼神

1935年1月遵义会议后，谢维俊被调到红军总政部地方工作部任秘书。长征到达陕北后，谢维俊任中共三边特委书记。

1935年11月27日，靖边县游击队两个小头目投敌叛变，他们先杀了交通站长，又诱杀了他们的顶头上司游击队长、政委、连队的指导员。尔后，发动了反革命叛乱，引领大队敌人连夜悄悄向三边特委驻地扑来。

一场浩劫从天而降，整个沙洼沟一片喊杀声，谢维俊冲出窑洞，立即指挥部队抢占制高点。由于敌人熟悉地形，把沙洼沟的入口和出口全部堵死了，谢维俊只得命令部队交替掩护往高山上撤。

敌人越打越多，红军被一步步逼向山顶。

“我们不能再撤了，再撤就是悬崖了。”有人喊道。

谢维俊猛然醒悟，这是敌人一个阴险的圈套，想把红军逼上绝路。他大喊一声：“大家赶快解开绑腿，集中起来做成绳索，从悬崖坠下去！”然后走到特区苏维埃主席阴云山跟前说：“云山同志，把这支队伍带出去就靠你了！我留下来掩护你们！”

阴云山大惊：“你是总指挥，责任重大，应该让我留下来阻击敌人！”

谢维俊摇摇头：“我作战经验比你丰富，但你对这里的地形比我熟悉，而且便于处理紧急情况。”

阴云山噙着眼泪，跑步去组织突围。战士们把所有的绑带集中起来，

谢维俊烈士纪念碑

也只做成两根绳索。阴云山凝视着两根通向生命之旅的绳索向山崖悠悠地垂下去，招呼战士们赶快行动，却没有一个战士迈开自己的脚步，急得他额上直冒汗。

谢维俊知道大家的心情，这些经过长征路上血和火考验出来的红军战士，大敌当前，他们不会选择逃生。一向说话滔滔不绝的他，此时此刻，每一句话都要从喉咙里挤出来。“红军是革命的本钱，多留一人一枪，革命的成功就多一份希望，谁也没有权力牺牲自己，请你们回去告诉周恩来同志，一定要派大部队消灭这伙凶残的敌人。现在我命令你们，先战士后指挥员，先县委后特委，下去以后，紧急突围，每10人一组，不要停留，只标出前进的方位……”

战士们慢慢向绳索走去，两个，四个……山上的人在缓慢减少。

就在此时，下去的两个战士突然爬上来，头尚未露出地面，便听到惊呼：“下面有敌人！”

最后一丝生的希望被敌人掐断了，死亡的大门在朝每一个人敞开着，但没有一个人感到恐惧和失望，大家只是默默地把目光从两根绳索上移开。

“战斗到底，决不做敌人的俘虏！”谢维俊斩钉截铁发出命令。

敌人好几次冲到了山顶，同志们一个个倒下去，到最后只剩下两个人：谢维俊与卫生员雪珠。

“你怕死吗？”谢维俊突然回过头来问雪珠，因为雪珠毕竟太年轻。

“你不是说，为革命而死，重于泰山吗？”雪珠回答。

“是。因为黑暗，人们才去寻找光明；因为压迫，人们才起来反抗。前赴后继，赴汤蹈火，在所不辞。”谢维俊解释。

这天夜晚，没有月亮，没有星星，只有呼啸的北风和大朵大朵飘飞的雪花。敌人也许打累了，战场上出现了暂时的宁静。

“谢总指挥，吹支歌曲吧！”雪珠叹了口气说。

谢维俊拿着雪珠递给自己的竹箫，感慨万千。这支竹箫是老师蒋啸青送的。1927年离开家乡，妻子蒋祥英将它放在背包里。8年了，这支竹箫伴随着他南征北战，高兴时，用它宣泄激昂；郁闷时，用它倾诉悲情。此时此地，用它……

“轰隆！”一颗炮弹飞来，敌人又开始进攻了。

谢维俊在心里念叨：“再见吧，祥英姐！”举手把竹箫向山脚下猛力掷去，突然一颗手榴弹飞来把他的手臂炸成两截，维俊当场失去知觉。

敌人爬了上来，雪珠艰难地拖着谢维俊退到悬崖边。

近百名匪徒端着刺刀一步步逼近，一军官尖叫：“交出谢维俊免死。”

雪珠突然抱起维俊，大喊一声：“红军万岁！”纵身向悬崖跳去……

历史永远不会忘记这一天：1935年11月28日。谢维俊——一位衡阳青年，为了中国革命的胜利，永远定格在大西北那片黄土高坡上……

井冈山之战（油画）

谭冠三·驱逐藏独拉萨城

2008年，是中国人的奥运年。

奥运圣火在中国土地上的130多个城市间热情传递。

“和平、友谊、进步”的理念渗透到亿万中国人的心里。

可偏偏达赖集团在西方少数别有用心的政客的鼓噪下，又一次打出了“雪山狮子旗”。3月中旬，这些流亡国外的极端分子策划、煽动一些僧人和群众在拉萨打砸抢烧，令文明蒙羞，令和平失色。

西藏是中国的一部分，这是地球人都知道的事实。

2009年3月28日是西藏百万农奴解放纪念50周年，新华社发表长文《让事实揭穿谎言》，揭露达赖喇嘛罔顾事实颠倒黑白的真面目。文中说，1959年3月10日拉萨发生叛乱后，达赖分别于11日、12日、16日向人民解放军驻藏部队负责人写了3封信。信中说：“反动的坏分子们正借口保护我的安全而进行危害我的活动，对此我正设法平息。”“反动集团的违法行为，使我无限忧伤……以保护我的安全为名而制造的严重离间中央与地方关系的事件，我正尽一切可能设法处理。”

时隔50年，达赖却出尔反尔、歪曲事实，将他曾经定性的“坏分子们”和“反动集团”说成是“被逼无奈”，将武装叛乱说成是“和平抗暴”。这是对和平这一美好词语的践踏。

收到这3封信的驻藏部队负责人就是衡阳人谭冠三。

这3封信50年后成了达赖出尔反尔、倒行逆施的铁证。

更鲜为人知的是，谭冠三收到达赖3封信的同时，也给达赖写了3封信。那3封信，才真正是义正词严，字字千钧。

3封信，衍生出许多故事。

3封信，更彰显出50年前，衡阳人谭冠三名冠西藏的故事，更载入了西藏发展的史册。

谭冠三(1908–1985)

谭冠三又名才儒，衡阳市耒阳小水铺区柘溪谭家村人。上世纪20年代，湘南农民革命运动如火如荼，深受影响的谭冠三于18岁便投身农民运动。1926年6月加入共产主义青年团，半年后转为中共党员。谭冠三随后参加过秋收起义、湘南起义、井冈山斗争和二万五千里长征。抗日战争和解放战争时期，历任中国人民抗日军政大学秘书科长、冀中军区南进支队政委、冀中纵队政治部主任、汝南工委书记、第18军政委等职。

在血肉相搏的抗战时期，提起谭冠三，曾一起出生入死的冀中军区司令员吕正操就不无兴奋地说：“和谭冠三这样的同志一起共事，我们真的要‘弹冠相庆’了！”因为谭冠三身上有一种气质，一个信念，那就是跟日本鬼子较劲，要么不打，要打就必然胜利。因此谁都喜欢与他搭档共事。

1940年春，谭冠三担任冀中军区南进支队政委，率部到冀鲁豫边区开展抗日反顽游击战争，参与应对国民党军石友三部的军事摩擦，这是个既讲原则又讲策略的事情，谭冠三拿捏得分寸得当，处理得有理有节有实效。毛泽东谈及此事曾十分幽默地说：“以三对三，冠能盖石。”1943年春，冀鲁豫边区局势相对稳定后，谭冠三被调往延安中央党校学习，为成为“政工名将”奠定了更加扎实的理论根基。

谭冠三与夫人李光明

1950年1月15日，党中央、毛主席命令18军进军西藏，完全解放西藏。在重庆曾家岩西南局住地，第二野战军司令员刘伯承、政委邓小平向张国华、谭冠三等18军军、师级干部传达了这一重大决策。刘伯承说，解放西藏完成祖国统一，驱逐帝国主义势力，巩固西南边防，解放西藏人民，是我党光荣而艰巨的事业，希望你们勇敢地担当起来。邓小平则伸出一个手指，坚定而平缓地说：“我只送给你们一个12字锦囊：政治重于军事，补给重于战斗。”谭冠三听了刘、邓首长的讲话，当即和张国华代表第18军全体指战员表态：“坚决完成任务，决不辜负党中央、毛主席和刘、邓首长对我们的信任！”

大家商议后，决定让谭冠三主抓部队由“川南安家”到进军西藏的思想转弯工作。

这个“弯”还真不好转，因为刚刚解放的川南地区山清水秀，是著名的鱼米之乡。18军刚进驻川南时，全军上下甭提有多高兴了，大多数人对未来充满了憧憬：解放了，和平了，土地归百姓所有了。打了这么多年仗，该歇歇了。他们准备在川南娶妻生子，安家落户。然而在转瞬之间，梦想被击得粉碎，全军接到命令要去数千里外的西藏高原，那儿远离中原，山高路长，语言不通，风俗迥异，听说还严重缺氧，人在那儿呆久了，不动都会喘不过气来。别说人，连鸟都不往那儿飞呢。一夜之间发生了那么大的变化，战士们的思想难免波动。面对这种情况，谭冠三琢磨着怎样安抚、教育将士们，他组织全军反复学习中共七届二中全会精神、新华社1950年元旦社论，学习西南局、西南军区颁发的《解放西藏进军政治动员令》，从军部至连、排、班，他让将士们认识到进军西藏对党和国家有多么重大的意义。谭冠三点子多，他还组织各级党组织召开扩大会议，召开骨干活动分子会，同时，在新补充的兵员中开展诉苦活动、在老战士中开展总结评功活动，进行层层动员；他深入基层，和干部战士谈心交心，做深入细致的思想工作。他指导宣传排练文艺节目，主动形象地开展宣传活动。经过一段时间深入的动员教育，部队思想弯子转得较好，全军官兵士气高昂，开始了进军西藏的筹备工作。

西藏地处高原，空气稀薄。在整个18军中，谭冠三的年龄最大，资历最老，几十年转战南北，体内还残留着日本鬼子的弹片，身体很差。但在18军党委扩大会议上，谭冠三坚定地说："党把进军西藏这个重要的任务交给我们，是对我们的信任，是18军的光荣。我谭冠三坚决响应党中央、毛主席的号召，到西藏去，把老婆孩子一同带走，在西藏安家。活着，就与藏族同胞一起驱逐帝国主义势力，建设民主幸福的新西藏；死了，光荣了，就将这把骨头埋在西藏。"谭冠三铿锵有力、发自肺腑的讲话，是那么斩钉截铁，深深地震撼着每一个干部战士的心。

谭冠三的夫人李光明也是位老红军战士，参加过二万五千里长征。党组织上考虑到谭冠三还有几个孩子未成年，不同意李光明进藏。然而谭冠三很执著，他对李光明说："你们必须跟我去西藏。"

"为什么？"妻子不解。

"我是政委，全军都在看我带什么头。"谭冠三深知身先士卒的分量。

"可组织上已经批准我在此安家。"妻子也有理由，而且这个理由有来头。

"我们不能在川南搞什么'安乐窝'。上万名干部战士都在看着，我们的一举一动都会产生重大影响。"

"孩子们这么小，能跟着行军吗？"妻子担心。

"大的带走，小的送人。"

"送谁？"

"送老乡。等西藏解放了，再回来找。"谭冠三斩钉截铁。

虽然李光明十分不愿意这样做，但她最终还是让丈夫给说服了。就这样，他们把刚满周岁的女儿和才出生7天的幼子托付给老乡，踏上了漫长而艰难的进藏之路。

进藏部队要翻过20座大雪山，平均海拔在4000米以上，饥饿、疾病、寒冷和缺氧侵袭着部队。谭冠三随部队一起顶风冒雪，艰难前行。上山时，他实在走不动了，在警卫员和参谋长的再三催促下，才肯骑一阵马。下山路滑，连马也不能骑，他只好顺着崎岖山路往下滑。期间，由于高原反应，大伙即使饿着肚子也吃不下饭。羊肉膻，糌粑干，酥油茶喝不惯。但谭冠三为了鼓舞士气，自己带头吃羊肉，抓糌粑，喝酥油茶。他的言行激励着将士们的斗志，大家信心大增。

部队到达昌都休整时，谭冠三不忘振奋士气，提出“以艰苦为荣、劳动为荣、参加祖国边疆建设为荣”的“三为荣”口号，希望藉此培养部队“甘于忍受艰苦、勇于战胜困难的英雄气概”。

1951年8月28日，部队继续向拉萨进发。他们穿越荆棘丛生的原始林地和乱石密布的峡谷，渡过天险激流，翻越10余座大雪山。在进军途中，部队人均背负30多公斤的重物，高寒缺氧和极度疲劳，致使许多同志牺牲在进军的路上。为了减轻战士们的重负，谭冠三和其他领导下马步行，与战士们一起同甘苦、渡难关。经过40多天艰难的行军跋涉，18军主力于1951年10月26日进入拉萨，受到先期到达的中央代表张经武和西藏地方政府主要官员以及僧俗群众两万人的热烈欢迎。

当天晚上，谭冠三心情激动，浮想联翩，挥笔写下七律两首，以明其志：

（一）

汉将班超斗敌顽，拯民水火戍边关。
卅载忠心护西域，定远侯名万古传。
茫茫雪山疆域宽，祖国领土岂容奸。
驱逐英帝和匪叛，进军宜早不宜晚。

（二）

大军西进一挥间，二次长征不畏难。
数月艰辛卧冰凌，世界屋脊红旗展。
男儿壮志当报国，藏汉团结重如山。
高原有幸埋忠骨，何须马革裹尸还。

艰难的行军、恶劣的环境、物质的短缺给谭冠三烙下了深刻的印象，小平同志“政治重于军事，补给重于战斗”12字方针他一字也没有忘记。18军进驻拉萨不久，便立即组成以谭冠三为主任的生产委员会，组织领导全区的生产工作。1951年11月22日，在召开的驻拉萨机关、部队全体人员生产动员大会上，生产委员会主任谭冠三提出：毛主席要求我们进藏部队做到“生产与筑路并重”，我们就一手抓筑路，一手抓生产。现在第一手筑路已经开始勘探设计，公路要几年才能修到拉萨；另一手就要花大力气抓生产。在西藏，如果我军不从事生产，给养将成严重问题，依靠西藏政府供给办不到，买粮食买多了会使物价上涨。我们要在西藏站稳脚跟，只有自己动手、开荒生产，才能打下良好的群众基础和物质基础。为此，开荒生产是我们在西藏长期的、经常的政治任务。他号召：发扬我军既是战斗队又是工作队、生产队和抗战时期南泥湾开荒的光荣传统，努力开荒生产，变荒滩为良田，为保卫边疆、建设西藏而艰苦奋斗！11月25日，谭冠三扛着铁锹，率领军直机关的干部战士，冒着风雪前往拉萨西郊投入了一场开荒生产的艰苦战斗。

人民解放军进驻拉萨

拉萨西郊这片河滩地，是张经武、张国华、谭冠三等西藏工委领导与西藏地方政府反复交涉才用高价买过来的，卵石遍布、杂草丛生。开荒初期，生产工具除了铁镐根本无任何机械作业，加之进入冬季，天寒地冻，氧气稀缺，劳动艰辛程度无法言叙。谭冠三与战士们一起带着帐篷住在荒滩上。夜晚，帐篷里的马灯常常被大风吹得摇来晃去，谭冠三披着军大衣，与战士们席地而坐，他给大家讲井冈山的斗争，讲万里长征的艰苦，讲“南泥湾精神”，以此来鼓舞大家的士气。白天，风雪交加，他始终率先垂范，挥镐奋战。尖镐碰冻土，砸下去一个白点，再砸下去，白点稍微扩大。一镐一镐砸下去，直至表层剥落。有时气温降到零下十几度，他仍然和将士们一道挥镐奋战。俗话说，火车跑得快，全靠车头带。谭冠三的以身作则大大鼓舞了大家的斗志，原定当月开荒2000亩的计划，在很短的时间内就开出了2300多亩。为了给开出的荒地施肥，农民出身的谭冠三亲自背着粪筐去收集拉萨市区人畜粪便、垃圾、牛角和骨头，然后背运至荒地。他说：“这些都是好东西，烧成灰是最好的肥料。”

在他们的努力下，八廓街、布达拉宫前那堆积如山的粪便垃圾被清扫一空，为拉萨城做了一次从未有过的大扫除。真正是一举两得。为了保持拉萨的清洁文明，在谭冠三的提议下，拉萨又顺势建立了历史上第一批公共厕所，整个城市面貌焕然一新。1952年夏天的一个晚上，拉萨河水因连续降雨上涨，河堤有几处发现有决口迹象，刚播种的大片土地有可能即将被淹没，谭冠三和将士们一道蹚过齐腰深的激流，连夜奋战三四个小时将险处加固堵实。接着，他们又奋战了几天，加修了长达两公里的防水堤坝，保证了新开土地的安全。在全体指战员的辛勤努力下，新开垦的土地当年收获青稞等粮食10余万公斤、白菜萝卜洋芋等蔬菜60万公斤。蔬菜当年自给。那天，秘书向谭冠三建议："给农场取个名吧。"谭冠三随即答道："就叫八一农场。"

八一农场是解放军到西藏后开垦的第一个农场。谭冠三任农场党委书记兼场长。当时农场除了摸索高原种植的经验，加工豆腐、粉条、酱油、醋等农副产品，供应机关和部队需要外，更在全区农业生产方面起到示范作用。

谭冠三非常关心藏族同胞的生活。拉萨街头有不少的乞丐、流浪儿，还有一些贫苦农牧民，他们大部分是前来拉萨朝佛后，未能返回故里的。谭冠三深切地同情他们，他和张经武、张国华等几位领导商量后，决定从中招收一批农场工人。第一批就招了100多人。这些农奴的孩子，一个个蓬头垢面，衣衫褴褛。谭冠三亲自为男孩子理发，叫文工团的女战士帮助女孩洗澡、洗发。他还带头捐衣给这批孩子。后来，这批孩子大都成长为西藏各方面的骨干力量。世界上第一个从北坡登上珠穆朗玛峰的女登山运动员潘多，就是当年这批孩子中的一员。

秋收季节，谭冠三还特意邀请当地藏族群众、西藏上层爱国人士、贵族喇嘛等到八一农场参观。这不仅大大鼓舞了藏族人民建设家园的信心，而且让西藏上层朋友和广大群众通过丰收果实，看到了中国共产党领导的解放军的的确确是西藏人民的子弟兵，是来帮助西藏人民发展生产、建设边疆的。他们亲切地称赞解放军是"新汉人"、"西藏的红军"，是"菩萨兵"。谭冠三经常对战士们说，"咱们在世界屋脊搞生产，撒下的不仅是萝卜种子，白菜种子，而且是希望的种子，团结的种子，富裕繁荣的种子啊！"

1952年，根据党中央、毛泽东主席的指示，西藏工委决定开始康藏西线筑路工程，并由谭冠三负责动员1万多名藏族民工参与筑路工程。在施工过程中，谭冠三特别强调尊重藏胞的风俗习惯和宗教信仰。墨竹工卡附近一段正在施工线上的石崖，原准备要炸掉，但发现石崖上有一座神像，当地藏胞传说此神是管河水的，炸掉了石崖和神像河水就会泛滥。谭冠三指示修路指挥部将公路改线绕道。

在恶劣的气候环境下，谭冠三和筑路大军以"让高山低头，叫河水让路"的英雄气概，不避风险，餐风卧雪，打通了一段又一段艰险道路。1954年11月，康藏公路基本竣工。这条公路全长2416公里，平均高度在海拔4000米以上，创造了世界公路史上前所未有的奇迹。毛泽东主席为此题词祝贺：“庆祝康藏、青藏两条公路的通车，巩固各族人民的团结，建设祖国。”

八一农场开荒场景

在那神奇的天路上，在彩旗飞扬的雪山顶，谭冠三主持了12月25日的康藏、青藏两路通车庆典。这位了不起的衡阳人与他的战友，与西藏人民一起，以另一种方式攻下了世界上最高的山头。

1959年3月，西藏上层反动集团发动了武装叛乱。谭冠三同志在张经武、张国华不在拉萨的情况下，毅然担起了主持西藏全面工作的重任。这位戎马一生，身经百战的将军，揭开了他一生中最重要、影响最大、意义也最深远的一页。他忠实、灵活地执行党中央、毛主席的指示和方针政策，坚定地依靠西藏百万和广大干部，团结广大爱国进步人士，同西藏上层中的反动分子进行了坚决斗争。在情况最紧张、斗争最尖锐的时候，谭冠三冒着“打冷枪”和“扔石头”的危险，亲自去阿沛·阿旺晋美家，动员他搬到军区来住。当阿沛·阿旺晋美以工作为重，不顾个人安危，坚持在家里住时，谭冠三同志又亲自部署增派警卫力量，加强保卫措施，务必保证阿沛和他一家的安全。为了争取达赖，粉碎叛乱分子的阴谋，谭冠三曾以各种方式做达赖的工作。遵照党中央、毛主席的指示，谭冠三前后亲笔给达赖喇嘛写了三封信，信中既体现了坚决反对叛乱、坚持祖国统一、民族团结的原则，又显示了中央政府和西藏工委、西藏军区对达赖喇嘛的尊重和爱护。尽管谭冠三及军区领导以极大的耐心作达赖及有关噶伦的工作，但反动势力还是以保护达赖安全，阻止达赖到军区看戏为由发动了全面叛乱。

1959年3月20日凌晨3时40分，麇集于拉萨的叛乱武装向我党政军机关发起全面进攻，西藏工委、军区所在地遭到炮击，拉萨市区枪炮声连成一片，叛乱武装连续围攻拉萨运输站、建筑工程处，遭到我武装民兵的坚决抵制，但军区暂无动作。凌晨5时，谭冠三召集工委、军区负责人召开紧急会议，通报情况，研究对策，此时，各种情报纷至沓来，当传来达赖一行渡河南逃的消息时，谭冠三顿时眉头紧琐，凭他的经验，马上意识到叛乱武装分子将在达赖走后陆续逃跑，他立即将情况电告中央军委，请示对策。此时，拉萨情况越来越复杂，达赖逃走几小时后，叛乱武装出现了从各据点收缩异动的迹象，而此时中央军委的明确指示尚未到达，如果任叛乱武装分子从拉萨逃走，将会给以后平叛造成很大被动。情况十分危急，谭冠三凭着对党、对祖国的赤胆忠心，斩钉截铁地说，“打！一切后果由我负责。”尽管只有短短的九个字，却作出了一个震撼世界的决定。

贺龙元帅接见谭冠三将军

这个决定彰显出谭冠三为了国家的利益，敢于负责的精神。

这个决定表现了谭冠三为了人民利益，不计个人得失的品格。

这个决定，掀开了西藏发展史上光辉的篇章。

3月20日10时，我军不过千人的战斗部队向近万人的叛乱武装发起全面反击，经过52个小时的激烈战斗，除少数叛匪藏匿或者逃散外，大部分敌人被毙伤或者俘获。在拉萨平叛的几个昼夜里，谭冠三全神贯注指挥作战，没有离开过指挥部半步，饿了就让公务人员把饭菜送到指挥部，困了就倚在条凳上休息一会，硬是凭着对党对人民高度负责的精神，取得了拉萨平叛的决定性胜利。

毛泽东对谭冠三写给达赖的3封信及果断指挥拉萨平叛给予了高度的评价。毛泽东在发给中央的电文中写道：“14日以谭冠三名义，答复达赖的一封信，很好，政治上使我们处于主动。”同年5月，谭冠三到北京向中央、军委汇报西藏平叛和民主改革情况，邓小平总书记说：“这次平息拉萨叛乱，你谭冠三指挥得很果断嘛！12个连的兵力，对上万的叛匪，没用3天就解决了。你给达赖的3封信是做政治争取工作的，毛主席都赞扬！”陈毅元帅紧紧握着谭冠三同志的手说：“你辛苦了，你辛苦了！你是西藏的功臣啊。”

谭冠三同志对西藏工作的兢兢业业、对统一战线人士的倍加爱护、对人民群众的真挚感情，得到了西藏社会各界的普遍认同。1959年12月27日，在中国人民政治协商会议西藏第一届会议上，他当选为政协主席。

1962年，印度军队不断越过边界，枪杀我边民，袭击我边防部队和边境哨所，国家主权和领土完整遭受到严重侵犯，我边防部队在忍无可忍的情况下，受命自卫反击印军的侵略。谭冠三与张国华、邓少东等，亲赴边境指挥对印的反击作战，在多方配合及人民群众的支援下，经过广大指战员的艰苦奋战，对印自卫反击战取得了决定性胜利，为祖国的西南边疆赢得了之后几十年的和平环境。

谭冠三同志因长期在高原带病坚持工作，身体健康每况愈下。他临终前，向党组织提出请求："我死后，请把我的骨灰运回西藏，埋在高原，我永远长期建藏！" 1986年8月1日，西藏自治区党政军民怀着深厚的感情，在拉萨八一农场苹果园隆重举行了谭冠三同志骨灰安放仪式。国家主席、中央军委副主席杨尚昆同志为他的墓碑亲笔题词。

谭冠三曾说，在西藏我只做了三件事：

一是参与和平解放西藏，自力更生，开发边疆。

二是指挥平息武装叛乱，维护统一，百姓吉祥。

三是组织了中印边境自卫反击战，保家卫国，抵御外侮。

三件大事，件件彰示：中国主权，不容侵犯，国家利益，至高无上。

当兵的人，就是这个样。

谭冠三曾被选为中共第七次、第八次全国代表大会代表，中国人民政治协商会议第四届、第五届全国委员会常务委员。1955年授中将军衔。

他热爱西藏的每一寸土地。

现代的拉萨八一农场

陈少梅·创意丹青法度新

陈少梅，名云彰，又名云鹑，号升湖，少梅是其字。1909年4月9日生于衡阳市衡东城关镇鹤桥村一个书香之家，15岁加入金北楼、陈师曾等发起组织的“中国画学研究会”，17岁成为名噪一时的“湖社画会”之骨干。欧洲比利时王国百年国庆举办国际画展，陈少梅送山水人物画参加展览，获得银奖，时年21岁。22岁主持“湖社天津分会”，成为津门画坛领袖。

要说陈少梅的家族，真正算得上是衡阳城的名门望族。

陈少梅父亲陈嘉言一辈包括堂兄、堂弟，有两个人同榜中进士，三个中举人。被百姓誉称为“五凤齐飞”。

父亲陈嘉言已丑（1889）以二甲第九名举进士，入翰林院，官居京畿道监察御史、福建漳州知府。辛亥革命前夕，陈嘉言挂印辞官，回乡途中惟一舟明月，半船书籍，他赋诗自嘲：“莅任漳州越十年，愧无德政慰先贤。清风两袖常随我，不负闾阎不负天。”陈嘉言先生善诗文，工书法。鉴湖女侠秋瑾曾写有一诗叫《上陈先生梅生索书室联》：“如雷久耳右军名，问字愁难列讲庭。欲乞一联绮丽笔，闺中曾读养鹅经。”由此可见陈嘉言的诗文书法在当时名声之大。尤其令人赞许的是，他思想开明，支持民主革命。1914年，袁世凯阴谋称帝，遣人以万两金请他写文劝进，被他言辞拒绝。其晚年在湖南主持船山学社期间，还支持过毛泽东、何叔衡办自修大学。

陈少梅的大姐陈云凤，就是大名鼎鼎的烈士夏明翰的母亲，她是一个饱读诗书的女中豪杰，御赐诰命夫人。

堂叔陈范办《苏报》聘章士钊为主笔，章元麟、蔡元培为撰稿人，宣传革命思想。

堂姐陈撷芳，号楚南女子。1899年办《女报》，是近代中国第一个女报人。

堂姐陈衡哲，笔名莎菲，早年留学美国，她是中国新文学运动第一个用白话文写作的女作家，写的散文、小说达150多万字。胡适评价她：“当我们还在讨论新文学问题的时候，莎菲却已开始用白话文做文学了。”她用英文写的《一个中国女人的自传》后编入她的中文作品《莎菲日记》之中。

瞧，这一家子文人，哪一个不是中国国家级“腕儿”。

陈少梅(1909－1954)

陈少梅从小跟随做监察御史的父亲在北京生活。后他父亲在清朝政府的国史馆当秘书，那儿的学习氛围极佳。陈少梅自幼经老爸介绍跟宫廷画家的后裔、又从英国留学回国的大画家金北楼学画，是金北楼最后一个关门弟子。

特别值得一提的是，陈少梅的夫人也善画事。听老人们传说，陈少梅夫人是临摹古画的高手。当年故宫博物馆为抢救、保护国家珍宝文物，请了荣宝斋的临摹大师来复制《清明上河图》，应聘的人中就有陈少梅夫人。她（他）们整整关门临摹了7个月之久，摹本《清明上河图》才得以面世。若不是临摹者心中有数，旁人是很难分清真本、摹本的。估计现在打着国宝招牌去各地出的《清明上河图》抑或就是这个摹本。

陈少梅在艺术上转承多师，博采众长。从明人唐寅、仇英得其秀逸清俊之气，从浙派戴进、吴伟得其磅礴生动之致，从元代倪云林得其幽淡恬静之趣；再溯源而上，直追宋代郭熙雄健明洁之妙，马远、夏圭遒劲苍润之势。故其作品功力沉雄博大，完全可以与古贤媲美，并形成了自己寓秀雅于阳刚的清劲画风。有“唐寅以后第一人”的美誉，与齐白石、张大千、溥心畬并称为民国四大画家。

他既注重师承古人的遗法，又能自出机杼，他的画工细泼墨，对于笔调的节奏旋律，宣晕的枯润浓淡，境界的虚实隐显，皆曲尽其致；无论巨幅小品，皆法度谨严，形神兼备，“创新意与法度之中，寄妙理于豪放之外”。显现出他不平凡的才华和对真、善、美的追求，这些绝非一般“北宗正法”所能企及。少梅学的是北派山水，与黄宾虹声誉齐肩，有“北陈南黄”之称。

线是国画的生命。陈少梅的作品可谓集国画用线之大成。比如他画人物，仕女用清劲的线条，劳动者用古拙的线条，神佛用飘逸的线条。其功力和神韵，一般人很难达到。

再如他画松，总是根据地势、土质、季节、环境不同而采用不同的画法，几十幅画中的松树，即便是松针也很少能找出两幅画相雷同；这令人不能不惊叹他参悟自然和驾驭线条的非凡才能。当代著名的中国书法家协会主席启功先生对其高度评价：“一张纸可能只保存30年，少梅先生的画则可影响300年。”

50年代，陈少梅出任中国美术家协会天津分会主席，天津美术学校校长，他积极致力于民族绘画的创新与发扬。

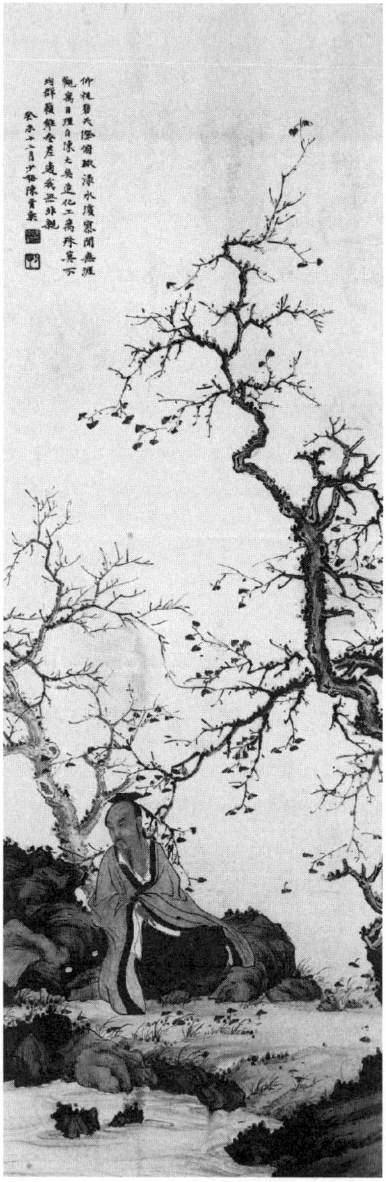

陈少梅国画作品《高仕图》

在艺术上已经达到隐言忘机的境界，笔墨运斤成风，气韵生动，而无刻意追求的痕迹。但出于对新生活的爱恋，他又开始在崭新而寥廓的艺术领域进行探索。从他反映农村生活的《江南春》《浴牛图》，描写胜迹的《小孤山》《颐和园》等推陈出新的力作，以及洋溢着时代气息的大量的写生作品中，我们可以窥见他从生活到技法的变革和不同凡响的才华。

就在陈少梅先生以45岁盛年向新的艺术高峰奋力攀登时，1954年秋，天公骤然夺去了他的画笔，在中国现代绘画史上留下了千秋憾事。启功叹惜："百身何赎！"陈少梅先生英年早逝，留下的作品不是很多，但是陈少梅先生根植于传统沃土而又具有鲜明个性的艺术，永远不会泯灭，并留给后人以永久的启迪。

陈少梅国画作品《山水四屏》

李 森·雁鸣柏林奥运会

1935年的中国体育史，衡阳妹子李森以其骄人的成绩浓墨重彩地书写了一页。她成了那一年世界上跑得最快、跳得最远的中国女人。

李森，1914年秋出生于衡南县车江镇金马村德新堂。她家是一个家境败落的大户人家，祖父李蘚青担任过云集乡团练，什么是团练呢？团练的历史悠久，它源于周朝时的保甲制，目的是使民“相保相受”、“相及相共”，后来到了繁华的唐朝，开始设有团练使一职，类似于民间的自卫队队长，以管理团练事务。宋代置诸州团练使，我们熟悉的北宋诗人苏轼还曾任黄州团练副使。明代取消团练使，改以按察使、兵备道分别统领团练等工作，到了清朝末年，团练组织就已经基本废弃了。只是在民国初年由于政局迭变，盗匪嚣张，于是又恢复团练以保地方治安。由此看来，李森的祖父在当时的云集乡还是拥有一点“军权”的人物。而李森的伯祖父李茂青，则算个典型的知识分子，是清代光绪时的两榜进士，还担任过上海崇明县的知县，虽然官职为七品，但在当地也算个风流人物了。到了李森父亲这一代，就开始走下坡路了。虽然他年少时也读过私塾，但后来却没找到工作闲居在家，因此名字都没被记载下来。李森之母魏辉，也是受过中等教育的知识分子，所以李森算是个书香门第的大家闺秀了。虽然父亲没能像先辈那样享受国家俸禄吃国家粮，但毕竟家里的经济基础不薄，所以一家的日子过的也算十分滋润。

天有不测风云，人有旦夕祸福。李森三岁时，父亲不幸病逝了，留下这一对可怜的孤儿寡母，生活的艰辛是可想而知的。做生意吧，没有渠道，没有人脉，没有经营头脑；耕田种地吧，从没干过粗活的李夫人又手无缚鸡之力，这样就只能坐吃山空，家境日趋没落。另一方面，因为只生了李森一个独女，没有为李家留下传代的香火，李夫人魏辉更是受尽歧视。经济和精神的双重压力使得她实在难以忍受，便带着李森离乡背井来到衡阳。

俗话说得好，天无绝人之路，魏辉是个小知识分子，所以她很幸运的在城内的省立第六女子中学附小找到了一份工作，当了教书先生，由于工作努力，后来还升调到中学部担任女辅导员。

从农村到城市，小小的李森也表现得很乖很懂事，并没有因为家庭的破落和贫穷而自卑，更没有自甘堕落，走向消极的一面。相反，活泼可爱的李森在衰败的家庭面前，表现了难得的勇敢与坚强，并且继续保持对体育运动的强烈爱好。之所以说是继续，是因为李森很小的时候就开始对体育表现出极大的兴趣了。她曾经在采访中说过：“小时候我常常要生病的，四五岁后，也许是自己觉得好玩，好运动，体魄也一天一天地强起来。”在采访中，她就自身与体育的关系用了一个词：兴趣浓厚。俗话说，兴趣是最好的老师。正是浓厚的兴趣，促使李森日复一日地进行身体锻炼。

李森（1914－1942）

9岁的她，在晨曦微露时便起身独自沿湘江河畔跑步已成习惯。无论严冬酷暑，天晴下雨，长跑、登爬迴雁峰成了她生活的一部分，很少间断。也许是祖辈的遗传基因所至，她还特别爱好武术、踢腿、甩腰、站桩、倒立、舞刀弄棒。母亲也十分尊重这位独女的爱好，还四处联络，托人求情让李森拜师习武，由此奠定了其良好的身体素质。

十年磨一剑，功夫在平时。平时的勤学苦练让李森在同龄人中身体素质超群。她12岁考入省立六女中（就是后来的衡阳六中）读书时就被一罗姓体育教师选入校田径队和排球队。系统的训练不仅使她健康成长，15岁时身高已达1.68米，而且由于刻苦训练，她的运动才能很快显露，体育比赛的优秀成绩不胜枚举，每次的校运动会，冠军居然都成了她的专利品。因为优异的成绩，李森受到校长和体育老师的重视，学校免去其学费，嘉奖其为优等生。

在一校论英雄，不过井底一蛙耳。小李森并没有沾沾自喜，更没有夜郎自大，她走向了更广阔的天空——湖南省运动会。1930年，李森在旧中国湖南省第十届运动会上大显身手，夺得女子100米第一名。1931年的省十一届运动会上，她又以7秒8和15秒1的成绩揽得女子50米和100米两项桂冠。1932年，在省十二届运动会上，李森再次获得女子100米和200米两项冠军。

三届省运会的短跑项目冠军被一人独揽，衡阳妹子李森一时间名噪三湘，堪称旧中国的超级女生。

赛后，她兴奋地给母亲写信：“我赢了，我一直在奔跑，那感觉就像飞。只要自己发挥正常，别人就不能打败我。”

1936年柏林奥运会会徽

省立六女中仅仅是李森辉煌运动生涯的开始，更精彩的华章尚在后面。由于李森在体育上取得了特别优异的成绩，1933年，长沙稻田女子师范学校特招她到该校学习。在学校老师的悉心指下，李森每天一如既往地早起锻炼，寒冬酷暑从不间断，而且训练强度更为增大。1934年秋，李森考入上海东南女子体育师范学校深造，专攻田径。

功夫不负有心人，坚持不懈的刻苦锻炼使李森的短跑技术水平迅速得到提升。1935年5月，李森参加了有中、美、法、俄等国运动员参加的第五届上海国际田径赛，她一马当先，夺得女子50米和100米冠军、个人总分第一名。1935年10月，李森代表上海参加了旧中国第六届全国运动会。这次全运会田径50米决赛共有李森、张洁琼、焦玉莲、邓银娇等八人。起跑之时，李森和焦玉莲反应最快，两人不相上下。30米过后，李森越跑越快，最后以美妙的冲刺抵达终点，荣膺冠军，成绩6秒9，平了全国记录。但是这一成绩未让她疯狂，就在前一天的复赛中，她曾以6秒8的成绩破了全国记录。在第二天的100米比赛中，李森同样表现优秀。当时她起跑略逊，30米前落后邓银娇3米，而与钱行素并列，50米的时候3人形成一字阵，竞争激烈。待到70米处，李森脱颖而出，以13秒7的成绩险胜其他两位。因为至终点时，仅胜钱行素1米，先邓银娇2米。在200米决赛中，她继续创造辉煌，以27秒5破了27秒6的全国纪录。除了短跑，在这次全运会上，李森在跳远项目上也以4.98米破了4.88米纪录。四天之内夺得三金一银，两项记录直到新中国成立之日都没有被人打破，仅仅21岁的李森创造了我国田径史上的空前盛举。为表彰李森，体育界遂将1935年称为“李森年”。当时上海各报誉她为“女跑王”、“四木小姐”。为什么叫“四木小姐”呢？这是因为她的名字李森拆开来看是由 4 个木字组成，并且加之有人称誉她为“湘杰楷模”，这中间也包括 4 个木字，所以“四木小姐”这个响亮而形象的名号不胫而走。

在当年那种砂石跑道上，李森姑娘享受她飞奔的快乐。她几乎在导演自己的每一场比赛，跑多少步，投入多少力量，什么时候投入，她都开始有了筹划。她注定是一个女子田径天才。

此时的李森正处于运动生涯的巅峰，个人状态极佳。很自然，国人对李森在第十一届奥运会上的表现寄予厚望。因为她是在奥运会选拔赛中唯一被录取为正式代表的女性运动员。李森本人也是踌躇满志，认为可以一展身手，报效祖国和人民。她曾说：“我唯一的希望，就是希望参加世界运动大会（奥运会），我希望还可取点较好的成绩出来，报答那些厚爱我的人们。”

第十一届奥运会于1936年8月1日至16日在德国柏林举行，在这届奥运会上旧中国派出了最为庞大的一支队伍参加比赛。

柏林奥运会引入了一些新的形式和内容。一是引入了火炬接力这一形式，火种必须来自希腊奥林匹亚，采取火炬接力方式从奥林匹亚传到主办国。二是本届奥运会首次通过电视的方式向全世界进行广播报道。25个大屏幕被架设在柏林各处，允许当地人免费观看比赛。三是篮球、独木舟和手球都首次亮相奥运会。与此同时，马球则是最后一次在奥运会中露面。

本届奥运会给人们留下最好回忆的就是希特勒未能借由奥运会证明他的雅利安人种优越其他人种的理论。恰恰相反，本届最受欢迎的英雄是赢得4枚金牌的非洲裔美国短跑和跳远选手杰西·欧文斯。在跳远比赛时，他的德国对手卢茨·朗甚至在纳粹分子面前，向他表示友好。美国13岁的格斯特林在3米跳板项目赢得金牌，她保持着夏季奥运会历史最年轻的女子金牌获得者的纪录。匈牙利水球选手哈拉希赢得了他体育生涯中的第3枚奖牌，尽管事实上他的一条腿因车祸膝盖以下部分已经被切除。

历史往往喜欢跟人开些不大不小的玩笑。虽然在1936年的柏林奥运会上，旧中国派出了有史以来最庞大的运动员队伍，其中足球、篮球、田径、游泳和举重运动员共69人，加之其他工作人员共93人，但不幸的是，最终颗粒无收，没有拿到一块奖牌。很明显，作为参赛运动员的李森也是

柏林奥运会开幕式场景

折戟而归。

22岁的李森正值运动的黄金年龄，运动成绩处于巅峰状态，却因三个原因导致了她的失利。

一是整体技术不如欧美。在8月3日进行的女子100米预赛中，李森与上届奥运会冠军、波兰的惠莱茜威士分在一组，虽然李森毫不示弱，下定决心要为国争光，并且起跑时也首先冲出，但很快落后，最后以13秒6名列小组第三，未能进入复赛。小组第一名成绩是12秒5，这说明中国女选手与世界强手还有明显差距。最终，女子100米的桂冠为美国的海斯蒂芬斯摘取，成绩是11秒5，远远快于李森在小组预选赛中13秒6的成绩。

二是过度疲惫。1936年6月26日，作为中国田径队中唯一的女运动员李森和92位同胞代表旧中国从上海乘意大利邮轮赴柏林参加第11届奥运会。船在南海遇风浪做短暂避风和休整后，经马六甲海峡、印度洋、红海、苏伊士运河、地中海，于7月21日在意大利的威尼斯登陆，再转坐火车于7月22日到达柏林。在近一个月的海陆颠簸中，不少运动员晕船、晕车，有的运动员甚至吐了二十多天，导致体力、精力均明显下降。中国篮球界泰斗牟作云老先生回忆，经过一路颠簸，他和队友每人体重都掉了十几斤，而主教练董守义则直接住进了医院。篮球队员尚且如此，其他更不用说。李森呢？可以用12个字形容她：头重脚轻，翻肠倒胃，呕吐不止。这些运动员在柏林休息了一个星期就上场比赛，这就好比大病初愈就上战场，其结果必然是全军覆没。李森和中国大部分队员一样，预赛（当时叫及格赛）未过关就遭淘汰。唯有一个叫符保卢的中国哈尔滨籍撑竿跳高运动员以3.80米的成绩取得了复赛权。在复赛时他跳过了3.84米，但当横杆升到4米时，三次试跳却均未能成功。当时各大小报纸均以“鸭蛋”相赠。画面上，众多中国选手蹦呀跳呀，可脚下却是一个大大的鸭蛋。虽然这些主要是讽刺旧中国的统治者，然而对于身临其境的运动员来说，心情也是非常沉重的。

三是经费严重缺乏。有限的经费远远不能保障运动员参赛和生活的需要。以中国足球为例。现在大家对中国足球早已失去信心，可是在李森时代也就是30年代，我们的中国足球可是亚洲无敌，世界有名的强队！不可想象的倒是当时足球队征战柏林时的艰辛筹钱过程。由于国民政府不给钱，巨额旅费毫无着落。足球队无奈只得决定去东南亚闯江湖卖艺，凑经费去柏林。大家乘法国邮船去新加坡、印尼、马来西亚，后来又上缅甸及印度，每到一处，通过比赛得到路费。为了多拿些钱，场场都要赢，所以主力队员都要上阵。他们先后踢了24场球，取得胜21场、平3场的成绩。

经过两个多月转战，球队筹到了20多万元港币，才如期参加了奥运会。

李森虽然未能在此次比赛中取得好的成绩，但她却是我国体育史上第一个参加奥运会比赛的女子田径运动员。

李森的努力为她以后的生活换回了成果。1937年春天，李森担任湖南国术馆体育教师。同年秋天，因讨厌时任湖南省政府主席何健的无端纠缠，李森带着母亲离开长沙，来到四川成都一所中学任教。1938年秋，她与陕西籍空军飞行副队长王隆德结婚，婚后育有一女王玲玲。1942年秋，生育儿子王乃斌时，她因为难产剖腹，流血过多而在成都华西医院去世，时年28岁。

一代英杰，就以这种难以认同的方式谢幕了。

虽然李森英年早逝，但是她对中国人、中国女人的影响极其巨大。可以说，她是中国体育的先行者、湖南体育的领军者、衡阳体育的奠基者。

柏林奥运会女子田径赛

文立徵·飞车神兵耀鲁南

一首好歌，听起来美妙，唱起来动人。一旦流行便让人终身难忘。上个世纪中期，就有这样一首脍炙人口的歌曲让人沉醉浪漫而又情绪昂奋。歌曲一开始有这么几句：

西边的太阳快要落山了，
微山湖上静悄悄，
弹起我心爱的土琵琶，
唱起那动人的歌谣
……

歌曲的主题是歌颂抗日战争时期中共产党领导的八路军铁道游击队。说起铁道游击队，那几乎成了英雄的符号与标志。20世纪六七十年代可谓家喻户晓。除了歌曲，还有叙述铁道游击队的长篇小说，《铁道游击队》

银幕形象真是酷极了，他们一飞跃就上了火车，一甩枪就弹无虚发，个个如天兵天将。看过电影的人都为之精神振奋。

其实，艺术来自生活。八年抗战中在山东鲁南的确有这么一支神奇的铁道游击队，而且这支队伍的领导班子中就曾经有一位我们不怕死、不怕辣、敢霸蛮、敢较劲的衡阳人。他的名字叫文立徵，又名文立正。

文立徵是衡阳市衡山县东湖镇天柱村人。

在中学时，文立徵是一个非常用功而又沉默寡言的人，午饭后必临魏碑，当作午休。读到高三，他与后来成为中共中央组织部常务副部长的李锐成为好朋友。这是由于两人都爱读邹韬奋编的《生活》，都喜欢写白话文章，一起办班上的墙报，还时常旷课同去看联华公司的进步电影，他们的政治思想倾向完全相同。

1934年文立徵考上北平辅仁大学学化学，他的英文非常好，又爱好文艺，会吹口琴，还喜欢照相，写得一手好字。学习期间，课内课外无论怎样繁忙，他都没有与李锐断了联系。他们每周通信，从不间断。谈论的范围很广，“一二·九”前后的华北形势以及国家命运成为交流的主要话题。

文立徵(1911-1945)

1935年的北平升腾着一股股爱国、救亡之火，“一二·九”运动的爆发唤醒了沉睡的雄狮。12月9日这一天，6000名师生昂首挺胸涌上街头游行示威。文立徵挽起串联同学的手，不停地高呼：“拯救华北”、“停止内战、一致对外”、“打倒日本帝国主义”，雄赳赳地走在游行队伍的最前列。当局震怒，大批国民党宪兵、警察手持水龙、大刀、皮鞭挥向了手无寸铁的游行队伍。顷刻间，鲜血飞溅，染红了王府井南口的大街。游行遭到了残酷的镇压，200多名师生被逮捕。但是，真理绝不屈服于强权，星星之火，可以燎原。逃出虎口的文立徵连夜写信将北平师生游行示威遭到镇压的事情通报给远在武汉大学的李锐，李锐则将信件内容誊写成大字报张贴于校内墙上。加之国内舆论沸腾，于是，“一二·九”、“一二·一六”爱国运动迅速在武汉三镇展开。一时间此起彼伏，迅速波及黄河上下、长江南北，极大的鼓舞了全国人民的爱国热情和抗日斗志。

残酷的现实促使文立徵放下了书本、拿起枪，走上了寻求革命的崭新之路。他发誓：“不赶走日本侵略者，决不再回校园。”

这之前，文立徵在给弟弟的信中写道：

从前美国有位学者说，25岁以下的青年，不信仰无政府主义，十足表现他无出息；30岁以后，他还不放弃无政府主义，十足表现他无用。不过现在又有其他种主义代替无政府主义了。你能注意社会、政治各种动向自是很好的。不过你举出那两位与你常聚谈的人，他们的思想都出了时代圈之外，官、财气息特重，虽目空一切，终坐井观天， 纵成势力人，亦不能成全“人之伟大”，我所不取。希望你未传染得这种流行空虚病。这种“空虚”病，只有用“无烟煤”可以填补。(按:下面录下法国小说家斯汤达尔的警句：“轮船要煤烧，我的脑筋中每天至少要三四立方尺的新思潮。”此诗最后一句是:“我要往图书馆里去挖煤去哟!”)我们想要路走的远，要多装无烟煤;想要走的快，也要多装无烟煤。煤经过一种变化，产生伟大的力量。你要快装煤，多装煤。

中共中央组织部原常务副部长李锐半个世纪后回忆文立徵时说，我们对于国民党、蒋介石是深恶痛绝的。林语堂办的《论语》，有一期揭开封面就有一幅整版漫画：一片漆黑中，用白线勾勒一个人形，在抽鸦片。题目似是：中国财政的一线希望。我和立徵议论过这幅画，认为这就是当时的黑暗中国，希望则在那一边我们所不了解的“苏区”。“苏区”这个名词是从我的老家平江来人中知道的。我的忆旧诗中有句“人人平等事悬殊，来客频频话苏区。学唱饥寒交迫曲，心驰桃树武陵居”，这是一个年轻的远房亲戚，他在苏区呆过，来到长沙时，眉飞色舞地跟我讲过苏区的生活，教我唱过《国际歌》。

1936年暑假，李锐提前一年进行暑假期间的工厂实习，选定长辛店铁路工厂，为的是靠近北平，以便同文立徵共度暑假。这时华北的形势已经紧张。6月16日，文立徵给弟弟的信中又写道：

半月来，报上“华北”的字眼真够醒目了。自5月29日至6月10日，问题才告一段落。然邻邦移外交于军部，手段堪惊，故目前形势仍不可尽

被我铁道游击队缴获的日军火车

测，未敢乐观。至原提条件为何，不能全悉。原则不外扫除我在华北之军政势力，造成黄河以北非武装区，然后言中日亲善？与提携？此固维持东亚和平？“有不得已也”。而旬日来：于主席（按：河北省主席于学忠)之免职；天津市长之易人；军分会政训处之撤销；宪兵第三团之离平；关、黄两师之移防；河北省、市党部之取消……等事实之变化，当系受其影响。近两日消息稍沉寂，此对方为了要监察我方承办条件履行与否也，然后进一步工作（日日有飞机侦察）。还说一件事：6月7日，河北高中军训集中训练处，接日方某武官电话，谓欲领两连兵在两小时内前来观光，主持人关麟徵师长（古北口一役勇将）即应允，并备阵以待，不意客至过门不入。移时，关即奉遣散命。临别，作最后精神训话时，关上台四、五分钟久，泣不能言。在场数千学兵，无不落泪。因为他们都读过都德的《最后一课》。

李锐到长辛店后，第一个月的几个周末，都是到北平同文立徵一起度过的。由于实习生活过于呆板，工厂同伴也谈不来，第二个月李锐就索性离开工厂，同文立徵住到一起了。这是非常美好的一个月。他们常逛书摊，东安市场可以买到翻印的《鲁迅杂文集》。有次去游颐和园，门票5角钱，进排云殿还要花5角钱，于是两人沿着外墙往上走，在最高处翻墙而入。那时游人很少，当他们走上最高处亭子时，一大群日本男女挤在里面，又吃又闹，好像这儿是日本人的天下。这个刺激的场面，使他俩大败其兴，义愤填膺。文立徵当时带了一个盒式照像机，也气愤地一甩，不拍了。

1938年3月，经从事地下工作的共产党员李锐、谢文跃介绍，文立徵光荣的加入了中国共产党。随后，由八路军驻武汉办事处派往苏北徐州，与中共苏鲁豫皖边区特委接上关系，跟着郭子化、张光中来到山东抱犊崮山区，加入了鲁南人民抗日义勇总队，担任鲁南民众抗敌自卫军政训处副处长。

当时的鲁南抗日烽火正炽，人民的抗日热潮风起云涌，各种番号、不同目的的武装纷然繁多。遵照党组织安排，文立徵以共产党员的身份来到了挂着国民党特种工作团第五大队番号的邵剑秋部担任政治教官。在白楼，他和巾帼英雄梁巾霞一起办起了鲁南第一个抗日青年训练班，讲时局，谈形势，教文化，授知识，培养了一批抗日骨干；在周营，他和战士们一起练刺杀，吃派饭， 并潜心于部队的思想政治工作，发展进步青年加入中国共产党。

王默卿就是他发展的党员之一。后来部队被国民党以发服装、配军械为名骗到苏北宿迁，担任了一营副营长的王默卿积极配合文立徵开展反对南下 、北上山东抗日活动，最终带领一营北返。不久，王默卿担任了八路军运河支队第二大队的大队长，1943年英勇牺牲在西伊家抗日的战场。

由于文立徵的努力，邵剑秋部整体素质大大提高。1939年底，八路军115师代师长陈光、政委罗荣桓发布命令，将邵剑秋部、孙伯龙部、胡大勋部等改编，成立八路军115师运河支队。文立徵担任了支队政治部主任，次年被任命为副政委。

运河支队成立后，条件十分艰苦，吃的是煎饼、野菜，铺的是干草，冷热衣服各只一套。即使是这样，干部战士仍保持着旺盛的斗志，血战杜庄，智打唐湖，常埠桥击毙日酋广田中佐。不到一年就身历数十战，重创了运河两岸日寇的有生力量，直接威胁了津浦、陇海两大铁路动脉。日军恐慌之下于1940年秋 集结7000日伪军，从徐州、韩庄、临城、枣庄、峄县多路分进合围，疯狂的向我黄邱山套等根据地扫荡。敌强我弱，运河支队一路坚持运南，另一路主力600人由邵剑秋副支队长和文立徵率领从夹缝中杀入敌人后方，越过津浦路直抵微山湖东岸。在敌人发现我军意图再次合围之际，文立徵主动配合邵剑秋采用机动灵活的战术，把部队安全带出郗山，夜渡微山湖，绕过韩庄，回师运南，又一次粉碎了日伪军的铁壁合围图谋。

运河支队成员都是自愿集合起来抗日的老百姓，只有朴素的民族意识，对抗战的持久性、艰巨性认识不清，更不懂得革命的道理。立徵在部队教政治课，讲三大纪律、八项注意，教唱抗日救亡歌曲，用油印印成带画的书，极受战士们的欢迎，终于使这支部队成为有纪律、有觉悟的抗日部队。在运河支队成立前，干部和战士都叫他文老师。这支部队在立徵的教育指导下，在军事上也懂得了游击战术，除了一般战斗外，打过好几次比较有名的胜仗。如在津浦路上唐湖车站附近袭击日寇军用火车，在津浦路侧伏击日军汽车，曹家埠歼灭战，夜袭利国铁矿，等等。这都同立徵的正确指挥有直接关系。

《铁道游击队》连环画

当年配合铁道游击队工作，在临城六区当区长的范有功，追忆起政委文立徵的时候，叙述了当年他在游击队的一些生动场面：为了应付敌人，他穿着槛褛的衣服，戴一顶破毡帽头，穿一双铲鞋。他个儿矮，袍子太长，就把前大襟翻起，掖在腰带里。破裤子也补满了白、黑、蓝各色补丁。他常带两支短枪，掖在胸前袍子里。

当时生活很苦，几个小枣也算一天口粮。立徵爱吃高粱煎饼卷辣椒，有一天，他拿着一小块果子饼认真地对范有功说："伙计，咱们今天有饭了。"

他非常爱学习，军装上衣和大襟衣的口袋里，全是自己用布面钉的小记录本，写满了密密麻麻的铅笔字。

他很沉着，遇事总要弄个清楚，不轻易下决断。他非常乐观，对人总是和蔼可亲，从不高声说话。

他是领导干部，在群众中却很活跃，会吹口琴，总随身带着，一边吹，一边还教小孩们跳舞。

1943年春，文立徵调任鲁南独立支队副政委兼铁道游击队政委。

铁道游击队前后有4个政委。

第一个政委叫杜季伟，后来调走了。

杜季伟调走后，又来了个张洪义。但不久张政委便在一次战斗中牺牲了。

文立徵是第三任政委。

当时的铁道游击队以短枪和便衣装束，活跃在敌人据点林立、重兵把守的铁路线上。他们在敌人据点里摸岗哨、打特务，在铁路上袭击火车，在客车上打歼灭战。有时把敌人的火车开跑，和另一列火车相撞。他们机智勇敢地消灭敌人，歼灭了日寇对付铁道游击队的各种各样的特务队。他们把成车皮的布匹截下来，解决了山区根据地军队的冬衣问题。他们从火车上搞下可以装备一个中队的日式步枪、机枪，送进山里。如果我军主力在战场上缴获这么多武器，得用成团的兵力和敌人搏斗，而且还要付出很大的伤亡代价。可是铁道游击队却不鸣一枪，就把这些主力急需的武器拿到手了。抗战八年，铁道游击队在铁路上神出鬼没地和敌人战斗，创造了很多惊人的战斗事迹。真是打得敌伪胆寒，显示了游击健儿的神威。他们的英雄业绩，鼓舞了抗日根据地军民的士气和坚持抗战的胜利信心。

文立徵当时33岁，清秀的面孔上有双细长的丹凤眼。他是个知识分子干部。在极端艰苦复杂的斗争中，他能够和铁道游击队的哥们儿混在一起，并赢得他们的信任，发挥他的政治工作威力，确非易事。

铁道游击队的队员们绝大多数都是当地铁路沿线工人、职员、小商贩及劳苦群众，都具有热情豪爽、行侠仗义的性格，多少还带点江湖好汉、绿林英雄的风格。他们经常深入敌穴和敌人短兵相接，出奇制胜。因此，他们所创造的战斗事迹都带有传奇的色彩。他们在铁路上的战斗，曲折生动，都可以当故事来讲。如“血染洋行”、“飞车搞机枪”、“票车上的战斗”、“搞布车”、“打冈村”以及“微山湖化装突围”等等都确有其事。这些故事通过艺术手段的塑造，流传很广。

1944年6月，中共鲁南区党委任命文立徵为地委委员兼宣传科长，到丰沛地区开辟工作。次年2月22日，因叛徒告密，在临城县六区遭敌特武装袭击，壮烈牺牲，终年34岁。

李锐后来赋诗评价道：横戈杀贼秀才风，游击生涯百事通。

年轻的生命铸就了抗战的丰碑，献身的精神融进了铁道游击队队歌。代代传唱，百世流芳。

铁道游击队纪念碑

周荣琮·自主创新造福祉

周荣琮，衡阳市衡南县三塘镇人。1928年10月出生。中国科学院研究员，著名机电专家。

周荣琮1953年从湖南大学电机系毕业后，一直从事机电研究。1960年中国建成拥有3套同步电机模型机组的电力系统物理模拟实验室，他是主要参与者，并与一名叫韩朔的同行合著《电力系统物理模拟》一书，由科学出版社出版。1961年至1963年，他专门从事“电力系统非同期化同期输电研究”。1965年研究09工程需要的400周大功率稳压电源和25伏大功率直流稳压电源。1972年研制28公米力矩电机随动系统。在这一系列有关机电的科学研究中，周荣琮均有建树。特别是前面提到的09工程，这些在以07、08、09等数字命名的工程与我国科学工业的核心机密息息相关。

1975年开始，周荣琮又投入“宽调速直流伺服电机及其控制系统的研究”。第一次在中国将铁氧永磁用于这种电机，并研究了适合我国材料性能及工艺条件的并联永磁磁路，先后试制出3种不同规格的电机和控制系统，推动了我国数控机床的发展。该项成果获1978年科学院重大成果奖和全国科技大会成果奖，享誉一时。

1983年开始，周荣琮接受了国家科委下达的一项重大的科研任务——研究核磁共振成像永磁磁体。核磁共振成像是80年代国际高科技医疗技术。永磁磁体是该技术的关键部件，国外只有美国FONAR公司研制成功。

为满足中国百姓医疗检查之急需，我国曾向美国FONAP公司提出寻求合作开发“永磁磁体”的建议，并不惜花费巨额外汇，但遭到对方断然拒绝。他们既不愿合作，更不肯转让，连中国人参观实物的要求也未获准。

你要卡脖子，咱就自己干。

就是在西方人这种严密封锁、歧视、制裁的高压政策下，倔强的衡阳人周荣琮成了中国核磁共振永磁磁体的研制和开拓者。

在缺乏感性知识和技术资料的情况下，周荣琮在国家科委的支持下，临难受命，主持永磁磁体的研制。

周荣琮(1928−1992)

工作伊始，既有技术上的困难，也存在组织队伍的困难。他不计名利，一心扑在工作上，潜心研究。由于种种原因，有些成员相继离开小组。于是，他身兼多职，既是项目负责人，总体设计者，也是绘图、器材订货采购、加工联系人员。凡事都亲临第一线，例如在邢台、石家庄等地安装公司出售的第一批磁体时，是在室外十分简陋的棚子里安装调试的，每天要冒着40° C左右的高温，坚持奋战。调整磁场均匀度时，他带领青年从上午8时工作到晚上12时，中午只能在屏蔽室内休息一会儿，真是苦不堪言，他本人则认为这是他的事业，责无旁贷。

“永磁磁体”是研制的核心，是拳头产品，其效益是否理想既关系到公司的兴衰成败和全体成员的切身利益，也关系国家民族的尊严，关系到百姓的福祉。周荣琮开始作为公司总工程师，后来作为首席顾问、高级顾问，始终是技术带头人，做到埋头尽职为公司的发展与繁荣呕心沥血，为取得高质量永磁磁体而鞠躬尽瘁。在长达9年多的艰苦历程中，作为项目主持人，他没有计较自己应该得到的份额。他秉性憨厚，宽以待人，常常将出国参观学习的机会让给别人。他严于律己，为人正直，尤其善于顾全大局，时时将矛盾、冲突自我化解。他始终保持旺盛的工作热忱，被周围同志赞为“技高而不计回报”、“物美价廉”的专家。

从1988年开始，在周荣琮领导下，组织力量进行产品开发，不到一年时间完成1500高斯永磁磁体。第一台产品样机，在结构和工艺上作了较大改进，达成可以批量生产的条件。1989年生产了三台，其中两台安装到医院投入了运行。1989年12月由国家科委、中国科学院和国家医药局共同组织了系统鉴定，对永磁磁体作出较好评价：“永磁磁体研制是成功的，全部采用国产材料，其指标性能优于国外同类产品。”

这样，有了我国自己的磁共振成像系统，在中低场范围内完成了生产自主，可以不进口外国设备了。每生产一台设备就可以节约外汇150万元，每年可为国家节约人民币过亿元。更重要的是使我国医疗仪器达到了国际高科技先进水平。

周荣琮作为我国核磁共振永磁磁体的开拓者，通过辛勤劳动获得丰硕成果后，如果保守技术秘密，垄断技术地位，可以带来滚滚财源。但是，周荣琮高风亮节，把一己私利置于度外，把自己掌握的知识和技术毫无保留地传授给年轻人，奉献国家，造福社会。

对于成果分享、著作署名和报酬分配等切身问题，他总是本着“事业重于泰山，名利轻于鸿毛”的原则坦然进行处理。

1992年10月，周荣琮在北京医院病逝。

科学家工作现场

永磁起重机

洛 夫·诗写永恒人成歌

衡阳人洛夫，1928年生，1949年赴台，1996年移民加拿大。他写诗、评诗60多年，出版诗集31部、散文集6部、诗论集5部。1999年，他创作的《魔歌》被评为中国台湾文学经典之一。2001年，他凭借长诗《漂土》获诺贝尔文学奖提名。鉴于此，洛夫在海外华人圈内被称为“诗魔”。

之所以被称为“诗魔”，是因为洛夫早年为超现实主义诗人，表现手法近乎魔幻。台湾出版的《中国当代十大诗人选集》如此评价：“从明朗到艰涩，又从艰涩返回明朗，洛夫在自我否定与肯定的追求中，表现出惊人的韧性。他对语言的锤炼、意象的营造以及从现实中发掘超现实的诗情，乃得以奠定其独特的风格，其世界之广阔、思想之深致、表现手法之繁复多变，可能无出其右者。”另一项台湾吴三连文艺奖的评语对他更为肯定：“自《魔歌》以后，风格渐渐转变，由繁复趋于简洁，由激动趋于静观，师承古典而落实生活，成熟之艺术已臻虚实相生，动静皆宜之境地。他的诗直探万物之本质，穷究生命之意义，且对中国文字锤炼有功”。

1988年后，洛夫曾多次返回家乡衡阳。

在衡阳市志办，他与老友、同学交换过曾被海峡隔断而无法交流的习作；在文化宫，他参加了故乡大学生为他举办的“洛夫诗歌朗诵会”。

家乡市八中百年校庆，他发来了贺电。

湘水明珠文化主题公园筹建，他欣然挥毫题名“湘水明珠”，光耀沿江东岸。

洛夫出生在衡南县东乡相公堡燕子山，排行第二，取名莫运端。父亲莫逢春是个小商人，与洛夫的母亲均是基督教信徒。

洛夫8岁时，能跟着蒙馆老师和父母吟诵《唐诗三百首》。最难忘的是读柳宗元的《江雪》：“千山鸟飞绝，万径人踪灭，孤舟蓑笠翁，独钓寒江雪。”他觉得最后一句很有趣：一个老渔翁，冒着冰天雪地的苦寒，竟然独自划着小船到江里去钓雪，真好玩！可是念来念去，总感到有点不大对劲，小脑袋里不免疑云大起：江里到底有没有鱼？他放下书本，缠着母亲要她解答这个问题，母亲皱了皱眉头，慢声答道：“江里怎么会没有鱼。”

“那么老公公为什么要钓雪？鱼都跑到那里去了？”

“都回家烤火去了。”

母亲答得理直气壮，他也就深信不疑。

洛夫(1928－)

洛夫在青少年时就表现得机智勇敢，在他15岁那年，有过一段游击生涯。那是1944年冬，雪下得好大，为粉碎日军“一号作战”计划，衡阳军民坚守古城，血战47天，终因敌我悬殊，弹尽粮绝，援军迟迟未到而失守。但衡阳的抗日火种仍然未绝。

洛夫在一位同学的引荐下，瞒着父母加入了号称为自卫别动队第三大队的游击部队。但毕竟年轻，又没有受过基本军事训练，只好派在大队部干些发放传单、半夜偷贴反日标语或传达命令之类的简易工作。游击生涯，极为清苦，3个月里天天吃红薯和空心菜，但他毫无怨言，斗志高昂，颇为一个姓龙的大队长所赏识。有一次，他派洛夫值夜班，交给洛夫一支左轮手枪，命他看守一个犯人。次日交差后，上级把犯人押走，却没有向洛夫索回手枪。他也就不哼声地据为己有，还不时掏出来向朋友炫耀。从此，他经常练习打枪，不久居然能在30公尺以内射中麻雀。

也许由于这次顺利完成了看守犯人的任务，龙队长认为他尽职负责、忠实可靠，一个月后又赋予他另一项重大任务，叫他去偷取日军的武器。“作案”的对象就是驻扎在他家前厅手工艺厂的一个日军分队。这显然是件玩命的任务，龙队长之所以选上他去冒这个险，主要是因为他对环境最熟悉，易于得手。当时游击队最需要的就是武器，因此龙队长特别叮嘱洛夫：最好能弄到一挺火力大而又轻便的机关枪。

那天天色非常阴沉，洛夫一直睁着眼挨到下半夜两点多钟，才悄悄摸入前厅。大门口有一名卫兵，前厅地板上睡有八名日本兵，右侧靠墙架着几支步枪。夜很静，日本兵的鼾声和大门卫兵走动时踩着积雪的嗤嗤声不时传来。洛夫硬着头皮，估量着军曹卧室的方位，开始蹑足而行。在黑暗中待了几分钟后，视线已渐渐清晰，加之后院废墟中雪光的映照，几乎可以看清睡在地板上的那排日本兵的光头，不由得顿生怯意。正在摸索前进时，突然寂静中响起“哐啷”一声，他万没有料到路中放着一只空煤油桶，刚好被右脚踢中，接着引起隔壁一阵狗叫，吓得洛夫手脚发软，心跳加速，立刻悄悄地退到一截断墙后面躲了起来。

只听到大门口的卫兵叽哩呱啦一阵喊叫，睡在地板上的大兵都被唤醒。经过好一阵搜索，并未发现任何可疑之处，日本兵大概以为只是夜猫追老鼠，误撞上了煤油桶，喧闹了一阵又都蒙头睡着了。一个多小时后，厅中鼾声再起，他又鼓起勇气，觑准煤油桶的位置，绕道而过，一直摸到那位军曹的房门口。

终于抓到了冰冷的枪管，他双手慢慢地将它抱了起来。到手后，他开始蹑手蹑脚一步步向后退，等退到后院，才猛地转过身，快步而逃。

按照原定计划，他把机枪藏在后院的荒草中，即刻溜到隔壁的杂货店，向大队长报告经过。由于这次夺机枪的功劳，洛夫升为分队长。其实他手下无一兵一卒，虚有其名，只能算是一种精神上的抚慰。不久后，日本宣布投降，抗战获得最后胜利，神州重光，他也就结束了为时半年多的游击生涯，重返学校读书。而龙队长那些人，又换上国民政府军服装，以抗日英雄部队的面貌在衡州城里穿过，却把洛夫忘到九霄云外了。

17岁时，洛夫考进了岳云中学。该校一直是湖南省有名的重点中学。

曾写过《游击队之歌》《天涯歌女》《四季歌》的作曲家贺绿汀就是他的同学。第二年，他在一本杂志上读到了冰心的《相思》，据洛夫自己回忆，这是他成年后再一次接触诗歌，他被《相思》深深地打动了，他反复吟诵，居然夜不能寐。他又开始收集翻阅冰心的所有作品。紧接着他开始自己写诗，自此一发而不可收，在岳云中学求学期间他一下发表了29首诗。他特意做了一个剪贴本并细心地珍藏起来。报馆里发给他的稿费，他一是用来买诗集，二是用来买零食。

挥毫中的洛夫

精神享受与物质充饥两不误。

他欣赏俄国普希金、英国拜伦、苏联高尔基和五四运动以来的新文学名著。当时同学们不清楚他的名字是由于受苏俄文学的影响而取的，而以为他是羡慕苏联著名政治家、外交家莫洛托夫的名字，因此，学校当局和一部分同学还怀疑他是亲苏亲共的“赤色分子”。

在学校里，他与一批进步的同学组织了芙兰芝剧社和芙兰芝艺术研究社。“芙兰芝”这个名称的含意一是取英语朋友们（friends）的谐音；二是“芙”指湖南，“兰芝”指喻才质之美、君子之风的香草兰花和妙药灵芝，借物寓人，可见他们的胸怀。洛夫在这两个团体中分别担任副社长和社长。他们除自编自演以外，还改编演出了俄国文学家果戈里的名作《钦差大臣》，以揭露批判官场的卑鄙可耻行径。

1949年，洛夫不满当时的现实情况，又带着幻想，希望找到一块世外桃源继续读书。正逢国民政府陆军总部在衡阳招收学员，简章上标明是去台湾上大学，他便与好友萧牧报了名。离开家时，洛夫的背包里基本都是书，有拜伦、普希金、冯至、艾青的诗，也有高尔基的小说。第二天坐火车到广州，拿到陆军总部学员称号，等了一个礼拜，才发现天天有哨兵监视，限制行动自由。萧牧不无担忧地说：“我们可能受骗了，到台湾大学去读书，怎么还限制行动自由？”

上了船，到了台湾，萧牧对洛夫说：“我们不能到台南去，他们会把我们押送到凤山兵营受训，我们要准备开小差。”

两人作了认真细致的安排。在基隆上了岸，被火车送到台中，他俩当机立断，行李也不要了。萧牧先下车，对洛夫说：“我在车站厕所等你。”不久他们在厕所相见继续磋商：人生地不熟，逃出队伍只能求助于熟人朋友，否则这年头，鬼都不会相信你。几经周折，他俩到台中花园路找到萧牧的哥哥萧功伟。功伟一见弟弟，惊喜莫名，感到骇然。他说：“我都准备回大陆了，你们怎么还到这里来？”萧功伟要回大陆，是因为他的未婚妻在北京辅仁大学学习，他是随单位于1948年集体迁移到台湾去的。这个单位是绝密单位，不能住外人。功伟就把萧牧和洛夫连夜送到屏东。这是靠近高雄的一个小镇，他们有个亲戚在此地驻军部队当官，临时安插两个人没问题，就把他俩当作空缺安排在那里吃闲饭。萧功伟继续筹划回大陆，其祖父此时也写信给萧功伟，责备萧牧为什么贸然去台湾，告诉功伟一定要把弟弟带回。当时回大陆很难，萧功伟急中生智想起叔叔有个同学叫刘国运，时任空军总部参谋长，于是他借叔父的名义造了一封假电报，内容是催促功伟回衡结婚，顺便捎给了刘国运一枚金戒指。说来也巧，功伟的岳父是当时交通银行行长，跟刘国运也相识。假电报给了刘国运，他信以为真，看在双方长辈友谊的份上，也看在一个金戒指的厚情上，便设法弄到了两张回大陆的飞机票。

这时萧牧想：哥哥要走，我也要走，洛夫怎么办呢？他与我同舟赴台，我能把他一个人抛下吗？不，不行，绝对不行。他认真地对哥哥说：“无论如何，我们要把洛夫一起带走。”

萧功伟明确地回答说：“不行，如果没有刘国运的特殊关系弄到两张飞机票，你我都不可能回去，怎么还可能带洛夫同行？”

萧牧无奈，只好如实告诉洛夫。但为了洛夫在台湾多一条出路，萧功伟又给洛夫一封介绍信。有个叫刘德智的衡阳老乡，在台湾斗六中学当教导主任，和萧功伟很熟，所以介绍洛夫去找刘德智，希望让洛夫到这个学校当语文教员。

萧牧和洛夫在屏东海边沙滩上告别，正是秋天的一个黄昏时候，他们漫步在椰子林底下，回顾往事，依依不舍，展望未来，一片茫然。当萧牧转述哥哥的话：“你们一路来，可不能一路回”时，萧牧哭了，洛夫也哭了。身处孤岛，唯一的好友要分手了，海角天涯，命运未卜。洛夫流着眼泪，捡了几个贝壳、一个海螺塞在萧牧手里："做个纪念吧！"萧牧回到大陆后，几十年政治坎坷，生活清贫，但始终保留着那颗已经泛黄的海螺。

洛夫眼睁睁地看着萧牧飞回大陆，真是愁肠百结，不可名状。当时他初离家乡，父母和六位弟妹也都在大陆，自己有家不能归，孑然一身，心灵孤寂而空虚。

1987年洛夫偕太太（中）在衡阳市工人文化宫以诗会友

这时，他没有按照萧牧的介绍去斗六中学教书，而是辗转到澎湖测天岛一个海军单位。他住的地方靠海，一出门就是万顷波涛，一片浩瀚。早晨或黄昏，他独自站在海边对着港口来往的船只出神。海面闪烁的渔火，远及数里的灯塔闪光，这一切都令他感到无边的茫然，任何自然美景，也只有在充实的心灵里才能领略。若干年后，他曾把这些经验与自我摇摇欲坠的感受写成了一首《海之外》的诗：

海在最咸的时候我才发现
那蹲在岩石上想心事的人
绝对不是那种
说蓝就蓝了起来的
晚云
他的茫然
在灯塔里亮着
再也不能以仰姿泅回去了
因那嵌在沙滩上的背印
已整个被夕阳卷走
于是，他暗地把远洋沉船的
地点
划在鞋底

1952年他发表了去台湾的第一首诗《火焰之歌》于《宝岛文艺月刊》，

在台湾诗界就初露头角。1954年他结识了一批年轻诗人如痖弦、张默等，并相约共同创办了《创世纪》诗刊于左营，痖弦任诗社社长，洛夫后任诗刊总编辑，张默负责编务。外人认为《创世纪》是“三驾马车”统领，洛夫回忆说：“《创世纪》成立之初，我与张默、痖弦三人正在海军服役，意气风发，热情多感，所见所闻，一咏一叹，无不是诗。当时物质生活水准普遍低落，我们寅吃卯粮，抽屉里堆满了卖不出去的诗，哪有余钱来办一份诗刊。但为了实现一种渺茫的文学理想，凭着夸父追日的那分执著，我们还是一期一期地办下去，没有想到竟然苦撑了30年（至今已办55年）。最初几年，《创世纪》可说是在典当中度过：半旧的脚踏车，起皱的西装，时走时停的手表，诗刊出版之前送进去，发饷后再赎出来。初次进当铺不免脸红心跳，多跑几趟也就习惯了。”

《创世纪》的发展大致可分为3个时期。从1954年创刊到1959年第10期为试验期。这5年内他们有一些想法但不够成熟，犹如雾中的灯火，隐约中有点光在前面召引，后来他们终于把它化为一种建设性的观念，那就是第五期社论中提出的“建立新民族诗型的雏议”，这篇社论是洛夫撰写的，在这篇社论中他指出：“‘新民族诗型’的基本要素有二：一是艺术的非纯理性的阐发，亦非纯情绪的直陈，而是美学上直觉的意象之表现。我们主张形象第一，意境至上，且必须是精神的、诗的、而不是散广的。二是中国风的，东方味的运用中国文学之特性以表现东方民族生活之特有情趣。”

第11期到29期为创造期。这一改变几乎是飞跃式的，精神上如同脱胎换骨。他们像刚出炉的钢铁，热血沸腾，意志鹰扬，虽没有唱出“亲诗再革命”的口号，却有着壮士冲刺的骠悍，在

洛夫(左一)在故居诗友家作客

台湾诗坛上激荡起满天风云。他们不再提倡“新民族诗型”，而强调诗的“世界性”“超现实性”“独创性”和“纯粹性”。同时对全台湾的优秀诗人，不分派别，均把他们最好的作品给予发表，那时许多台湾著名诗人都先后加入了“创世纪”的阵营。

1969年《创世纪》因经费筹措困难宣布休社，1972年《创世纪》复刊号（30期）推出，自此他们又迈入了第三时期——自觉期。所谓“自觉”，即由回顾、批评、反省所形成的一种审慎的自我评价。复出的方向和具体的做法，均见于复刊号的社论：“一棵不死的麦子”，其中除强调：“我们在批判与吸收了中西文学传统之后，将努力于一种新的民族风格之塑造，唱出真正属于我们这一时代的声音”和继续维持“高水准的创作”之外，并表示将致力于：上世纪二三十年中国诗坛史料整理；展开对中国现代诗的批评；世界诗坛作品、理论与史料之汇集和译介。

《创世纪》纵横诗坛数十年，也就是洛夫和他的诗友纵横诗坛数十年的业绩之一。以一个纯诗刊而言，其寿命之长在中国诗坛上是屈指可数的，也可见洛夫在创办诗社和诗刊上的显著才能和贡献，也由于《创世纪》的影响而使洛夫在台湾诗坛上日益居于重要领导地位并有着深远的辐射力。

在洛夫的诗、文和言行中，充分表现了他对祖国、对故乡、对亲人的爱，真是乡情绵绵，愁丝不断。在访问南朝鲜时，他伫立三八线，遥望北国风光，思念的翅膀飞过了白山黑水；他感到平原背后的远方迤逦着一抹像水墨画中的山影，在想象中，山影的背后该是冷冻的鸭绿江，雪封的东三省。

他写道：“这时，我的视线内似乎隐隐呈现出中国大陆的一片如画江山，神州故国。远处山谷正升起一缕淡淡的炊烟，久久未曾散去，亦如我们胸中无尽的乡愁。”在访问香港时，他安排的重要日程之一就是到边界落马洲眺望中国大陆，“嗅嗅30年未曾一闻的故国泥土芬芳”。他坐在旅行车上，一边飞驰，一边吟唱：“三十功名尘与土，八千里路云和月。”他想：功名何物？非尘即土，这且不去说它，但30年亮丽的岁月已一晃而过，故国的山河是否仍是那么灵秀而安静，不是在诗中、梦中，而是实实在在地踏在脚下。所谓“近乡情更怯”，他在车子的飞驰中，紧张地向远方眺望，停好车，并租来一副望远镜。自己的国土只能远远地望，而不能接近它，摸一下，捏一把。他深感荒谬！他接着坦露自己的心情：“我老家湖南，本在千山万水之外，可是每次举起望远镜，家乡的一草一木、一丘一壑，便历历如在眼前。这时我感到有点醺醺然，乡容也会醉人的。我们正准备上车回城时，突然听到一声叫人心跳的鹧鸪声，自对面的田间传来。这种啼叫，数十年前曾在故乡听过，蜗居台北市，仅闻麻雀啾啾，几曾听到过这么动人的嘀嘀咕咕。”

他触景生情，由此返回写出了《边界望乡》诗，他在诗中写道：

雾正在升起
我们在茫然中勒马四顾
手掌开始生汗
望远镜中扩大数十倍的乡愁
乱如风中的散发
当距离调整到令人心跳的程度
一座远山迎面飞来
把我撞成了
严重的内伤
……
故国的泥土，伸手可及
但我抓回来的仍是一掌冷雾

这是“一曲动人的乡愁乐奏”，人们读了会感到新颖而奇妙的诗的气象络绎而来，像含苞的花一样次第开放，令人目为之夺、神为之夺，给人以惊喜的美感，和他一起在乡愁中激荡。

他有多少话想给亲人说呀！在《寄鞋》一诗中表现得非常真挚感人：

间关千里
寄给你一双布鞋
一封
无字的信
积了四十多年的话
想说无从说
只好一句句
密密缝在鞋底
这些话我偷偷藏了很久
有几句藏在井边

有几句藏在厨房
有几句藏在枕头下
有几句藏在午夜明灭不定的灯火里
有的风干了
有的生霉了
有的掉了牙齿
有的长出了青苔
现在一一收集起来
……
鞋子也许嫌小一些
我是以心裁量，以童年以五更的梦裁量
合不合脚是另一回事
请千万别弃之若敝屣
四十多年的思念
四十多年的孤寂
都缝在鞋底

诗人将一双布鞋比喻为“一封无字的信”，并将这一意象贯串全诗，“能使无情尽有情”，虽是假一个女子的口气写成，但难道不同样可以看出洛夫“积了四十多年的话，想说无从说”的心情？

洛夫对故乡，对亲人的思念，尤集中表现在对他的母亲的思念上。1980年岁末，辗转获得老家亲人的讯息，他的76岁的老母仍健在人间。他在《家书》一诗中百感交集地写道：“而妈妈那帧含泪的照片拧了三十年仍是湿的。”一年后，他的母亲病逝，他挥泪写成悼念亡母的长诗《血的再版》。这首诗附有一个后记，其中一段是这样写的：

“一想到脐带两端上系的血缘亲情，以及母亲的慈爱和抚养子女的辛劳，便难以释怀。而为人子者，离家数十年不能归去，对母亲生前即未能奉养，病中不能前往探视，去世后又无法回家送葬，这真是一种无可奈何的悲哀。其实这种悲剧已在许多人身上发生，而成了这个时代的共同经验。三十多年来，海峡两岸的中国人无不渴望早日国家统一，亲人团聚……因此，我的哀恸也是千万中国人的哀恸，我为丧母流的泪也只是千万斛泪水中的一小滴。以小喻大，我个人的悲剧实际上已成为一种象征。”

他的《血的再版》悼念亡母之所以在台湾赢得广大读者，受到诗坛的高度赞扬，恐怕主要原因也在这一点上，悼念的虽是他个人的母亲，也是千千万万同命运人的母亲。我们听听他的悼念吧：

三十年的隔绝
三十年的牵绊
日日苦等
两岸的海水激飞而起
在空中打一个结
或架一座桥
夜夜梦中
把家书折成一只小船
……
然后夜泊在
你白发满覆的枕边
你却一把抓住我的臂
……
把家书折成一只小船
……
然后夜泊在
你白发满覆的枕边
那是千里停舟的码头
我欣然抛过缆索
你却一把抓住我的臂
……
你看，我的须眉皆已染白
当然不完全是雪
也掺有三十年的尘与土，悲凉的月
……
你那暖如一盆火的拥抱
才会使我深深感知
取暖最好的方法就是回家
……
母亲
三十多个寒暑匆匆的催逼

洛夫书法作品

我仍只是一只
追逐天涯的孤雁
……
千年前屈原在汨罗的那种
冷冷的旅程
而我的离骚
则以亚热带的湿疹与孤寂烈军属成
癣一般顽固
无边无际扩张的乡愁写成
……
母亲
夜，好静好静
我忍不住哭
独自藏身在书房中
……
你是历史中的一滴血
我是你血的再版

其感情真挚，表露无遗，字字如血，句句是泪。

蔡琰如不经历汉末之乱，流落到少数民族聚居之地，她就写不出《胡笳十八拍》。杜甫如不经历“安史之乱”，他就想不出“国破山河在，城春草木深，感时花溅泪，恨别鸟惊心”这样的好诗。李煜如无亡国之痛，他就不可能留下“问君能有几多愁，恰似一江春水向东流”这样千古同愁的心曲。衡阳洛夫亦然。“祸兮福所倚，福兮祸所伏”，如果他没有经受孤岛生涯，与大陆亲人隔绝近40年之久，他就写

洛夫为家乡文化主题公园题字

不出《血的再版》等名驰中外的好诗。

2005年，洛夫再次返回家乡，在接受一位“粉丝”记者采访时，他说：“很多人告诉我，今天不是一个诗歌的时代，诗歌已经被市场经济和大众文化逼向边缘化，写诗的人比读诗的人多得多。但我觉得这未尝不是一件好事。诗歌本身就不可能大众化，就不必要走大众化的路线。我们可以用不同的推广方式去做，但是诗歌本身必须是诗，不能变成宣传品或广告来推广。现在网络诗歌比较发达，任何诗歌都可以在网络上看到，这是诗歌推广的一个手段，但这并不能作为诗歌创作的一个平台，还是应该先把诗歌创作好了再走向这个平台。”

诗人并不是职业，不能拿来当饭吃。但诗歌写作是非常个人的事情，只要你有信心，把诗歌当作是非常有价值的创作，这都是很神圣、很灵性的工作。

诗魔莫洛夫。

其本身就是一首诗。

洛夫写《边界望乡》时的深圳罗湖

李 恒·屏开春城高原红

衡阳女子是值得大书特书的。

1995年，第四届世界妇女大会在北京召开，中国妇联推选出8位中国百年女杰。她们是：秋瑾、宋庆龄、何香凝、唐群英、向警予、蔡畅、邓颖超、帅孟奇。

近代中国100年历史中，这8位“女中豪杰”有一半与衡阳衡山的荷花坪有关。

女权领袖唐群英是嫁至荷花坪的曾家媳妇，是衡阳本土人。

辛亥侠女秋瑾是浙江嫁至荷花坪的王家媳妇，吃过衡阳的米，喝过衡阳的水。

英雄母亲葛建豪在荷花坪生了个儿子叫蔡和森，生了个女儿叫蔡畅。蔡和森娶了个媳妇就是向警予，曾任中共中央第一任妇女部长；蔡畅则成为新中国第一届妇联主席。

这算不算一方水土养一方人？

你说，衡阳神奇不神奇？

1936年，跑进奥运会的第一位中国女子是衡阳姑娘李森。

第一次国内革命战争时期，为掩护毛泽东、朱德、陈毅等突围而牺牲自己的是衡阳女子伍若兰。

夏明翰的母亲陈云凤既是名门闺秀，又是诰命夫人，为了中国革命，所生子女10去其6，一门5位烈士8条冤魂。

女作家琼瑶年少时从衡阳去了宝岛台湾，她在上世纪80年代创作的爱情、伦理、道德小说被改编为电视剧，风靡海峡两岸。

今天，我再讲一讲中国科学家队伍中的一位女植物学家，她是我们当今时代的科学典范，学界楷模——李恒。

在中国植物系统学上，她建立了5个单子叶属的自然系统；在植物分类方面，她先后发现了120多个新种；在植物、地理研究方面，她发展了植物区系起源学说；在水生植物的研究中，她填补了我国高原淡水湖泊维管束水生植物分类、区系和植被研究的空白；她发表了论文111篇，成为同行中每年发表论文最多的"状元"。她在8次国际性学术会议上进行过论文宣读，还编写出版书籍15种，累计字数达250万，并于1987年至1989连续三年获中国科学院科技进步奖和自然科学奖。

李恒（1929-）

个子矮小的李恒，羸弱中透着倔强，精明能干，尤其喜欢读书。1929年农历二月十二日出生于衡阳县长乐区井头江村一个书香门第，由父亲怀抱发蒙。1947年以优异成绩从船山中学高中部毕业，因时局动荡，未能继续求学，但她不甘于穷乡僻壤的寂寞，虽是农村女子，却很有抱负。她当过县银行会计，当过乡村教师。新中国成立后，她进入衡阳市工人文化宫任管理员，继而被选调到中国科学院图书馆做财务工作。这是她人生的一个转折点。这个转折点起步高、视野阔，为其日后的成就奠定了良好的基础。她很满意这个工作，尤其身处首都北京让她感到自豪，虽已是一个孩子的母亲，但每天走过天安门时，她仍像少女一般天真激动，无限的幸福感化作无限的工作热情，账目日清月结，收支分文不差。当时的图书馆领导看她文化基础好，钻劲又强，性情娴淑，便提名推荐让她去考大学，修读俄语，她欣喜若狂。从接到第一本俄文课本开始她便手不释卷，废寝忘食。此时她已是两个孩子的母亲，为了集中精力读书，她不得已给幼小的孩子断了奶。

1956年从北京外语学院毕业后，李恒被分到中国科学院地理所当翻译，工作对象是研究中国自然区划，包括综合自然区划、地质区划、地貌区划、气候区划、植物区划等。区划是地理学及其各分支科学研究的高级阶段、是国家重点项目。所里聘请了苏联专家当顾问，工作的双方都是一流的科学家，为了把翻译当好，只懂俄语还不行，还必须熟悉地理学有关的专业知识，才能翻译得准确、快速、得心应手。为此，研究所所长一方面请地理专家为她讲课，同时又安排时间让她到北京大学地理系进修，使她较快地掌握了许多地理专业知识，大大提高了翻译水平。中国科学院副院长竺可桢和苏联专家谈话时，也请李恒担任翻译。郭沫若几次为苏联人作报告，都让李恒为之翻译。郭沫若风趣地对李恒说："我说一句，你译一句，咱俩共同演出一出文明戏。"

苏联专家撤走之后，她的工作任务主要是笔译。由于工作时间灵活，因此，她根据国内需要，翻译了不少苏联专家的专论和专著，如：《和平利用原子能的国际合作》《经济地理学导论》《苏联地理学的发展过程》《海洋的生活》《中国综合自然区划》《中国植物区划》等30种，400多万字的专著。她翻译得又快又准，被科学院的人们称为"翻译能手"。

这就是咱们衡阳的女子，聪颖、大度、好学、好强。一块好玉一经雕琢，就能放出异彩的光芒。

李恒望着4个书架上各色各样的俄文著作，她的心平静得如同清澈的湖水，柔和、舒展，她准备继续努力不断地将这些人类共同文明的结晶翻译出来，她完全没有料到她的人生道路正面临第二次重大转折。

一天所长亲切地对她说："你不可能长期限留在地理所当翻译。"

李恒不解地问："为什么？我很爱这个工作。"

老所长微笑着诚恳地说："国际形势的变化你也清楚，苏联背信弃义，撤走了全部专家，你不能只作俄文翻译，应该争取自己搞几个研究项目。再说你爱人已在植物研究所多年，那是一个植物王国，迟早都要把你调到植物研究所去的。"

李恒的爱人名叫王今维，也是衡阳人，既是园林专家，又是建筑学专家，还擅长书法、诗词、金石篆刻，是昆明植物研究所的高级工程师。他们于1949年在故乡长乐结婚以来，相聚时间少，分居的时间多，组织上不能不考虑。

李恒倔强地说："我为什么一定要跟他走，难道他不可以跟我？"

老所长知道李恒在翻译工作中接触了大量有关植物学方面的资料，并对植物学有过浓厚的兴趣，因此，出于关心她的生活，更出于关心她的前途，说："当然谁跟谁走都可以，但植物研究所设在昆明，植物对你有更大的诱惑力。"

天南星科植物

老所长一再敦促她多学习植物知识，除亲自指导她学习植物学、土壤学、景观地球化学外，还安排她学电大化学课程，同时介绍她拜老植物专家吴征镒为导师。吴征镒是中国科学院学部委员，当时也在搞区划，后来任植物研究所所长，他欣然同意收李恒为徒。李恒结识这两位前辈，是千里马遇上了伯乐。正是这两位带路人，为她打开了一扇通向植物王国的大门，为她指引了一条驰骋绿色世界的大道。

1961年4月，李恒调到了中国科学院昆明植物研究所，改行从事植物学的研究工作，此时的她堪称"青春已逝，盛年难再"，改弦易辙，谈何容易！李恒怀着满腔热情和憧憬抚心自问：我能跻身于植物学教授、专家之列吗？我能有所创造，有所发明，有所前进，有所作为吗？她很快就镇定下来，她想到父母给她取的名字"恒"，为人作事，贵在有"恒"。她告诫自己，要名实相符，一定要有恒心。

吴征镒所长第一次接见李恒夫妇时，便断然表示："俄文不能丢，地理不能丢。"他指定李恒到植物组去工作，并强调搞这个工作要过"三关"。

"第一是区系关，或叫专业知识关，植物怎样分区，归属何系，这要从宏观上控制。"

“第二是分类关，或叫标本关，包括野外关，植物分类够我们搞一辈子，要从微观上一一弄清楚，要广泛阅读中外的植物著作，要采集全世界各地的标本，既复杂，又奥妙！”

李恒频频点头。

吴所长说：“第三关是外文关，不仅懂俄文，还要懂英文。”

一切从零开始，在红土高原上，在深山峡谷中，李恒开始默默地寻觅、探索。

为破区系关，她再度跨进高等学府的大门——云南大学生物系，进修生物学，拜一切能者为师，她牢记古训：三人行，必有我师。

为破分类关，她跑野外、勤调查、细考察、采标本、作鉴定、写总结。按规定，一年野外采集，一年室内整理，可是李恒几乎每年都有3个月到野外采集。她领悟着“天不语而四时行，地不言而百物生”的自然之道，对“人以宁静而致远”的哲理深信不疑。心静则无旁骛，淡泊则不奢求，她不眷恋家庭温暖，不专顾儿女情长，而侧重于心向山野，情系草木。“文革”十年她逆水行舟，没有在知识的海洋停船靠岸。在下放劳动时，她都没有放弃过识别植物、采集标本、背拉丁文学名的机会。人家在外武斗，李恒却独自钻进标本楼，整日闭门不出，将70多万号标本细细翻认了一遍。继而她又从标本室走向野外。肩背标本夹，怀揣种子袋，手拿方向盘，脚穿解放鞋，走南闯北，由东至西。从磅礴的乌蒙，到秀丽的五岭，从一览众山小的泰山，到终年积雪的岷山，从长江到湘江，从洞庭到滇池，从云贵高原到楚汉平原，从西双版纳到喜马拉雅山，从长白山到五指山，从中国的山到外国的山，从亚洲的山到欧美的山……山里行，山里睡，在山吃山，在水吃水，随遇而安，火驱寒流，野果充饥，春风润面颊，秋霜炼筋骨，真是踏遍青山人未老，心血谱成青山恋。

为保护植物学家吴征镒先生积数十年心血所著的近百万字的《新华本草》手稿不被抄家烧掉，她和另一位同志冒着被批斗的危险，日夜转抄、复写、收藏和转移，从而使原稿得以保存下来，并公开出版发行。

20世纪80年代，李恒率队研究国家安排的重点课题天南星科等属植物。

天南星科是一种集药用、食用和观赏等多种应用价值的植物大科，计2500余种，其分布区跨越赤道和寒温带的各个生态地带，散布于新旧世界的各大陆块。李恒是我国对天南星科的分类、地理和起源作系统研究的第一人。

为了研究天南星科，她翻山越岭十余载，将采集的第一手资料与室内研究密切结合，除翻阅了古今中外所有与之有关的专著，在国内外标本馆查阅了上万份有关标本以外，还踏遍了大半个中国乃至近十个欧美国家，进行实地考察。

有一年冬天，她率队考察了云南边陲少数民族地区的原始森林。

李恒在海拔4000多公尺的古老森林中已走了几天，步步泥泞，头上淋雨，背心透汗。她躺在树下，忽然觉得眼睛不舒服，她用手去揉，越揉越痒，旁边的青年帮她翻开眼皮一看，原是蚂蟥掉入眼里，有一口粗针那么大，已侵入眼球。

青年慌了："李老师，怎么办？"

李恒处之泰然，说："不要紧，你们用一根火柴可以把蚂蟥引出来。"

青年如法照办，果然见效，李恒用手巾擦了一下眼睛，又继续迈进。

那一夜，他们住在丽江纳西族一座山顶的羊棚里，随身带的干粮也吃光了，肌肠辘辘，李恒就仿照牧羊人的办法，用梳篦子从羊身上把旱蚂蟥梳下来，然后放到水里煮，等于吃羊血汤。在这林深人不知的地方，只有月亮窥探他们的奇妙生活。他们对着明月，伴着如豆的灯火，凭着一碗羊血汤的热量，就在宿营地整理植物标本。一朵朵花，一片片叶，一根根草，一枝枝树，李恒把各种植物的生态环境，生活习性，大小颜色，都一一记录下来，再细心地把每一个标本烤干，压平，用夹板夹好。一位同行的小伙子曾问李恒："老师你被狗咬过吗？""咬过一次脚后跟，"李恒回顾说，"吃一堑，长一智，我第二次去西藏野外采集标本时，同行的有3个女同志，她们都怕狗咬。我走在前面，把狗赶跑，再垫后。晚上睡帐篷，上厕所，我为她们保驾，我不怕。"

李恒在野外考察的英姿

"你为什么不怕呢？"

李恒说："我从藏族兄弟那里学会了驯服藏獒的办法。有一次，藏獒跳到我肩膀上，差一点咬住我的后颈，我一个滚地龙就把藏獒摔开了。当它又狂吠时，我就照藏族兄弟告诉我的方法，向远处喊号子：'啊！'让山民听到我们是好人，就把狗关了，狗一听到这熟悉的号子声，也不再狂吠。"

为采集标本，完成科研计划，李恒就这样兢兢业业，走出中国，走出亚洲，走向世界。她在业务自传中说："我由地理翻译转到植物研究工作者，是由一个外行变内行的过程，变的内因在于：我秉性勤奋，热心于本职工作，无论做会计、翻译，还是作研究，我都有浓厚的兴趣，刻苦钻研。"

苦干就是李恒工作的诀窍，没有苦就没有乐，没有辛勤的耕耘，就没有丰硕的收获。

几分耕耘，几分收获。李恒作为我国第一个对天南星科植物进行系统研究的人，历时14年之久，付出了全部心血，取得了丰硕成果。1977年，她在《植物分类学报》上发表了《我国天南星科植物》一文，对全部种类列出了详尽的检索表，除订正前人研究中的错误以外，还发表了30余个新种，继而于1979年由中国科学出版社出版了专著天南星科《中国植物志》（第13卷第二分册），计31.8万多字。

1980年，在北京召开的国际青藏高原学术讨论会上，李恒宣读了她的论文《喜马拉雅横断山脉是天南星属的分布中心和分化中心》，提出位于北纬20°～25°间的华南、滇南和中南半岛北部地区应是天南星属的起源地。之后，她用英文把自己的新发现写成《天南星科生态地理和起源》这一论文，并于1987年在西德柏林召开的第十四届国际植物学代表大会上宣读，成为我国在国际植物学讲台上发言的首位女植物学家。她的论文指出：天南星科的原始类群起源于晚白垩纪时的亚洲大陆南缘地带的淡水环境。她的观点引起了强烈反响。专家们一致认为她的论文已达到国际先进水平，大会特别资助她1000马克（相当于人民币5000多元）。英国、日本学者与她达成协议，共同编著专著《天南星属》。南京大学生物系统教授、硕士研究生导师耿伯介评论说："李恒同志对天南星科植物作了大量研究，可称为国内此科唯一的专家。"

云南大学教授余振洲评论说："作者在专科分类学和区系学研究上，既有一定的理论价值和学术意义，又对国民经济起一定作用。"实践也证明，她的科学成果促进了经济的繁荣，也给农民带来了福音。

她考证了天南星科药材的原植物，如虎掌、南星、半夏和田跋等常用中药的正品，澄清了药材中的混乱，为中药志，药材收购和检验提供了科学依据。现在全国各省收购、加工和种植天南星科药材都能正确选用适当的植物，不再盲目。

李恒等发现多种可供食用的蘑芋后（其中包括一些优质种类），一经扩大，农民栽种蘑芋成风。而且，通过美国远东有限公司的努力，中国蘑芋产品获得美国食品医药局的批准，从此进入了国际市场。既增加了农民的收入，又为国家创造了可观的外汇。

由于她对天南星科的贡献，1984年她成为国际天南星科学会的唯一中国籍会员。

李恒还对云贵高原各大湖泊的海菜花作了系统的调查和观察，在此以前，不论外国或中国的研究者对我国海菜花的认识，大都局限于标本和简略的采集记录。由于花在标本制作过程中难于保存，从干标本上解剖十分困难，在划分种时，往往着眼于叶形的变化和营养体的其他次要特征，但是这些性状极不稳定，变化无常，因而分出来的种是不可靠的。李恒和同志们花了4年的时间，深入云南的滇池、洱海、剑湖、玉湖、黑龙潭等湖泊，甚至观察到水深4米以内的广阔水域。她得出结论说："海菜花花瓣洁白，黄蕊素是我国南方、特别是云南高原广大湖泊的水面观赏植物，其花亭和花序可供蔬食，滇人珍为海味；全草为饵状饲料，是值得重视的水生植物，此外海菜花在湖水清洁，酸碱度适中的湖泊中自成群落，水体一旦遭受工业废水和农药的污染，则衰败灭绝，因此是水体污染物质的敏感植物。"她写了10篇有关湖泊生态和水生植物区系的论文以及水生植物各科的植物志。其中《海菜花属的分类、地理分布和系统发育》一文批评了外国学者的研究方法和片面观点，重新安排了分类系统，揭示了海菜花属生殖器官的系统发育阶段和连续演化过程，认为海菜花是一个极为古老的属，早在联合古陆完全解体之前就已存在。这些论述也为中外植物学家所推崇。《植物分类学报》主编秦仁昌曾首先看到这篇论文，高兴地说："这篇文章写得不差，建议写一篇较长的外文摘要，让整个世界的人都了解。"

瑞士苏黎世大学教授、著名水生植物学家库克（Ccok），在看了李恒有关海菜花的论文之后，欣然于1981年写信告诉李恒说："我们是在瑞士研究水生植物各个属的植物，我对你'海菜花属'的文章，非常感兴趣。我现在还没有完全翻译出来，但已发现我在很大程度上同意你的结论。你认为把许多种合并，不但是亚洲的种，而且是非洲的种，这个研究的内容，你是第一个搞清楚了的人，你除了研究这个属以外，在世界上还研究哪些属？请你告诉我。”

远古植物海菜花

此后，库克多次给李恒写信，并把他的论文手稿寄来，请李恒修改。他们虽然在学术上互相交流，但并不了解李恒是什么人。他在一次信中说：“你能不能告诉我，你是男的还是女的？”在他看来，如果是一位女植物学家，能获得如此研究成果，自当更令人钦佩。

1980年，李恒还以两篇有关植物进化的论文参加在北京举行的达尔文逝世100周年学术讨论会，她宣读的论文，博得与会代表的称赞。

1989年，李恒研究的“高原淡水湖泊水生维管束植物研究项目”获中国科学院自然科学奖。

种子植物的起源，世界植物学家意见不一，有的认为是古南大陆起源，有的认为是古北大陆起源。

为了弄清植物区系起源演化，为植物的开发利用提供理论指导，吴征镒教授主持承担了中国种子植物区系研究这一国家重大基础研究课题，云南贡山独龙族怒族自治县的独龙江地区植物区系研究，便是这一重大课题中的4个关键课题之一。

滇西北角上的独龙江地区位于印度板块与欧亚大陆板块碰撞处缝合线上的拐弯处，这里悬崖耸立，峭壁突兀。云南境内70公里长的独龙江落差有3800多米，是典型的极高山峡谷区。据初步研究，该地区种子植物有180个科，2000余种，其中近十分之一为特有种。该地区独特的地理环境及其资源，对考察地球植物起源演化和地球历史重大事件的解释具有极为重要的研究价值。但是，只有越冬考察才能观察植物生长的全过程，而每年11月至次年6月高黎贡山的大雪封山，导致交通中断和内地隔绝，致使独龙越冬考察无人能涉足。除了气候条件恶劣外，这里山高谷深，流急路险，还有蛇蝎出没，毒虫叮咬病魔袭身。特别在冬季，生病了，受伤了，都无法及时到县城去医治。

谁去攻破独龙江这个关键呢？谁去实现这个几代植物学家的夙愿呢？

李恒向领导提出了奔赴独龙江考察的请求！

老所长诚恳地说："你去承担这一重要课题当然很好，但是考虑到你的年龄和身体，我不敢下这个决心呀！"

李恒果断地说："我虽然这把年纪了，但是为填补我国这一研究领域的空白，就是把尸骨埋在那里也值得。"

这个决定在李恒家里引起了一场不小的风波。

"妈妈，全世界五大洲，您已走了四大洲，有创造，有发明，您已屹立于世界植物学家之列，够意思了！过去几十年没清闲过，如今已是老太婆了，也应该享享天伦之乐！"儿子首先发难。

"昆明植物所上上下下700多人，年富力强的，可以到野外去的不乏其人，为什么非您不可呢？您真的躺下来，植物研究所照样草栽花鲜。"

"你再发现几个新植物种，再填补几个空白，你李恒还是李恒。"女儿跟着补充。

"你不想儿女，你想想小孙子嘛！谁在你这样的年纪不是含饴弄孙，以教孙子为乐呢？"

"再说，目前情况也特殊嘛，你不顾自己年老体弱，你该考虑爸爸嘛，爸爸住在医院里嘛。虽然，我们会尽做儿女的责任，但你这一去就是半年，你能丢得开？你能放得心？"

李恒抱着6岁的外孙女在怀里，镇静地对儿女说："你们别啰嗦了，一个科学家停止了对科学的研究，那活着还有什么价值？我是以我的行动告诉你们如何做人，这是对你们最大的爱！你爸爸是老病号，有医师、有你们，我在他身边当然他是要方便些，但独龙江之行是我多年梦寐以求的事呀！如今国家正式批准，列为重点科研项目，这是多么难逢的机会，如果你爸爸处在我的位置上，他会有别的选择吗？"

老伴王今维也非常清楚，她决心要干的事，你就是用九头牛也不能把她拖住，他只能是理解和支持。

李恒于出发前夕，在家里留下了遗嘱。

1990年10月29日上午9时，李恒率领的"独龙江种子植物区系科学考察队"一行5人踏上征途，这支由40多匹马组成的队伍顺利地翻越了海拔3800米的高黎贡山，于11月13日到了独龙江乡政府所在地巴坡，扎下了考察队的大本营。

第二天，考察队就开始了紧张的工作，两天之内就采集到200多号标本。然而，这小小的欢乐气氛尚未消散，病魔就迫不及待地降临，且首先就缠上了李恒。由于年老体弱，她患上了尿路感染，高烧几天不退。昆明植物所领导闻讯后立即与驻云南空军部队联系，准备用直升飞机将李恒带回昆明救治，李恒却执意不愿出山，她深知这个越冬考察的价值，考察队其他同志年轻，自己一走，考察势必落空，此行不易，决不能半途而废。因此，她最后表态："其他命令我都服从，就这个命令我不能听，有课题在，就有我李恒在！就是死，我也要死在独龙江！"李恒在独龙江乡卫生所打了5天的吊针，病情稍有好转便投入了工作。

对采来的标本进行鉴定，写日记，她常常点着蜡烛工作到深夜。队友们每每看到她小屋里透出的烛光，无不为老队长苦熬这生命的灯油而满怀敬意！

冬天的独龙江，真是银装素裹，上面雪飘，下面冰封，原本奇石嶙峋，危崖险峰，现被冰雪装点，更显得光怪陆离，险象环生。

队员潘福根和4位民工在山上采标本，晚上就在一个山洞里过夜。次日出洞一看，无路可寻。他们连滚带爬，在冰天雪地里转了4个钟头才找到归途。他们劝李恒："我们年轻力壮都吃不消，你千万不要在雪山上奔波了。"但李恒为了完成好研究任务，揭开独龙江这片古老封闭的神秘土地上的植物秘密，坚定地说："慢慢地走吧，天意难违，不是这样的雪山，也就不需要我们光临了，我们就拿出红军爬雪山的精神来吧！"

4月3日清晨，由于脚部抽筋，李恒不幸摔了一跤，脚背上很快就肿胀起来，轻轻一落地就痛不可支。看到她一跛一拐的样子，队员们都很关心，而李恒只说是脚抽筋。她和大家一道，冒着瓢泼大雨，继续出门采集标本。

就这样，在危险的环境中，在滂沱大雨的伴送下，李恒一行从独龙江上游的麻必洛河和克劳龙河北段开始，到青郎当约750平方公里的独龙江流域，采集到标本7000多号、植物种子400多号。这些新发现的种子植物在国内外尚属首例。同时，还发现特有植物200余号，如曲江"十大功劳"、"独龙蚕桑"、"独龙重楼"等，补充描述已发表过的植物18种，发现新植物种40个，而在考察队所采集到的700余号标本中，有80%是李恒间接参加或直接采集的。每当采回鲜样，必须编号、登记、挂笺、整形、压制、换纸、烘烤，半夜里也随时得起来翻烤标本，以免烘烤不匀或烤焦，有时甚至通宵达旦。其中，95%以上的标本都经过她鉴定、整理、排序、包扎与装箱……

不仅如此，这位具有惊人的顽强毅力和拼搏精神的女植物学家，还在独龙江完成了12万字的《独龙江流域种子植物名录》和4万余字的《独龙江植物区系订正》两部书的初稿，拍摄了具有独特科研价值的照片2800余张。李恒一行的考察结论认为：独龙江的种子植物一共有168科，2000多种，其中有近十分之一的物种是独龙江峡谷所独有的。

归途中，体重仅39公斤的李恒因马失前蹄而跌落坠地，当时昏厥过去了。在背部3根肋骨被撞断的疼痛折磨中，她仍以惊人的毅力在马背上晃荡了两天，在贡山县城和卅府六库，她打了止痛针就给当地党政府领导汇报工作，又给当地的科技人员作学术报告。李恒把饱含着她7个半月辛劳的结晶、尚且带有独龙江那自然山水气息的研究成果第一次作了披露。

6月15日，中国科学院昆明植物大门前鞭炮锣鼓齐鸣，植物所的领导和同志们在这里热烈欢迎以九三学社成员、女研究员李恒为队长的我国首次赴独龙江地区的越冬考察队园满完成科研任务归来。考察队自1990年10月至1991年6月，经过8个多月的艰苦工作，完成了几代植物学家梦寐以求的科研目标——独龙江地区越冬考察。

考察成果为中国种子植物区系研究提供了珍贵的基础资料，对解释中国种子植物区的起源和演化具有重要的学术价值。

虽然李恒已经年老体弱，但老骥伏枥，志在千里。她仍然忙于独龙江植物名录和植物区系专辑的编著和出版工作，以及“独龙江的自然环境和资源”等基金项目的总结。

李恒还是老样儿，她又扎进了实验室，带去两盒饭，吃了3天。只要她一息尚存，她的奋斗就不会中止。

她像一只孔雀，用一辈子的灿烂绚丽装扮着春城。

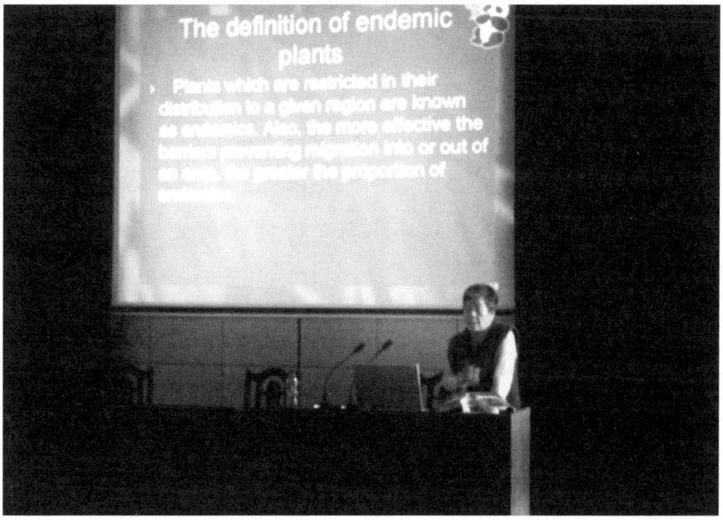

李恒讲学

罗连成·血沃千里金达莱

中国与朝鲜的边境线就是一条鸭绿江。

中国与朝鲜是唇齿相依，血肉相连。

上个世纪五十年代中国人民志愿军抗美援朝，保家卫国的英雄故事一直流淌在我们的血液里，回荡在我们的心胸中……

电影里有志愿军王成，背着步话机喊："向我开炮，向我开炮！"因为敌人已将他围成圈，为了胜利，他愿与阵地共存亡。课文里有志愿军罗盛教，跳进冰窟窿为救朝鲜儿童而献身。还有黄继光为了正义用胸膛去堵敌人的机枪口，还有邱少云为了不暴露目标影响伏击，趴在草丛里一动不动，被燃烧弹活活烧死。

在那可歌可泣的抗美援朝战场上，我们衡阳也出了个惊天地，泣鬼神的"盘肠英雄"，他的大名叫罗连成。

罗连成1930年出生于衡阳市耒阳坪田乡积明村一个普通的农民家庭。16岁时，考入一所私立学校读书，3年后，因家里实在交不出一分钱学费而辍学。

20岁那年，漂泊广东。为了糊口，在国民党交警总队第三大队第七中队当兵。

1949年10月14日解放军南下解放广州城，罗连成也被解放，他满怀激动地在广州参加了中国人民解放军，编入四野四十五军一三三师三九七团二营五连当战士。1952年9月随军开赴抗美援朝前线。1953年4月升任班长。

1953年5月，罗连成所在的五连接受反击下勿闲北山美军的任务。他代表三班战士多次恳求担任突击班，获得上级批准。5月2日晚10时左右全连到达冲锋出发地。为了在战斗打响后能迅速逼近敌人，罗连成摸到铁丝网跟前侦察突破口。11时，强大炮火开始向美军阵地轰击。炮火一延伸，他就与爆破手李少林分别向挡在下面的两座大碉堡扑去，两人一左一右，相互掩护，交叉前进。接近一座碉堡，迅速扔进一扎手雷，6个美国兵被埋葬。这时，美军数挺机枪从另一个碉堡往外疯狂扫射，把我军冲锋部队压在山腰。罗连成在跳进壕沟躲避时，一颗流弹从左臂穿插而过，痛得他龇牙咧嘴。但他不顾包扎，带伤冲向碉堡，不幸又被美军从侧面射来的子弹打穿小腹。他忍着巨痛向碉堡投进了手雷，碉堡随着爆炸声塌了半边，罗连成也被强大的气浪掀翻而晕倒过去，肠子从小腹流了出来。三班战士见班长躺在血泊中，肠子居然流了一地，大家惊得目瞪口呆，在震耳欲聋的枪炮声中，战友们七手八脚将他轻轻扶起，正要背下去时，他苏醒过来，罗连成有气无力地瞟了瞟大家。忍着剧痛，又抬起右手指着阵地外，躺着嘱咐大家：“兄弟们啊，狠狠地打呀，争取立功的时候到了，不要管我！”可谁也没有离开他半步，将他围成半圈，避免他再次受到伤害。

罗连成痛得脸都扭曲了，他一字一顿地说道：“赶快冲过去，再不走，我们就都死在美国佬手里了。给老子报仇！”在他的严令下，战士们逐步散开，跳跃着向美军冲杀过去。

罗连成(1930－1953)

忽然，机枪从美军另一个暗堡里猛烈向我方射击，这是反击前没有观察到的一个暗堡，隐蔽性极强。恰恰离罗连成躺倒的地方最近，战友们暴露在美军火力之下，被压得抬不起头来，进攻受阻。罗连成心一横，把流出的肠子盘了盘，用手捧起从伤口塞进腹腔，再拿两截衣袖围着肚子使劲一扎，咬紧牙关，夹起一包炸药，艰难地向这个暗堡爬去。接近暗堡后，他几近虚脱。他闭着眼，顺了顺气，一咬牙，将导火索一扯，一跃身，将炸药填进暗堡枪眼。自己却再无力挪动半步，顺着墙堡滑落下来。

暗堡被炸毁，罗连成为保卫朝鲜三千里江山献出了自己的生命。

战斗胜利了，下勿闲北山插上了红旗。英雄罗连成却壮烈牺牲了。

为了追念罗连成的英雄事迹，中国人民志愿军党委将下勿闲北山战斗命名为“盘肠大战”，追记罗连成一等功，授予其“盘肠大战英雄”的称号。

至今，我都在揣摩，为什么称罗连成为“盘肠大战英雄”？为什么会以一个壮士在战死前的一个躯体动作来命名一次战役？也许，罗连成的战斗行为给人印象太深刻，罗连成的战死场面太惨烈。每当国难当头之际，有多少敢于断腕、断臂、断肠、断头之英雄豪杰，不惜个人生命保护国家利益而慷慨就义。

看看我们现在的城市里：麻将机械化，成了人们生活绝不可缺的一部分；网吧日夜化，成了永不打烊的品牌店；有的人天天沐足，洗得脚皮比脸皮白；有的人嘴嚼槟榔，嚼得腮巴子上长肌肉。坐在一起谈生意的多，谈理想的少；小钱不想赚，大钱又赚不到；抽烟要抽芙蓉王，还要黑色软包装。穿着比名牌，花钱买官当，社会风气不甚理想，实在很难从某些城里人的身上看到前人的精英风采了。

罗连成永远值得我们怀念。

赴抗美援朝战争路上的中国志愿军

谭千秋·大爱无疆铸师魂

那一刻，风姿绰约的荷，再一次在视野中浸漫开来。叶海漫漫，花海漫漫，心海漫漫。这是荷的世界。

那些荷就那么安静地站立着，在水中。那姿态，那情韵，像是一种尘世间的期待，又像是远离红尘无欲无求，了无牵挂。天高风清，水云相映。

这是一些美若仙子的荷，出水，出尘。

在谭千秋的家乡，我观赏着一垅一垅紧挨着的荷塘。

谭千秋，1957年8月出生。衡阳市祁东县步云桥镇岩前村人。1978年3月，以优异成绩考入湖南大学政治专业学习，1982年1月毕业后，被分配到四川绵竹东方汽轮机厂工作，他先后在该厂职工大学和中学任教。从教26年来，他非常爱他的学生，哪怕在校园里看到一块小石头都要捡起来，生怕学生们在玩耍时碰撞跌倒而受伤，被同事们誉为“最疼爱学生的人”。

2008年5月12日，汶川发生里氏8级地震，波及绵竹。东汽中学一栋教学楼顷刻坍塌。当时，谭千秋正在这栋教学楼的教室里上课。危急时刻，他用双臂将4名高二（一）班的学生紧紧地掩护在身下。5月13日晚上，当人们从废墟中将他扒出来时，他的双臂依然伸直张开着，趴在课桌上，手臂上伤痕累累，后脑袋被楼板砸得凹了下去。而4名学生则在他的保护下成功获救。他献出了年仅51岁的生命。

他像那荷，是清水中出浴的仙子，无凡尘的污浊，无脂粉的俗香。在水中，兀自地，红来绿去。

谭千秋的祖辈世代务农。父母质朴淳厚、老实善良，家有几亩薄田，日出而作，日落而休。千秋有兄妹5个，他排行老大，由于家境贫寒，每顿饭都是以红薯、豆子等杂粮为主，只有一点点米饭，他总是将米饭让给弟弟妹妹吃，自己和父母吃红薯。 而父母也将一生的疼爱、精力和钱财都花在供他读书一事上。谭千秋上学时正逢文革开始，可是在那穷乡僻壤里，他学习却非常刻苦。门门功课成绩优异，毛主席语录还背得滚瓜烂熟。左邻右舍的村民都将他作为“勤学楷模”去教育孩子。难能可贵的是，在读书无用论的年代，谭千秋的6年初、高中生涯还偏偏爱上了英语，为学好英语，他将英语单词写好贴在墙上，睡觉时就记，记不上就点亮灯看一下再记。1975年夏，他高中毕业回家务农，但他没有放松学习，白天跟大家一起出集体工，晚上学习到次日凌晨，困了就用毛巾沾点冷水敷在脸上。两年后，他成了一名代课教师，而且是一位懂英语的代课教师，这在当地农村是十分罕见的。

谭千秋(1957–2008)

村里许多村民不识字，他便向村干部建议，办起了扫盲夜校。晚上义务为村民上课，手把手地教村民写字，学文化，他让不少一字不识的村民能看懂报纸，懂得如何科学种田。

谭千秋多才多艺，会吹笛子，拉二胡，写歌词……为活跃村民的文化生活，他与几个年轻人组成村文艺宣传队，晚上自编自演文艺节目，宣传党的方针政策，表扬村里的好人好事，批评赌博、不尊老爱幼等社会不良现象。逢年过节，这些年轻人生动活泼，充满乡土气息的文艺表演便成为村民喜爱的一道“文化大餐”。有一天晚上，他和谭永生参加村里的文艺表演，来不及吃晚饭，便带上两个红薯：“来，快吃，我刚从家里吃过了”。第二天，谭永生才从他弟弟那里得知，他当晚在家里根本没吃晚饭。

恢复高考后的第二年，1978年夏，谭千秋以优异成绩考上了湖南大学。1982年大学毕业，这位能吃苦、能受累、顾大局、有爱心的农村孩子主动报名到四川东方汽轮厂职工大学当了一名“支边”教师。 同学问他为什么要这样。他深情地说：“人要学会知恩图报，没有国家的助学金，我们这些农村的孩子哪能完成学业？我要到祖国最需要的地方去！”

谭千秋成家立业后，考虑到三个弟弟都在农村，便一人独立承担起赡养父母的义务。那一年，为方便与家人沟通，及时照料父母，他专门花钱为家里装了电话，并竭尽全力帮助弟弟妹妹。

大弟弟谭继秋在家种地收入甚微，便找信用社借了几千元买了一台三轮车跑运输。1993年夏季的一天，不慎车翻人伤，支付了几千元医药费。旧债未还，又添新债。谭千秋闻讯后，立即给弟弟寄来2000元钱，并写信安慰弟弟：留得青山在，不怕没柴烧，只要人没事就好，并邀请弟弟去四川散散心。车祸后的谭继秋重新鼓起生活的勇气，他又远赴云南打工。谭千秋得知，再次写信鼓励弟弟，还在信中夹寄了交通费用。大弟弟和二弟相继成家后，分别在农村建房，谭千秋得知，便给每位弟弟资助3000元。

2006年6月，父亲不幸患上骨髓癌，谭千秋立即回老家召开家庭会。他体谅弟弟们都在农村务农，家境一般，便主动承担起父亲的医疗费。弟弟们觉得不妥，他便诚挚地对大家说：“我在家时间少，平时你们照顾父母很辛苦，就给我一个尽孝的机会吧！”兄弟们拗不过他，只好同意，父亲住院花去医疗费2万多元，他一人承担了。

谭千秋工资不高，生活非常节俭。他衣着朴素，大热天连冰棒和矿泉水也舍不得买，口干了他便到附近找井水解渴。他几年才回家一次，不是不恋家乡，也不是没有假期，而是因为车费太贵，来回一次要2000多元，他将这些钱省下来支援家里，帮助别人。

谭千秋热心社会公益事业，村里修路、建校，他都捐了款。他对学生非常关心，哪位学生有困难，他就尽力相助；学生没吃饭，他会将学生叫到自己家里做饭给学生吃；学生身体不舒服，他会掏钱带学生去医院看病，被同事们誉为“最疼爱学生的人”。他经常教育弟弟妹妹要乐于助人，在他的熏陶下，弟弟妹妹总是去帮助别人。妹妹和妹夫曾一年供养了5个贫困孩子上学。他的人格魅力还深深地影响了下一代，他的大女儿以优异的成绩考上了北京大学法学院，她说一定要用法律为众多受害者讨回公道。

谭千秋经常教育学生：“做人最重要的是要有社会责任感。”1982年6月大学毕业后，学校准备让他留校任教，领导反复做他的工作。当他得知四川东方汽轮厂职工大学急需教师时，便立即申请到那里去，一个月后，他如愿以偿地分配到该校工作，在那里一干就是27年。

2008年5月12日。

清晨，天空阴霾四布。

谭千秋跟平常一样，一早起来便给小女儿洗漱穿戴好，然后带她去散步半小时，7点半准时赶到学校。

下午2点多钟，谭千秋在教室上课，粉笔在黑板上发出熟悉的声音，学生们静静地做着笔记，谭老师依然是那样神采飞扬。突然房子剧烈地抖动起来。地震！谭千秋意识到情况不妙，立即喊道：“大家快跑，什么也不要拿！快！”同学们迅速冲出教室，往操场上跑。房子摇晃得越来越厉害了，并伴随着刺耳的吱吱声，外面阵阵尘埃腾空而起……眼前有四位同学已慌作一团，谭千秋立即将他们拉到课桌底下，自己弓着背，双手撑在课桌上，用自己的身体盖着4个学生。轰——砖块、水泥板重重地砸在他的身上，房子塌陷了……

几秒钟，就是那致命的几秒钟，一个班的学生不可能完全冲出去。

几秒钟，站在讲台上的谭千秋离教室的前门最近，他完全可以跑出去。

几秒钟，被谭千秋拉到讲桌下，用双臂，用身体掩护的4个学生全都幸运地活了下来。

2008年5月13日22时12分，谭千秋在废墟中被挖掘出来。

“我们发现他的时候，他双臂张开着趴在课桌上，后脑被楼板砸得深凹下去，血肉模糊，身下死死地护着四个学生，四个学生都还活着！”第一个发现谭老师的救援人员眼含热泪。

“谭老师誓死护卫学生的形象，是我这一生永远忘不掉的。”一位消防队员双手紧握，无限感慨。

“地震时，眼看教室要倒，谭老师飞身扑到了我们的身上。”回忆当时的情景，获救的学生仍然神情紧张。

同在一所学校任教的妻子张关蓉终于在14日清早见到了自己的丈夫。她拉起丈夫的手臂，要给他擦去血迹时，丈夫僵硬的手指触痛了她脆弱的神经，她轻揉着丈夫的手指，痛哭失声：“昨天晚上就听说有个教师救了四个娃儿，我哪知道就是你啊……”张关蓉仔细地擦拭着丈夫的遗体，蓬乱的头发被细细地梳理成丈夫生前习惯的发型。

张关蓉和谭千秋曾相约相亲相爱到地老天荒。地震前一天，丈夫给小女儿买了两双鞋子、一条裤子，她还问丈夫为什么一下子买了这么多，谁知，转眼之间就阴阳永隔。

“他肯定舍不得我们一家。”张关蓉说，将丈夫送到殡仪馆火化时，鞭炮响了两下就熄灭了，似乎丈夫还在眷顾着她们母女。如今，一岁半的女儿还不能理解这一噩耗，她一直喊着要爸爸。

一位网友这样写道：

谭老师，走好！

您虽然走了，可是您用生命给我们留下一道需要用一生思考的难题，是什么，让您毅然决然地作出了这样的决定？

如果您有一丝的犹豫。

如果你有一丝的顾盼。

如果你有一丝的优柔。

结果又将是怎么样呢？

我想，促使您连顾虑和优柔寡断都来不及的原因，是爱。

是爱，让您奋不顾身的用身体保护学生，是爱，让您的灵魂在危难当头折射出人类最伟大的光芒。

谭老师，走好！

2009年9月14日，在举国庆祝中华人民共和国建国60周年之际，谭千秋被评为新中国成立以来感动中国的100名人物之一。

这是衡阳人的殊荣。

了不起的衡阳人，再次用他的勇气，用他的爱心，用他的情操，用他的行动感动中国。

油画《大爱千秋》

湘水明珠赋

蒋 薛

湘水之明珠，倚古城之酃湖。北含南岳独秀之灵气，南濒五岭云浮之逶迤。千里潇湘玉为带，八景佳丽影相扶。上下双虹跨天堑，左右三水滋园墟。桃花浪卷春风暖，芙蓉郁烈夏日舒。白沙落雁，秋高气爽，雁流声于江濑，菊散芳于山嵎。冬日出山，辉映阖庐。晨起迎朝霞，晚归带翠微。鸟多闲暇，花随四时，四会五达，情悦信修，诚哉明珠，光耀雁都。

湘水之明珠，演青史之永垂。雕塑重光蒸湘千古之伟人，画像彰显衡岳历代之丰碑；前贤后杰，人才迭出，世代精英，中外拔萃。光辉典范，浓缩于斯。衡阳为之骄傲，世界为之风仪。

湘水之明珠，文化内涵，令人扬眉。荟萃历代咏衡之佳构，启迪历代蒸湘之后裔。唐宋八大家，明清一流儒。古今骚客，前后大师，千古绝唱，百代惊句，镌刻于石壁，绵延于长堤，昭衡州之人杰地灵，曜衡州之水秀山奇。

湘水之明珠，翰墨之优殊。书法名家，笔墨相濡，腾龙翥凤，水转云浮。篆隶正楷，黑书魏碑，行草各异，百态千姿。融古今名家名诗于五彩长廊，镌当代名家名字于修姱通衢。书林之翘楚，翰苑之楷模，实为潇湘风光锦上添花，花中缀珠。

湘水之明珠，尤慕第一居。琼楼耸天，亭榭挹溪，既有欧陆之风情、辉煌，又有华夏之幽雅、典谟。近水楼台人赏月，入户花园凤栖梧。墙身雕刻，楼体图腾，素雅浪漫，雍容昭苏。静如深山，爽如海滨，美如秀女，雅如绿都。清诗缀琼琚，华堂陈璠玙。半面景翠半面山，一城湘水一城湖。居之者安逸，其乐也融融，和谐相携；观之者神留，其情也眷眷，慕不思归。日以阳德，月以阴灵。顺辰通烛，从星泽风，增华台室，扬采轩宫。真乃醉心人居，秀甲江东。

湘水之明珠，是造化之功，亦人为之奇。雁城有幸，德者主政，明谋炜晔，虚怀若谷。上下默契，鼎力支持。富邦实业，心萦桑梓，故借同仁，合力以资。遂成此世外之桃源，空前之鸿图。盛情嘱赋，余乃欣然而为之，以颂衡州之俊秀，以扬湘水之明珠！

湘水明珠文化公园碑刻《湘水明珠赋》

重聚望湘亭

杨晓萍

一泓烟雨，环东洲漾开遍地桃红；两行大雁，旋雁峰摇出满目青翠。湘江初暖，楚风微熏，往贤刘禹锡与柳宗元魂兮归来，重聚望湘亭……

湘水汤汤，激荡志士胸襟

公元793年，山西柳宗元与洛阳刘禹锡以弱冠之龄，同榜登进士第。继而同蹈仕途，同展抱负，渐成唐代耀眼新星。然官场腐浊之风日盛，刘、柳不忍桑梓涂炭，遂慨然投身王叔文、王伾的永贞革新，劈面重击专横跋扈的宦官和藩镇割据势力。一时间，百姓拍手称快，翘盼否极泰来。孰料风云骤变，积重难返的朝纲迫使顺宗下台，宪宗即位，仅沸腾百日的“二王刘柳”运动随即夭折，刘、柳亦被贬为司马。

尽管仕途多舛，但不摧鸿鹄之志。遭贬那年，刘、柳相继赴朗州(常德)、永州(零陵)任职，虽心绪缭乱，却依然相约同访衡州刺史吕温，叙旧望湘亭。时值秋风凛冽，刘、柳轻车简从，接踵入亭，泪眼相看，竟一时无语。后提及吕温，感慨无比：吕为宰相李吉甫报复而受贬，但却不辱使命，植根衡州，播扬政声，并勉励二人逆水扬帆。今登亭话别，见江水如瀑，波涌浪迭，虽常阻于暗礁，却仍执著地激浊扬清，二人顿如醍醐灌顶，心中豁亮，一杯米酒更催灵感蓬勃，柳当即题下《望湘亭》一首："好在湘江水，今朝又上来。不知从此去，更遣几年回。"冷静、凄婉而不失豪放，足见其胸中仍有风云奔突。而后春秋数度更替，二人仍坚持登亭唱和、互诉衷肠。刘寄赠的《楼上》一诗即颇具韵味，诗曰："江上楼高二十梯，梯梯登遍与云齐。人从别浦经年去，天向平芜尽处低。"柳则题《重别梦得》："二十年来万事同，今朝歧路忽西东。皇恩若许归田去，晚岁当为邻舍翁。"诗中似摇曳着一缕回天乏术的伤感、欲求闲适达观之无奈，然心底仍悄然回响着当年的入世理想及亭前掷地有声的盟誓："吏为民役、造福桑梓"；而柳的"万变不更乎其内"精神更支撑二人义无返顾地冲刺……

其后，柳公的《捕蛇者说》便以犀利之势，直指苛政，激起民众强烈共鸣；同时柳在寓言及山水游记方面的艺术成就也为其赢得拥趸无数。禹锡当然不逊风骚，其仿民歌体诗及大量的《竹枝词》或托物言志，或针砭时弊，鼓呼正气，境深意远，成为唐诗一景；又号绝句王，与诗魔白居易同令洛阳纸贵且并称"刘白"。

湘水明珠文化公园壁画《挚友情怀》

湘水浩浩，流溢仁者情怀

弹指十载。公元815年春，刘、柳被召回京，柳题下《过衡山见新花开却寄弟》以表喜悦之情："故国名园久别离，今朝楚树发南枝，晴天归路好相逐，正是峰前回雁时。"正待重展鲲鹏，不料又遭政敌武元衡暗算，一月后两人再度被贬为刺史。宗元放柳州，禹锡贬播州。播州更其偏远艰苦。义肝侠胆的宗元顾虑禹锡需随身奉养80老母，便多次上书朝廷，要求与刘互换。后因吉人从中斡旋，刘改任连州，宗元才决意赴柳。

为酬知音，两人分别踏浪涉水，再聚望湘亭。一樽薄酒，两碟小菜，诉不尽一腔真情。想二人欲济苍生却屡遭挫折，满腹经纶竟报国无门；今日兄弟分手，不知何时重逢。饮至半酣，诗兴蓬勃，遂掷杯拔笔，洋洋洒洒，一吐胸中块垒。柳宗元题《衡阳与梦得分路赠别》："十年憔悴到秦京，谁料翻为岭南行，伏波故道风烟在，翁仲遗墟草难平。直以慷疏招物议，休将文字占时名，今朝不用临河别，垂泪千行便濯缨。"

刘禹锡则题《再授连州至衡阳酬柳州赠别》："去国十年同赴召，渡湘千里又分歧。重临事异黄丞相，三黜名惭柳士师。归目并随回雁尽，愁肠正遇断猿时。桂江东过连山下，相望长吟有所思。"

写毕涕泪纵横，溅起湘江浪花一片。

临别二人约定，他日离任，复聚斯亭。自此刘、柳遵从诺言，一如既往地兴利除弊，遗惠一方。然长期谪贬已令宗元身心俱疲，每况愈下，在任4年即47岁便抱恨辞世，临终遗言于刘：托孤并托遗稿数本。刘此时正扶母灵柩北归，路经衡州，得此噩耗，五内如焚，捧读遗墨，夜不能寐……而后遵嘱将遗孤抚养成人，并将遗稿整理编辑成《柳宗元集》。

料理亡友善后期间，刘曾只身赴约望湘亭，设案凭吊柳兄。但见刘一身素服，趋步向前，将薄酒两杯，置亭外石墩之上，可怜香烛未燃，已是热泪滂沱、尽湿青衫，而后刘手拍石墩，仰天长啸，将杯中酒尽泼入江；酒花飞溅，溅得如血诗句飘落亭前——《重至衡阳伤柳仪曹》："忆昨与故人，湘江岸头别。我马映林嘶，君帆转山灭。马嘶循古道，帆灭如流电。千里江蓠春，故人今不见。"字字如槌，敲人心房，惊得大雁满空啁啾，湘江亦为之呜咽近千年……

湘水渺渺，豪情逐浪滔滔

值望湘亭修复剪彩之日，刘、柳终于足踏彩虹，穿越千年烟雨而至。鼓乐声声，催童心复苏；未及掸去浮尘，已迷失于欢乐之中。携手拾级而上，满怀慨叹：古亭巍峨如炬，喷发出千年文化积淀的光芒；古亭典雅如画，演绎着数代文人墨客的浪漫。继而登亭远眺，见桃红依旧，拥高楼千幢；嫩柳扬絮，拨彩灯飞旋；车流吟一路富足，江轮剪两岸璀璨古城已贫弱不再，此刻更其风姿绰约,且拥着望湘亭翩跹，将刘、柳尘封的“安民”之策翩舞成全民小康的现实。

刘、柳激情难捺，绕亭数周，击节而歌……

望湘亭实乃湘水名珠也，她以秀美而矜持、博识而谦谨的风度与北端的岳阳楼遥相呼应，彰显了楚地文化的源远流长；望湘亭也是里程碑，她秉承了屈原上下求索的执著，传递了蔡伦造纸点燃的科技圣火，串起了李白、杜甫、王昌龄、宋之问泛舟湘江的点滴欢乐！而今，她更以石刻斧凿的壮观、吞吐风云的气魄连接了刘、柳的友情，承接着历史与发展，见证了古城的成长与辉煌！

刘禹锡、柳宗元因此且歌且舞，留连忘返；神思飞跃，心潮跌宕兀地一声呐喊，举起望湘亭，满斟一杯湘，满斟千古风流，为湘水名珠干杯！干杯！尔后再度掷杯挥毫，将满怀感慨挥洒于天地之间。于是，那久违的雁阵、跳跃的时空及古城的万千气象俱汇至亭前，组成了温馨和谐、历久弥新的永恒诗篇！

夕照望湘亭

主要参考书目：

1.《衡阳市志》第七十八编 人物 衡阳市志办主编
2.《毛泽东的早期秘书》 胡小宁主编 中共党史出版社
3.《唐群英评传》 蒋薛、唐存正著 湖南出版社
4.《廖磊将军传》 黎明兴著
5. 相关网络资料

提供资料、提出修改意见的各方豪杰：
中共衡阳市纪委正处级调研员 刘立果
衡阳市人事局副局长 林乐伦
中共广东省纪委《党风》杂志社编辑 罗星明
暨南大学中文系教授 张海莎
衡阳电视台编辑 陈林、刘筠
衡阳富邦升辉房地产有限公司文书 刘超

在此一并表示感谢！

了不起的衡陽人

第二部

蒋昭芒 编著

廣東旅游出版社
GUANGDONG TRAVEL & TOURISM PRESS
悦读书·悦旅行·悦享人生

中国·广州

图书在版编目（CIP）数据

了不起的衡阳人. 第二部 / 蒋昭芒编著. — 广州 :广东旅游出版社, 2019.6
ISBN 978-7-5570-1742-2

Ⅰ. ①了… Ⅱ. ①蒋… Ⅲ. ①名人—生平事迹—衡阳 Ⅳ. ①K820.864.3

中国版本图书馆CIP数据核字(2019)第048648号

总 策 划：刘丽华
策　　划：蒋勋伟　林新华　罗胜利
出 版 人：刘志松
责任编辑：何　阳　于子涵
责任校对：李瑞苑
责任技编：冼志良
装帧设计：邓　靓
美术插图：蒋二芒

了不起的衡阳人 第二部

LIAOBUQI DE HENGYANGREN DIERBU

广东旅游出版社
（广州市越秀区环市东路338号银政大厦西楼12楼）
邮编：510642
联系电话：020-87347316
印厂：广州家联印刷有限公司
印刷地址：广州市天河区东圃镇吉山村坑尾路3-2号
开本：787毫米×1092毫米 16开
印张：24.5
字数：418千字
版次：2019年6月第1版第1次印刷
总定价：145.00元（全两册）

序

PREFACE

蒋昭芒

一个城市的文化底蕴与这座城市历史的文化积淀有关，而文化积淀的显著标志无疑是那些曾经驻足过这个城市、留下过文化印迹的时代天骄。正如王羲之作《兰亭序》之于绍兴，崔颢作《登黄鹤楼》之于武昌，历史名人对于一座城市的文化标志性意义不言自明。

清代诗人袁枚有诗曰："赖有岳于双少保，人间始觉重西湖。"再美的风景也不过是满足人们一时的感官之娱，而历史名人留下的文化印记却可以光照日月，成为了人们崇尚的一种精神文化象征，进而让自然风景与人物风流交相辉映，历久弥新。

衡阳或者不能位列于名城大都，却因为有了大禹、杜甫、柳宗元、周敦颐、徐霞客等历史名人留下的缕缕足迹，而日渐成为国内一个风物独特的文化胜地，更因为这座城市诞生过像蔡伦、王船山、罗荣桓、夏明翰这些引领风骚的历史巨擘而让世人充满敬意、莫敢轻忽。

是的，正是那些灿若星辰的名人巨擘汇成了一条不绝如缕的历史长河，使古城衡阳一直闪耀璀璨文化之光、文明之光。

譬如，这里有令人瞩目的开拓先锋：区纯、丁鹏翥、周荣琮、曾阮卿、邓嗣禹；这里有爱民如子的先贤官吏：谷朗、赵葵、茹瑺、陈宗契、常大淳；这里有令人敬仰的学者专家：欧阳彬、丁善庆、肖企云、陈衡哲、钟增亚；这里有顶天立地的铁血汉子：向道龙、段沄、欧阳代炎、谢文炳；这里还有视死如归的红色楷模：刘泰、刘铁超、王光泽、邓宗海、陈芬、刘惕庄……

对于当下的衡阳人来说，这些名字或许已遥不可及，湮灭于历史的尘埃；或许已寥若晨星，虽仰视亦未必能见。作为一个生于斯长于斯的衡阳人，我和所有有志于弘扬衡阳文化的同道一样，希求能够克服时间的隔膜和沟通的阻力，来做一件有益于光大衡阳地域文化的实事好事。

2012年，笔者曾编著过一部《了不起的衡阳人》，为衡阳这片土地上的50位先贤叙事立传。2016年一次朋友聚会，时任衡阳日报社总编辑的林新华先生跟我说："我花了一周时间，读完了《了不起的衡阳人》，心情很激动。了不起的衡阳，就是因为有了这些了不起的衡阳人。了不起的衡阳人还有很多很多，您老能不能再花费一点时间 ，再续写一部《了不起的衡阳人》，以此歌颂衡阳，宣传衡阳，弘扬衡阳正能量。"

市委宣传部部长刘丽华也鼓励我发挥余热，续写《了不起的衡阳人》，打造衡阳名片，为宣传家乡衡阳尽一份力量，让更多人阅读衡阳，亲近衡阳，让了不起的衡阳人层出不穷，代代相袭。

他们的鼓励让我沉思良久，久不能寐。是不是真的需要续写第二部《了不起的衡阳人》呢？

纵观那些老一辈的衡阳人，他们的奋斗都是从社会最底层开始，以天纵之姿，胸怀日月，意志坚定，弄潮时代，既能对抗流俗和浮誉，反抗腐朽和堕落，也能道德文章、嘉言懿行，勇猛精进，进而实现立德、立功、立言三不朽，生前死后两荣光的辉煌人生。

君子德风，风行草偃。毫无疑问，他们成为了衡阳文化的品质象征，他们每个人都是衡阳的一张闪光名片，他们成了衡阳后继者的文化底气和文化信仰，激励着深厚的衡阳地域文化得到进一步传承与光大。

衡阳文化百花竞秀、万木争荣，衡阳人了不起。那么，这"了不起"的表现在哪里？

衡阳人创新为上

"敢想"是衡阳先贤最鲜明的个性特征，他们乐于接受新事物，敢于打破旧传统，敢于蔑视权威，不随波逐流，不墨守成规，能以实事求是、经世济用的态度去实现革新、创造，以及解决社会现实问题。

"中国蔡伦发明了造纸术，传到欧洲，令人震动，可和现在把人送上月球的探索相提并论。"这是外国人对蔡伦的评价。蔡伦杰出的贡献为人类文明揭开了新的篇章。蔡伦杰出的贡献让世界认识了衡阳。

区纯，这位1600多年前的衡阳木匠，技术精湛，所制器具，构思新颖，所制作的指南车、木奴、木室、鼠市等，让人们叹为观止，争相传颂。

丁鹏翥试制出第一台铁木结构的羽绒提炼车以及洗毛、消毒、烘烤等设备。“丁制三层式被”在巴拿马世界博览会上被授予“中国特产奖”，在国际市场上享有崇高声誉。

周荣琮则是中国核磁共振成像永磁磁体的开拓者，他的创新与发明，使我国医疗仪器进入了国际高科技先进水平。

李待琛是中国近代军工和教育的创新者，湖南大学的首任校长。是他将当时全国步枪口径统一为7.9mm；是他对全国兵工厂组织实施产品检验制度，提高了产品质量和生产水平；是他制定中国“中正式”骑步枪标准。

刘先和，茶叶专家，全国林业劳动模范，先后创制、挖掘“南岳云雾”“碣滩茶”“洞庭春”等8种名茶。

李恒，植物学家，研究天南星科植物，发现了33个新种，著有《中国植物志》。

周后元，中国工程院院士，化学药品合成专家。

刘新垣，中科院院士，生物化学家，是国际干扰素研究会理事。

敢为天下先，能为天下先，衡阳先贤确实具有这份文化自信。

衡阳人学识立身

“读书”，尚学习，重诗文，懂道理，聚才识是衡阳先贤的立身之本。可以说衡阳人把书院文化发挥到了极致。在唐朝时期的17所书院中，衡阳就占了5所；宋朝时期的衡阳书院数量仍为全国第一，除闻名天下的石鼓书院外，还有南轩、文定、双蹲等书院；明朝时期，全国书院发展到900余所，衡阳则为31所。到了清朝光绪年间，衡阳仅衡山区域就有邺侯、卢潘、文定、甘泉、白沙、东廓、集贤、景行等27所书院。古城衡阳在中国思想文化史上的地位和影响，历史上的巨擘大腕得以走出湖南、走向全国，都与书院文化紧密相关。

衡阳先贤表现出来的共同特点是，在物质上保持寒士作风，勤俭节约，视世间富贵如敝屣，粪土当时万户侯，而在道德文章方面，则留下了宝贵的遗产。

李纪方著《白喉全生集》，填补了中医医治白喉病的理论著作的空白。朝廷将此书发于全国各省，使许多医生解开了白喉恶症的疑难。李纪方因之蜚声国内，时人称之为“白喉神医”。

邝鄘为北伐军创作的《国民革命歌》曾唱响整个中国，中华民国国民政府曾宣布将该歌暂代国歌。

谢翰文于戎马倥偬之际创办过第一张《红军日报》，影响一时。他坚信没有文化的军队是愚蠢的军队，在红军队伍中首创“行军识字”与“识字岗”，提高“土包子”部队的文化战斗力。他组建了“抗大文工团”，第一个在延安策划举办了抗大成就展览。

邓嗣禹治学研究数十年，写了25部专著、56篇论文，著作等身，其中绝大多数是英文成稿，成了美国汉学学生的必读作品，有的长期被哈佛大学、牛津大学作为教材。

衡阳人气节为重

“古者富贵而名摩灭者不可胜记，唯倜傥非常之人称焉”，要想成就名垂千古的大事业，就必须以天下为己任，重义轻利、舍生取义，衡阳先贤堪称这方面的杰出代表。

想当年，王夫之的“清风有意难留我，明月无心自照人”是怎样的孤忠耿介。

谢士炎的“人生自古谁无死，况复男儿失意时。多少头颅多少血，续成民主自由诗”是何等的慷慨激昂。

夏明翰的“砍头不要紧，只要主义真；杀了我一个，自有后来人”是怎样的轻死重义。

谢怀德的“唤醒农工脱离水火，提倡革命整顿乾坤”“讲自由从牺牲着手，谋解放须热血换来”是何等的义薄云天。

只要为了正义，什么财富、名位，乃至热血、头颅，通通不足惜矣！

衡阳人的血管中还奔流着朴素纯真、坚韧不拔、不服输的民族血液，“出淤泥而不染”的高尚情操，为中华民族保留着不可亵慢的湖湘气质。

盘肠大战中的罗连成、上甘岭战役的欧阳代炎，衡阳先辈用鲜血和生命凝结成的精气神，为三千里江山增光添彩，为中华大地的人民树立了榜样，实在是弥足珍贵。

再看看从雁城耒阳走出来的刘泰、陈芬、刘铁超、邓宗海、李天柱、王光泽等，他们都有光明俊伟、倜傥磊落的器宇；都有超然神逸、不让富贵系住心志的怀抱；都有崛起于草莽，勇于追求民主自由的才略；都是凭智慧运筹帷幄，忠于信念，心系民众，最终由一介平民而成为英雄。

衡阳人奉献为本

重民族意志，重文化道统，重春秋大义。

无论哪朝哪代，这些先贤志士都有坚如磐石的理想信念，百折不饶的英雄气概，有敢于战斗的大将风范。

刘汉茂，航空模型运动员，是第四、第五届亚洲航空模型锦标赛F3A项目团体冠军中国队的成员。1982年以151.387公里/小时和185.567公里/小时的成绩打破无线电水上遥控模型飞机封闭速度世界纪录。

李敬，体操运动员。1989年夺得第二十五届世界体操锦标赛男子双杠冠军。1991年获第二十六届世界体操锦标赛男子双杠冠军。1992年参加首届世界单项体操锦标赛，获男子鞍马、双杠两项冠军。

吃得苦、自强不息、百折不挠、敢为天下先、以天下为己任的衡阳人，无疑将传统的春秋大义贯彻得最彻底。

与衡阳人王船山同时期闻名东西方的黑格尔说了一句这样的哲言："一个民族有一群仰望星空的人，他们才有希望。"这是贯通人类自然科学、社会科学命脉的电码，一点即燃，燃烧知识天空，灵动人文顿悟。

这么多文韬武略、学富五车、才华横溢的人，出现在衡阳这个地域，难道是一种孤立的文化现象？这些曾经在中国历史和中国艺术史上显赫于世的官吏、学者、武将、诗人、画家，无论他们后来足迹到达哪里，但衡阳绝对是他们生命的出生地和出发地；无论他们的业绩如何飞黄腾达抑或是他们孤独地置身异乡，在他们回眸故乡的瞬间，一定看到了自己生命和血脉的起点——衡阳。那一定是一片郁郁葱葱的山河，一定是万木葳蕤的大地，一定是谷黍果花飘香的家园。否则，那等身的著作从哪里来？那惊神泣鬼的诗句从哪里来？那气吞山河的大气从哪里来？

中华文化积淀着中华民族最深沉的精神追求，代表着中华民族最独特的精神标识。而中华文化正是千百个各具特色的地域文化血脉相系、经纬相织的，我们也因此而傲视群伦、自信于天地间。

我们也将揣着一份充盈的文化自信，为践行伟大的中国梦而孜孜前行，不绝于途。

南岳欲飞，石鼓重鸣。东洲千帆竞发，西湖万莲盛开。文化的衡阳、文明的衡阳，明天会更加璀璨。

蒋昭芒丁酉年草于广州墨竹斋

戊戌年改定于衡阳江雪书屋

目录

了不起的衡陽人

第二部

谷 朗 · 忠孝两全碑亦壮

谷朗（218—272年），字义先，三国吴地人。三国时期杰出的政治家、军事家。

论忠孝仁义，谷朗在衡阳首屈一指。

谷朗3岁时母亲病逝，之后父亲续弦。谁知在他11岁时父亲也一病不起，命丧黄泉。历经苦难的谷朗与弟弟一起侍奉继母，友爱孝顺，克勤克俭。在当时有“曾参”品德再世之称呼；有“闵子骞”的孝顺情操之美誉。

曾参是谁呢？关于曾参有个故事叫“啮指痛心”。他是孔子的得意弟子，以孝著称。少年时家贫，常入山打柴。一天，家里来了客人，母亲不知所措，就用牙咬自己的手指。曾参忽然觉得心疼，知道母亲在呼唤自己，便背着柴迅速返回家中，跪问缘故。母亲说：“有客人忽然到来，我咬手指盼你回来。”曾参于是接见客人，以礼相待。曾参学识渊博，曾提出“吾日三省吾身”的修养方法，后世儒家尊他为“宗圣”。

关于闵子骞有个故事叫“芦衣顺母”。他也是孔子的门徒，在孔门中以德行与颜渊并称。他生母早死，父亲娶了继母，又生了两个儿子。冬天，继母给两个弟弟穿着用棉花做的冬衣，却给他穿用芦花做的“棉衣”。一天，父亲出门，闵子骞牵牛车时因寒冷打颤，将绳子掉落地上，遭到父亲的斥责和鞭打，芦花随着打破的衣缝飞了出来，父亲方知闵子骞受到虐待。父亲返回家，要休掉并赶走继母。闵子骞跪求父亲饶恕继母，说：“留下母亲只是我一个人受冷，休了母亲三个孩子都要挨冻。”父亲十分感动，就依了他。继母听说，悔恨知错，从此对待他如亲子。

衡阳人谷朗就有着曾参的德行，闵子骞的仁义。

长兄为父，11岁的谷朗早早承揽了家中的许多事务。因为继母忙于农活，养家糊口不容易，谷朗便带着弟弟读书，协助继母下田，砍柴、放牛、种菜、凼肥，样样做，样样会，且有条不紊。

谷朗成年后，正是三国鼎立时期。18岁便出仕吴国。20岁，为郡吏。成了一名地方行政机关干部。赤乌三年（240年），吴国全国举孝廉，选贤才，谷朗被推荐为阳安长，担任地方行政一把手。他治理有方，政绩卓著，任期届满便调入王府，管理车、骑、门户，先后任郎中、尚书令史、郡中正。

之后谷朗升迁浏阳令。那个时候，县官辖区万户以下叫“长”，万户以上叫“令”。在治理浏阳时，谷朗关心黎庶疾苦，垂仁恩以宣化百姓，深得浏阳居民爱戴。

不久后，谷朗又升迁为忠都尉、尚书郎，参与枢机政务。“尚书”二字是主管文书的意思，很像现在的秘书处。对尚书郎的要求也很高，必须录取孝廉中有才能的人进入尚书台，满一年称尚书郎；满三年才称侍郎。由于谷朗为人忠诚谨慎，工作努力勤奋，在机关干部中名望也很高，又深得吴国皇帝的赏识，在尚书台工作没满三年，便破格提拔为广州督军校尉，成了高级统兵长官。

到职后，谷朗身为表率，即刻深入基层，他沿着吴

谷 朗（218-272）

国边境扎扎实实走了一遍，进兵营，查哨位，了解敌情，检验军备，关心兵士疾苦，解决军地纠纷，深受官兵拥护。在职五年，谷朗率部捍卫吴国疆域完整，抗击外族侵犯，保障了边境安宁。在他的治理下，士兵秋毫无犯，百姓得以安居乐业。吴国皇帝纵观自己的干部队伍，数年来谷朗不仅忠诚秉公，遵守典章，且放到哪里都尽职尽责，干出一番成绩来。文也行，武也可，关键是百姓个个都爱戴，口碑极佳。于是，又调谷朗入朝，拜五兵郎中，升迁中丞大夫，受公卿奏事，举劾案章，专门负责察举人才，提拔干部。

《谷朗碑》碑文

吴永安六年（263年），交趾（现越南）郡吏吕兴，因政见不同刺杀了当地最高行政长官，随即夺权谋反，写檄文，贴告示，招降纳叛，诱惑鼓噪，煽动九真、日南二地部分百姓，背叛吴国。搞得人心惶惶，社会动荡不安。

宝鼎三年（268年），吴国派遣交州刺史刘俊，前部督军脩则等率军队浩浩荡荡去征讨，劳而无功，全部失败，军卒溃散。吴国皇帝孙皓只好悬贴公告征召能够平息祸乱的将领，满朝官员一致认为谷朗曾任职广州，熟悉当地民风民情，又文武双全，素有威望，只有他才能担当此重任。

建衡元年（269年）十一月，51岁的谷朗戎装在身，骑马携剑，率兵经番禺、牂牁、进军交趾，讨伐吕兴。

闹独立不得人心。

谷朗果然不负众望，讨伐大军所向披靡，民心归顺，交趾叛军降服，九真、日南二地重回吴国。平息叛乱后，谷朗任九真太守，为当地最高行政长官。

吴凤凰元年（272年），谷朗在岗位上病逝，鞠躬尽瘁。享年54岁，归葬耒阳。

为昭示其功绩，时人刻有《吴故九真太守谷府君碑》。现为湖南省重点保护文物。

谷朗是衡阳人的骄傲，生前事迹名垂千古，逝世后连墓前的那块石碑都成了国宝。此碑又称为《谷朗碑》，之所以视为国宝，好就好在那碑上的一手好字。

《谷朗碑》的字虽称隶书，实则体势已非常接近楷书，故亦有定为楷书者，是隶书向楷书过渡的代表作。与后世魏碑、唐楷相比，它还带有较浓的隶味。其结体方整，笔画圆劲，书风浑朴古雅，与曹魏诸碑刻风格稍异，但都被认为是开后世楷书法门的重要碑刻。此碑在清代以前，唯见唐宋散文八大家之一的欧阳修，宋代著名金石学家、著名女词人李清照的丈夫赵明诚二家有过著录。清代翁方纲精于金石考证，最善鉴定碑帖，他在《两汉金石记》记载中叙述道："其字遒劲，亦有汉分隶法。"精通考据之学的清代学者严可均则说其"隶法不恶，刻手极拙。"清末康有为先生称《谷朗碑》古厚雄浑，为真楷之极。此碑是研究书法史的珍品，亦是现今中越两国交往的重要史料。

谷朗墓位于衡阳市耒阳市亮源乡睦村谷家拗，坐东朝西，封土堆呈圆形，底径7米，高0.6米，周砌花岗石，保存完好。1983年10月，谷朗墓被公布为省级文物保护单位。

谷朗碑碑亭

区 纯 · 古城匠人领风骚

近年来，关乎工匠精神的故事一次又一次被微信上的朋友圈刷爆：日本马桶盖、瑞士手表、德国钢笔……

2016年3月5日，国务院总理李克强在政府工作报告中提到，鼓励企业开展个性化定制、柔性化生产，培育精益求精的工匠精神，增品种、提品质、创品牌。一时间，全国上下形成了“工匠精神”的讨论热潮，很多企业也都在往工匠精神上靠。

什么是工匠精神？谁具备工匠精神？

其实，工匠精神并不神秘，它不是一朝得以生成，更不是自我标榜。它是日复一日的坚持，是一代一代的传承。它是持之以恒，是一丝不苟，是坚持不懈，是精益求精。事实上，这些成语，对中国人来说早已耳熟能详。但如今重申这些，是想向国人强调，我们需要的是将它们落地，我们要有对技术的尊重和对质量精益求精的痴狂，并且愿意为这种痴狂买单。

古城衡阳从来不缺“工匠”。

蔡伦就是最伟大的工匠。他发明、创造的纸让整个世界走向了文明。

丁鹏翥是最优秀的工匠，他发明了第一台铁木结构的羽绒提炼车，令“丁制鸭绒被”风靡全球。

周荣琮是最了不起的工匠，他是我国核磁共振成像永磁磁体研制的开拓者。

在雁城衡阳，还有着很多执着的匠人，等待我们去发掘，去宣传，去尊重。让他们被看见，被尊重。只要有尊重，才会有奇迹。今天，再介绍一位名叫区纯的工匠。

区纯，西晋太熙元年（290年）出生，衡阳人。著名木器制作家。区纯技术精湛，所制器具，构思新颖，精巧灵活，为时人所不及。

古代的匠人对于从事手艺的态度与今天的发烧友们毫无二样。他们首先是所在行业的深度痴迷者，对手艺本身有着强烈的认同感。如今在中国乡土社会，我们就随时可以找到一些带着古典工匠色彩的匠人。比如，我在衡山南岳乡村里见过的竹篾匠。他们在轻巧地把弄竹篾时，心情是愉悦的。他们眼神专注，手法熟练，不一会儿功夫，就可以编织出一个整齐轻便的工具。竹筐、鱼篓、方凳、簸箕、儿童玩具，千姿百态，样样尽有。同样，那些手艺高超的泥瓦匠，砌墙不用拉线，批荡平整光亮，打灶炉火通明；口碑极好的耕田师傅，扶犁轻松自如，翻地深浅如一；再看手持弹弓的弹棉花者，站在一个木制的圆板上磨压即将成型的棉被，左扭右甩，不亚于一场迪斯科独舞等，这些技艺娴熟的工匠们一旦投入到专业技术活动中，就绝不仅仅是完成一份工作，赚一些钱财。与其说他们是在工作，不如说他们是沉浸在一场精巧的游戏中，那种状态十分令人羡慕。

发烧友与真正的匠人有一个共同特点，即外人觉得他们的爱好或工作是无聊枯燥的，但他们自己却觉得乐趣横生。一个重要的原因是，两者在进入状态后，都会逐渐发现物体的“灵性”。比如那些可以静候鱼竿数小时的钓客，能够借助鱼竿与鱼群对话；类似的，石匠、漆匠、瓷匠、锅匠们数十年如一日，他们也能感受到自己与石漆瓷锅的“天人合一”。

成语“独具匠心”，指的就是工匠在物体中融入自己精妙的构思。某种程度上，工匠的技艺是一种心灵的延伸，作为中介，实现天地自然的融合与互动。

东晋永昌年间（322年）。区纯制作的指南车、木奴、木室、鼠市等令人们叹为观止，争相传颂。

区纯用木料制成的人，像模像样，人称“木奴”，有手有脚有头部，当时所起的主要作用是代人舂米。没有机械装置，手摇即可，借以减轻繁重的体力劳动。

区纯所造的木室玩具模型，在当时也令人惊叹。该模型是制作一妇人居于木室之中。如果有人来敲门，妇人则开门步出，对门数拜后再返回室中，将门关好如初。

区纯尤以鼠市的制作，巧夺天工。其形状为正方形，四围各有一丈余长，各方设一门，室内置之一木人。将四五只老鼠放在里面，老鼠如要钻出，那木人则以木槌击之。虽四门洞开，老鼠四处乱窜却始终无法钻出。

一个木匠，一个普普通通的衡阳木匠，1600多年前在锯、刨、凿，制

作门窗、桌椅、农具之余，还玩出了这些新花样，让时人惊愕不已，不啻于神仙下凡。这事一传十，十传百，传到了京城。晋元帝司马睿得知衡阳竟有如此奇才，立即下旨将区纯召到京城，授予“尚方左校”一职，掌管百工技巧事物，专门主管制造皇室所用兵器、家什及玩赏器物。于是，区纯收拾行装，挑着他的锯、斧、刨、锤上任了。

这是1600多年前一个衡阳木匠的故事。

这是1600多年前一个衡阳人的创新与构想。

纵观衡阳人蔡伦、区纯、丁鹏翥、周荣琮等先贤一生的业绩，我们深深体会到：工匠精神，是一种发自内心的热爱。

从更为深刻的内涵层面来看，工匠精神蕴含的是坚如磐石、心无旁骛的品质。但时至今日，工匠已并非只是靠着日复一日的重复达到“熟能生巧”的手艺人，其劳动目标是通过技术整合来创造性地解决问题。从这个意义上讲，工匠精神不仅意味着精益求精，还代表了对创新的追求。

对于衡阳这座有着2000多年历史的城市来说，城市肌体之中始终有着工匠精神的烙印存在，是他们的精神筑起了衡阳产业的基础。他们将技术塑造成一门艺术，穷其一生打造手中的技艺；他们适应时代的变革，既有坚持又有创新；他们代表一个领域的最高水准，是专业精神的代表。他们用自己的技艺融入了这个城市，推动着这个城市的发展。

国之重器，国之匠人。

欧阳彬·读书明理重清廉

欧阳彬，字齐美，五代十国时衡州人。欧阳彬的父母皆名不见经传，古书记载其家“世为县吏”，并非官宦富贾，最多也就是个普通干部。

到了欧阳彬，这孩子文雅而有风仪，且特别好学，尤其是写辞作赋，在当时的衡阳十分有名，他写的辞赋由浅入深，通俗易懂，即便是没读多少书的人也能听个明白，所以很受当地人称赞。

欧阳彬是五代十国时期人，这是一个“城头变幻大王旗”的年代。这时的“十国”之一有个“楚国”，是历史上唯一以湖南省为中心建立的王朝，因为是一个姓马的大王所建，史称“马楚”。欧阳彬的家乡衡州就属于马楚。

到了该参加工作的年龄了，欧阳彬也想干一番事业，于是带着自己平日的习作去拜见楚王马殷，希望得到重用。按照当时的规矩，求见楚王必先通名帖。楚王宫里有个詹事，是个执掌宫内外庶务工作的，众人称其为“樊知客”。这个人见钱眼开，非常好财，是那种雁过拔毛，凡事都需要打点的人。他官虽不大，但找决策的官却必须通过他。

那天，欧阳彬找到他，彬彬有礼递上名贴。樊知客上下打量他一番，瞪着眼睛问：“没有了？”

欧阳彬一怔，又连忙递上一沓文章：“献丑献丑，请过目。”

樊知客依然不紧不慢：“没有了？”

欧阳彬拱手作了个揖，毕恭毕敬地回答：“没有了。”

樊知客一愣，这是个不谙世事的穷秀才，得“开导开导”他。

樊知客提了提腔调：“这次你想求见大王是踌躇满志，早有准备的。对不？”欧阳彬点头。

“送几篇文章的目的就是想谋个良职，求个光宗耀祖，富贵发达，对不？”欧阳彬点头。

“你绝对不想白跑一趟。对不？”

欧阳彬开始纳闷：为何会白跑？

“你空手而来，不以物为赠，不去四处打点，难道想一步登天？”

欧阳彬恍然大悟，原来是要我送礼行贿。年轻气盛的欧阳彬读的是孔子书，行的是孟子道，别说一个普通干部家庭拿不出金银财宝，即便是有，他也耻于行贿。他转身出门，拂袖而去。

这下惹得樊知客大怒，掷其名帖于地说：“岂能让吏人之子去拜见王侯！”

这下也把欧阳彬激怒了，回到家里，深为痛恨的欧阳彬将愤怒诉诸于笔端，赋诗曰：“无钱将乞樊知客，名纸生毛不为通。”

欧阳彬（894–951）

因为“不跑不送”，欧阳彬没有进入当年马楚王府的公务员队伍，因而落魄街市。史书记载欧阳彬此时因不得志而“歌姬酒徒，无所不狎”。那意思就是遭此打击后，他心烦意乱，一天到晚，进茶楼，泡酒肆，意志消沉。

眼看他官场失意，没想到竟然情场得意了。

在茶楼里，他结识了一个名叫瑞卿的姑娘。姑娘长得楚楚动人，穿着虽不是绫罗绸缎，浑身上下却散发出耀眼的光芒。瑞卿是茶楼的服务员，每日里烧水、沏茶、送碟、擦桌，迎来送往，虽形单影只，在欧阳彬眼里竟有一种销魂的感觉，瑞卿优雅，待客从容，连步履都分外有韵致。欧阳彬没事就在茶楼转悠，主动接近瑞卿。几番相处，两人说话便十分投机。瑞卿深慕欧阳彬之才，遂邀请他回家同居。瑞卿聪慧漂亮，有一副天生的好嗓子，非常能歌，每年马楚的武穆王马殷生日那一天，必请瑞卿姑娘在欢庆寿宴上唱上几曲。

当时的湖南自原来管辖七个州以外，还管辖武陵郡（朗州）、岳阳郡（岳州）两个州，一共九个州，称为“九州岛”。

欧阳彬早先被贪官樊知客挡于宫外，认识瑞卿后，他这次计划让楚王直接欣赏到他的文笔功夫。他满腔激情、费尽心血写了一首《九州岛歌》，交给瑞卿去套曲，嘱咐她到楚王生日寿宴上唱这首歌，借此来感动武楚王马殷。谁知人算不如天算，这次马殷听完这首新歌后，又是鼓掌又是跺脚，就是不问此歌词为何人所作。瑞卿姑娘在大众广庭、众目睽睽之下又不便多言私情。当疲惫、沮丧的瑞卿回家后将结果告知欧阳彬，大失所望的欧阳彬不由得仰天长叹：“天下分裂之际，无赖们都能当官发财，而我就该报效无门，一贫至此吗？”

欧阳彬无计可施，坐卧不安。他想，他不能坐吃山空，不能吃软饭，他七尺男儿不能让一个姑娘来养活！海阔凭鱼跃，天高任鸟飞。好男儿志在四方，读了一肚子书，还怕找不到饭碗？于是他想到其他国家去，但一时又不知道去哪里。

918年，欧阳彬在茶楼听到一则趣闻，说的是前蜀国君王建去世，其子王衍（后主）继位。王衍喜爱诗文，崇拜才子，但生活也较为奢侈，经常派人来马楚采购货物及花石之类的摆件供自己享用。言者无意，听者有心。欧阳彬暗中思忖，既然你喜爱诗文，那我就是你的知音。不久，欧阳彬打听到又有一批来马楚采购物品的商队将回归西蜀，于是他计划偷偷入蜀。那天晚上，他悄悄对瑞卿说：“我曾想拜见楚王马殷以辅佐政务，却遭遇樊知客干涉阻扰，屈居于你家。几个月来你待我不薄，从未给我看任何脸色，按理说，我不能弃你而去！但士人以功名为不朽，此时我不去努力，恐将来后悔。今我去其他地方求前程，或许有成，勿以为念。”

深明大义的瑞卿说：“你对我，不可谓之无情，你不要舍不得我而自耽前程，机会将至便应牢牢抓住，你若功成名就，我更感到惊喜。我现在还有点家财，虽然不丰厚，我也愿分出一半，供你路途使用。”

欧阳彬热泪盈眶，紧紧地抱住瑞卿，相互倾诉通宵。

第二天一早，欧阳彬将瑞卿所赠钱财，全部送给商队负责采购的小吏，权当成船票与路途生活费用。这个小吏同意了。于是，欧阳彬“偷渡”到了蜀国。

到了蜀国，欧阳彬献上了构思良久、精心创作的《独鲤朝天赋》（又称《万里朝天赋》），果然不出所料，喜好文学的蜀主王衍读后大悦，即刻召欧阳彬进宫，擢欧阳彬居于清要之职。

凭着自己的本事，学富五车的欧阳彬当上了翰林学士。

据《资治通鉴》记载，公元924年，即前蜀灭亡的前一年的十一月，欧阳彬出使后唐。第二年，后唐庄宗攻打前蜀，前蜀国君王衍被迫投降。王衍投降时，派遣兵部侍郎欧阳彬奉降书以迎后唐军队。可见此时的欧阳彬已经担任副部级官员了。

934年，后唐的蜀王孟知祥称帝，建立后蜀。欧阳彬于是再在后蜀任职。孟知祥当年去世，后主孟昶继位，改年号为广政。其后，欧阳彬官至尚书左丞，之后又调任地方，任夔州（今重庆市奉节县）节度使。

欧阳彬在夔州任上时，他的出生地马楚的国君在二年前又换了，新国君名叫马希范。欧阳彬于是写了一封信给马希范，叙述了当年是如何被贪官所逼才流落他乡，满怀愤懑，痛诉衷肠。他怀念故乡，他想为故乡尽绵薄之力却年事已高且山高路长，只能托梦许愿，祈盼故乡太平吉祥。

马希范得书后深感惭愧，于是下令将欧阳彬在马楚的亲友全部免除应上缴国家的所有赋役。接着，为吸取教训，马希范又下令搜访衡阳民间有才之士，一定要重学识，重清廉，以免旧事重演，出现欧阳彬第二、欧阳彬第三。于是许多德才兼备的士人都被提拔任用。后人评价，那时期的选贤用能，风清气正，跟欧阳彬的那封信不无关系。

后蜀广政元年（938年），欧阳彬调任嘉州刺史。欧阳彬很喜欢嘉州风景，喜曰："青山绿水中为二千石，作诗饮酒为风月主人，岂不诚嘉！"

欧阳彬家夜宴，赋《生查子》曰：

竟日画堂欢，入夜重开宴。
剪烛蜡烟香，促席花光颤。
待得月华来，满院如铺练。
门外簇骅骝，直待更深散。

广政十三年（950年）欧阳彬卸任后于十一月逝世。

欧阳彬作品大多散失，前面提到的《万里朝天赋》，《全唐诗》里只录有断句二则。其词今存《生查子》一首，《全唐文》存其《哀帝降表》一篇。

赵葵·荩筹硕画不恋官

他一生以儒臣身份治军，为南宋偏安作出卓越贡献。

他辅佐三朝，军事主张创新，治国理念鲜明。

他也许是古代唯一一个耻于通过科举考试来当官的官员。又或许是为官者中请求辞官而打报告最多的谦卑能人。

他喜欢诗文，言简意赅，发旷怀雅量于翰墨。《全宋诗》《全宋词》《全宋文》均收录有他的作品。

他擅长书画，墨梅为最，为梅写真，幽妍芳洁，意境深远。后世画家尤其是清朝乾隆皇帝很乐意收藏他画的梅花。

他，就是赵葵。

赵葵，字南仲，号信庵，又号庸斋，衡山人。南宋抗金儒将、画家、诗人。赵葵生于宋孝宗淳熙十三年（1186年）农历八月三日。

他刚出生时，传说有人梦见南岳神降临在赵葵家中。在南岳衡山的民间传说中，赵葵是南岳圣帝身边的护法神忠靖王转世，因此他死后有资格在南岳庙中享用牌位。

赵葵的曾祖父是绰号“铁面御史”的北宋名臣赵抃。赵抃退休后举家迁回衡山县岭坡乡。赵葵的爷爷赵棠曾求学于湖湘学派创始人胡安国、胡宏父子，是“胡门七子”之一。赵葵的父亲赵方是南宋理学大师张栻的弟子，后来投笔从戎，成为抗金名将。

赵葵是赵方的第二个儿子。大儿子赵范也曾担任过静江知府。这四代沿袭下来，可谓是衡阳的名门望族。

赵方在襄阳任京湖制置使（制置使在南宋对金作战中设置较多，系在用兵前后为控制地方秩序，或为捍卫疆土、负责边防军事而建置的官职）时，赵葵便跟随父亲置身军旅，是货真价实的部队大院成长的子弟。赵葵与兄长赵范都有志于事业和功绩，而赵方却特别看重这个小儿子，特地聘请郑清之（后来担任宰相）、全子才作为他的老师。又派他跟南康李燔（朱熹的学生）学习经世致用的学问。稍许长大后，父亲赵方在军中令他分工督管“饮食供养之事”，成了伙夫军的负责人。而年少的赵葵在部队里只要听到军事警报，都与诸将一齐出阵，次次冲在前面，奋不顾身、死战到底。众多将领唯恐这位将军的儿子有什么闪失，均全力跟随护卫，冒死冲锋，共同拼杀，因此多次获胜。

有一次朝廷犒赏军士，但发下来的奖励物品不多，加上主持发奖的主官情况不熟，分配不周，引起军士不满起哄，想要闹事。当时赵葵才十三、四岁，察觉军士不满的情绪，突然大声叫道：“这是朝廷的赏赐，本制置使（指他父亲赵方）另有奖赏。”军中之娃赵葵带有稚气的一声喊叫立刻让人安静下来，大家望着他，似懂非懂却又觉得不无道理。小孩不会骗人，说不定他父亲那儿还有一份奖金没颁发呢。一场风波平息了。事后，人们都佩服他的机警灵敏。

赵葵（1186-1266）

宋宁宗嘉定十年（1217年），金国的将领术虎高琪、乌古论庆寿率兵进犯襄阳，围困枣阳。当时南宋一片祥和，已经许久未动用过军队，金兵此番突然进犯，朝野上下顿觉惊慌恐惧。饱读诗书的赵方则毫不胆怯，率赵范、赵葵二个儿子统兵前往迎战，击破金兵。

嘉定十三年（1220年），赵方派赵葵和都统（将军）扈再兴进攻金人的必守之处高头。金兵派出精锐坚拒迎战。赵葵率领士兵采取递进措施，自己与先锋部队打头阵，一路破杀，绝不环顾左右，奋勇向前。扈再兴则随后进击，拉网聚歼。此招势如破竹，摧枯拉朽。第二天，赵葵进驻邓州，金兵在沘河沿岸设置障碍顽抗。赵葵等到杨义等援兵部队相继到来，指挥宋兵全面出击，金兵也倾巢出动迎战，却被士气旺盛的宋兵打得大败，被杀伤与投降的差不多有二万人，俘获万户以下的官吏十几人，夺得骏马八百匹，大胜而归。

嘉定十四年（1221年），金兵进犯蕲州，气焰嚣张。赵葵与兄长赵范受命迎战。父亲赵方命令他们说："不战胜敌人，不要来见我。"三月他们抵达唐州。第二天，赵葵指挥部队靠近城池沿线布阵时，金国大将阿海率兵出城突袭，赵葵即刻率精锐骑兵迎击，扈再兴又率兵包抄，此役大获全胜，斩获一万多首级。金兵仓皇逃进城内紧闭城门休战。

其后的几天时间里，城内毫无动静。赵范、赵葵与将领们商量说，金兵绝不会就此偃旗息鼓，或许会利用熟悉地形之便，采取夜间偷袭来侥幸取胜。于是，赵葵深感不可大意。他与兄长商定：预先准备大鼓若干，命令军中听见击鼓声便一鼓作气全军出击，但鼓手一定要在敌人走进五十步内包围圈才可击鼓，否则，对于敌方没有进入五十步内就行动的人定斩不赦。

不出三日，夜幕降临，月黑风高，金兵突然打开城门，倾巢出动。扈再兴匆忙率巡逻兵迎击，似乎寡不敌众，且战且退，金兵像洪流一般驱赶追击，逐渐接近宋军早已布置好的军阵。二百米、一百米、五十米。赵范鸣炮击鼓，赵葵相继出兵，杀声大作。金兵猝不及防，迅速集中人马部署长蛇阵前仆后继再次攻击扈再兴部，赵葵则率地方豪强祝文蔚等以精锐骑兵横冲敌阵，将长蛇阵截成数段，金兵接连被杀。双方又相持到夜半时分，金兵虽有所收敛，但其阵势依然如故。赵范、赵葵急忙现场会集将帅商议，组成数支敢死队，拂晓时四面出击，分别截杀。黎明将至，宋军鼓炮再度轰鸣，敢死队绝地反击，冲杀之声震撼山谷，金兵溃败。

宋军乘胜追击，斩首级数千，金兵副统帅缴械投降，宋军救出金兵所掠夺的民众万余人，夺得辎重器械堆积如山。战后，朝廷补任赵葵为承务郎，协助节度使（总揽一区的军民政务），统帅枣阳军队。

同年，其父赵方去世。

嘉定十七年（1224年），有一位叫李全的人让南宋朝野上下人心惶惶。这个李全曾参加北方抗金起义，立有赫赫战功，官至保康军节度使。但他野心勃勃，背叛宋廷，投降了蒙古，且一直屯兵积粮，扩军训练，磨刀霍霍，窥视南宋城邑。

这一次，叛将李全准备进攻青州。朝廷令赵葵与淮东制置使许国商讨防御兵事。赵葵赶到青州提醒许国："您已落入贼寇的陷阱之中，亡羊

赵葵画作

补牢，未为晚也。若在外围重点设防，让战场远离城池，还可以制服贼寇。”许国却打起了官腔：“城中必须重兵把守，只是外围援军士兵不能有效集结，怎么办？”赵葵答道：“请让我前往视察淮南两路的士兵，考察选拔其中的精锐再议。您留下三万士兵在军帐前听从调遣，贼寇就不敢贸然行动了。”许国一脸不屑，说：“不用你亲自前往，我下个命令让所有淮兵前来接受检阅，国难当头，谁敢不听调遣？然后由你监督管理，这样兵多将广，便可高枕无忧了。”赵葵见许国危难之际仍颐指气使、显摆权威，再次提醒道：“外围驻兵的州府，大多是军事重镇，那些守将难道能够不留一兵一卒倾巢出动来服从你一个制置使的命令吗？他们即便接到命令也一定会向朝廷上奏力争，要求留一部分军队自卫。如果一旦得到朝廷的批准，他们必定留精兵守着自己的一亩三分地，而会派遣年老体弱的士兵来你这儿充数。本来你是想选择精锐之师，结果却得到愚钝之兵；这不但不会显示你兵众力强，反而会让敌方有可乘之机。”

许国不听，最后大败。

绍定二年（1229年），李全越战越强，又打算到浙西筹集粮草，实际上是想窥测临安周围。最初，李全向南宋朝廷敬献俘虏时，朝廷授他节钺，阿谀安抚。赵葵则断定他一定还会犯上作乱，于是，专门向丞相史弥远打了一份报告，提出警告：“此贼不适宜让他轻易窜到内地来。他一定包藏祸心，绝不仅仅是为了筹集粮食。如果不狠狠地抑制他刚刚萌生的邪念，那么他从此就会肆无忌惮，如此引狼入室，恐怕京畿之内就会有说不完的忧虑了。”

赵葵到滁州后，其辖地正是贼寇进入内地的要道，又与金人的边境相对峙，实为两淮地区的门户，于是，赵葵下令修筑城墙，疏浚护城壕，训练军队，一天也不敢空暇。他又命部下秦喜扼守青平，赵必胜驻守万山，以壮大声势。此时，发生了一件催人泪下的事情：赵葵的母亲患病，赵葵打报告请假前往探视却未被批准。于是，他从自己身上割下一块鲜肉杂入草药之中寄送给母亲。但母亲却一病不起，溘然长逝。母亲去世后，赵葵再次打报告请求辞去官职守孝仍未得到批准，不得已，他匆匆办完母亲丧事后又到岗履职。

此时的李全开始大肆造船，赵葵获此情报又写信给史弥远指出：“李全已破盐城，反称是陈知县自己放弃城邑，无非是用此计欺骗朝廷，来延缓讨伐其罪过的军队。如今他们一心一意修造船只，制造器械，攻占城邑，就是想窥测机会，浮海而下，直捣腹心京都之地。他们已经明火执仗了。我自从听说盐城失守，日夜伸长脖子以等待将帅们的军事措施，现在反倒听说朝廷居然派遣使节到盐城向贼寇致以哀恤。甚至有两个官吏到赶山阳向贼妇请命。堂堂朝廷命官，这种行为，岂不贻笑于天下，贻笑于外族之夷狄吗？现在对待贼兵予以宽恤，此后就会人心涣散，万事解体。我不想妄生事端，挑起矛盾，而是李全决非忠臣、孝子。我们必须从现在起，重新图谋定计，发兵讨伐叛逆。安全与危险，治世与乱世，全在于朝廷对贼寇讨伐不讨伐啊！淮东安宁，江南就安全了；江南安全，社稷就安全；国家社稷安全，丞相就安全；丞相安全，那么，凡是国家的朝臣、官吏、丞相的门人、学生就没有不安全的了。”

紧接着，赵葵又向朝廷打报告：“臣父子兄弟，世代蒙受国恩，每次见到外族夷狄、盗贼侵犯侮辱国家，无不愤恨。李全现在大逆不道、藐视朝廷，辜负皇上恩德，破坏城邑，肆无忌惮。假如朝廷进一步容忍放纵，将来如何让国家长治久安？希望朝廷立即果断决定，指斥李全为贼。立刻任命将帅派遣军队，水陆两路并进围剿。诛戮这些逆贼，以此安定国家，保护百姓。赵葵虽然没有才学，但愿意为朝廷献身。否则，请求将赵葵早日处理责罚，以安定边防，便于治理国家。”

丞相史弥远接到赵葵报告后依然犹豫不决，参知政事郑清之却完全同意讨伐。几经周折，皇上终于批准了赵葵的作战计划。赵葵统领雄胜、宁淮、武定、强勇等四个地方的步兵、骑兵共一万四千人，命令王鉴、扈斌、胡显等将官率领部属出发，赵葵同时兼任参议官。

不久，李全攻打扬州东门，赵葵亲自出阵迎战。

双方在城壕对面站立，互问劳苦。赵葵左右的人想乘机射杀李全，遭赵葵制止。赵葵正气凛然，质问李全：“此番为何而来？”李全答道：“老子为朝廷卖命没日没夜，朝廷动不动就猜疑我，现在又断绝粮饷供应，欺人太甚！我并不想背叛朝廷，只是索取钱财粮饷罢了。”赵葵说：“说的比唱的还好听。朝廷资助你钱财粮饷，宠幸你高官厚禄，也算没薄待你了。把你当作忠臣孝子款待，你却反戈一击，烧毁城邑，涂炭百姓。不断你钱粮行吗？莫非还要资助你叛乱？你这是欺骗人呢？还是欺骗天呢？”

李全哑口无言，自知理亏，即刻张弓抽箭射向赵葵。

赵葵毫无惧色，指挥军队全线反击。

绍定四年（1231年）正月，赵葵击杀李全，朝廷上下欢欣。诏命赵葵进升福州观察使、左骁卫上将军，赵葵坚决辞谢不愿接受。八月，诏命又封他枢密院禀议，任宝章阁待制。不久，进升兵部侍郎，相当于国防部副部长。

端平元年（1234年），朝廷议论收复三京（东京开封、西京洛阳、南京应天府）。赵葵又打报告请求出战，于是皇上命他任兵部尚书，京西、河北路制置使，应天府知府、南京留守，兼任淮东制置使。

赵葵率领大军出发，当时正值酷暑，汴河堤坝溃决，洪水泛滥成灾，军粮运送跟不上。沿途打下并收复的州郡城邑，大多都是空城。没有军队和粮饷作为依靠，士兵士气大打折扣，一路怨声载道。更糟糕的是，这帮北方出生长大的士兵南下征讨水土不服，且大多都是旱鸭子。渡过黄河时，水流湍急，士兵大多淹死，战斗力迅速锐减以致溃败而回。官员杜范上表弹劾赵葵，皇上将赵葵降职一级，任命为兵部侍郎、淮东制置使，将他的办公地点移至泗州。

嘉熙元年（1237年），赵葵以宝章阁学士的身份任扬州知府，依旧为制置使。

嘉熙二年（1238年），因接应、援助安丰之捷，赵葵被任命为刑部尚书，进升端明殿学士。赵葵前后留任扬州八年，开垦土地，整治军事，边备日益加强。

淳祐四年（1244年），赵葵被任命为同知枢密院事。他第二天便打报告道："现在天下的事情，其大事有哪几件？天下有才能的人，其可用者有哪几个？我想向朝廷建议，能不能让有勇有谋的人来治兵；派有心计的人来管理钱财；令清心宽厚的人担任治民之职；命刚正严明的人来主持监察事务。为官职选择人选，不要为人来设置官职。人才使用得当，使用的时间才能长久，然后就可以责令他取得成效。"

又请求"皇上迅速与宰相大臣商量谋划，凡是有关国家安全与危险，治世的重要计策应一一列举上报，按照其先后分别急缓，以图筹谋策划，那么治国的功效可以完成，外部的忧患是不值得怕的"。

又请求"创建游击军三万人用于长江防守"。

皇上收到报告，诏令按赵葵的意见一一行事。

十二月，赵葵被任命为知枢密院事兼参知政事。

淳祐九年（1249年），赵葵因战功卓著而被特授光禄大夫、右相兼枢密使，封为信国公。任命为右相时，给事中徐清臾很有意见，他对皇上说，宰相不是用来赏功的官职，并援引"宰相应当要用读书人"的传统作为借口，坚决反对赵葵担任右相一职。赵葵恰恰也已厌烦为官，因而极力请求辞官回乡。他接连打了四次报告坚持辞职，终于得到批准。于是，他又给皇上写了一封感谢信："虽然霍光不学无术，本来就难免被众人讥讽；但是皋陶所读的是什么书，敢用这来自我辩解。"

"皋陶所读的是什么书"这句话，出自于赵葵的曾祖赵抃。赵抃当年就是这么回答王安石的。原话是"皋、夔、稷、契所读的是什么书"。

言下之意很明白，你们做官强调读书至上，不是不可以，但也应该看看做官者读的是什么书？读的是不是有用书？是不是治国安邦、富国强民的书？

赵葵辞官后，曾在墙壁上作《南乡子》道：

束发领西藩，百万雄兵掌握间。召到庙堂无一事，遭弹！昨日公卿今日闲，拂晓出长安。莫待西风割面寒。羞见钱塘江上柳，何颜？瘦仆牵驴过远山。

赵葵回乡后，以诚待友、爱护百姓。一天得闲时经过岳麓精舍，舍长刘某年纪比赵葵稍大一些，在准备落座时，揖礼道："请相公（对宰相尊称）主持宴会！"赵葵摇手说道："这里说什么相公？"最后回到宾位，取酒尽欢后离开。

之后，朝廷又改授赵葵为荆湖南路安抚使、潭州通判，赵葵再次打报告辞职不就，但依然担任醴泉观使之职。

宝祐五年（1257年），赵葵进升少保、宁远军节度使，进封魏国公、醴泉观使兼侍读。赵葵又连番打报告请求辞职。

咸淳二年（1266年），赵葵最后一次请求辞官，朝廷允准，特授其为少师、武安军节度使，进封冀国公。12月24日，赵葵坐船停靠小孤山（今江西彭泽县北），逝于舟中，享年八十一岁。南宋理宗追赠其为太傅，谥号“忠靖”。

赵葵是一位有勇有谋的军事家、政治家，对政治十分关心。他提出要知人善任：“有勇者治兵，有心计者治财，宽厚者牧养，刚正者持风宪。为官择人，不为人择官。用之既当，任之既久，然后可以则其成效。”

他强调治理国事要“讲求规则”，“凡有关宗社安危治乱之大计”，要“审其所先后缓急，以图筹策则治功可成，外患不足畏”。

他针对“诸处江防，极为疏漏”的情况，提请沿江守军“共造轻捷快船”“创置游击军强壮三万人，分布新船以备缓急”。

赵葵是一位有智有才的文学家，著有《行营杂录》《信庵诗稿》，其文言简而意赅，其诗发旷怀雅量于翰墨。诗集已佚，《全宋诗》卷3023据《后村千家诗》等书所录，编为一卷；《全宋词》亦辑录有其诗词；《全宋文》卷7472收有其文。赵葵一次在水亭避暑，作诗说：

水亭四面朱栏绕，簇簇游鱼戏萍藻。
六龙畏热不敢行，海水煎彻蓬莱岛。
身眠七尺白虾须，头枕一枝红玛瑙。

诗还没作完，赵葵就睡着了。他的侍女续写道：

公子犹嫌扇力微，行人尚在红尘道。

赵葵是一位有情有义的美术家，尤善画墨梅，政务余暇，为梅写真，苍枝老干，杈芽突兀，繁葩疏荫，幽妍芳洁。有墨梅石刻，藏于虎丘寺。传世作品有杜甫“竹深留客处，荷净纳凉时”诗意图（原题《竹溪消夏图》）一帧，描绘扬州的郊野风景，使人如置于万竹丛中，涤尽烦暑，凉气袭人，充分表达了“深”“凉”的意境。卷后有清代爱新觉罗·弘历（乾隆皇帝）的诗和跋，对赵葵的书画艺术给予了很高的评价。

茹 瑺 · 晚节清风耐岁寒

茹瑺，字玉良，号茹庵。生于明湖广衡山东隅藻江。他的高祖名叫茹从政，原籍河南，在衡山当县令，一辈子就喜欢山水名胜，尤其是南岳，辞官后，就在衡山藻江安了家。

茹瑺从孩提时起便聪颖好学。唐诗宋词过目不忘，六岁能背《千家诗》，十岁已熟读《大学》《中庸》。明洪武十年（1377年），茹瑺由县儒学生员选为贡生，赴京城应天（今江苏南京市）入国子监读书。国子监是我国封建时代的教育管理机构和最高学府，又叫国学、国子学。明代国子监的学生有各种来路，大致有贡监、举监、荫监和例监的区别。茹瑺大概属于贡监，是由地方府、州、县学按计划选送的优秀学生。

在衡山衡东一带，有一个很美妙的民间传说。说的是明朝洪武年间，一个月明风清的夏夜，明太祖朱元璋批阅完各路报章奏折后，夜宿正阳宫。朱元璋躺在龙床上，刚一合眼，只见宫内香风阵阵，清音声声，摇曳的灯光下，缓缓走来一青年书生，伟貌修髯，俯伏在床前阶下。朱元璋一惊，问道："卿是何人？" 书生抬头，面对皇帝，轻声漫语："臣南岳神也，来辅佐陛下。” 朱元璋听后便昏昏而睡。

第二天，朱元璋乘车巡视国子监，正襟危坐听先生讲课，只见那台下学生中一少年相貌酷似昨夜梦中神仙，非常惊讶，遂命见驾。朱元璋问他：“何方人氏？”那少年拜伏在御驾前回答：“臣，南岳衡山人也。”

朱元璋又问：“叫什么名字？”

“小姓茹，单名一个‘瑺’字。”

朱元璋再问：“来此何求？”

“读书识理，效力王朝。”

朱元璋大喜过望，这少年仪表非凡，谈吐流畅，不卑不亢，不温不火。这就是昨晚梦中的少年啊，真是天赐良臣。于是当即授予茹瑺为承敕郎，定为正六品，这是一个专门为皇帝起草诰敕一类文书的岗位。

茹瑺供职勤勉敬业，谨慎周全，很受朱元璋器重。洪武二十三年（1390年）以后，茹瑺被封为太子少保，这是一个辅导太子的官职，虽无实职，却足以显示朱元璋对他的宠爱。

十年后，茹瑺拜右副都御史、又代理兵部尚书，不久转任为正职。两年后又加封太子少保。

明惠帝即位后，茹瑺改任吏部尚书。因为和主张废削藩王的太常卿黄子澄政见不合，俩人闹得矛盾重重。明惠帝为了缓和朝中气氛，平息事端，将茹瑺派到河南出任布政使。不久以后，茹瑺仍被诏回再任兵部尚书。

茹 瑺（1358-1409）

说到这里，需回顾一段史事：明太祖朱元璋65岁时，皇太子朱标发病而死。朱元璋非常伤心。按照传统规矩，他须在其他儿子之中选一人立为太子。可打下明朝江山、特立独行的朱元璋却偏不按常理出牌，而是立16岁的长孙朱允炆为太子。他明知这个长孙秉性非常善良，为人谦恭，他自己也曾担心过朱允炆今后能否担当起治理天下的重任，但他还是义无反顾地立了。

洪武三十一年（1399年），朱元璋驾崩，皇太孙朱允炆继位，也就是前面所提到的明惠帝。

柔弱的惠帝主政时面临的是外部的强藩企图各自为

政，动不动就叫嚷武力威胁，国家可以说是危机四伏。在辅臣的建议下，惠帝为了巩固中央政权，对藩王们采取了措施。有的去其藩号；有的废为庶人；有的终身幽禁；有的则被赐死。虽然曾一度装疯卖傻的燕王朱棣（朱允炆的叔叔）从外表上看起来没有谋反的言词，但他真实的野心还是传到了惠帝的耳朵里。于是惠帝命令北平府的守臣去逮捕朱棣。但令惠帝没有想到的是那守臣竟暗中向燕王朱棣通报了情况，并投靠了燕王朱棣。这样，本来就日思夜想想当皇帝的朱棣就有了理由向朝廷发兵。他对外大造舆论，说是朝中有奸臣当权，他要除奸平逆，扶助君王。一不做二不休，他把自己统辖的军队也改叫为“靖难军”。

燕王朱棣起兵北平，以讨齐秦、黄子澄（二人都主张削藩）为名，号称“靖难”。大军浩浩荡荡到了龙潭（镇名，在今南京市东部沪宁铁路线上）。惠帝即派遣茹瑺、李景隆和王佐前往议和。

茹瑺等一看见朱棣，匍伏在地，谁也不敢吱声。

朱棣拂了拂衣袖，道：“你们想说什么就说什么，何必怕到这个地步？”

稍许，茹瑺抬起头来，将惠帝割地议和的想法一一说出。

朱棣听完，笑着说：“你也是二朝老臣了。你应该清楚，我没有犯罪而被削为平民百姓，这本身就不公。现在我这么做也只是为了活命，要那么多土地干什么！况且父皇封我们兄弟为王。我们已经各有封地了。对不？”

茹瑺点头称是，又问：“燕王发兵至此是有何具体打算？”

朱棣抖擞精神，正色道：“目前只要你们赶快把奸臣绑来依法处置，我就解除武装，拜谒孝陵，归还藩王称号。”

茹瑺等连忙答应：“好。好！”

其实，茹瑺历来就与主张削藩的黄子澄分歧严重，也对柔弱的惠帝担此大纲顾虑重重。如今，眼见燕王朱棣兵强马壮，声势浩大；朱棣本人成竹在胸，指点江山，不由得从心里产生一股钦佩之情。退下堂来，他又找机会与朱棣深谈了一次。

建文四年（1402年），燕兵攻破京城。朱棣登上帝位，次年改年号为永乐，史称“成祖”。

朱棣一坐上龙椅便在案前召见茹瑺。茹瑺是前朝老臣里第一个劝朱棣荣登帝位并积极拥护的人。不久，朱棣下了诏书，说茹瑺忠于明太祖，功劳很大，封茹瑺为忠诚伯，食禄一千石，并且立下金书铁卷。卷文有“中外一人，中流砥柱”的褒奖语。

不久，朱棣又下诏把秦王第二个女儿长安郡主下嫁给茹瑺的长子茹鉴。并于衡山开云楼下敕建宫保牌坊一座。成祖朱棣除赞誉茹瑺“威仪山立，气宇渊深。品物咸熙，令闻昭著于四方”外，还特赐御诗一首。诗中称道：

古今多出忠良士，罕有茹公立大勋。

永乐六年（1408年）。茹瑺奉命营建长安郡主府第。回京后，赵王到其府上叙谈，茹瑺因身体有恙而没有迎送，赵王很生气，认定茹瑺摆架子，没把他们这些藩王放在眼里。而此时朝廷早已由朱棣当家，燕王出身的朱棣非常重视对待藩王的礼节，三朝元老茹瑺居然如此放肆，于是一件小事被罗织成所谓“不送赵王”的罪名套在茹瑺的头上，茹瑺被遣送回乡。

路过长沙时，身心疲惫的茹瑺在驿馆又收到信息，传闻当地的谷王暗地里欲图谋不轨，于是为避免麻烦决定此行不去拜谒谷王。那谷王却恰恰是一个很讲究脸面的地方霸主，眼见茹瑺招摇而过自己管辖的地盘居然招呼也不打一声，这气就不打一处出了。之后谷王逢人就说茹瑺的坏话，加上谷王开金川门迎接朱棣入京称帝时功劳更大，朱棣十分偏爱他。所以茹瑺不去看望谷王这芝麻大点的事儿，到了别有用心的人嘴里便成了捅天的漏子，茹瑺倚老卖老，茹瑺削藩之心尚在，茹瑺怀恨朝廷等，谣言满朝传播，茹瑺再次遭到弹劾。并且是以“违背朱家王朝祖先制度”的罪名遭到逮捕，关进锦衣卫管辖的大狱之中。

永乐七年（1409年）二月，茹瑺自认为免不了一死，遂服毒自杀。

由于茹瑺做官历来小心谨慎，谦逊和气，举动文质彬彬。人们对他的死表示相当惋惜。

他的家属27人受到牵连，全被谪戍到广西河池。直到宣宗宣德二年（1427年）才获得赦免。被没收的田产、房屋得到发还。

君主时代的可怕正体现在这里。所谓的中央集权，生杀予夺的权力其实集中在某一个人的手中，明成祖帝朱棣就是手里拿着统治权的人物，他的权大到除去他自己，谁都可以杀。他产生并存在于一种极端不平等而且极端不合理的制度之中，他的所有活动(包括享用)都是这极端不平等、极端不合理的具体表现。他的能力，他的觉悟，他的好恶，无形中在影响或左右着整个国家的命运。朱棣说你好，就可以给你发金书铁券，砌荣誉牌坊；朱棣说你不好，就可以让你丢掉乌纱官帽，投进监狱大牢。于是一切都像赌博似的，大家把宝全押在一个人身上。此人若是开明君主，或许能营造一段盛世；若是昏庸之辈，那投注者就惨了，会输得精光。但实际上，茹瑺这个宝是非押不可的，是不以他的意志为转移的。茹瑺只能听天由命了。

茹瑺生前著有《忠诚集》一本。

其《茹瑺家训十六条》流传甚广，值得一读。不妨抄录下来，以飨读者。

附：《茹瑺家训十六条》

孝之训：训尔孝，百行先，希贤希孝此根源，为人不识身奚自，独不见返哺慈乌物且然。愿儿孙，莫逆天，常怀生我鞠我恩，尔孝其亲子孝尔，点点滴滴到檐前。

弟之训：训尔弟，弟宜恭，如何手足不相容，嫌衅多因凌侮起，独不见春秋叔段与庄公。愿儿孙，和气充，雁飞有序紧相从，弟敬其兄兄爱弟，花萼楼前树树红。

忠之训：训尔忠，由中出，食禄居断须尽职，人生在世不忠良，独不见天公报应还有日。愿儿孙，无粉饰，始终内外皆如一，尽心无愧待友朋，托妻寄子终得力。

信之训：训尔信，重一言，交友心如铁石坚，为人若是无信实，独不见说尽千般少人怜。愿儿孙，绝诈谖，翻复之言不可传，尔不欺人人信尔，患难死生相顾全。

忍之训：训尔忍 ，贵能容，有容方见量之洪，项王叱咤千人废，独不见归来无面见江东。愿儿孙，度雍雍，横逆潜消自反中，九世同居全尚忍，一时息气百忧空。

让之训：训尔让，戒争先，退步原来是向前，相争相轧两俱败，独不见鹬蚌齐归渔艇边。愿儿孙，事事谦，莫因小事结仇冤，让人非是怕人者，恶因缘化善因缘。

慈之训：训尔慈，慈幼小，幼小如同春日草，斧斤偏斩嫩柔条，独不见父母三年常在抱。愿儿孙，心地好，亲孙孺子皆怀抱，矜怜孤弱及颠危，寿福还同天地老。

廉之训：训尔廉，须分晓，衣禄不从门外讨，若还过取必伤廉，独不见悖人悖出天心巧。愿儿孙，安分好，见利思义须当早，一介不取古称贤，何须贪得心无了。

勤之训：训尔勤，医尔贫，贫富关头勤惰分，安逸清闲谁不爱，独不见成败兴亡似转轮。愿儿孙，勿因循，士农工商各置身，休羡闲人闲得好，闲人非是等闲人。

俭之训：训尔俭，俭成家，由来盛得抑骄夸，歌舞楼前酣夜月，独不见床头金尽枉嗟呀。愿儿孙，戒奢华，莫将此物等泥沙，服食若还轻物力，贫穷到老走天涯。

宽之训：训尔宽，修尔德，御下宜宽细高挑毋过责，小心过失不相容，独不见朝服羹污无怒色。愿儿孙，休苛刻，宽洪度量人皆悦，曾记古人亦有言，上弦太紧下弦折。

严之训：训尔严，秩序明，家规齐一家道成，人情所悦在宽纵，独不见妇子嘻嘻悔吝生。愿儿孙，学芳型，治家严肃若朝廷，男女最宜分内外，何悉闺阁风不清。

庄之训：训尔庄，在敬身，帏幄之前如对宾，休将惰慢高身体，独不见夫妻失敬尚纷纭。愿儿孙，学端人，尔要人尊先自尊，心志衣冠常整肃，不重不威夙所闻。

耕之训：训尔耕，业种田，人生衣食各埋根，漫道农夫终岁苦，独不见仓储有粟免忧牵。愿儿孙，勿贪眠，鸡鸣茅舍袅饮烟，及时种耨休迟误，生计充时礼义全。

读之训：训尔读，读书高，笔底生花品自超，终岁伊唔非寡效，独不见金殿胪传姓字标。愿儿孙，勿惮劳，青灯黄卷度清宵，漫道居官身富贵，便为民庶也英豪。

馆之训：训尔馆，馆须专，误人子弟最招愆，莫道教书为贱役，独不见师尊有位受香烟。愿儿孙，守砚田，砚田终岁可逢年，舌耕尽职成人美，余灯且自理残篇。

茹瑺墓

胡文璧·胸揽日月终不悔

胡文璧，字汝重，号石亭，明代弘治年间衡州府耒阳人。20岁考中进士，授户部主事，历任户部主事、郎中。

明正德四年（1509年），胡文璧改任浙江监察御史。他精明练达，办事果断，处理问题敏捷，为官清正。弹劾违纪违法的文武官员，整纲肃纪。胡文璧个性刚强，正直不阿，做事雷厉风行，两浙官员欺压百姓的行为都有所收敛，百姓感受到了真正的实惠。

任期满后，胡文璧被晋升为太常少卿。

正德八年（1513年），胡文璧的父亲去世，他回家乡为父亲奔丧。服丧期满后，他出京镇守安徽凤阳。在凤阳清扫以前留下的遗风陋习，大力兴办学校，抚养老人教育孩子，实行一系列使人民休养生息的政策。一年后，胡文璧调守保定，凤阳百姓倾城出动相送，街头巷尾，人数不下万人。

在保定任职未满半年，胡文璧又被调升天津兵备道副使。

眼见得在仕途屡奏凯歌，职务节节攀升，胡文璧却越来越感知官场险恶，他早萌辞职之意，思考再三，决定急流勇退，接二连三递上辞官报告却都未得到批准。只能硬着头皮上任。真可谓：想要时要不到，不想要时却硬往你脑上套。

明代时期，特务是公开的人物，当时的特务人员一般都出自东厂和锦衣卫，合称“厂卫”。明代的特务机关可以分为三大部分：一是分驻各地的；一是驻在京师的；再有就是临时向外派遣的。除锦衣卫外，其余的全是由宦官主持。其中以分驻各地的最为繁多，从明成祖朱棣时就开始设立，后来全国各省以及各重要城镇全部都有设置。

而这些个厂卫在天津作恶最多，据记载，正德二年（1508年），当时的特务头子太监刘瑾纵容下面的小太监私自评定天津长芦盐场的盐份等级，又让一个叫毕真的太监在天津搜刮海产品，控制天津海产品市场的价格。一时间天津从事海产品行业的商人怨声载道，许多人因此倾家荡产。当时驻在天津的长芦巡盐御史涂祯知道后，根据明朝的律法将这伙小太监抓进监狱，据法惩治。刘瑾知道后，就私下命令东厂的太监们诬陷涂祯贪污受贿，滥杀无辜，最后在东厂的监狱内将涂祯陷害致死。

胡文璧（1460-1523）

明正德四年（1509年），太监刘瑾请求在陕西平县马嵬镇建立勇武安王庙，皇帝竟然应允了。刘瑾于是滥用权力，接受的贿赂也越来越多，在京师朝阳门外拥有数百顷地，他私建玄明宫的土木费用，就多达数十万计，而在马嵬镇他家所在的地方，又建立了该庙，就是想在乡人面前炫耀自己所受的荣宠。

朝廷命令户部郎中胡文璧等人作为御史，盘查两个直接隶属省份的钱粮流向。那几年，各处的司官到京城朝觐的时候，畏惧刘瑾的残虐气焰，唯恐遭遇祸端，都各自拿出银两贿赂刘瑾。这些人无法随身携带这么多银两，往往是从京师富豪处借贷的，当行贿成功获得任命当官之际，便挪用官府银库里贮藏的银两进行赔偿，大家将这种借贷称为“京债”，有的省“京债”超过银两二万两。官府上下皆如此，并不将此做法认为是奇怪的事。

胡文璧、张彩等人将了解到的情况汇总上书皇上，刘瑾感觉非常不安，于是四处活动，威逼利诱，同时也不时装模作样，吩咐官员进行暗访盘查，千方百计掩盖自己的罪行。

胡文璧偏偏被调任天津。

正德十三年(1518年)，也就是胡文璧成为天津高级行政长官的第二年，东厂的太监张忠经营武清两所皇庄和直沽皇庄(皇庄实际是被皇帝及其太监们霸占的百姓田庄)，张忠纵容手下操纵当地的市场经营，将全部的经营权都集中到皇庄的太监手里，老百姓要在市场上经营，必须要向张忠交纳高额的税费，而生活在皇庄内的百姓也必须交税才能继续居住，百姓的生计都被断送。农历八月二十日，天津兵备道副使胡文璧知道后，马上派军士将张忠的手下抓来治罪，并上书武宗皇上，请求“禁革皇庄”。这一下触怒了明武宗朱厚照及宠臣张忠，由张忠罗织罪名，叫锦衣卫将胡文璧逮捕下狱。

锦衣卫是什么机构？锦衣卫是皇帝私人卫队，所有明代特务机关不由宦官主持的，仅此一个。

锦衣卫来源是朱元璋所设的拱卫司，后来单独设立锦衣卫，它一方面继承了“侍卫”的责任，一方面又担负了仪仗队的任务。每当皇帝朝会、巡幸或有重大活动，锦衣卫就穿着飞鱼服，佩戴绣春刀，侍从左右。

因为是皇帝贴身卫队，负有保护皇帝之责，他们事前就必须有所防备，于是便时时外出，做秘密调查工作。《明史·职官志五》中记载锦衣卫的任务是“盗贼奸佞，街涂沟洫，密缉而时省之”。很明显，锦衣卫已经被皇帝给予了侦察、抓捕等特务任务，不同于一般的保卫部队，身穿象征皇帝尊严的黄色官服便是他们区别其他卫队的特殊标记。

由于直接听命于皇帝，他们对任何人都可以实行逮捕。锦衣卫还设立监狱，叫锦衣狱或诏狱，锦衣狱与明代司法机构的监狱比起来，进去过的人都把司法机构的监狱视为天堂，而把锦衣狱看成地狱。由此可知锦衣狱之残酷。

锦衣卫的长官叫作指挥使，他的下面分置官校，官的名目有千户百户、总旗、小旗等，当他们死后，他们的子弟可以代替，无则选民户充之。由于锦衣卫的权力很大，在执行任务时就无所顾忌，无恶不作。按明代刑法规定：凡是抓人，必须人赃俱获，或者有确切的证据才能够去抓。但锦衣卫抓人则多是捕风捉影，事实不清。

锦衣卫抓人后，先不带回衙门，而是找一处空闲之地，将人毒打一番，名曰“打桩”，被抓的人必须将自己的钱财贡献出来向他们行贿，钱少了，这些小特务自己留着，钱多了，小特务就与大特务平分。但若被抓的人钱财不多或者不能满足这些特务们的需要，即使花了钱也还是要被带回特务机构百般拷打，在屈打成招后，再送到司法机构。由于锦衣卫深受皇帝重视，地方司法机构根本不敢对他们说不，所以明知许多人是被冤枉的，也不敢纠正。被冤屈的人最后落个人财两空，甚至还搭上无辜的性命。

有史料记载说：“皇帝监座，则夹陛而立；乘辇，则扶辇而行。始则传宣谕旨，继乃擅作威福，兼为皇帝之耳目与爪牙。”由此，锦衣卫的形象可见一斑。

胡文璧被抓进诏狱不死也要脱层皮了。

大难不死的胡文璧出狱后，被贬谪去西北延安府当了一名照磨，也有记载说当了一名检校。照磨主要管理钱财出入，相当于一个会计；检校则主要管理文书。虽然官降几级成了一名普通干部，好歹保全了性命。

衡阳人胡文璧却并没有自暴自弃，他重操笔墨，做起了学问。

那时候，有一个叫周密的大儒。他写了一本书，叫《齐东野语》。周密遵照父亲的志愿，在书中对于词语的古代含义进行了颇多考证，显得极为经典、权威。其中记录的最多的是南宋王朝的旧事，比如张浚三战本末、端平襄州本末、岳飞逸事、巴陵本末、景定彗星、赵葵辞相、二张援襄、嘉定宝玺之类，诸多条目都能够达到补充史传缺少记录的部分作用。周密在自序中，称说他的著作是根据父亲、曾祖父、高祖父及其祖辈们亲手写就的十多部著作为史实依据，还拿出他外祖父写的日记及其诸多古老的杂书，来佐证当下的风俗不一样是因为以讹传讹的缘故。

周密认为：国家的史论记录与他写的不一样，是因为出自官家自私的意愿；对于安定、衰落甚多不好的言语，是因为有所回避。对于牛李党派之间有不同的议论，是因为各自所追崇的党派不同。他写作时泯灭掉了自身的爱恨，所发出的议论才是公正的。国家史论经过多次的修订，其中的是非也经过了数次的改变，然而他所著述的书是不会有所删改的。现在观看记录中张浚、赵汝愚、胡寅、唐仲友等人的诸多事迹，与当下学者所说的论调的确颇不一样。

胡文璧重新刊刻此书。他通读了全书，翻阅了大量的资料，又做了认真考证和仔细研究，他认为无论是周密还是其他古人，写书所述的国与国之间的矛盾、战役，王与王之间的故事，哪怕就是对于同一件事，处在不同地域、不同时期、不同政治体制下的著书者，彼此之间就会有所嫌隙。

比如，胡文璧就认定周密不必刊刻南轩(张栻)之父的事迹，即使刊刻了也自动忽略了诸多事件。这就跟周密著述该书的主旨显得不一样。

衡阳人胡文璧没有跟从其他刊刻该书的人的做法，可以说是清除了门户之见。明代商人维浚常将胡文璧刊刻的书刊刻进《稗海》，但删去了该书的一半内容，而且与《癸辛杂识》混合成为一部书，这种做法是非常离谱的。后来毛晋得到书的旧本重新进行刊刻，该书才算得以完结。因此，现在一概以毛本作为依据。

是金子总会闪光，自强不息的胡文璧得到了同仁的赞赏。四川巡抚胡端敏就给皇上写了一份报告，叫《举用贤才以安地方疏》。这份举荐报告的大意是：

臣听闻当政的道理，应当以人为本；秉着侍奉君主的道义，应当以举荐贤能表明自己的忠心。臣虽然不才，不敢违背以上的道理，况且臣所管理的四川，地方辽阔偏远，西边连接的是吐蕃，自古以来就是祸患；南边接壤诸多蛮夷之国，时时遭受到寇贼的劫掠。至于四川的中间地带，早先之时被流散的盗贼残害导致满目疮痍，其恢复的年份不到一年，又遇到为佛事而被广征大的木头，让臣在四川之时，率领部属劳民伤财，导致与百姓非常难以相处。况且臣才能不堪此任，如果不是上下同事，当时的军民一同各尽其能，又如何能够度过难关呢。

臣认为胡文璧，有为国家人民服务报效的志向，有修理政事的才能，这与其他只顾着保全自身的名利的龌龊官员是不同的。希望皇上圣明特敕，对于臣所言官员多加访查，如果我说的没有不真实的地方，乞求将推举的胡文璧替代我巡抚四川，容许我退休，或者以后将他补任至四川相应地方进行管事，使得他能够发挥出自己的才能，我认为他的管理必定有益于地方，这样也能减少朝廷西边的顾虑，使得我也能够尽好官员举荐的职责。

明嘉靖元年（1522年），世宗朱厚熜即位，重新启用胡文璧任其为四川按察使，可惜胡文璧并未上任，当皇上的任命状到达延安府时，胡文璧已经病逝。时年57岁。

胡文璧著作有《文会录》《耒阳遗记》两书及《耒阳十景诗》二十首。

《锦衣卫》海报

朱炳如·天下治行第一臣

朱炳如，字稚文，一字仲南，别号白野。明正德八年(1513年)出生于官宦诗书世家。其先世祖籍在郴州桂阳，祖太公朱海，任都给事中，给事中是个官名，明代设吏、户、礼、兵、刑、工六科，每科设给事中若干人，专门抄发文书报告，稽查违章与错误、管理公章等，其权力还蛮大。朱海的弟弟朱莫，还担任过兵部尚书，那是部长一级的职务。爷爷朱琥，在明正德年间来衡阳当小军官时，举家迁居衡阳。父亲朱希贤，字竹山，嘉靖七年(1528年)举人，以诗、经教学有名，学者称他为竹山先生。

朱炳如在衡阳出生，自幼接受家学陶冶，少年时跟随侍御刘瓛学文识字，博览群书，学问精深，且为人风格端重，性情耿介。后来就读于衡阳石鼓书院，深得衡州知府蔡汝楠、名儒胡安的赏识，被称赞为“衡之俊也”。二位领导都十分喜欢他，器重他，并吩咐手下，只要是朱炳如来访，一律以上宾贵客之礼相待。但朱炳如次次登门拜访，除了请教学问或商量公务，从来无所私求。

朱炳如42岁中举人，55岁中进士，任行人官。行人官是专门负责传旨、官员册封等事宜，这是皇帝身边的近侍，要风得风要雨得雨，朱炳如却从不狐假虎威，奉旨到藩府巡察盐政，为官清廉谨慎，做人低调行事，地方馈赠礼物及土特产一律不受。

朱炳如重名节，事亲孝。《明史》里还记载这样几件事：

第一件事，说的是同朝一位叫王赏的官员，妻子姓宁，也是衡阳人。当她24岁的时候，王赏去世了。而此时她已经有了身孕，不久便生了个男孩。宁氏独自一人抚育教养这个孩子，整天穿着颜色很淡的衣服（白色孝服），吃着粗糙的饭菜。曾经有一次得了病，他的儿子为她请医生查看病症，宁氏说："死本是我早就甘愿的事情，为何要把手拿给他人看呢。"朱炳如为此感到震撼，专门为她作了一篇传记。

第二件事，说的是衡南县江口有座惠义桥，系乡绅贺伯伸所建。这位贺伯伸勤于耕读，家境颇丰，乐善好施，每逢荒年，必定拿出谷米来济扶穷人；平日遇到有难事前来借贷之人，也每每为其解难而从不计较偿还。二十年间，这个贺伯伸在家乡连建沙河、媳妇、莲花三座石桥，所需资费均由其所捐，不以此敛众劳民。其中沙河桥4墩3孔，宽2丈有余，高约3丈，东西两头还建有牌坊，耗资费工尤巨。时任衡州知府胡安深为其善举所动，特赐名"惠义桥"，并亲书镌于桥头牌坊。而惠义之说，就是白野侍御之言矣。

白野是朱炳如的号。惠义桥竣工之时，同样清正廉明，乐于助人的衡阳人朱炳如亲自为它作记。

第三件事，说的是明嘉靖年间著名的武进士俞大猷，累次升官为都督同知兼征蛮将军，再升为右都督。那一年有个海贼首脑曾一本，捕捉了澄海知县，打败了官军，守备李茂才在战斗中中弹而亡，于是朝廷下诏俞大猷暂时都督广东官兵协同征讨海贼曾一本。隆庆二年（1568年），曾一本侵犯广东，不久又侵犯福建，俞大猷带领官军将曾一本抓获并剿灭了全部叛军。第二年正月，朱炳如便提笔荐疏为俞大猷记功，书的后面附录了俞大猷如何操练兵法及其兵部覆本，并记录了抗倭成功后友人的贺赠文章。

朱炳如调任泉州知府，赴任时不讲排场，一人一骑入境。行李中唯有图书，在府署厅后设一床榻，仅一个老家人照顾起居，生活清素。在任期间，政务闲暇之时邀请诸多文人学子一起研究学术，谈论道义，竟日不倦。泉州有一条河贯通泉州城，宛如挂画环绕着学官，岁月悠久所以淤塞了，朱荷锄带头疏浚。河道既通，学风重振。第三年，泉州学子应科举考，备考解元者达58人，其中有两人分别在福建考区及京城考区中解元，泉州学子感恩载德。朱炳如对于泉州功德无量，百姓建造了祠庙对他进行祭祀，将他比作西山（灵隐山）的梅溪（史达祖）。

朱炳如勤于职守，廉洁无所染，吏民无不爱戴，吏部（相当于组织部）考察为“天下治行第一”。这样的点赞实属难得。在这里，“治行”二字可理解为“官员执政治理能力”。皇上于是赐给朱炳如饰有金绮的尚方宝剑。之后朱炳如晋升为御史。

御史官位不可小觑，在明代的主要工作任务是监察百官，又叫监察御史，专门到各省行使纠察之职，有点类似当今的中纪委巡视组组长。

荣升御史后，隆庆元年七月，朱炳如巡查广西，广西这个地方，土地贫瘠，人民贫穷，驿站的编额征用银两有限，即使按照正常供给，尚且不能够缴纳，对于额外的克扣，更无法按时缴纳。经朱炳如带领人马日以夜继地仔细核算，嘉靖四十一年以前，相应扣解的银两数目，一共积累拖欠一万九千八百四十八两七钱五分六厘。他清醒地认识到，这并不仅仅是相关部门工作不勤谨，实在是因为民力已经衰竭，因此才拖欠至今。

朱炳如建议照常扣除扣驿银，以资助广西边地的粮饷，从即日起，各道府应当逐一清查，凡因为百姓无法缴纳而拖欠的，一律免除，以表现朝廷对于百姓的体恤。如果是应该克扣的户部的银两，即使是小官员拖欠的，也要尽快征收，如果有侵犯欺压，立即进行追究。

朱炳如将清账条目进行仔细的开具，作为凭据进行奏报施行，将广西所属的各个府驿递应扣解，嘉靖三十九年、四十年、四十一年，分为前项未完银两，遵照朝廷诏书，全部给予免除征收，所获得的民膏少一分，惠及困难凋敝的百姓便多一人，使得他们生产生活得以复苏。

任广西巡按期间，朱炳如还特别重视教育，沿袭了他一贯注重培育人才的作风，他主持了那年的地方科举考试，择优取士，正直公允。当地人对此称赞说：得到了真正的老师及经典。

荣升御史后，朱炳如巡察淮南盐运，积存地方罚款赎金银三万两，全部用以支边和备赈，分文不入私囊。他善于奖赏提拔将士，在率兵对诸多山头的土匪进行围剿时只法办首犯要犯，而抚慰一般从犯，并从中推行道义。

离淮时，随行仅两个箱子，内有图书数卷及几套官服而已。海内称为名御史。故有侍御之称。

因政绩卓著，朱炳如改任江浙盐运使，仍清节凛然，做到“处脂不润，在涅不缁”。解释起来就是，身处在油水很多的地方却不会被滋润一点，身处在黑泥的中间却不会被染黑一下。这种品行实在难能可贵，百姓口口相传，一直传到皇帝的耳里，朱炳如得到了皇帝召见和嘉奖，钦赐白金彩缎及宫中珍食，晋升为浙江按察使。之后又调任陕西布政使。时李通判代管桂阳，曾以州府名义捐赠百金为助，朱炳如亦坚辞不受。

朱炳如四年后任陕西布政使，更加砥砺名节，因不附权贵张居正而罢官。回家时随身行李只有几筐书籍，别无他物。

朱炳如著作有《白野诗文集》刊行于世，《湖南文征》收录其奏疏一篇。其死后葬于衡阳。

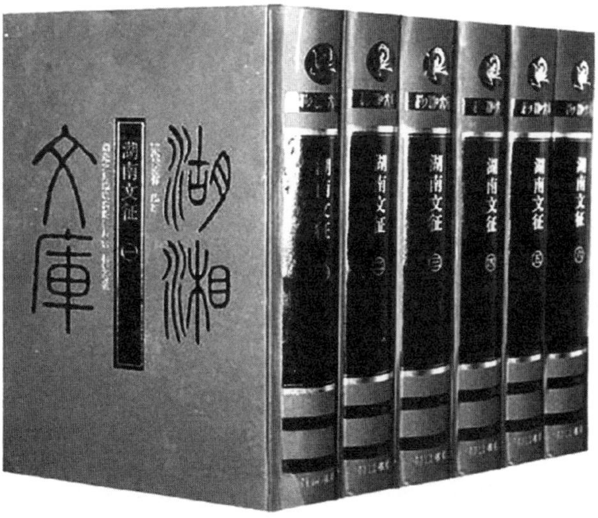

《湖南文征》收录了朱炳如奏疏一篇

陈宗契·绝涧鸣泉带云弹

陈宗契，字禩生，号景元，明隆庆三年（1569年）出生。明湖广衡阳县人。25岁中举人，32岁中进士，选庶吉士，补福建道监察御史。他的父亲陈廷策是一名谏官，所谓谏官，就是掌握朝政得失，并随时对大臣及百官的任用和对政府各部门理政的措施提出意见。父亲以正直著称，对儿子教育也十分严格。父亲时常告诫他："天下事言之易行之难，愿你不事空谈。"陈宗契终生秉承父教，对一切脏言恶行，均直言敢谏。即便是当朝天子，他也敢直言不讳。

明神宗朱翊钧有一段时期荒息政事，数月不上班不坐朝，陈宗契时任御史，直接写了一份奏折说道："臣未见皇帝不亲政而百官能自觉工作的。皇上正当壮年，为什么一派老年人的做法呢……"耐心劝皇帝勤政。

朱翊钧还比较贪财，万历三十四年（1606年）他以过生日为名，广收贡礼，底下的官员为了拍马屁便趁机勒索百姓。当时任漕运使的陈宗契因主管河道，路经六省，千里所见，十室九空；关卡税收猛如虎狼，他即刻写信给皇帝："现在官吏竞相搜刮，借您生日献礼邀宠，哪一件贡品不是民脂民膏？可是您却将蟒袍玉带奖给了这批虐民的罪人，这是以罪为功……”

他不怕得罪权贵，不顾自身安危，毅然以弹劾不法官吏及政治弊端为己任。朝堂之上，嫉恶如仇，耿直正气，名声四播。

例如，明万历年间，大臣王栋去世，其子王明辅请求承袭父亲的爵位。内阁负责人杨时乔认为他是外戚，不应当传位，坚决争辩。时值朝廷缺少阁臣，宫阙和朝廷相互抵触，官员空居其位，政事荒废，尸位素餐，日甚一日，而朝中议论喧嚣，举措动见掣肘。

众人多推荐李廷机。只有御史陈宗契坚持认为不可。陈宗契曾多次上疏批评辅臣李廷机。李廷机人如其名，专事投机钻营，溜须拍马，阿谀奉承，结党营私，什么脏事都有他的份。那一年，朝廷已停征矿税，但控制陕西税收的宦官梁永却拒不执行，反而把反对他的咸阳知县投入监狱，又指使爪牙阴谋毒害检举他的御史徐懋恒。事发后受弹劾，但神宗朱翊钧法办了爪牙却不治梁永同罪，李廷机就是包庇纵容者之一，陈宗契岂能容忍？那一次，陈宗契便上书皇帝争谏：“一人而能遥制四海是因大权在握；四海而不敢不听制于一人是因为有国法，有法不行则无法，而权也就虚了。梁永荼毒秦民这么久，诸臣参劾他已多次，汉文帝终不以母后故废发，陛下独姑息一奴仆，其何以训天下垂后世？……无法之国国非其国矣！”陈宗契在奏疏中列举事实，切中要害。神宗不得已，撤了梁永的职，以正国法。

又有一年，黄河在郭暖楼人字口决口，北段流到了茶城镇口。陈宗契当即上书皇帝汇报了此事，难能可贵的是，他在报告中指出，这既是天灾，也要防人祸。他说：

河性变迁，沧桑互易，本是常态。并且泄洪之水，不只是萧县杨家楼这一片地域，是到处都有可能。转眼进入秋天，河水如果没有横向扩散而决口，那么在长河南北增筑新堤，加固大坝，则是眼下不能不提前安排的。

陈宗契（1569-1630）

他建议要求管理河道的大臣须严厉告诫部员们，尽职尽责，善始善终，以收长期的效果。筑堤建坝，不必贪一时之效，务必求得长远万全，这才是最终的结果。如果蹈袭前车之鉴，对在职管理者决不宽贷！

他直言不讳、敢于上谏、言之凿凿，令朝臣无不震惊。

明熹宗天启四年（1624年），陈宗契被任命为通政司参议。后又转任右通政。明朝在朱元璋手里设置了通政司，通政司下设通政使唤、左右通政、左右参议、经历知事等官。凡臣民的建言、陈情、申诉及军情灾异等事，写好报告送此司办理，重大事情再请旨裁决。而当时的明熹宗皇帝朱由校年纪幼小，不懂得掌握朝政，宦官们一手操纵朝政国事，他们害怕陈宗契直言上谏，于是勾搭一起，阴谋策划，两年后忽悠小皇帝将陈宗契派任职太常寺卿，负责礼乐，基本上晾到了一边。

明天启七年（1627年），神宗的第七个儿子桂王朱常瀛由小皇帝朱由校封了地，藩属衡州府，于是想征田2500亩打造王庄。恰好原来的雍王朱祐枟因为没生儿子而遗下庄田2000亩，即全部转为桂王庄田，但离桂王的建设规划还差庄田500亩，怎么办？贪婪的桂王则令衡州府强划衡阳县三湖町近水无旱之沃土1200亩予王府。三湖町全体百姓抗拒不给，集体上访衡州府申诉。知府蔺完植十分同情百姓遭遇，但又无力抗拒王府，只得向在朝廷机关工作的老乡陈宗契求助。此时陈宗契任太常寺卿，是个专管朝廷司祭礼乐的官，并无管辖王室及地方的实权。陈宗契有劲也使不上。正在气愤填膺之际，陈宗契接到通知，太监魏忠贤要带熹宗皇帝到南岳祭祀，吩咐其做好一应准备。这个魏忠贤权倾朝野，结党营私。他很久以前就想拉拢陈宗契到自己的团伙来，为己效力，在大庭广众之中常与陈宗契套亲近。陈宗契觉得这是天赐良机，趁此向魏反映了桂王朱常瀛强征衡州衡阳县三湖町沃田为王庄一事。魏忠贤终于见到陈宗契有事求助于他，为笼络人心，满口答应将此事代奏皇上。不久，熹宗皇帝下诏桂王：停止征用衡阳县三湖町肥田为王庄，以扶民生。那桂王朱常瀛机关算尽，计划落空，恨死了陈宗契。

而此时的陈宗契却为从此欠了魏忠贤一个人情而懊悔不安。陈宗契历来不满太监魏忠贤专权误国，而此番为了数百位乡亲的生计，走投无路不得已才去拜了这个太监的码头，日后长相厮守，你来我往，岂不同流合污？罢了，不当这摇头乞尾的官了。于是，他一连打了三次报告请求辞去官职，隐居不出。在隐居期间，他依然关心民众的疾苦，常常在所居之地写信上书诉说民间疾苦。

崇祯三年（1630年），登基不久的新皇帝朱由检下旨，陈宗契被召回任兵部右侍郎，这也是正二品的高级官员了，只可惜在诏书到达的前三天陈宗契便与世长辞了，他没能看到崇祯皇帝给他的任命书。

陈宗契颇有文才，生前著有《醒耳吹二十卷》《陈祼生文集》。诗作最有名的是《咏南岳诗》，其佳句“青天七十二芙蓉，回雁南来第一峰”，现刻于衡阳回雁峰烟雨池畔。

我们不妨来欣赏一下陈宗契赞美衡阳景观的四首诗词。

石鼓书院

未讨金科迹，先探石鼓文。
千峰被外落，二水槛前分。
古碣余秦篆，荒台滞楚云。
西窗青一带，岳色远氤氲。

祝融峰

拔地芙蓉月下看，萧森落木万峰寒。
幽岩煮石和云咽，绝涧鸣泉带云弹。
夜榻只缘搔背好，秋风非为折腰难。
生来不具平章骨，半夜何心问懒残。

登回雁峰

青天七十二芙蓉，回雁南来第一峰。
云破月生湘浦棹，鹭归雪点寺门松。
峰前共羡人骑鹤，斗下谁看剑化龙。
愁绝梅花千万树，相思共听隔江钟。

朱陵后洞

一自罗浮去路长，藤花天棘覆云床。
仙人独下葳蕤锁，尤有金膏秘禹粮。

面对恶人，他刚直不阿，铮铮铁骨。
身处故乡，放眼山河，他却思绪万千，豪情激荡。

徐青鸾·身没狂澜不坠泥

明末清初衡阳县一个女孩在武昌反清成仁，楚湘为之震动。

这个女孩的名字叫徐青鸾，生于明崇祯十四年（1641年）。父亲徐立阶，在她出生9年前便中了个举人。她父亲好读书，重名节，平时寡言少语，写起文章来却才思如泉，龙飞凤舞，是个颇有声望、注重礼仪的知识分子。

徐青鸾3岁时，明王朝灭亡。崇祯皇帝在他曾经检阅内操的地方上了吊。不久，清朝顺治皇帝在北京登了基。之后十余年间，社会战祸绵延，烽火不息；民相枕藉，道里不安。在家庭的熏陶下，徐青鸾幼小的心灵深植着亡国之痛，嗟叹恨为女身，报国无由。还真有点像同是衡阳籍老乡的王船山先生那样，出门撑伞穿木屐，说是“头不顶清朝的天，脚不踏清朝的地”。

徐青鸾从小聪慧，兼父教有方，10岁能文能诗，且身材修长，长相漂亮，言谈举止与同龄女孩子明显不同。人家这个年龄还在嬉戏撒娇，她却颇懂人情世故；人家还在咿咿呀呀背诵《三字经》《弟子规》，她却能见景生情，赋诗吟诵；人家还在衣来伸手饭来张口，她却会协助母亲织绣女红，被父母视为掌上明珠。

清顺治十一年（1654年），徐青鸾13岁那年，乡镇遭遇战祸。一夜间杀声四起，火光冲天，全家人躲灾逃难，慌不择路，毫无方向。你追我赶，你哭我喊，一家人瞬间被人流冲散。徐青鸾被流窜的乱兵所掳。乱兵的上级营官，看徐青鸾眉清目秀、靓丽聪敏，顿起邪念。他强令士兵松绑，并大声宣布：良家民女，谁也不准强行霸占。此女年少，我已收为义女，带回北方老家赡养，大家务必关照、包涵。

第二年春，徐青鸾被这支清军部队营官挟持到汉口，恰逢清廷给所属一部颁旨：“可买扬州女子，充实后宫。”

清军将领济尔哈朗率兵进驻汉口，亦上行下效在全城搜括民女配给所部官兵，并严禁官民之间互相包庇、隐藏。那位口口声声宣布徐青鸾为义女的营官得此告示，正乐得个顺水推舟，就汤下面，决定娶义女为妾。于是，开始装饰房屋，四处购物，令营房上下喽啰为其张罗婚宴。

小小徐青鸾目睹现状不啻一声惊雷，发誓不从，她对前来帮她量身置衣的婆姨说：“我已由父命许配同乡王生。虽王生至今音信全无，但即便是死我也要随他而去。”

徐青鸾日夜痛哭，深知自己身处军营已难免不遭蹂躏，决定以死抗清。这一夜，徐青鸾连夜写下遗诗十首，乘卫兵张灯结彩，放松警惕之机，偷偷赴往汉阳门外。她孑然一身，伫立河岸，见河面波光粼粼，想想熹微晨光中自己这一身即将被河水淹没，不禁大哭。突然，耳边响起一把稚气的声音：“姐姐，你哭什么？”徐青鸾回头一看，一位少年头戴斗笠，手持竹篾篓在问其原因。徐青鸾满肚冤屈实在是无人倾诉，见到这位素不相识的渔家弟弟，激动万分，一下抱住那少年，一把鼻涕一把泪，将身世一一相告。少年瞪着眼睛发愣，满脸迷惘。徐青鸾擦干泪水说道：“说多了，你也不懂。

姐姐只求你一件事。”

说罢，抽出发上银簪相赠，又将手中纸卷交付少年。郑重说道：“劳你寻着一个刚烈书生，将此卷交于他，他读完自有计较。姐姐拜托你了，到阴间也会谢谢你，保佑你。”未等少年发话，徐青鸾已纵身跃入波涛。

那少年果然不负徐青鸾所托，当下寻着一个翟姓儒生，交予青鸾手卷，言明究竟。翟生大惊，接过纸卷回去阅读，竟至痛哭失声。

现将14岁的徐青鸾写的十首绝命诗照录如下：

（一）

家乡一别已春更，
此时含悲望汉城。
忽下将军搜括令，
教人不敢惜余生。

（二）

征帆又说过双姑，
掩泪声声听夜乌。
葬入江鱼波底腹，
不留青冢在单于。

（三）

遮身还是旧罗衣，
梦到潇湘何日归。
远涉风涛谁作伴，
深深遥祝两灵妃。

（四）

骨肉亲离弟与兄，
孤身千里梦常惊。
归魂愿还家园路，
报道双亲已不生。

（五）

厌听胡儿带笑歌，
几回肠断岭猿多。
青鸾有意随王母，
空向人间设网罗。

（六）

生小伶仃画阁时，
诗书曾把母兄师。
涛声夜夜悲何极，
犹记挑灯读楚辞。

（七）

当时闺阁惜如珍，
何时流离逐水滨。
寄语双亲休眷恋，
入江犹是女儿身。

（八）

生来谁惜未簪笄，
身没狂澜不坠泥。
河伯有灵怜薄命，
东流直绕洞庭西。

（九）

照影江干不尽悲，
永辞鸾镜画蛾眉。
朱门空说皆秦晋，
死后相逢未可知。

（十）

图史当年强解亲，
杀身从古羡成仁，
簪缨虽愧奇男子，
犹胜于今当事人。

那翟姓儒生也是个誓不降清的主，当即动员认识的人沿江寻觅，口口相传，此事一下子在武汉三镇传开，民情沸腾。武昌藩、臬两台领导闻之亦受感动。令手下遍寻投水少女尸身。当时正值夏汛，江海倒灌，徐青鸾的尸体逆流入洞庭湖，为渔民所获。此结果正合青鸾绝命诗句“东流直绕洞庭西”之意。百姓疑烈女徐青鸾自有神助。

惨烈的身世，民愤的集聚，加之现实的巧合，徐青鸾事件成了人们茶余饭后的谈资，越讲越神，越传越广。

武汉三镇敬仰青鸾。

由那翟姓儒生主持发动，民众集资立碑于汉阳门外，刻其诗于碑上。徐青鸾事迹垂诸史册，至今不泯。

说实话，叙述徐青鸾的故事，有人问过我：“徐青鸾能算得上是个了不起的衡阳人吗？她对社会有过什么贡献？她为民众做过什么公益？她为后人留下了什么创造、发明和财富？”

我说，她只有14岁。在明末清初的封建社会，在那男尊女卑的时代，在战祸连年、兵荒马乱、百姓颠沛流离的环境中，在全是清一色骑马挎刀的男人的军营里，她无依无靠，找不到组织，找不到父母，找不到一个亲朋好友。

她只有14岁。那个时代，她没有受过系统的“三观”教育，也不懂得“自强自立自信”。

她只有14岁。满打满算，也就是个初中二年级学生的年龄。学的是孔孟之道，读的是唐诗宋词，玩的是琴棋书画，习的是相夫教子，从一而终。

她只有14岁，却活得很有智慧。留下了十首不朽的诗篇。

她只有14岁，却活得很有气节。有着衡阳人与生俱来不畏强暴，不畏权势，霸得蛮，吃得苦，面对不公，以死抗争的遗传基因。

她只有14岁，所以我才认定：她是一个了不起的衡阳人。

徐青鸾投江图

丁一焯·濡首墨池起狂舞

丁一焯，清康熙三十二年（1693年）出生，衡阳白沙洲人，字日峰，号乾斋，自号南岳老人。工草书，善弹琴，精于诗，是清康熙时期的著名书法家。

丁一焯出身书香门第，在父辈的熏陶下，6岁甚爱书法，用邻人的话说，人比笔高一点，写的字比脸还大，可他偏偏坐得住，静得下心，学得好。一个适龄儿童，咿呀学语之时，便天天嚷着要学怀素，要习草书，坐到砚前，不吵不闹，规规矩矩，握毫摹拟，勤练不辍，常为之废寝忘食。

丁一焯12岁即临写《兰亭帖》。对于临帖习字，由于从小养成习惯，丁一焯可谓达到了痴迷的程度。据史料记载，丁一焯生平行住坐卧，均不离书法，就连出门走路时也常常在心里默思笔势，结果目的地是东南方向，他可能会往西北走出数里，经人提醒才知错了方向。有时为了一个字默想如何运笔才能恰到好处，他往往用手凭空虚画，手之舞之，形状近似疯癫。即便夜间上床休息，也常为摹拟笔法而辗转不眠。

有一日，丁一焯去朋友家看堂会，台上唱的是《孟姜女哭长城》，演员水袖长舞，上下翻腾，姿态婆娑，那丁一焯看得发呆，似乎有悟，突然起身在台下随唱腔用右手舞将起来，引来一场哄笑。丁一焯顿觉失态，尴尬退出。回到家中，他却直奔书房，研墨提笔，嘴中哼出戏中唱段，将演员举手投足之舞姿造型，揣摩融会于笔画之中，越书越顺，越写越有了情怀，他似乎找到了感觉，找到了运腕之妙，找到了梦寐以求的“天机”。

日积月累，终使书法技艺得以大进。

用丁一焯自己的话来说，写字习帖，务必为求精进。因而每遇名家，丁一焯必拜谒求教，恳求书写手迹，悬挂室中。其书馆卧室，遍悬古字及名人手迹。

丁一焯40岁后，终不再迷恋“宅男”的日子，开始喜欢登临山水，当起了“驴友”。他将山水树木花草虫鱼之天然态势与活泼生机，一一融悟于书法之中。这个时期，其草书苍劲刚健，雄伟秀拔，有龙翔凤舞之势。当时的翰林院编修宜兴储大文与之过往甚密，曾作《南岳老人行》赠之，有“先生兴奇古，濡首墨池起狂舞”之句。

著名书法家邓石如在《镜翁杂志》曾撰文评价他：“每坐松树下，耳松涛之声，摹其风神；观松树之形，摹写挺拔。故其取法不同乎人，其书法能超乎人。”

丁一焯得“悟”了，且悟到了真谛。

书法家的作品，字形虽在纸上，而其神情意趣，却与纸墨外自然界中之一切形态有互相契合的联系，谁发现了这些联系，谁就可以从此一事物中，“悟”到彼一事物的某些规律。比如舞蹈有刚柔、疾徐、动静、起止等等，作书也是这样。再如担夫跟公主在一条路上相遇，他们之间谁让谁？令人琢磨，这与书法家挥毫时对字的偏旁部位如何安排调遣也有相似之处。汉字有主笔，河系有主流，一切事物皆然。正如《淮南子·说山训》所曰：“钩可以教骑，骑可以教御，御可以教刺舟。”所以，书法家的悟是有一定道理的。

丁一焯（1693-1773）

丁一焯在书法上成就非凡，《清泉续志·人物·方技传》《中国名人大辞典》对其均有记载。著有《书法粹语》一书，收入《衡望堂丛书初稿》，1954年还出了油印本。此书对书者写字时如何运腕、运肘、运神、运气、结构布局等方面均论述详尽，对书法爱好者有一定的指导作用。

陈大受·历事多而利害明

陈大受，字占咸，衡阳祁东金兰桥人。

我曾在《了不起的衡阳人》第一部里叙述过一位叫陈荐的好官“免赋减税为民生”的故事，那是他的曾祖父。

陈大受自小聪慧、沉着机敏，读过两年私塾。有一次从老师处接到一本《礼记·内则》，回家后就反复练习书中阐述的礼仪。随着年龄增大，家境却日渐贫寒破败，陈大受只得放弃学业在山脚下耕作养家。恰逢隔壁邻居以打渔捉蛇捕虾为生，白天倒无所事事，一到夜间就必定外出寻捕，无人守屋。陈大受便自告奋勇，每晚替他看家护院，借此机会，挑灯读书。日积月累，学有长进。

这种吃苦耐劳、自强不息的衡阳人精神，让他在人生的道路上结出了硕果。

清雍正十一年（1733年）陈大受中进士，选庶吉士。乾隆元年（1736年），陈大受被授编修一职。

第二年，较为重视文化修养的乾隆皇帝，突发心思要考考翰林中的各位大臣。那天日午时分，皇上在御座等候。陈大受的答卷便首先呈了上来，皇上阅后大喜，印象深刻，列他为第一，升工部侍郎，兼任军机处协办大学士。

乾隆四年（1739年），陈大受被授予安徽巡抚一职。刚到任，就将旧案、疑案，一一理清、判决，老官吏们无不佩服，都惊讶他的精明敏锐。

因皖北连年灾荒，粮食颗粒无收，积蓄久空。百姓以槐树叶、观音土为食。他到任后立马决定严惩贪污，打开官仓赈济百姓。稻谷发完了，又派人赴麦熟地收购新麦，接着用小麦赈济。小麦仍不够，陈大受又快马报急请求江南、广东卖粮，一边调发一边储备，边赈边储，既不废赈，又不废储，收到民不苦饥，官有储备的双重效果。

由于接连几年饥荒，有饥民实在忍耐难熬，无路可寻便为儿女生存去抢夺米麦来充饥，某些官吏不分青红皂白便以盗贼罪名来判处饥民。陈大受十分同情他们的处境，调来卷宗一一查看区分，打报告请示上级宽恕了60多人。

灾荒过后，新一季稻麦成熟，陈大受第一道官令便是禁止用粮食造酒以及大商户囤积粮食。

经实地考察，淮南淮北大多高地斜坡处并不适宜种植稻、麦，出身于鱼米之乡的衡阳人陈大受就一直琢磨着能否在粮食种植上走出一条新路。他打听到福建安溪有一种叫畲粟的旱稻，不需灌溉，前总督郝玉麟曾得到过这种旱稻种子，也指教百姓试验种植且有所收获。于是，陈大受亲临现场。一番调查研究后，陈大受指示属下大量购买，分发给各州县，让百姓根据地形种植。此事传到乾隆皇帝耳里，龙颜感慨不已，说：“官员处置各种事情都像陈大受这样留心，则让我非常心安。”

有一年，常州、镇江、太仓三府州遭受水灾。按习惯，江南一带预防水灾都是建筑拦河堤坝，挖建池塘。但这些水利设施已经年久失修，遭遇水灾后大部分又被冲毁，重修工程费用巨大，百姓无法承受。陈大受便拿出官粮借给百姓，号召百姓修建堤防。在长江边修缮好

陈大受（1702-1751）

三合、永丰、北城各处堤坝；在句容修复郭西塘黄堰；在苏州、太仓疏通了刘家河，蓄水泄洪，各种工程当年全部完成。

乾隆七年（1742年）秋，黄河流水在古沟、石林处决堤，高、宝、兴、泰、徐各州县遭受水患，陈大受一边快速巡视并上报朝廷；一边命令尽最大努力多多准备舟船，等洪水到时分别载上百姓往各处逃生。据记载，那一年逃水灾，首尾相接的船只绵延几百里。

陈大受办事富有远见卓识，不落俗套。最大的特点便是不循旧理，敢于创新。遇荒年不禁商贾，不禁囤积，有人对此予以责难，他说：“商人贮米，得少利则散，民赖以济”。他主张“以工代赈”，由朝廷出资，招揽百姓修筑城池，建造庐舍，疏通沟渠，加固堤岸，既能帮助百姓度荒，又有利于公益事业。他注重工程建设质量，不随便省费，常说：“用省工恶，他日修更倍之，作百年之计，不宜节于目前。”他悉心治理，政绩卓著，使江淮数百万农户，在荒年中饥饿者得以饱食，死亡者得以掩埋，为当时封疆大臣中所罕见。

乾隆十年（1745年），皇上下旨免除第二年的钱粮，陈大受上疏请求核准各项水运赋税规则，又汇集核实土地人口的消耗和剩余，与水运各项一并整理完整；斟酌核定业户减租的标准，告令全省一起遵照执行。

这一年，陈大受与元和县学训导吴中衡，重修紫阳书院，“请岁于田租内拨银八两，供书院中朱子祀事，祔以张清恪公伯行及高文良公其倬”。

陈大受故居祠堂

陈大受处事不顾自身的利害得失，曾说：“历事多而利害明，受害即在此。”这句话，传诵甚广，清代文学家方苞就认定此话属于名言，“可为庸庸者之药石”。

乾隆十一年（1746年），陈大受加太子少保，调任福建巡抚。在福建，他注重定众安兵，让人民休养生息。尤其是在对台湾问题上，他又有自己的思路。台湾一岛孤身海外，按旧例每年进贡、纳税都要将米谷用船运至大陆内地。由于所索太多，积岁压欠。他洞悉其弊后。一概免除租税、罚款与劳役。陈大受思忖台湾本为福建藩属，同为同宗同胞的骨肉相亲，于是，又增拨40万石粮食救济岛上的百姓，台湾百姓无不欢呼雀跃。

乾隆皇帝十分欣赏与满意陈大受的政绩。于乾隆十二年（1747年）冬，将陈大受提升为兵部尚书。乾隆十三年（1748年）春，又转为吏部尚书。三个月后，任军机处协办大学士，教习庶吉士，侍讲经，当了皇帝的先生。这年秋季，又代理户部尚书。与160多年前一样，他担任了他曾祖父陈荐曾担任的职务。这时，朝廷正对金川用兵。陈大受日夜被召见，参与讨论国家军机大事。金川战事平息。陈大受以劳绩晋太子太保，加军功三级。

衡阳人陈大受清廉而有节操，天下推崇。当过安徽、江苏、福建三个省的行政主官，任过清朝乾隆年间兵部、吏部、户部三个部的部级高官，甚至还成了皇帝的老师。为官多年却不贪不贿不受吃请，不收受红包不挪用公款，其工资还不够奉养父母家小，日常生活与平民百姓无异。

你说，这是不是了不起？

乾隆十六年（1751年），陈大受去世，谥号文肃。

丁善庆·教人先行而后文

丁善庆，字伊辅，号字庵，亦号养斋。湖南清泉县白沙洲（今衡阳市白沙洲）人。

清乾隆五十五年（1790年）农历四月十三日生。丁善庆幼年丧父，随母亲同外祖父一起久居北京。外祖父刘权之是翰林院大学士。在外祖父与母亲的调教下，丁善庆于道光三年（1823年）中进士，选为翰林院庶吉士，散馆授编修。丁善庆先后还任过国子监司业、詹事府右中允、左中允、右庶子、翰林院侍讲学士、国史馆总纂、文渊阁校理等职。授三品衔。

道光三年（1823年），丁善庆任贵州乡试正考官；道光十一年（1831年）任广东乡试正考官。道光十六年（1836年）任会试同考官；同年任广西学政，掌管广西全省学校生员考课升降之事。

这一路走来，丁善庆基本上是从事教育工作。

他在广西任学政时，选拔了很多出身贫寒的人。丁善庆选人首先注重实际行动，而后再看此人文章。一到任所，他就公布《招聘告示》。《告示》中说："夫制艺代圣贤立言。言圣贤之言，则必心圣贤之心。惟有以究夫书艺之所蕴。默识心融。乃能直抒所见。理无不明，而辞无不达。"他认为由文章可以探索考生的思想和品性，考生如能博览群书，对其中所蕴藏的道理能融会贯通，并以此用于正心、修身、格物、致知上则必然圣贤立言，直抒已见，文章自可理顺而辞达。为此，他在《告示》中教导各位学士，"读书是为了明理，所以文章就不能为了精致工整而精致工整。拘泥于写文章力求精致工整的人，就很少能真正写出精致工整的文章。愿你们各位，洞察经书之理，在实际使用中增加修养，这才是懂得书中的根本道理，也懂得灵活变通使用的学问。"

这番话，就是放进当今的教育改革中也是至理名言啊。

丁善庆也极力反对科举考试用八股文，他在《告示》中说："现如今的士大夫们，有的没有博览群书，整日埋首于腐旧的八股文之中，剽窃字句，临摹声调，连篇累牍都是华而不实的东西；而对书里真正的道理却茫然无知，即便有人有幸获得真知，但那时候学到的东西，现在都不能在实际中使用，所以就只能丢弃了它们。所学非所用，所用非所学，那么为什么不在他们开始读书的时候，就把他们培养成实务型的人才呢。"

丁善庆（1790-1869）

说到做到，丁善庆在广西教育领导岗位上一直践行自己所言。几年下来，学风好转，效果渐渐凸显。

谁知丁善庆此时接到母亲托人来信，称自己年事渐高，身弱多病，家中无人照料，来日无多，祈盼见儿一面。丁善庆心如刀割，欲接老人来广西又恐水土不服，再则，老人也不肯远离故居。丁善庆左思右想，这位孝子一横心便辞去官职返回湖南，专门侍候母亲以尽孝道。

自道光二十六年（1846年）起，至同治六年(1867年)止，丁善庆受聘于岳麓书院担任山长（古时称谓，与现时称书院院长同），共22年。

岳麓书院是中国历史上著名的四大书院之一，位于湖南省长沙市湘江西岸的岳麓山风景区岳麓山东面山下。

北宋开宝九年（976年），潭州太守朱洞在僧人办学的基础上，由官府捐资兴建，正式创立岳麓书院。“岳麓书院”四字门额，由宋真宗赵恒亲自赐书。之后，历经宋、元、明、清各代，历经千年，弦歌不绝。故世称“千年学府”。

担任22年岳麓书院领导的衡阳人丁善庆，为书院的传承与规模做出了不可磨灭的贡献。

咸丰二年（1852年），岳麓书院毁于战乱兵火，古老建筑全部被毁，多年聚藏的书籍也被烧得一干二净。丁善庆悲愤之余，积极倡议全省的工农兵学商捐款修复岳麓书院。倡议刚一发出，许多关心书院教育的人都慨然相助，如欧阳厚均的二儿子就捐出三百两黄金作书院修复费。

丁善庆既是一位著名的学者又是一位了不起的管理人才。在修复古建筑方面，他基本按照历史原貌进行整体的复建、修缮和保护。对于那些损毁严重的古建筑遗迹，他采用考古的方法，保存和展示遗迹的原状，追求历史建筑遗迹的真实性。在工程项目实施方面，他做到非常有计划地按步骤进行。书院不停课不歇业不关门，捐款使用看项目看规模看进度。咸丰三年（1853年)春修复圣庙、御书楼、文昌阁、讲堂、斋舍、祠宇等地；咸丰五年(1855年)修复半学斋；咸丰十年（1860年）修复自卑亭；同治元年（1862年）修复三闾大夫祠、贾太傅祠、李中丞祠；同治四年（1865年）重修爱晚亭、极高明亭、道乡台、崇圣祠、讲堂、二门；同治五年（1866年）修复风雩亭、吹香亭、抱黄阁。整整13年，在极艰苦的条件下，在岳麓山下，丁善庆一边坚持教学，一边主持复建、修缮了20余处书院古建筑。

在号召捐款同时，丁善庆还倡议社会名流、士林学者为书院捐书。在他的倡议下，湖南巡抚李瀚章，著名刻书家、藏书家陈仁子的后裔陈源豫，著名数学家丁取忠，还有曾国荃、贺贻龄、俞锡霖等当时的社会名流和官绅将许多家中珍籍捐赠给岳麓书院。丁善庆本人除带头捐赠藏书外，还以书院名义购置了数批图书。如《古今文学释珍》《诸子汇函》《壮学斋文集》等。由于捐书、购书两项举措深得人心，到了清朝同治年间，岳麓书院御书楼的藏书又恢复到相当规模了。据《岳麓续志》卷之终记载，当时书院的藏书已达到220余部，比明朝嘉靖年间还多了1400余册。

此外，丁善庆非常有眼光，晚年不遗余力地组织人员纂修了《岳麓续志》，对保存和传播岳麓书院的文化教育史料续写了光辉的一笔，为后人研究岳麓书院留下了宝贵资料。

担任22年岳麓书院领导的衡阳人丁善庆，以培养人才为己任，以书院为平台，满腔热情地倾注了后半生心血。

丁善庆以儒家教育思想为正宗，把德育教育放在首位，参以“阴德感应之说”。曾国藩评价他“主讲岳麓书院二十余年，以洛闽正轨陶铸群弟子，亦颇参阴德感应之说，警发愚蒙。生徒翼翼，无敢轶逾法度，庶几以身教者”。

因为他认为道德教育是根本，故“日申儆诸生，示以修身立命之要”。而且总是“教人先行而后文”。他认为读书的主要目的是能通过学习发现自己的过失，进而约束自己少犯过失。他说：“读书能见过，约己得全真。”其友黄爵滋称颂此语“十字抵一篇座右铭”。

他注重人才培养，只要是有才华的人，不论出身如何，他都尽力培养、选拔，真正做到人尽其才。虽为严师，但信任学生，关心学生，从不使自己高踞于学生之上。由于丁善庆笃于人伦，教学有方，其弟子著录者甚多。清末湖南学政吴庆坻称之“教士严整，成就甚众”。

受过他教育的人，“优异其能且勤者，下及闾巷，感知改化”。

他的弟子登记在册的就达百余人，如晚清名人曾国荃、刘长佑、刘坤一等都是他在岳麓书院时的学生。

担任22年岳麓书院领导的衡阳人丁善庆，在教学方法上，特别注意“以身率教”。他总是以自己良好的行为感化学生，对学生起了潜移默化的作用。在教学中还注意启发思维，告诫学生读书要勤奋，也要善于思考，不要“滥吹竽”。丁善庆反对华而不实的学风、文风，提倡务实学。其师德无可挑剔，尤其爱护学生。每次京师科举考试时，许多考生均远道而来，按传统伙食却要自理，十分不便。菩萨心肠、德高望重的丁善庆特地嘱咐他人为之创制了一种速食面，以鸡蛋和面粉，熟后制成面条，成盘状，以开水冲之即可食用，味美可口，世称“伊辅面”。如果有专利可申请，恐怕这是中国最早的方便面。

担任22年岳麓书院领导的衡阳人丁善庆，精于治经。他重材识材 ，对于《易》《春秋》兴趣更浓，著述甚多。著有《左氏兵论》《字画辩正》《知畏斋日记十八册》《养斋集》等。可惜大多散失。其中最为后人称道者为《养斋集》，残稿尚存四卷，包括政论诗赋、杂文等68篇，以诗赋为最多。郭嵩焘在序文中评论他的诗赋是：“轻倩绵丽，怡神悦色，循之而无滞机，挹之而有余妍”，故“高出唐贤应制诗赋之上，而先生余力所及，亦足以取证一代诗风”。他的政论文如《李纲论》，能直指君主，抨击朝政。还有《汲黯论》《有文事必有武备赋》《大臣法小小臣廉赋》

等文章，更充分表现了他爱国情操和凛然正气，被同科进士称之为："论芒灼灼，横扫千军。"

同治八年（1869年）六月十五日，丁善庆在长沙逝世，享年80岁。

曾国藩为他撰写了墓志铭。铭文中有这么一段话，大意是："丙申年以后，他的职务变换为广西学政。职务变了但他却经常暗地里告诫自己恪守本分，不能有任何显摆、炫耀的言行。当年宣宗皇帝在朝中选拔官员，也曾问谁可以做翰林院的督学，曾文正公推举了丁善庆，当朝皇帝也对他另眼相待。当时在位的高官名士，也大多对丁善庆赞口不绝，都认为他是当下朴实无华的人，在往后的岁月里可成大器，如今担此大任，当之无愧。"

在广西教育界，丁善庆留下了口碑。

在湖南教育界，丁善庆立起了一座丰碑。

岳麓山作证，丁善庆成了大器。

岳麓书院作证，丁院长当之无愧！

岳麓书院

常大惇·一身正气留人间

常大惇是衡阳石坳乡人。

故居瑞芝堂原占地面积总共12864平方米，建筑面积8100平方米，青砖墙体，木柱汉白玉石基，小青瓦屋面，琉璃瓦头。主建筑三进六横房屋108间（今存59间），建筑面积7500平方米，正门大厅中原有慈禧太后所赐“福”字匾。另有藏书楼名“潭印阁”，建筑面积623平方米。藏书3万余卷，碑刻千本。其故居前方有口水面阔10多亩的大水塘，波光闪烁；故居后面有青山，树绿花香。

清道光三年（1823年），常大惇中进士，选庶吉士，授编修，不久升御史。在御史工作岗位上，他针对湘南、广西两地的官员腐败现象、地方财政空虚、盗贼猖獗等事实，多次打报告给上级，建议认真考察选拔清廉干部，训练提高士兵军事素质，加强战备，以防患于未然。也不管皇帝是否会采纳，他始终尽职尽责，忧国忧民，报告照打。

常大惇有文化，有修养，且一本正经，霸得蛮，有担当。

道光十六年（1836年），湖南箕口因军官胡乱扣罚、贪污军饷发生兵变，肇事者杀死了营房带兵的将领，虽未成气候，却也影响巨大，造成一时恐慌。而当时的一把手镇道官明知辖内出了一桩丑事，却深怕传言出去会丢了自己的乌纱。于是，将此事封锁，极力隐瞒下来，让知情人统一口径，对责任人一概不加追究。集体犯浑。

可一向秉直的常大惇哪里容得下这等污浊之事，在了解了事件的来龙去脉后，即刻上奏章弹劾腐败官员。同时奏陈善后章程五条：一、兵丁练勇，不得以外来游民充当。二、兵勇饷米或者折成现金或者直接领米，应从其便。三、买备用粮食的价格运费。结账时一律八折计算。四、巡道每年秋后巡阅一次，须详报起程回署日期。五、巡道员缺，由地方知府拣选，并保证上下有章可循。

有勇有谋，有板有眼，不畏权势，一身正气。

道光十三年（1833年）农历四月，常大惇任山东道监察御史。两个月的实地考察，他了解到各州县购买备用补仓粮工作中积弊多端，便打报告请朝廷下令各督抚严管所属。必须遵照国家规定，统一按指导价采办。不得在本境内粮户中乱行摊派。前、后任官员移交仓粮工作时，不得以任何理由折价抵算。同时责成其上级官员随时盘查验收，结清申报。这些真知灼见一扫购买备用补仓粮工作中的不正之风。

条条措施，清清楚楚。正是这一身浩然正气，让常大惇不久之后升任福建代理按察使。

有一年，福建晋江县在一次边防清剿行动中捕获海盗380人，总督不分青红皂白命令将380人全部斩首。常大惇一听大惊，不循法规，不问罪责，不分情由，一次让380颗人头落地，是发疯还是儿戏？他立即上门与总督磋商，动之以情晓之以理，要求对众多海盗一一甄别区分对待，为首的，斩！有血债的，斩！罪大恶极的，斩！但胁从者、跟随者、起哄者应根据犯罪事实分别处置发落。这一举措挽救了300余个普通百姓的生命。

随之，常大惇又查看牢房，见囚犯遍布监舍，食宿卫生条件极差，十分担心瘟疫发作，于是又与总督商量，按囚犯罪行轻重分别处置，轻者根据伏罪态度分批释放。牢房为之一空。

常大惇办事有理，说话有据，既对总督尊重有加，又为总督力挽狂澜，其德才深得总督赏识，更受民众拥戴。

道光二十二年（1842年）以后，常大惇历任浙江盐运使，安徽、湖北按察使，陕西、湖北布政使。

道光三十年（1850年），升浙江巡抚。在浙江巡抚任内，常大惇考察各县地理，遍访民情，针对辖内实际情况，有的放矢地疏通了余杭、南湖、绍兴的三江闸，并建议实行保甲制度。此业绩受到当朝皇帝的嘉奖。

浙江盐业历来运输方便，品种、质地优良，但不少私盐主哄抬盐价，损害了百姓利益。常大惇审时度势后便决定改私盐为官盐，继而以雷霆般的措施挨家挨户没收私商盐仓。这一举措导致了私盐主不满，他们私下串通，密谋暴动。暴动当晚便杀死了副将、通判与知县。消息传到京城，朝廷于是降罪。常大惇因三条官命被连降三级。谁都觉得冤枉，他却无怨无悔。他坚信自己打击清剿私盐犯罪合符民意，心定如水。不发牢骚，不串门讨好，而是悄无声息、安安静静微服私访，调查取证，经过一番筹措和侦察，他亲自带兵讨伐捕获了肇事的首领。皇上获知消息，点头赞颂：此人是真正了不起。于是，常大惇又官复原职。

咸丰二年（1852年），海盗布兴聚众扰事，常大惇命令温州、黄岩、乍浦三镇总兵去清剿。因兵饷没有落实，三镇迟迟未动，他便亲赴宁波，拟与提督全力围剿。群盗闻讯，十分害怕。他便趁机分化瓦解，分别说服其动摇分子来降，平定了叛乱。

看看常大惇的履历表，有一点不得不让你惊叹，他居然在湖南、北京、山东、江西、福建、浙江、安徽、湖北、陕西九个地方留下工作印迹。

道光六年（1826年），出任散馆编修，在北京工作。

道光十一年（1831年），出任顺天乡试同考官。仍在皇城根下。

道光十三年（1833年），调任山东道监察御史。

道光十四年（1834年），调任江西乡试副考官。

道光十五年（1835年），回到北京，出任工部给事中。接着出任吏部掌印给事中。

道光十七年（1837年），调任福建督粮道（正四品）。

道光二十年（1840年），调任福建按察使（正三品）。

道光二十年（1840年），调任福建布政使（从二品），第一次鸦片战

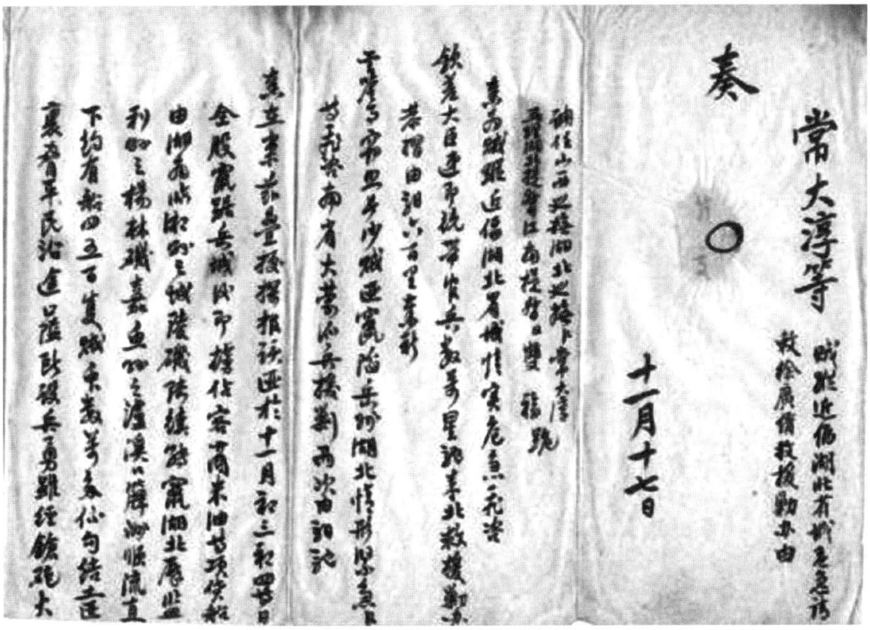
常大淳等
奏
十一月十七日

常大惇手迹

争时驻防泉州、漳州两地防备英军侵入。

道光二十一年（1841年），调任浙江盐运使（从三品）。因盐商暴动，官员被戕杀而降职。

道光二十二年（1842年），再降职任浙江杭嘉湖道(正四品）。

道光二十二年（1842年），调任浙江按察使（正三品）。

道光二十二年（1842年），调任浙江布政使（从二品）。

道光二十三年（1843年），调任安徽按察使（正三品）。

道光二十七年（1847年），调任湖北按察使（正三品）。

道光二十八年（1848年），升任陕西布政使（从二品）。

道光三十年（1850年），调任湖北布政使（从二品）。

道光三十年（1850年），升任浙江巡抚（正二品）。

咸丰二年（1852年），6月，调任湖北巡抚（正二品），为防扼太平军进入湖北，加强水陆设施，招募水军，不遗余力。这里顺便提及一下，正是常大淳的第二个儿子常豫，向曾国藩举荐了他的衡阳老乡彭玉麟，才有了后来彭玉麟创建的湘军水师。

咸丰二年（1852年）9月28日，改任山西巡抚（正二品），因太平军连克广西、衡州等地，欲进犯岳州，常大惇留在武昌率民众筑防御工事，没有去山西赴任。

在筹办防务工作中，常大惇首先写信要求巴陵绅士吴士迈加强组织渔民，建成团勇设防水路，在土星港设栅，千人守之。结果事与愿违，没挡住夺城的军队却挡住了百姓、商贾民船近万艘，使其全部受阻于栅栏而不能行走。等到太平军蜂拥而至，临时组建的渔民团勇顿时溃败，所剩船只全部被太平军占有，方便了他们水陆二路，双管齐下。

常大惇心急如焚，又命提督博勒恭武装守卫岳州，博勒恭却闻风丧胆，不战而弃城逃走。此消息令武汉大震，此时武汉全城兵员不满五千。

常大惇本性仁柔，只能以好言善语来安抚士卒，鼓舞士气。但人心涣散，事倍功半。

次年1月13日，太平军石达开率数万将士围攻武汉，常大惇属下仅有守城正规军千余人，其余各地，均无兵马。重镇汉阳、汉口，无一兵一卒，汉阳、汉口先后失守。文昌门被太平军大炮击毁，太平军于滨江、平湖、文昌各门由江岸挖地道轰地雷而进，继而援军声势隔绝，武昌城破。

常大淳不甘被俘，与妻子刘氏、儿子常集松、儿媳马氏、孙女常淑英等举家自杀殉国。

朝廷追赠总督衔，赐号“文节”。并于湖北建专祠，赐祭葬。

其实，当官也不容易，当个好官更难。

常大惇之所以了不起，是在从政经历中走过九个地方，基本上二到三年换一个地方，无论环境怎么变，他都兢兢业业。

常大惇之所以了不起，是在头顶乌纱的过程中，从科级升处级再升厅级之后再从厅级降至处级甚至科级，无论地位怎么变，他都爱民如子，以民生为上。

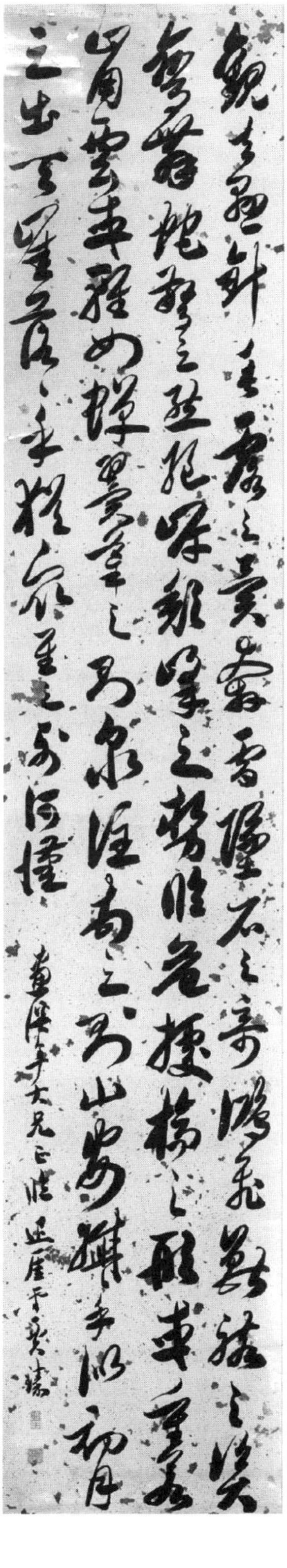
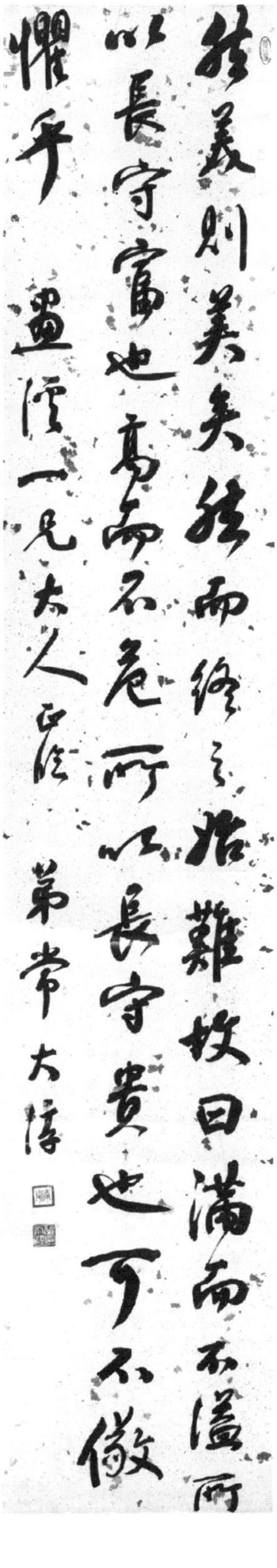

常大惇书法作品

唐训方·爱民耐劳军功累

唐训方，字义渠，衡永郴桂道衡州府常宁县（衡阳市常宁县湖塘乡）人。

清道光二十年（1840年），唐训方中了个举人，好不得意。回家继续闭门苦读孔孟经典，以求更大收获。接下来，连续四次赶赴北京参加会试，不知是唐训方运气欠佳还是逢考就头晕紧张，反正四次会考，次次落榜。

但唐训方矢志不渝，不懈努力，一直考到了咸丰三年（1853年），时间过去了13年，皇帝也换了一个，唐训方终于在会试中大挑得二等，候补教谕。

什么叫“大挑得二等”？原来，“大挑”是清代选拔官员的一种制度。在会试后拣选应考三次而次次都不中的举人，由礼部分省造册，咨送吏部，派亲王与大臣共同拣选，被选中录取的人员分二等。一等者按县长试用；二等者则到县级专业部门铨补，这就叫“举人大挑”。按当时的规定，大挑六年举行一次，目的是使举人出身而会试又屡考屡败的人还有一条出路。大挑的主要标准为两项：一看形貌；二看对对联。形貌怎么看？相传有“同田贯日气甲由申”八字诀。符合前四个字的形貌就为合格，例如：长方形的面容为“同”；方形的面容为“田”；身高体壮为“贯”；身材匀称为“日”。很像当今公务员考试中的面试。“教谕”则是学官名，相当于县教育局长。在当时，教谕主管文庙祭祀；宣扬儒家经典和皇帝的训诫，教诲及管束所属生员。

候补教谕者，官虽不大，但唐训方这种锲而不舍的学习精神还是值得倡导的。

咸丰四年（1854年），唐训方主讲常宁双蹲书院，老朋友曾国藩令他“以教谕随征”，脱下长褂换战袍，参军去协助彭玉麟领军水师。唐训方到任时是任水师副右营，没多久又改入陆军，随着罗泽南一连打了几个战役，攻克蒲圻，收复武昌，紧接着攻破兴国金牛堡。战场上，唐训方纵横驰骋，骁勇杀敌，全没了考场上的窝囊晦气，由于军功累累，唐训方被任命为知县，成了正七品。

要说这曾国藩还真是慧眼识真材，会识人会选人会用人。唐训方一介书生，中了举人后，光读书复习参加全国四次会考就用了13年，偏偏投笔从戎以来，指挥军队，连战连捷，天生就是一个打仗的料。曾国藩经常称他训练士兵有方，与他人就是不同。这不同之处就在于唐训方提倡文化治军，纪律严明；论功行赏，有条不紊。故曾国藩又命令他回老家去招兵买马。唐训方随即返回常宁，招来子弟兵五百余人，成立了“训字营”，由他率领。

唐训方（1809-1876）

之后，唐训方率领训字营随曾国藩攻克田家镇、蕲州、广济，拔黄梅，进军濯港，大败太平军将领罗大纲。有一天深夜，敌人突然夜袭训字营营房，正遇唐训方巡营，他即刻一边叫卫兵打起火把警报，一边拔刀高呼径直杀向敌军，军营顿时一片沸腾，敌军本想夜间偷袭，受此一惊，只得仓皇败退。在攻打孔垅街口时，对方依仗高墙陡坡构筑工事，负隅顽抗。唐训方身先士卒，率将士踏肩冲上高墙，此举令全军士气激昂，个个争先恐后，奋勇杀敌，一举攻破孔垅。

咸丰五年（1855年），唐训方随罗泽南援江西，克弋阳、兴安、广信、德兴、浮梁。在义宁获知敌军已屯兵城外鸡鸣、凤凰二山，与城堡互成犄角，誓死顽抗。唐训方率训字营进逼鸡鸣山下，扯起大旗，亲临城下指挥准备架云梯攻城，对方见是唐训方的训字营，居然不加抵抗，惊溃而去，唐训方趁势入城。之后唐训方率训字营越战越勇，所向披靡，克蒲圻，攻武昌。一路打来，被提拔为知府，赐花翎。由正七品升为从四品。

咸丰七年（1857年）二月，四川土匪刘尚义攻下湖北宜城，杀气腾腾并且扬言要杀往荆门，唐训方接到消息后即刻筹备抗敌，急派兵马扼守武安堰。刘尚义一路杀向武安城，久攻不破，派了一个都统级别的军官叫巴扬阿的前来招降，这对唐训方简直就是个侮辱。唐训方扣下巴扬阿，当即派出二路人马乘雪夜进攻，将刘尚义生擒；那巴扬阿也跟着一起投了降。谁知，心有不甘的巴扬阿不出一年又将旧部召集，再次叛乱，烧杀抢淫，一路掠夺了保山、竹山、竹溪、保康、兴山等地。这一次唐训方毫不手软，他会同陕西军一起剿杀乱匪，连战连胜，直至追到湖北武当山，断掉乱匪老巢，降服所有剩余匪贼。唐训方班师凯旋之日，论功升为道员。这是清朝时期地方省一级和府、州之间的高级行政长官，为正四品。之后唐训方又率军夺取了襄樊，被授湖北督粮道，步入了省级官员的行列。

咸丰九年（1859年），唐训方屈指一算，自己南征北战，冲锋陷阵，在腥风血雨中已足足过了五年，深觉周身疲惫，解甲归田之念油然而生。他正式打了个报告欲请病假返乡。没料到，老乡、同事兼领导的湖北巡抚胡林翼苦苦相劝，也打报告请求上级解除唐训方军职，让他改任地方行政工作。才10天，任命下来了，唐训方任湖北按察使，相当于省纪委书记。不到半年他又升为湖北布政使，成了胡林翼的助手，专管湖北的财赋和民政，为从二品的官阶。

当时湖北累计已欠发官员队伍工资达200万两。唐训方上任后采取了多项措施：一是向社会募捐了100万两；二是通过组织部门考核官员，慎重筛选州官县令；三是清理仓库，整顿漕粮运输；四是严惩贪污，打击腐败。一年后，彻底扭转了湖北财政亏欠的局面。

咸丰十一年（1861年），胡林翼突发疾病，且十分严重。又恰逢有匪贼侵犯黄州，其军队已抵达滠口。整个武昌闻此消息，全城人心惶惶，谣言四起。有打包装箱准备逃难的；有趁火打劫抢砸商铺的；城内物价飞

唐训方像

涨，骚乱不断。唐训方临危不乱，十分镇静，他首先发令将趁火打劫者绳之以法，全城宵禁。而后一边组织货源，打开官仓，稳定物价，让人心趋于安稳；一边组织精兵强将，赶赴湲口将匪贼击退。

同治元年（1862年），安徽巡抚李续宜因母亲去世，请假回原籍筹办丧事，推荐唐训方代理巡抚一职。

同年农历八月，唐训方赴安徽代理巡抚。巡抚总揽一省的军事、吏治与司法等工作，地位略次于总督。当时安徽情势复杂，有两件事便是当务之急。一件是练总苗沛霖反复无常，一会儿喊投降一会儿又叫嚣要反叛；另一件是驻扎在安徽的水溶军一年需军饷九万。而省内州县残破，无法收取赋税，收入不足九千。在安徽当巡抚表面上为一省最高长官，其实号令不足三百里。唐训方在这样的困境中并没有心烦意乱，而是调查民情，考察队伍，实事求是，一件件秉公办理。四个月后，他打报告申请免除了绩溪镇等三十六州县这一年的丁漕银粮。

同治二年（1863年）正月，唐训方正式任安徽巡抚，去掉了“代理”二字。这时期，叛将苗沛霖攻陷了寿州。唐训方为力保临淮，在援断缺粮的情况下，与士兵同吃杂粮同住营房，坚守城池。农历十月，朝廷派将军僧格林沁率兵进攻蒙城，围剿苗沛霖。唐训方没有趁势派兵参与此番围剿，而是另辟蹊径用计谋招降了张士瑞，夺取了蚌埠与怀远二城。这本是围魏救赵之法，那苗沛霖在蒙城听说怀远失陷，连夜从蒙城突围，被早已在此伏击的僧格林沁部队所杀。苗沛霖叛军顿时瓦解。此番战役，却令僧格林沁大为不满，他打报告弹劾唐训方“调拨临淮，不援蒙城，为缓急失宜”，又说他“报复怀远，未能明晰”。僧格林沁是满族亲王，唐训方是汉人，清廷听信了僧格林沁一面之词，给了唐训方一个处分。同治三年（1864年），唐训方降调署代理湖北按察使。

有功不奖反而获得追责处分，让很多人忿忿不平，曾国藩便是一个。他不久便举荐唐训方任江北统将，在逐个评价各位将帅才略时，称唐训方“耐劳爱民，战守娴习”。曾国藩毕竟在朝廷举足轻重，且他之所说有理有据，加上唐训方原本口碑不错，之后，朝廷下诏叫唐训方代湖北巡抚。七月，又授唐训方任直隶布政使。唐训方到任后，设专人理积欠，清理10余年积案800余起。查库存饷银不足40万两，一年后库存增加至100余万两。

同治五年（1866年），唐训方认为时局艰难，工作难有起色，若想改变目前窘境，必须要有大的改革。于是，他准备打报告阐述自己的意见。他先请示总督刘长佑，刘长佑却叫他有意见自己提去别沾上他。偏偏唐训方是一根肠子通屁眼，还真的打报告递了上去。皇帝身边的言官借此弹劾唐训方，说是“督、藩有事不相谋”，又说唐训方清理财政过于紧迫收缩。三月份，唐训方即被罢官。不久，刘长佑也被罢官。

唐训方回乡后，不讲排场，不带傲气，幅巾布衣，粗茶淡饭。捐田产倡立教育基金，以教养学子；捐银子修祠堂，以祭奠先贤；购买义田，以敦促族人和睦。

此一时期，人们争相传颂的还有一个故事。那一年，春凌河发洪水，由于猝不及防，大水淹没了几乎半个常宁县城。灾后人们收拾残局，重修堤坝，一位和尚对已辞官在家居住唐训芳说：“须在这春凌河边建一座宝塔，才能镇住这水中的龙王。”唐训芳深信不疑，为了使父老乡亲不再遭受洪水之害，在随后的民众捐款捐物建设“培元塔”的义举中，唐训芳捐出了白银二万两。

培元塔用砖石塔砌成，塔高七层，巍峨壮丽，一下成了常宁的标志性建筑，人们奔走相告，消息也传到京城，民众筹资建塔，本应上下欢喜，却偏偏有人趁机大做文章，告了唐训芳一状：“那二万两白银，是唐训芳为官期间贪污将士的俸银”。同治皇帝见到奏本大发雷霆，即刻降下圣旨，派同是衡阳籍的彭玉麟顺道返乡查证。

正二品官员彭玉麟进了唐府便直言问道：“唐兄啊，朝廷之上有人告你贪污军饷，可有此事？”

“胡说八道！”唐训芳怒道。

“我有状子在握，又有圣旨，岂可抵赖？”彭玉麟拍了一下桌面。

唐训芳激动起来，正色道：“你我同朝为官，在战场上出生入死，命都可以不要，还会去染指那几个铜板？为兄弟两肋插刀，宁愿我死不愿他伤，还会去偷鸡摸狗喝兵血？”

彭玉麟与唐训芳都属湘军中“书院派”的著名人物，又同为“水师”出身；咸丰六年（1856年）起，便共同协助罗泽南驰骋沙场，过关斩将，转战南北，整整15年，哪一天不是在刀头上舔血过日子，哪一天不是与所属官兵同甘共苦。有时兵饷不足，还得带头节衣缩食。自己不也是这么走过来的嘛。

彭玉麟一时无语，唐训芳又提高了声调：“我是那种寡廉鲜耻的人吗？”

彭玉麟沉思起来，想当年唐训芳就是受曾国藩之命脱下长袍，披上盔戴从双蹲书院出来入伍，不久又亲办“训字营”为湘军培养了大批有学识的将才。如今他不求高官厚禄，又回到双蹲书院，重操旧业，有何不妥？

唐训芳双手捧起茶壶，给彭玉麟倒满茶盅，缓言道：“彭兄呀，如今我只关心督修《常宁县志》，编辑《常宁诗文存》，潜心笔耕《俚语征实》和《从征图记》这些学问上的事情。闲暇之余，喂养牲畜，种点蔬菜。为什么总有那么几个权贵对我纠缠不放呢？我捐款建塔乃顺应民心，镇水防灾，造福桑梓。区区二万，何足挂齿。那些银子都是我多年的积蓄，是用命换来的，再加上卖了祖上几亩薄田勉强凑齐，请大人详察。”

彭玉麟心里已明白又是那僧格林沁亲王、都统富明阿等人搞的鬼，才有了他这次乞假省墓，顺道来常宁“查处”本案之行。听着唐训芳的述说，眼见唐训芳的简朴，彭玉麟坚定了自己的看法：这是挟私报复的冤案。

于是，两人继续寒暄一番后便分手了。

彭玉麟回京后，在同治皇帝面前还原了案件真相，此案不了了之。

唐训方重回常宁双蹲书院出任双蹲书院山长后，坚持不取分文薪水，还捐资扩修堂宇，并增设“膏火”。所谓膏火，原意是指点灯的油，唐山长增设的膏火指的却是求学的费用。他还增加公费生名额，如此一来，来双蹲书院求学的学生一天比一天多。

唐训方在世时著有《俚语征实》《从征图记》。督促修撰了《常宁县志》，编辑了《常宁诗文存》。其子孙辑编了他生前所写的奏议、诗、文为《唐中丞遗集》。

光绪二年（1876年），唐训芳在家乡衡阳常宁逝世。

回顾唐训方这一辈子，考场失意，战场得意；官场失意，乡场得意。这位衡阳先贤用一生的践行昭示后人：只要是金子，总是会闪光的。

李纪方·悬壶济世惠民生

李纪方，字伦青，清嘉庆二十四年（1819年）生于衡山县松柏桥乡长碧村。

李纪方的外祖父尹慎微，博学多才，能诗善画，同时又是一位精通医术的民间医师。在四里八乡，很有名气。李纪方自幼随外祖父读书，吟诵之余，也钻研医书，颇有领悟，为外祖父所喜爱。长大成人后师从外祖父专心学医，对于内科、外科、喉科、肿症等潜心研究。他边学边实践，又常常和表兄赵仲弢切磋，医术不断长进。

在1840年鸦片战争的隆隆炮声中，中国近代史拉开了序幕。一系列战争的失败和不平等条约的签订，中国逐渐由一个独立的封建社会转变为半殖民地半封建社会。辛亥革命推翻了清王朝之后，中华大地上又出现了军阀割据混战的局面，接下来的抗日战争、国共内战，直到1949年中华人民共和国成立，中国历史始翻开崭新的一页。百余年中，列强的压迫，民族的危机，使国内各种矛盾日趋激烈。而这种动荡不安的社会环境，与疫病的频繁发生有着密切的联系。

据《清史稿》和《近代中国灾荒纪年》中的大概记录，从1840年到1911年清朝灭亡的短短的72年中，有疫病的年份就达50年。其中“道光帝11年中7年有疫病，咸丰帝11年中10年有疫病，同治帝13年中12年有疫病，光绪帝31年中19年有疫病，宣统帝3年中2年有疫病”，平均1.44年中有1年出现疫疾流行。《中国传染病史料》中则记录民国期间年年都有疫病流行。如此高频率的疫病发作，在中国古代历史上是比较少见，这一时期劳动人民生活的艰难和困苦可想而知。频繁的疫病流行，为近代中医积累经验，防治重大疫病提出了客观需求。

道光中叶，白喉病流行。而诊治此病尚无专著，也没有师承。即便是《内经》也未涉及此症，乾隆年间编撰的《医宗金鉴》也找不到医治的方法。因此，一般医师对此病茫然不解，束手无策。少数医生各执己见，不偏于寒，就偏于热。正如李纪方所说：“偏寒偏热，不独不为济世资且适贻为杀人刀。”这种情况使他非常不安。于是，他试用外祖父所传治白喉的一些方法，并继续与表兄磋商，小心翼翼地为患者处方用药。

一晃二十多年过去，他积累了丰富的经验，先后治愈上万人。同治二年（1863年）44岁的李纪方开始正式行医。

那年，白喉病仍在肆无忌惮地侵蚀着人们的生命和健康。白喉，是由白喉杆菌引起的，以发热，咽痛，咽、喉、鼻等处出现白色假膜不易剥脱为特点的急性呼吸道传染病。

李纪方（1819-1890）

光绪八年（1882年），李纪方到了长沙，在汪铁珊司马家作幕僚。这时，白喉病仍然盛行。前来请求李纪方治病的人接踵而至。李纪方虽然治疗了很多人。但白喉患者太多，李纪方一人不能解救所有患者。于是，他急于要把治白喉的方法和自己屡试屡验的成功经验，撰写成书，向社会公开。几个月后，书成付梓时，得到了汪铁珊的全力支持。书名定为《白喉证治全生集》。这本约3万字的大作一时间成了中医行医者的一部宝典。

该书创立的肺肾阴虚感受燥邪的致病理论、重在养阴的治理和养阴清肺汤等治疗白喉的有效方剂，对后世医家产生了深远的影响。

在多年实践的基础上，李纪方在《白喉证治全生集》中，详细论述了他对白喉发病季节及病因病机等的认识："阳明燥令司天之年，或秋冬之交，天久不雨，燥气盛行，邪客于肺，伏而化火，至初春雨水骤至，春寒外加，(夏至后发者更重)少阳相火，不能遂其条达之机，遂挟少阴君火，循经络而上与所伏之燥火，互相冲激，碎乘咽喉清窍而出，或发白块，或白点，名曰白喉。互相传染，大人易治，小儿难治。"

李纪方对其症状的描述为："初起恶寒发热，头痛背胀，遍身骨节疼痛，喉内或极痛，或微痛，或不痛而喉内微便，有随发而白随现者，有至二三日而白始现者，或有白点白条白块，渐至满喉皆白。"经治疗后，喉内之白或收紧，或稀疏，或微小，或转黄，"久之必然退净"。

光绪九年（1883年），清廷把《白喉证治全生集》印行千本，发于全国各省，使许多医生解开了白喉恶症的疑难，挽救了不少患者的生命，李纪方因之蜚声国内，时人称之为治白喉神医。

在西医学知识没有广泛传入中国的清末阶段，中医一直是社会中防治疫病的主力军。无数中医在继承古人治疫经验的基础上，博采众长，精心研究，为治疗和扑灭疫病做出了较大的贡献。李纪方以自己一生的悬壶济世和理论著作证明：近代中医始终是防治疫病的重要力量。

李纪方逝世后，后人为他雕刻石像，陈列于河南南阳的医圣祠，与我国历代112位名医像并列，他的名字载入了1921年出版的《中国医学大辞典》。

《白喉全生集》

王之春·山涧泉溪飘神韵

泉溪的油菜花开得像千万匹锦缎，泉溪的麦苗葱郁得像广阔的牧场，泉溪的鸟儿成双成对，泉溪的绿水青山都带着笑颜……

王之春，王夫之的八世孙。清道光二十二年（1842年）农历十二月初一就出生在衡南县泉溪狮子坪。

王之春幼年时父母双亡，全靠祖母含辛茹苦地将他抚养成人。

王之春家境虽然贫苦，但这位孤儿依靠亲属资助，进入了县里的官办学校。他刻苦用功读书，终于考中了秀才。

据乡间老辈人传说，中了秀才的王之春为了减轻家庭负担，放弃了继续“科举”之途，背上一个行囊，卷起几本古书，漂泊在岳阳洞庭湖一带，当上了流动的私塾先生，生活艰难窘迫，工资收入仅能糊口。

一日，曾国藩路过洞庭湖，游览君山。

曾国藩路过王之春的课室时，听到学生稚气的诵读之声，于是，便走进去看一看……只见正在摇头晃脑的王之春大热天还穿着一件缀满补丁的棉布袍子，满脸通红，细汗如雨。曾国藩随口问道：“六月天热汗如油，秀才缘何穿棉裘?”

王之春倒是十分平静，两眼瞪着窗外，叹了一口气道：“春纨夏葛无钱买，但愿天公早降秋。”

呵，曾国藩来了兴趣，这小乡村，小私塾，小秀才，其貌不扬，居然出口成章。曾国藩喝退左右，邀请王之春边走边聊。

经过一番交谈，曾国藩发现王之春不仅善诗，而且反应机敏，很有才学。聊得兴起，便询问王之春祖籍何方？当了解到他的祖上是王船山王夫子，曾国藩二话不说，便力邀王之春跟随自己，并将他安排在总督府当了幕僚。

王之春很感谢曾国藩，办事非常认真负责。

20岁的王之春投身幕府，官运亨通，一路被逐级提拔，是清政府中少有的文武兼备的人才。先后作为曾国藩、李鸿章和彭玉麟的部属，历任山西巡抚、安徽巡抚、广西巡抚。19世纪70年代，先后驻防北塘海口和江苏镇江一带。

同治十三年（1874年），日本侵略台湾，王之春义愤填膺，作诗一首：事兼中外费调停，失险先如户不扃；棘手多时夷性狡，填膺有憾海风腥；兵端已启防乘同，船政频修想发硎；一纸新闻传沪上，好音侧耳可常听。为了总结鸦片战争的经验教训，王之春根据当时民间流传的一部爱国主义信史——《英夷入寇记》改编点定，刊印了《防海纪略》一书，对当时和以后的思想界起了积极的作用。

王之春（1842-1906）

光绪五年（1879年），日本正式宣布吞并琉球，威胁我国的东部海疆。王之春受南洋大臣、两江总督沈葆桢派遣赴日本查探。他马不停蹄往返30余日，考察长崎、横滨，熟悉了沿海一带的地理，颇有所得。归国后，王之春又向朝廷上万言书，陈夷务，自请带锐师规复中山。并将此行的见闻和所得编印成册，定名《谈瀛录》刊刻出版。其中第三卷《东洋琐记》对日本的地理、户口、租税、兵制、官制、国债、物产、教育和风俗等方面的情况进行了简要介绍。在书后附有《瀛海各国统考》《蠡测卮言》十三篇及环海总图、沿海舆图、三岛（台湾、澎湖、琼州）分图、天下四海总图等，是当时了解日本国情必备的工具书。

光绪十四年（1888年），法国侵略越南和中国。王之春曾联络郑观应游说泰国夹攻法国军队，因故中止。后因防守钦州廉州二州有功，先后担任广东雷琼兵备道，高廉兵备道等职，参加了中法双方勘议中越界址的工作。在这次交涉中，他“坚持旧址，证据明确，诘折夷使不少假借”，得到朝廷的信赖。

光绪十七年（1891年）4月5日晨，俄沙皇皇储尼古拉由香港启程到达广州天字码头，在广州访问三天，广东布政使王之春代广东巡抚刘瑞芬（因病告假）接待了沙皇皇储尼古拉，宴谈甚欢。

光绪二十年（1894年），中日甲午战争爆发。11月，俄国沙皇亚历山大三世病逝，皇储继位，即尼古拉二世。11月18日，王之春任赴俄特使拜会了驻北京的俄国公使喀西尼，告知他即将前往彼得堡参加新皇庆典并悼念老沙皇。

光绪二十一年（1895年）1月5日，钦差大臣、湖北布政使王之春作为头品顶戴的“出使俄国大臣”由上海乘船启程，赴圣彼得堡吊唁俄皇亚历山大三世逝世和庆贺尼古拉二世登位。2月7日到达马赛，然后乘火车经巴黎、柏林，于2月16日中午到达俄国首都圣彼得堡。2月18日，尼古拉二世接见了王之春，并接受了呈递的国书。史书记载：当时清朝政府派遣王之春出使俄国，表面上是参加新皇庆典并悼念老沙皇，实际目的是想借俄国之势力来钳制日本人。但不幸的是，王之春尚未从俄国返回，丧权辱国的《马关条约》已经签订。

《马关条约》使中国蒙受空前的奇耻大辱，引起了全国人民的愤怒，也使清廷内部极度不安。大部分人主张改议，于是王之春再受命由俄国直接赶赴巴黎，与法国商订密约，引法国出面干涉。在王之春马不停蹄地斡旋下，俄、德、法三国为维护其在华的利益，联合照会日本，迫使日本放弃了辽东半岛的占领权。

王之春是清政府中少有的文武兼备的洋务思想家、干将之才、开明的大臣，曾多次向朝廷上书实施自强新政措施。全因为他数度走出“天朝”，出使列国，放眼世界，对中国的国情和西方的了解超出了当时的士人。面对他国工业的蓬勃发展，结合本国裹足不前的现实，他由衷觉得办工厂，兴科学，引进先进的管理经验，势在必行，故而成为洋务运动的支持者和实践者。19世纪70年代，王之春便提出“西学者，非仅西人之学也”，对洋务思想进行了系统阐释。19世纪90年代，出使俄国回来的王之春进一步提出了其变革思想。王之春在欧洲一些国家“周阅工厂，访其现制，察其异同”，认识到各国政教亦大有可观，对国内的许多弊病更有洞察，回国后，向朝廷上书自强新政八条：一铁路、二军制、三变通科学、四造就人才、五筹款项、六重工商、七矿务、八交涉。积极提出自己的改革主张，“华洋合办”一时颇负时誉。

清政府代表与日本人谈判图

王之春在衡阳为家乡百姓办了两桩有意义的事。

第一件事是建珠晖塔。

衡阳是块风水宝地。衡阳人有福气。古人是这样赞美衡阳，后人也是如此陶醉的。如今信息时代用电脑选出全国最适宜居住的城市，据说衡阳也排名第四。衡阳山清水秀，人杰地灵。光绪二十六年（1900年）时，衡阳城内富商巨贾数以百计，但本土乡著并非兴盛。那年王之春游览南岳衡山偶遇一位道行较高的风水先生，便不吝求教。风水先生说：“清咸丰以后，蒸、湘、耒三水汇合向北流淌，衡阳钱财也随水流去。若在耒河口和蒸湘河处，筑一座石塔将三江之水镇住，且与来雁塔隔江相护相望，双塔拱护石鼓书院成鼎力之势，就可以挽住衡州的风水不被流失，佑卫衡阳文脉，衡阳人就可发达致富了。”

王之春听完信心倍增。为了报答故乡的养育之恩，那一年，身为安徽巡抚的王之春联合衡阳盐运使程商霖等绅士出资兴建一塔，取名为珠晖塔，意喻“积珠玉放光辉”。

珠晖塔位于衡阳市区东北5公里处，西临湘江金堂河段、南临耒水与湘江汇合口，前峙来雁塔，后踞拜亭山。

入夜的湘江，仙境般美丽，晚风轻拂，河水浅吟，江面渔火点点，直耸云霄的珠晖塔宛如一支神奇的笔，蘸着五彩斑斓的湘江水，将二水三岸涂抹成一幅绚丽多彩的油画。

珠晖塔砖石结构，石级旋梯，八角七层，高35米，正门西南向；晨迎朝晖，晚披彩霞。塔顶供奉佛像，每层设有东西南北四个观景台。王之春手书“珠晖塔”三字并撰三副对联，全部镌刻于汉白玉石上。

珠晖塔正门联云：“高峙船山远绵学脉，流回耒水广助文澜”。

塔内拱门嵌有前清进士、江苏学政王先谦撰写，前清进士、甘肃宁夏府知府黄自元手书的六块大理石刻文，现存四块。塔前建有廊庑、僧房数楹，可惜屡建屡焚。

第二件事是建船山书院。

光绪八年（1882年），湖南提学使朱逌然倡议筹建船山书院（今衡阳市第一中学）；衡州籍督抚彭玉麟、王之春、杨概、程商霖、蒋霞初等集捐，将王船山出生地衡州府王衙坪“船山祠”扩建为“船山书院”，为中国最早以“船山”命名的学堂。

光绪二十九年（1903年）10月，万福华在革命党人黄兴的影响下，在上海一酒家谋刺王之春没有成功，万福华反而被捕，黄兴、章士钊等受牵连入狱，成为轰动一时的大案。此后，王之春在政治上湮没，回乡静居。

王之春一生喜著书，著作甚多，现留存的有《船山公年谱》《国朝柔远记》《王大中丞椒生奏议》《使俄草》《中国通商史》《椒生随笔》《椒生诗草》《椒生续草》等。

录其至佳之作片言只语附后。

《渔阳挝》云：“鹦鹉一赋便名洲，章陵太守为低头，黄祖之子能好士，乃父真可谓犁牛。刘表枉自称俊物，盍加礼貌委曲留？赍送狂生入虎口，无怪豚犬失荆州。渔阳三挝忿骂贼，荀文若辈皆堪羞。假使曹操便杀却，岂非三国第一流？惜乎阿瞒不肯成人美，致令先生一命徒然休。”

《海上客》云：“太原公子气非常，心折人间自有王。项羽比君输一着，不将天下让刘邦。”

《三侠图》云：“朱门深锁重重锢，奴号昆仑大有才。十五月明无犬吠，广寒飞下美人来。”

《金瓯破》云：“自恨天难补，人皆釜底游。多君好百姓，十族共千秋。”

王船山的第八代孙，传袭着王夫之民族气节的种，坚守着王夫之著书立说的本。

王之春书法作品

曾阮卿·木车铁牛凤麟环

1958年春天，衡阳县石坳乡杉木村的农民在当地泉州湾搞农田基本建设时，挖掘出不少大小铁管与炉渣，村民们围观议论，大为惊异。村中一位德高望重，颇懂文墨的老先生回忆说，这块地方是“阮胡子”的机器作坊遗址。

“阮胡子”是谁？

查查衡阳地方人物志便知道，阮胡子是清末民初大名鼎鼎的工程技术人员曾阮卿，本乡本土的一位农民。

曾阮卿一生独辟蹊径，虽然身为手握锄头，面朝黄土背朝天的农家子弟，却偏偏喜欢捣鼓机器铁件，拨弄螺丝弹簧，对声、光、电、化之学，尤感兴趣。致力于工程技术，造就了惊人业绩。

曾阮卿少时在乡里读书，后求学于隐居南岳的名儒王闿运门下，为其高足弟子。曾院卿见人们负重艰苦，便决意制造机械，以减轻劳作强度，经多次反复试验，试制成木车、铁牛，不费重劲，可推动行走。

清同治年间，王闿运受聘修《衡阳县志》，特招曾阮卿造计里车，以勘察本县境内山水。曾阮卿遍找材料，自绘图纸，边造边改，还真让他造出一部车子，不用汽油不用电，不用蒸汽不用煤，而是用牛拖。行驶一里一鸣，准确无误。

桂阳陈俊丞路经衡阳，一见十分赏识。陈俊丞调任山西工作时，特向中丞丁宝箴推荐了衡阳奇人曾阮卿。丁宝箴一听来了兴趣，于是，将曾阮卿聘至署中。

没多久，同样爱好机械的丁宝箴调到四川任总督，上任不久就打报告请求在本省建立机械局。批准后，他便令曾阮卿主持工作，第一件事便是购买机器开井煮盐，为川人造福。而后是制造手枪及氢气球，充实地方武装。

曾阮卿就因这两大业绩获朝廷荣封，声名大震。当时的两江总督张之洞、江苏总督瑞芳、四川总督赵尔巽、江西巡抚夏督轩、湖北巡抚谭敬肤、湖南巡抚陈幼铭等，皆先后争聘曾阮卿为所辖地域整修军械。

清末，有西欧人在湖北开矿，钻探时折断金刚钻头，连同铁杆数十丈陷在地下，邀请工程名家，花了一年功夫，还是无法取出。他们听说曾阮卿抵鄂，即登门求教，问："能否取出？"曾阮卿点头称："能。"他按自己的设计，施工不到十天，就顺利取出了铁杆与钻头，外国人敬服，伸出拇指赞其"神"。

之后，曾阮卿又为从外国引进不久的铁道列车制造铁钩挂环，人称之为"凤麟环"。

玩铁件都能得心应手，砌石砖就更不在话下。

曾阮卿为故乡设计建造的延寿桥，精巧坚固，各部分仿机械组合之部件，木头朽坏还可部分更换。

有一年，蒸河爆发特大洪水，沿河其他桥梁，均不同程度遭受洪水冲伤，唯延寿桥屹立无恙。

1917—1918年护法战争期间，曾阮卿辞去公职，自立工厂于家乡。他细心辅导、培养的三个儿子学机械，皆有成就。

他曾研制出一种炸弹式的步枪子弹，取名流星弹。设计射程5公里，弹着处能爆炸1米左右宽面积，大小与当时五响枪等同。枪身除枪机与枪管外，俱系木制，结

曾阮卿（1848-1921）

构亦较简单，远不如普通步枪复杂。

当时，受孙中山委派来湖南推动护法战争的湖南护法军总司令程潜驻郴州时，请他携枪弹来营房检视，一试靶果然名不虚传。曾阮卿表明：“此系试验品，制成真枪，尚有一部分须用钢铁者，其重量至多不过三四斤。”

程潜却兴致极高，即刻设宴款待，盛情表示祝贺。

曾阮卿谦恭答道：“尚未完全成功，因子弹弹落点与瞄准所计算距离仍有差池，未能完全合拍，尚在研究中。”

程潜高举酒杯：“了不起，了不起，我湖湘大地，就是人才辈出，来，饮了这杯酒，从今以后你就是我的军事顾问。”随后，赠与曾阮卿200大洋，嘱其加意研究，成功后再行函告。

曾阮卿则赠程潜竹桌一张，方二尺余。竹签大于火柴杆一倍，以棉纱绳联缀，桌面上压花纹，制作均极精秀，全部系机器制成，不借任何人力。1917年9月底，程潜率领的湘军与北洋军在湘潭、衡阳展开遭遇战，由于双方兵力悬殊，护法军作战失利，被迫后撤。程潜迅速赶往前线，激励官兵奋勇前进，并于萱州河一带山地布防，构筑壕坑，与占领衡山后乘势南进的北洋军顽强激战8昼夜，终于击败北洋军。曾阮卿制造的流星弹在战场上发挥了作用。

曾阮卿家乡竹子多，塘前屋后，漫山遍野。那时的竹子，除了编竹器，就是用竹子制作竹帘、竹席和工艺品等。为了减少人工物力，曾阮卿还发明、制有织竹帘机一套共八具：一、二为织帘机，每部日可织竹帘二尺余；三、四为手摇制丝机，每日可刨成四尺长之篾丝二三千条；五、六为匀厚及宽机，每日可供五部织机之用；七为染色机，每部可供织机数十部之用；八为印花机，每部可供十部织机之用。他为研制此套机械，费时九月，煞费苦心；所织竹帘，精致均匀。机具制成后，他曾表示愿将发明权以500元出售。

但是，由于当时军阀混战，社会极度动乱，加上个人条件有限，曾阮卿研制流星弹的工程亦未能继续进行，织竹帘机的制作使用技术也无法推广。

曾阮卿故乡小桥

聂缉规·翘楚屹立纺织业

聂缉规，字仲芳，衡山县人，曾国藩第三个女儿的丈夫。清光绪二年(1876年)聂缉规受刘长佑委派为滨捐局帮办。后随姐夫陈鸿志去江宁，在帮办营务处任差。光绪八年(1882年)，左宗棠委派他任上海制造局会办。后二年，曾国藩督两江时，聂缉规升任该局总办。清代后期，中央及地方都有临时设置的机构，其主管官称为督办或者是总办，副职称为会办，资格比会办略次的称为帮办。8年里，聂缉规在这三个岗位上都磨练过。光绪十二年(1886年)，由曾国荃保荐，聂缉规留江苏补用。光绪十六年(1890年)聂缉规任上海道台。光绪十九年(1893年)任浙江道台。光绪二十五年(1899年)署理江苏巡抚。光绪二十七年(1901年)调补安徽巡抚。

聂缉规是清末著名的洋务派代表人物、中国民族资本家之一。

光绪十四年(1888年)，聂缉规在上海参与筹办官商合办的华新纺织新局。华新纺织新局下设华新纺织厂。

光绪十七年(1891年)该厂建成开工时，他拥有股票450股，合银五万四千两，占股权的十分之一。

光绪三十年(1904年)，聂缉规指挥其内帐房汤癸生组织复泰公司，承租华新纺织新局。复泰公司由汤癸生任总经理，聂缉规之子聂云台任经理。次年，汤癸生病死，聂云台任总经理。复泰公司从此为聂家独资经营。

光绪三十四年(1908年)，复泰公司与华新纺织新局租约期满，聂缉规凭借他在华新纺织厂十余年来的经营与发展，以及已占三分之二股权的绝对优势，致使董事会同意向社会拍卖全部工厂物业。开标结果，聂缉规以3155万两夺标，买下了这个企业。并由此将华新纺织新局改名为恒丰纺织新局，工厂则简称为恒丰纱厂。

恒丰纱厂是中国近代机器纺织工业创办最早的工厂之一，也是聂缉规以发家致富，拥资巨万的经济摇篮。恒丰纱厂后来由其子聂云台负责经营。该厂初期工人1000余名，多为女工，亦有童工，计时工资为多，12小时一班，工人平均月工资不到7元。由于他进行了一些技术和管理制度方面的改革，特别是1912年后率先将蒸汽机引擎改为电动机，使其成本降低，产量大增。加之时处第一次世界大战期间，列强无暇东顾，我国民族资本获得了发展机遇，恒丰便赚取了可观的利润。

与此同时，聂缉规还从事土地经营。

光绪三十年(1904年)，洞庭湖藕池决口，泥沙淤积、州土扩展，官方设垦务局，招人领垦，广告宣传是以达到“裕库收、增税源”之目的。在浙江任巡抚的聂缉规得知后，以其经营纺织业盈利3000余银两做垦照费，在大通湖滨的南州一带领垦淤田4万余亩。旋又收买与之毗连的刘公垸土地，建立“种福垸”作为他的农庄。设管理机构，雇佣劳力环垸筑堤，堤高2.4丈，堤角宽20丈，东西长16华里，总面积5万余亩，可耕地达4.7万亩，代耕的佃户3000余家。每年总收正租棉花1.5万斤，正租稻谷5万—6万石，还兼收“公本积谷”等其他杂课也在正租的50%以上。1921年，种福垸又在长沙设立协丰粮栈，可容纳稻谷10万石左右。同时采用机器轧米出售。又为恒丰纱厂在湖南推销产品，代收货款，经办汇兑业务，等等。

长沙协丰粮栈作为枢纽，联系种福垸与恒丰纱厂，集储藏、加工、销售于一家，堪称封建地主资本与工商业资本密切结合的典型。

聂缉规（1850-1911）

陈嘉言·不负闾阎不负天

陈嘉言，字梅生，衡东县霞流镇平田村人。父亲陈源，字虎臣，英年早逝。母亲张太夫人是进士、福建台湾府同知张学尹之女。这位了不起的母亲博通经史，古典诗文基础扎实。若论女人相夫教子，她相夫时间虽然不长，教子却实在有方。陈嘉言三兄弟都是由她亲自授学而渐渐成长起来。

清光绪己丑年（1889年），陈嘉言与两个同胞兄毓光、毓昌，两个堂弟陈鼎、陈范一起参加科举考试，陈嘉言等三人同榜举进士，另有一人获军功；一人中举人。一年里一家五兄弟一同科举中榜，被誉为“五凤齐飞”，于朝野传为佳话。

“五凤”之中最具代表性的是中国近代报业的创刊人之一的陈范。他后来顺应潮流，积极接受新思想、新观念，广交天下文人，他创办的《苏报》，聘请的主笔人是大名鼎鼎的章士钊先生，章炳麟、蔡元培为撰稿人，创办期间曾经刊登过邹容的《革命军自序》等一系列著名革命文章，轰动全国。

陈嘉言的另一位堂弟陈鼎，也高中进士供职于翰林院，曾一度进入军机处。在维新变法时期，他积极呼吁宣传改革，同情并支持维新派，与谭嗣同等维新领袖关系甚好。

陈嘉言历任清政府京畿道、江南道监察御史，工科掌印给事中，福建漳州知府。

之后民国成立，陈嘉言受聘民国国史馆担任过编纂工作，又被推举为国会议员，湖广会馆第一届董事会董事长。期间，袁世凯很赏识陈嘉言的才华，为了制造称帝的社会舆论，袁世凯曾经以重金贿赂他，却被陈嘉言严辞拒绝。

陈氏为衡山的诗书望族，有深厚的家学传统。

陈嘉言这一代出了个“五凤齐飞”，陈氏的下一代也是非凡了得。

陈嘉言有个儿子叫陈少梅。陈少梅在中国美术界被誉称为“唐寅以后第一人”，与齐白石、张大千、溥心畬并称民国四大画家。

陈嘉言在光绪己丑年（1889年）考中进士前曾主讲沫泉、龙冈两个书院。陈嘉言性格畅达、开阔，为人豪爽，广交各地文人雅士，他们经常在陈的家中品茗赏画，当时的北京不仅经济发达，更是璀璨的文化汇集之地，许多名画家聚集于此。陈嘉言经常带着陈少梅四处饱览北京绚烂的文明，与高雅名士高谈评画，使这位少年眼界大开。毫无疑问，陈嘉言的人品、思想、学问，对陈少梅日后的绘画艺术风格的养成具有重大的影响。后世说陈少梅作画中的超凡脱俗、别具一格，与他的父亲陈嘉言言传身教是分不开的。

陈嘉言（1851-1934）

陈嘉言有个女儿叫陈云凤。陈云凤出嫁后不久成了诰命夫人，诰命夫人又生了个儿子叫夏明翰。衡阳才俊夏明翰是全国农民协会秘书长、中共湖北省委委员。在武汉余记里刑场就义前，他写了一首诗：“砍头不要紧，只要主义真。杀了夏明翰，还有后来人。”简简单单的20个字，写得豪迈自信、大义凛然、气壮山河，成了红色经典。在后来的日子里指引着一代又一代仁人志士无畏前行。陈云凤开放活跃，接受民主新潮思想，自始至终积极支持儿子革命。后人称道她是“从诰命夫人到革命母亲。”而她的公公夏时济反对儿媳支持儿女革命，斥责为“激进造反，不安分守己。”同榜进士的亲家公陈嘉言得知这一情况，气得摔了茶杯，连声指责原本过从甚密的亲家公“老年糊涂，不明事理”。从此不再与夏时济联系，断了往来。

陈嘉言有个大侄女叫陈撷芬。陈撷芬号楚南女子，光绪二十五年(1899年)，陈撷芬创办了中国首份关于女性话题的报刊《女学报》，也曾名为《女报》。她亲自担任撰报人，该报极具革命进步意义，所载文章对清政府的反动和腐朽进行了无情的鞭挞。陈撷芬后流亡日本，与革命女侠秋瑾成为挚友，与她一道将留日女学生女同胞组织起来，成立了“共爱会”，陈撷芬亲自担任会长。

陈嘉言有个小侄女叫陈衡哲。陈衡哲笔名莎菲，是近代中国新文学运动中第一个女作家、诗人，曾由清华赴美国留学。1920年陈衡哲被聘为北京大学教授，是中国第一位女教授。

陈氏家族近亲中不乏中国近代史上声名显赫的人物。

陈嘉言画作

陈氏家族也是一个不断求知探索、勇于革新、不断进取的家族。

陈嘉言出任江西九江知府10余年，为官正直，口碑甚佳。别人是“三年清知府，十万雪花银”，他反而卖掉祖遗田40石。在家乡时，他有句名言：“宁可吃一吊钱（1000文）一斤的肉，不可受八百钱（800文）一石的租，儿孙有用，置田做什么？儿孙无用，置田做什么？”极富哲理，流传甚广。

陈嘉言调京任监察御史时，以李白诗句“松柏本孤直，难为桃李颜”作座右铭，对违法者绝不留情。一提起他，贪官污吏无不谈虎色变，故有“铁面御史”之称。

陈嘉言在福建任官九年，三次遇到水灾，在疏通河道，构筑堤坝，兴修水利工程中，无论项目大小，事必躬亲。赈灾济贫，安抚难民，决策及时，措施得力，天灾之际，仍让百姓处处感到温暖。

那时，官员贪污成风。可是，陈嘉言属于另类。旁人很不理解，时人做官，个个都在捞钱，他倒好，不但不捞钱，反而倒赔，被部分同僚私下称为大蠢宝。然而，陈嘉言有自己的人生观、金钱观，任凭别人怎么说，他还是依然故我。他爱笔墨文章，不爱金元财宝；他爱交朋结友，不爱置田购房；他爱轻车从简，不爱炫耀夸张。陈嘉言从不利用手中权力，暗中怂恿家属亲朋办公司，做生意，不屑于贸易生产。离任江州知府时，居然清贫如故。《梅生太史行略》记载："先生贫不能成行，郡民集千金赐之，乃克至沪，循海南归。"而据其家人提供的资料体现，陈嘉言不得不遗下两个幼女取得八百银元，才筹足路费盘缠。他非常自豪地赋诗自慰：

筱任江州越十年，愧无德政慰先贤。
清风两袖常随我，不负闾阎不负天。

返乡后"赁宅而居，卖文鬻书，以易薪米，仅足自存。"

这是多么艰辛潦倒的晚年，从知府的岗位上退休，在清朝是从四品，在今天相当于市委书记一职，返乡后，却只能租赁房子而住，靠写书稿卖文章来换钱买米，家中物米仅仅只能自给自饱，再想好一点得靠朋友帮助和陈姓祠租接济。

陈嘉言不仅不贪财，而且虚怀若谷，不恃才傲物。一次去友人家闹洞房，新娘子是才女，见陈嘉言前来道喜，请求这位翰林才子赋诗。陈嘉言也不推辞，随口吟道：

尖尖十指捧银笺，初赋桃夭第一篇。
昨日琼林新宴罢，一身犹带御炉烟。

吟罢，新娘子含笑说：翰林的诗好倒是好，可就是乱了点套，《诗经》里头只讲桃夭几章，而不是几篇，所以"篇"字改成"章"字会要妥当一些。随即，琅琅有声地吟诵道：

尖尖十指捧银盏，初赋桃夭第一章。
昨日琼林新宴罢，一身犹带御炉香。

听罢，陈嘉言敲案击节，大加赞赏，并不以此而怕失了面子。

陈嘉言擅长书法，鉴湖女侠秋瑾曾有《上陈先生梅生索书室联诗》云：

如雷贯耳右军名，问字愁难列讲庭。
欲乞一联绮丽笔，闺中曾读养鹅经。

把他与王羲之相比，可见他的诗文书法名声之大。多少年后在荣宝斋等书画拍卖市场上还可见他的书法作品。

陈嘉言能文善诗，有《锄茶老圃诗文》《九老诗文集》等传世。

陈嘉言的绘画也颇见功底，他沿袭了明代文人写意的路子，他的花鸟画是属文人写意一类，画笔松秀，颇臻妙境，亦善山水小幅。但有所不同的是，其用笔更加工致和严谨，即属文人小写意范畴。他的画既有宋元逸意，又直接受沈周、戴进、陆治、陈道复等大家的影响，风格介于沈周和陈道复之间。他笔下的形象大都是经常见的花木，如山石、丛竹、古梅、水仙等。花卉造型以严于裁剪见胜，虽仅一枝，但给人的印象是自然完整的。他常常借助题诗，寓寄高洁洒脱、幽香自赏、超然绝尘的人格理想。诗、书、画结合，进一步丰富了文人写意花鸟画的思想意境，使得他的花鸟画极具“士气”，而在士大夫中间引起强烈共鸣。

陈嘉言画作

晚年的时候，他还听从毛泽东、何叔衡的建议，主张举办自修大学。谁也不曾想到的是，这位任过监察御史、工科掌印给事中、地方知府的高级公务员70岁后，从北京回到故乡，是靠朋友帮助和陈姓祠租接济以维持生活。他的《七十自述》诗中写道：“……傲骨欲除偏激在，名心已尽自陶然，眼中乐事知多少，喜见孙曾绕膝前”。

1934年4月20日，陈嘉言于故里去世。

陈嘉言画作

向道龙·首倡勤王第一声

向道龙，字洗凡，号良骏。清咸丰十年（1861年）生于衡山白莲寺（令衡阳市衡东县白莲乡石塘村闵家冲）。

向道龙自幼好学，且博览群书，遍及天文、地理、历史、算数，尤其喜欢阅读唐宋八大家诗文，15岁补博士弟子。中国从西汉时期起便以“博士”为高级学术官，由各地选拔出来的优秀青年让博士去授业，到达一定年限，经过考核，一般都可在地方政府中任文学职务，特别优异者也可在中央及地方政府任行政官。“博士弟子”在清代是用作儒学生员的别称。但年纪轻轻的向道龙获此功名后却不安分守己，继续发奋读书，反而对科举制度持有异议，尤其反对八股文章。而且在先生面前调侃：“世道如此糟糕，考个秀才、举人又有何用？”一开始，他还只是上课迟到、早退，向博士请病假，之后干脆罢课，终日隐居山乡，从事个人著述。

还真别小瞧他，向道龙一个人安居乡里，享受宁静，不与他人交往，埋头注释古书，著有《王制损益考略》一卷、《周易释义》二卷。人们把他家所在的闵家冲呼为“隐者冲”。

中法战争（1884—1885年）之后，清廷日益衰败，民不聊生，中华民族处于危难之中，向道龙也无法再安于书斋生活。他说：“吾终日伏案作蠹虫，天下当何时经营耶！”又说：“世事如此不好，考个秀才、举人又有何用？”毅然走出“隐者冲”，弃文学武。

怪就怪在这里，向道龙学什么像什么，24岁的他自此浪迹江湖十余年，拜师求道，舞刀习拳，练就了一身好武艺，而且结识了许多志士仁人。相处时间一长，又经过报刊杂志阅读熏陶，他深受孙中山所建“兴中会”的影响，更加坚定了“驱除鞑虏，恢复中华”的信念。

光绪二十四年(1898年)戊戌政变后，沙泉地方的农民彭鹤年、彭钟泰等人与白云岭隐真寺的印心和尚一道，聚集附近贫苦农民千余人，提出“劫富济贫”的口号。这时，恰逢向道龙从广州经郴州桂阳返回家乡，沿途几百里地向道龙也不曾消停，一路交朋结友，联络豪侠。准备与华兴会发起人、衡山老乡刘揆一，湘潭哥老会首领马福益等人，秘密组织人马攻取衡山，进驻醴陵，占领长沙，以图大业。此番向道龙刚一回到家门，还未来得及收拾停当，得知彭鹤年等人聚众造反，便马不停蹄赶至隐真寺，要求会见彭氏兄弟与印心和尚。几个人坐将下来，畅怀豪饮，向道龙迫不及待地向他们讲解在广州的所见所闻，宣传革命道理，彭氏兄弟们听得有滋有味，双方相见恨晚，一个要“劫富济贫”，一个要“驱除鞑虏”，彼此谈得十分投机。于是，向道龙被彭氏兄弟奉为首领。

向道龙（1860-1899）

光绪二十五年（1899年）冬十月，向道龙与彭鹤年聚众于衡山白云岭隐真寺，同撰《讨清檄文》发布四方，宣告起义。接着扩大队伍，打造刀械，抓紧军事操练，筹谋夺取县城的武装工作。

此时，有个同姓的卸任道台返乡回到白莲寺，听说本族子弟向道龙聚众反清，大惊失色，连家门也没进，立即赶到县衙告密。知县黎塘接报也骇然直冒冷汗，人家退休的正四品官员如此关心本地治安动态，他哪敢怠慢，星夜备文上报。湖南署理巡抚锡良接到密报，急令衡山、衡阳、常宁等几个县的团练，联合长沙、衡州、湘潭三路水陆兵勇浩浩荡荡前往镇压。

善者不来来者不善，三路水陆兵勇联合围剿，令向道龙措手不及，向道龙指挥起义队伍左冲右突，英勇抗击，血战七天，因寡不敌众，终于失败。

向道龙重伤被捕解至县城，知县黎塘追查他的书籍檄文和同党，他一言不答。黎塘气急败坏，又恐夜长梦多，下令即日处决。向道龙走向刑场时，两眼圆睁，声嘶力竭地吼道："大丈夫视死如归，何惜身殉？所恨者，大事未成耳！"

就义时，时年39岁。

三湘文人志士，当时作诗歌挽词追悼者，不下数百首。

辛亥革命推翻了清王朝。1912年，陆军总长黄兴，备文呈请为向道龙旌恤，中华民国临时政府大总统孙中山签文批准追谥向道龙为大汉右将军，并拨发银洋3000元为他修墓立碑，抚恤遗属。

向道龙的墓碑立在白莲寺石塘村喇叭街后面的山上，至今犹存。

康有为先生闻之也大为感慨，赋七绝《赞向道龙》一首：

衡山云气郁纵横，首倡勤王第一声。
三日大呼徐敬业，祝融峰上有英名。

白莲寺在岳山前。清末以前建，寺宇规模较小，废于20世纪中叶

曹成娘·满门碧血荐轩辕

竹林里一间土砖砌成的房屋窗前闪着豆大的灯光，57岁的曹成娘在一针一线地绣着一个花枕，旁边堆着一沓绣件，绣件旁放着一个碗，碗里是谷烧酒，她不时拿起碗，轻轻抿一口，然后继续干手中的活，旁边的床上，躺着18岁的儿子周濂，他从睡梦中醒来，瞄了一眼母亲，翻个身，继续睡。

曹成娘，耒阳大义乡杀茅冲人，24岁丧夫，改嫁寒士周介藩，39岁又守寡，饱受歧视，一生坎坷。两次做未亡人，先后生有四子一女。大儿子过继给了前夫的的哥哥，次子叫周吕平，三子叫周炳星，四子叫周濂，女儿叫周灵芝。三子一女留在身边。为了养家，曹成娘勤耕苦织，节衣缩食。又有好心人介绍让她在县城里揽了一批刺绣活，几年下来，她的刺绣手艺在十里八乡都传开了。接的活多了，忙不过来了，女儿周灵芝便成了她的学徒。曹成娘还会编竹器如竹篓、竹篮、竹席，等等，什么赚钱什么好销就编什么。先后将四个子女送去长沙、衡阳读书求学。有一年，曹成娘听说江西好做药材生意，她又跟村里的人一起去了。几个月后，她风尘仆仆地回来了，用板车拖回来四个箱子和一些日常用品放在柴房里。

1919年“五四运动”爆发，全国反帝反封建运动风起云涌。曹成娘两个在外地求学的儿子假期回家，向母亲、弟妹讲述了全国斗争形势，讲述了自己学到的革命道理。还常常召集同乡青年聚会，议论国是抨击时政。面对两个儿子绘声绘色的述说，曹成娘满脸灿烂。有些东西她听不太懂，但说到穷人要翻身，要过好日子，做人要平等，做生意要童叟无欺，种田人要有自己的田，她竟一字一句都听进去了。她饱尝了艰辛，历尽了欺凌，在她心中早已埋下了对这个不平世道的憎恶，儿子们手舞足蹈的神情给曹成娘的心扉吹来了春风，带来了希望，她默默地叨念着：“这个破烂世道，应该要变一变了。”

1925年，曹成娘决定将自己的次子周吕平送到广东参加国民革命军，叫四子周濂从雅礼大学退学，投考黄埔军校学习。那天曹成娘对满崽们说：“你们四兄妹，一人一个。那三个都让你的哥哥姐姐拿走了。你就拿这最后一个箱子装上衣服、书籍去广州上军校。”

曹成娘（1862-1928）

1926年，四子周濂被党组织从广州派回耒阳从事农运工作。曹成娘又将女儿周灵芝、三子周炳星送入革命队伍，参加了耒阳农运工作。周灵芝、周炳星先后入了党，女儿周灵芝被选为十一区农协会妇女部长、区女子联合会长；三子周炳星被党组织派往振兴煤矿从事工运，任振兴煤矿工会委员长。

四子周濂在夏塘、大义地区的农运工作有声有色，他还亲自组织实施批斗了牛口的大地主陈培芝、陈景文父子，这对父子在当地可谓横行霸道，无恶不作。没收他们的不义之财，一扫他们昔日的威风，让当地农民拍手称快，扬眉吐气。可是却被陈培芝父子记恨于心。1926年7月，陈培芝派走卒陈飞鸣暗地将毒药倒进周濂的汤药中，那时，周濂因重感冒正寄住在一佃户家里服药，周濂被毒死。事后陈培芝虽然受到了应得的惩罚，但爱子周濂被害，对母亲曹成娘来说，撕心裂肺，三天没沾米水。

在办完小儿子周濂的丧事后，次子周吕平、三子周炳星、女儿周灵芝想留下来安慰侍候老母亲，曹成娘双眼盯着窗外缓缓地说道：“你们不是天天喊革命吗？濂儿死了，为革命已尽了忠。你们都留在我身边，不去继续进行革命工作，何谓忠？怎么能对得起你们的濂弟？自古忠孝不能两全，孝为一人，忠为国家，何去何从，你兄妹自己选择。”

“我们都走了，谁来照顾你？”兄妹异口同声。

“早些年谁来照顾我？不都是我在照顾你们吗？”曹成娘反问。

“可我们现在长大了，您老却慢慢行动不便了呀。”女儿周灵芝泪眼婆娑。

“我留下吧。我是长子。”次子周吕平劝慰道。

“不行！你不能当逃兵，你是老大，就更要给弟妹做个榜样。”曹成娘挺起胸来，斩钉截铁。

“娘，四弟刚走，我怎么会当逃兵而不去报仇？我已向党组织提出了自己的建议，军队需要人，但蓬勃发展的革命形势更需要人。”周吕平耐心解释：“我脱掉军装留下来，接替弟弟的工作，既可以从事我们兄弟未竟的事业，又可以顺便照顾您，怎么不行？”

“你们组织批准了？”曹成娘问。

“批准了，今天就不走了。”

第二天，周吕平接替弟弟周濂，担任了第十八区的农会委员长。

“马日事变”后，国民党反动派到处捕杀共产党人，曹成娘也时刻担心儿女们的安危，唯恐他们出事。但在一次转移过程中，女儿周灵芝不幸被土豪劣绅谷任民、谷飞鸣抓住，严刑拷打了一天，全身血肉模糊，遍体鳞伤。曹成娘闻讯后，策动贫苦农民趁天黑将女儿救出虎口。望着血迹斑斑、不成人样的女儿，曹成娘心如刀割。她就着温水，一点一点地洗，一块一块地擦，一勺一勺地喂，寸步不离。在女儿苏醒之后，她强忍自己的眼泪，端茶递药，悉心照料。女儿说：“娘，对不起，我让你受苦了。”

曹成娘安慰女儿：“娘不苦，你受苦了。你后悔吗？”

“不后悔。”

“不后悔就好，等你坐起来，娘教你绣花。”

三天后，周灵芝能下地行走，娘女俩又拿起了针线活。曹成娘对女儿说：“一块布就像一块田一样，你在上面种什么，就能收到什么。种田多拔拔草，施施肥，就能得到好收成；绣花也一样，你用心绣，用心剪，就能绣出好看的图案。”

周灵芝听得热泪盈眶。

曹成娘告诫女儿："人要站着活，莫要像狗一样爬着偷生，认准了路，就顽强地走下去。"

周灵芝一边抽泣一边不住地点头。

娘的爱，不狭隘，不灰暗，是一个经过风雨历练的女人在看过人生百态后，饱含仁慈宽厚的生命之爱。她爱孩子，爱生命，更能用她的爱，给孩子一个奋进的人生。

1928年1月，三子周炳星率领隐蔽在范石生部当兵的耒阳农运干部，参加了朱德领导的湘南起义，起义部队智取宜章后，转攻郴州，北上耒阳，周炳星被派往先遣团协助指挥。2月16日攻下耒阳后，周炳星又被任命为工农革命军第一师驻耒阳军事特派员，帮助耒阳组建地方农军。

这时，起义的风暴席卷耒阳。66岁高龄的曹成娘，率领着身边的一子一女也参加组建区苏维埃的工作。打土豪、分田地，她都站在斗争的最前线，一双小脚，日夜奔忙。身为母亲，她把对爱子周濂被敌谋害的哀伤，把马日事变后豪绅对她全家悬赏缉拿的仇恨，都倾注到革命工作中。

女儿周灵芝比大革命时期更坚定勇敢了，她被选为区苏维埃妇女部长、区女界联合会长。日夜忙着开会、宣传、打土豪、分田地，紧张、繁忙、艰苦、兴奋地工作着。这个平时看来十分温雅的女孩子，在这次起义中，充分显示了她的组织才能。

4月初，朱德率工农革命军和湘南起义农军转移进井冈山，曹成娘一家仍留在耒阳坚持斗争。

5月上旬，由于叛徒曹有才的出卖，母亲曹成娘首先被捕。

敌人审讯她，开始要她劝降儿女，曹成娘淡淡地笑着说："儿女长大了，他们有他们的志向，他们知道做人，不需要我做母亲的操心。"继之，敌人以死相吓，曹成娘笑了。曹成娘脸型不错，皮肤黑黝黝的，双眼皮，眼睛炯炯有神，笑时两嘴角各有个细酒窝，牙也整齐。她略为提高了一下声音，说："我老婆子66岁了，死得过了。不幸的是，我不能亲手把这个不平的社会埋葬。"

不久叛徒曹有才又带领敌人把周炳星、周灵芝兄妹抓住了。周炳星在敌人审讯他时，面对敌人的刑具，像其母亲一样淡淡一笑："我周炳星自投身革命始，已将生死置之度外，何以酷刑惧之？今天既被你们抓住，要杀就杀，何必饶舌。"

严刑拷打，威逼利诱都无法从兄妹嘴里套出半句口供。恼羞成怒的挨户团团长谷飞鸣只得绝望地将曹成娘带到审讯室窗口前，指着她的一双儿女咆哮道："老婆子，虎毒不食子，你总该救救你的儿女吧。"曹成娘看到血肉模糊的儿女，心如刀绞，几近晕厥。她扑上去，双手撕扯着谷飞鸣："畜生，你冲老娘来。"灵芝见到母亲也被折磨得不成人样，顿时哭出声来。曹成娘却歇斯底里地喊道："不准哭！虎毒不食子，可豺狼要吃人。有口气在，就不要哭！"

面对这样的一家，敌人毫无办法，只有下令将其全部处死。在押赴刑场的途中，曹成娘、周炳星、周灵芝一家三口毫无惧色。周炳星更是气宇轩昂，谈笑自若。周边的群众目睹其状，纷纷为之垂泪。周炳星则大声高呼："乡亲们，不要为我们哭！泪水是懦夫的表现，黑暗前面就是曙光，乡亲们，要用奋斗去迎接黎明。"

行刑时，气急败坏的谷飞鸣唆使刽子手不要一枪命中要害，要让他们一家感到痛，看他们三人还敢不敢笑？刽子手向曹家三人每人连击30余枪，三人骂不绝口，气绝而止。谷飞鸣又令将三人衣服剥光，吊在大义圩场上，三日不准收尸。

写完曹成娘的故事，我就想起最近报上常提到的四个字：不忘初心。

初心是什么？面对曹成娘，我想初心就是一个人对自己一直以来，或者说与生俱来的期许：我要成为怎样的人，我期待怎样的世界。绝望与抗争在这个世界面前都是常态，因为他人不由你改变，但一个人仍旧可以依照初心，努力做自己。曹成娘的初心就是期许穷人要翻身，要过好日子，做人要平等，做生意要童叟无欺，种田人要有自己的田。于是，她带领她的儿女们一直在抗争，一直在努力。

耒阳风光

李吟秋·物换星移改旧风

李吟秋，又名汉丞，1867年出生，衡东县大桥乡和平村人。

李吟秋自幼随父亲读书，聪慧过人，有神童之誉。21岁时，父亲去世，吟秋听从爷爷安排，在家务农，但仍坚持自学。爷爷见他刻苦异常，非常满意，便鼓励他去石鼓书院求学读书。可是屡试不中。李吟秋很激愤，居然渐渐地学起了吸鸦片，日益颓丧。这时，新学兴起。李吟秋一接触新学，便入了迷。他烧毁了应付科举考试的一类书籍和吸食鸦片的器具。1906年，在近40岁的时候，李吟秋毅然携妻柳振坤、儿子李待琛赴日本留学。

赴日留学期间，中年李吟秋与黄兴、孙中山等往来甚密，积极拥护孙中山的革命主张。两年后学成归国，李吟秋先后任衡山县劝学所总董，湖南高等学校斋务长。辛亥革命爆发，一向稳重厚实的李吟秋兴奋异常，接连几日，在乡间串联亲朋好友，组织青年学生、民众，筹集募捐钱饷，购买枪支弹药，一度举兵于乡，响应武昌起义。

1912年1月1日，孙中山在南京就任中华民国临时大总统，真诚地邀请当年在日本相识的李吟秋为总统府顾问。4月，民国政府迁都北京，李吟秋也随之入京，补工商佥事。“佥事”是个官名，实属幕僚。

不久，湖南省议会成立后，作为孙中山的“铁杆粉丝与拥趸”，李吟秋又被选为参议院议员。参议院为国家立法机关，众人寄希望于李吟秋，李吟秋也自认为可一展才能，谁知1913年2月，中华民国根据《中华民国临时约法》规定，进行首次国会选举，并且在1913年4月8日首次召开国会。国民党得票最多，党内预备由宋教仁组阁。没想到，宋教仁在上海遇刺身亡，引发二次革命。结果不可一世的袁世凯以武力压服，孙中山等被迫流亡日本。

袁世凯倒行逆施，强行解散国会，并且废止《中华民国临时约法》，紧接着于1915年12月12日称帝，时为洪宪帝政。李吟秋愤怒不已，坚决拒绝依附袁世凯，避难海外。此后，国内在短短两年多时间里经历了“袁世凯病亡”“黎元洪任总统”“北洋段祺瑞专政”“张勋复辟”“南北对立”“孙德同盟”等事件，民国之初，一片乱局。于是导致了广州护法运动。

李吟秋（1867-1923）

广州护法运动由孙中山领导，是一场反对北洋政府，在广州另立中华民国军政府的行动。在中国国民党历史中，亦称为“三次革命”。所谓“护法”指的是护卫《中华民国临时约法》，打倒北洋专政的虚假共和，重新建立新生共和的民主法统。

1917年，李吟秋应孙中山之召回广州参加护法运动。

1920年，李吟秋奉孙中山之命回湖南，任高等审判厅厅长。不久，湖南督军谭延闿主张湖南制宪“自治”，只是他所推崇的自治是官治而不是民治。

李吟秋认为湖南这种自治“只是湖南官绅的自治，而非湖南人民的自治”“是冒牌的自治”“是有名无实的自治”“一省的根本大法，怎么可以由省政府和省议会包办起草？”。

无独有偶，身在一师附小任主事的毛泽东为代表的一批民主主义者也积极参与了批评与抵制。他与别人联名在长沙《大公报》和上海的报纸上连续发表十多篇文章,透彻地说明了湖南究竟需要怎样的一种自治运动。毛泽东认为,“湖南自治运动是应该由‘民’来发起的”,自治的根本目的是以人民主权取代军阀主权,是民治。谭延闿提出的“湘人治湘”的口号,是有意把“湘人治湘”与“湘人自治”相混淆,实质是想借湖南人的家乡观念,稳固自己在湖南的军阀统治。湖南人民要求的,不是“湘人治湘”,而是“湘人自治”。他强调:“我们主张组织完全的乡自治,完全的县自治,和完全的省自治。乡长民选,县长民选,省长民选,自己选出同辈中靠得住的人去执行公役,这才叫做‘湘人自治’。”只有完全实现“湘人自治”才是真正的民治。

李吟秋坚持不肯在所谓的自治政府中担任任何职务，他明确指出谭延闿为代表的湖南地方军阀，就是将自治作为排除异己、巩固割据统治的一种工具，来达到自己的目的。

事实也的确如此，湘军发生内讧，赵恒惕赶走了谭延闿。赵恒惕以公民制宪的“内部意见分歧，莫衷一是”为由，偷梁换柱，聘请一帮专家学者制宪，尔后又利用职权胡乱贿选，当上了“民选”省长。二年多后，谭延闿又打着正义的旗号，对赵恒惕进行讨伐。

李吟秋为此南北来回跋涉奔波，斡旋协调，请以省宪纳入国宪。终因劳累过甚，1923年元旦在长沙逝世。

录李吟秋诗作二首：

登大云山

群峦飞峙接晴空，独上东南第一峰。
未可狂言小天下，欲扪北斗探鸿蒙。
庙颓神毁余残迹，物换星移改旧风。
到此岂寻山水趣？清泉净石在胸中。

登岳阳楼

岳阳楼上倚斜晖，云影波光一望迷。
湖挟四江千里动，天开半面万帆飞。
诗人老去吟踪在，胜地重来景物奇。
抚遍石栏情不尽，涛声如鼓叩心扉。

1911年12月29日李吟秋与17省代表在南京

1914年7月8日，中华革命党在东京成立时合影

冯臼庵·霜染层林枫叶红

衡阳人冯臼庵、萧俊贤与齐白石在中央美术学院创立之初，身在学校却声震北京皇城，时称“冯萧齐”。其名声在于他们的作品风靡一时，令人钦慕。

衡阳人冯臼庵、姚尊与齐白石十分友善，三人曾合画花鸟一幅，冯臼庵画古藤，齐白石画八哥，姚尊画花鸟，被美术界视作经典，奉为至宝。齐白石还为之治印，边款刻上冯臼庵自己的话“刻印天下无敌手”。

冯臼庵与齐白石及喜欢画画的雪广和尚曾同住北京西城之域，共号“西城三怪”。

冯臼庵与衡阳老乡符铸瓢庵、姚尊壶庵二位画家被世人并称为“衡阳三庵”。就三人作品而论，均属大师之列。

冯臼庵就是这样了不起，跟哪位名人在一起，就会有诨号出世，闻名遐迩。

冯臼庵1870年出生于湖南衡阳县九市乡。诗、书、画、印均为一流。48岁时参与创办国立北平艺术专门学校（现中央美术学院）而名噪京华。

先说冯臼庵的“画”

1918年4月15日国立北平艺术专门学校成立，冯臼庵以画花鸟画出众而受聘该校国画教师。

当时冯臼庵居住在北京城西，与齐白石、雪广和尚共号“西城三怪”。为了珍惜这段友谊，齐白石1926年还专门绘了一张“西城三怪图”。图上题款“余客京师，门人雪广和尚常言‘前朝同光年间赵撝叔、怀砚香诸君为西城三怪’，吾曰‘然则吾与汝亦西城今日之两怪也’，惜无多日，雪广寻思曰‘臼广（指冯臼庵）亦居西城，可成三怪矣。’一日臼广来借山馆，余白其事，明日又来，出纸索画是图，雪广见之亦索再画……丙寅春三月，齐璜。”

在文艺圈里之所以称怪，一是可能性格乖僻，言行举止与众不同，或者是不入时俗，孤傲清高，被人称之为“怪”；二是此人对自己所从事的专业艺术有独特的见解与表现，有强烈的个性风格，迥异于众，故曰“怪”。这种“怪”是一种为艺术而涅槃的献身精神。如清乾隆年间“扬州画派”就被称为“扬州八怪”。他们的“怪”就怪在传奇、怪在淡泊、怪在才气、怪在倔强、怪在悟性。

冯臼庵（1870-1929）

冯臼庵画无疑是属于大手笔写意，画因其人格而显得清高孤傲，狂放不羁。

其画题材比之上海滩吴昌硕，无迎合世俗口味之媚（如玉堂富贵，仙石福寿之类）。论画之格韵，冯臼庵托物言志，直抒心意。笔墨功夫上接宋代法常，下承明清徐谓、八大山人、扬州画派大写意一路，章法奇宕伟岸，用笔洒脱浑朴，笔墨苍润。如1928年冯臼庵在一幅墨梅中条幅题曰：“画梅如鹭立寒汀，几人能得此冷趣也。”

冯臼庵偶写山水境象奇瑰，1948年好友姚尊发现未署款的冯臼庵山水遗迹，面对故友遗作，睹物思情，欣然跋曰：“此臼广中岁之作，取境甚奇，笔墨俱化矣。”可见冯臼庵对画之境韵追求甚高。若论写意花鸟画，齐白石以情趣胜，吴昌硕以苍辣胜，冯臼庵则以气骨胜，各有千秋。

像冯臼庵这样的国粹派文人画家，于新文化运动之浪嚣声中自不合时流。从其交游、书画题跋、印作中可知与齐白石、符铁年、胡佩衡等多有交往；与林风眠、彭沛民、萧俊贤则共事有年。

1927年林风眠校长在组织艺术大会亲拟参加“艺术大会名家及艺术团体”条款中，冯臼庵也在其列。

冯臼庵是一个以性情而悟道，以书画而证美，以金石而寄情的文人画家。其画工花鸟、兰竹、翎毛，效法徐渭、陈淳，粗枝大叶，随意挥洒，饶有生趣，托物言志，直抒心意。晚年绘佛像，世人视为神品。那种放松、虚空、意念聚集随着心律体验“静”的世界的修行，犹如坐禅时的忘我境界。笔势随着意念运行时，体验虚空的能量。

在冯臼庵这类作品中，修行的轨迹显而易见，从最初那种迟滞的笔触慢慢开始飘逸，慢慢物我合一，气吞虚空。用笔融化为身心的节奏，变得轻而灵动，顺而通达。

冯臼庵扇面画作

冯臼庵在北平艺术专业学院任教期间，著有《画学史》。

次说冯臼庵的“书”

冯臼庵书艺于篆、隶、楷、行四体俱能，以经学之士，研小学，攻大篆，学猎碣，习魏楷。

金文以1920年庚申赠胡佩衡的“父荫鼎”为佳，气象宏阔，体势宽博，中锋圆劲，结字大小异形，不拘一格，章法疏密自然，奇正相生，渐以脱离亦步亦趋的习作性书写。但总体上不如他的楷书、行书水准。

在清碑学影响下，冯臼庵隶习张迁，楷学北魏郑文公，行书多见于题画款，字形趋扁，有墓碑志之紧密，笔力短捷劲健，鱼贯连绵，气势奔放，胜于篆书。从1925年自刻冯臼庵龙虎图饰印跋看其楷书，拙茂天趣，已初具自家面貌。

从1922年《柏蝠图》、1923年《菊花条幅》、1925年《水仙图》、1928年《竹菊条幅》及《桑葚八哥图》来看，都是诗情画意，信手拈来，心手双畅，气息生动的行书佳作。

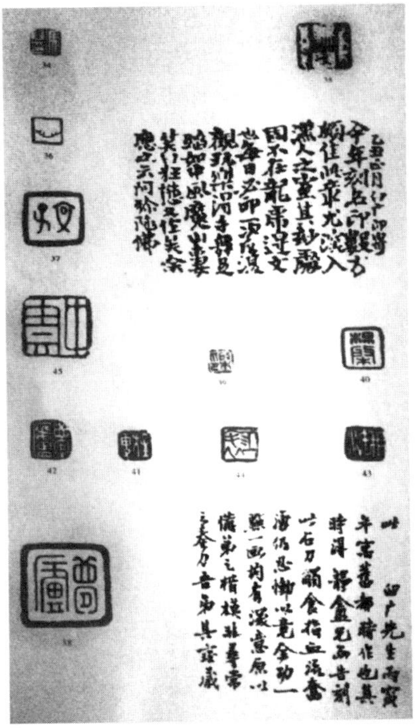
冯臼庵印章作品

再说冯臼庵的“印”。冯臼庵治印取法秦汉，旁及浙皖，气象苍古雄厚，布局巧思，气存神足，白文印尤见功力，边款更为精绝。篆法稳健而精练，随心运用而不逾矩。有确信自然之力，有沛然贯注之势，尊笔于刀，见墨于石。笔力坚挺，谨严精准。或圆润秀劲，婀娜生姿；或方圆相参，灵雅多变；或气势横亘，痛快沉着；蕴藉含蓄，各能擅扬。

冯臼庵治印刀法驾轻就熟，心揽全局；单刀细线，清峻爽朗。早期的二方行书边款师皖派，以冲切和单双刀并用，行书的笔法起伏波荡，映带回环，柔中有刚，转折有度，精确地表现了二王书风。晚年印大多署北魏楷书款，刀笔生拙，骨劲古茂，冯臼庵刻印边款诗曰：“昔有庖丁善解牛，騞然一声牛已剖。是何奏刀神且奇，问知世人都不晓。我谓庖丁无他术，目无全牛一语了。能知此理通妙悟，雕虫之技亦非小。”

冯臼庵治印风格峻迈，线条挺拔，布局上下疏密，气象高华。文字大小面积多寡不一，整体疏朗，气息通畅；粗细对比，圆和丰满。

冯臼庵印章布局巧思，似分还合；布字简约，跌宕有致。

布局之妙在于既对比强烈又能混元一气。破除了呆板雷同之弊，疏密对角呼应，形式异曲同工；匠心独运，朴拙天趣。

冯臼庵治印边款精绝，印从书出，书从印入；广学能化，深入浅出。齐白石为冯臼庵刻印款曰：“吾友臼广自言刻印天下无敌手，索余刻未必当意。”齐白石自己刻印也不拘绳墨，经常匠心独造，然而在小他7岁的冯臼庵面前却如此谦谨。冯臼庵若无过人之处，亦不至狂妄如此。

冯臼庵刻印用功甚勤。友人说他刻印刻得“风雨满窗方病卧”，达到了如醉如痴的忘我之境。其治印跋语自云：“乙丑（1925年）正月臼广印寄今年，刻名印数方颇佳，此章尤深入汉人之室，其妙处固不在龙虎边文也，每日必印一次，反复观玩，乐得手舞足蹈，如中风魔，山妻笑曰，狂态又作矣，余应之云：阿弥陀佛。”从这段跋语中，我们可以鲜活地见到一个整日沉浸在艺术创作的喜悦亢奋之中的印痴形象。

冯臼庵爱才，奖益后学，古道热肠，见有可造之才乐于施教。偶于静龛处见江瓶水刻印颇佳，遂大加赏识，即允为弟子，频加赏语，又刻示二印，即使“刀触食指血流奋涌，仍忍恸以竟全功”，一点一画毫不含糊。

冯臼庵传世印谱有1931年宝华堂辑《臼广篆刻》、易元九辑《冯臼广印谱》。

最后说说冯臼庵的“诗”。冯臼庵短诗、长跋、律绝、古风皆擅长，喜怒哀乐之情皆成文采，或叙其未竞之志；或言其绘画体悟；或以梅、菊托高洁；或以隐物讽时艰，斥之为文、形之于笔，耐人品嚼。

1919年“五四”新文化运动，学生高喊打倒“孔家店”，北大陈独秀主张画要革“四王”之命，蔡元培先生主张以教育强国，以美育代宗教启人心灵。北平艺专因各种矛盾潜伏积累，引起1926年发生学潮风波，冯臼庵与一部分教师递交辞呈。这年3月，学生们自己投票选举林风眠当校长。林任职后，挽留了这批提出辞呈的教授。林风眠校长虽是新派人物，但他对中国画如何改良，有清醒之理念，并未认为文人画要彻底地革命与打倒，由此校园新旧纷争渐趋平缓。虽如此，但在艺术的思想理念上，“革新”与“守旧”，仍是泾渭分明。当其时势，作为旧文人画派的冯臼庵生计窘迫可想而知。1925年冬作水仙题诗：

岁暮风寒欲雪天，客斋近日更萧然。
画梅数幅都无赖，且喜人来送水仙。

在岁寒隆冬时，天冷欲雪，门庭萧然，冒着寒冷勉强提笔画梅，画了数幅均不如意，这时忽有知友冒寒送来水仙，心情顿时开朗，聊可慰藉孤芳之心。

1922年，共产党员方翮本初到北京艺术专门学校中国画系刻苦钻研绘画艺术时，冯臼庵甚觉此位小老乡大有前途，在他的《衡山方舟画册》上题诗赞许：

脱却毗陵意更微，独师造化得生机。
人间几辈丹青手，依样葫芦总觉非。

（注：毗陵，指的是清代著名画家恽寿平）

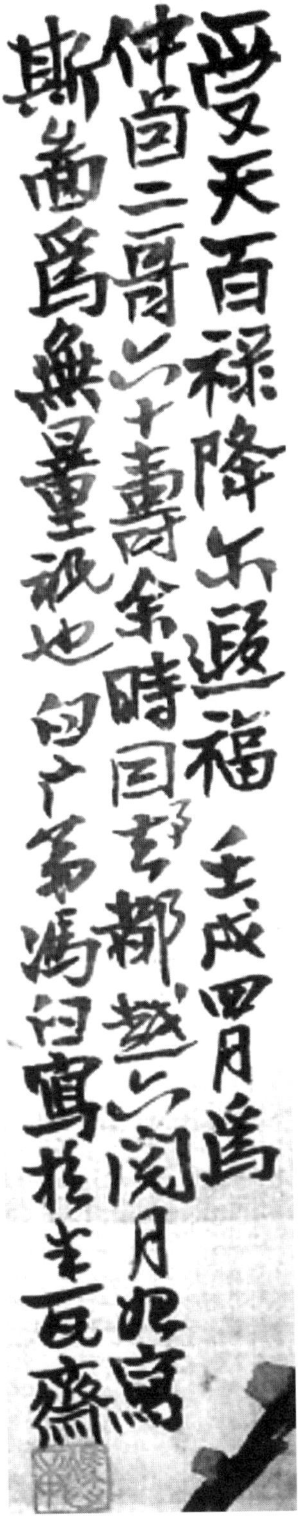

冯臼庵书法作品

1927年4月，方嗣本等20位革命者被军阀张作霖秘密处以极刑。老师、老乡、同事冯臼庵再次题方嗣本《松禽图》诗曰：

郁郁苍松屈曲蟠，饕风虐雪太摧残；
衡山也有千年树，留与幽禽画里看。

白色恐怖下老一代艺术家对革命烈士的敬仰和悼念之情跃然纸上。

1928年春，59岁的冯臼庵在《桑葚八哥图》题诗：

南山十亩桑，此时葚已熟。
饥来腹可果，一支栖亦足。
倦羽胡不还，集此旧台木。
莫谓甚奇柯，将奈斧斤斸。

从诗中可体悟到作者“苦涩的心”，与山妻客居京华半瓦斋的冯臼庵，聊以教席糊口度日，未展其才，已感身心疲惫，生活清淡，有一栖足之地即可，立此旧台木（老朽无用的木）有何资格矜夸自己是“奇才”，不定哪天有人持“革命”大板斧将这株无用的老桑树砍掉，可见心情失落悲凄之极。

是年隆冬冯臼庵强撑病体，画了一幅竹菊图，题诗曰：

种菊满山径，种竹绕茅屋。
优游六十年，不知有荣辱。

题款“和石先生方家正之戊辰冬臼广病写”。

这一病直至第二年正月冯臼庵带着未竟之志病逝于京。竹喻高节之志，菊明淡泊之心，向来

冯臼庵画作

冯臼庵画作

我行我素的冯臼庵，慨其一生，优游于道艺近六十年，未想得到什么名利荣誉，也不屑于外界的诽辱，只是以教化美育乐其事，虽有那么点“怪”，做人但无愧悔，唯高尚之品格昂立于天地。

冯臼庵以治经史国学之底蕴，正当才华横溢，创作力旺盛，艺术风格渐入佳境之际，不幸于1929年病逝于上海。

冯臼庵因其性情孤傲，不合时宜，书画篆刻不轻易送人，书画作品流传亦不多见，故世人知之甚少。

冯臼庵从平静的蒸湘谷底到京城的艺术巅峰，他的一生本身就是一幅绝美的国画。于无声处展现生命的蓬勃，在白纸黑墨间，勾勒出人性之高洁。

齐白石头画作《西城三怪图》

詹顺庭·济世益民真功夫

詹顺庭生于1874年，常宁正同乡人。少时家境清贫，仅读私塾2年。

18岁时，詹顺庭从师习武打拳击。

1894年，甲午战争爆发，20岁的詹顺庭参军赴辽东半岛，在著名爱国将领丁汝昌的率领下，作为北洋舰队的一名水师参与了抗御倭寇的战斗，荣获五等勋章。当了6年兵回来后，虽有一身武艺，却找不到称心的事情来做。闲来无事之际，遇到同是从军队转业回来的一位乡党介绍，替富商押解银两去云南贩运货物，包吃包喝，一趟下来，还能挣不少。詹顺庭欣然应诺。谁知返回途中经湘西龙山乌江渡，遇土匪抢劫，詹顺庭全力护货，与土匪搏斗拼杀，左挡右刺，土匪最终溃逃，詹顺庭却感到自己的左臂抬不起来了，回头发现被自己拼命保护下来的剩余残货散落一地，里面竟藏有烟土。詹顺庭一气之下，撒手而去。因寻访名医治疗左臂，詹顺庭居然开始懂医、学医、识医。先后从师十余人，其中以骨科医师刘发萦（广西人）、伤科医师詹春芳（常宁人）对他影响最深。在自学方面，以得益于《医林改错》较多。他融会众师之长，精益求精，在医治跌打损伤方面具有独特的造诣。

6年后，32岁的詹顺庭正式挂牌行医，专治跌打损伤。

一开始，医馆门可罗雀，但詹顺庭不慌不忙，早间开门，晚间闭户，读读医书，晒晒草药，时不时还自己上山寻摘草药、自己配方、捣制出一种自制的药水，他命名为“符水”。

1906年，常宁县富商杨缉廷在县城建造公信昌公司大楼，一位木工不小心从三楼楼顶跌下，脊柱跌伤，左腿重伤，濒临气绝。恰逢詹顺庭行医归来路过其地，他拨开围观人群，上下端详一番，见并无血迹，便朝伤者喷以自家研制的符水，又用自家锻制的小刀插入伤处皮内，理清骨节筋腱，随即用手按摩，然后拉扯患者的手指、脚趾，旋即一声喝叫“起来”，那患者应声坐起。詹顺庭又扶其站起，尔后拿捏几下，令患者绕地行走数圈，又令患者快步向前，继而徐徐后退，进退如意，行走如初。

围观者一片欢呼，耳听是虚，眼见为实，詹顺庭现场救人比打十次广告还顶用，此事口口相传，轰动全县。从此前来求医者络绎不绝。

1921年，水口山矿务局聘他为矿山医院伤科科长，时值谭延闿驻军衡阳，其属下部队官兵凡腿疼胳膊断的皆受到詹顺庭医治，谭延闿为此亲笔题写“济世益民”锦旗相赠，末了，谭延闿也忘不了显显自己的威风，特别签发由其总部颁发詹顺庭甲级勋章一枚。

何键任旅长时，詹顺庭两次为何键治足伤及碰断的鼻梁，詹顺庭建议用眼镜遮盖鼻间疤痕，尚可收到美容效果。何键感恩不尽，定要拜詹顺庭为老师，并题写“今之华佗”镶金玉印一方相赠。

日本驻长沙领事之女因玩耍跌伤右手肘部，医治无效，已成痼疾，根本无法伸直，既影响生活，又不大雅观。闻听何键四处嚷嚷中国华佗转世，便托何键介绍慕名前来求医。詹顺庭一听说是日本人，就想起当年海战死去的战友，不愿接治。这让何键脸上无光，一再恳求道：“患者是日本姑娘，不是日本武士。”

詹顺庭（1874-1945）

“都是倭寇，一个种。有何区别？”詹顺庭反问。

“医生嘛，以生命为重，何来政治立场？”何键提醒道。

“老子战友的命就不是命？都是十八九岁的人！”詹顺庭气愤填膺。

“那是战争，是两国交战。现在是和平时期，两国交战还不斩来使，求医的是来使的女儿，是老百姓。”

老百姓一词触动了詹顺庭。他平静下来，伸出右手食指，缓缓地说：“仅此一次。”

“一次，保证一次。”何键也伸出食指应诺。

詹顺庭与徒弟来到日本领事专门布置的病房，手术台边，骨科各种医疗器械齐全，还有抢救设施，室内还立着几个日本医官、护士。詹顺庭仔细观察了一下患者，好不容易吐出一句话：“稍等片刻。”然后在徒弟耳边嘀咕一句，徒弟转身而去。一小时后，徒弟大汗淋漓跑步扛来一根重棒。原来，詹顺庭是以重棒将患者已成痼疾的手肘再次压断，重新为她接骨，使得其右手平复如初。一个日本医官见他医术如此神奇，当即跪倒在地恳请从师。詹顺庭挥挥手，以语言不通为由，婉词谢绝。

水口山矿务局就坐落在常宁境内，詹顺庭受聘于矿山医院后，就成了医院骨伤科的一块招牌。而1922年的水口山矿务局风起云涌，中共湘区委员会派蒋先云、谢怀德会同有关人员到水口山矿加强对工人运动的领导，组织罢工斗争。国民党恼羞成怒，两次密谋杀害蒋先云，而通风报信，以行医之名暗助工运领袖蒋先云等脱险的，就是詹顺庭。詹顺庭同情矿工，支持共产党。是非曲直他分得清，在他心里，有一把良心公正秤。

“马日事变”后，詹顺庭又多次掩护共产党人胞侄詹南坤、外甥欧阳鑫转移，脱离危险，因此受到当局怀疑，詹顺庭被迫辞职，举家离开水口山矿务局，避居农村。

1932年，已担任湖南省代理省主席的何键在长沙举办国术比赛，专程派人特邀詹顺庭观摩，平生喜爱武术、拳击的詹顺庭欣然前往。在65公斤级的比赛中，运动员李某第三回合被对方从拳台击下，坠地昏迷，一时休克。坐在前排的詹顺庭飞走向前，喷以符水，并按摩伤处，片刻后，伤者复苏，重新上赛台。全场观众为之欢呼，不是为运动员，而是为詹顺庭。

之后江西省政府主席熊式辉，在湖北的国民党要人杨永泰同时坠机受伤，特电何键转请詹顺庭前往医治，詹顺庭拨不开何键的面子，只身前往，在詹顺庭的治疗下，两个伤筋断骨者，一一立见痊愈。

熊式辉、杨永泰经历此次灾难，又目睹了詹顺庭捏拿、接骨、针灸、千恩万谢之余，又小心翼翼地问道：“我母亲患有关节炎，大师能否妙手回春？”

詹顺庭问：“令堂高寿？”

“刚过古稀之年。”

“骨痛多久？”

熊式辉略为思忖：“十余年了吧。”

詹顺庭说：“若方便，不妨请出来看看。”

熊式辉大喜过望，连忙嘱人请出母亲。詹顺庭端详、敲打一番，替熊老太太施行了小手术，配制“阳和汤”予以内服，不到三天，老太太内痛全无。

“怪不得何主席称您为‘今之华佗’，名不虚传，名不虚传！”熊式辉万分激动。此神奇般的故事从熊府迅速传出。

恰逢蒋介石行至南昌行营，那杨永泰本就是蒋介石身边的红人，经他证实，蒋介石也大为诧异，提出要接见詹顺庭。据说，当蒋介石询问符水治病有何科学根据时，詹顺庭说：“这是道家秘诀，有精神上的感召作用，非结合医理不能奏效。”在场人员都只得哈哈一笑。

有了这次接见，詹顺庭更加名声大噪。

紧接着詹顺庭被孔祥熙邀请赴京、沪、苏、津等地为彭寄光、陈友仁等名人、将军治病，京、沪各地报纸频频刊载“詹善丞大法师”行踪。

在北京期间，詹顺庭还应国医馆馆长焦易堂之邀，讲学数次，欧美名医也多来访问。

西安事变后，蒋介石创伤难愈，孔祥熙又电邀詹顺庭赴南京为其医治，得显著好转。蒋介石夫妇十分感谢，与詹顺庭合影，并赠酬法币1万元。

1937年之后，年届63岁的詹顺庭逐渐身感力不从心，虽何键、熊式辉等人多次电邀，均被詹顺庭一一谢绝。

1944年，日本侵略者攻陷常宁，詹顺庭既不想当汉奸，更不想为敌所用，带领全家逃难，避居山村。次年因喉癌逝世。

詹顺庭救治伤残病人无数，悬壶济世，不计报酬，并常常为贫困病人代付药费。

詹顺庭医术高超，对筋骨关节治疗及穴位按摩极为精到，尤其擅长于因各人身体状况不一，各人就诊治疗时辰不同，治疗所在地点环境气候各异来进行点穴治疗。

但詹顺庭终因读书不多，未能写出理论著作，仅存《伤科汇方》抄本传世。

何锡藩·黄鹤楼前大丈夫

何锡藩，字少岳，又名少乐。

1873年，出生于衡永郴桂道衡州府常宁县（今衡阳市常宁宜阳镇）。

1888年，入衡阳石鼓书院学习。

1897年，甲午战争后，何锡藩深感“天下兴亡，匹夫有责”，决心投笔从戎。1897年去武汉，参加新军，当过司书，副哨长。后毕业于陆军将弁学堂。1911年升任第八镇步兵第十五协第二十九标第一营管带。

辛亥革命前，“共进会”组织（直属同盟会东京本部领导）在湖北新军中进行活动，何锡藩受革命思潮影响，参加了“将校研究团”。

1911年10月10日，武昌起义爆发，何锡藩与士兵一道参战。军政府成立后，被任命为步兵第二协统领。

10月19日，何锡藩接到命令：

步兵第二协协统何锡藩，率所属步炮各队，明晨拂晓，闻得两望阵地我军发炮射击敌舰暨刘家庙江岸之敌，全线立即向敌人进攻，用猛烈炮火，将刘家庙、大智门一带敌军击走，并占领其阵地。当其进攻时，步兵中宜配置机关枪扫射之用。所有敢死队，全部分配于各路进攻部队之后，督令前进，不准后退。

革命军在青山阵地上也布置了两门大炮，炮口对着江流上游，是为迎击清军军舰下逃的。上级觉得不妥当，命将其中一炮炮口改朝下游方向，这样可以一炮迎击，一炮追击。掩护炮队的步兵队也分段卧列于江堤后，以江堤为掩护体。这时，清军楚豫舰不时以强烈探照灯向革命军所在的江堤探照，革命军的大炮上已套上青草作伪装，清军无法看见。过了一会，一艘小轮船驶近清军楚豫舰后，两船灯光先后熄灭。革命军正为之惊异时，小轮船灯光复明，楚豫舰却不见了。该舰趁灯光熄灭之际已驶向另一处所停泊。原来楚豫舰以小轮船为替身，而防备革命军夜间发炮偷袭。

凌晨4时，上级又传来命令，说是制造一艘海军军舰很不容易，中国自甲午海战败于日本海军后，现有舰艇数量极其有限，我们应当多加爱护。革命军在炮击敌舰时，应尽量射击其舰面或舰头舰尾，切勿击中要害，致使全舰沉没毁坏。

清晨5时多，革命军开始向清军攻击。口径较小的两门炮射击清军楚豫舰，口径较大、射程较远的四门炮射击江北岸汉口的清军阵地。汉口清军突遭重炮轰击，以为是汉口革命军发出，立即向汉口革命军射击。汉口革命军听到两望阵地发出的炮声和清军枪声，全线官兵向清军发起总攻。一时炮声、枪声，震耳欲聋。清军多从睡梦中惊醒，仓促应战。早已枕戈待旦的革命军在猛烈的炮火掩护下，向清军步步逼近。清军抵挡不住，退至三道桥至摄口一带，适遇自北而来的清军增援部队，于是双方对峙于三道桥南北。与此同时，两望阵地炮台上的两门小口径大炮向楚豫舰连发八炮，一弹中其头，两弹中其尾。楚豫舰中弹后向革命军炮台还击，革命军四门大口径大炮集中向楚豫舰射击，楚豫舰招架不住，仓皇向下游逃遁。当驶过青山炮台时，又遭到两门大炮的迎击和追击。楚豫舰一面还击，一面慌忙向田家镇方向逃去。清军楚有舰、楚材舰、楚安舰、江靖舰、江泰舰

何锡蕃（1873-1926）

等五舰见楚豫舰受伤逃遁，也高悬白旗以示投降。

这场战斗，揭开了汉口争夺战的序幕。两望炮台阵地的革命军，仅参谋长陈涛一人左脚被敌弹片击伤。清军在汉口刘家庙阵地遗弃帐棚140余顶，粮食600余石及火车头一辆，货车10辆，并炮弹弹药甚多；河南混成协骑兵损失马匹百余，遗尸260余具，伤者千人；革命军阵亡148名，伤300余人。

武汉三镇市民惊悉革命军击败清军军舰，驱走瑞澄，逐去汉口清军，群情激奋。当何锡藩等人由红关经汉阳门返回都督府途中，不时可见燃放鞭炮、悬挂战胜旗，抬着酒肉犒劳革命军的人们。

10月24日，何锡藩组织部队进攻三道桥，虽左臂受伤，仍在东湖门指挥战斗，第二天被任命为战时第二司令官。

11月27日，汉阳失守，清军进攻汉口、武昌，何锡藩与邓玉麟率兵拼死奋战，击退敌军，固守十里江防。后擢升武汉司令官兼要塞司令。

1912年2月，何锡藩被任命为陆军第二镇统制，复调水军统制，水师改名为湖北省水上警察厅，任厅长兼都督府顾问长达14年。

共和告成后，革命政府论功行赏，何锡藩获陆军中将衔授七星宝剑。并获得二等文虎章、二等大绶嘉禾章、二等宝光嘉禾章、陆军第一金色奖章及警察一等一级奖章。

何锡藩为人耿介，晚年尤恶官场陋习，1924年，何锡藩因与湖北部分军政要员意见分歧，愤而降职，闲居武汉。亲自书写“富贵不能淫，贫贱不能移，威武不能屈，此之谓大丈夫”的条幅，挂于卧室墙上以自勉。

何锡藩为官数十年，不置家产，有人劝他买田，他说：“田产多了，会影响儿孙的自强意志，使其过寄生虫生活，反害了他们。”他对公益事业却十分热心，当时常宁县城北正街街道坎坷，他出资用青石铺修一新；近百米长的北门木板草桥，他出资改建为石拱桥。

武昌起义雕塑

唐乾一·四十韶光非等闲

唐乾一，字坤成，号恭恕，别号子虚子，又称适适斋主。

1878年4月8日出生于湖南衡山新桥一武将门第。中国同盟会第一个女会员唐群英最小的胞弟。清末副贡。

“副贡”是个什么东西？科举时代会试录取生员分正榜、副榜。正式录取的名列正榜；在正榜之外，另取若干，名列副榜，也可作为贡生，称为副贡。副榜即不在正取之数的意思。副榜不能参加廷试，但可参加下届乡试。

唐乾一17岁中举人，诗、文、书法皆为人所称赞。返乡途中畅游南岳，在西岭饭铺堂屋留下题壁诗一首。曰：

曲径依稀远寺钟，林涛起伏岭重重。
风摇古树迎金凤，雾卷深山藏玉龙。
五岳神奇夸独秀，三湘绚丽揽从容。
崇侯此日应无憾，记否当年数九峰。

此诗让他一跃成为驰名三湘的少年才子。

清末名画家曾熙（张大千的老师）见到他时，与他相谈甚欢，曾手书一副对联赠他，盛赞他的豪迈才华，联曰：

逸才横四海，清度冠时英。

1903年春，唐乾一考入湖南公立法政学堂。1904年2月，26岁的唐乾一与外甥赵恒惕，同在长沙加入了黄兴组织的华兴会后，又同赴日本求学，唐乾一就读日本东京法政大学。求学期间结识了华兴会首领黄兴及同是衡山老乡的反清志士刘揆一、刘道一等，一道筹划反清革命活动。

唐乾一（1878-1929）

1905年，同盟会在日本成立，血气方刚的唐乾一却与刘揆一等就一些组织策略意见相左而产生裂痕，后在三姐唐群英的百般说服下才肯加入。同年冬，日本文部省颁布取缔《留学生规则》，他愤而归国，与洪翼升、刘资源、雷飞鹏等在长沙办理南路公学，秘密推销《猛回头》等书刊，传播革命思想。

1911年武昌起义前夕，湖南“立宪”与“革命”两派对立，唐乾一倾向立宪人士。农历九月，长沙起义胜利，革命党人焦达峰和陈作新任湖南正、副都督，一些立宪人士借口“提倡民治”，迫使都督府成立参议院，唐乾一被推荐为议员之一。参议院又举谭延闿为院长。接着，设立军政、民政两部。民政部长与都督对峙，下分总务、财政、交通、民政、教育、盐政各科。唐乾一任总务科事务，撰写文电，布告地方，成为谭延闿的得力助手。

民国成立，总统府以唐乾一“对国家有突出贡献以及在学问和事业上有突出成就”之由向他授勋，唐乾一荣获“二等嘉禾章”“四等文虎章”。

1912年秋，谭延闿为靠拢袁世凯，委派唐乾一为湖南驻京办事处代表。正值顺天（今北京）直隶（今河北省）发生水灾，唐乾一与财政部长周学熙商议，由湖南解米三万石赈灾，受到袁世凯赏识。

当时的唐乾一春风得意，工作勤奋，有一股快马加鞭奔前程的气势。直到1913年11月，袁世凯下令解散国民党，接着又废除《临时约法》，接受日本提出的《二十一条》，倒行逆施。这时，唐乾一才如梦初醒，认清了袁世凯的本来面目，他暗自悔恨，毅然辞官隐居河南。那段时间，他倍感无颜见江东父老，意志消沉，追悔莫及，曾作诗自嘲：

> 四十韶光太等闲，平生一误是儒冠。
> 纵横计就兴邦易，虞诈风成入世难。
> 病后渐知杯酒热，座间惟见豆羹残。
> 屠龙豪气消磨尽，强于人群破涕欢。

知错就改需要勇气，唐乾一有这样的勇气，却也难得。

1915年12月，孙中山发表《讨袁檄文》，蔡锷又在云南宣布起义，发动了震惊中外的反袁护国战争。唐乾一闻讯很受鼓舞，他决心洗刷耻辱，重新振作精神，投入新的战斗。时不我待，说干就干，唐乾一于1916年1月回到长沙，与革命党人接上关系，密谋给袁世凯当局一点颜色看看。反袁护国的烈火已在全国燃烧，那就再在三湘大地添上一把火。唐乾一策划组织一支队伍，里应外合，纵火焚烧了袁世凯部的军械局，将仓库里的武器、火药等军备付之一炬，化为灰烬。这把火烧得及时，烧得轰动，烧得长沙民心沸腾，与蔡锷在云南起义讨袁遥相呼应而成为壮举。

袁世凯闻讯大怒，指使其爪牙火速缉拿严办。唐乾一巧妙化装经长沙小西门，连夜搭轮船赴武汉，辗转河南，以避风声。随之唐乾一的家被查抄，二哥唐维藩受株连之苦而深陷囹圄。

唐乾一在河南、北京二地隐居。期间，困于生计，且为病魔所扰，又不好意思回家。直到1924年才回湖南长沙闭门在家专事写作《湘事记》，详析辛亥革命前后三湘政事，后被收入上海人民出版社《辛亥革命》第六卷。

赵恒惕时任湖南省长，因城市发展需要想扩建黄兴路，但地处黄兴路的八角亭一带金店、绸庄、酒楼、茶肆林立，多属大官富豪，他们要么拒绝搬迁，要么喊价颇高，令市政督办曹伯闻和警察厅长赵恒哲均感为难，久久不敢触动。正在长沙的唐群英得知此事便与唐乾一商量：“你久居在家，闲着也是闲着，何不出来助恒惕一臂之力？”

唐乾一说：“扩路是好事，利国利民。可恒惕如今是一省之首，三湘

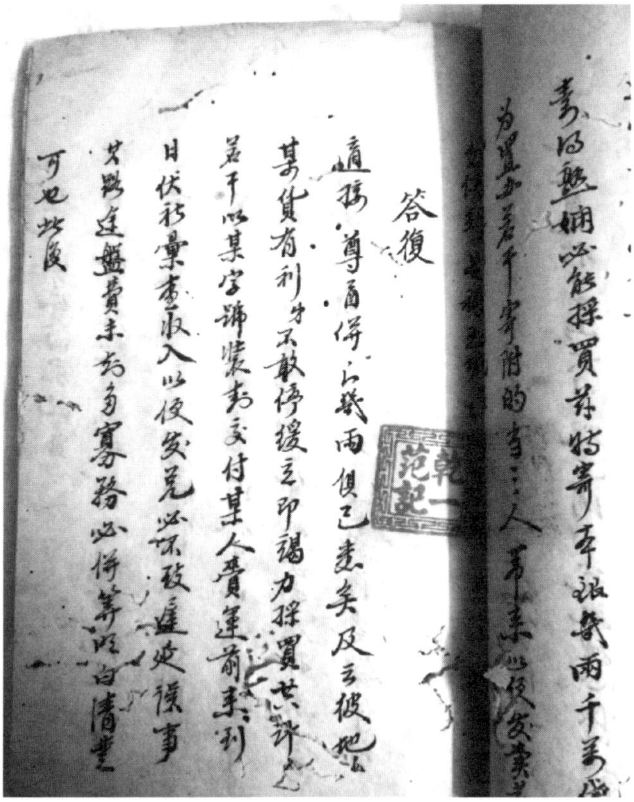

唐乾一手迹

之霸，岂能记得我这个落魄老乡？”

“这个不用你操心，你认可就行。”唐群英信心十足。

“听天由命，不要强求。”唐乾一心平气和。

于是，三姐唐群英便向赵省长推荐由唐乾一来主持修路。

赵恒惕与唐氏姐弟本来就是亲戚，又是同学兼同事，深知唐乾一的秉性品格，他正愁没有合适人选来担纲此事。唐乾一愿意出马，让这位当年火烧袁世凯军械营的英雄来对付那些有钱有势又纠缠不清的大户，那可是针尖对麦芒，再好不过了。赵恒惕大喜过望，二话没说，即刻委以长沙市修路委员会督促委员长一职。

唐乾一接到委任状，却向赵恒惕提出一个要求。

赵恒惕豪气地一挥手：“你能主持扩路，十个要求也行。”

“无需十个，只有一个。”唐乾一慢条斯理。

“说，什么要求？”

“给我一个营兵力。”

“你要军队？你想干什么？”赵恒惕一时没转过弯，提醒道，“这是修路，不是打仗。”

“就是修路，做做宣传，路通即归还。”唐乾一说着，用手指比划起宣传的态势。

赵恒惕略一思索，心领神会：“好。一个营，你兼营长，士兵明天就报到。”

唐乾一上任后，率兵坐镇八角亭，亲临现场指挥，力排各方阻挠；拆迁户一一签订契约文书；工程材料无一被盗和漏失，使修路工程有条不紊，顺利进行，很快就拓宽了黄兴路。两年内，又将长沙其他路段全都加宽了5米至7米，深得市民好评和当局的赞赏。唐乾一率兵为民修路的这一业绩，多年来犹被人称颂。

唐乾一兑现了诺言，1926年仲春，路通后唐乾一便辞职回到故里三吉堂，雇人将幼时书斋“是吾家”修饰一番，入住书斋，自称适适斋主。并于门前贴一副对联：

几卷残经佛在是也，三间破屋我将终焉。

并在案头写下附注：“余年十七就外傅，循是渡黄海，历群蒙，积劳成疾。某年四十岁，参大乘，乃知前尘影事皆是虚妄，所谓功名，犹在梦境，即道德文章皆无有焉。于是倦游思返，以丙寅春仲还先人敝庐，牵罗补屋，发案陈书，将于此终隐，寻吾觉路，乃撰是联，以告世之访我者。”

晚年，唐乾一著有《适适斋诗集》。

三姐唐群英和二哥唐维藩都认为“我将终焉”一语消沉，不吉利，再三劝说唐乾一将“终焉”改为“安焉”，唐乾一勉强从命。

1929年6月1日，唐乾一于故居三吉堂“是吾家”书屋辞世，时年51岁。“终焉”竟一语成真谶。书桌旁，贴着他的“座右铭”：人生如戏，且演且看。上台不迷，下台不恋。

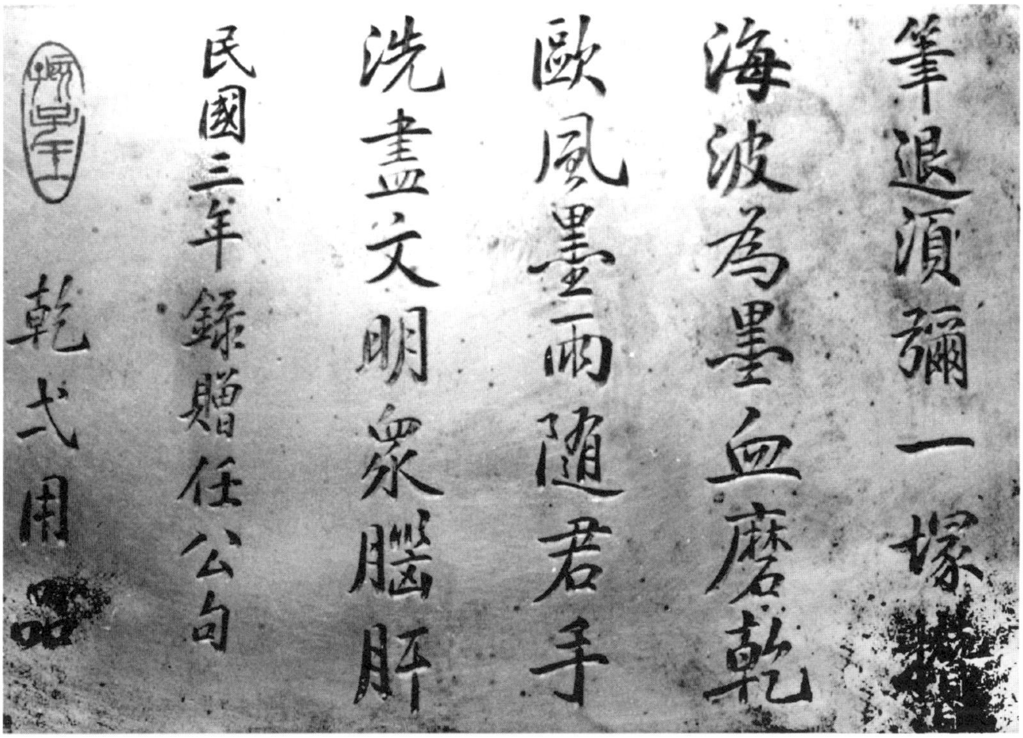

唐乾一用品

刘朝治·工坊奏响复兴曲

刘朝治，生于1880年，原名刘勤宝，衡阳县西渡镇兰草村烟竹堂人。

刘朝治自幼聪慧，家境却十分不堪。兴许是应了那句话：宝剑锋从磨砺出，梅花香自苦寒来。越是经过风雨耐得贫寒懂得世事的穷孩子，虽没读过书，却漂学能力强，生存能力更是了得。刘朝治就属于这一类。从一贫如洗中走来，却懂礼仪，好交往，能说会道，善于思考，对各种新事物都有较强的领悟能力，有着超凡的商业经营头脑。

刘朝治少年时代替人放牛；青年时代脸朝黄土背朝天在乡间靠租种别人农田生活，春耕莳田秋收杀禾，砍柴喂猪，放鱼种菜，就是他的全部生活。年复一年，十分艰苦，他却从不怨天尤人，做什么事情都认真勤快，有条不紊。

刘朝治27岁时，被同乡雇佣到航运船上煮饭，往来于湘、鄂河流湖泊。日行夜宿，全在一块甲板上，船主包吃包住，月薪几个铜板，收入非常微薄。换了别人仅能一人糊口；而他却尽可能节衣缩食，千方百计地节省每一块铜板。

每当货船停泊在某一港口时，他都喜欢趁装卸货物这空闲之际，独自上岸，穿街寻巷，东瞧西看，对市井百态，了如指掌。

1923年的一天，船到达了武汉城，他像往常一样，到城里的大街上闲逛。

路过汉正街时，他发现一家店铺里有人正在用一台机器织袜子，上面是一筒筒纱，经过机器的碾轧，下面便出来一双双袜。他惊呆了，好一会儿挪不开脚步。他站在织袜机旁边，仔细地观看别人操作。边看边想，家乡人穿的袜子都是用土布手工缝制的，别说穿袜子费时间，穿好后还不大舒适；而这种机器织出的纱袜，既美观又方便，这一天能织出多少双？

回到船上，得知老板要在汉口停泊四天，他高兴得一夜未眠。第二天一早，他便向老板请假去了汉正街。

一连三天，他向工人请教，向店员咨询，与老板讨价还价。他已拿定主意，咬牙将自己十余年积存下来的银元，全数掏出买了一台织袜机和生产原料，将其随船带回到了衡阳城。

上岸后，刘朝治便千恩万谢辞去了船上的工作，在柴埠门河街（即今沿江西路）租了一间小屋，办起了家庭式针织小作坊。衡阳近代轻工业生产的一个雏形就此诞生。

机器生产出来的纱袜，质量比手工生产的好，且美观耐用。第一批生产出来的纱袜，在亲朋好友间相传，很快便被“试穿”一空。紧接着拿到小摊上销售的纱袜，一台机器生产出来的产品，无论如何也供不应求。刘朝治兴奋了。他似乎找到了人生的定位，他找到了生存的方向。他拿着赚到的第一桶金，马不停蹄地买机器，招学徒，请工人，逐步扩大自己的生产规模。

两年后，随着纱袜生意的不断拓展和生产规模迅速扩大，为满足生产和经营的需要，他买下珠琳巷16号房产，前面做门市，后面办工厂。撸起袖子，勤奋耕耘，从此，拥有了自己的商店和厂房。

不到一年，他又三赴武汉，购买了男、女、儿童各

刘朝治（1880-1972）

类型的织袜机16台扩大再生产，使自己工厂的生产能力，达到了日生产“机织纱袜”100多打（1打12双）的水平。

这时，刘朝治才给自己一砖一瓦、一钉一铆打拼出来的工厂正式取名挂牌为“刘恒益针织厂”，并注册“三喜”商标。除生产纱袜外，继而又增添了围巾机、织帽机、手套机、平板横机、汗衫机等设备。

这一年，刘朝治46岁。

刘恒益针织厂的迅猛发展，让衡阳的商人看到了针织业有利可图，于是，有人千方百计聘请刘恒益针织厂里的工人做技师，也办起了针织厂，于是沿江西路的福隆针织厂、环城南路的刘仁义针织厂、罗卿记针织厂等相继出现。一时间，衡阳城内先后如雨后春笋般冒出了数十家中小型的针织厂。这些针织厂一般都是前店后厂，小的几个人，大的数十人，生产规模都不是太大，而这些厂子的主要技术力量，绝大部分都来自刘恒益针织厂。据估计，刘朝治为衡阳针织业培训出来的技术工人就多达数百名，推动了当时衡阳针织业的繁荣。

以人为本，员工第一，是刘朝治经营管理的第一个特点。

刘朝治把厂里的工人、学徒们都看成是自己的子弟，劳资双方的关系十分融洽。按照当时城中“惯例”：学徒者的学徒期规定为三年；学徒进厂时，要先交“师傅钱”，办“敬师酒”。三年期满 “出师”，要办“出师酒”。之后尚要再“帮师”1—3年，也就是拿低薪为师傅干活。刘朝治打破了这一惯例，对招收的学徒一律不收“师傅钱”，不办“敬师酒”和“出师酒”，来去自由。

1935年8月，一个叫冯树黎的青年被介绍到刘朝治厂里当学徒，刘朝治热情接纳了他，不但不收冯树黎任何费用，就连冯树黎带来的一条棉被，他都请其父亲带回家去，说：“你们家里人多被少，带回去吧！我这里有被。”冯树黎父子俩十分感动。

刘朝治对招收进厂学徒的要求是：只要认真学习技术，不论来厂时间长短，上机后能够织出合格产品，就算“出师”了，也就能与师傅们获得同样的报酬，而且来去自便。凡留在厂里工作的工人，为其提供食宿，每月底按其生产出来的产品等级、数量结算工资。他发给工人的工资均要略高于本城同行，且年终发放一次性奖金。

1927年，由于受“马日事变”和“清乡剿共”的影响，衡阳工商业一蹶不振。行业各厂为图自保，纷纷裁减工人，以缓解企业压力，造成大量的针织业工人失业，许多小厂甚至因此倒闭。唯有刘朝治厂里的劳资关系正常，不但不解雇工人；而且还对曾经在本厂做过工的失业者，一律提供食宿，以缓解他们的暂时困难。

质量为上，买卖公平，是刘朝治经营管理的第二个特点。对本厂生产出来的产品质量他都亲自严格把关，做到产品等级分明；对外销售产品时，做到价格公道，童叟无欺。对于已经买出去的产品，也可以包换。同他做生意，质量和价格，特别信得过，顾客们甚至争先恐后来购买刘恒益针织厂的针织品，不问价钱，只求有货。当年该厂已拥有工人100多人，其规模在当时的湘南地区，为首屈一指的针织厂。产品除销湘南、湘东地区外，远销广西、贵州等省；此时的“三喜”牌针织品，成了知名品牌，闻名遐迩。

适应市场，积极调整，是刘朝治经营管理的第三个特点。在激烈的市场竞争中，刘朝治想到：企业要生存和发展，就必须根据市场需求来及时调整自己的经营项目。之后不久，他逐渐退出针织业，转行经销武汉、上海两地生产的织袜机、压面机、轧花机、缝纫机及各种机器的零配件；同时，还开设了上述机器产品的修理业务。由此，开创了衡阳机械工业的先河。

注重宣传，公开透明，是刘朝治经营管理的第四个特点。为了提高企业的知名度，扩大业务量，精明的刘朝治印刷了大量的机器产品和零配件广告，除在衡阳的大街小巷里张贴宣传外；还通过邮局办理“商务传单”，委托邮局向省内外有关客户投递产品广告，并在外埠大小城镇、闹市区等张贴其产品宣传广告，使其产品广告的覆盖面，延伸到江西、广西、贵州、云南、四川及粤东等地。因产品广告上印有各种机器及零配件的图样、图号、价格，还有客户通过邮局办理代购、代运、免费保修产品的手续和方法。所以收到了很好的宣传效果，大大地提升了企业的社会知名度，使其企业的经营规模和利润蒸蒸日上。在当时，即使是省城长沙城里的几家同行，也无法与之相抗衡。

农民出身的刘朝治的确具有经商的天赋，几年的拼搏和影响，促使衡阳境内的针织、缝纫、制面等行业，由传统的手工操作方式，全部改变为机器生产，在衡阳工商业史上书写了辉煌的一页。

1937年衡阳城内开始遭受日寇飞机的轰炸。1938年上海沦陷后，河南、江苏、浙江、湖北等地不少的军服工厂迁至衡阳境内，缝纫机维修业务大量增加，缝纫机的零配件十分缺乏，严重影响到在衡军服工厂的生产进度，给抗日支前生产带来了巨大的压力。为了解决这一困难，刘朝治千方百计地通过一个来华办医院的美国人，换取了上海汇丰银行的汇票，托专人送给上海缝纫机零配件生产厂家，再通过各种渠道将这购进的缝纫机零配件运回衡阳，解决了在衡军服工厂的燃眉之急。

1944年6月23日至8月8日，历时47天，震惊世界的“衡阳保卫战”结束，衡阳沦陷。刘朝治全家逃到南乡张公桥等地避难。

衡阳人民在此次战争中损失惨重，千年古城被夷为平地。1945年日寇撤离衡阳后，刘朝治携全家回城时，昔时兴隆的店铺、工厂及所有固定资产，都随这场“抗日战役中最残酷的一场战役”而化为灰烬。

刘朝治，这位65岁的老人，凭着自己超人的坚韧毅力，硬是依靠自己的双手，想尽办法，克服困难，在遭受战火摧毁的废墟中，盖起了简易的厂房和住宅，恢复了营业……

正当刘朝治的生意刚刚步入正轨之时，国内又爆发了三年内战，导致衡阳物价飞涨，货币大幅度贬值，城内工商业一片混乱，人人不知所措，全城陷入瘫痪之中。1949年春，刘朝治的厂房被国民党军队强行驻扎，直到6月初才撤出。生意无法继续；爱徒冯树黎也被迫离厂回乡。

1949年10月衡阳解放，城内的各行各业逐步恢复生产，同时实行了工商业的登记注册，刘朝治的企业在政府的号召与支持下，恢复神速，生意逐渐走上正轨。

1950年市委号召支援抗美援朝，有钱出钱，有力出力，捐献飞机、大炮，刘朝治积极响应，捐钱捐物，缴纳税款，成了同行业的带头人，受到了市政府领导的好评。

1951年6月1日，衡阳市政府投资人民币4亿元，刘朝治的“湘衡”“新衡”“长衡”“新维通”“王麟”“民新”和“永太”7家机器厂合股经营，7家机器厂的全部财产4亿元，合成8亿元总资金，组成“公私合营衡阳市机器制造厂股份有限公司”，生产压砖机、切面机、车床、钻床、刨床、风鼓、抽水机、缝纫机等，推选“资从人员”刘兰卿为经理，主管该厂业务。所谓“资从人员”就是原资本家方面的管理人员。

刘朝治作为“资从人员”的核心人物，对该本厂的管理依然十分关心，一开会便强调要扩大缝纫机的生产能力，要提高产品质量；要讲究信誉，要遵纪守法。

1952年10月刘朝治通过与全体“资从人员”协商，提出请自己原机械厂的徒弟冯树黎回厂，协助本厂的经营管理工作（当时，冯树黎在司前街东南米厂工作）。

半年后，在市工商局和市工商联及同业工会的指导下，改选了该厂的负责人，冯树黎被推选为“合营刘恒益机器修造厂”经理。

冯树黎在刘朝治的指导和帮助下，首先建立、健全了厂里的各项规章制度，选出了工人代表参加监督管理。又聘请“众信会计事务所”担任本厂的财务管理顾问；同时，开始向衡阳市税务局申报“查账计征户”；经过几个月的努力，完善和健全了财务制度，经市税务局多次核查、验收后，确认该厂达到了“查账计征标准”，于1954年批准合营刘恒益机器修造厂为“查账计征户”。这是当时衡阳市机械行业中，唯一获此殊荣的企业。

在此同时，该厂缝纫机产品定型，有关部门的鉴定产品质量较优，由市工商局代向国家商标注册管理局申请注册。自此合营刘恒益机器修造厂的“飞鸽牌”缝纫机产品受到了国家法律的保护。

为了提高产品质量和生产效率，该厂急需增添3台生产设备；而此时周转资金十分短缺，大家束手无策之时，市工商局及时给予了大力扶持，担保厂从银行借到短期贷款6000元，从上海购回所需生产设备，解决了合营刘恒益机器修造厂的燃眉之急。

1954年3月，国家开始发行“建设债券”；这次“建设债券”的发行原则，主要是动员各行各业的“资从人员”个人认购。为了支援国家建设，刘朝治带头认购国家“建设债券”，其认购量排名同行业第一。

两个月后，为了支援武汉防洪救灾工作，市税务局号召全市各工商大户提前“预储所得税”，要求在5月底前“入库”。市税务局分配给合营刘恒益机器修造厂的“预储所得税”任务是1.2万元，而这个任务数额，超出了该厂的全部流动资金。且该厂一是要分期偿还银行贷款6000元；二是厂缝纫机产品的销售量突然猛降，大量产品积压在库。可税务干部也不含糊，居然坐厂守侯“收款存税”。于是，该厂将4000余元流动资金全部上缴“预储所得税”，但离“任务”指标尚差8000元，怎么办？

怎么办？若想该厂不停产，只能在工资上打主意。

厂里决定，工人工资按时全发，而“资从人员”的工资每人每月降低工资9元，刘朝治的工资全部停发，待企业经济好转后再行发放。

冯树黎无奈地向刘朝治解释道：“这是对资产阶级限制、利用、改造的手段，也是消灭私有制的前奏。”

刘朝治听后只是点了点头，没有一句怨言。

1955年2月，全国掀起了公私合营的高潮，合营后刘恒益机器修造厂更名为“公私合营衡阳机械厂”。

刘朝治听了后很开心地对冯树黎说：“人人都说社会主义好，要走社会主义道路，工商界必须通过公私合营这座桥梁。公私合营好。”他一再鼓励冯树黎要好好工作。

1956年1月16日，市委批准全行业“公私合营”，通知该厂生产经营方式照旧，等待生产改组。同年9月政府决定成立“公私合营衡阳通用机械修配厂筹备委员会”，厂址设在合江套，派来一个姓吴的“公方代表”任筹委会主任，冯树黎任副主任，另加委员7个。

刘朝治虽然从1954年8月起就没有领过工资，但他仍然照常上班。筹委会成立后，冯树黎将刘朝治停薪的问题向吴主任作了汇报，申请是否恢复刘朝治的工资。吴主任满面笑容地答道：“等请示上级领导后，再作答复吧”。

吴主任又说：“刘老已经年逾古稀了，不能让他再来厂里上班了。”

冯树黎说：“那是否将他作退休处理呢？”

吴主任回答说：“我们几家老公私合营厂，都还没有办过退休，具体怎么办？我也说不清，这事还是以后再说吧。”

1957年，筹委会改名为衡阳市第一机械厂，公方代表、厂长仍是吴主任，冯树黎任副厂长。

77岁的刘朝治，将自己毕生的精力经营的针织与机械工厂，欢欢喜喜地奉献给“公私合营”；将自己所有房屋产业交给政府“代管”。一生忠厚待人，乐善好施，救助贫困，热心公益。本应安享晚年之际，却工资停发、衣食无着，生活越来越困难，但依然没有向厂里提出任何个人要求。

接下来，冯树黎受政治运动的影响，副厂长一职被撤，月工资由65元降至32元，并交给厂里的工人监督劳动改造，每周都要向厂党总支交书面“改造汇报材料”。在这种情况下，“刘朝治停薪、退休的问题”，从此再无人过问。

77岁的刘朝治却反过头来劝冯树黎：“你要安心工作，听党的话，不要怨人，运动是对人一种考验，是非将来总有一天会水落石出。你要有信心，不要因别人错了，自己又去造成错误，那就是错上加错。生活是给人的考验，做一个真正的人，对社会、对民族要有信誉，我和你接受这个考验吧！”

这的确是一场持久的考验，他始终没弄明白，他想摆脱贫穷而非追名逐利，46岁那年，怎么就一脚踏进了资产阶级的圈子？

这的确是一场揪心的考验，1957年后，他的亲人们与他划清界线，疏而远之。他所在的工厂断了他的生活来源，他每天靠扎扫帚和一个女儿的接济，将生活维持在最低水准。

这的确是一场艰难的考验，刘朝治仍然不忘接济他人。他在老家一手创办的勤宝小学有乡下老师进城来，他坚持留餐留宿，热情接待。

女儿劝他说：“你自己已经够困难了，何必还要如此？”

刘朝治回答：“我虽然困难，乡下却比我更难……”

他并没有等到这场历时15年考验所应得的答卷。1972年9月，刘朝治在自己居住的狭窄阴暗的旧房里，悄然无声地与世长辞，享年92岁。

1978年经党组织复查，确认冯树黎是错划“右派”，“帽子”摘掉，冯树黎得到彻底平反。他没有激动万分，没有设宴欢庆，而是提着两瓶回雁峰酒来到刘朝治的墓前，老泪纵横，叙说了没能向他老人家遗体告别那件遗憾终身的事情……

清末至民国初年之际，古城衡阳仅有一些小店摊贩和缝衣、染布、竹木制作等手工业作坊，铁匠铺里也只能打锄头、耙头、菜刀、火钳之类的简单生活用具；直到刘朝治在衡阳城内开设了刘恒益针织厂之后，衡阳才出现机器生产的纺织工业。是刘朝治带动了衡阳轻工业的兴盛；是刘朝治浓墨重彩地撰写了衡阳近代工业（针织业、机械工业）的历史篇章，为了衡阳民族机械工业的崛起，付出了自己毕生的精力。

叙述刘朝治的故事前，我就在想，日寇的铁蹄践踏神州14年，国民党撕毁和平协议挑起内战打了3年……

那些年里在毁灭了公平的同时，也毁灭了这个民族崛起的希望！

如果没有清洁工，我们知道，这个社会会脏；

如果没有解放军，我们知道，这个社会会乱；

如果没有实业家，今天的生活会是什么样子？

为什么我们会缺乏公平的市场？为什么辛辛苦苦办实业会费力不讨好？中国的传统制造业究竟是如何萎靡不振的？中国精神在哪里？中国复兴应该从何谈起？

我们终究会找到答案的。

我们已经找到了答案。

萧企云·力倡法制利百姓

萧企云又名萧雍，笔名艺兰，另名谑翁。生于1882年，衡阳县鸡窝山人。

民国初年，萧企云入岳麓高等学堂，攻读政法。学成后，先后在长沙、茶陵等县襄理司法。1921年，他投笔从戎，参加了广州护法军政府工作，协助孙中山北伐，讨伐陈炯明叛军。

萧企云既通文墨，又精律法，还扛过枪打过仗，这样的全才并不多见，于是，萧企云被推荐相继担任广东文昌县及广西博白、上林、梧州等县知事、县长。每临一方，均有建树，为官清廉，正直。

萧企云与衡阳县洪市的杨伯熊先生年龄相近、学业相同、志趣相投。同朝为官，均为司法行政，均在广东任职，又都是衡阳县老乡，两人志趣相投。从政三年，萧企云痛感时弊，军阀割据，政治腐败，目睹官场现形，遂无意于仕途，于1924年辞官故里，开创新生活。杨伯熊则仍留任广东。

萧企云喜欢读书。他的父亲曾于清光绪年间在衡阳城内开设了一间宝华堂书局，萧企云辞官归来后，他便子承父业将落脚点定在宝华堂书局，并将店名更名为新文化书社。书社经营自印课本、碑帖，他又通过当时称为湖南教育王的三师校长、共产党员蒋啸青的介绍，令其子弟从上海民智书局、开明书店和长沙新文化书社购进《共产党宣言》《共产主义和共产党》《新青年》《湘江评论》等进步书刊，寄放到新文化书社发售。还自行翻印介绍俄国十月革命和马克思主义基本知识的《新经济政策》和《新社会观》两书各5000册投放市场。当时流传到衡阳的进步书刊大多是该社发售的，青年学子，争相购买，门庭若市，影响很大，以致引起国民党政府的注意，派人前来检查，认为有通共嫌疑。

1926年，北伐军进军衡阳前夕，衡阳县府以宣传赤化罪名，查封了新文化书社，焚毁所有进步书籍。萧企云破产。

半年后，萧企云的一位契友、时任衡阳市图书馆馆长的姚尊，以振兴雁城文化相勉，邀请萧企云担任主任之职，他欣然应命。上任伊始，萧企云便不遗余力地对新旧秘籍、古今书画进行搜集整理；又建议上司，补刊王船山遗书及清泉县志，使乡贤著作及地方文献，得以传播士林。

萧企云受祖上熏陶，从小就爱好收藏，对古今字画有着较高的鉴赏水平。平时工资不高，但爱好成癖，一遇金石书画，便倾囊相购。好在父亲留给他的原宝华堂书局旧业，还能助他筹措一点资金，以供收藏之需。之后收藏品日渐增多，他便将藏品全部分类集聚在自己居住的小楼上，取名为“兰艺馆”。馆内罗列商鼎周彝、宋本元刊。

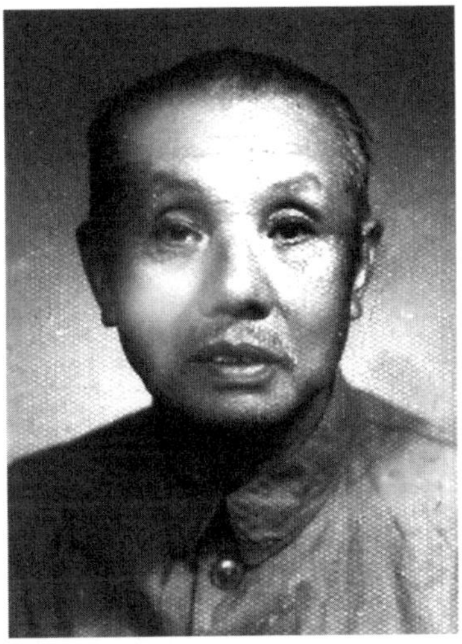

萧企云（1882-1959）

萧企云认为，以民间艺术为重要文化遗产，后辈之学者既要继承，也要在传统的基础上予以创新。于是，他与朋友彭白屋、冯臼广、曹孟闻、姚尊、朱纯石等衡阳书画名流一道协商创立了湘影书画社，不仅以艺事相切磋，而且以收藏为要务。湘影书画社一炮走红，极一时之盛。

热心文化、教育事业的萧企云在古籍整理、收藏丰厚、影社鼎盛、事业如日中天之际又把目标转移到了家乡。鉴于乡村教育落后，他倡导兴办乡校并身体力行。他回乡办学，并将祖上遗留田产全部捐给族学，他一口气筹办萧族初小三所、高小两所，后来发展为完全中学。他以“如办学敛财，犹如误人子弟，男盗女娼”为意旨，奉行“勤工培德，俭学育人”的办学方针，自任校董，历时八载。他只图奉献，不求索取，自己教学等一应操劳，概不取酬。苦心耕耘，育桃培李，芳心自德，传为口碑。

学校的名称就叫“萧族小学”，校址就是当地的鸡窝山萧族祠堂，与私塾相比，算是“新式学堂”了。萧企云的大儿媳受过中师教育，算是乡村中的“知识分子”，在学校当了近十年的校长。

萧族小学是一个坐北朝南、靠山面水、左河右路的所谓“风水”极好的地方。按建筑布局分类，属于“三进两横”式，就是三进院落，左右隔长院，各有长楼的大建筑。萧企云的子孙住在西楼中段底层。东楼前端底层就是学生们的教室。

据萧企云的孙子回忆，学习的过程记不得了，印象中只有老师教的一首歌：

同胞们
听我给你说
我们的东邻国
有一个小东洋
几十年来练兵马
国势也称强
一心要把中国亡
同胞唉

这首歌的第一段我至今还唱得出来。后面还有几段，说的是东三省沦陷和南京大屠杀的事。

30多年以后，“文革”晚期，我头一次回了一趟老家。我的堂兄从干部队伍里被清洗出来，“下放”到了老家，住在一所临时建造的土坯屋里，离原祠堂不远。我找到祠堂，却早在前些年被拆掉了，在原地建起了一座中专。其实原先的大屋是现在已难得见到的典型的南方传统祠堂，具有文物价值的，可惜了。我遇到几位正散坐在树下抽烟的乡亲，一问，几乎全都姓萧。有一位老者对着我仔细打量，忽然用浓重的乡音发问说：

“你怕不是老七吧？”我说我正是“七伢子”呀！他忽然站起来：“小时候我还抱过你呢！有一会你生病了，还是骑到我的肩膀上从乐鸿堂送到学校去的。”恰好，我还隐隐记得这事，真是分外亲热。他说的乐鸿堂是爷爷萧企云在乡下的老宅。

像这类族办或乡村自办学校，现在是早已消失了。那些族中的“长老”，在土改中不是被划为“土豪劣绅”，至少也是“地主富农”。随着土改，当年起着民间自治作用的乡绅阶层灭迹，这类学校自然也就没有了。只有萧族族长、当年任衡阳市图书馆主任的我爷爷，被作为“开明士绅”保了下来。

1949年9月，被保下来的开明士绅萧企云应邀出席中国人民政治协商会议第一届全体会议，杨伯熊先生也是此次会议的特邀代表。

1950年，被保下来的开明士绅萧企云由谢觉哉荐任衡阳市中级人民法院院长。

建国之初，第一次由人民当家做主的新法院在萧企云的率领下，全院干警破旧立新，荡涤旧社会遗留下来的司法制度。他依据《宪法》和《宪法组织法》之规定，认真贯彻执行最高人民法院推行的公诉、陪审、辩护、合议等办案四项民主制度，按照《中华人民共和国政治协商会议共同纲领》之精神，运用审判职能，开展“镇反运动、土地改革运动”“三

原萧家祠堂小学现为樟树乡樟树中学

反”“五反”，对资本主义工商业社会主义改造运动等专项审判活动，惩治罪犯，保护人民，保障党的中心工作顺利进行，巩固新生的人民政权。

被保下来的开明士绅萧企云的的确确是一个爱国爱人民的知识分子，对人民革命事业给寄予深切同情和支持。这位衡阳先贤还有三件事令人难以忘怀：

第一件事，1946年，衡阳洪水成灾，庄稼被毁，饿殍遍地。老百姓一致推荐萧企云为赈灾主任，督放赈物。萧企云自带干粮，冒暑往来城乡，放款施粥，济贫扶危，帮助乡民恢复生产，备受赞誉。在赈灾工作结束之后，国民党党棍劣绅刘少海等却捏词陷害，诬告萧企云巧夺豪取，在此次赈灾中有贪污行为。国民党衡阳司法机关亦不调查不取证，竟凭一面之词判以萧企云7年有期徒刑。衡阳县乡民义愤填膺，一夜之间，自动集结2000余人，齐赴衡阳县府请愿，党棍、劣绅自知理屈，各自逃避。司法机关也知判错，即行撤销原判，宣告无罪，游行队伍才自动解散，百姓欣然回乡。

第二件事，1938年，毛泽东的老师、老红军徐特立从延安来到湖南，调查“马日事变”中的烈士情况以及办理延安抗日军政大学招生事宜，曾慕名专程来萧企云家借住三日，两位老人一见如故，倾心相谈，谈北伐革命打倒军阀，谈许克祥背信弃义，谈西安事变国共合作，谈中西教育结合服务国家。见解独到，针砭时弊，两位老人通宵达旦，毫无倦意。萧企云对徐特立招生之事，全力支持。

第三件事，1949年，人民解放军进军大西南，中共代表第二野战军李强部长来衡，以萧企云的二儿子萧健任国民党军长要职，驻扎四川西部，商谈请萧企云去函策动促其起义一事。他毫不犹豫，立即给儿子萧健写信，晓以大义，敦促其当机立断，弃暗投明。并令大儿子萧伯麟亲自带信前往。后不久接四川来电称萧健已率部起义，成都和平解放，闻讯之余，举家欢庆。

1959年3月4日萧企云病逝，享年77岁。

鸡窝山旁建起了湖南交通工程学院

谢文炳·含辛茹苦谱华章

谢文炳1882年生于衡阳县台源寺镇。早年跟村里一鞋匠师傅当学徒打鞋掌，出师后，自己挑起一副担子补鞋、箍桶、修铁锅，穿街走巷，仍食不饱肚，生计惨淡。之后又去做过轿夫、伙夫，用力气换回每餐二两米。自独自离家以后，绝大多数的日子里，是流浪衡阳街头。白天四处寻工，夜晚倦归屠案。衣不遮体、食不果腹的日子长了，反倒抗得住岁月的煎熬，身上无病无痛，还有常人少有的抗打击能力。加上他走南闯北、见多识广、路见不平便拔刀相助的性格，又长着一脸的麻子，令人十分生畏。在衡阳，除了打点临工，一直未能找到一份长久的生计。因为无家可归，据说有天晚上睡在后宰门街上卖肉的案桌上，那屠户过来卖肉，他还在呼呼大睡未醒，屠户在他肚子上打了一拳，骂他懒叫化子，叫他快滚。他只好忍气吞声，敢怒不敢言地走开了。自此以后，再也看不到他的影子。谁也没想到，这个家无片瓦睡屠案的懒叫化子之后当上了军长。衣锦还乡时，竟特意找到当年骂他的那个屠户，不但不责怪他，还赏他100银元。

24岁时，谢文炳流浪至广州，实在是衣衫褴褛、饥寒交迫。因为语言不通，莫说寻工不易，就连讨饭也不知如何张口。

也算是天无绝人之路，恰逢广州街头应募招兵。这个被衡阳乡亲称为“谢百麻子”的谢文炳在旁边蹲了大半天，了解大致情况后便跑到珠江边从头到脚将自己洗了三遍，精神抖擞去应募当兵，好歹有了口饭吃。

有饭吃、有觉睡，谢文炳便来了精神，脸上的麻子亦熠熠有了光彩。新兵队伍里，他还真是与众不同。

他立正，纹丝不动；他起跑，更飕飕带风。似乎天生就会使刀弄枪，又特别争强好胜。第一次练投手榴弹，500克的玩意儿，他甩出了72.5米，令全班一片惊呼。教官两眼瞪着他，像是在他脸上数洞洞。不久，他就被选送广州讲武堂受训。受训时结识了革命家黄兴，明白了许多做人的道理，其中最基本的一条是，要想穷人个个有饭吃，必须团结起来抱成团，打倒土豪和劣绅。经黄兴介绍，谢文炳义无反顾地加入了中国同盟会。

1911年，谢文炳参加了广州起义，主动报名成为敢死队队员。敢死队由黄兴率领，一路搏杀，直接攻入两广总督衙门。但此次起义最终失败，谢文炳被俘。紧接着，又被日后粤军首领许崇智营救出狱。许崇智见谢文炳身强体壮，吃得苦，耐得寒，见多识广，尤其敢于搏杀，便将他留在军中任排长。

谢文炳（1882-1949）

29岁的谢文炳当了排长，大小也是个官。透过镜子看到自己一身戎装，这让谢文炳思绪万千：三百六十行中卖苦力的行当他几乎干过一半，可还是吃不饱穿不暖，生活给了他太多的磨砺。如今当兵扛枪，不愁吃穿，还想那么多干什么。他一门心思放在了军事学习上，一听到枪声就兴奋异常，他似乎找到了活着的目标与希望。

苦难成了他的财富，战火更将他锤炼成钢，由于战功累累，之后他一路晋升为连长、营长等职。

1917年，谢文炳参加了护法战争。

1920年6月起，谢文炳升任援闽粤军第7独立旅少将旅长。

1923年初，谢文炳任陈炯明统领的粤军第3军第5师师长。同年6月所部被滇粤联军击败于广东英德，残部退入湘南，被湖南程潜的部队收编。之后谢文炳随军一路北上加入直鲁联军，历任第13军61师师长，第17军军长。

1927年国民政府授予谢文炳陆军中将军衔，后任国民革命军第48军军长。

北伐军攻进南京后，因谢文炳是许崇智的老部下，而蒋介石对许崇智一直耿耿于怀，宿怨甚深。许崇智1903年进入日本陆军士官学校中国留日士官生第三期步兵科。1906年加入同盟会，曾经与蒋介石是拜把兄弟。1917年夏，孙中山率领部分海军舰队南下广东，开展护法运动。许崇智随行主持军事。一个月后，许崇智任大元帅府参谋长；紧接着，任中华民国军政府陆军总长。1925年任中华民国军事部长兼广东省政府主席。就是这样，一对歃血为盟的兄弟，1925年3月被蒋介石设计排挤出国民党。1927年冬，蒋介石批给许崇智旅游费20万银元，强令许先后到美洲、欧洲等地旅行。两年后，许崇智返回上海，但已不复昔日权势，从此再无作为。此时，蒋介石仍将怒气转嫁于谢文炳，借军队整编之机，撤销第48军番号，令谢文炳任集团军副司令之职，实属一个空衔。从枪林弹雨中闯过来的谢文炳哪能受此等窝囊之气，一甩手，将那一纸命令扔进纸篓，拂袖而去。他离开军队闲居上海，期间他回了趟衡阳，拜了祖宗，盖了新屋，会了朋友，后往香港经商。数年后寓居苏州。

抗日战争开始后，谢文炳反倒按捺不住杀敌之心，获悉蒋介石几番在南岳衡山召开军事会议，他找上老领导李济深同赴南岳，准备请缨杀敌。

李济深曾担任黄埔军校副校长，北伐战争期间，任国民革命军总司令部参谋长、广东省政府主席、国民革命军第八路总指挥，留守广州。1937年抗日战争爆发，他积极响应中国共产党一致抗日的号召，明确反对国民党政府的反共政策。

1939年11月下旬，蒋介石第三次来到衡山，检查游击干部训练班的情况。

一天中午，正当蒋介石坐在沙发上闭目养神的时候，侍卫副官向他报告，汤恩伯有要事急待请示。蒋介石微微启开双目，“嗯”了一声。原来，李济深陪同谢文炳一路风尘赶来南岳，请求会见蒋介石。汤恩伯也知道，李、谢二位都是国民党的元老级人物，都曾与蒋介石共事。汤恩伯不敢得罪二位不速之客，连忙报告蒋介石。

“娘希匹，这个谢大麻子，还有脸来见我！”蒋介石右手往沙发上一

南岳磨镜台

拍，愤愤地骂道，“不见!”

蒋介石一听到谢文炳的名字就烦躁。想当年许崇智任粤军总司令就与蒋介石有分歧，时常发生磨擦，这个谢麻子跟在许的屁股后面没少给自己添过麻烦；国民政府从广州迁都武汉，为排除异己，清理门户，他借整编之际，撤销了谢文炳所在部队的番号，但还是给了这位麻子挂个集团军副司令的高帽。他倒好，不仅不感恩，还大发脾气，脱甲挂冠，拂袖离去。

“咦，你刚才说，他跟谁一起来的？”蒋介石突然问道。

“李主席，李济深。”

“我早知道他们是一路的。”蒋介石忿忿不平。

原来1933年11月，李济深、陈铭枢、蔡廷锴等组织中华共和国人民革命政府，赋闲在家的谢文炳自苏州家中赴闽，应邀参加其事。第二年初，人民革命政府在蒋介石大规模军事进攻下失败，于是谢文炳又重返苏州，闲居3年才回到故乡衡阳。抗日战争以前，蒋介石为了对中央苏区进行第五次军事“围剿”，想到谢文炳骁勇善战，指挥有术，便派亲信关忠信(曾在谢部任旅长)来衡阳以高官厚禄相许，邀请谢文炳出山，参加他的反革命军事“围剿”。谢文炳蜗居在家已有时日，每天读书阅报，行走街市，也听说了红军是为穷苦老百姓打天下的军队，如今蒋先生却要灭了他。打仗嘛，还得知己知彼，他想查个究竟，便化装成商人，深入到苏区腹地考察。他惊奇地发现，苏区虽然物资十分匮乏，但组织严密，秩序井然，共产党、苏维埃政府和红军三位一体，显示出新型制度的活力，特别是老百姓把红军当成自己的队伍，把共产党当成自己的带头人，那种发自内心的热爱和舍身忘死的支持，令他思想震动很大。回到衡阳，他断然拒绝了蒋介石的笼络，一点面子一也不给，因此再次得罪了蒋介石，令其结怨在心。

“委座，谢文炳是党国元老，又与您是故交，上山请缨抗战，不见恐怕不好，再说李济深更是个有影响的人物，不看僧面看佛面。”汤恩伯委婉地劝道。

蒋介石凝视着墙上的抗战军事地图，略有所思，考虑一阵后，点头同意了汤恩伯的意见。

谢文炳同李济深进了会客室，寒暄几句，谢文炳开门见山地说：“委员长，谢某今日与李先生上山，特来毛遂自荐，请缨杀敌，战死疆场而无憾矣！”

蒋介石不冷不热地敷衍道：“抗战大计，关系国家民族存亡，吾无时无刻不系心间。兄台爱国之心可嘉，然日寇凶悍暴戾，战术诡秘，兄台又离戎多年，恐难胜任。”

“委员长，日寇长驱直入，形势危急，国家蒙耻，民族遭难，山河半壁，焦土一片，军人之职何在？炎黄子孙的气节何在？我还能在家隐居，岂不让天下人耻笑！”谢文炳越说越激动。

李济深正要开口，蒋介石以军务紧急速回重庆为由，吩咐副官端茶送客。

谢文炳与李济深拖着沉重的脚步，无可奈何地离开磨镜台宾馆。刚刚走出大门，见蒋介石的黑色轿车窜了出来，“嘀嘀”两声，向山下驰去，留给他们的是一团黄尘。

谢文炳泪沾衣襟，仰天长叹：“报国无门，壮志难酬啊！”

1944年日军陷衡前夕，谢文炳赴东安寄居唐生智家。抗日战争胜利后回到家乡衡阳。1949年6月在衡阳病故。

南岳忠烈祠七七纪念碑

空 也 · 抗日护法僧侣心

和尚不杀生，但是杀“贼”。

抗日战争期间，周恩来就曾饱含激情书写了八个大字“上马杀贼，下马学佛”送给了一南岳大庙的和尚。这位和尚就是空也。他杀的“贼”便是侵略中国、烧杀抢掳的日本鬼子。

空也俗姓向，衡阳市衡山县白莲寺石塘人。

空也生于一个贫苦农家，父母早亡。3岁时被卖给一个姓余的人家。3年后，养父病故，养母便到大悲寺出家当尼姑。养父去世那年，空也刚7岁。请僧人于家中做道场，聪明的空也便能随僧人念《华严经·入法界品》，令所有在场的僧人都觉得很奇异，觉得这小子与佛家有缘，有人趁机劝说他的养母将他也送到寺里出家。

时间到了1895年，10岁的空也正在祠堂旁边的台阶上玩石子棋，忽远处一云游僧人唱着“天也空，地也空，人生渺渺在其中；日也空，月也空，忙忙碌碌有何功；夫也空，妻也空，黄泉路上不相逢；金也空，银也空……”空也觉得这僧人似曾相识，竟立马放下手中的石子棋，跑上前去，牵住僧人持禅杖的手，延引至家，他的养母问明缘由，此时欣然让小空也出家，从此皈依佛门，因为和尚以“四大皆空”的偈语得见少年空也，便赐法号“空也”。拜大悲寺若谷为师，为禅宗分支临济宗第四十四代弟子。

空也11岁受具足戒于祝圣寺觉梦禅师。师祖默庵怜其年幼，亲自教诲。空也好学强记，2620个字的《楞严咒》只一天就读熟了。随后又从师祖默庵潜心研究天台宗教义数年。“年甫弱龄，具足众戒，既敷座南福诸林。”

辛亥革命胜利后，祝圣寺创办天台宗学校，空也被推任为主讲，后往来长沙、武汉两地弘法讲学。

1922年，太虚大师创办武昌佛学院，空也应聘为都讲。第二年4月，游杭州灵隐寺，听慧明法师讲经。

1922年10月，与慧圆、大觉等游览武昌首义公园抱冰堂，与张化声、唐大圆居士游汉阳伯牙台，与李隐尘先生游赤壁等，均作诗纪文，这些诗作刊登于《海潮音》上，颇有影响。1923年2月28日写下《重游归元寺》一文，记述了该寺历史沿革、现况，拜见了81岁首座修印老和尚，并表述自己的感悟，对研究归元寺史具有重要的历史文献价值。

1924年任北京弘慈学院主讲，继而任北京法源寺住持。

4年后空也与道阶创办中华佛学院，任副院长。

1932年3月，空也对日军侵犯淞沪非常愤慨，函请中国佛教会通令全国各省市佛教会，动员全国僧侣，共赴国难，抵御外侮。空也爱国心切，积极主张青年僧人投入抗日救亡活动。1933年，空也回湖南，在长沙、湘潭、衡阳等处大寺院弘讲天台经论。他还应长沙居士林之请，编辑《楞严经讲义》。次年移锡湘潭，讲《金刚经密义解注》。

1938年，空也出任衡阳罗汉寺住持。寺院被辟为“战时第六医院”。当时伤兵成灾，空也以爱国主义和慈悲为怀，动员僧众让出禅堂、斋堂和部分寮房作伤员

空也（1885-1946）

住所，并大力提供应用设备和生活物资。

第二年夏天，南岳佛道教界在中国共产党抗日民族统一战线的影响下，发起成立南岳佛道救难协会，空也被选为副会长。他积极支持、领导南岳一带的僧道抗日救亡活动。佛道救难协会于5月7日成立的那一天，中共代表叶剑英同志应邀出席了大会并讲话。该会组织南岳佛道青壮年70余人在祝圣寺集训，授以政治、救护知识。空也不遗余力提供各种方便。

南岳祭祀活动

空也任南岳佛教研究所所长期间，读经之余，允许学生自由阅读邹韬奋、鲁迅等著作。除了正规教学外，该所还请了一些著名居士学者、法师如屈映光、太虚、法舫等作学术报告。抗战期间，绝大多数学生参加了南岳佛道救难协会，开展了抗日救亡宣传工作。

1943年7月，时任祝圣寺方丈的空也受聘于当地政府监管新落成的纪念抗日阵亡将士的南岳忠烈祠，担任南岳忠烈祠管理处的第一任经理(无给职，即无俸禄)。7月7日，首次举行隆重的公祭活动，由国民党第九战区司令长官兼湖南省政府主席薛岳主祭，并规定每年7月7日为公祭日。随着战事的发展，空也策划僧侣将陵园重要文物、礼器移藏深山小寺。

1944年6月，南岳沦陷，空也闭门不出，谢绝外缘。日军宣抚班班长并以“和尚”身份出现的野田兴顺，收买汉奸往来于长沙、湘潭、南岳各寺庙之间，大肆进行特务活动，支持大善寺主持汇三和尚在沦陷期间举办大规模的开期传戒活动，用以麻痹广大僧众的爱国意志。祝圣寺个别败类僧人，被日军收买后，认贼作父，手持敌特机关签发的特别通行证，胡作非为，不可一世，干尽坏事。野田兴顺还曾多次威胁要挟空也参与这些活动，数次求见，空也称病不起，拒不见面。并指责汇三和尚等败类寡廉鲜耻、出卖民族、出卖灵魂、背叛教义的无耻行为。空也的行为受到当地僧俗大众所景仰和尊敬。

1945年秋，日本侵略者无条件投降，空也欢欣鼓舞，仿杜甫《秋兴》格律，作诗8首，自己掏钱铅印散发，欢庆祖国山河光复。这些诗句感情强烈，深刻揭露了从甲午战争以来，日本侵略者对中国、朝鲜等亚洲国家发动的历次战争，讴歌了抗战军民的不朽之功，对祖国的未来，寄予了“物质精神斯并进，文明政治万年垂”的美好希望。并在1946年第5期《海潮音》上发表，在全国佛教界影响很大，传诵一时。南岳福严寺举办“七七大悲无碍法会”追荐抗日忠烈，敦请空也主法。

1946年，空也因劳累过度，积劳成疾，病逝于祝圣寺。临终前和随侍默念“心随万法转，转处实能幽。随流认得性，无喜复无忧”数遍，寂然而卒。南岳僧俗为空也发起公祭，以激扬忠贞。灵堂内有不下百副挽联和祭幛，挽联云：“拒见宣抚敌酋，万丈风云皆变色；保存忠烈文献，九原将士尽衔恩”，充分表达了湖南人民对其民族气节的赞扬。

空也还擅长书法。尤其以隶书最佳，字学张猛龙碑，属北派字体。苍劲古朴，字如其人之刚烈。生平著有《楞严经义》《金刚经密义解注》《盂兰盆经释》等。

周恩来为南岳佛道救难协会的题词

朱少连·湘赣工运火车头

朱少连，按辈分取名天资，字汉英，号孝连，湖南省衡阳县曲兰镇湘西村留孝组人。1887年3月20日生。父亲朱尧乾，靠租种两亩族田和农闲时外出打短工挣钱来维持着一家四口的生活。

作为农村的孩子，朱少连少了些许娇气。朱少连从小就跟随父亲干一些简单的农活，如晒谷、摘豆、捡柴、喂鸡等，没有多话，任劳任怨。做事非常认真，而且肯动脑筋，许多事一学就会。他每天清晨都去放牛，不知什么时候学会了吹笛。他从山上砍来一截小竹，自己用烧红的铁丝在小竹上烙钻几个小孔，便像模像样地吹出了好听的笛音。看见邻家的孩子背着书包去上学，他也曾多次向父亲提出能否一起去读书。父亲见他读书心切，便借来一本《三字经》让他跟着邻家孩子学，闲暇时也指点几句。但没多久，他就把这本《三字经》背熟了。朱少连的聪颖得到邻家长辈的赞赏，于是几番劝他父亲说："你这儿子名叫天资，确实天资不错。你就是再穷，也要送他去读点书，千万不要让他长大了像你一样，一辈子脸朝黄土背朝天。"就这样，朱少连被父亲送到宝莲堂刘朴斋私塾读书。

朱少连勤奋好学，进步也快。几年读下来，成了宝莲堂私塾的佼佼者。刘朴斋逢人便说："少连胆识过人，将来一定能成大器。"并且极力向朱氏族中长辈推荐，要送他进高一级的学校去深造。经族中长辈商定，从朱氏公田中提出部分租谷，资助他到衡阳进了中学。朱少连不负众望，毕业后，他又考上了湖北铁路学校，1912年分配到株萍铁路实习，半年后，当上了火车司机，成为我国有文化的早期铁路工人之一。

农家子弟精神昂扬地拉响汽笛，那可比吹竹笛神气百倍，轰隆声中，一条钢铁长龙便呼啸而过，这情景让朱尧乾及朱氏族人认定朱家祖坟开始冒烟显灵了。

1921年，朱少连被提升为株萍铁路管理局行车部总司机。他和妻子黄琼英，女儿子昭、子明，住在安源镇牛角坡一间租来的房子里。这年冬天的一个黄昏，他刚跑车回来，路过老街，被修车房的工友杨连秋一把拉住，说是要带他去一个地方，见见几位有学问的客人。一听说是见知识分子，朱少连二话不说，家门都未进，转身就跟着来到刘和盛小饭店。走进内屋，见到四个穿长袍的青年正在和工人促膝恳谈。经杨连秋介绍，他才知道其中的一位就是敬仰已久的毛润之（毛泽东），另一位叫李隆郅（李立三）。他紧紧握着毛润之的手，激动地说："我因经常往返长沙、株洲，早就听说过你的大名，你在长沙赶跑了张敬尧，能不能到安源帮大伙赶走欺压工人的王三胡子（安源煤矿总监工王鸿卿）？"

朱少连（1887-1929）

"不急，不急，咱们坐下来，慢慢谈。"毛润之文质彬彬，和蔼可亲。

接着，他和众工友聆听了毛润之、李隆郅同他们的谈话，谈俄国的十月革命，谈中国社会的现状，谈工人团结起来的巨大力量等。这些话，简直使他入了迷，恍如眼前骤然展现出一个新的世界。

十多天后，当李隆郅再次来到安源时，他热情地安排其住在自己家里，并且协助开办平民学校，动员工人子弟入学。从未见过教室的劳工子弟开始聚集一起一笔一画地学写汉字，瞪大眼睛听先生讲女娲补天、岳母刺字的故事。平民学校开学不久，又办起了工人夜校，朱少连第一个报名，并且发动路局和煤矿工人来校学习。期间，他利用跑车的机会，常受李隆郅的委托，去长沙清水塘向毛泽东汇报安源现状、工运动态或者带回新的指示。1922年2月，在李隆郅的引荐下，朱少连加入了中国共产党，成为安源的第一批共产党员。同期，在崇山峻岭中组建了全国产业工人中的第一个党支部——安源路矿党支部。

共产党员朱少连，在支部书记李隆郅的领导下，积极、认真地从事组建工人团体的工作。一开始，他便郑重建议将此一组织改称为“工人俱乐部”，以示与当时某些地方被工头操纵的工会有所区别。这让筹备主任李隆郅大为赞许：“好，好。这个名称好。就叫工人俱乐部。团体的名称有了，我个人也改个名字吧。把‘隆郅’改为‘能至’，你看怎么样？”朱少连连声附和：“太好了。既容易认，又有意义。能者，能人也；至者，到也。这就是说，能人到我们工人中来了。”全场一片欢腾。

筹备会上，李能至当选为工人俱乐部主任，朱少连为副主任，另有7人为评议干事。俱乐部地址设在牛角坡52号。会议决定在五一劳动节召开成立大会。

五一劳动节这天，是安源工人情绪最热烈高昂的一天。在朱少连的精心策划下，工人们手里拿着彩色小旗，唱着刚学会的《五一纪念歌》，排列着整齐的队伍，来参加俱乐部的成立大会。会后举行游行，晚上还演了新剧，一直延续到第二天凌晨。

为了鼓励更多的工人参加俱乐部，朱少连认为不但要做宣传，更要在经济上帮助工人解决一些困难问题。他按照李能至的建议，通过干事会决定，办起了工人消费合作社，朱少连兼任副总经理，开办资金由参加俱乐部的工人入股，每人5角。合作社的门市部暂设在俱乐部内。会员到俱乐部来，既可以学习，又可以买到便宜的东西，大大减少了流通成本，很受工人们的欢迎。在消费合作社的影响下，工人们更加相信俱乐部能为工人办事。要求加入俱乐部的人迅速增加，在册部员一下子由原来300多人增加到700多人。

1922年7月30日，朱少连受党组织的委派，来到株洲转运局开展工人运动，住在铁路工人刘步卿家。他的到来，受到转运工人的欢迎，大家要求他帮助组织安源那样的工人俱乐部，办小学、办夜校、办消费合作社，为工人排忧解难，一切为工人着想，不要花架子，方便，实在，顶用。转运工人的积极性感染了朱少连，不出一个月，大家齐心合力，株洲工人俱乐部正式成立。

8月23日，株洲第二码头的大操坪挤满了工人，集体宿舍门口，挂着“安源路矿工人俱乐部株洲分部”大木牌。大门两旁贴着一副对联：“旧习惯彻底破坏，新组织创造光明”。屋顶上竖起了一面鲜艳的大红旗。成立大会开完后，朱少连和新当选的俱乐部其他负责人带领600多工人上街游行。沿途高呼：“劳工万岁！工人团结万岁！”红旗猎猎，锣鼓喧天，全城人们的目光，都投向了这支威武雄壮的队伍。

9月份，安源路矿当局一连拖欠了工人好几个月的工资没发。工人俱乐部摸查证实后立即明确向工人宣告：“俱乐部之宗旨，就是为了保护工人的利益，减除工人的压迫与痛苦。”于是，要求维权、申请入部的工人再次猛增，讨还欠薪的声势也越来越大，一场罢工斗争的风暴势在必发。这一形势，引起路矿当局的不安，尤其担心工人组织罢工。矿局副矿长舒楚生，专程来到俱乐部“拜访”朱少连，提出由矿局给俱乐部拨一栋办公的房子和给办事人员发一笔津贴。话没说完，即被朱少连当场拒绝。舒楚生讨了个没趣，却又心有不甘，转而委托路局职员徐海波利用同朱少连是老同学的关系，给朱少连送去300块银元。

朱少连笑着把300银元收下，问道：“真的捐给俱乐部？”

“真的捐了，在你面前哪敢作假。一点小意思。”徐海波表白。

“这数目可不是小意思，既已拿来，我代表工人收下，作为弥补俱乐部的经费开支，感谢老同学的热情相助。”

“要说感谢的话，老同学能否给我一个面子？”

“什么面子？”

“听说有人为欠薪之事闹得慌，俱乐部能不能息事宁人？”

“你可是受人之托？”朱少连似乎早知道天上不会掉馅饼。

“实不相瞒，局里的确有头儿嘱我来此好言相劝。”

“那就请老同学转告局里，工友们挣钱不容易，养家糊口、生老病死就靠这几块银元。请尽快发清工人的欠饷。至于我是否息事，我要对得住良心。兄弟们信任我，我就得义不容辞。这点品性老同学也是知道的。”朱少连义正词严。

徐海波再递上一句：“如果你们软的不听，他们来硬的怎么办？”

“什么软？什么硬？欠薪就是软？有权就是硬？来硬的，怎么来？”朱少连反问。

“你敢闹罢工，他们就以矿局名义呈请萍乡县衙门和赣西镇守使署，以武力封闭俱乐部。我劝你赶快离开，免招杀身之祸。”

朱少连气愤之至极，“老子秉正大光明之宗旨，作正大光明之事，欠债还钱，天经地义。我怕什么死！”

徐海波无言以对，只好甩手而去。

路矿当局见阴谋未能得逞，还真的呈请萍乡县公署发出训令，勒令俱乐部自行停闭，并将朱少连驱逐出境。训令刚刚张贴公布，恰逢此时粤汉铁路大罢工的消息传来，路矿当局惊恐万分，旋即改变主意，派人登门要求俱乐部不得将县署“训令”公开，表示愿意向县署疏通，并答应采取保护俱乐部的措施。朱少连本就对训令不屑一顾，见路局秘书点头哈腰，便拿出早已拟好的一份文书。文书内容是俱乐部向路矿两局提出的三个条件：一、路矿两局须呈请行政官司厅出示保护俱乐部的公告；二、路矿两局每月须津贴俱乐部常用费200元；三、从前积欠工人存饷限七日内发清。此条件须于二日内完全答复，否则即行罢工。第二天，朱少连又用俱乐部名义，向中国劳动组合书记部和全国各工团的工友发出通电，揭露路矿当局扼杀俱乐部的罪恶阴谋。接着，他按照前来安源的中共湘区委员会书记毛泽东在牛角坡召开会议所作举行罢工的决定，立即投入罢工的思想发动和组织准备工作。

9月12日，朱少连赶往株洲，将奉命前来领导罢工的湘区委员刘少奇接到安源，一起分析了省内外工人运动的形势以及路矿当局缺乏准备的情况，认为现在是组织罢工的绝好时机，必须抓紧进行。

根据毛泽东和中国劳动组合书记部的分别来信所作出的指示，俱乐部决定：一、加强工人的相互团结；二、详释“哀兵必胜”的道理，争取社会舆论的同情和支持；三、决不为官威所降伏，用奋斗的精神，不惜奋斗的代价；四、成立罢工总指挥部，由李能至任总指挥，朱少连任副总指挥，刘少奇任全权代表；五、扩大工人监察队，成立侦察队及保卫、宣传等组织，确定了各工作处的联络员。

13日晚12时，震撼全国的安源路矿工人大罢工爆发了！朱少连指挥安源车站火车房拉响了汽笛，又把事先写好的罢工宣传和同路矿当局提出的17项条件四处张贴。

一场罢工和破坏罢工的斗争尖锐地展开。当安源工人大罢工的消息传开以后，得到全国各地兄弟组织以及社会人士的广泛声援和同情。但路矿当局却向赣西镇守使署、萍乡县署和上海总公司连发三份所谓“乱党造反”的告急电报，并从赣西镇守使萧安国处，用“每人每天两元”的工薪，请来军队数百人，占据俱乐部及各工作处，同时密遣暗探企图杀害罢工领导人。面对这一严峻形势，朱少连除指挥被激怒的数千工人冲进俱乐部，将军队赶出外，还指示宣传队向军队宣讲罢工的原因以及不得不这样做的道理，用事实告诉大家：士兵、工人、农民都是一家人，都是受苦的同胞，你们应该同情支持我们罢工。士兵们也震慑于工人的团结力量，认为自己是外地人。犯不着为两块钱一天来这里卖命，也就悄悄地走回去了。

武力改变不了罢工的冲击，路矿当局无奈，只好向俱乐部发出谈判的请帖。朱少连带领几个工人陪同李能至、刘少奇前往谈判。他们拒绝了路矿当局丰盛酒肴的招待和银元的“馈赠”，坚持按工人俱乐部提出的17条进行磋商，并邀同安源镇商会和地方绅士参加调解。谈判结果，将17项条件简缩为13条。9月18日晨，路矿当局被迫在条约上签字，为期5天的安源大罢工结束。朱少连和刘少奇后来合写的《安源路矿工人俱乐部略史》中说：这一次大罢工，“未伤一人，未败一事，而得到完全胜利，这实在是幼稚的中国劳工运动中绝无而仅有的事。”

罢工胜利以后，加入俱乐部的工人由原来700多人猛增到13000多人。经中共湘区委员会同意，安源路矿党支部除将罢工中涌现的先进分子吸收入党，还将俱乐部重新改组。俱乐部设4名主任，他们是：总主任李能至，路局主任朱少连，窿（方言：指煤矿坑道）外主任刘少奇，窿内主任余江涛。并由他们组成俱乐部主任团，负责日常的领导工作。俱乐部设有各股和委员会，共有股长和委员30余人。

罢工胜利以后，工人工资普遍提高了三分之一，有的工人代表为了感谢俱乐部工作人员的辛劳，纷纷提议要为这些免费为劳工服务的领导人发高薪，他们历数了俱乐部创办以来的种种功绩，认为每月至少要发200块钱。朱少连看见大家心诚意切，掏心掏肺地对工友说：“带领大家闹罢工，不是为了图享受。既然大家依赖我们，就不要拿我们当外人，更不要把我们和资本家与当官的相比。大家生活都很苦，我们拿200元钱不就脱离工人群众了吗？我看有15元一个月就不错了！”他的意见，得到俱乐部其它领导人的赞同，之后俱乐部作出决定：凡在俱乐部工作的人，从主任、股长到勤杂人员，每月的生活费都为15元。

罢工胜利以后，工运事业蓬勃发展，设立了7所文化补习学校，5所工人读书所，1所图书馆，扩大了消费合作社的商品经营，建立了青年娱乐部。俱乐部同时规定：工人子女读书不要钱；矿内社会秩序由工人纠察队维持；工人内部的纠纷，由工人裁判委员会解决，不再受官厅法庭的欺压和制裁。

俱乐部的活动越来越多，俱乐部原在牛角坡以及半边街延龄堂的房子已不够用。根据刘少奇的建议，由朱少连负责筹建一座俱乐部讲演厅。从地址的选择、图纸的设计、材料的采购及安排施工、装修，朱少连仅用半年时间，一座讲演厅拔地而起。工人讲演厅外观宏伟挺拔，庄重大方；室内能容纳800多人，主席台的墙壁上悬挂着列宁的巨幅画像，在主席台的上方横挂着“全世界无产者联合起来”的大字横幅。工人们来到这里，都感到十分亲切和自豪。讲演厅选址与矿局资本家的老巢——盛公祠遥相对峙，也许是朱少连有意要让资本家也看一看工人阶级的威风。

1922年11月1日，朱少连代表株萍铁路工人出席粤汉铁路总工会的成立大会。他在会上提出成立全省工团联合会的建议得到了毛泽东及各个工会代表的赞同。11月5日，在湖南召开的全省工团联合会筹备会议上，他被选为筹备委员会主席。筹备会议通过了由毛泽东起草的章程，议定了代表会议的八条规则。选举了毛泽东为全省工团联合会干事局总干事，郭亮为副总干事，朱少连和任树德、罗学瓒、朱棉棠等为各部正副主任。紧接着，他又赴汉阳、大冶等地帮助筹备和成立了汉冶萍总工会。

1923年6月，朱少连作为株萍铁路工人党组织的代表，出席了在广州召开的中国共产党第三次全国代表大会，并当选为中共中央执行委员，成为我党最早的工人身份的中央委员之一。8月，为了总结一年来安源路矿工人运动的经验，他与刘少奇合写了一本近两万字的《安源路矿工人俱乐部略史》，文章中有如下的叙述：“……安源路矿工人过去的胜利，一面是靠着工友坚强的团结，得时的反抗，以及对自己的团体——俱乐部——之悦意的服从与热诚的拥护；一面乃是由于路矿两局前此森森的黑幕与此时不智的应付……我们今后不仅应为我们自己的团体，为我们万余苦朋友，努力奋斗，我们更应为我们全国乃至全世界的苦朋友努力奋斗！我们一面要去唤醒后营的伙伴，一面自己打叠精神收拾器械预备开赴前线。时机何等紧迫，责任何等重大！”在9月出版的《罢工胜利周年纪念册》上，他亲笔书写如下的题词：“保存精确诚实的计划，经济的做事，不要骄傲，不要游荡，操作时，遵守严格的规律。”

1925年5月1日起，朱少连与刘少奇、李立三等出席了在广州召开的第二次全国劳动大会。会上成立了中华全国总工会，他当选为全国总工会执行委员。

9月初，汉冶萍公司总经理、大资本家盛恩颐前来安源，暗中勾结军阀用武力镇压安源的工人运动。20日深夜，赣西镇守使李鸿程率部开进安源，包围了工人俱乐部，并对平民学校、合作社和工人居住处进行搜捕与抢劫。当晚，朱少连因事先得到报信，转移到后山一个姓易的工人家里。第二天天未亮，他又在工友们的帮助下，从后山绕道离开了萍乡。安源工人运动受到严重挫折。俱乐部被破坏，黄静源被惨杀，大批工人被解雇。白色恐怖下，朱少连先组织一部分工人骨干去广州学习，并参加革命军；一部分工人骨干到农村开展农民运动。他本人于1926年5月1日，出席在广州召开的第三次全国劳动大会，并在会上作了《安源工人之奋斗》的发言，详细谈了工人俱乐部受到反动势力摧残的情况。他说："我们应为死者复仇！我们要求解决失业问题；我们要恢复保障我们利益的工人俱乐部！"

为死者复仇！"马日事变"后，为了反击许克祥对共产党人和革命群众的血腥屠杀，朱少连团队根据省委的布置，以安源工人纠察队为骨干，组织了一支两千多人的武装队伍。不久，以大恶霸甘汉华为首的萍乡周围百里的大小土豪，纠集武装向安源进发，企图彻底灭了俱乐部。他们先把通向安源的花冲坳、九里坪、锡坑、石板上、大坪、丹江、紫家冲等路口全都封锁起来，然后举火鸣炮为号，在同一时间杀向安源，却遭到早已知情的朱少连指挥埋伏在各山头的工人武装的迎头痛击，狼狈败逃。甘汉华等土豪并不死心，用围困的办法，断绝对安源工人粮食和蔬菜的供应。成竹在胸的朱少连针锋相对，一是提高警惕，分队巡逻，随时消灭前来骚扰之敌；二是武装押运，开火车到丹江的大地主家中购买粮食；三是对俘虏进行宣传教育而后遣散，动员被欺骗来的农民兄弟不要为地主土豪卖命；四是组织工人用炸药制造土手榴弹，补充弹药不足。这些办法，既瓦解了敌人，也赢得了时间。经过17天的对峙，当醴陵县的农民自卫军赶来支援时，这些地主土豪武装只得悻悻而去。有着"小莫斯科"之称的安源在朱少连的指挥下，打赢了一场保卫战。

为死者复仇！中国共产党"八七会议"决定在各地举行武装起义，朱少连受上级委派，接管株洲转运局。他以转运局长的名义为掩护，紧锣密鼓地从事组织革命武装活动。1927年9月12日晚上，朱少连带领100多工人暴动队，从安源用火车运来一批"土炸弹"，分三路攻打株洲团防局，团防局40多名团丁被一片枪声和"土炸弹"爆炸声震得晕头转向，未作任何抵抗便从后门四散逃窜到湘江对岸。这次袭击，缴获了12支步枪和20多把刺刀。

为死者复仇！1928年2月朱少连根据党的指示，在株洲残梅乡召开湘潭、醴陵、浏阳等县工农骨干会议，筹划扩充和带领游击队伍奔赴井冈山。他组织了一个团，自任团长，带着队伍前往醴陵边界黄土岭，同其他上井冈山的队伍会合，途中遭到敌军的截击和围攻，伤亡惨重，随即他被湖南省清乡督办署悬赏300大洋，四处通缉。

1928年3月，朱少连潜回衡阳老家竹花乡在朱公祠小学当了一名教书先生。这年冬，他的去处，终被安源的国民党特务探知，他们绞尽脑汁想出了一条诡计，派一名叛徒装扮成俱乐部工作人员，花言巧语欺骗朱少连的眷属谢清秀和族叔朱洪锦，嘱咐他们尽快到衡阳竹花乡通知朱少连，转告他安源的党组织已经全面恢复，急需他速速赶回开展工作。

1929年1月4日下午，朱少连与工人石作东乘火车一同回到安源，一下火车便被特务盯梢跟踪，当天深夜，他们在牛角坡62号被逮捕。

朱少连被单独关押在萍乡县衙监狱，国民党用金钱收买，遭到拒绝；用官位利诱，遭到痛斥。曾经打过交道的一位萧姓团长又写信劝降，朱少连看都没看将信撕得粉碎。软的对朱少连毫无用处，于是他们真来硬的——大刑伺候：用皮鞭抽身，用老虎凳压腿，用辣椒水灌喉，用香火烙皮，但朱少连信仰不变，宁死不屈。铁路工人胡华全前去探监，看到朱少连遍体鳞伤、体无完肤，禁不住眼泪直流，他拿出身上仅有的一块杂洋，托狱卒买了根皮带和纱布给朱少连包扎伤口。朱少连反倒安慰胡华全：“不要伤心，不要花冤枉钱了。留点钱给孩子用吧。不流点血革命哪会成功！你们不要离开组织，要继续找组织，依靠组织抱团才能夺取胜利。”

三天后，一群刽子手从监狱里押出朱少连和石作东，用破布塞住他们两人的嘴，然后用木凳穿上竹杠抬着已不能走路的朱少连，押至萍乡车站附近的大西门外空坪上，将其杀害，时年42岁。

当天晚上，工人陈建元、王仁照等人开着小火车来到萍乡把朱少连的遗体运回安源，安葬在花冲的南面山坡上。

中华人民共和国成立后，人民政府逮捕了杀害朱少连的叛徒特务。

1956年，江西省人民政府拨出专款，在安源牛角坡为朱少连烈士修建了陵墓。

740 29

刘留侯·蛟龙得雨徙天池

刘留侯，又名伟，号勤先，1888年6月生于衡阳市衡南县蒸市乡泮滩村一户佃农之家。父亲刘远山，早年赤脚撑杆当过船工，挣得一些银两后，租了一间房屋设馆办私塾。生有五男四女，刘留侯排行第三。

刘留侯一直在父亲开设的私塾里读书。12岁那年，入衡州岳屏高等小学，毕业后又考入西湖中学。刘留侯颇有天赋，读书记忆力强，尤其喜欢诗词歌赋，喜欢中国绘画。当时受新思潮影响，他与几个同学在学校组织朗诵、演讲，自办学生报刊，报刊的内容除了学生们自己创作的五言七律旧体诗，居然还有反对封建迷信、反对老师对学生进行体罚的文章。校长托言给其父亲：要严加管教，别受到“乱党”的蛊惑。刘留侯为此事沉默了几天，大家都以为他从此会洗心革面，谁料到一天下午他竟然在学校带头剪了辫子，光着脑袋回了家，这在当时，实在是奔“乱党”的行为而去了。其父见了，操起棍子发出严重警告：“你千万别给我再惹祸，否则，我就乱棍打死你！”刘留侯却毕恭毕敬地答道：“你老人家千万别打，你也不去外面看看，还有多少人在留着这个马尾巴。你等着瞧，我只不过是比您老人家早剪几天罢了。”后来的事实让父亲目瞪口呆亦口服心服，中国男人没有几个人再留辫子了。

刘留侯西湖中学毕业后，又考入长沙高等师范图画手工专科学校，这让他圆了儿时的梦。学习期间，他耳闻目睹了晚清政府与帝国主义列强签订了一系列丧权辱国的不平等条约，胸中有话想说却无处表达，一心想为国尽忠却不知从何做起，痛苦万分，这个爱写诗的衡阳青年自叹：

保国无金轮，年年频憔悴。

长沙高等师范毕业之后的刘留侯，在衡阳三师附小任教。他对学生说：“有为必及时，深恶是颓唐。”那意思是勉励学生锐意求学，要有奋斗精神，要做对国家对人民有益的人。

刘留侯（1888-1939）

刘留侯的粉笔生涯只度过了一年半，便应聘任中华书局交际员，并兼任湖南《大公报》记者。这份工作很对他的胃口。他文笔犀利，写出了许多针砭时弊，揭露帝国主义、封建主义罪恶的文章，尤为读者所称道。他思想敏锐，观点鲜明；叙事情，谈问题，角度与切入口往往与众不同，深得同行的赞赏；他既擅长作诗，又画得一手好画。图文相配，堪称一绝。一幅《看你横行到几时》的漫画，轰动一时，街巷百姓，交口称赞。他深入街头巷尾，阡陌田头，访问民众疾苦；替百姓仗义执言。

辛亥革命之后，他最忧虑和愤恨的是湖南屡遭南北军阀蹂躏，三湘各地，到处驻满兵卒，派款派粮，无休无止，百姓处在水深火热之中。国难家怨，袭扰着这位有识青年，他哀怨：

家难已如此，国乱仍汪洋。
滔滔竞权利，浮云及三湘。
满目皆荆棘，乡厘亦驻防。
鸡犬无宁日，人民失主张。

角遂何时已，心中甚徬徨。

而立之年的刘留侯与当时许多爱国青年一样，都处在彷徨痛苦之中，求索救国救民的道路。血气方刚的刘留侯，为要打倒军阀，使国家统一，决心去广州去投奔革命。朋友劝说他不要去："革命，革——命，革命是要死人的"。他说："天就是棺材盖，地就是棺材底，死又何足畏！"他把行李收拾好，准备第二天启程。没想到几个兄弟力阻苦谏，甚至藏起来他的行李，迫使他未能成行。他为此事深感遗憾，写了一首七律：

内忧外患今频仍，衡阳孤雁泣秋风。
千种凄凉千种恨，一分憔悴一分惊。
下车我已如冯妇，失马君宁似塞翁。
重阳过后无佳会，晓夜想思落叶红。

他向往革命，决心革命，感到国家不革命不行。"若从事后论成败，悔不当初定去留。"他后悔不该没下死决心去广州，使他壮志未酬。当年还写了一首名曰《自问》的七言长诗，开头有小序，曰："庆父不去，鲁难未已，国厄家变，实痛我心，慨当以感，因作自问：

馀身馀身尔何为，躯长七尺拙髯儿。
君长处世如钝锥，夫复伥伥欲何之。
待君名成志遂时，黄河乃有澄清期。
忆君少年负意气，当仁不肯让于师。
岂自匹夫方见异，追求真理不为痴。
平生慷慨无城府，天下滔滔那得知？
十年磨炼壮怀在，蛟龙得雨徙天池。
不须悲伤妾命薄，凡卉丛中杂留夷。
君生三十有一载，老骥伏枥志不移。

而立之年的刘留侯，自责虽有救国救民之心，悔恨没去广州，行动不果断，以致在故乡徬徨、呐喊。但他相信会有这么一天"蛟龙得雨"，他要矢志不渝地投身革命，救国救民。

为了寻找革命道路，也为了生活，他"风尘潦倒，湖海飘零，浮生碌碌，知己茫茫"。特别是军阀混战，使他有家不能归，客居他乡，常夜不能寐，忧国忧民。他叹道：

三月春风动，时雨复纷纷。
孤灯伴作夜，闷杀客中人。
万方正多难，壮士何时还。
旧恨未能已，新愁感百端。

在此期间，他也怀念爱妻：

道远心相印，情痴梦不真。

还有一首写道：

侨轩有苍柳，日夕蝉鸣幽。
索然苦寥寂，况乃增离愁。
宛彼双飞燕，顾影呼共俦。
嗟我兄妹好，分襟忍远游。
即今风霜历，何时兵革休。
岂不恋故乡，亦有稻粟谋。
依依倚闾心，长路正阻修。
渺渺孤云行，缠绵我心忧。
赋此当鱼书，傥有琼琚投。

1918年这一年里，他写了200多首诗。汇编成集，名曰《馀园流风》。诗集抒发他忧国忧民、寻找真理的迫切心情。

1919年“五四运动”爆发，他心潮澎湃，看到了中国人民的觉醒，看到了曙光，他欣然命笔，在衡阳散发传单：

同胞们呀！不好了，
亡国之祸，快到眉毛尖了。
敬告同胞，勿忘国耻。
推广国产，抵制日货，
万众一心，永保疆土。
日奴欺我，视人太轻，
夺我青岛，拘我学生，

怪言来去，多是华人，
用他日货，讥笑我们！
快些抵制，饿死倭人。

刘留侯的爱国之心，渗透纸背。他于5月15日，在衡阳与彭粹夫、谢晋、邱海岚等人，以湘南工、商、教、学界之名，联合致电北京政府，要求释放被捕学生，惩办曹汝霖、张宗祥等卖国贼，之前，他将自己满怀激情，精心创作的一幅题为《胡颜之厚》的木刻宣传讽刺漫画拿出来印刷，在衡阳街头巷尾四处张贴，图文并茂、一看就明的宣传画，把反动政客的丑恶嘴脸刻画得淋漓尽致。

1922年，刘留侯与衡阳教育界知名人士欧阳镜明等人在衡阳创办蒸湘政法讲习所，并亲自授课，主讲《中国革命史》，公开向民众灌输民主思想及革命道理，为反帝反封建培养、集聚人才。此讲习所于1924年改为蒸湘中学，就是几间棚屋组成的学校，成了马克思主义的宣传阵地，红色的摇篮，为衡阳地区的革命发展起到了重大作用。大革命时期，衡阳工、青、妇、农运等骨干，大多在此校进行过短期培训和学习。也就在这一年，刘留侯加入了中国共产党，由一个激进的民主主义革命的知识分子，成长为一个铁锤加镰刀旗下的战士。

1924年，孙中山先生在中国共产党的帮助下，改组了国民党，实行“联俄、联共、扶助农工”三大政策。刘留侯从报纸上获此信息，异常激动，这一次，他没有犹豫，没有徬徨，几乎不假思索地毅然南下广州，这位爱写诗、会画画的教书先生，又冒出少年时剪辫子的倔劲，投笔从戎，在羊城报名参加了国民革命军，开始戎马生涯。

刘留侯先在第二军任团指导员。北伐革命号角吹响后，调第二军政治部（政治部主任为李富春）任宣传科长。部队一路北上，节节胜利。刘留侯得心应手，踌躇满志。北伐军打下南京后，他随政治部留守人员迁至南昌。

1926年12月，因时任衡阳农协主席的好友罗子平、总工会委员长王球等再三邀请，刘留侯回衡阳就任国民党衡阳县党部组织部长、执行委员。他利用这一合法身份，支持衡阳的工人、农民运动，促其蓬蓬勃勃地开展。他参与组织衡阳特别法庭，并担任审判员。就在蒋介石于1927年在上海发动“四·一二”反革命政变后，衡阳总工会委员长王球指挥工人武装，逮捕了国民党军官、“白化党”头子刘笠僧和大土豪、“保产党”头子黄庆萱等反革命分子，刘留侯分别于4月17和20日于雁峰寺广场两次主持召开“反日、反奉、反蒋工农群众大会”，于上万衡阳市民面前，宣判二人的罪行并就地枪决，给反革命逆流以有力的回击。

5月27日，衡阳“沁日事变”后，黑云压城城欲摧，反革命逆流甚嚣尘上，到处逮捕革命人士，工农团体遭镇压，特别法庭被解散，在反革命武装拟就的黑名单上，刘留侯被列为“五恶”之首。他东躲西藏，在衡阳已无法公开露面。5月31日，在老百姓的掩护下，刘留侯扮作船夫，离开衡阳，前往桂林，后又到广西南宁在族兄刘治葵船上作水手。他有这样的记叙：

乌云吞日天欲暮，城南城北问归路。
只身南下走邕宁，水陆两栖任去住。

虽遭受挫折，历经磨难，但信仰永存。忧国忧民之念，集聚笔端。他写诗给大哥刘劲先（中华人民共和国成立后任衡阳市副市长）云：

皇天方忧九州裂，人为消长何太崛。
白昼翻腾魑魅过，义旗岂怕歪风折？

男儿有泪不忍弹，且作飞腾变化看。
忠心耿耿人共识，枕戈待旦气愈完。

身在异地他乡，与组织完全失去了联系，每当深夜来临，他面对如豆孤灯，耳听江水拍岸，感慨万千，久不能寐。想到被捕的战友，想到中国的前途。他感叹道：

陡坡望坦途，黑暗望明月。
男儿具雄心，何必畏荆棘。

一定要找到党组织。刘留侯下定了决心。

1931年，他与女儿刘非在广西全州开设一家产科医院，以此为掩护慢慢寻找党组织。写信，如泥牛入海，渺无音讯；看报，熟悉的人一个个慷慨就义；返乡，生活拮据，事务缠身。一晃就是几年，刘留侯已年满43岁。他感到“知己既莫得，天生我何为”。

一定要找到党组织。刘留侯信念未变。他追求的是真理，追求的是革命，四年了，他读书、作画、吟诗、打理医院大小事务，却一刻也没有停止过寻找党组织，他越来越焦急，越来越心烦，他觉得自己在此没干正事，而是苟延残喘。这样活着有什么意思？既然全州找不到党组织，那就返回衡阳去找。从哪里跌倒就从哪里爬起来。刘留侯毅然回到衡阳，功夫不负有心人，刘留侯终于与衡阳地下党组织接上了关系。

刘留侯如愿以偿，精神焕发。

1937年，国共两党抗日民族统一战线形成，刘留侯精神抖擞地投入到挽救民族危亡的斗争中。8月22日，他参与发起成立了衡阳抗敌后援委员会，代表各界人士制定了五项抗日纲领，通电全国。紧接着他参与组织“七七”剧团，自编自演抗日剧目，为抗日募捐。他重操旧业，与共产党员、新闻记者彭默庵创办《南风晚报》，宣传团结起来，一致对外的主张，公开转载《救国时报》上的中国共产党的抗日十大纲领，鼓励前方将士，英勇杀敌。他参与组织“伤兵服务团”，动员群众扶持伤员，募集慰劳品送往医院，使衡阳抗日救亡工作搞得有声有色。

1938年5月，刘留侯任中共衡阳县工作委员会书记。他访厂棚、进乡村，到处演讲，宣传抗日救亡运动，宣传中国共产党的抗日主张，组织“七七”剧团演出大型话剧《雷雨》《少年立志》《飞将军》等剧目，鼓舞人民的抗日斗志。又在《南风晚报》上公开登载《中国共产党抗日十大纲领》《国民党的十大罪状》等文章。他组织“伤兵服务团”，发动群众救护伤员，并常将大量募捐来的慰劳品，送往桂林、长沙、韶关等八路军办事处。他的基尔产科医务所，是当时叶剑英同志的常居住所。

1939年年初，国民党提出“溶共、防共、限共、反共”的反动政策，衡阳国民党警备司令王炽昌，秉承其主子旨意，于3月29日凌晨，派5名彪形大汉，突然包围了基尔妇产科医务所，刘留侯躲避不及，被特务逮捕。王炽昌担心夜长梦多，居然未经任何审讯，于当天下午就秘密将刘留侯活埋在南岳一处偏僻的山谷里。时年51岁。

群山肃穆，南岳无语。

南岳云雾

李天柱 ·功建五次反“围剿”

李天柱，字振湘，号定又，又名挽天，衡阳耒阳市哲桥镇西元村人。生于1899年。其父李桐兴，是清代同治年间的武秀才。天柱4岁时，父母双双病逝，家里的田财留给了哥哥。李天柱全靠兄嫂一手带大。8岁就读私塾先生资华淑门下。兴许是遗传基因发威，天柱对四书五经只求应付，偏偏喜欢舞拳弄棒。随着年龄的增长，愈加嗜好武术，由于坚持练功，举石锁，挥钢刀，其臂力过人，堪称乡里赳赳武夫。20岁娶妻段满贞，生了两个儿子。可惜长子得病求医无果而夭亡，次子名叫李特生。

1920年，李天柱考入耒阳城北花萼小学读高小。1922年毕业后，到遥田石仙坪初级小学和爵一小学当老师。天柱本想以教学为生，造福桑梓，故而潜心教育。但当地土豪劣绅，横行乡里、鱼肉乡民，村民痛苦不堪。天柱曾几次为维护农民利益，主持公道，与李氏宗祠长李香庭和西乡大地主周赞杨等辩理。结果是，李天柱老师据理善辩，对方嘴巴斗不过他；对方仗势欺人想棍棒收拾，又惧怕这个朝朝习武的天柱大汉。对方明里奈何他不得，便暗地将他视为眼中钉，肉中刺，隔三差五暗中派人屡屡来学校挑衅，偷偷到家中相逼，弄得天柱不能安心教学，平安度日。

黄埔求学

1925年，李天柱闻孙中山先生在广州创办黄埔军校，便毅然离开家乡，投笔从戎，成为该校第四期学员。在这块新天地里，他接触了新思想，阅读了新书刊，尤其热衷于苏俄十月革命。是年11月，为了宣传十月革命的真理，宣传马克思主义和反帝反封建思想，唤醒耒阳人民起来革命，他与耒阳籍的军人李汉藩、徐康、钟森荣、段子中等人，在广州华宁里茂源祥创办《耒阳新潮》半月刊。第一期发表了10篇文章，李天柱以笔名挽天发表了《为十月革命敬告被压迫的中国民族》一文，热情歌颂十月革命的伟大意义。他说："十月革命不但打倒了专制的俄国大皇帝，而且惊破了帝国主义肆行侵略世界的野心；十月革命不但造成了一个自由平等的苏维埃俄罗斯，而且激起了世界上一切被压迫民族要求自由平等的运动；十月革命不但解放了旧俄罗斯一国被压迫阶级，而且促进了全世界被压迫阶级自谋解放的觉悟。"他大声疾呼："十月革命是俄国一国革命的成功，同时又是世界革命的成功，不只是值得苏俄全国人民纪念，尤其值得被压迫的中国人民纪念。"他呐喊："中国人民应该效法苏俄，走十月革命的道路。"

李天柱（1889-1935）

李天柱在黄埔军校期间，积极学习军事，希望为国出力。1926年，北伐时任国民革命军排长，参加了叶挺的先遣独立团，在汀泗桥战斗中负伤。1926年10月，他又去黄埔军校武汉分校政治科学习。随即在武汉地区工人纠察队任中队长、大队长等职，为保卫武汉国民革命政府积极工作。1927年加入中国共产党，"七·一五"政变之后，李天柱去贺龙所领导的国民革命军第二十军任连长，参加了南昌起义。

二克耒阳

1927年11月，朱德、陈毅智取宜章后，朱德召开了了湘南各县县委书记会议，准备湘南起义，同时，朱德将耒阳籍的两名营长李天柱和周炳星派回耒阳，组织发展农民武装，配合大部队夺取耒阳县城。

李天柱与耒阳县委书记邓宗海决定攻城前先制造舆论，虚张声势。暗中派人在耒阳城乡各地张贴标语：

“工农革命军就要到耒阳了！”

酒楼、茶馆、菜市、码头到处传言：“革命军长龙一般，见首不见尾，在永兴过了三天三夜还没完！”

“穷人熬出头了，革命军一来就分钱分地分财产。”传言有板有眼，绘声绘色。

耒阳的土豪劣绅闻讯纷纷逃往衡阳，挨户团也走的走、散的散。只有县警备队300多人在灶头街与县城之间的桌子坳构筑工事企图负隅顽抗。1928年2月10日凌晨，工农革命军第一师占领灶头街。了解敌军布防情况后，朱德、陈毅决定率主力部队负责解决桌子坳之敌，由游击队去打县城。

火候已到，李天柱调各地游击队向县城周边集结，选出精干人员藏短枪化装成卖猪肉、柴草、蔬菜的农民从北门进入，与城内地下党组织会合，迅速解决守门之敌。埋伏在城外的大批队员纷纷涌入，分别攻打占领了县衙门、警备队、仓库、主要街道及制高点。反动武装一律缴械，得手后在县衙门放火发出信号。朱德、陈毅率部一见城内火光冲天便向桌子坳之敌发起猛攻，身后老窝被端，敌军无心恋战，革命军一克耒阳，凯歌震天。

3月1日，国民党19军李宜煊师反扑占领耒阳，工农革命军全部撤出。李天柱则继续率游击队在县城周边干扰袭敌。3月5日夜，工农革命军第1师28团1营2连在县城西北方向的马阜岭发起攻击；李天柱则率3000农军从东南西方向冲向耒阳县城；与此同时，由李天柱组织的一支游击队从铜锣洲泅渡耒水，绕到敌人背后的青麓书院堆集稻草放火接应，一时间，天上烈火熊熊，地面杀声四起。晕头转向的李宜煊部还没从庆功宴里缓过神来便慌作一团连夜向衡阳方向逃窜。工农革命军二克耒阳，李天柱功不可没。

耒阳成立了县苏维埃政府，李天柱任军事委员会主席，正式组织了县赤卫团。二度丢城的反动派不甘失败，再次调集军队向耒阳压来。李天柱即刻在哲桥三益圩成立右翼指挥部，召集1万多农军扛着梭镖、长矛、鸟铳、松树炮、步枪等武器在春江铺阻击敌人。

3月20日，一场恶战在春江铺打响。农军几十口松树炮同时轰鸣，效果居然不错。农军又用鞭炮在铁皮桶中点燃放响，噼里啪啦，震耳欲聋宛如机枪扫射，吓得敌人不知所措，万没料到农军火力如此强大，再次溃不成军。农军趁势像潮水般冲向敌人，猛追猛打，一直把敌人赶到衡阳堆子岭。

敌我相持达半个月之久。李天柱为建立和保卫耒阳苏维埃政权作出了贡献，受到了朱德的赞扬。

4月，李天柱率领8000农军随朱德、陈毅的部队上了井冈山。

井冈扬威

宁冈砻市会师后，李天柱被编在中国工农红军第四军二十八团任营长。上井冈山后第一仗就是参加五斗江战斗。战斗当天，雷雨交加，在王尔琢团长部署下，李天柱调出一个排的战士向敌人所在的小山头佯攻。守敌居高临下，又有坚固工事可依，满以为此番以少胜多，绝对制胜。孰不知我军主力已避开敌人正面火力，从侧面猛冲上了山。守敌弃阵地而逃，李天柱乘胜追击，直追到永新城边。此时，滑稽可笑的一幕出现了：敌人怕红军冲进城里，居然将携带的银元一路撒在永新浮桥边，路面上，桥缝里，河水畔，到处都是细细闪光的银元，他们想乘红军停下来拾银元之际，就可以争取时间安全撤退同时把浮桥炸掉，关上城门。这就是他们的所谓“光洋战术”，谁知道红军没有一人去捡光洋，而是穷追猛打，紧咬不放，敌人仓惶中连浮桥也来不及毁掉便如数缴械投降。这次歼敌1个团的大部分兵力，击溃敌人一个营，缴获枪支200余支，粉碎江西国民党军队的“进剿”。

李天柱接着参加了5月中旬的草市坳战斗，击伤敌总指挥杨如轩。6月中旬又参加龙源口战斗，击溃敌军杨池生一个团。群众赞扬说：“不费红军三分力，打败江西二只羊（杨如轩、杨池生）”。

1929年3月，在党代表毛泽东、军长朱德的指挥下，李天柱随红军主力进入赣南，歼尾追之敌于大柏地；挺进闽西，歼敌郭凤鸣部于长岭寨，粉粹赣闽粤三省包围之敌。4月，红四军在长汀整编，李天柱担任第二纵队第五支队支队长，9月继任第二纵队纵队长。李天柱率红四军二纵队由安远经龙归到公平，攻破沙塘湾土围子，声威远震。

1931年11月，李天柱奉命下井冈山到湘赣边界工作，接任湘东独立师师长之职。他在政治上执行党的正确路线，继承井冈山的优良传统，密切联系群众，发动群众，打土豪，分田地，他所带领1000多人的独立师，成为湘赣边区的主力红军。

第一次反“围剿”

1930年10月，蒋介石在结束同阎锡山、冯玉祥的军阀混战之后，迅速调集十万兵力向中央革命根据地和红一方面军发起第一次“围剿”。12月，李天柱受命在莲花城东南砻山中击溃敌16师辎重部队，接着歼灭向永新前进之敌61师，并一度占领安福、大和两城，从正面拦阻敌人。

1931年1月29日在茶陵的严塘，湘东独立师歼灭敌57师114团一个营的一部。第二天又袭占县城，全歼守敌一个保安团。2月2日在资兴的彭公庙将该县保安团击溃，乘胜占领资兴县城。6日，又击溃永兴县挨户团，占领了永兴县城。一个月内，连下三城。

2月中旬，湘东独立师改为湘东南独立师，李天柱仍任师长。

李天柱故居

第二次反“围剿”

1931年3月，敌第五路军经萍乡、宜春入赣，准备对中央革命根据地发动第二次“围剿”。湘东南独立师以第一、二团向株洲、萍乡铁路和渌水流域出击，迟滞敌第五路军的东进，以第三团远出湘南迎接红七军。第一、第二团在地方武装配合下，以灵活的游击战术，到处袭扰敌人，致使敌第五路军于3月下旬才到达永丰、吉水地区。3月中旬，湘东南独立师第三团在王震的率领下，和红七军一部在酃县十都圩会合。4月敌人将参与围剿的部队改为分区“清剿”各根据地的红军。

独立师迅速攻进永阳镇，战斗非常激烈，敌人企图围歼独立师，李天柱与红七军配合作战，将敌击溃，收复永阳镇。

永阳镇战斗后，独立师弹药充足，士气高昂，接着攻打安福。打了一天一夜，在该地区击溃1个团，但不能攻进城去。李天柱即用诱敌之计，故意撤退。反动派的三个团分三路追上来，企图三面包围红军，将红军歼灭。李天柱在廖塘桥古田地区设伏。当敌154团到达该地时出其不意将其包围，打得敌人昏头转向，战斗中击溃俘敌700余人，缴枪数百支。红军在永阳、安福二地给敌军的沉重打击，不仅使敌人的“清剿”落空，还同时牵制了两路敌人，有力地配合红一方面军的作战，使红一方面军大获全胜。至5月中旬，完全粉碎了敌人的第二次“围剿”。

1931年8月1日，中央湘赣临时省委成立，王首道任书记，同时将湘东南独立师改为中国工农红军湘赣独立第一师，李天柱任师长，谭思聪仍任政治委员。

第三次反“围剿”

国民党军又于1931年7月1日集30万之众，蒋介石亲自担任“围剿”军总司令，对中央革命根据地发动第三次“围剿”。9月16日，敌43师乘李天柱率湘赣红军独立第一师远在遂川地区活动之机，以1个旅侵占了湘赣省委所在地永新城。李天柱奉命率全师打击该敌，迫使敌人向安福逃跑，并跟踪追击，歼灭其一部收复永新城。9月29日，独立第一师又围打永阳之敌，在独立第七团、安福独立营等有力的配合下，仅用两个小时即将敌28师1个团全部消灭，俘敌团长毕卫汉以下近千人。此时，红一方面军在毛泽东、朱德指挥下，取得五战五捷，歼敌3万余人的伟大胜利，粉碎了敌人的第三次“围剿”。

10月18日，湘赣省第一次党员代表大会在莲花县召开，李天柱被选为省委候补委员。

10月，独立第一师在护送完赴中央苏区开会的代表们后，即在赣西南方面开展活动。10月22日在茶陵洮水击溃敌63师188旅，收复洮水。接着到上犹与崇义等地开展工作，严重地打击了盘踞在这两个地区的敌12师和地主武装。同时积极配合当地党和政府，广泛发动群众，开展土地革命运动，并组织了赣南独立团。在地方党和人民群众的帮助下，部队扩大到2800余人，并筹款10万银元，解决了红军的服装和经济困难。

12月中旬，李天柱率领独立第一师到酃县板溪，在酃县警卫连的配合下，奇袭酃县，活捉县长谭仲梅及4名科长。李天柱声威大振，群众称其为“常胜将军”。

1932年2月，李天柱率部在茶陵米江与攸县官田打了两次胜仗。这两次战斗后，湘赣红军独立第一师与独立第三师合编为红军第八军。李天柱代理军长，王震代理军政治委员。

5月，红八军攻克茶陵县城。月底，又在攸县网岭一带歼敌200余人。8月，红八军在攸县地方武装配合下，在官田击溃敌15师一个团，消灭攸县保安团300余人。19日红八军又在茶陵将敌63师陈光中部的一个团围困在沙子岭上，使敌进退两难，大部被歼，缴获机枪7挺，步枪700余支，迫击炮12门，随即又在安福金田桂村坊歼敌156旅一个营。

9月。湘军王东元率领全师人马，从茶陵进犯湘东南特委所在地永新。刚到永新、茶陵、宁冈三县交界的五福岭，便被李天柱所领导的红八军突然袭击，陷入混乱。红八军四面猛烈攻击，于是湘军立足不住，大败而逃。

11月，李天柱调任湘赣省军区副总指挥。

第四次反“围剿”

李天柱任湘赣省军区副总指挥之际，适逢国民党军调集30个师，共计60余万之重兵压向中央革命根据地进行第四次“围剿”之时，他们采取“步步为营”的策略逐步向中央革命根据地中心区域逼近。而这时，毛泽东在红军中的领导职务被无理解除，王明的“左”倾路线已在苏区各地进一步贯彻，提出了所谓“全线出击”“夺取中心城市”“坚决进攻”等一系列冒险战略和战术原则。李天柱跟随毛泽东、朱德作战多年，在第一、二、三次反“围剿”的战斗中，运用毛泽东机动灵活游击战术，有力地配合红一方面军粉粹了敌人的多次反革命“围剿”。而在这第四次反“围剿”战斗中，红八军却受到严重损失，全军原有的三个师所辖的九个团，已不满2000人。其中独立十二师，因为离开苏区到外线作战，全师损失人员近一半，损失枪支1000余。这一严重事实，使这位战功卓著的红军指挥员不能不对当时的作战方针和战术原则产生异议。他在湘赣省第二次党员代表大会后，立即以军区总指挥部的名义，向军区各县发出训令，发展和整顿苏区各地方武装。同时，他指挥湘赣军区广大游击队伍配合红八军在新干县的三湖、廖塘和界埠等地，断敌赣江交通，牵制了敌人，及时地配合了红一方面军反“围剿”的决战行动，使红一方面军总司令朱德、总政治委员周恩来，运用毛泽东领导的第一、二、三次反“围剿”作战经验，于1933年2月下旬，取得了第四次反“围剿”的伟大胜利。

第五次反“围剿”

敌人声势浩大的第四次“围剿”被粉碎后，由于李天柱曾对当时一些“左”倾错误做法提出不同意见，引起一些领导的不满，因此被调到红军大学学习。1933年10月，中央军委决定，成立中国工农红军第七军团和第九军团，此时蒋介石又调集50万军队对中央革命根据地进行第五次大规模“围剿”。在这期间，中共临时中央负责人博古将红军军事指挥大权交给李德，这个在苏联伏龙芝军事学院学习过三年和只有街垒巷战经验的顾问，不问中国国情，不顾战争实际，坐在房子里看地图指挥战斗，导致反“围剿”作战连连失利，红军被迫走上长征路。李天柱在红军大学未结业便分配至红七军团19师55团任团长，这是“左”倾宗派主义的干部政策对李天柱的一次打击。李天柱毫不计较职位高低，胸怀坦荡，在红七军团寻淮洲军团长的率领下，尽心尽力参加了著名的“归化战役”，毙伤敌人400余人，缴获大批武器弹药，于1934年4月17日收复归化。

归化收复后，红七军团第二天又一举攻克永安城。5月29日，李天柱所在的19师在三元附近的湖源歼敌一个旅，俘敌1300人。然而，尽管寻淮洲、李天柱等率部英勇奋战，连战连捷，但仍然改变不了中央革命根据地整个战局。中央红军不仅伤亡极大，元气大损，中央革命根据地面积也由原来的纵横千里缩小到横直300余里，且被敌军重重包围。

李天柱在炎陵县开展革命活动时，红军在“江家试馆”内外墙壁上留下宣传革命的标语

1934年7月，红七军团组建抗日先遣队，李天柱随寻淮洲率部从瑞金出发，先后转战闽浙赣皖四省数十县，历时四个月，行程3200里，深入敌人腹地，给国民党反动派以沉重打击，也间接地策应了中央红军战略大转移。

但悲不见九州同

10月下旬，抗日先遣队在闽浙赣根据地内的储田桥与红军第二军会合。根据中革军委11月4日的命令，原红七军团编为红十军团第19师，寻淮洲任师长。11月18日，中革军委又任命粟裕为军团参谋长（原红七军团20师师长），率第20师、第21师进至开化、遂安一带活动。12月10日，与第19师会合。12月14日，第19师在黄山谭家桥伏击战失利，师长寻淮洲牺牲。祁东籍的师参谋长王如痴接任师长。随后，红十军团在敌人优势兵力的追堵下，转战于皖浙赣边区，损失严重。1935年1月12日，红十军团在德兴县港头村遭到伏击，被截成两段，李天柱所在的军团主力，被七倍于己之敌包围于怀玉山地区，大部分壮烈牺牲。王如痴、方志敏、刘畴西先后被俘，仅有粟裕带领的部分队伍及轻伤员脱离险境。李天柱幸存，继续坚持在皖浙赣边区打游击。

1935年2月12日，以毛泽东为首的党中央来电指示苏区红军，应在苏区及其周围坚持进行游击战。李天柱被安排为第四路。这年秋季，李天柱带领四个连奉命由会昌安远之间突围向东江地区发展，被敌人困于江西省寻乌县一个山洞之中，敌人利诱、烟熏劝降，李天柱视死如归，壮烈牺牲，时年36岁。

陈毅同志在1959年2月写的《忆三年游击战争》中写道：至此，我们总算是完成了这个转变，转入了游击战争。但是，这个转变所付出的代价是巨大的。像瞿秋白、何叔衡、贺昌、阮啸仙、刘伯坚、李天柱等许多党的优秀干部，在这大变动中牺牲了……

李待琛·军工国宝誉神州

李待琛是中国近代军工和教育的创新者，是湖南大学的首任校长。

李待琛生于衡阳市衡东县大桥镇和平村。

1906年年初，16岁的李待琛跟随担任湖南省高等审判厅厅长的父亲李吟秋赴日本求学，考入日本弘文书院。这位大雁之子，天资聪颖，又勤奋好学，各科学习成绩稳居全校第一，这让该校校长嘉纳治五郎先生十分惊叹并倍加赏识。

两年后，李待琛于弘文书院普通科第14班毕业，同年回国。

1911年辛亥武昌起义，年轻沉稳，遇事善于琢磨的李待琛参加了汉阳战役，这一年他才21岁，在炮兵团任军械官，随司令官曾继梧驻汉阳大别山广善庵。他所在的炮兵团隔着一条襄水炮轰了驻守汉口的军阀冯国璋部。硝烟弥漫的战火，震耳欲聋的炮声，让紧张而又兴奋的李待琛第一次得到了真枪实弹的熏陶与历练。

1912年秋李待琛第二次东渡日本，进入第一高等学校攻读。

三年后，李待琛于第一高等学校第二部毕业，被保送进入东京帝国大学深造。

在校期间，他的第一部著作《现代武器》由上海泰东书局出版。

李待琛29岁于日本东京帝国大学造兵科毕业，授工学学士学位。帝国大学总教育长古在由直先生实在舍不得这棵亲手培养的中国苗子，特别约见李待琛，挽留其在校任教，李待琛以赴美继续深造为由，婉辞未就。在校期间，他曾提出弹道学理应放在兵器构造学理之前研讨，方能减少武器设计上的错误。而英、法、德、日学者，皆以传统方式研究程序，李待琛的想法未被肯定，但不到十年，他的理论便被肯定了。这是后话。

1919年李待琛回国。旋即出任广东兵工厂咨议及总工程师，坚持采用合规格材料，为全厂基层领班人员讲解武器制造原理与材料的关系，订定步枪件材料之规格，工具及刀具的规格，制造样板和量具，使产品规格化，精度好，寿命长。

1921年，他受聘为湖南铁工厂总工程师，由湖南省政府派赴美国调研钢铁及兵工事宜。在美国伯斯列恒钢厂及炮厂实习三个月；参观了瓦搭当兵工厂、斯普林飞尔德枪厂及各地炼钢厂。结束实习参观后，李待琛又马不停蹄转到密西根大学与哈佛大学研究金属材料，并以过硬的才智进入哈佛大学研究所，专攻矿冶学。

李待琛（1890-1959）

33岁时，衡阳青年李待琛被美国哈佛大学工学院授予冶金学博士学位。其博士论文《钢铁在高温之机械性质》《金属及合金之树状组织》发表于英、美专业杂志，并存于哈佛大学图书馆。

1923年，李待琛回国担任湖南铁工厂厂长，研究制造出30节水冷式重机枪。广东军政府孙中山大元帅意欲统一武器程式，电嘱湖南采用汉阳式步枪，铁工厂在李待琛亲自组织指挥下，逐步试造汉阳式步枪及30节水冷式重机枪，两年内将湖南军队全部换装。1925年广东革命政府将所辖军队统一编为国民革命军。总辖六个军，湘军被编为第2军（谭延闿任军长，李富春任政治部主任）及第6军（程潜任军长，林伯渠任政治部主任），这两个军在巩固革命根据地及北伐战争中发挥了重要作用。而湖南铁工厂提供的武器装备无疑提升了部队的实际战斗力。

1925年，35岁的李待琛兼任湖南大学筹备委员会委员，由省立之工业、商业、法政三个专门学校合并成立湖南大学。

1926年，李待琛兼任湖南大学行政委员长，主持校政。学校初创，一切待举，共开设文、理、工、商、法等学系，设置行政及附属机构，建造校舍及运动场，敦聘教授及行政人员，编印教材，招生开课，从筹备起经一年零三个月的努力，湖南大学初具规模。

才华横溢、英俊倜傥的李待琛精力十分充沛，他边办学边著书还边打仗边造新武器。

1927年，他接受国民革命军四十军政治部主任的邀请，参加了讨伐北洋军阀的鲁南临城、韩庄等战役。

这一年，他与刘宝书合著《革命后之俄罗斯》一书由上海太平洋书局出版。

这一年，他任上海兵工厂工程师兼炼钢部主任。

这一年年末，他应军政部兵工署署长陈仪的邀请赴京，任南京政府兵工署设计科少将科长兼兵工研究委员专任委员，主管全国兵工厂制造枪炮弹药之规划及考核。

就是在他的这一任内，他将全国步枪口径统一为7.9mm。同时对全国兵工厂实施了产品检验制度，提高了产品质量和生产水平。

中国骑步枪标准即“中正式”正式宣告诞生。

之后五年，他繁忙之余，笔耕不辍，军工著作《金属材料》《急须奖励之基本工业》《军械制造》《国防与工业》《兵器计算》陆续在全国出版发行，一年一本，本本震惊业界，真可谓手挥五弦，目送鸿归，云蒸霞蔚啊。

1934年，李待琛调任南京政府军政部兵工专门学校校长。除总揽学校行政外，还亲自讲授《枪炮构造及理论》课程，经常在晚间及假日编写教材，所编教材内容丰富精湛，数十年在兵工界享誉不衰。除编纂教材外，还在英美杂志专著及日本工业杂志发表论文，深得各工业先进国家之重视与好评，纷纷要求他撰写专著，但他对名利淡薄，连亲手纂写的数十篇文章，也未收集成册，任其失散。

1935年，他荣获当时国民政府的云麾勋章。（云麾勋章中心为杏黄旗矗立云霄图，四周为光芒，象征荣获此章者，指挥作战，参赞戎机，功高云表，荣誉之光四射。）李待琛成为受人尊敬的兵工专家。被誉为“兵器

李待琛像

奇才”。

1937年7月7日，卢沟桥事变爆发。当天李待琛接任巩县兵工厂厂长，重整巩县兵工为军政部兵工署第十一兵工厂。10月，他将兵工厂划成两部分南迁。小部分迁长沙，大部分迁往安化烟溪。迁到长沙的员工，立即因陋就简地架起厂棚生产手榴弹，以应抗战前线急需。次年10月长沙大火，他们迁往贵阳，一年以后，又迁往重庆。而迁到烟溪的员工，建成了烟溪兵工厂。1940年，该厂遭到日本飞机的狂轰滥炸，员工伤亡惨重，设备损失殆尽。面对一片废墟，不少员工气馁消沉，李待琛却毫不动摇，率领剩余员工，向重峦叠嶂的辰溪转移，沿途且招兵买马。在两个山洞里办起了辰溪兵工厂。生产捷克式轻机枪和中正式步枪等武器弹药，大力支持境内30多万作战部队英勇杀敌守土，战事紧张时，日本侵略军离兵工厂所在地辰溪不足百里。国内兵工界誉称在抗战中有特殊贡献的两个兵工厂即第十一兵工厂和第二十一兵工厂的厂长为“国宝”。时任美国总统罗斯福则称第十一兵工厂为“最前线的兵工厂”。

1938年，他在兵工专门学校编写的教材整理成《枪炮构造及理论》由兵工专门学校印行。该书被专家教授公认为我国兵器设计制造的权威著作，几十年数度被翻印出版。

1945年，国共两党在重庆举行“和平谈判”，8月28日，毛泽东亲赴重庆，除参加谈判外，毛泽东还广泛会见各界人士，谈政见，交朋友，举大义。李待琛专程拜访了毛泽东，并将自己的著作《枪炮构造及理论》一书赠予这位从山沟里打游击走出来的伟人作为纪念。

1947年，李待琛被任命为中国驻日接收赔偿总代表。同时被任命参加驻日盟军总部中国五人代表之一，共同处理日本投降善后事宜，颇受盟军统帅道格拉斯·麦克阿瑟之赏识，被倚为左右手，同仁誉为中美日通。

1948年，李待琛被任命为军政部兵工署署长，因驻日代表团及盟军总部挽留，遂改署代署长衔。

1950年，60岁的李待琛离开军驻日代表团，专注从事学术研究及翻著工作。

1958年，年近古稀的李待琛积极准备返回大陆与家人团聚，写信回家探询入境手续，甚至连船期都定好，但被台湾安全人员以“护送”为由，被挟持去台湾。

1959年，李待琛在台湾高雄因心脏病发作，溘然长逝。灵骨寄存在台北中和乡圆通寺忠灵塔。

李待琛一生清廉自守，刻苦自励，只求奉献，不求名利。从政50年，两袖清风，去世后只留下等身著作，盈门桃李及治学不厌、诲人不倦之精神。李待琛晚年尤好读书，经过长期的呕心沥血，以国外最新的资料和研究成果，写出了125000字的《原子兵器》巨著。这一巨著对我国发展原子能的应用具有重要意义。

乡土就是大地，人永远走不出自己的乡土，就好比人无法拎着自己的头发离开脚下的大地一样。

69岁的李待琛最终没能回到自己的乡土。但乡土人民却始终没有忘记这位博士生在北伐战争与抗日战争中为民族作出的贡献。

各国代表首次参观赔偿物资装箱时在中岛飞机株式会社东京武藏工厂时合影。前排左起第三人为我国代表李待琛委员

陈衡哲·神州才女著新篇

有人说，能坐在1920年北京大学国文系教室里听课，后来影响百年中国的那一批才女真是万幸。虽然她们生逢乱世，却遇到了中国教育的黄金时代——校长蔡元培一纸聘书，让她们青春时期有幸遇到了一代“才女教母”、中国第一个女教授陈衡哲。

陈衡哲，笔名莎菲，祖籍湖南衡山。祖上出自衡阳一个非常了不起的名门望族“衡山陈氏”。陈衡哲的曾祖母开创了一个家族传统：每个出身或嫁入陈家的女子，“或处于天性或由于环境，都在文学艺术方面有或多或少的造诣”。陈衡哲的父亲自小教她《尔雅》《黄帝内经》等古籍；母亲庄曜孚是民国时期享誉全江苏的女画家，后在苏州一家女校教书画、诗歌、书法等，在这些领域都各有建树。这种世袭书香、家学渊源，给了陈衡哲童年汲取学养最好的生活环境。

除了父母，陈衡哲的舅舅庄思缄对她一生的影响也最为关键。在陈衡哲五六岁的启蒙时期，这位亲爱的舅舅就给她讲中国以外的世界，还对她说：“一个人必须能胜过他的父母尊长，方是有出息。”

13岁那年，由于求学心切，陈衡哲要求母亲让她到广东经商的舅舅那里去上学。母亲答应了，舅舅却找不到学校。怎么办？这位不仅亲爱而且伟大的舅舅决定亲自教陈衡哲，学校就设在家里，学生就是外甥女一个人。自己的生意也不能荒废，于是又请了一位先生专门讲授初级数学和新时代的卫生知识。每天下午，舅舅骑着马，匆匆回家教她一个小时，然后又匆匆离去。陈衡哲后来回忆说："督促我向上，拯救我于屡次灰心失望的深海之中，使我能重新鼓起那水湿了的稚弱的翅膀，再向那生命的渺茫大洋前进者，舅舅实是这样爱护我的两三位尊长中的一位。他常常对我说，世上的人对于命运有三种态度，其一是安命，其二是怨命，其三是造命。他希望我是造命，他也相信我能造命，他相信我能与恶劣的命运搏斗。"

不仅是舅舅，还有一位常熟的姑母。可以说，没有这位姑妈的鼓励就不会有后来的北大历史教授。少女陈衡哲的这位"人生领航人"，有着一双锐利的慧眼，她本身才华横溢，几近完美："上得厅堂下得厨房"。作诗，她行；读史，她懂；书法，写得一手好魏碑，还能温文尔雅为人把脉开药方。进了厨房还烧得一手好菜。白天伺候公婆，晚上抚育孩子；待到更深人静时，方自己读书写字，常常到晚间3时方上床，明早6时便又起身了。姑母成了"才女贤妻"范本，深深地影响了陈衡哲及其子女，他们个个出类拔萃、成就斐然。

陈衡哲（1890-1976）

1911年，陈衡哲进入蔡元培办的上海爱国女校学习。远离父母，远离舅舅，一个少女在上海只身奋斗达10年之久，虽不是自己所理想的学校，且中途又被父亲一纸家书召回，让她嫁给一官二代，她坚决不从。渴望求知求学的陈衡哲从家里逃婚出来，最为痛苦的时候，她去了常熟那位姑母家，在姑母的引荐下在一个家塾馆从事家教。陈衡哲有文字这样写道："在那两三年中我所受到的苦痛拂逆的经验，使我感到奋斗的无用，感到生命值不得维持下去。在这种情况之下，要不是靠这位姑母，我恐怕讲真没有勇气再活下去了。"

陈衡哲照片

陈衡哲经受了人生和社会的各种锻炼，她同命运搏斗不止，始终争取个人的独立和自主权。她抵制了父亲包办的婚姻，也拒绝了别人提供的做达官贵人的少奶奶的机会，她要自己去缔造美满的爱情生活。她一边打工，一边学习，轮番进过几所学校，英文基础打得十分牢固。

1914年夏天，报纸上一则清华大学向全国招收庚子款首批留学美国女生的消息，令陈衡哲充满渴望，但她不相信自己的实力。又是亲爱的舅舅、贤淑的姑母支持、鼓励，才使她坚定了赴上海应试的信心。舅舅、姑母的眼光一点没错，陈衡哲在各地考生中脱颖而出，以全国第二的成绩成为首批九名清华留美女生中的一员。那年，“造命”的陈衡哲扬帆远航，开始了她的留美生活。先后在美国沙瓦女子大学、芝加哥大学学习西洋史、西洋文学，分别获学士、硕士学位。

大量接触和深入研究西方思想文化之后，她在学术上、思想上独树一帜、很有见地。她改变了中国近代史上女学者、女思想家罕见的现实，成为思维犀利、风格卓异的著名女才子。

1917年，她在美国用白话文创作了第一篇小说《一日》，生动地反映了美国女子大学新生在一天中的生活，发表在《留美学生季报》上。

1917年到1926年，陈衡哲以“莎菲”的笔名，创作了《小雨点》《运河与扬子江》等许多作品，发表在《新青年》《小说月报》等新文学主要刊物上，产生了较大社会影响。她34岁写的奇文《运河与扬子江》，通过安份守命的运河和奋斗造命的扬子江两种人生观的对立和交锋，抒发作者崇尚斗争的情感和精神，可视为她一生奋斗、不稀罕别人赐予的生活态度的真实写照。

1920年陈衡哲学成回国，由北京大学校长蔡元培聘任，任北京大学西洋史教授。这是中国历史上第一位女硕士、女教授。之后陈衡哲在国立东南大学、国立四川大学任史学教授，在上海商务印书馆担任编辑工作，撰有学术著作《西洋史》《文艺复兴史》《文艺复兴小史》等，在中国近代学术史上有较大影响。

当白话文运动蓬勃兴起的时候，首先响应拿起笔写白话小说的作家是鲁迅，第二个就是陈衡哲。她是中国新文学运动中第一个用白话文写作的女作家。20世纪初，她以自己对中国语言文字的独特把握和对社会生活的敏锐感悟，才华横溢地挥笔创作，为新文学呐喊助威。

1920年9月27日陈衡哲与任鸿隽结婚。

1931年“九·一八”事变后，陈衡哲曾愤然致电疾呼抵制日本人，六年后抗日战争全面爆发，她带着三个儿女，从北平逃到庐山，任鸿隽当时正在山上出席蒋介石主持的庐山谈话会。不久，日军南侵，陈衡哲全家逃往广州，最后抵达香港。想不到后来日本偷袭珍珠港，香港随即沦陷，陈衡哲只好带着儿女登上法国海轮，1942年辗转回到重庆江北任家花园，全家人终于团聚。陈衡哲在重庆断断续续住了5年，是住得最长的一次。1943年初，她曾应周恩来之邀到红岩村访问。

侄孙任尔宁说：“我小时候在上海，三娘姆（即陈衡哲）对我讲过，她一生中最佩服两个人，一个是丈夫任鸿隽；另一个就是周恩来。”去红岩村那天，陈衡哲坐着任尔宁父亲任百鹏驾驶的吉普车，开到化龙桥，然后坐滑竿到达红岩村。周恩来已等在那里，见到陈衡哲，非常热情地迎了出来，说：“陈先生，我是您的学生，听过您的课，看过您写的书。”

中华人民共和国成立后，陈衡哲任上海市政协委员，1976年1月7日，86岁高龄的的陈衡哲因肺炎及并发症病逝于上海。我国新文化运动中最早的女学者、作家、诗人，我国第一位女教授就此香消玉殒。

陈衡哲夫妇

谢怀德·整顿乾坤浩气壮

谢怀德，湖南衡山人。

他是安源路矿跟随刘少奇带头唱响《我们不是牛马，我们是人》革命歌曲，实施大罢工的第一人。

他是中国共产党第一个产业工人支部派赴常宁水口山铅锌矿从事工人运动的优秀党员。

他是中国最早的农民革命组织——衡阳衡山岳北农工会首任副委员长。

他参与组织、指挥了震惊湖南、影响全国的第二次醴陵农民暴动，直至流尽最后一滴鲜血。

1916年，24岁时谢怀德经老乡介绍，跋山涉水进入安源煤矿当工人。5年后，比他年纪还小1岁的毛泽东，小5岁的刘少奇，小6岁的李立三三位来自湖南的年轻人在安源共同领导了一场震惊中外的工人大罢工。谢怀德就是他们的忠实粉丝之一。

安源是江西省萍乡市城东南6公里处的一个古老煤矿，有着丰富的优质煤炭。1898年，汉阳铁厂督办盛宣怀引进西方资金和技术创办了萍乡煤矿，并于1899年兴建了专门运煤的株萍铁路。安源路矿就是萍乡煤矿和株萍铁路的合称。安源工人大多来自湖南、湖北、江西等省，20世纪20年代初，路、矿两局已有工人13000多人。

1921年的秋天，28岁的毛泽东作为中国共产党湖南支部书记，以走亲访友的名义来到安源，准备开始在安源发动工人运动，这是毛泽东第一次来到安源。

毛泽东用他的亲和力接触和走访矿工。他针对安源路矿工人的整体特点，在后来的罢工部署中提出了“哀兵必胜”的方针和策略。

1921年的12月，毛泽东再次来到安源。这次陪同毛泽东来安源的还有刚刚从法国留学回来的李立三。为了接近工人，他们就住在安源老后街一个叫刘和盛饭店的地方。也就是在这个小小的饭店里，毛泽东建议李立三率先在安源组织安源路矿工人俱乐部。

谢怀德（1892-1927）

李立三以办学校为名开始了在安源的工作。1922年1月，中国第一所工人补习学校在安源成立了。衡阳人谢怀德是首批报名参加夜校读书的工人学员。

当时李立三发现当局对开办夜校持有警惕态度，就给每一个到夜校听课的工友发了听课证，而且安排专人在外面站岗放哨，一旦发现有陌生人来了，他们就把革命知识的书籍，放在识字课本底下。在夜校的开办过程中，没有教材，李立三就自己编撰。教材用通俗易懂的语言把革命的道理和自然科学相结合，就是如今翻看起来也有很大的教育和启发作用。

当时学校的老师基本都是义务在此教书，教员队伍中有毛泽东的妻子杨开慧，刘少奇的妻子何宝珍。为了使工人用简单的方法掌握通俗易懂的知识，李立三还组织编写了《安源旬刊》。《安源旬刊》应该说是中国创办最早的工人阶级自己的读物。

1922年的2月份，在萍乡煤矿的一个火车房，中国共产党在产业工人中的第一个党支部成立了，李立三任书记。这个支部诞生时虽然只有六个工人，但是就是这六个工人改变了当时中国共产党的阶级结构。此时的谢怀德已是一个好学习、有理想、追求民主与自由的青年积极分子。

筹备大罢工时，由于谢怀德活泼外向，头脑灵活，善于思考，组织沟通能力强，且为人特别仗义豪爽，在矿工队伍中享有较高的威信，他被大家推选为机器处工人总代表，并任安源俱乐部交际股长。

1922年，从苏联留学回国的刘少奇被派往安源。遵照毛泽东提出的“哀兵必胜”的策略，刘少奇和李立三共同开始领导安源路矿工人大罢工。就在刘少奇抵达安源的当天，安源路矿工人俱乐部致函路矿当局，提出了三项要求。

9月12日，当局作出答复，对于第三项要求予以拒绝。借口是企业亏损。这引起了工人的极大不满。当天晚上，工人俱乐部成立了罢工总指挥部，李立三任总指挥，刘少奇任谈判代表。

9月13日午夜零点，俱乐部断然发出罢工命令。在火车汽笛的长鸣声中，罢工的号角吹响了。

那首《我们不是牛马，我们是人》的歌曲已经人人会唱。安源俱乐部交际股长谢怀德带头唱响了这首歌。他声音宏亮，且极富感染力，千百人的怒吼汇成了一股洪流。在铿锵有力、排山倒海似的歌声中，东平巷的供电中断了，井下的电灯全部熄灭，工人高举着斧头、岩尖，冲向当时的路矿当局办公大楼。“从前是牛马，现在要做人！”的口号声震天动地。

9月14日，煤矿机房因燃料用完，所有矿井都面临全线崩溃。路矿当局不得不答应与工人代表进行谈判。

谈判的气氛是相当紧张的，面对狡猾的路矿当局领导，刘少奇表现得临危不惧。9月18日上午9时，李立三和刘少奇与路矿当局代表在最后达成的十三项协议上签字。至此，历时五天的大罢工取得了完全胜利。这一年谢怀德加入中国社会主义青年团。

从1920年到1930年的10年当中，毛泽东曾经八次来到安源。中国共产党第一个产业工人支部、第一所党校、第一支工人武装、第一个消费合作社都是在安源建立起来的。那几年，安源的党员数量最多时占到全国的三分之一甚至一半。小小的安源，是我党早期革命的摇篮，在党史中占有重要地位，因此有“小莫斯科”之称。工人运动培养的大批工人后来成为秋收起义的中坚力量。有一大批安源工人参加到红军的队伍中。从此，安源这块土地的上空一直飞扬着英雄的旋律。

1923年，谢怀德加入中国共产党，随即被党组织派赴常宁水口山铅锌矿从事工人运动。

岳北农工会领导成员合影（后左一为谢怀德）

自从1921年中国共产党第一次全国代表大会在上海召开后，全国建立了三处最早的农民革命组织，均各有特色，浙江萧山衙前农民协会，成立最早，时间第一。广东海丰农民协会成立声势最大，规模第一。衡阳衡山岳北农工会成立的特点则是农、工联合，全国组织形式第一。

衡山岳北位于衡阳市南岳衡山北麓，方圆二百多公里，是湖南时任省长、大军阀、湘军总司令赵恒惕的“胞衣地”。当时的岳北人民深受其害，民不聊生。1922年岳北人民受安源煤矿、水口山铅锌矿工人举行声势浩大的罢工运动教育和启发，看到了翻身得解放的光明前景。

1923年4月，中共湘区委员会选派水口山铅锌矿优秀干部刘东轩、谢怀德带着革命的火种，回家乡岳北发动组织农民运动。经过积极筹备，1923年9月16日，岳北农工会在刘捷三公祠召开成立大会，数千人参加。谢怀德任岳北农工会副委员长。

岳北农工会成立后，谢怀德便拿出看家本领，先看看他创作的两副对联。第一幅：唤醒农工脱离水火，提倡革命整顿乾坤。第二幅：讲自由从牺牲着手，谋解放须热血换来。两副对联，说气魄有气魄，讲决心有决心。铿锵有力，掷地有声。

再看看成立大会所做出的四个决议案，全部都与农民生活息息相关：1.关于农民生活要如何改良之决议案；2.关于农村教育之决议案；3.关于本会对政府态度之决议案；4.关于农村妇女的生活要如何改良之决议案。

你说，九十多年前，共产党组织作出这样的决议案，哪个农民不拥护？哪个农民不铁了心地跟党走？

我们再来欣赏一下大会发表的宣言：

“亲爱的农友们，我们在世界上占了士农工商四民之一的地位，但是，我们在民权的地位上，除开叫苦叫冤，啼饥号寒，日夜劳得汗水如淋以外，什么都没有的啊！要读书吧，学校是有钱的才可以进去！要住屋吧，好一点的房子，我们一进去，房主却疑我们是来偷窃扒摸的啊！要吃饭吧，轮到青黄不接之时，提进钱没有谷籴！要穿衣吧，洋人把中国的棉花提高价格收尽去了，使得我们赤裸裸地不能纺纱织布。其他如做官得了钱的人，挟着官威强买民田，做官要得钱的人，时常预征钱粮，外国人暗中使中国军阀互相打仗，到处用兵，弄得我们今天被拉夫，明天被派差，在路上受敲诈挨打，也是我们啊！外国人把洋货送到中国来。弄得我们从前用手艺做出来的货哪里还值钱啊。我们现在受的种种压迫，因为从前忘记了团结力量就是我们的武器，以致从来没有向敌人反抗。现在我们知道了，要为自己解除痛苦，只有大家联合起来啊。”

多么有力的控诉！多么暖心的呼唤！

没有陈词滥调，句句号召解放。

农工会又随即派出业余宣传员，每天回乡演讲，“将农民如何受大地主及劣绅种种苛待压迫，不堪忍受的情况和盘托出”，农民觉悟迅速提高。

岳北农工会成立后，谢怀德与战友一起，作出不准囤积居奇，阻止谷米出境的决定。新桥大地主胡育嘉、刘碧臣等不顾人民疾苦将囤积的几百担谷子偷运到湖南长沙等地卖高价，谢怀德闻讯后率领两千多农民手拿梭标、锄头赶至晓岚港、梓木港河岸收缴所有谷米，按每元四斗五升的价格，全部粜给农民，所得收入，作为农工会办公经费，打响了岳北农工会斗争的第一炮。

接着农工会又领导农民斗争了大地主廖连元、白果团防局长赵桂荪和赵恒惕的胞兄赵念慈，大长了农工会的威风。

在此基础上，农工会开始酝酿减租减息的斗争，一场大规模的清算地主豪绅压迫剥削农民的革命运动在岳北农村蓬勃兴起。

岳北农工会在谢怀德等人的领导策划下，声威远震，发展迅速。随后，衡阳、湘潭、湘乡等县的农民也踊跃前来参加。仅三个月时间，会员由9月的1万余人，发展到11月的10万余人。

当时岳北农工会熊熊燃烧的革命烈火，使赵恒惕惊恐万分。1923年11月25日，赵恒惕派兵镇压岳北农工会，焚毁了岳北农工会会址，抓捕了70多名农工会会员，枪杀了东湖总代表赵炳炎，贯塘总代表周德二和马鞍山总代表廖芳炳。枫林区总代表李玉邕被关进监狱折磨致死。史称“岳北四烈士”。

由于赵恒惕的残酷镇压，岳北农工会斗争惨遭失败。但它揭开了湖南农民运动的序幕，成为湖南农民运动的先声。岳北农工会在广大农民中播下的革命火种，很快蔓延三湘四水，不久，湖南农村大革命风暴席卷而来。

1927年初毛泽东在衡山考察农民运动时，特别高度评价了衡山农民斗争的创造精神。

在《湖南农民运动考察报告》这篇著作中，毛泽东同志就对当时白果镇妇女进祠堂吃酒的行动给予了高度评价。“衡山白果地方的女子们，结队拥入祠堂，一屁股坐下便吃酒，族尊老爷只好听她们的便。”

后来，蒋介石发动了“四·一二”反革命政变，岳北部分工农武装力量转赴江西安源，编入工农革命军第一军第一师第二团，参加了毛泽东同志领导的秋收起义，并跟随毛泽东奔赴井冈山，开辟以农村包围城市，武装夺取政权的道路。

1927年9月湘赣边界秋收起义后，中共醴陵县委继续在农村发动群众，武装农民，准备起义。10月，在西一区建立醴陵游击营。同年底，醴陵东、南、北三乡相继成立了游击队、赤卫队。并在南乡建立了兵工厂，制造武器弹药。游击队发展到400多人枪，组成了醴陵工农革命军第1团，团长周云甫，党代表滕代远。全县赤卫队发展到4万多人，醴陵农村初步形成了武装割据的局面。此时，农军急需干部，谢怀德由中共湖南省委派遣，调往醴陵，参与组织醴陵农民暴动。

1928年1月27日，醴陵农民武装和革命群众近万人，带着梭标、雷火枪、松树炮等武器向县城进逼，很快包围了县城。醴陵城三面环水，易守难攻。凌晨，攻城总指挥部下达攻城命令，各路农军立即向前冲杀。西乡农军涌向渌江边，却无法过河；东乡农军在阳三石捣毁敌人军火库，南乡农军攻进了南门。渌江桥是进入县城中心的唯一通道，敌军在此防守严密，几经争夺，终因敌人火力猛烈，农军伤亡较大，攻城总指挥部被迫下达撤退命令。

2月27日再次攻打醴陵县城。农军先是破坏株萍铁路，切断敌人增援路线，而后将所有渡船集中到渌江西岸，供农军攻城使用。凌晨2时，万余农军分四路向县城发动猛攻。西乡农军占领了刘家码头和金牛巷口；北乡农军冲过凤凰山，占领七眼塘一带；东乡农军攻到东门渡口，占领了邓公塘一带。三路大军直逼守敌城防阵地，但工农革命军第1团和谢怀德率领的南乡农军冲过南门、打到渌江桥时，遭敌人机枪火力的猛烈阻击，第1团多次强攻，未能奏效。敌人是钢枪铁弹，农军是大刀梭镖，双方装备悬殊，再攻下去，于农军不利，指挥部分析了战斗形势，再次下令农军撤退。谢怀德主动断后，掩护农军撤退，不幸中弹被捕，英勇牺牲。

醴陵农军两次攻城虽都未获成功，但震动了整个湖南，显示了农民群众的力量。

易咏畦·琴绝如焚最伤情

易咏畦名昌陶，字咏畦，1892年出生，衡阳人。易咏畦曾祖父易多吉，祖父易莹兑，父亲易诗世，代代品德崇高，均是文声显著、知书达理的读书人，十里八乡的人们都十分尊敬他们。

易咏畦天生聪颖，与普通小孩子不一样，端正庄重，很少说话，行为举止有规有矩。最初由爷爷易莹兑在家教他，四五岁的时候，爷爷就用立身大事教育他，有过错就责罚，没有丝毫溺爱与宽宥。之后20余年，易咏畦的立身诚信、做人做事没有瑕疵过失，为同乡同学所公认。在爷爷身边四年时间就通晓了四书五经等书。13岁时离开家庭进入本县的高等小学。入学后，更加刻苦自觉、发奋读书。在校四年，除寒暑假外，一年仅回家一两次。

易咏畦特立独行，卓尔不群。

易咏畦爱好文学，课余时间喜欢选抄十三经注疏及史记、诸子百家的著作，数年积累下来，达到100余册。每晚都是等同舍的同学睡了，他就夹着书到安静之处挑灯夜读。凡是读古文，每篇都读到能够背诵才肯作罢，习以为常，从未因发生某事而停止过。由于读书启蒙早，易咏畦在历届同班同学中年纪也最小，考试却常常第一。别说学生，即使是前辈老师都把他看作畏友。

易咏畦工于四体书法，尤其喜欢吟咏，著有《也可山房诗集》《集古录》《城南杂艺》若干卷，书稿收藏在家里。

易咏畦曾对同学说，现在的学者“忸怩浮夸、堕落不理事，更有甚者刑挫天性、毁坏操行、扰乱风教，却都安心而没有恐惧。人心风俗歪邪或肃正，国家会因此而兴盛或衰颓。所以不安定的国家应当拯救，尚不如溺陷没有廉耻的人心应当拯救那么危急。拯救不安定的国家已是难事，但还不及拯救溺陷没有廉耻的人心那么难啊。今天的学者每天说救国，但不求修身吗，却舍近求远，本末倒置，这就显示了他们的糊涂”。

同学赞同他的说法，更佩服他的为人。易咏畦沉稳淳厚，没有暴躁急躁的言语神色，喜欢称赞别人的好处而不喜欢说别人的坏处，忠诚对待老师和朋友，言而有信，这些品质，十分难能可贵。

1912年春天，易咏畦与同乡王濬哲从衡阳出发，一起游学长沙，一同参加考试，一并录取为湖南第一师范学校第八班学生。缘分让来自衡阳的六个同学走到了一起。

易咏畦（1892-1915）

湖南第一师范，一个规模不大，人数不多，层级不高的学校，在较短时间内，培养出了诸如毛泽东、蔡和森、何叔衡、周世钊、李维汉、萧子升等一大批有志之士，不能不说是一种奇迹，这其中学生个人的求学品格是决定性因素。

王濬哲与易咏畦一样年纪，但易咏畦写的著作，如诗歌和辞赋比较华美而富有文采，王濬哲后来回忆说，我羞愧的是我的文章与他写的根本无法比拟。他小心谨慎的追求个人修业水到渠成，我只能跟随他的脚步。易咏畦有时跟我讲道义，有时跟我讨论文史，我不懂的地方他就给我解释让我明白，有收获就跟我一起分享。他曾经勉励我，告诉我做学问的要旨：一曝十寒（原意为即使最易生长的植物晒一日，冻十天，不可能生长。在此比喻学习一时勤奋一时懒散没有恒心）和废弛没有区别，似乎学得会很多却没有精通的一种，也只是鼯鼠之技（本意为鼯鼠样样都学，却没有一种能在危难时救自己。在此比喻技能多而不精，于事无益）。王濬哲说，我以他的话做为行动要旨，时刻严格要求自己。

1913年7月，易咏畦受到风冻，一时冷热相逼又加上发痧，导致气血下凝，肾脏肿得象陶瓮一样，脸孔浮肿肚子发胀。病情一天天加重，关心他的同学找来各种药方制剂都作用缓慢，没有明显效果。易咏畦急得常常哭泣，一帮朋友看了心里也觉害怕。大家劝他南下回家休养，并委托王濬哲跟随护送。

易咏畦在学校的时候就已经很艰难了，拖着病体回家，路上更加痛苦。一开始乘坐火车，易咏畦的双脚情况不好，很难独自支撑，可同学王濬哲在上下车的时候因为需要照顾行李又不能背他，上车下车，易咏畦都强自振作步行。二人到株洲转搭航船的时候，在江边等船正碰上南风大起，江面波浪很大，王濬哲和易咏畦蜷缩在在小沙洲上一棵大樟树下等候，一整天也没有等到敢出行的帆船。天色已经傍晚，只好雇了一条没有风帆的小船，那船还没有四尺宽。当晚又下起了细雨，接着就没再停歇过，江风萧瑟，冷饿交加，王濬哲都觉得困苦难受，易咏畦就更不用说了。

二人挤在小船里，就好像被囚禁一样，易咏畦的病加重了，王濬哲心里也越来越觉得害怕，一整晚都睡不着，易咏畦不停地呼喊父母，又念叨他的爷爷。抵达衡阳太梓码头的时候，易咏畦的病情似乎好转起来了，并不是病体痊愈，兴许是回到家乡心里高兴吧。易咏畦的弟弟来接他的时候，抱着骨瘦如柴的哥哥泪如泉涌，一边哭一边用手指着王濬哲说：“是你让我哥活下来的啊！谢谢你啊，王兄。”

在易咏畦家住了两晚以后，王濬哲要告别了，二位学友依依不舍，难以离去。

易咏畦在家一边治疗一边自学，终因身体虚弱而引发肺结核。1915年3月在家中逝世，时年23岁。

消息传到湖南第一师范，全校震惊。师生们无不感到悲痛。

邹蕴真与易咏畦居住在同一间寝室，邹蕴真回忆说，在学校我们几乎形影不离。易咏畦用美玉一般优秀的才华与情操来提点和保护我这如顽石一般愚笨的人，可惜我就臭椿麻栎一般无用。当他的身体染上小病，我们朝夕待在一起，那段时间易咏畦对我的教诲实在是很多。易咏畦回家乡衡阳，虽有王濬哲与他同行，但一想起他乘着小船，就觉得他是独自划着孤舟一般。大雁那嗷嗷的叫声让人觉得天空是无比的辽远，那号号的风声让树木也更显稀疏，真是让人增添了无尽的离别之情啊！没有一个同学会想到，这一别竟成了永诀！

1915年5月23日，湖南第一师范由校长张干、学监王季范、教员杨昌济发起，学友会为易咏畦举行了追悼会，师生共送挽诗挽联256幅，并编印成册，题为《易君咏畦追悼录》。诗联内容多含“悼念学友，毋忘国耻”之意。随意挑几份祭文，我们就可看到这位了不起的衡阳人在人们心中的形象。

三班祭易君咏畦文：

今天的人，内心吝啬外表大方，您却不是这样。隐藏踩哈，沉默安静，浑厚纯朴，咀嚼文章，吟哦经史，谦虚礼让。书法翰墨酣畅淋漓，有气如云，有画如矢。您待人接物，对待贤愚都一样真心，不卑不亢，不随波逐流，互相恳切勉励，以此磨砺。

五班祭易君咏畦文：

呜呼。邦交已败，国防多危，四万万同胞早就沦为契约买卖的奴隶，旦夕间就会转徙流离，被人烹煮鞭笞，好歹都任人摆弄，将会相求死也不能死。这是自己哭自己还没有时间，还有什么时间去哭别人呢。所以哭您的哭的不是您，哭的是自己。您死了有人哭，我等死了将没人哭了。那同抱亡国之恨的英雄奇鬼尚须为我等大哭一场啊。

八班祭易君咏畦文：

易咏畦生来聪明伶俐，与众不同。经史子集一读就懂；您平日里勤奋学习，废寝忘食，没有丝毫怠慢或荒废，一言一行循规蹈矩；您的文章如云雾里的神龙，变幻莫测；您熟知各种技艺，又擅长雕刻；您为人含蓄而不凡，心中始终有光大祖国的誓愿。

第一师范学校校长代表全体职员教员学生撰文：

情钟如我辈者惆怅生离死别，更何况是与您的离别，这离别愁情如何支撑。您才智超群到此就学，修身砺行自我约束，摘抄经解措辞扼要，诗歌杂艺才华横溢，课余之时还能深思。您精力旺盛而不知疲倦，莘莘学子对您期待远大，说您前途不可限量。

同班同学毛泽东和易咏畦感情至深，他挥毫写下了一副《悼友人易咏畦》的挽联：

胡虏多反复，千里度龙山，腥秽待煎，独令我来何济世；
生死安足论，百年会有殁，奇花初茁，特因君去尚非时。

挽联中“生死安足论”出自文天祥《正气歌》，即指人的正道精魂将和天地永存，死生一事又有何惧。青年毛泽东生命观与此契同。他认为精神是不灭的。

毛泽东对好友易咏畦的去世感到无比痛心，并在这年6月《致湘生信》中又抄录有他写给易咏畦的挽词：

去去思君深，思君君不来。
愁杀芳年友，悲叹有余哀。
衡阳雁声彻，湘滨春溜回。
感物念所欢，踯躅城南隈。
城隈草萋萋，涔泪浸双题。
采采余孤景，日落衡云西。
方期沆瀣游，零落匪所思。
永诀从今始，午夜惊鸣鸡。
鸣鸡一声唱，汗漫东皋上。
冉冉望君来，握手珠眶涨。
关山蹇骥足，飞飙拂灵帐。
我怀郁如焚，放歌倚列嶂。
列嶂青且蒨，愿言试长剑。
东海有岛夷，北山尽仇怨。
荡涤谁氏子，安得辞浮贱。
子期竟早亡，牙琴从此绝。
琴绝最伤情，朱华春不荣。
后来有千里，谁与共平生。
望灵荐杯酒，惨淡看铭旌。

惆怅中何寄？江天水一泓。

这是首长达二十行的五言古风，也是迄今发现的毛泽东留下手迹中最早的诗作，写得感人至深。“去去思君深，思君君不来。愁杀芳年友，悲叹有余哀。”“城隈草萋萋，涔泪浸双题。采采余孤景，日落衡云西。”道出了他与易咏畦手足情深及自己的不尽哀思。在挽词中他即道出最深伤痛的原因：“列嶂青且蒨，愿言试长剑；东海有岛夷，北山尽仇怨。荡涤谁氏子，安得辞浮贱。”因为易君匆匆远逝并没有机会与他一道奋斗，用“长剑”将岛夷日本和北山俄国驱逐出我们的国土。此亦表明了青年毛泽东深沉的民族主义情怀和对儒家传统中最终“平天下”之宏伟愿景的积极践行。它同《明耻篇》封面题词一起，深厚地表达了他对国家、民族命运的忧虑。“改造中国与世界”的伟大人生抱负，使他把这种忧国忧民之心付诸救国救民的具体行动中。毛泽东诗词以其前无古人的崇高优美的革命感情、遒劲伟美的创造力量、超越奇美的艺术思想、豪华精美的韵调辞采，形成了中国悠久的诗史上风格绝殊的新形态的诗美，这种瑰奇的诗美熔铸了毛泽东的思想和实践、人格和个性。他的诗词往往在看似不经意的轻描淡写间，展示纵横万里的境界，发出吞吐山河、雷霆万钧的气势。

毛泽东伤心之至，与同学们一起，赴衡阳为易咏畦扶柩送行。

同学们一致认为：易咏畦只是从人间离开而并未真正远离他们，活着的人只有在做出一番“平天下”的丰功伟绩之后才具有更高的意义。

红色经典青春励志小说《恰同学少年》记载了有关易咏畦的故事

谢　华·文韬武略奇气伸

毛泽东曾称赞谢晋是“湖南的一面旗帜”。谢华是谢晋的侄子。谢华称谢晋为“六叔”。

谢华，谱名庭芹，又名炳、秉、病石、仲池、兹山。1895年出生于湖南省衡南县南乡六塘利家皂。

谢家在当地算是名门望族，四世同堂，耕读为本。家庭文化底蕴十足，文化氛围相当浓厚。爷爷谢国用在乡间行医，悬壶济世。平日里喜欢古文典籍，吟诗作赋，出口成章。那药方子开出来，犹如一幅幅书法作品。父亲谢海帆，字瀛洲，夙慕乡贤王船山之为人，崇拜之余精读其全部著作。谈起王夫子观点见解，如数家珍。谢海帆博学正直，富有爱国之心，曾主持过清泉岳屏书院。清末科举时中过一次贡生，被授广东番禺县候补知县，但因家中一时拿不出钱银贿赂权贵，以至候补终身。在广州逗留时，也曾在一个卸任道台家任塾师。那一年闻其三弟谢云从病故，他因手足情深，悲伤过度，从此一病不起。

谢华3岁就开始读书，启蒙教师是他的舅公，由于他幼小聪慧，很受舅公钟爱。后来就读于乡村京山学堂，聪明好学，功底扎实，能言善辩，言辞犀利，成绩十分优秀。

青年时期的谢华，则受孙中山、黄兴、蔡锷以及比他大12岁的六叔父谢晋的影响极大，一踏入社会便积极投身当时的民主革命活动。年纪20岁出头，却充分显示了他文韬武略的才华。

先讲他的武略。

谢华从小胆识过人，且通晓军事。当湖南护法军败退郴州，直系吴佩孚进占衡阳时，谢华潜居衡阳乡间却不甘寂寞。他与几个朋友计议，把当时衡阳的散兵游勇与地方失业农民收编和组织起来，编成一个正式军队，配合护法军反攻。在场朋友个个响应，推举他为“湘南护法军民军招抚使”。说干就干，谢华当即来到衡阳西乡走亲访友，宣传鼓动，招兵买马，征集了千余人。而后他以湘南护法军民军招抚使的名义刻印信，任官员，张贴文告，派人分赴衡山、湘潭、宝庆一带招兵。不久，各位朋友率领衡阳县属七里山、茅洞桥、南乡浦、大水江、柞市、京山、谭子山、龙秀山诸地农民队伍汇集在谢华公开设立行署的新桥镇，一统计，居然达到2万余人。

谢华的组织能力可见一斑。

1923年，孙中山电召谭延闿回粤，谢华也随谭延闿的部队到广州，这期间，他接触、阅读到了《共产党宣言》《社会主义浅说》《社会进化简史》等进步书刊，开始对马克思主义有所了解继而入迷。

谢　华（1895-1987）

1925年8月谢华考入由廖仲恺任所长的“国民党党立宣传员养成所”。在这里，他亲聆了毛泽东的教诲，更坚定了自己的选择。入学不到一月，鉴于他对马克思主义信仰和迫切要求入党的愿望，经同学邹浩介绍加入了共青团（当时“养成所”只有团组织）。

1926年1月谢华在“养成所”结业，调第2军第6师第18团任党代表。任命书下达之前，由第2军党代表李富春、第2军政治部主任黄鳌介绍加入中国共产党。

革命军北伐时，谢华所在第18团团长刘某乘单独行动之机，以“筹饷”为名，在政和、松溪两县勒索现款万余元，中饱私囊。谢华义愤填膺，认定这是军队的奇耻大辱。他当机立断，组织力量，迅速查明真相，上报军部将刘某撤职查办，并以此案通报全军，要求全体军官引以为戒，严格遵守军纪法规，绝不容许欺压地方民众百姓。刘某被撤职后，恶气难咽，纠集旧部死党暗中策动兵变。谢华毫不手软，掌握对方动向后，一边电告军部，一边紧急逮捕企图哗变的核心人物；同时对部队大加整饬，清除败类，调整将领，提拔青年。一扫昔日歪风，使部队战斗力大为增强。此后，第18团在浙江江山击溃自号“无敌将军”的孟昭月，全军进入杭州，旋经安徽入苏南，大败张宗昌于秣陵关，于1927年3月23日进入南京。

谢华的决策能力获得上下赞赏。

1927年，谢华在鄂西患重病回武昌治疗，同年7月要求归队，因病未获党组织批准。由此错过了参加南昌起义。

“八七会议”后，谢华奉命派赴湘南参加发动起义，他日夜兼程回到衡阳，在后宰门马趾横街谢氏家中寄寓进行筹备活动，旋被敌人发现。谢华不敢久留，脱险后再返武汉，年底辗转赴上海，被编入中共中央直属小组。在组织开设的一个小杂货店任经理，从事地下秘密联络工作。

蒋桂（桂系）战争后，谢华受中共中央军委派任广西军运特派员。1930年夏回到上海，在陈赓同志领导下，积极从事情报工作。“九·一八”事变发生后，他在上海坚持抗日宣传活动。

1932年7月，谢华任陕西军运特派员，以文化教官的名义在杨虎城的宪兵营工作一年。在此期间，他大力发展中共党组织，使每个连都有共产党员，利用宪兵营的名义对革命活动进行保护。由于国民党CC系分子与地方实力派杨虎城斗争激烈，西安的政治形势险恶，为掩护和保全革命力量，党中央决定将宪兵营中的共产党员疏散一部分出来，分头进行革命活动，谢华被派往湖南攸县进行军运活动。

1934年谢华离湘赴沪，参加“中华民族武装自卫委员会”的筹备工作，负责分管西北地区的抗日宣传活动，加强与中上层爱国人士联系，争取他们的声援和支持。

1936年2月谢华再度赴西安，以“救国会”的名义出现，做杨虎城部属的工作，促成西北军在前线就近与红军联系，并于6月向中央写了工作报告。周恩来同志亲笔复信，同意他的报告，指示他把地方党组织建立起来，成立由中央直接领导的中共西北特别支部，由谢华任支部书记。在中在中共西北特别支部的直接领导下，又组建了“西北各界救国联合会”，广泛发动群众，积极开展“停止内战，一致抗日”的活动。同时在终南山将杨虎城的溃散部队重新召集组成了陕南人民抗日第1军，这支队伍在西安事变后编为八路军的一个团。

同年11月底至12月初，蒋介石率领大员先后来西安调兵遣将，布置“剿共”，新的内战迫在眉睫。西北各界救国联合会积极应对，决定在“一二·九”运动周年纪念日举行群众示威游行，向张学良、邵力子、杨虎城递交请愿书。游行示威如期举行，之后向蒋介石的住处临潼出发，张学良闻讯追至灞桥劝阻，被学生的义愤、悲恸和热烈的爱国心所感动，以沉痛而愤慨的语调，诚恳地向学生表示：“……你们的要求我保证一定实现，一个星期后有事实给你们看，请相信我吧！……”震惊中外的“西安事变”于12月12日发生了。不久，以周恩来同志为首的中共代表团到达西安，使“停止内战、一致抗日”的行动取得了基本胜利。这是抗日战争的一个重要转折点，谢华所领导的中共西北特别支部及西北各界救国联合会为此所付出的辛勤工作，载入了史册。

再讲他的文韬。

谢华21岁时以“病石”为笔名开始向湖南《民报》副刊投稿。两年后，他便在衡阳自编自写自印，办起了一张《护法报》，专为护法军做宣传。报纸一出街即大受欢迎，后改名为《湖南时报》在长沙正式发行。1919年，谢华又在郴州办了一张《民言报》，继又主办《民意日报》。

自己办报还不过瘾，之后几年，他还坐在桌前经常为《衡报》、《衡阳通俗报》撰写时事短评，激烈抨击当时的封建旧势力。

1939年春，谢华调延安马列学院历史研究室工作，与范文澜合作完成了《中国通史简编》第一编（远古至秦）的编写任务。在此期间，他写了《略论殷代奴隶社会》的文章，还写了供干部阅读的《中国史讲话》。

1941年4月，谢华调陕北公学任大学部主任，9月至10月任中央调查研究局第四局第一室主任并代理副局长。1943年调中央党校三部，参加整风运动。抗日战争胜利后，去重庆中共代表团工作，负责接待群众来访和联系与我党有秘密往来的进步人士。1946年5月，谢华随中共代表团去南京工作。

1949年8月任中共中央统战部第一处处长。

全国解放后，谢华到江西吉安地区参加土地改革。一次从江西路经湖南返北京时，黄克诚同志殷切地挽留他在湖南工作，谢华欣然应诺。之后担任湖南省委统战部部长、省民族事务委员会主任、省政协副主席。任职期间，他以学者的风度，和知识分子广交朋友，鼓励他们积极工作，锐意进取；他对民主党派、民族、宗教、侨务等工作，都采取严肃慎重的态度，对许多理论性的问题，提出了一些颇具独特性的见解，令人心悦诚服。

1957年谢华任湖南省志编纂委员会副总纂（程潜兼总纂）兼湖南省历史考古研究所所长，实际负责编纂省志的主要领导工作。他为省志编纂设计了总体规划，撰写了《湖南省志·总序》，提出了新编省志所要完成的三大政治任务和必须达到的三大质量标准，至今仍有指导性意义。

在他任职期间，出版了《湖南省志》第一、第二卷（即《湖南近百年大事记述》和《地理志》）。《文物志》《宗教志》《民族志》也都写出了初稿，使湖南成为全国率先编纂出版省志的一个省份。他治学严谨，一丝不苟。一百万字左右的《湖南省志》，他从头到尾，一页不漏地亲自核稿、校正；单独成辑的《文物志》《宗教志》等稿件，他亲自过目、审阅；隆重推出的《湖南历史资料》季刊中重点稿件及各篇的前言、按语都有他的圈圈点点及勘正意见。

1962年，他和李达同志发起并组织了全国性的王船山学术思想讨论会，倡导对船山学术的研究，在国内外学术界都发生很大的影响。他发扬民主，坚持“双百”方针，实事求是的科学态度，为党内外人士所共知。他从不隐瞒自己的学术观点，也不轻率地、盲目地放弃自己的或者推翻别人的学术观点。

年逾80时，谢华开始编著《论西周封建》一书，关于中国古代史分期问题，实际上是他在30年前与范文澜合作编写的《中国通史简编》第二分编中西周封建说的发挥和总结，此著回答了其他学派许多质难问题。他以大量史料论证了西周时期的土地经过大分封、小分配，已出现了所谓“亲密意义的地主阶级”，广大劳动者不是奴隶而是农民，从而证明我国西周时期已进入封建社会。他的这种观点在封建社会分期问题上自成一家，此书在国内外历史学界引起了巨大反响。

谢华不仅在历史学、方志学领域内卓有成就，在民族学、民俗学等方面同样具有丰富素养。《湘西土司辑略》一书，就是他的研究成果之一。

在文风方面，他力主“文章贵洁”“芟汰浮词”“言之有物”“流畅可读”。秉着这些主张，他严格要求自己，也严格要求别人。他不仅关心和尊重老年研究人员，更爱护和培养中青年研究人员，期望他们多出成果。基于这些优良品德，使他在历史学界享有崇高的威望，晚年被聘为全国党史人物研究会顾问和湖南省党史人物研究会名誉会长。

谢华经历了旧民主主义革命、新民主主义革命、社会主义革命和社会主义建设三个伟大历史时期，艰苦奋斗，成长为一个坚强的无产阶级革命战士。

他胸怀豁达，两袖清风，不计较个人名利得失，即使受到误解和委屈，也毫无怨言。

他爱憎分明，无论是谁违背党纲、党章和党的各项准则，他都表示极其强烈的义愤，敢于批评，敢于斗争又善于团结同志，促使大家牢牢铭记自己的神圣职责。

他在生活上艰苦朴素，用省下来的钱，照顾一些有困难的同志。在他病重的时候，还主动提出将自己藏书捐赠给湖南省社会科学院，以利后学，以励来者。

谢华对子女教育十分重视，思想、生活、学习、工作，各方面都要求严格，从不为子侄们的问题麻烦组织。亲友们也深深理解他的一贯作风，各自通过正常途径去解决问题。

1985年，90高龄的谢华被评为湖南省省直机关优秀党员，其崇高品德和严于律己的精神受到了人们的尊重。

1987年3月17日5时30分，谢华在长沙逝世，终年92岁。他的骨灰遵其遗嘱，撒放在岳麓山黄兴墓、蔡锷墓、六叔谢晋墓旁的树木花丛之中。

他的艺术历程也就大致可以分为两段，前一段为探寻期，后一段为成熟期。探寻期更多地依附于时代，成熟期更多地依附于人性。

能深知人性和深知生命的人，不会为一种成功而感动，为一时的辉煌而感动，也不会为一种挫败或者名望而感动。最难得的生命的初始的感动，是一种为生命自然形态中所能承载的那些曲折，那些记忆，那些生命的每个日子中坚强面对的点点滴滴，而付出的心血和汗水的感动，是为这样一种胸怀，宽容，智慧，粗旷，豁达，乃至不死不屈，不折不挠的精神的感动。

方嗣本·乱云飞渡仍从容

中央美术学院是中国历史上的第一所国立美术高等学府，成立于1918年。它诞生之日名为“国立北平艺术专门学校”。之后，也改称过“北京美术学校”“国立艺术专门学校”等，直到1950年，才定名为中央美术学院至今。创办中央美术学院的历史在一定程度上反映出中华民族近百年的荣辱悲欢。参与创办中央美术学院的教师中就有肖俊贤、冯臼庵、方嗣本等数名衡阳人，可见衡阳人在美术方面可谓群星灿烂。在中央美术学院建院100周年到来之际，我们再次向在这块艺术园地里辛勤耕耘、付出了许多汗水的衡阳前辈表示崇高的敬意。

一

方嗣本，又名伯务，易名嗣体，作画时亦题名方舟或白雾山人。1896年10月23日出生在衡阳市衡山县店门镇天鹅村方家台一个富裕家庭。父亲方声润，与杨伯熊、萧企云一样，早年均毕业于北京法政专门学校法律本科。

方嗣本兄弟姐妹7人，他排行第二。

方嗣本从小就生活在富裕家庭，完全可以过着衣来伸手、饭来张口，平日里琴棋书画，闲时钓鱼旅游什么的，但他却偏偏想着要自食其力，要天下为公，要为民族去奋斗什么的。他家有许多雇工，他对雇请的长工有着一种特殊的感情：他尊重长工，他认为是长工养活了他一家，经常跟长工下田劳动，同枕共铺，爱长工胜过爱自己的父母、弟妹。想一想，这也并不奇怪，就像中国共产党早期的领导人大多都是“富二代”一样，他们读书识字，体验生活，追求真理，放着个人安乐窝不去享受，寻求的却是救国救民的大道理，像周恩来、邓小平、叶剑英、夏明翰，等等，都算得上是“富二代”。中国共产党最早的农民运动领袖之一彭湃就是一个典型的富家子弟。他家的佣人雇工有1500多人。他放着这么大的家业而不顾，却非要为民族为理想去奋斗。他曾把家里所有的雇工召集起来开会，当场把房产地契一把火全部烧掉，然后说：“你们谁种我家的地，这个地就是你的了。谁住我家的房，这个房子就是你的了。”你瞧瞧，那时共产党人的目标，就是心怀天下，为劳苦大众谋福利。

这方嗣本也不例外。

1913年，方嗣本与比自己长一岁的贫家女儿谭伯助结成伴侣，独立门户，以摆脱家庭对自己的束缚。同年进入衡山县立中学初中部学习。读书期间加入了中国民主同盟会。4年后毕业，与妻子苦心经营“存心堂”药店，靠每天所得的微薄收入度日。这段时期，他刻苦自学绘画艺术及书法，常登南岳山寻幽探胜，观赏奇花异草，珍禽走兽，这为他日后擅绘翎毛花卉打下了良好的基础。

方嗣本（1896-1927）

二

1922年，方嗣本离别家乡，赴京应试，以优异成绩考入北京艺术专门学校中国画系第一班。在著名画家、教授陈师曾、齐白石、王梦白、凌之渊、陈半丁、姚容华、冯臼庵等人的指导下，专心致志，刻苦钻研绘画艺术，最初画工笔花鸟，后画写意花鸟。他仅以一年多的时间就临摹了古今中外花鸟画家的代表作品。石印《四时花鸟画册》四册发行。

在学习期间，他不依靠家庭的任何资助，过着极其清苦的生活，衣服破了自己补，头发长了自己剪。为了读书方便，他与同乡同学明方炎先住西京鸿文公寓。因嫌住宿费贵，两人又跑到西京畿道下岗路去租民房，后再迁于宣武门内石灯庵古庙。自已烧水煮饭，把节省下来的钱用来买颜料、画具。这一时期，他一心扑在学习上，不论在学校或寓所，常常不停地挥笔作画，亦常到动物园、中山公园等处写生，细心观察各种事物，以生活周围最为大众所熟悉的事物作题材，创作了许多具有现实意义的受人称道的美术作品。有时，他也将自己的作品送到画店请求代卖。

当时的绘画界，多以模仿为能事，但方嗣本能很好地继承古代画家现实主义的优良传统，灵活地汲取各家的精华，善于创造性地从事绘画，深为画坛重视。美术家凌之渊说他是“以一手而兼写生写意之二妙。”印石家、画家冯臼庵在《衡山方舟画册》上题诗赞许：

脱却毗陵意更微，
独师造化得生机。
人间几辈丹青手，
依样葫芦总觉非。

（注：毗陵，指的是清代著名画家恽寿平）

对方嗣本的绘画艺术给予高度评价。

还在学习期间，方嗣本就应京华美术专门学校的聘请，任国画讲师。1926年6月在北京艺术专门学校毕业后，方嗣本因成绩优异留校担任助教，但仍然兼任京华美术专门学校讲师。

三

因为年轻，因为活跃，则更容易接受新思想、新事物，方嗣本一边在学校里向陈师曾、肖俊贤、齐白石、冯臼庵认真乞教，成为一个出类拔萃的年轻画家、美术教师，同时也是一位引人瞩目的革命活动者。

在学校，他一面刻苦学习，一面从事社会活动，因学业成绩优异，活动能力非凡，深受广大同学拥护，被选为学生会委员。后来他结识了学校共产党员邓鹤皋、谭祖尧、姚宗贤等人，阅读了大量的进步书刊以及马列著作，思想日趋进步，逐步崇拜共产党，信仰共产主义。此期，他积极参加了党的地下活动，多次参与发动京华美术专门学校的学生运动，是该校学生运动的主要领导者之一。

1924年寒假，学校无理解聘了进步教授、学者陈师曾、吴法鼎、李毅士等人。为了维护广大进步教师的利益，方嗣本与邓鹤皋、谭祖尧、姚宗贤等共产党人、学生会负责人组织全校生发动了一次驱逐校长郑锦的正义斗争。斗争相当激烈，郑锦以所谓“维持学风”为由，先后立案核办谭祖尧等3人，开除方嗣本、邓鹤皋等18位学生的学籍。后因学潮向纵深发展，学生连续罢课，郑锦被逐出校，教育部重派要员进校，方嗣本等所有被开除学生的学籍才得以恢复。在这场斗争中，方嗣本加入了中国共产党。

这个身材矮小、面白颊瘦、蓄发披肩、短衣薄履的青年，由于共同的革命事业，很快结识了李大钊，并通过李大钊结识了蔡元培先生。

1925年，方嗣本参加了声援“五卅”运动的伟大斗争，积极组织学生募款，支援各地的工人运动和学生运动。这让新上任的校长刘百昭非常不安，他已接到教育部命令，要求严禁学生参加社会活动。但由于他自身的贪腐，被学生抓到了把柄。原来刘白昭趁闹风潮的学生打砸他的住宅之机，说是临时放在家里的国立艺专校款8000元不翼而飞，勒令学生坦白交出。但方嗣本组织学生调查发现，刘百昭曾因贪图重利，将校款1万余元当作九六公债存于堂善胡同一个银行里，后该银号因做九六公债而倒闭，刘百昭借机报假账，想借此填补亏空。方嗣本立即联系媒体，将这一真相公诸报端，引起了国立艺专学生及教育界的不满，媒体与学生盯住不放，报纸对此作出连续报道。刘白昭低头认罪。

1926年，方嗣本和姚宗贤等人又率领艺专学生投入了李大钊亲自发动和领导的“三·一八”运动，在天安门举行反帝示威，游行队伍行至铁狮子胡同执政府前的广场时，遭到段祺瑞政府的残酷镇压，姚宗贤壮烈牺牲。看着情同手足的同学在自己身边一瞬间倒下，方嗣本更坚定了为推翻反动统治而奋斗到底的信念。他表示：“画可以不学，而革命则不可休止！”

“三·一八”运动以后，方嗣本与李大钊接洽更多。在李大钊的直接领导下，他担任了北京市车业工会主席，兼做北京地委党务工作，为登记委员会交通干事。毕业后即以教学为掩护，竭力从事党的宣传工作和工人运动。

方嗣本从血的教训中悟出，要推翻眼前的黑暗社会，必须唤醒民众觉悟。从此，他经常以自己的绘画专长，勾画出一幅幅抨击帝国主义、封建军阀的漫画，张贴出去。这些极其形象的漫画在群众中产生了极为深刻的影响。为了更好地组织和领导全市的人力车业工人运动，方嗣本按照党的指示，经常深入大街小巷，访贫问苦，做启发教育工作。在人力车夫中教唱革命歌曲。《人力车夫歌》，便是当年方嗣本从事人力车夫工人运动时创作的。歌曰：

一什么一？何人兴起拉胶皮；
二什么二？车主还收车份儿；
三什么三？三吊两吊拉一天；
四什么四？见了巡警就发威；
五什么五？万般唯有拉车苦。

（注：车份儿，指的是车主除了收租车费外，还要从车夫劳动中提取一部分）

因为同乡关系，方嗣本还经常去杨沫家里，与其父亲、哥哥谈论国家大事，给杨沫讲家乡流传的动人故事。那时的情形，杨沫至今仍记忆犹新，这位中国著名女作家在散文《乡思的朝和暮》中是这样写方嗣本的：“他和蔼可亲，气度不凡，我爱听他讲故事，感到他亲切。”“他更给我以后探求真理——一种想知道共产党究竟是怎么一回事的强烈愿望，对我以后参加革命、参加党，不知不觉起到潜移默化的作用。”

在散文《洞庭湖之梦》中更表达了作家对革命先烈深切怀念之情：

白云飘渺的暮霭中，我仿佛看见了年轻和蔼的方伯务，看见了美丽端庄的杨开慧，看见了那么众多的，为了祖国的独立，繁荣富强而牺牲年轻生命的革命者的面孔……他，我多么熟悉的方嗣本从云端里走下来……

当时，方嗣本的妻子由于生活所迫，带着小孩到了北京。在家庭生活极为困难的情况下，方嗣本对前来谈工作的同志总是热情招待，有时甚至拿出第二天仅能买几个烧饼的钱给穷车夫们抓药治病。

由于方嗣本的精心组织和领导，北京市的人力车业工人运动得到迅速发展。

四

1927年3—4月间，奉系军阀张作霖为了彻底摧残在北平的我党地下组织，镇压革命运动，乘蒋介石即将背叛革命之机，调动大批便衣特务和武装警察，在北京进行空前的大搜捕。许多共产党人、革命群众遭到敌人的暗算，方嗣本从事革命活动的行迹亦被反动政府所注意，北京形势日益紧张。当时，朋友们都为方嗣本担心，劝他暂避。他说："为革命事业，只知任务与纪律，罔知其他。"在北京师范大学工作的弟弟方仕擭也苦劝他隐匿，他仍坚持此意。1927年3月16日零点，方嗣本未能摆脱特务"包打听"的盯梢，被捕于上湖南会馆寓所。

方嗣本美术作品

方嗣本被捕后，党组织和同志们进行了大量的营救工作，因方嗣本起草的工运报告过多，为反动政府审讯的重要人物，营救均无效。

在狱中，方嗣本始终保持着共产党的崇高气节，经受生与死的严峻考验，面对着敌人的酷刑，他始终没有泄露党的半点机密。他对来监狱看望自己的妻子总是予以安慰，嘱托妻子日后"要把孩子抚养大"，以继承自己未完成的事业。

在威武不屈的共产党员面前，毫无办法的军阀张作霖只得下令，对李大钊、方嗣本等20位革命者秘密处以极刑。

4月28日，从警察厅至西交民巷京师看守所马路断绝交通，警戒森严。12时30分，李大钊等20位革命者由警察厅用6辆汽车押往刑场。其他19名革命者当中，谭祖尧和方嗣本都是艺专毕业留校的教员。方嗣本被押在第六辆汽车上，他泰然自若，神色不变。

刑场上，绞刑架只有两具，每次仅能执行两人，首位被害者为李大钊先生和谭祖尧。每次绞杀须费时18分钟才能致人绝命。就义者有的长舌吐出，有的五官变形，有的七窍出血，其状惨不忍睹。每绞杀完两个人，敌人就用被害者的惨状恫吓尚未受刑的革命者是否悔过自首。方嗣本与郑培民为最后两位，其间延续3个小时。然而方嗣本和其他19位革命者一样，自始至终，神色未变，从容地走上绞刑架。

敌人对革命者的残酷绞杀，激起了全国人民的义愤，全国各进步报纸均报道这一消息，以揭露军阀，悼念烈士。冯玉祥将军曾命令国民革命军全体官兵举行追悼大会，并令全军戴孝，他还亲自写了"吊李大钊等二十位同志"的碑文。

画家姚华闻讯后，即挥笔写诗悼念方嗣本，《题方生遗墨鹜》：

朝浴清波暮白沙，
野性由来养不家。
冷魂黑夜绕洲渚，
孤影依然伴落霞。

他的老师、同事齐白石题其作《海天旭日图》曰：“方伯务非余门人也，然所作画尝呈余论定，去年五六月间，绝迹不见(被捕)，余以为将自大，闻伯务没世，余始闻不作画年余矣。丁卯秋八月，伯务亲属持此请余题，余记之，白石。”

如尘心细见毫锋，
苦力求工便得工。
寄语九泉须自惜，
不应忘却守雕虫。

老师、老乡、同事冯臼庵题方嗣本《松禽图》诗曰：

郁郁苍松屈曲蟠，
饕风虐雪太摧残。
衡山也有千年树，
留与幽禽画里看。

白色恐怖下老一代艺术家对革命烈士的敬仰和悼念之情跃然纸上。

方嗣本生前的好友、师长及亲属悲痛地检点了烈士的遗物——画、笔及打了许多补丁的旧长袍，两件“蚂蚁”短褂，一把剃头刀。将烈士的遗体安葬在城南教子胡同麻刀胡同湖南义园中南墙角。齐白石作碑，碑上题“衡山方君伯务之墓”。佚名革命者冒险撰墓志云：“愤军阀之残暴兮，忧民命之将绝，求民族之自由兮，谋社会之改革，智与仁兮始终，惟英烈之不灭。”

全国解放后，北京市人民政府将烈士墓迁入八宝山革命公墓，“文革”中墓容曾毁，近年得以修缮。周围有古松翠柏环绕，象征烈士精神永垂不朽，万古长青。

方嗣本美术作品

刘惕庄与杨鹤云·留将青色慰乡情

这是一对生死兄弟。

刘惕庄与杨鹤云，两人同乡、同学、同事，一辈子相互提携、相互关照，出生入死，从未分离。

刘惕庄又名刘愈，化名李子香。1896年12月22日生于衡阳县金屏乡青珠园村柳家湾。兄弟四人，他是老大。少时在本乡慈得堂读高小，在学校品学兼优，且志向宏远。22岁考入湖南省立第三甲种工业学校矿冶科。这位乡村走出来的孩子，热爱所学学科，除了认真听课，做好笔记外，尤其注重实践。寒、暑假一到，他便翻山越岭满世界寻找矿石，用平日积攒的零花钱买来化学材料和仪器，饶有兴趣地做化验、析成分、测标准。尤其可贵的是他能将所学的知识用来批评、阻止乡间的一些迷信思想。一天，刘惕庄从学校回到家里，恰好撞见母亲正请了一位道士为他快要分娩的妻子廖保真在镇妖驱邪，满屋子乌烟瘴气。母亲匍匐在香炉旁诚惶诚恐，汗流浃背，妻子躺在床上被呛得满脸通红，那道士在堂屋手舞足蹈，口中念念有词。刘惕庄即刻指着道士鼻梁喝斥："出去！"之后迅速将门窗打开通风，将门棂上悬挂的桃符统统扯掉，扫去黄纸，付之一炬。并劝慰母亲与妻子，莫信师公、道士的小把戏。

杨鹤云又名杨守仁，生于1901年，衡阳县角山乡前进村唐家湾人，兄弟五人，他排行第四。爷爷在清朝当过官吏，家有良田200余亩。父亲杨佐臣先后三次请老师到家里，教五个儿子及侄辈熟读四书五经。杨鹤云身材魁梧、性格刚强、聪明好学、智力过人。他不以富家公子自居，常和穷苦孩子玩在一起。一次遇见一个放牛娃不小心，让牛吃了一个富人家一片禾苗，那富人仗势欺人，索要双倍赔款，否则捆打放牛娃。杨鹤云挺身而出，说是因自已找放牛娃玩“夹子棋”，一时疏忽才让牛吃了禾苗。要打就打他，要赔由他赔。那富人连忙赔笑道：“岂敢，岂敢！既然四公子讲情，就算了。”此事一传开，乡下穷孩子都喜欢和他交朋友。读完六年家塾后，杨鹤云亦于1918年考入湖南省立第三甲种工业学校。入校不久便结识了刘惕庄，从此两人成为莫逆之交。

1919年“五四运动”爆发，反帝反封建的暴风骤雨席卷衡阳。刘惕庄与杨鹤云一起手挽手参加“五四”爱国运动。

当时第三甲种工业学校有个体育老师叫邱海岚，这是一位参加过辛亥革命的老同盟会会员。此时他不仅组织了以码头工人、店员为主体的国货维持会，还积极支持本校爱国学生夏明翰、刘惕庄、杨鹤云和省立第三师范学校学生贺恕、蒋先云等人，组织湘南学生联合会。从6月起，这两个团体并肩作战，开展了声势浩大的反帝反封建的斗争。于是乎，衡阳城内，工人罢工，学生罢课，商店罢市，大街小巷，到处是游行示威的队伍。雁峰山下，石鼓桥头，“内惩国贼，外争国权”的口号响彻云天，楼台馆所、车站码头，声援北京学生的“五四”标语铺天盖地。为了向工农群众宣传爱国主义和抵制日货，湘南学生联合会组织十个讲演团，分赴工矿农村。刘惕庄率领演讲团前往瓷业工人的集中地界牌，杨鹤云带领演讲团到衡阳北乡七里井、松木塘等地，向工

刘惕庄（1896-1927）

农群众讲演外交惨史，劝工农群众莫买东洋货。

在衡阳南正街，一家挂有“太和祥”招牌的商贸店也是衡阳最大的洋货店。该店老板勾结衡阳督军吴佩孚，大肆销售日货，还兼营批发。工人纠察队和学生检查员，曾多次进行劝阻，但老板自恃有吴佩孚撑腰，益发居奇，蔑视抵制。屡劝无效后，刘惕庄、杨鹤云便组织工人和学生数百人，列队整队浩浩荡荡开赴该店，拉横幅、喊口号、刷标语，群情激昂，那架势不可阻挡，学生们将该店所进日货，全部搬到泰梓码头堆房，一把火，烧红半边天，围观群众拍手称快。

1922年春，由夏明翰推荐，刘惕庄、杨鹤云一同肩并肩进入中共湘区委主办的湖南自修大学读书。他们一面研读进步书刊，宣传马克思主义，一面和自修大学教务主任夏明翰等从事革命活动。为了给自修大学筹集革命活动经费，刘惕庄、杨鹤云分别向家里要了一笔钱捐赠给自修大学。杨鹤云捐钱慷慨大方，刘惕庄家境却并不富裕。他的父亲刘直山，是靠种竹造纸维持家境和一家老小的生计。刘直山没进过学堂，忠厚老实，不善言辞。儿子说什么他都信，更别说这个儿子读书识礼，敢想敢干敢担当。刘惕庄向父亲说要和同学集股在长沙办一个工厂，佯称是入股做生意。他父亲信以为真，二话不说便从刘族祭祀公帑中借出200元银元交给刘惕庄。后来他父亲去长沙卖纸，顺便去看望他，问刘惕庄入股的工厂办在哪里？他怔了半天，他不想年迈的父亲为自己投身革命而担惊受怕，又不想父亲为200银元没有投资回报而伤心，于是便带领父亲走到街上，指着一家纺织厂说：“这就是我们集股经办的工厂。”善良的父亲对着工厂大门、招牌、厂房注视良久，激动不已。

同年在长沙，刘惕庄又与杨鹤云一起高举拳头宣誓加入中国共产党。

湖南自修大学于1923年11月被赵恒惕军阀政府封停，刘惕庄、杨鹤云各自回到家里。一天，刘惕庄的父亲在经营纸业中，受骗收了3块假光洋，老头子捶胸顿足，伤心不已。为挽回自己的损失，他将这3块假光洋交给刘惕庄，要他到镇上去买粮食。刘惕庄一听，接过假光洋就对父亲说：“您老糊涂啊，自己受骗上当了，又去害别人，这是割别人的肉来补自己的疮，是不道德的。您好歹还做点小生意，如果让假光洋落在那些食不饱饥的贫苦人手里，祸害不是更大吗？”说完随即将那3块假光洋扔进家门前的小河里，气得他父亲跺着脚骂自己作孽，生了这么个“孽子”。

1924年春，刘惕庄仍与杨鹤云一道乘车赴北京，考入中国大学法政系（后改为北京法政学院）。其时，杨鹤云新婚蜜月刚满，刘惕庄的第三个儿子即将诞生。他们到北京法政学院后，同住在西城的一个公寓里，亲如兄弟。不久，北京法政学院成立中共党团组织，刘惕庄任该校党的支部书记，杨鹤云任团的支部书记。他们除了发展党团员外，还把在北京各大专院校的湖南学生组成“革新社”作为党的外围组织，进行各种革命活动。

1925年“五卅”运动期间，李大钊等中共北京支部的领导，积极组织北京各高校学生参加声援上海工人的示威活动，日出夜归，居无定所，其活动十分繁忙。不久，为保障李大钊同志的安全，经党组织安排，身高力壮、机警灵活的衡阳籍学生刘惕庄担任了李大钊的保卫员。杨鹤云则到北京学生总会从事地下工作。

1926年3月12日，冯玉祥的国民军与张作霖的奉系军阀作战期间，日本军舰掩护奉军军舰驶进天津大沽口，炮击国民军，守军死伤十余名。国民军开炮还击，将日舰驱逐出大沽口。日本竟联合英、美、法、意、荷、西、比七国于16日向段祺瑞政府发出44小时限期最后通牒，提出撤除大沽口国防设施的无理要求。否则以武力解决。同时各国派军舰云集大沽口，武力威胁北洋政府。

3月16日、17日，在北京的国共两党开会，徐谦以国民党执行委员会代表的身份同李大钊领导的中共北方区委决定组织各学校和群众团体在天安门集会。3月18日，数千北京学生和市民集合于天安门前开“国民大会”，声言反抗“八国通谍”。广场北面临时搭建的主席台上悬挂着孙中山先生的遗像和他撰写的对联“革命尚未成功，同志仍须努力”。台前横幅上写着“北京各界坚决反对八国最后通牒示威大会”。

杨鹤云（1901-1927）

大会结束后，游行队伍由李大钊率领，刘惕庄紧随李大钊左右。数千学生、市民群情激昂，一路呼啸冲向国务院。按预定路线，从天安门出发，经东长安街、东单牌楼、米市大街、东四牌楼，最后进入铁狮子胡同（今张自忠路）东口，在段祺瑞执政府（今中国人民大学清史研究所）门前广场请愿。示威群众公推代表去向卫士长交涉，要求开门放队伍进去，并请段祺瑞和国务总理贾德耀出来见面。这时执政府卫队长乃下令开枪。

墙里头最先打响了三枪。枪声骤起，群众前逃后冲，秩序大乱。被击毙学生和市民达47人。伤者150余人，死者中为人们所熟知的有北京女子师范大学学生刘和珍，李大钊和陈乔年也负伤。刘惕庄架起李大钊一路狂奔，躲过一劫。后来军警在清理现场时，竟然将死者财物尽行掠去，甚至连衣服也全部剥光。

段祺瑞及北京国务院通电谓本日惨案乃徐谦等鼓动所致，下令通缉徐谦、李大钊、李石曾、易培基、顾孟余五人。朱家骅、蒋梦麟、鲁迅等几十人也上了黑名单。徐谦等乃避入苏联使馆。李大钊、鲁迅等人被迫转移，国共两党领导机关则迁入苏联使馆。4月9日，段祺瑞执政府倒台。4月17日奉军占领北京。奉军进京后查封《京报》报馆和一批报刊，邵飘萍于4月26日清晨被秘密处决。张学良逮捕了共产党员郭隆真，然后派奉军闯进北大、女师大、中俄大学等，大肆查禁书刊，搜捕反对人士。

傅国涌先生称："这个时代的知识分子即使和俄罗斯最优秀的知识分子们相比也并不逊色，在他们身上我们看到了知识分子最可贵的那些品质，他们是民族的脊梁，是我们心中永远不倒的长城，是'真的猛士'。"

"三·一八"惨案后，白色恐怖笼罩北京城，共产党人随时都有被捕砍头的危险。当时在北京读书的衡阳学生出于对刘惕庄、杨鹤云安全的考虑，一起凑了路费，劝刘惕庄、杨鹤云回衡阳去，暂时避一避。可是，他们婉言谢绝同窗好友的心意，仍紧跟李大钊，坚决留在北京并隐蔽于东交民巷苏联大使馆旁边的旧俄兵营内继续工作。

其时，革命活动经常受到敌人的严密监视。他们时常化装，才能躲过密探的监视，在十分艰险的情况下，两人协助李大钊秘密发展党团组织，使北京共产党员由"三·一八"时的300多人，发展到1000多人。

1927年4月6日，适值刘惕庄、杨鹤云外出从事秘密活动，奉系军阀"安国军"总司令张作霖，勾结帝国主义，不顾国际公法和国际惯例，悍然调动大批军队，闯进苏联大使馆驻地，逮捕了李大钊等80余名革命者和居民。4月28日，敌人不顾广大人民群众和社会舆论的强烈反对和谴责，将李大钊等20名革命者，绞杀于西交民巷京师看守所内。

李大钊遇害后，北京环境更为恶劣，但刘惕庄、杨鹤云的革命意志和决心丝毫没有动摇，仍然坚守阵地，为了团结同志，稳住阵脚，刘惕庄鼓励大家说："干我们这一行，总会遇到挫折和牺牲。既然是特殊材料，那就更加需要投进烘炉，越锻打才会越坚强。好刀就是这么锻打出来的。"

没有妥协，没有气馁，没有顾虑，没有胆怯，为信仰而活，为理想而战，两人艰苦努力，又一道打入段政府的上层机构农商部，秘密发展了一批党员并成立了中共党支部，刘愓庄任支部书记。同时一道被选为中共北京地方委员会委员。

1927年10月15日清晨，在北平西直门外小村河地方，一位名叫董见忠的南口工人，踏着三轮车，冒着严寒，秘密地向过往上班工人散发传单。传单内容针对当时奉军阀张作霖和山西军阀阎锡山正在包头、石家庄等地发生火拼，北京城内空虚的情势，号召“北京工人赶快组织起来，武装起来，利用山西、奉系军阀火拼的有利时机，夺取政权”。这一活动正是刘愓庄、杨鹤云按照中共中央政治局委员、中共北方局书记王荷波的指示具体布置和安排的。

当董见忠散完传单回到西单藤牌营4号——北京总工会秘密机关时，却被张作霖的密探跟踪发现了这个秘密机关。当晚，一群警察包围了总工会，搜出了工人武装暴动的秘密文件，逮捕了总工会委员长赵铨林和留家干部。而那位委员长赵铨林在军阀的大牢里经不起老虎凳、辣椒水等重刑拷打，第二天便供出了中共北方局——大盆4号，北方局军事委员会——钥匙胡同2号，中共北平党组织——羊尾巴胡同20号等多处共产党的秘密机关所在地。

军阀们大喜过望，即刻组织人马从上述秘密机关中捕去了中共中央政治局委员、中共北方局书记王荷波和中共北京市执行委员刘愓庄、杨鹤云等27名干部。

经过敌人反复刑讯，除“唐从周等9名非重要责任者”得免于难外，王荷波、刘愓庄、杨鹤云等18名中共北平的重要干部，均于这年11月11日深夜3时，被敌人秘密杀害于北京安定门外箭挡西边。

中华人民共和国成立后，人民政府清理敌伪档案，查到了十八烈士的名单，找到了十八烈士埋葬忠骨的地方。然后，集体迁葬于八宝山烈士陵园，建造墓碑。中华人民共和国总理周恩来亲自主持葬礼，将其命名为“十八烈士陵墓”。

刘愓庄、杨鹤云，这对衡阳好兄弟，浩气凛然洒热血，留将青色慰乡情。

邝鄘·旌旗翻滚军歌亮

1897年，邝鄘出生于衡阳耒阳市仁义乡古塘村。家庭贫寒，父亲邝必前曾为他人做长工维持生计，艰难度日。但日子过得再艰辛，邝必前也要让孩子读书识字，哪怕是读一天，他也决不放弃。这就是衡阳人的脾气与秉性。

就这样，邝鄘7岁时入私塾读书。这书读得异常艰难，读一个月，因为没钱休学一年；打工有了一点钱再读，没钱又休学两年。风风雨雨、断断续续、停停打打、凄凄惨惨，18岁的邝鄘终于进入了耒阳县立第一高等小学，因年纪较大认知能力强，又有其他同学无法比拟的生活经验，再加上与生俱来的勤奋与刻苦，他的成绩非常优秀。

22岁时，邝鄘考入湖南省立第一中学。他无比珍惜来之不易的学习机会，并积极投身参加“五四”运动和学校组织的驱逐军阀张敬尧的斗争，没想到被学校以激进之罪而除名。邝鄘一气之下投到叶开鑫部队当了一名大头兵，不到半年，军队里欺上瞒下、克扣兵饷、尔虞我诈、欺压百姓的腐败现象更让他透不过气来。他旋即退出军队，在长沙一家小报社担任了一名编辑。

1922年5月，邝鄘利用报社编辑这一平台组织平民学会，研读进步书籍。不久，得到一位朋友的鼎力资助，他考入北京大学师范科。读书期间加入中国共产党。

1924年6月，邝鄘受中共党组织派遣，考入黄埔军校第二期。由于学习成绩突出，深受校长蒋介石器重，曾与其合影留念。

1925年9月6日，黄埔军校第二期生毕业典礼于黄埔军校校本部大操场举行。邝鄘取得毕业考试第二名的优异成绩，同时获得金质手表一块的奖励。

踌躇满志的黄埔高材生邝鄘毕业后被批准留校，在黄埔军校校长办公室工作，再一次证明蒋介石对他的青睐。命令状上写道：邝鄘任黄埔军校政治部宣传科科员兼任黄埔军校第三、四期军事、政治教官。

1926年7月，国民革命军在广州誓师北伐。为了配合这次大规模的北伐战争，鼓舞士气，动员民众，黄埔军校政治教官、国民革命军政治部宣传科科长邝鄘，根据学堂乐歌中的一首儿歌，以童谣的曲调重新填词，创作了《国民革命歌》：

打倒列强，打倒列强，除军阀，除军阀；
努力国民革命，努力国民革命，齐奋斗，齐奋斗。
打倒列强，打倒列强，除军阀，除军阀；
国民革命成功，国民革命成功，齐欢唱，齐欢唱。

邝　鄘（1897-1928）

《国民革命歌》又名《打倒列强》。歌词得到黄埔军校政治部主任邓演达、副主任郭沫若的同意，作为国民革命军军歌，立即印发给各北伐部队，并迅速在军内外广泛传唱，成为家喻户晓的革命歌曲。

《国民革命歌》唱出了响亮的革命口号和革命斗争的目标。中国文联主席周巍峙后来回忆说：“学唱这首歌时正值国民革命高潮时期，唱《国民革命歌》非常流行。大家都会唱。尽管歌曲很简单，但是非常能表达对帝国主义的仇恨和打倒列强军阀的决心”。

在全国各地传唱过程中，有人在中间加了一段：

工农学兵，工农学兵，大联合！大联合！
打倒帝国主义，打倒帝国主义，齐奋斗，齐奋斗。

随着国民革命军北伐的胜利前进，《国民革命歌》唱进衡阳，飘过武汉，冲出南昌，杀入福州。北伐部队高唱着这首歌在不到半年的时间里，打垮了吴佩孚，消灭了孙传芳主力，打到长江流域和黄河流域的部分地区。湘、鄂、赣、闽四省完全收复，并继续向豫、皖、苏、浙进军。

1927年7月1日，因为《国民革命歌》的巨大影响力，中华民国国民政府宣布将该歌曲作为暂代国歌。但此时，第一次国内革命战争正在走向尾声，此前由蒋介石发动的“四·一二”反革命政变，已标志着国共两党破裂的开始。此后由汪精卫发动的“七·一五”政变正式宣布了两党合作的终止和第一次国内革命战争的结束。国共两党合作时期的特色歌曲《国民革命歌》，在国民政府中的地位随之日益下降。

1928年10月蒋介石改组国民政府的具体步骤，就包括废弃《国民革命歌》而征求新的国歌。1930年3月，国民政府在一片非议声中将刚刚于1929年被确定为中国国民党党歌的《三民主义》确定为暂代国歌。

《国民革命歌》虽然随着新的国民政府的改组，丧失了其暂代国歌的地位，但因其广泛流传，却并未从历史上消失。

1930年5月，中原大战爆发。阎锡山联合冯玉祥向蒋介石开战，把军队中人人熟悉的《国民革命歌》改成了《打倒老蒋》：

打倒老蒋，打倒老蒋，除军阀，除军阀；
革命一定成功，革命一定成功，齐欢唱！齐欢唱！

中国共产党在国共合作破裂后，独立开展土地革命时，将《国民革命歌》改成《土地革命歌》。我国拍摄于1974年的电影《闪闪的红星》中就有这样一幕：当中国共产党1931年至1934年间在江西一个叫做柳溪镇的地方开始土地革命时，电影中的小主人公潘冬子和伙伴们一起，兴奋地唱起这首《土地革命歌》：

打倒土豪，打倒土豪，和劣绅，和劣绅；
我们要做主人，我们要做主人，分田地！分田地！

这两种新的版本毕竟由于出现的先后与影响力度的关系，无法与《国民革命歌》的影响相比。

1927年8月，武汉国民政府叛变革命后，时任营长的邝鄘率全营官兵随叶挺参加了南昌起义。

1928年1月，邝鄘随朱德率领南昌起义后撤出的剩余部从广东进入湘南，举行了湘南起义。随后，邝鄘受命在耒阳组建工农革命军第四师，任中国工农革命军第四师师长。他率部接连打了两次大胜仗。一是指挥部队打了春江铺阻击战，打败了国民党李朝芳师。二是在荫田圩消灭肖宜春民团。

1928年4月，邝鄘随朱德转战井冈山，在江西省宁冈与毛泽东会师。

1928年5月4日，朱德、毛泽东会师江西砻市，成立中国工农红军第四军，邝鄘任第四军十二师三十四团团长。同月中旬第三十四团组成中国工农红军第一路游击队，邝鄘改任中国工农红军第一路游击队司令，奉命回耒阳开辟游击根据地。

1928年5月24日晚，邝鄘回到耒阳上架桥，将游击队化装成国民党军，袭击上架桥挨户团，当场击毙挨户团头目。接着，他又指挥部队分四路出击。两昼夜共袭击三十二个挨户团。修整一周后，他继续将部队分成小组，散落乡村开展活动。

5月30日，邝鄘带领警卫员和勤务员共三人准备回仁义乡邝家村发动群众时，中途被敌发现并被堵在耒阳南京桥，敌兵蜂拥而来。三人分别从东、西、南三个方向突围，警卫员和勤务员分别脱险，他却遭敌围困不幸被捕。

国民党施尽各种威胁、利诱的手段，诱降邝鄘，遭到邝鄘严词拒绝。就义前，已被酷刑打断双臂的邝鄘用脚夹住毛笔，在“自首书”上写下：“杀了邝鄘，还有邝鄘”八个大字。

1928年6月6日，邝鄘被气急败坏又无计可施的敌人杀害于耒阳县仁义圩，终年31岁。

中华人民共和国成立后，为了纪念这位铁打的汉子，人们将耒阳县古塘村改名为邝鄘村。

罗 严 · 漫歌吾道口碑在

罗严，字幕天，号弥宇。化名“痴侠”。1901年出生于常宁县太坪乡周家桥。其父是个颇通文墨，小有名气的乡绅。罗严10岁读私塾，19岁以优秀成绩考入湖南省立第三师范学校。

湖南三师坐落于衡阳市雁峰区，成立于1904年，校址初设合江套对岸之晒金坪，位于湘、耒、蒸三水汇合之处，被誉为“湘南最高学府”。

20世纪20年代，湖南三师是湘南革命的大本营，不少仁人志士和进步青年都在此就读，在这里，他们思想活跃，迫切希望接受新事物；在这里，他们血气方刚，自觉奋起反帝反封建；在这里，建立了湖南第一个共产党基层组织——中共湖南三师党支部。此后，这座大本营为中国民主革命培养和输送了大批人才，故学校又有“湘南革命摇篮”之美称。

罗严入校不久，便被这种热烈而活跃的革命气氛所吸引，他主动接触进步同学，开始接受革命思想。他如饥似渴地阅读《共产党宣言》《新青年》《湘江评论》等革命书刊，心胸为之豁然，坚定了为国家和民族献身的革命信念。不久，加入了蒋先云、贺恕领导组织的学生进步团体“心社”，并以其出众的学业成绩和组织才能崭露头角。

1921年，他同“心社”其他成员一块加入中国社会主义青年团，并出任湘南学联干事。第二年加入中国共产党。

1923年，中共湖南三师党支部书记张秋人在衡阳发动了以反帝反封建为内容的学潮，遭到了三师校内顽固势力的威胁、恐吓与阻挠。这让这帮接受过“五四”洗礼的愣头青们义愤填膺，群情激昂。学生们反而越挫越勇。他以罗严为首，袁痴、唐朝英为辅，干脆率领三师的进步师生开展驱逐反动校长刘志远的“驱刘运动”，声讨、辩论、演讲、游行，报纸登新闻，标语满城飞，一时声势浩大，轰动衡阳。校长刘志远气急败坏，一不做二不休，立即出榜开除罗严、唐朝英、袁痴三位学生领袖的学籍，企图杀一儆百，以求平息事态。谁知公告一出，却掀起更大波涛，全校师生都站在了罗严这一边，全校罢课，局面愈发不可收拾。刘志远狗急跳墙，连忙禀报省教育司，并请求省府派军队武力弹压。省长赵恒惕马上派省督学梁铸球速赴衡阳，会同湘南镇守使谢国光，派兵进驻三师，强行弹压罢课师生，同时又张贴公告开除50多名学生，并限令共产党人张秋人离开衡阳。

好个罗严，没有丝毫胆怯。他坚信反帝反封建没有错，打倒列强不会错。他和其他学生领袖一道商量，校长刘志远可以向省里告刁状，我们就到省里去澄清；省里不分青红皂白就来学校以强权压人，我们就到省里将真相大白于天下。说干就干，他们率领被开除的学生，连夜分两批赶赴长沙，在省政府衙前静坐示威。同时散发传单向各界痛斥校长刘志远的专横暴戾和迂腐，强烈要求撤销刘志远的校长职务，恢复被开除学生的学籍。这一举措在省城长沙又再次掀起轩然大波。这场斗争，赢得了省会各界进步人士和部分省议员的同情和支持。在部分省议员的调停下，赵恒惕政府不得不答应把被开除的学生转至其他学校就读，并撤销了刘志远的校长职务。三师的进步师生取得了这场斗争的最后胜利。

罗　严（1901-1927）

罗严是个人才。读书读得多，而且读得活。不仅在学校课本、刊物上读到知识，读到马列理论，也注重到社会体验生活，做到知行合一。读书三年，他往返于衡阳城区与家乡常宁之间。20来岁的年纪，居然一边读书一边与同学在常宁县办起了平民夜校，教乡亲读经识字同时宣传马列思想。寒暑假期间，罗严走乡串户，访贫问苦，积极组织小型社会活动，在本乡本土也很有影响。在常宁县水口山康家戏台（现为县级文物保护单位）台柱上，至今都悬挂着罗严一挥而就的两副对联。一副是：

水流听有声，合梨园十二部教场中，拨不尽铜腔铁板；
江泽长无恙，读支那四千年历史上，也似曾触目惊心。

另一副是：

水泽汪洋，高唱大江东去；
口碑存在，漫歌吾道南来。

20岁的忧思，20岁的志向，20岁的豪情，20岁的气魄，尽在其中。

罗严是个人才。1924年国共两党第一次合作时，共产党为了使全党重视农民同盟军问题，同时为了给即将开展的全国农民运动做好思想和组织工作准备，在广州以国民党中央农民部的名义开办了农民运动讲习所。罗严被选中了。

罗严是个人才。他被党组织作为农运骨干选派南下广州，参加农民运动讲习所第五期的学习。他的老师张秋人此时也是农讲所的教员之一，当年张秋人和罗严在衡阳三师“反赵驱刘”就是一个战壕里的战友，而今志同道合的师生又坐在农讲所同一间教室里，更是倍觉亲切。罗严平时就待人亲切，善交朋友。在农讲所大家目标一致，心心相印更让他如鱼得水。他与同学们交往甚密，常常三个一群，五个一伙，侃侃而谈，坐地论道。转眼学习期满，罗严学习成绩优异，毛泽东亲自推荐他到上海中共中央农民部担任秘书。时任农民部部长的李立三，是共产党负责实际工作的领导人，工作较为繁忙，故而农民部的日常事务实际上由罗严主持处理。他兢兢业业，扎扎实实，深得领导和同志们的信任和称道。

随着北伐战争节节胜利，以蒋介石为首的国民党右翼也日益嚣张，他们分裂背叛革命的阴谋近在旦夕。各地时有杀害共产党人和工农干部的流血事件发生，霍霍磨刀之声已触目惊心。这时，中共中央已迁往武汉，罗严仍留守上海。蒋介石发动“四·一二”反革命政变前夕，共产党的总书记陈独秀到了武汉，鉴于上海的局势危急，便电令郑超龄、杨之华、罗严等留守上海的工作人员速赴武汉。罗严到达武汉后，任中央组织部秘书。不久，蒋介石发动了“四·一二”反革命政变，一时黑云压城，血雨腥4月下旬，中国共产党在武汉召开了第五次代表大会，23岁的罗严列席了中共“五大”。

7月15日，汪精卫领导的武汉国民政府叛变革命，即“七·一五”政变。

蒋介石、汪精卫相继背叛革命后，中国国民党已变成一个由代表地主、买办资产阶级利益的反动集团所控制的政党。1927年7月以后，国民党内形成了宁、汉、沪3个集团。此外，还有粤、桂、晋等地方势力。宁、汉双方集中了国民党中最重要的一批领袖人物，又各自掌握着一个政府，拥有一支军队，割据着一大块地盘，因而成为最有份量的势力。他们为争夺最高权力明争暗斗，但很快在反共的基础上开始合流。

当蒋介石反革命气焰甚嚣尘上之时，投降与叛变的事件接踵而来。这一年的5月17日，武汉国民政府所辖的第十四师师长夏斗寅叛变。5月21日，湖南许克祥叛变。这些事变使武汉国民政府内部汪精卫集团更加明目张胆进行反共活动。6月6日，汪精卫解除苏联最高顾问鲍罗廷在国民政府中的顾问职务。同日，江西军阀朱培德叛变。此时，两湖及江西的工农运动已遭严重摧残，湖北被杀害的农会会员4700余人，湖南被杀的农会会员达2万人。陈独秀却仍坚持机会主义立场，对蒋介石、汪精卫继续采取姑息迁就的态度。7月13日，中共中央被迫命令参加国民政府的共产党员退出政府，并发表对政局的宣言，斥责国民党的反共罪行，表示要“严厉的揭发一切假借孙中山先生旗号的伪国民党之出卖革命”。14日夜，汪精卫在武汉召开秘密会议，确定反共计划。15日召开分共会议，公布《统一本党政策案》，正式与共产党决裂，封闭武汉的工会、农会，疯狂屠杀共产党员和革命志士，提出“宁可枉杀一千，不可使一人漏网”的口号。

汪精卫集团的叛变，使中国革命遭受严重损失，第一次国共合作破裂，第一次国内革命战争终于失败，国民革命宣告彻底失败。

宁汉为了实现“合作清党”“统一党务”，进行了一系列酝酿和接触。冯玉祥从中牵线，与各方反复电商，于7月20日提出解决宁、汉合作的具体办法。汪精卫等表示愿意“和平统一”，同意“迁都南京”。蒋介石、李宗仁、胡汉民等欢迎武汉重要分子到南京“柄政”，赞成各方“共同北伐”。8月上旬，宁、汉双方基本上达成了妥协。这时，汪精卫等虽然同意与宁方合作，但仍坚持反蒋态度，且声浪很大。同时，蒋介石排斥异己，引起桂系的不满，李宗仁、白崇禧等对蒋不再采取积极支持的态度。加之蒋介石亲自指挥的津浦线上战事的失败，使其陷入困境。蒋介石感到自己的地位还不够巩固，便采取以退为进的策略，于8月13日发表下野宣言，宣布辞去国民革命军总司令职务，然后回浙江奉化。不久，蒋介石东渡日本。蒋介石的下野，加快了宁、汉合作的步伐。9月11日至13日，宁、汉、沪3方代表在上海举行谈话会。会议推举汪精卫、谭延闿、蔡元培、谢持共同起草统一宣言。

9月13日，武汉国民政府停止办公，汪精卫通电下野。9月15日，在南京召开国民党中央执行委员、中央监察委员临时联席会议，决定成立国民党中央特别委员会，推定汪精卫、蒋介石、胡汉民等32人为中央特别委员会委员，并决定劝蒋、汪、胡迅速来南京就职。9月16日，国民党中央特别委员会在南京正式成立，并举行第一次会议。同时，发表了《中国国民党特别委员会宣言》，宣告国民党“统一”完成。

9月20日，新产生的国民政府委员和军事委员会委员在南京举行就职典礼。国民政府发表成立宣言，宣称：“本政府今后誓当竭智尽能，肃清共党，以拯同胞永脱布尔什维克恐怖之祸，而保持国民革命势力之统一。”实际上，宁、汉、沪3方合作很快又为新的分裂所代替，出现了国民党新军阀混战的局面。

南京国民政府同武汉国民政府合并，因南京简称“宁”，武汉简称“汉”，史称“宁汉合流”。“宁汉合流”的阶级利益是一致的。宁汉合流后的政府，仍称南京国民政府。

南京国民政府开始大肆逮捕屠杀共产党人和革命志士。在武汉的中共中央机关被迫疏散，罗严参与了疏散分配工作，但他自己却要求留在武汉从事地下工作。

面对风雨如晦的局势，罗严在汉口后城马路长江书店以卖书为职业，从事党的地下工作。积极参加反蒋活动，揭露蒋介石的反革命罪行，积极参与组织各界群众开展声势浩大的反蒋游行示威。

1927年8月中旬，罗严被国民党李品仙部以“共党嫌疑”逮捕。当时负责审理罗严的是一个叫胡陶的军官，在听到罗严自报姓名后，这家伙不相信眼前这个文质彬彬的青年是罗严，说：“你不是罗严，真罗严在上海，你胆敢骗老子，大刑伺候。”

“老子就是罗严，坐不改名，行不改姓，怎么伺候，你就来吧！”胡陶没想到，罗严气势比他更旺。

“老子扒了你的皮。”

“扒了皮也是共产党！”

胡陶一愣，这小子真是罗严？罗严是中共中央组织部秘书，官不小啊。硬的不行先来软的吧，只要他开口，就什么都好办了。

于是官禄利诱，罗严嗤之以鼻。

继而严刑拷打，罗严大义凛然。

敌人轮番审讯，罗严横眉冷对，誓死不屈。

想从他口里套出中共中央机关的秘密，看来是青天白日梦了。

敌人黔驴技穷，张榜公开宣扬要在汉口后城马路处死共产党要犯。一时汉口为之震动。

1927年8月26日，武汉汉口后城，观者如潮，沿途军警林立，气氛紧张。罗严被绑在卡车上，身形消瘦，满身血迹，但神色自若，毫无惧色，行人莫不为之肃然。

罗严被害后，刽子手残酷地割下他的头颅在武汉三镇示众三天，尸体抛于荒野，时年26岁。

第三师范大门

王 球·彰显劳工神圣篇

衡阳确属风物宝地。

衡阳是闻名全球的“有色金属”和“非金属”之乡。衡阳除了盛产黄花菜、云雾茶、藤茶、雁鹅菌、湖之酒、寿饼、寿面、寿米等产品，更有车木竹雕、寿鼎等系列工艺品和古汉养生精、燕京啤酒、特变电工、金果电缆、华菱钢管、衡阳盐化工等工业产品誉满天下。

衡阳很早就是工业重镇。

翻开衡阳工运史，第一个要隆重推出的人物便是大名鼎鼎的工运领袖——王球。

王球，原名继丝，号岳斌，1899年4月1日生，衡南县松江镇西桥村谢家冲人。其父王月波，是一位靠租田耕种的农民，一辈子省吃俭用，也只能供王球读了两年私塾。

1920年初，21岁的王球考入华实公司所属湖南第一纱厂当工人。进厂不到一年，苦大仇深的王球便参加了由黄爱、庞人铨在该厂建立的劳工会。

黄爱与庞人铨，都是湖南工人运动领袖，那一年，他们发动湖南第一纱厂工人，两次组织大规模游行示威。当时的省长赵恒惕便派军警包围劳工会，将黄爱、庞人铨逮捕。未经审讯，即于1922年1月17日清晨，将他们杀害于浏阳门外。

黄、庞二烈士之死震惊了湖南劳工界，在全国工人中也激起强烈反应。毛泽东得悉黄爱、庞人铨被害，立即从板仓杨开慧家中返回长沙城，在一师校长易培基家召开会议，决定开展一个悼念黄爱、庞人铨，控诉和反抗赵恒惕的运动。随后，在船山学社先后两次主持黄爱、庞人铨追悼会，并印发纪念特刊。同时,派正在安源的李立三到常德动员黄爱父亲同去上海，向社会控诉赵恒惕的暴行。中国劳动组合书记部称他俩是“中国第一次为无产阶级而死的先烈”。

李大钊的《黄、庞流血记序》指出：“黄、庞两先生用他们的血,为我们大书特书了一个新纪元。”

之后，王球又积极参加毛泽东、郭亮组织工人劫尸抢葬的活动。

不久，郭亮介绍王球加入社会主义青年团。经过一段时期的考察，郭亮认为王球不但思想进步，斗争积极，而且很有组织才能，乃于1924年初，介绍他加入中国共产党，并于同年9月，派他回衡阳从事工人运动。后担任衡阳总工会委员长，成为古城衡阳历史上杰出的工运领袖。

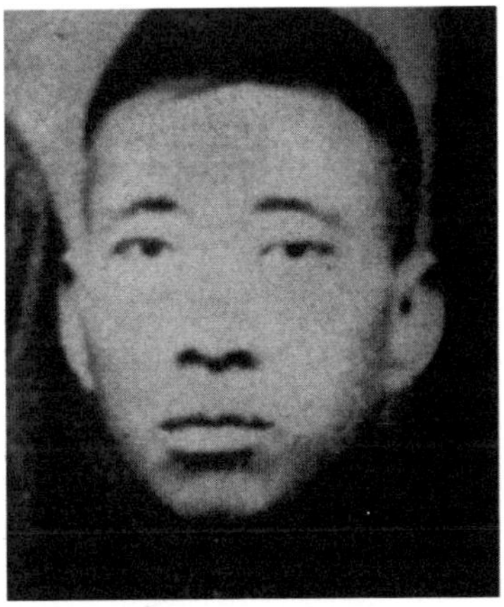

王　球（1899-1928）

25岁的王球一回到衡阳，便出手不凡。他了解工人，熟悉工人，很短的时间内，便在雁峰山下组织展开了波澜壮阔的工人运动。

第一波：1925年5月初，他与同事一道发动全城15个码头的2400多名码头工人，以“实行八小时工作制，提高百分之二十工资”为条件，展开了3天的罢工斗争，其结果让肩扛手背的码头劳工第一次挺直了腰杆，尝到了团结就是力量的滋味。

第二波：5月29日，日本帝国主义指使其走狗军阀张宗昌、温树德，武力镇压青岛日商纱厂工人大罢工，当场射杀工人8人，伤数十人，造成青岛惨案。第二天，英国帝国主义又在上海开枪，当场射杀为抗议日本厂主枪杀工人顾正红并要求释放被捕爱国学生的学生与工人13人，伤者不计其数，造成上海惨案。两大惨案合称“青沪惨案”，震惊了国内外，激起全中国人民的极大愤怒，多少年来深埋在人们心中的对帝国主义侵略的怒火猛烈喷发出来，掀起了规模空前的以上海为中心，工人阶级为主力，罢工、罢课、罢市为主要形式的反帝爱国高潮——“五卅”运动。

同年6月8日，为声援“五卅”惨案，王球联合湘南学生联合会，组织工人和学生万余人，在雁峰寺广场举行集会，声讨英、日帝国主义制造青沪大屠杀，会后举行声势浩大的游行示威，还强烈要求督办唐生智于当天向北京政府发出了抗议英、日帝国主义的通电。

第三波：7月1日，衡阳各界组织“青沪惨案雪耻会”，王球派邱海岚、屈淼澄主管雪耻会国货维持部和纠察队的工作，发动广大工人群众开展抵制英、日货运动，惩罚奸商。把没收的英、日货，廉价拍卖，卖得到款项万余银元，全部汇寄上海总工会，救济罢工工人。

工人运动，兴起衡阳，惊煞了省长赵恒惕。他气急败坏地派出属下宾步程赶来衡阳灭火。这个宾步程诡计多端，一到衡阳，即收买一批封建把头和流氓地痞，以工贼李栋臣为首，在衡阳这块地盘上，抢先组织了个“衡阳县总工会”，冒充衡阳工运的领导机关，以混淆视听，妄图以此破坏和打压衡阳工人运动。

这一招确实够毒够厉害，简直就是上演了一部“真假悟空闹衡阳”的现实剧。

针对“假悟空”吵吵嚷嚷闹工运的丑恶表演，王球等人于这年6月立马组建了“衡阳市总工会筹备处”，“真悟空”登场了，千钧棒直指官方宾步程组建的衡阳县总工会。

那年4月，衡州法院基建工程被工贼李栋臣贿包。王球组织建筑工人向法院请愿，揭发工贼的行贿劣迹，要求法院退包，由市总工会所属建筑工会承建。法院慑于群众威力和社会舆论，只好登报答应退包。“假悟空”——宾步程的官方县总工会受到了开张以来“真悟空”的当头一棒。

4月18日，为了追悼北京“三·一八”死难烈士，王球组织万余工人游行示威，散发大批声援北京惨案和反对帝国主义的传单。当游行队伍经过衡州法院后门时，宾步程居然派出流氓打手、无业游民百余人，头扎黑色包巾，手持铁棍刀斧，闯入建筑工人队伍乱砍乱打，当即击伤70余人。王球怒火中烧，第二天乃组织全城建筑工人罢工，并用竹椅担架抬着受伤

棉纱厂一角

工人游行抗议。随之全城各行各业工人在市总工会的发动下，全面组织起来声援建筑工人的罢工斗争。仅东阳渡兵工厂就出动了1000多工人。全城沸腾，罢工达一星期之久，迫使衡州法院逮捕了肇事凶手。“假悟空”——宾步程的官方县总工会再次名誉扫地。

5月30日，正当北伐军的先遣部队叶挺独立团挺进湘南的时候，湖南军阀赵恒惕在吴佩孚的支持下，勾结粤、桂、赣等各地军阀，组织“湘鄂粤赣四省联军”，以图阻截北伐军。其联军先头部队叶开鑫部兵分两路，连夜向衡阳发起了进攻。与此同时，宾步程受赵恒惕之命乘军用“大丰”火轮，赶来衡阳，企图以同乡关系游说唐生智依附赵恒惕，共同对付北伐军。在这紧急关头，王球大胆地采取了果断措施。31日9时许，衡阳南正街车水马龙，人流如织，当宾步程出现在唐生智督军府门口时，便被码头工人团团围住了。随即，王球组织千余工人，将宾步程捆缚游街。群众一面散发传单，一面高呼“打倒军阀！”“唐督军出师北伐”等口号。当游行队伍到达青草桥时，有的群众提出：把五花大绑的宾步程抛入蒸水河去。此时，唐生智派人赶到，答应出师北伐，王球才下令释放宾步程。

当唐生智的部队出师北伐时，王球随即组织码头工人“千根扁担运输队”，为北伐军运送军粮和弹药；又以海员工会组织数十条火轮，派“道平号”为指挥船，往来于衡阳、衡山之间，运送北伐军。第八军在衡阳广大工人群众的大力支持下，士气大振，战斗节节胜利，很快打败了叶开鑫的军队，于7月11日攻下省城长沙。

鉴于衡阳县总工会的劣迹，7月12日，北伐军邓演达主任下令取缔了衡阳县总工会。“假悟空”被打回原形，烟消云散。

王球三打“假工会”，宾步程兵败走麦城。

8月4日，衡阳市总工会筹备处召开第一次劳动代表大会，正式成立了衡阳总工会，王球当选为委员长。衡阳各产业和行业工会由13个增加到35个，会员由原来5000余人增加到4万余人。

10月，衡阳总工会召开第二次劳动代表大会选举王球等7位同志为出席全省第一次工人代表大会代表。在这次代表大会上，王球根据当时衡阳大批手工业工人失业的问题，提出手工业组织生产合作社的建议，得到与会者的一致赞同。会后，即以染织业为试点，组织起来并吸收680名失业工人参加组成“衡阳染织业生产合作社”。这是衡阳工运史上的一大创举，也是王球对衡阳工人运动所作的重大贡献。

1927年，蒋介石在上海发动“四·一二”反革命政变，长沙又发生许克祥主导的“马日事变”，大批共产党人和革命者被杀害。5月24日，衡阳的国民党右派紧步许克祥后尘，由县长徐方济出面，劝说共产党员放弃阶级斗争，停止工农运动，遭到罗子平等与会中共党员的痛斥。随后，驻衡湘军第三团团长俞业裕于25日宣布成立衡阳警备司令部，并自封为警备司令。同时成立所谓“戒严司令部”。

27日凌晨，俞业裕、徐方济等按事先预谋，在驻衡桂军师长李抱冰的支持下，强行解散农民自卫总队，并捣毁封闭县农民协会、总工会、农讲所、职工运动讲习所、蒸湘中学等革命学校和革命团体，大肆搜捕屠杀共产党员，工会、农会干部和革命群众，白色恐怖霎时笼罩衡阳城乡。这就是衡阳历史上著名的“沁日事变”。王球被国民党反动派列为衡阳“五行、四恶、十小丑”之首，两次被悬赏通缉。

在磨刀霍霍的白色恐怖中，王球并未放弃战斗，他按照省总工会、省农民协会联合下达的关于组织工农武装攻打长沙的命令，联络水口山矿工会组织工人武装，与此同时他又回到自己的家乡（松柏乡）组织一支农军，配合作战。当水口山工人武装由水路进军到车江斯吉亭时，遭敌伏击，危急关头，王球率领的农民武装突然从山谷中（即今车江铜矿处）杀出，大败敌人。

7月，王球和屈淼澄奉命赴江西，参加中国共产党发动的“八一”南昌武装起义。南昌起义后，郭亮命令王球、屈淼澄仍回衡阳，坚持地下斗争。

王球回到衡阳南乡，与县农民协会委员长罗子平，组织工农武装，参与了秋收起义。旋即奉湘南特委的命令，潜回衡阳城内，组织一支以东阳渡兵工厂工人为主的武装大队，并担任大队长。为了配合湘南暴动，1928年1月20日，王球率领工人武装大队和黄文标、戴今吾的农民武装，于城区东郊举行年关暴动。尔后，王球又奉命去南乡，协同罗子平组建工农革命军第八师。

1928年3月，工农革命军第八师两次遭敌袭击，师长罗子平壮烈牺牲，部队被冲散。王球化装成小贩，改名李维琪，去郴州找湘南特委请示工作，行至耒阳时，得悉朱德部队和各地农军已撤离湘南，经安仁向井冈山转移。4月14日，王球赶至安仁，住宿在安仁县一家客店里。是夜，王球被安仁县挨户团于客店捕获。

十二个昼夜的轮番审讯与严刑拷打，王球始终未吐露片言只字。

那是怎样的酷刑啊！王球全身肋骨三处被打断，门牙被敲掉，左耳被割去，两只手掌心被钢丝穿连，体无完肤。但是审讯官前的供词记录仍是一张白纸。

铮铮铁骨，浩气长存。

4月17日，王球就义于安仁永乐江畔。年仅39岁。

棉纱厂旧址

刘铁超·红军奇才任纵横

1899年2月27日，刘铁超出生于衡阳市耒阳县导子乡龙科村的一个佃农家里。虽然家境贫寒，但父母却铁心要让其读书，希望他成才。

刘铁超7岁入私塾启蒙，两年后进入初级小学堂读书。12岁那年，父母双亡，生活更加艰难，幸得哥哥及亲朋资助，考入耒阳县杜陵高等小学（杜陵书院）就读。小学毕业后，回到家中务农。

1920年，刘铁超经同学帮助，谋得水上警察的差使。他手勤脚快，头脑灵活，人见人爱。不久，便由人举荐到湘军总司令部任军需官。军需官岗位上的刘铁超天生好学，喜欢阅读看报，收集信息，与其他同行就是不一样，他既熟悉后方供给，又了解前线战况。此时，军阀割据，你争我夺，混战不止，一开战便有冤死的炮灰，后方的百姓又民不聊生。刘铁超越干下去越觉得军阀部队不是久留之地。随后便设法辞职，考入了湖南省立第三师范学校。

1924年刘铁超于湖南省立第三师范毕业，旋即投考黄埔军校。

1925年1月，刘铁超被黄埔军校第三期步兵科录取。入校后，他刻苦钻研军事知识和技术，且经常得到同学兼同乡、共产党员徐康、段子中的帮助，思想日趋进步。他们在军校一道参加了中国青年军人联合会活动，刘铁超被推为执行干事。他善于演讲，多次在一些场合宣传黄埔军校精神，博得了广州市民的赞誉。在学习期间，刘铁超军事技术过硬，曾获同期1000多学员参加的步枪射击竞赛第三名。同年6月，他作为学生兵参加了平息滇、桂军阀叛乱的战斗。10月，他又参加了第二次讨伐陈炯明的东征。

1926年1月，他以“最优等”成绩毕业，留在军校任教于第四期政治科大队学生区队长。同年加入中国共产党。

1926年7月，国民革命军在广州誓师北伐，刘铁超调任国民革命军左翼总指挥部宣传队队长。北伐途中，他积极开展宣传鼓动工作，并卓有成效。他随北伐军到达武汉后，被编入第二方面军军官教育团。

1927年7月15日，汪精卫集团公开叛变后，刘铁超随武汉中央军事政治学校党支部书记陈毅转赴江西，准备参加南昌起义。因中途受阻，未能按时赶上。于是在陈毅带领下，循着南昌起义军的足迹，向南追赶起义部队。8月上旬，在抚州赶上了南昌起义部队。起义军南下广东严重受挫后，刘铁超又随朱德、陈毅率领的起义军余部，转战于闽赣粤湘边，并于1928年1月返回家乡，参加了著名的湘南起义。同年4月，朱德、陈毅率领起义部队上井冈山与毛泽东部胜利会师后，成立红四军，刘铁超便在红四军工作，参加了巩固和发展井冈山革命根据地的斗争。

刘铁超（1899-1932）

1929年初在中共赣西特委军委工作，参加领导地方红军开展游击活动。1929年3月，以吉水、吉安、安福等地游击队组建起来的赣西第三纵队，急需一名得力的军事干部去领导。应中共江西省委要求，刘铁超奉调赣西红军第三纵队工作，代表特委处理原纵队长杨云卿叛变问题，撤销罗万的党代表职务，改由李湘舫担任，柯武东任纵队长，刘铁超任纵队领导。

10月下旬，第三纵队改编为江西省红军独立第三团，柯武东任团长，刘铁超任团部领导。按照中共赣西特委制定的“攻取吉安”的行动计划，独立第三团与红五军第四纵队相配合，准备攻打福枫田之敌。11月21日队伍到达桐树坪，22日向螺子山推进。就在此时，赣西敌军乘虚而入，对万安苏区形成包围之势。刘铁超指挥部队，在固江奋力反击，击溃了敌军的疯狂进攻，并缴获步枪10余支，子弹数箱。12月10日，刘铁超率独立第三团与独立第二团联合攻击峡江，在赫里与敌人一个营展开激战，毙俘敌人200多人，缴枪130多支。随后，独立第二、第三团乘胜攻击吉水埠田之敌，激战7小时，敌死伤120余人，残敌退回吉安城。尔后，独立第三团又在三曲滩、袁州等地击败敌人。刘铁超指挥独立第三团在一个半月内，连续取得了八次战斗的胜利，表现出突出的军事才干。

1930年1月，独立第三团编入新成立的红六军，刘铁超任红六军参谋长。1月18日，刘铁超调离部队，任赣西南特委委员，参加赣西南特委工作，同刘士奇、曾山一起创建赣西南革命根据地，在巩固革命政权、开展土地革命和建立地方武装方面做了许多卓有成效的工作。6月，根据中共中央在全国苏代会上关于“将地方武装编为正规红军”的指令，赣西南特委召开军事会议，决定将赣西南赤卫军和赣西南红军第四、十一、二十、三十等纵队合编，成立中国工农红军第二十军。

7月，中国工农红军第二十军在吉安县陂头村正式宣布成立，刘铁超出任红二十军军长。8月，刘铁超指挥部队在高沙歼灭国民党军一个团，率全军再次打响了攻打吉安城的战斗。

吉安城扼赣江咽喉，北上南昌，南达赣州，江西省长鲁涤平一直派重兵把守。8月25日，在赣西南特委调集的2万“精勇工农”配合下，红二十军打响了攻打吉安的前哨战。刘铁超身先士卒，指挥部队在吉安城西南郊歼敌一个营，击溃敌一个团，俘敌400多人，缴枪400余支，迫使敌军退守吉安城内。9月5日，红军对吉安发起总攻击。刘铁超率红二十军向真君山迅猛推进。由于敌军重兵把守，工事坚固，红二十军打得十分艰苦。在久攻未克的情况下，刘铁超按特委决定，率部撤出战斗，开往峡江休整待命。10月4日，刘铁超指挥部队于拂晓时分向真君山、天华南一线之敌发起进攻，与敌展开了激烈的争夺战，为左翼、右翼红军主力向城内攻击创造了有利条件。当晚9时左右，刘铁超又一次发起夜战，终于攻克吉安城。占领吉安后，红军又相继占领了周围各县城，使赣西南广大红色区域连成了一片。在此基础上，江西省苏维埃政府在吉安宣告成立，刘铁超当选为江西省苏维埃政府委员。

正当赣西南苏区革命形势蓬勃发展之时，1930年12月7月，红一方面军总前委派李韶九到江西省行委和红二十军“肃反”，将江西省行委、省苏维埃政府和红二十军的一批领导干部作为“AB团”要犯关押起来，严刑逼供，以致酿成了中共党史上有名的“富田事变”。军长刘铁超遭到扣押，后经中央局调解，刘铁超被释放，安排到红一方面军总司令部参谋处任参谋。1931年初，调任红一方面军总司令部作战科科长。3月，任中央革命军事委员会总参谋部作战科科长兼红一方面军总司令部作战科科长。参加了中央革命根据地第一、第二、第三次反“围剿”作战的计划与组织工作。

1931年春天，毛泽东在江西工农兵苏维埃大会曾说，刘铁超是红二十军的第一任军长，他的避大路择小径堵截敌军的作战方略，是红军作战的精华，值得推广。

时任江西工农兵苏维埃政府执行委员、因“富田事件”调任中央革命军事委员会总参谋部作战科科长兼红一方面军总司令部作战科科长的刘铁超，听到毛泽东的赞扬不禁热泪盈眶。

几十年后，1994年秋天，全国政协副主席萧克上将在接受刘铁超故乡——耒阳市志编写组的同志访问时，还念念不忘刘铁超泪水涟涟的场景。萧克不无感慨地说：“刘铁超确是位军事奇才，只可惜由于‘左’倾路线的干扰，才没有使他的军事才能得以充分发挥。否则，红军辉煌战史上将留下刘铁超更加光彩夺目的篇章。”

1931年10月，刘铁超调任红三十五军军长。不久，红三十五军奉令缩编为红一方面军独立第三师，刘铁超改任师长。这时，正值中央革命根据地第三次反“围剿”胜利结束，独立第三师的主要任务是消灭以瑞金为中心的各县反动地主武装，攻打土围子，巩固苏维埃政权。这些反动地主武装多龟缩在“土围子”中，并以此为依托，经常四处骚扰，烧毁民房，抢劫财物，攻击赤卫队和游击队，杀害革命干部和群众，破坏革命和生产，危害极大。因此，拔除“土围子”，消灭白色据点便成了独立第三师当时的主要任务。

“土围子”是赣南地区土霸王们的特殊产物，各地豪绅地主及所把持的靖卫团都凭山扼险，修筑起一座座易守难攻的城堡。因此，打“土围子”的艰巨性并不亚于与国民党正规军作战。有的“土围子”，红军花了很大力气，打了好多次都未打开，红三十五军前任军长就是在打万田“土围子”时中弹牺牲的。然而，刘铁超是敢打敢拼的指挥员，一上任，便决心火速行动，坚决拔除“土围子”，消灭一切白色据点。他首先率领独立第三师攻打瑞金“土霸王”钟建标，端掉新陂、下坝、万田等几个“土围子”，并活捉了钟建标；接着又全歼了当地反动靖卫团武装。不到一个月，率部在参加扩大赣南根据地的斗争中，基本上肃清了瑞金中央领导机关所在地的国民党反动地方武装势力，确保了中央领导机关的安全。1932年1月，刘铁超率部与其他兄弟部队配合，相继攻占会昌、寻乌、安远、连城等县城，拔除地主武装“土围子”几百处。使中央革命根据地的赣南、闽西连成一片。

1932年8月，刘铁超率部攻打于都县的澄江、葛坳、杨梅头等几个“土围子”。这些“土围子”相距不过10余里，呈鼎角之势，可以互相照应支援，其中最大的是杨梅头“土围子”。这个“土围子”占地几十亩，围墙均用大石头筑砌，高丈余，由敌靖卫团500余人把守。

刘铁超在深入调查、摸清敌情、察看地势后，对独立第三师领导成员作出了战斗部署，决定由师政委李井泉率一个团攻打澄江，师参谋长带一个营埋伏于杨梅头与葛坳之间，以打击葛坳增援之敌，刘铁超则亲率主力部队攻打杨梅头。

此时，独立第三师武器装备差，没有大炮，连个炸药包也没有，仅凭步枪、手榴弹根本无法摧毁坚固厚实的围墙。怎么办？刘铁超想起了耒阳家乡农军用松树炮打击敌人的法子，便与当地干部群众商量，办法出来了，用棺材装进土硝制作成土炸弹，埋到土围子墙脚下去。谁知待到引爆时，导火线点燃了却没有爆炸。刘铁超等着、等着，仍不见爆炸，问题出在哪里呢？他决定到墙根下去看个究竟。同志们都劝他不要去，太危险，可他不顾自己的生命危险，毅然向墙根下奔过去。就在这时，敌人的子弹打中了他，身中7弹，英勇牺牲。为了保卫中央苏区，年仅33岁的刘铁超在江西宁都赖村杨梅头土围子战斗中流尽了最后一滴血。

萧石月·擎天一柱护劳工

1900年6月9日，萧石月出生在常宁县兰江乡兰江村一户富裕的农家。这个衣食无忧的富家子弟从少年时期起，就有点与父亲的严厉教育格格不入。年纪不大胆子大，性格特别倔，敢作敢为，我行我素。比如去私塾读书，他时不时偷拿家里的谷米去接济穷伙伴，被父亲斥为“败家子”；有一年夏天，他不打招呼主动去替一户贫困农家看守莲塘，早晚都不回家，父亲又骂他是个“吃里扒外的东西”；读了几年四书五经、之乎者也却不思孝道，整天想着的是外面的世界很精彩。于是，读完私塾的萧石月，被父亲断了一切零花费用，强留在家里耕田务农。

1917年春，萧石月在长沙湖南甲种工业学校读书的三哥萧异捎信向家里催讨学费，父亲走不开，家中又无其他男人，于是，送学费的担子就落在了17岁的萧石月肩上。小伙子二话不说，背起行囊就出发。送完学费，三哥想陪他逛逛长沙城被他谢绝。三哥知道他的性格也就不再搭理，谁知他转身来到长沙码头，买了一张船票，一屁股乘船到了武汉。上了汉口码头看见一张招生广告，而后根据广告内容指引一头考进了湖北水警队。

你说这小伙子是不是有主见，敢作为。

事后，他自己写信转达给了在家坐卧不安、提心吊胆的父亲，小崽子的再一次叛逆激怒了他的父亲，怒不可遏的萧父将儿子的衣服、被褥、蚊帐连同床铺上的稻草，统统扔到晒谷场上，一把火烧得个一干二净。

萧石月在水警队倒是兢兢业业，在江面巡逻，在码头站岗，开票、查证、处理社会纠纷。待了3年，长高了，长胖了，却自认为没长什么见识。1920年接家中来信得知母亲病亡，萧石月整理行装回家奔丧，再没回过水警队。这年冬天，他第二次来到长沙，经湖南劳工会介绍，他到织机巷湘鄂印刷公司当了一名排字工人。

湘鄂印刷公司承印长沙各大报馆、社团、书局的出版物，因为专业的需要，经常有一些知名人士、教授先生、青年学生或媒体工作者到排字房来送文稿或是校对清样。就是在这枯燥无味的排字房里，萧石月结识了毛泽东、何叔衡、夏明翰、易礼容等人；一来二往，受益匪浅。在这些人的影响下，萧石月常到这些人所办的文化团体或书社去看书交友，业余时间还积极报名到自修大学听课。

1921年8月，进城闯荡五年的萧石月加入社会主义青年团。

入团不久，湘鄂印刷公司的工人们为抗议公司每月发工资打八折的卑劣做法而酝酿罢工。资方得知这一消息深恐曝光且造成更大损失即刻在罢工前作了些许让步，但心有不甘，居然暗中派人调查罢工的组织者为何方神圣？结果发现平时不大言语的萧石月近来行动活跃，与外界联系十分频繁。于是资方把他定为危险分子，借故予以辞退。

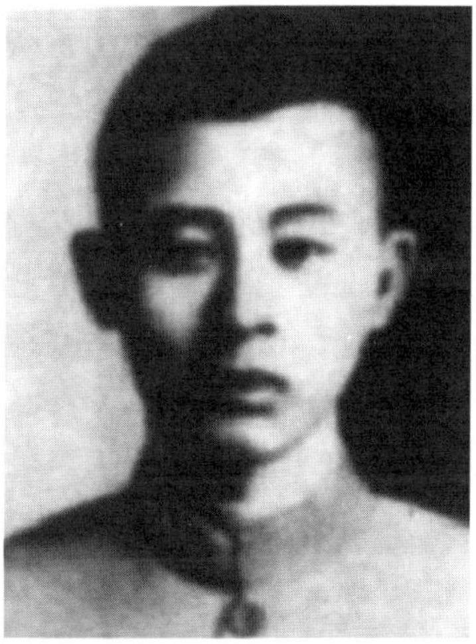

萧石月（1900-1927）

萧石月忿忿不平，为此事跑到清水塘，找到自己十分敬重的朋友毛泽东一诉衷肠。毛泽东替他分析了情况：资方已有妥协，劳方亦没有进一步动作，而其本人在此已成为资方的靶子，不如另择他处。萧石月听从了毛泽东的意见，并向团组织作了汇报。不久组织决定，希望他到河西银盆岭下的湖南第一纱厂去开展工运工作。凑巧，萧石月的三哥萧异就在第一纱厂当监工。经三哥的介绍，萧石月未费周折地在第一纱厂成包车间当了一名工人。根据组织指示，他同另外两名团员邹觉悟和李佳竹一起，借助这一平台，广泛接触工人，结交朋友，为下一阶段在纱厂成立工会组织做好一切准备。

从这段时期开始，萧石月找准了自己的人生定位，激情满怀地追求自己的理想，实现自己的人生价值。

他高举旗帜，带领工人参加长沙各界群众联合举行的反帝斗争万人大游行。

他挺身而出，组织工人静坐要求厂方发给年终“夹薪”的斗争。

他不畏强权，为厂警肆意开枪打死打伤工人而向经营纱厂的华实公司提出抗议，并拟出了给死伤工人发放抚恤金和医疗费的十一条要求。

他一身正气，为反对赵恒惕镇压工人罢工而向社会各界发出《纱厂全体工人二千二百余人万急启事》。

当湖南省劳工会领导人黄爱、庞人铨惨遭杀害后，又是他，收殓好烈士的遗体后，更加坚定地带领工人进行斗争。

由于他的上述行动，被华实公司定为390名“暴徒”之一而被开除。他的三哥没有同情他、挽留他，而是恨不得他即刻在眼前消失。

萧石月同投靠资本家的三哥萧异分道扬镳。

萧石月被开除后，并没有离开长沙，这个倔强的年轻人在纱厂后街租了一间屋子，仍然秘密联络工人，继续从事筹备湖南第一纺纱厂工会的组建工作。

萧石月不便公开出面，便以邹觉悟、李佳竹的名义，办了一个制袜社，制袜社的成员就是被开除的300多名工人。这是一个绝妙的主意。一来可以显示，工会组织没有忘记他们，让他们重新端起了生活的饭碗；二来这批有经验的纱厂工人上岗就能组织生产，不用招工培训；第三，这批被资方视为“暴徒”的工人一旦团结组织起来，力量更加强大。萧石月与战友们趁热打铁，成立了一个读书性质的群众组织，取名“毅社”，目的更加明确：团结思想进步的工人，为成立工会准备骨干。这时候，萧石月也改名萧如，弄到了一个新工人的符号，重新进了纱厂。

资方非常恼火劳工的集会结社，但的确又看到了工人结社的力量，为了分裂工人的力量，他们绞尽脑汁，终于想出了一条“以其人之道，还治其人之身”的诡计，资方出面，在厂里组织“同乡会”，把工人按籍贯分割开来，并扬言如不加入同乡会，就是劳工会的人，就要予以开除。淫威之下，长沙、醴陵、衡山等地籍贯的工人同乡会纷纷成立。另外，还搞出个“长邑工业学友会”，该会公开发表宣言，鼓吹“除了工作外，凡不关切已身的利害都不应过问”。

这一招，让萧石月他们措手不及。

尽管萧石月、邹觉悟、李佳竹等率领骨干成员奋起反击，做了大量深入细致的思想工作，但效果低微。

工作难做，事情难办。纱厂工运步入低潮。更让人寒心的是，有的工人见到他们开始躲避，有的工人甚至对他们冷嘲热讽。

然而，有一件事很快擦亮了工人们的眼睛。

就在这一年的中秋节后，工人们得知华实公司的老板把16万元的利润一分为二，一半装进自己的腰包，一半分给董事和职员，唯独没有工人的份，导致群情激愤。

萧石月抓住这件事，连夜起草散发了一份《告工友书》，指出这16万元的红利都是工人一天干12小时的活儿创造出来的，如今却被资本家一口独吞了。《告工友书》号召工人团结起来，要求分红，并且指出，资本家对工人剥削不分籍贯和地域；而我们工人要求分红，单靠同乡会就做不到，只有全体工人团结起来，才有力量，才能迫使资本家答应工人的要求。经过串连和宣传，使许多工人懂得同乡会并不能真正维护工人的切身利益，同乡会只有利于资本家的控制和剥削。

工人们醒悟了。萧石月趁势把工人一个一个、一批一批地又团结在筹建“工会”的旗帜下。与此同时，他还注重团结一批职员向工会靠拢。这些职员，大多是参加过劳工会的学生，在政治上、经济上与资方有一定矛盾。如总监工郭翰、副总监工李彤（后为考工处长）、胡迪良等，经过沟通、恳谈，将心比心，以心换心。职员们的思想、立场渐渐倾向于工会。

1922年底，萧石月加入了中国共产党，成为湖南产业工人中早期中共党员之一。

半年后，又有一件事让工人们幡然猛醒。

1923年2月，华实公司借口“开支甚巨”，突然宣布一次性裁减工人270名。整个纱厂顿时闹开了锅。厂里的考工处长李彤、监工杨士毅对此也表示反对，认为这样做是为了排除异已，安插亲信。有个姓李的工人并不识字，听说自己被裁减下岗，急得投水自尽，幸被工友救起。

一场反裁减的斗争势在必发。

萧石月等人立即行动。这一次他用了一点小计谋。他们首先发动被裁的270名工人全城散发传单，指控纱厂大小监工迫害工人，号召工友们起来反对监工。2月23日的湖南《大公报》上登出了《纱厂工人揭露监工任意裁减工人》的呼吁书，在社会上引起了强烈的反响，而监工们对这种当替罪羊的指责忿忿不平，于是他们也草拟了一份说明纱厂裁员事实真相的声明，在《大公报》上登了出来。这一下捅了马蜂窝，资方的阴谋被揭露出来。

萧石月即刻邀集被裁的工人组织一个“被裁团”，正式致函华实公司总经理黄藻奇、督察处长胡筱岩，要求“复缺”（即复工）。经过半个月的交涉，厂方在强大的舆论压力下，被迫收回公告，被裁的工人中除少数已另谋职业外，大都复了工。

复工斗争的胜利，大大鼓舞了纱厂工人。此刻要求成立工会的呼声此起彼伏。此时的萧石月根据安源路矿和粤汉铁路工人运动的经验，决定把工会改为俱乐部。而且一改过去建立工会只吸收一线产业工人的做法，也吸收职员参加。为此，萧石月还专程上门邀请在复工斗争中敢于担当的李彤、郭翰出面一起参加筹备工作。

4月1日，湖南第一纺纱厂工人俱乐部在800多人的大会上宣告成立，并宣布加入湖南省工团联合会。萧石月当选为干事长。湖南省工团联合会总干事郭亮到会祝贺。至此资方所组织的“同乡会”完全解体。

这年秋，中共党团组织在第一纱厂相继成立，萧石月任党团两个支部的书记。之后，萧石月成为长沙地区较著名的工运领导人。

1924年9月，萧石月被中共湘区委员会派赴苏联莫斯科共产主义大学学习。

1925年上半年，萧石月从苏联回国，被补选为中共湘区委委员。同年秋天，中共湘区委派他去新化县锡矿山加强对工人运动的领导。行前，湘区委书记李维汉同他谈情况时，给他改名为萧铁生。

新化锡矿山是湖南的大矿山，共有公司107家，炼厂43座，职工42000余人。统治矿山的是锑业公会，大权掌握在大矿主杨次伯、刘铁逊之手。锑业公会还有一个叫商团的武装组织，有长短枪55支，团长杨执中，是资本家的忠实鹰犬，无恶不作。

在萧石月去锡矿山以前，党组织已派萧石月的老搭档邹觉悟（化名邹建武）以湖南雪耻会宣传员的身份到锡矿山工作。萧石月来到以后，两位战友立即着手筹建矿工会，他们以邹觉悟先前开办的平民夜校作平台，通过积极分子广泛地做好工人的联络工作。谁知被人告密，平民夜校被突然查封。从不气馁的萧石月又搬到陶塘一家伙铺，秘密筹建矿工会。经过几个月的艰苦工作，矿工会会员发展到1300多人，秘密成立了锡矿山工会。随后，中共锡矿山特别支部也相应成立，萧石月被上级党组织任命为特支书记，由湘区委直接领导。

1926年4月4日，萧石月、邹觉悟等利用赵恒惕被赶出湖南的时机，公开挂出了“新化锡矿山工会”的牌子。两日之内，报名参加工会的达3000人之多。人多势大，工会如此的吸引力、号召力，让资本家们坐卧不安。卧榻之下，岂容他人鼾睡？

4月6日，锑业公会商团团长杨执中逮捕了7名工会会员，放言威胁立即停止组建工会。萧石月不信邪，组织人员强烈抗议。

4月7日，杨执中变本加厉，又派兵抓去了18名工会代表和部分张贴反对商团捕人标语的工友，并宣布矿山戒严。再次警告：决不允许召开矿工会成立大会。商团武装前脚刚走，萧石月后脚就将工会招牌扛到了会议现场。

4月8日，矿工会成立大会在谭家冲准时举行，杨执中居然用炸药炮轰全场，杀伤6名工人，并派兵逮捕了包括工会委员长邹觉悟在内的30多名工会骨干。

硬碰硬，局势对工会十分不利。

萧石月异常冷静，他首先利用邹觉悟是国民党锡矿山党部常务委员的身份，即刻电请国民党湖南省党部指示新化县署及驻军邹鹏振旅长督饬矿山商团放人，“并严究摧残党部之人”。其次，迅速派出3名代表，以锡矿山矿工会临时执行委员会的名义，火速赶赴省城向各界控诉商团肆意镇压工人的暴行。4月28日，省工团联合会、省学联和长沙学联派代表到省长公署请愿，要求省府出面保护锡矿山矿工会和工人群众的正当权益。

正当上述措施一一落实，局势即将扭转时，风云突变，直系军阀吴佩孚的叶开鑫部占领长沙，唐生智退守衡阳。锡矿山的资本家、商团又嚣张起来，继续逮捕、开除矿工会会员达数百名之多。并以2万银元贿赂叶开鑫，请求批准枪毙邹觉悟等工人领袖。

形势危在旦夕，萧石月马不停蹄赶到畴富堂（矿区）经理、锑业公会成员杨彤赓处，请其出面制止这次屠杀阴谋的实行。杨彤赓平日为人比较正直，平日就与杨执中矛盾甚深。他十分赞同萧石月陈述的意见。第二天，在锑业公会开会讨论处决邹觉悟问题时，第一个站出来表示反对，说杀了邹觉悟，会激起全矿山工人造反，谁敢负责？公会成员面面相觑，谁也不愿当此出头之鸟，以免留下后患，只能表态将此事搁置起来。

7月，北伐革命军重创吴佩孚的北洋军，叶开鑫逃离长沙，唐生智重新主持湖南民政，萧石月抓紧时机，积极展开营救工作，邹觉悟及其他被捕代表全部获救。

这年8月，湖南全省工团联合总会改组为湖南省总工会，萧石月被任命为省总工会驻新化特派员。中共湖南区委又派仇寿松、舒玉林等到锡矿山加强对工人运动的领导。9月9日，锡矿山工人举行了庆祝矿工会恢复活动大会，到会工人近2万人，游行队伍长达十余里。

望着红旗招展的队伍，欢天喜地的劳工，萧石月热泪盈眶。

资方并没有轻易让步，当萧石月组织矿工会召开万人加薪大会，向锑业公会、矿局、炼厂、公司提出了加薪和改善工作条件的十二条要求时，矿方杨次伯、刘铁逊不仅不接受，反而暗中以6000块银元贿请附近驻军陈汉章部到矿山来恐吓工人。

萧石月得知这一消息，沉思良久。北伐革命军一路打来，节节胜利，陈汉章就有如此胆量？他断定陈汉章此次出兵，不过是虚张声势，讨些便宜罢了，决不敢对工人动武。于是，他当机立断，决定对士兵以礼相迎，争取士兵倒向工人一边。由矿工会出面组织工人主动前去慰劳士兵，安排饭菜招待，场面极为热情。当天下午又召开千人的欢迎大会。晚上，还搭台给官兵演出工人自编的新剧。尽管资方杨次伯、刘铁逊天天请陈汉章大吃大喝，而陈汉章的部下却与矿工们相处融洽，欢聚一堂。都是劳苦大众，手足情深。几天过去，士兵们都成了工人们的好友，陈汉章也拿了6000块银元，领兵而去。杨次伯、刘铁逊只好自认晦气，不得不在谈判桌上接受工友提出的加薪条件。

资方一计不成又生一计。他们指使庄客（类似银行、钱庄的老板）撤回厂矿借款，迫使厂矿停炉，故意造成大批工人失业；挑拨新化本地工人排挤外乡工人，说是外乡人抢走了他们的饭碗；尤其恶毒的是，矿方收买工贼，勾结土豪劣绅，成立“新化县工会筹备处”，收买流氓、打手，组织所谓“坨子团”（即拳头团），专门用来对付锡矿山矿工会及其领导人。萧石月随即作出反应。他一边部署矿工会取证，宣传揭露资方的卑劣行径；一边派人与国民党新化县党部取得联系，双方取得一致意见后，萧石月以省总工会新化特派员的身份，宣布“新化工会筹备处”为非法组织，向工人群众广泛揭露矿方组织假工会和“坨子团”的罪恶阴谋，并逮捕了“坨子团”的首领。

12月，湖南全省第一次工农代表大会召开以后，萧石月与矿工领导成员一起研究，用计收缴了商团和安集乡保安团的枪支。从此，矿山工人纠察队掌握了100多支长短枪，在总队长舒玉林的领导下，在屯军山加紧训练，成为一支有战斗力的工人武装。

在1927年5月召开的中国共产党第五次全国代表大会上，27岁的萧石月当选为中央监察委员会候补委员。

“马日事变”发生后，萧石月接到了中共湖南省委要求各地工农武装会师攻打长沙的通知。他立即与邹觉悟、舒玉林，带领300多人的工人武装，日夜兼程，取道兰田，向湘潭进发。不料行至兰田，突遭许克祥部一个营的伏击。缺乏实战经验的工人纠察队员，仓促应战，伤亡惨重。萧石月等突围不成，被围困在牛角石晏家冲的一个干塘里，子弹从四面八方射来，萧石月献出了年轻的生命。

衡阳人萧石月，为中国工运事业，殚精竭虑。为劳工人权平等，鞠躬尽瘁。

石破天惊，月照千秋。

萧石月烈士故居

赵君迈·金戈铁马性如虎

他爱游泳，识水性，闻鸡起舞，打拳练剑，内、外家拳术，样样皆通；

他在日本练柔道，在美国学摔跤，是中国第一个国际自由式摔跤手。

他英勇抗日，骑术了得，一个专攻桥梁的学者和土木工程专家却热衷提倡近代军事体育。

他一生追求真理，担任过衡阳市市长、长春市市长、联合国善后救济总署渔业管理总处处长、欧美同学会常务副会长、第五届和第六届全国政协常委，为民族独立解放事业作出了贡献。

他的名字叫赵君迈。

衡阳市衡山县有个白果镇。这个古镇处于山环水绕的盆地之中，镇子内外有桃花港、兴乐江、子雾江、瓦子河等大小河流汇入涓水，形成一个山乡罕有的水网世界。河水四季丰盈清澈，古时河中大小船只来往穿梭，沿途村烟稠密。乡村田园风光与丹霞地貌景观在此交相辉映。

在白果古镇的涓水河上，明代曾修建有号称“楚南第一桥”的涓水大桥，至今还存有多处涓水水运码头。

白果古镇是著名的狮龙之乡、皮影戏之乡，逢年过节，舞龙狮，唱皮影戏，是寻古访幽的好去处。

1901年，赵君迈就出生在桃花港畔的白果镇棠兴村。

赵君迈自幼喜爱爬山、跑步和游泳，没事还天天追着叔叔伯伯搬弄几下内、外家拳，每次学校里举行运动会，无论短跑、长跑，他总是第一。体育老师夸他：在地上他是“飞毛腿”，在水里他是“翻江鱼”。赵君迈古稀之年在接受媒体采访时也曾说：“我从小便在山里长大，在水中泡大，一生对体育的爱好，恐怕始于孩提时代的兴趣和追求。”

之后，小小年纪的赵君迈为学拳跑到杭州、上海拜杨澄甫、吴公仪为师，练就一套基本功。之后他又在北京等地，向杨禹廷、崔毅士、许瑞甫、史正刚和吴彬楼等名家求艺，练太极，学少林，习八卦，钻形意，热衷剑术，毫无门户之见。他说：“人家是桃李满天下，我则为老师遍全国。”

赵君迈（1901-1988）

1918年，17岁的赵君迈，受同盟会的影响，胸怀救国大志，东渡日本来到东京成城中学读书。暑假期间，学校组织游泳爱好者，到附近的海域举行全程为10英里的游泳比赛。比赛哨声一响，120多名同学跃入海中，人人争先恐后，个个翻江倒海，渐渐地，水面上拉开了一条长蛇阵。不料，回程游至中途，风云突变，原本平静的海面，顷时劲风刮过，白浪扑面。有人开始胆怯，有人已经呛水，大部分同学纷纷停游，先后登上救护船，而赵君迈等11人却在大风大浪中勇往直前，胜利游完全程。

凭着少时在水塘里、湘江边练就的功夫，赵君迈不仅会蛙泳、仰泳、蝶泳，潜水技能也很不错，用他在作文里勉励自己的话来说，那就是：逆水而上，能激流勇进；泅渡漩涡，如浪里飞舟；潜入水中，似鱼翔浅底。如今到大海一试，岂能半途而废？在日本读书三年，课余时间他就练过三年柔道，是经历过实战锻炼的优秀柔道选手。中国的巧劲加上日本的技法，使他在武术与柔道两个项目中，均如虎添翼。

1921年，21岁的赵君迈考入美国威斯康星州立大学，专攻桥梁和土木工程学。

大学三年级时，威斯康星和伊利诺依两所大学进行了一场轰动美国的摔跤比赛。赛前，芝加哥报纸特别对体重125—135磅的两名决斗者刊登出照片，并作了惹人瞩目的文字报道：一方是日本留学生，全日本柔道冠军，蝉联两届全美大学摔跤桂冠；另一方是中国留学生赵君迈，首次出马，但早已具备大将风度。这家报纸还对此加上政治色彩的评论：这是一场非常特殊的比赛，不仅是体育项目的竞技，而且是中日两国搏斗的象征。因为当时的时局是北洋军阀政府向帝国主义屈膝妥协和反帝反封建的“五四”运动爆发不久。七千多座位的伊利诺依体育馆座无虚席，空前爆棚。场上的气氛紧张、激烈，口哨声与呐喊声不绝于耳。只见日本选手频频抢攻，背摔连连得手，来了个下马威。出师不利的赵君迈处变不惊，他以灵活多变的战术与之周旋，三盘下来，反倒成了“不倒翁”，使对方无机可乘，疲于体力消耗。虽然两次延长比赛时间，依然胜负难分，只好握手言和。赵君迈与日本选手“双料”冠军平分秋色遂成一大新闻，赵同学名声大噪，遐迩名闻。

5年后，赵君迈在美国威斯康星州立大学土木工程系毕业。这位前途看好的新时期桥梁专家却为国内第一次大革命（北伐）的浪潮所激励，突然改变主意，立志从军。他是执意要回国的，但现在回国能干什么？花几年时间建一座桥还不够军阀们一天炸的，只有参军，先打到军阀，消灭军阀，才能铺路建桥，才能建设家园。但参军不仅要身体好，也要有一门杀敌的技能。

紧接着，他报名考入美国诺维支骑兵学院改习军事。两年里，赵君迈置身于这所竞技体育比较发达的名牌大学，视野更加开阔，体育生活也更加丰富。

在骑兵学院，他苦练骑术，泥里滚，坡上摔，与马交友，人马合一。在一次学校拍摄新闻电影选择骑马者表演时，他是华人当中唯一入选的代表。

在骑兵学院，他爱好摔跤，成了校摔跤队队长。他率队迎战哈佛、耶鲁、波士顿、哥伦比亚和麻省理工学院等各路劲旅。骑兵学院队中只有赵君迈一人以连挫对手从无败绩脱颖而出。赛后，赵君迈兼任教练，重整旗鼓。骑兵学院队第二年一鼓作气，打了一个漂亮的翻身仗。凯旋时全校沸腾，大家欢呼雀跃，热烈鼓掌，夹道相迎，并把赵君迈抬起来，抛到空中……赵君迈成了中国第一个国际自由式摔跤手。

在骑兵学院，他热衷现代军事体育，曾数次获得全美国的体育运动奖，被誉为“体育明星”。

人怕出名猪怕壮。美国体总看中了赵君迈这块“奇玉”。1928年，第九届世界奥运会在荷兰阿姆斯特丹举行。当局决定让赵君迈参加摔跤比赛，但首先必须加入美国国籍。祖国常在心中的赵君迈十分平静地回答道：“我是中国人，要去可以，但必须代表中国。”为此，美方致电当时中国体总和教育部，但因当时国内的黑暗与腐败，致使此行未成。

当1979年赵君迈被选为全国摔跤协会副主席时，谈起50年前这段遭遇，他无限感慨地说：“当年国家无能，使我失去参加奥运会为‘东亚病夫’雪耻的良机；如今中国体育健儿作为国家的主人在世界体坛扬眉吐气让人欣慰。今非昔比，天地之别啊！”

1928年，赵君迈在美国诺维支骑兵学院毕业，一刻也没有停留，旋即回国。回国后，谢绝了高官厚禄，却记住了孙中山先生“革命尚未成功，同志仍需努力”的遗愿，当兵扛枪去担任国民革命军第十师一名普通的骑兵连长，努力践行着自己的志愿与理想。

赵君迈任国民政府财政部税警总团第一团团长时，力主抗战，曾率税警总团赴古北口参加抗战，但中途受阻。

1932年，赵君迈任第四师第三旅少将旅长。“一·二八”淞沪抗战时，蔡廷锴急电求援，他又主动率部赴沪参战，赵君迈旅处于侧翼防御，因激于爱国义愤，主动出击，重创日军，却遭到上司欲以“军法从事”的严责，命令他把队伍撤下来。以后赵君迈多次要求北上抗日均遭拒绝。

一气之下，赵君迈脱掉军装，从此脱离戎马生涯。

1936年，赵君迈任国民政府财政部税警总视察长，在上海结识了一些著名爱国民主人士，参与了“救国会”的一些活动。1938年，他经人介绍认识叶剑英、徐特立后，真诚接受中国共产党提出的抗日民族统一战线的主张，成了中国共产党的真挚朋友。

1939年，赵君迈出任湖南盐务局长。当时长江中、下游大部分城镇相继沦陷于日寇铁蹄之下，湖南省食盐的主要来源地——扬州十二圩淮盐完全断绝，老百姓食盐仅靠川盐接济，路远山遥，供不应求。赵君迈马不停蹄赴江西鹰潭、广东韶关、广西柳州等地分别设置战时盐物运输处，抢运浙闽粤桂等地的库存积盐。同时在本省食盐供应特别紧张的偏远县区创设“公销”专卖体制，使奸商无法哄抬卡要，缓和了供需矛盾，为解决湖南盐荒做出了有效的努力。在此期间，还传说这样一个有趣的事情。

由于食盐极为匮乏，一石谷还不能换一斤盐，平民百姓惜盐如金。盐务局长赵君迈积极整顿盐务，限制盐价。赵君迈与在湖南湘潭开采盐矿的实业家张铭西交往甚密，在与他讨论食盐供应的事宜时，张铭西嘴含雪茄，是一根接着一根抽。雪茄在当时是难得的名烟，每支价高达5元以上。赵君迈暗自思忖：按张铭西每天吸10支算，也达到50元。50元可买来一斤盐；50元相当于几十人一天的生活费。这是何等惊人的浪费！他劝张铭西戒掉雪茄，理由是一为身体，二为盐业。张铭西却无动于衷，赵君迈也不生气，第二天，当张铭西吸雪茄时，他走上前说："好物共品尝，我陪你。"

张铭西莫名其妙："你不吸烟，还劝我戒烟，今天出鬼了？"

赵君迈说："不是我出鬼，是我陪鬼。一根雪茄5元钱，咱们约定好，你每抽一根雪茄，我就从你兜里拿5元钱。"说完，赵君迈还真动手从张铭西皮夹子里掏出5元钱，接着划了根火柴点火烧掉，并对张铭西说："怎么样？你吸，我烧，我们同样每天浪费50元，我看你戒不戒？"

张铭西一时没缓过神来，尴尬地说："好，好，我吸，你烧，反正都是消费。"

谁知赵君迈特别认真，次次如此。只要张铭西抽雪茄，赵君迈就点火烧钱，不分场合，无论早晚。张铭西便有所感触，对赵君迈说："赵兄，你这是何苦？"

赵君迈却一本正经："不苦。就是认个理，一为身体，二为盐业。"

张铭西答道："我嗜雪茄10多年，它是我的生活伙伴，过去也曾戒过，但戒不了几天，仍然离不开它，你如此关心，晓以大义，我一定戒掉它。"

在赵君迈的真情监督下，张铭西终于完全将烟戒掉。

1942年，赵君迈当选为第三届国民参政会参政员。11月，任衡阳市第三任市长。任内致力于兴办实业，支持抗战，同时创办合江套工业区、城南新市区和酃湖扶置自耕农实验区，兴修水利，还在教育工作等方面做出了有益的尝试，为衡阳经济发展和人民生活改善，作出了力所能及的贡献。抗日战争爆发后，衡阳人口暴增，外货断源，当地所生产的日用品和副食品供应跟不上城市人口增长速度，供需矛盾日益扩大，少数奸商乘机囤积居奇，衡阳物价滑出常轨，突飞猛涨。工人工资增长速度，远远低于生活费总指数的递增速度。

1943年9月23日，根据衡阳市各职业工会要求增加工资的请求，召开全市各职业工会代表、同业会代表（资方）市商会理事长的工资评价会议，赵君迈亲自主持。经过协商，核定各业工人工资，一律增加25%，从10月起执行。

1945年抗战胜利后，赵君迈调任东北长春市市长兼警备区中将司令。当时的长春驻有苏联军队和东北抗战时期的各种地方武装，社会秩序较为混乱，他周旋于各种部队之间，煞费苦心，尽全力促使城市管理趋于安稳，让市民得以修养生息。

1947年12月，任联合国善后救济总署渔业管理总处第二任处长。

上海解放后，赵君迈去了香港，任海南进出口商行董事长。

1955年，赵君迈有意为祖国统一大业做出贡献，决计回国。中央得知后，派李立三专程赴港迎接进京，抵京后受到周总理的热情接待。赵君迈被任命为国家体委委员，增补为全国政协委员，并任中国国际文化交流中心理事会理事、中华全国体育总会副主席、中国摔跤协会主席。

1967年“文革”初期，有个“造反派”组织的头目为搜集材料以打倒时任国家主席刘少奇而找到赵君迈，问：“您是湖南人吗？”

“是的。湖南衡阳人。”赵君迈字正腔圆。

“您有个哥哥叫赵恒惕，对吗？”

“对。解放前当过湖南省省长。”赵君迈胸襟坦荡。

“是国民党反动派的省长。”“造反派”故意加重了语气。

“没错。”赵君迈不动声色。

“他曾经逮捕过刘少奇，对吗？”“造反派”紧紧相逼。

“不知道。”赵君迈斩钉截铁。

“不知道？刘少奇在你哥哥面前卑躬屈膝，叛变革命，这么大的事情你不知道？”

“我1921年就去了美国读书，对国内事情一无所知。”

“我们正在整理叛徒、内奸、工贼刘少奇的材料，你能回忆一下吗？”

“那就请你们到档案馆去，我无可奉告。”

“你这是什么态度？”“造反派”恼羞成怒，“啪”地一声拍在桌子上，气势汹汹。

“哟呵，你敢在我家拍桌子，信不信老子一脚把你踢出去！赶快给我滚！”赵君迈捋起袖子，声若洪钟呵斥道。

望着墙上悬挂的龙泉宝剑和练功的照片，那“造反派”头目不敢造次，只得气急败坏地丢下一句：“你等着瞧！”悻悻离去。第二天，赵君迈便被周总理接进了国务院。

粉碎“四人帮”后，赵君迈被选为全国政协常委。

1979年，在五届政协二次会议上，赵君迈就武术工作专题向大会发出第834号提案。他开宗明义：“建议把我国的优良传统武术运动作为我国主要的体育运动项目，并设立武术研究院……”

他的提案被采纳，国家决定拨款200万元筹办武术研究院。“好，好，好。”接到喜讯的赵君迈兴奋异常，78岁的他雄心勃勃：“下一步要建立分院，比如在少林寺、陈家沟、武当山等地，这可是个大好事啊。”

的确，赵君迈对中华民族传统的武术、气功和太极拳，情有独钟且不遗余力地推崇。他说，这些都是中华国宝，应大力弘扬。因为这些东西首先讲究武德，二讲医学卫生，三不需要特殊设备和场地，四为男女老少皆宜，是一种体力、智力、气力、毅力与胆力全面发展的体育运动，有独到之处。

赵老本人的武功，委实是有一番造诣的。八旬之际，仍练拳舞剑，几乎从不间断。打起拳来，刚劲有力，神形兼备。舞起剑来，技法娴熟，脱洒自如。他还博采众长，结合自身体会和年龄、身体等特点，自创自编了“红孩”“峨媚”“黄河”三种剑术套路。

老人家有一个中国梦：“既然日本的空手道、柔道可以成为世界比赛项目，而流传千古之中华武术为何不能登上国际比赛的大雅之堂?”他说:“我曾向国家体委呼吁，希望把武术进一步搞起来，将来也能冲出亚洲，走向世界，要有这个雄心壮志。”

“四人帮”被粉碎后，经过拨乱反正，武术活动开始全面恢复。此时，学校武术教育得到逐步恢复、武术竞赛活动逐渐开展、武术对抗性项目开始试点，武术的对外交流活动逐渐活跃。同时随着《少林寺》电影的播映以及《武林》和《中华武术》等杂志的创办等，武术得到了更好的宣传、普及和推广。

1980年4月中旬，全国武术工作座谈会在北京召开，全国政协常委赵君迈以及来自全国各地的武术界知名人士出席了会议。会议决定：

(1)要为武术运动正名。

(2)要抢救武术文化遗产，深入开展挖掘整理工作，以达到继承发展、推陈出新的目的。

(3)对武术套路各种形式的比赛都要充实、完善、提高。

(4)对散手项目积极稳妥地开展实验。

(5)加强武术的国际交流。

(6)建立相应的武术管理和研究机构。

让武术运动更健康地发展。

1988年7月13日，赵君迈在北京逝世，终年87岁。葬于北京八宝山革命公墓，李先念、康克清、赵朴初等400余人参加遗体告别仪式，赵紫阳、杨尚昆、邓颖超、胡耀邦等送了花圈。

赵君迈（中）

邓宗海·断头只求主义真

邓宗海，字继树，号白露，衡阳市耒阳哲桥刘家冲人。父亲邓玉楷，字国琪，家中有些许田产。科举考过秀才，读书只为爱好，一点也不羡慕去官场为仕。为人善良正直，心甘情愿守着一亩三分地为儿女操理家业。母亲姓周，勤俭治家，敦厚老实，少言寡语。邓宗海有胞姐及兄弟三人，在邓宗海的影响教育下均先后参加了革命。1923年，邓宗海考入衡阳省立三师，为学运和学联领导人之一，一年后加入中国共产党。1926年，邓宗海到武汉农讲所学习。

1927年4月12日，蒋介石在上海发动反革命政变。紧接着5月17日，许克祥在长沙发动“马日事变”，大批共产党员、进步青年遭到逮捕、杀害。谈“共”色变，腥风血雨。在革命处于危难之际，邓宗海受中共湖南省委派遣回耒阳重建中共基层组织。8月，邓宗海与伍云甫、刘泰、伍若兰等取得联系后，分赴全县四乡，寻访在当地坚持斗争的共产党员。由于他和战友们不懈的努力，先后建立和恢复了龙王庙、撞排滩、高塘、元子山、濮家湾、株木塘、刘家冲、文家冲等地的八个中共基层党支部。9月中旬，他们凭借卓有成效的良好开端，在南岭背建立了中共耒阳县委员会，邓宗海任县委书记。

血的教训让他们明白，必须抓枪杆子，必须要有自己的武装。县委建立后，第一件大事就是组建农民游击队。这支队伍以共产党员为骨干，组成游击小队或小组，枪不够，就用梭标、大刀、鸟铳来代替。邓宗海懂得造势，善于从一件件小事做起：他率领队伍先是从春江铺到郴县沿途一带发动群众贴标语，撒传单，砍倒公路两旁的电杆树，剪断电线造成恐慌；再有计划，有目标地袭击单个军警，造成威慑；接着攻打实力较弱的三顺祠和元子山挨户团，杀了几个首恶分子，以儆效尤。不久，赶到余庆圩，打开了一个官仓，救济当地贫困饥饿的农民。

局势逐渐扭转，农民武装不断发展壮大，到1927年冬，邓宗海点燃的这把烈火燃遍了耒阳的东南西北四里八乡。

邓宗海确实了不起。在大革命处于低潮时期，硬是凭借自己对党的忠诚，与他的红色团队将耒阳革命运动搞得轰轰烈烈。接下来的1928年，他又干了几件惊天动地的事：

第一件事，这年2月，朱德、陈毅率工农革命军第一师占领宜章，拉开了湘南起义的序幕。邓宗海即派人前往联系，汇报了敌军布防情况，之后率农军配合朱德部一举攻下了耒阳县城。群众敲锣打鼓放鞭炮，热烈欢迎朱德一部进驻耒阳。

第二件事，工农革命军进驻耒阳后，邓宗海在杜陵书院主持召开了第一次工农代表大会，成立了县苏维埃政府，下设军事、财经、土地、肃反、青年5个委员会。县以下建立了37个区，350多个乡苏维埃政府。同时成立了县工会、县农会、县女界联合会。这在当时的中国，十分罕见。耒阳成了赤色的天下。

第三件事，组建成立工农革命军第四师，邝鄘任师长，邓宗海任党代表。同时成立县赤卫团，各区乡成立农军独立团、独立营及农民赤卫队。

第四件事，抓党建，特别注意发展党的组织。邓宗海等县领导人日夜奔忙，短期间，在全县共建立了90多个党支部，发展党员700多名，各项工作都以党员为骨

邓宗海（1902-1932）

干，开展得轰轰烈烈。在这期间，党在群众中的威信更高。

第五件事，全县城乡开展轰轰烈烈的肃反和土地革命。打土豪、分田地，率领农民插标分田，极大地调动了农民参加革命的积极性。

3月下旬，国民党调集湘、粤、桂三省7个师的兵力“围剿”湘南起义的工农武装，邓宗海率领工农革命军第四师和耒阳党政干部、群众万余人转移至江西井冈山。

工农革命军和农军撤离耒阳以后，国民党军队乘虚侵占了耒阳城。逃往衡阳等地的土豪劣绅及他们组织的“反共自卫队”尾随国民党正规军回到了耒阳，并即刻组成了“挨户团”“铲共义勇队”“清乡委员会”等组织，依仗军队的淫威百倍疯狂地向革命军反扑，捕杀苏维埃干部、捉拿赤卫队员及其家属，连喊过红色口号的也不放过。有的宗族被满门抄斩，有的村庄被洗劫一空，乌云翻滚，血雨腥风。4月1日这一天，仅耒阳县城及郊区就被敌人残杀了1000多人。耒水河上漂满了遇难者的尸体，县城四门一批又一批烈士的头颅被悬挂示众，城郊的每一寸土地都洒满了无辜百姓的鲜血。

1928年5月上旬，红四军党委决定，在湘南起义中随朱德上井冈山的各县农军仍回当地坚持武装斗争。

于是邓宗海、邝鄘、刘泰率农军回到上架桥，研究对策，组织成立“四八冲团”，当夜即冲垮了上架桥“挨户团”。接着兵分五路向全县进发。农军怀着满腔仇恨，以迅雷不及掩耳之势，接连在全县冲垮了数十个“挨户团”，杀了一批“挨户团”头子和土豪劣绅，营救了一大批被关押待毙的同志。“四八冲团”震慑了敌人，将近半年的时间里，邓宗海等人先后开辟建立了入哲桥元子山、文家冲、刘家冲、邓家冲、樟树下等游击根据地，打垮了易口渡、新渡桥等地的“挨户团”。一时间许多土豪劣绅再次往常宁、衡阳等地窜逃。

1929年3月，邓宗海联络了全县的党员骨干，在东江老虎皂成立了耒阳县赤色游击总队，谭衷任总队长，邓宗海任党代表。所谓总队，成立时只有20多人，10多条枪，几个月后发展到100余人，有枪90条，下设三个中队。

1929年8月5日，邓宗海、谭衷率领游击队兵分三路攻下了县城，歼敌50余人，缴枪80余条，因孤城难守，于当天下午又退出了县城。

赤色游击总队打一枪换一个地方，居无定所。今天袭击警署，明天杀挨户团，后天又开仓放粮，搞得轰轰烈烈，使反动派大为恐慌，国民党省政府即派曾嵩霞带一团兵力来耒阳清剿赤色游击总队，失败而返。接着又派凶残奸猾的罗树甲带一师之众气势汹汹而来，扬言不彻底斩绝共党之根绝不罢休。这罗树甲还真不能小看了他。他首先纠集了附近各县的保安团和地方武装，扩大力量，熟门熟路来共同“围剿”赤色游击总队。他采取的措施是日搜山，夜围村，户户登记，村村联防，不放过一个有红色背景之人。搞得鸡犬不宁，人心大乱。

邓宗海面对困难，十分镇定和坚定，他鼓励党员和游击队员说：“今天我们不冲垮挨户团，明天百姓不会信任我们；今天我们端掉了挨户团，明天挨户团必定报复我们。人皆有一死，要革命就不怕杀头，没有少数人的牺牲，就不会有多数人的幸福。要坚信共产主义必胜！人民必胜！”

为了对付大兵压境，分散目标，邓宗海提出赤色游击总队由集中公开活动变为分散运动；一部分到春江铺一带游弋；一部分到西北边界穿插。分散运动中注意两点：一是尽量避免与敌人正面交锋；二是尽最大努力恢复和发展党组织，积蓄力量，伺机进攻。

凶残奸猾的罗树甲见围剿不能彻底解决问题，又绞尽脑汁想出一招，他决定采用“三分军事、七分政治”的方法来宣传清剿政策，用“重金诱降”的办法瓦解赤色游击总队。他在四里八乡张贴布告：捉拿邓宗海、谭衷者各赏银元2000元；捉拿除勋、谭震南者各赏银元500元；带短枪下山自首者，赏银元50元；带步枪下山者赏银元30元；没带枪的下山者填个表就既往不咎。

罗树甲这一手很厉害，导致赤色游击总队遭受巨大损失。由于赤色游击总队分散运动，有队员经不住诱惑，偷偷自首变节。县团委书记谭震南由于叛徒梁育成出卖，被敌人杀害于县城。总队长谭衷因叛徒黎毛古带敌包围队员居住地，在掩护队员撤退时中弹牺牲。部分基层党组织因叛徒谢容甫等告密遭到彻底破坏。活动了8个多月的耒阳赤色游击总队解散了。

“二谭”牺牲以后，罗树甲着实得意起来，认为赤色游击总队被消灭，基层党组织垮了台，剩下的几个人是瓮中之鳖，指日可擒。他万没想到邓宗海在他眼皮子底下的哲桥邓家冲秘密召集了全县党员干部会，会上邓宗海分析了形势，总结了赤色游击总队失败的教训，再次鼓励大家不要怕受挫折，不要怕牺牲。邓宗海信心十足地说：“游击游击，边游边击。只要我们还在游，就不能停止出击。目前赤色游击总队没有了，我建议以‘耒阳赤色游击大队’的名义去出击，让敌人摸不清我们的虚实。”

大家的情绪一下被调动起来，邓宗海又特别嘱咐：“大队长和党代表都以化名出现，大队长叫刘向明，党代表叫刘竟成，寓意向光明，事业竟成！”

大家拍手称赞，两个化名寓意深刻。会议决定：今后筹款借条、宣传传单、肃反布告等活动，凡要文字出现均以“耒阳赤色游击大队”的名义落款，并写上两个化名。

一个游击队解散了，另一个游击队又冒出来，野火烧不尽，春风吹又生。既鼓舞了群众的斗志，又向敌人宣示我们的信念。

会议还决定：全体党员实行政治军事合一，每个党员既是宣传员，又是战斗员。平时深入到群众中去做组织发动工作，打仗时集中起来消灭敌人。

会后，邓宗海派谢竹峰、刘厚春等到西北乡开辟游击根据地。1930年春，谢、刘在耒常交界的东江口一带组织了党的外围组织“互济会”近百个。通过这种组织形式，发动了群众，密切了党群关系，重新把大部分农民团结在党组织的周围，“互济会”在党员骨干的带领下，进行秘密武装活动，捕杀罪大恶极的土豪劣绅与官吏，夺取枪支弹药及财产，狠狠地打击了反动派的嚣张气焰。

1930年夏，湘南特委机关迁至耒阳，邓宗海被任命为特委宣传部长。

1930年冬，以邓宗海为首的县执委，领导全县人民开展了年关斗争，成立了“年关斗争行动委员会”，张贴告示规定：

⑴ 乡保甲长不准为官府催逼捐税。

⑵ 土豪劣绅不准在年关催租逼债，已催收的要全部退回。

⑶ 地租二五开，债息不超过百分之十。

以上条款，违者严惩不贷。

为了保障年关斗争的胜利，县执委又组织了耒阳赤色游击大队，从北乡出发，经西乡到南乡、东乡，巡回两百多里，发动群众抗债、抗租、抗税，严惩了一批顽固不化的土豪劣绅。白色恐怖被逐步撕开。

雅江乡挨户团主任担心耒阳赤色游击大队索命，托内弟把自已用的驳壳枪低价卖给了游击队。芭蕉乡罗家村的土豪劣绅害怕游击队惩罚，欲交枪投降，但又怕国民党政府怪罪下来，就捎信叫赤色游击大队去“缴”。党的基层组织发展起来了；党在群众中的威望渐渐提升；全县的革命斗争又趋于活跃。

1931年2月，经湘南特委批准，县执委在哲桥罗家冲召开了全县党员代表会议。会议作了三项决议：

⑴ 成立中共耒阳县委会，邓宗海任书记。

⑵ 恢复和健全各地党组织，全县设五个区。城关镇为一区，邓宗海兼任区委书记。

⑶ 总结党组织和游击队的经验教训，批判左倾错误，反对烧杀。

1931年7月，中共耒阳县委领导全县人民开展了秋收抗租斗争。斗争采取动员与强迫相结合的办法，以保护农民的利益为准则，对反动透顶、顽固不化者坚决予以镇压。在那段时间里，太阳一下山，共产党员和共青团员便全体出动，一部分站岗放哨，防止敌人偷袭；一部分召集村民开会，发动农民起来向土豪劣绅斗争；分别找土豪劣绅谈话，勒令减租。由于县委采取了有力措施，很多土豪劣绅慑于游击大队的威力，如数减租。但也有当面一套背后一套，拖赖不减或抗拒不减的。如东江挨户团主任阳南陔仗着自己有枪有势，拒不肯减租，还打伤农会会员。为了杀一儆百，县委采取果断措施，将这个横行乡里的恶霸就地正法，并抄没其家产分给贫苦农民。县委同时将其罪状一一罗列，刻字油印，张贴散发。秋收抗租斗争取得了明显效果。

邓宗海按照县委分工兼任城关镇区委书记一职。他经常活动于南岭背、东鹿等地。到冬天，耒阳县挨户团主任段子为发现了他的行踪，多次派兵抓捕，但次次落空。段子为气急败坏地亲自找东鹿奉家冲的梁育遂等四人说："邓宗海来了，你们一定要千方百计抓住他，并送交县政府。政府赏银元2000元，随时兑现。这可是一笔横财，不发白不发。若怕共产党陷害，你们就搬到县城住，我来保护你们的安全。否则，就以窝藏共匪论处，没收财产，烧毁房屋，抄斩满门！何去何从？你们自定。"在段子为软硬兼施、威胁利诱下，梁育遂、谢甫球等四人投降叛变。

1931年农历十二月十二日晚上，为了打听县城的情况，身染疾病的邓宗海随身携带两副中药来到梁育遂家。梁育遂一边殷勤应付，一边支使老婆熬药做饭并偷偷给谢甫球送信火速赶来。饭后，梁氏夫妻安排邓宗海在楼上歇息。等到邓宗海睡熟后，梁妻蹑手蹑脚上楼窃走了他的短枪。稍顷，梁育遂谢甫球趁黑摸上楼去，梁育遂手持铁条猛击邓宗海头部，谢甫球则用一把匕首扎中了邓宗海右耳。邓宗海被剧痛震醒慌乱招架，叛徒们胡抽乱刺，一拥而上。邓宗海拼命应付，左右躲闪，从楼上摔滚至楼下，边挡边走，夺门而出。谁知被守候在门外的二人重棒乱击。终因寡不敌众，被打晕在地，鲜血从楼上房间流到门外石阶，束手就擒。叛徒立即将他捆绑在农用的双杆楼梯上抬送县城隍庙请赏。段子为见邓宗海血肉模糊，已奄奄一息，他扒出手抢，朝其胸口补了一枪。然后吩咐士兵就着那杆楼梯抬着尸体游街，并悬于城门示众。

邓宗海之所以了不起，在于他在革命处于低潮、风雨如晦的艰难时期，仍坚守信仰，追求马克思主义真理，组建游击队，反帝反封建，忠贞不屈。

邓宗海之所以了不起，还在于他有一个了不起的家庭。在那个追求理想、举步维艰的年代，邓宗海的兄弟、姐妹、叔伯、堂兄及侄儿三代20来人奋起抗争，参加革命；有8人集聚在镰刀与锤子的旗帜下，宣誓加入中国共产党；有13人为民族自由而无私奉献了自己的生命。

革命英豪垂青史，满门忠烈贯长虹。

陈　芬·凌云绝顶一寒松

很小的时候，我就读过毛泽东主席一家为中国人民的解放事业献出六位亲人生命的故事：有毛泽东的妻子杨开慧，毛泽东的弟弟毛泽民、毛泽覃，毛泽东的儿子毛岸英，毛泽东的侄儿毛楚雄，还有毛泽东的堂妹毛泽建。

而毛泽建的老公陈芬就是一位了不起的衡阳人。

陈芬，1903年10月3日生于衡阳市耒阳县石砂坪。他7岁入本村私塾，1919年考入白沙洲畔的湖南省立第三师范，为第19班学生。

五四新文化运动的浪潮席卷全国，强烈地震动了三师这座古老的校园。年轻的陈芬受到革命思潮的影响，如饥似渴地开始阅读一些进步书刊。他常为书中所倡导的先进思想和主张所吸引，立志从事社会改造事业，并经常发表演讲，阐述自己的见解，成为一时受人注目的学生。陈芬为人坦荡，坦荡得让人百脉俱开。他演讲时，最吸引人的是那双深邃明亮的眼睛，满眼都是光彩，他把这种光彩，带到了整个会场，也带给了所有的听众。因此，湘南学联成立时，他被推选为负责人之一，成为学生运动的闯将。

湘南地区的早期革命斗争，在毛泽东的亲自发动下开展得如火如荼，培养锻炼了一批年轻有为的群众运动骨干。值得一提的是湘南学联更是湖南革命的熔炉，在湘南学联工作时，陈芬结识了省立女三师学生、毛泽东的堂妹毛泽建。陈芬的每一次讲话、每一个动作在毛泽建的眼里都成了红色经典，用现在的话来形容，她就是一个彻底的粉丝。毛泽建非常敬佩陈芬，常来向他请教，两人经常在一块讨论中国革命的前途、未来和希望。共同的理想和抱负，紧紧地把两颗年经的心溶铸在一起。每当周末、节假日，他俩常常肩并肩漫步在校园、街道谈论学习收获，谈论工作开展，甚至一起讨论妇女问题，都主张在中国打破阶级，振兴实业，解放妇女，教育妇女。不久，两人合作写了一篇题为《与友人论女子职业教育》的文章，在文中明确提出“振兴实业，解放妇女”的口号，刊登在省立第三师范的校刊上。这无疑是在斯文平静的校园里掀起了一股巨浪，但他俩毫不胆怯，同进同出。陈芬继续用湘南学联的名义，编印了一些传单在学生与群众中散发，扩大革命宣传。

1923年春，经蒋啸青介绍，陈芬加入了中国共产党，在党的领导下，全力以赴从事革命斗争。这年暑假，他回到耒阳，又邀集刘泰、李汉藩等人办了一份《先声报》，向家乡群众进行反帝反军阀的宣传教育。他的才情与人品，受到了大家的赞扬。

1924年初，陈芬即将毕业，毕业就要写论文。陈芬针对帝国主义蹂躏瓜分中国的状况，面对浸泡在血海中的民族，他义愤填膺，挥笔直书，写下《为什么要打倒帝国主义》的论文。文中以有力的论据，犀利的言词，揭露了帝国主义侵略中国的罪行。他大声疾呼：“要解脱帝国主义对中国的压迫而图独立”“须着眼世界形势，从事于国际的联合”“发动国内一切被压迫之阶级”“实行国民革命！”。这篇论文被学校编入校刊。

陈芬毕业后便与毛泽建结了婚，度完蜜月，两人才一同回到耒阳。小两口在新市街租了一间房子安顿下来

陈　芬（1903-1928）

来。此时的耒阳，正处在“山雨欲来风满楼”的局面，求民主求自由的烈火正熊熊地燃烧起来。陈芬抓住这个大好时机，积极开展活动。经过一段时间的筹划，这年的冬天，创立了一所私立民治学校。学校地址选在县城的晋公祠，表面是教学，实际上，它成了陈芬等人的秘密活动据点。为了开展工作方便，陈芬特地聘请了共产党员文焕然、黄龙飞、张凤岗等为教员，白天他们以教书作掩护，一到晚上，陈芬就同这些教员围坐一起畅谈和探讨“耒阳往何处走？”“共产党如何在耒阳扎稳脚跟？”“耒阳各阶层的现状”等问题。经过酝酿，成立了耒阳第一个党支部，陈芬被选为支部委员。有了核心领导，耒阳古城开始顺应新的潮流，渐渐苏醒。陈芬同中共耒阳县执委的同志首先深入到工厂、矿山等地进行宣传发动，先后组织了缝纫、泥工匠、码头等工会。接着把革命火焰扩大到乡村，陈芬和好友谢维俊组织了小型剧团，用农民喜闻乐见的形式到乡村镇巡回表演，三天一个村，节目通俗易懂，极受农民欢迎。

1925年“五卅”惨案发生后，陈芬更是没日没夜地为声援“五卅”运动而日夜奔波。

经过几年社会斗争的实践，陈芬的组织工作能力有很大的提高，特别是在他23岁被湘南特委调任为中共郴县地方委员会书记后，更加显示了他斗争坚决和处事果断的作风。1926年4月间，他曾派李翼云去主持县总工会的筹备工作，不料店员工会委员长萧云章，却与“左社”分子向大凡勾结，暗地策划煽动部分落后工人捣毁工会，并企图杀害李翼云。他得知这一情况后，立即召开公审大会，宣布地委的决定，将萧云章当场处决，狠狠打击了反动分子的嚣张气焰，为发展工农运动扫除障碍，有力地推动县总工会、县农民协会、县妇女联合会的成立和发展。

为了适应工农群众革命运动的需要，培养骨干力量，陈芬亲自主持召开县委会，决定以国共统一战线的名义，在郴城毗沙庙办一所干部学校，名为中国国民党湖南省郴县光立牖民学校，公开打出“联俄、联共、扶助农工”的旗号。陈芬多次到校向师生讲话。后来，这所学校为党培养和输送了一大批骨干力量。

这年8月，陈芬被增补为湘南特委委员，奉组织派遣，同妻子毛泽建从郴县来到衡阳县集兵滩神皇山、园山、堆子岭等地开展农运工作。

他们一面在集兵滩、神皇山、园山、堆子岭等地发动农民参加农会，一面走村串户，深入发动贫苦农民。根据当地农会会员反映，大土豪劣绅钟云楼横行乡间，欺压老百姓，周围的群众都恨透了。陈芬决定拿此土豪开刀。

一天，陈芬和毛泽建来到张家祠堂学校，激励师生们打掉钟云楼的威风。登时，一支浩浩荡荡的学生队伍涌到钟云楼的门前。钟云楼闻声出来，指着学生吼道："你们这些毛伢子想干什么？"学生们按陈芬事先的安排，"呼"地一下围上来，只听"嗞"的一声，一个学生用剪刀划开钟云楼穿的长衫，另一个高个子学生挥起一根竹棍"嗤"地挑下钟云楼的黑礼帽。这一下，钟云楼脸色灰青，像经霜的烟叶子，乖乖地低下脑壳，并连声讲好话："各位！有话好说！"学生们不由分说，涌进钟家，抄下他全部家产，分给农民。

斗争钟云楼的事，瞬时传遍四面八方，集兵滩的另一个土豪罗老八闻讯，便连夜往城里转移家产。陈芬和毛泽建得到这一情况后，立即组织农会会员在半路上截住罗老八家的挑子，将罗老八捆绑起来，戴上高帽子游垅。

这两件事，狠狠打击了土豪劣绅的骄横气焰，大大鼓舞了农民的斗志，使衡阳的农民运动有了起色。

马日事变后，白色恐怖笼罩湖南大地，中共衡山地委遭受了一场空前的浩劫。52个党的基层支部和11个共青团支部，以及各级工农会组织一律停止活动，大批工农群众和党员遭受国民党当局的疯狂追捕和屠杀。受省委和湘南地执委派遣，陈芬化名林青，毛泽建化名毛达湘，悄悄来到衡山地下党员宾利用家。与大家一起商定：重点革命星火，开展地下武装斗争。

经过半个月的秘密走访，与地下党员取得了联系。8月中下旬，在南岳召开了会议，组建了中共衡山县委，陈芬任书记兼宣传部长，县委地点设在宋家桥。会议决定迅速恢复扩大党的组织，成立游击队，进行武装斗争。经过几个月的地下活动，到1927年11月间，全县党员发展到200多人。县委在衡山九泉山召开党员代表大会，大会按照中央"八七"会议精神筹建了工农革命第十师，准备在1928年春节举行年关暴动，不料革命阵营里的邓青山、彭赞叛变，以致岳北、南岳、油麻田等地的党组织再次受到了敌人的围剿和破坏，年关暴动流产。陈芬和毛泽建也遭到敌人的四处搜捕。有一天，正在外面做木工的宾利用发现几个可疑的家伙在找什么人，情知有变，立即回家通知陈芬和毛泽建迅速转移，悄然脱险。

不久，朱德、陈毅等率领南昌起义撤退的部队在湘南活动的消息传来，陈芬决定前去联系。经县委同意后，他同一名党员前往郴州，毛泽建则留在衡山坚持地下斗争。几经周折，他们于3月下旬来到耒阳陈芬姐夫梁泽南家。这时，他才得知朱德等已率领湘南起义部队离开耒阳向安仁方向转移。而此时的耒阳，卷土重来的反动势力非常嚣张，县挨户团团总杨云西尤其猖狂，挨村挨户洗劫，不分青红皂白，只要有通共嫌疑，一律抓捕关押，许多革命同志与红军亲属惨死在杨的手里。血气方刚的陈芬听后怒从心起，他决定暂时留下来，除掉这个杀人不眨眼的刽子手再作打算。

那杨云西也接到陈芬已回耒阳活动的线报，暗自吃了一惊，便派遣挨户团四处张贴告示：捉住陈芬者赏300元“花边”。经过一段时间的活动，陈芬终于打听到了杨云西要同一个富商谈一笔药材生意。在与耒阳地下党组织策划好后，他以富商的名义请杨云西到船上赴宴签约。杨云西不知药材商已换成陈芬，欣然应允。当杨云西来到河边码头，依稀见到船头端坐着一位着长袍、戴礼帽的先生，不知有诈，一个跨步，跃上船去，只觉小船晃动了一下，便箭一般离了岸。杨云西猛然醒悟，不好，恐有不测，欲待伸手摸枪，说时迟，那时快，早已被扑上来的二位“陪客”缴了械。杨云西张嘴呼喊，只见陈芬转身上前一个耳光，抽得杨云西两眼冒金星，陈芬喝道：“姓杨的！你喊有个屁用。你杀我战友，辱我亲属，恶贯满盈。今天你上船容易下船也不难，就与这河中的乌龟王八做个伴吧。”说罢，抽出一把闪亮的匕首，“嗖”地插入杨云西的胸膛，一脚将其踢下河去。

在革命处于低潮的形势下，惩治土豪恶霸的斗争，大大振奋了群众的斗志。

惩治完杨云西，陈芬和姐夫梁泽南商量打算去井冈山，尽快同朱德取得联系。于是，他们都化装成做生意的人，来至永兴县边境。可是，敌人封锁很紧，沿途岗哨林立，凡过境行人一律扣留审问，陈芬等只好仍返耒阳，等待机会。5月4日傍晚，陈芬来到耒阳董溪敲开了同学王鹤林的家门。他万没想到王鹤林已变节成了挨户团的暗探，王鹤林不动声色地安排陈芬住宿后，半夜悄悄溜出门，暗地去国民党挨户团报了信，当晚陈芬即被挨户团逮捕。

是夜，敌人将陈芬押到芭蕉敖山挨户团分部进行审讯。陈芬面对敌人，他仰天长叹，说：“今日算老子倒霉，没想到被自己的同学陷害，我身陷囹圄却让他立了功。我料到自己迟早会有这一天，要杀要砍随你们的便吧。”

接下来，问他什么，要么三个字“不知道”，要么就跟你聊天气，谈山水，没有一句正经话。敌人被气得暴跳如雷：“什么都不知道，今天就给你来点知道的。上辣椒水！”

陈芬坦然一笑：“这个好，湖南人就喜欢吃辣椒，不辣不革命，越辣越革命。”

“知不知道？”审讯官追问。

“不知道。”

“上皮鞭！”审讯官变本加厉。

一顿乱鞭抽下，陈芬胸前背后，皮开肉绽。

“抽吧，放点淤血、废气，省得老子减肥。”陈芬耷拉着脑袋，声衰音弱，却字字清晰。

“减肥？我再给你松松骨。”审讯官声嘶力竭：“上快活凳！”

陈芬被绑在长凳上，刽子手在脚后跟塞砖，砖头垫到第四块，陈芬只有出的气，没有进的气，腿骨作响，筋腱撕断，晕厥过去。

刽子手提一桶冷水照头淋下，问：“知不知道？”

陈芬努努嘴，有气无力：“再垫一块砖，让我好好享受，享……受。”

敌人拿陈芬没有丝毫办法，本打算将陈芬押往县城，但又怕途中有变被游击队截了去，便于1928年5月5日清早将陈芬押到贯开桥处死。临刑路上，体无完肤的陈芬高昂着头颅，拼尽最后一点力气，喃喃自语：“共产党是杀不完的，你今天杀一个，明天就会站出来一批。”

“农友们哦，多读书哦，读书才能明道理。”

“20年后，老子又是一条好汉。”

中共衡山县委书记、毛泽东的堂妹夫、25岁的陈芬在他的家乡献出了年轻的生命。

陈芬烈士墓

刘　泰 · 红旗卷起农奴戟

刘泰，字康民，1903年2月出生于衡阳耒阳城区一个穷困潦倒的知识分子家庭。父亲刘春和生有二子一女，刘泰排行第三。哥哥刘英、姐姐刘冬林均为民主自由先后就义。刘泰3岁那年，父亲也因久病难治，撒手人寰。

刘泰跟随母亲艰难度日。这个母亲不容易，她省吃俭用，纺纱卖钱，一分一分积攒起来。她发誓只要自己还有一口气，就要让孩子读书识字，终于在刘泰10岁时凑够了孩子上私塾的费用。刘泰小小年纪已尝够人间苦难酸楚，更能体贴母亲的含辛茹苦，对来之不易的学习机会倍加珍惜。13岁时，他转入杜陵书院学习，悉心研读古籍，尤其崇拜《水浒传》中的英雄豪杰，幻想重现水泊梁山，自己也杀几个贪官污吏上山入伙，与恶霸豪绅誓不两立。

两年后，刘泰就读于衡阳市成章中学。其时，“五四”浪潮波及全国，衡阳业已成为湖南革命的摇篮。6月初，刘泰便与既是老乡又是对面三师学校的同学陈芬等一起组织了“读书会”，业余时间共同研读进步书刊，探索“改造中国与世界”的道路。组织上街演讲，宣传新思想新文化。刘泰为人爽快豪气，又特别能吃苦，学校开会他会提前摆好桌椅；组织演讲他会事先备好茶水；同学间大小事情他都愿出手相助且不计得失，在学生中颇具声誉，因而被选为湘南学生联合会负责人之一。

毛泽东鼓励他：要多了解民情，要到最基层的工厂乡村去，要关心国家大事，更要注重本县的贫富斗争。

1921年春，他加入中国社会主义青年团。与此同时，寒假期间几个同学结伴回乡，他又与陈芬等人组织了“耒阳学生联合会”和“耒阳人民反帝大同盟”等组织，启发农工学商，开展捣毁反动教堂和抵制日货的斗争。

这年10月，毛泽东来衡阳考察学生运动，刘泰专门跑去三师听了毛泽东的演讲，思想豁然开朗。他在日记中写道：“仅靠几个打富济贫的英雄不可能救民于水火，唯有唤醒民众共同奋斗，才能埋葬剥削制度，而学生是最有鼓动性的力量。”这一晚，刘泰彻夜难眠，他忘不了毛泽东那口抑扬顿挫的湘潭话，忘不了毛泽东那激情飞扬的手势与神采，忘不了三师操场上整齐的队列与排山倒海式的口号声。

刘　泰（1903－1928）

从此，一有空，刘泰就往三师跑，这所美丽的校园实在有太多的东西在吸引他。在这里他能找到信仰，找到理想，找到知音，找到有用的知识与能量。在这里他又结识了三师教员张秋人。张秋人不是一般人，他是湘南地区第一个党支部——中共湖南省立第三师范支部第一任书记。

他们一见如故，相见恨晚。在张秋人的引导下，刘泰第一次读到了《共产党宣言》。他通宵达旦、如饥似渴地阅读，并作了大量的笔记。

适逢此时，不远的衡阳印染工人开展要求增加工资和缩短工时的罢工斗争。刘泰立即前往。他与工人同吃同住同劳动，写标语、找证据、汇材料。19岁的刘泰经过一场又一场的实际工作锻炼，思想觉悟迅速提高，1922年冬，他紧握拳头站在了党旗下，宣誓加入中国共产党，由一个激进的热血青年成长为坚定的共产主义战士。尔后，张秋人把他介绍给了毛泽东，毛泽东对这个比自己小10岁的中学生十分赏识，他像兄长一样告诉刘泰，要多了解民情，要到最基层的工厂乡村去，要关心国家大事，更要注重本县的贫富斗争。

一席话，让刘泰茅塞顿开。寒假期间，他便和伍文生等人在耒阳建立了社会主义青年团地方团支部，刘泰任书记，主持出版机关刊物《先声》。

1923年中学毕业后，刘泰以耒阳为基地，根据中国共产党“一大”关于发展社会主义青年团作为党的预备学校的精神，大力发展进步青年入团。到次年春，耒阳的团员已有60多人，是当时湘南团员最多的县。由于工作出色，他于6月出席了社会主义青年团湘南区第二次代表大会。

在此期间，刘泰雷厉风行，又与陈芬等人在耒阳县晋公祠创办了民治小学，以教书为掩护，考察吸收进步青年加入中国共产党。1924年4月建立了中共耒阳党支部干事会，刘泰任书记。

这年冬天，在北京、长沙等地读书并加入共产党的耒阳籍学生伍中豪、谭衷等陆续回到耒阳，党的力量进一步加强，成立了3个党支部，建立县委的条件已经成熟。1925年2月，中共耒阳地方执行委员会成立，刘泰任书记，陈芬、伍中豪、黄龙飞为委员。这是中国共产党在湖南建立的第一个县级党组织。此后，耒阳人民在共产党的领导下，前仆后继，浴血奋战，开展了如火如荼的革命斗争。

黄克诚赞扬他：“刘泰是耒阳工农运动最有威信的组织者和领导者。”

1926年6月，中共湖南区委派唐自刚任耒阳地方执行委员会书记，刘泰改任县执委工运委员。他一心扑在工运事业上，着手建立县城各行业基层工会，并走家串户，深入到工人中访贫问苦，启发觉悟，号召他们起来与资本家作斗争。为了维护工人利益，他在做好国共合作工作的同时，对国民党右派势力的进攻给予了有力的回击。一天，国民党县党部召开全委会议，讨论关于工运事宜，书记长谢芬芹等诋毁工人运动，污蔑工人“无纪律”“寻衅闹事”，叫嚣要取消工会。刘泰毅然用大量事实说明，工人的行动是为争取生存而斗争，是被资本家逼出来的正义行动。有力地驳斥了国民党右派污蔑工人运动的滥言。

1926年冬，随着北伐战争的胜利，耒阳工农运动掀起了空前未有的新高潮。11月14日，在县农协成立的同时，县总工会筹备处在县城城隍庙召开了全县工人代表大会，选举成立了耒阳县总工会，刘泰任委员长。这时工人运动更加公开化、合法化，不但县城染业、药业、铁业、糕饼业等工会相继成立，上堡街、新市街、淝江镇等区镇也有了工会组织。工会维护工人正当权益，惩治资本家压榨工人等不法行为。国民党右派势力为了对付工会，更组织了所谓“商会”，拥郑佐宾为会长，与工会抗衡。刘泰一面发动工人公开与他们作斗争，一面利用合法手段，通过全县各界组织的“公法团联席会议”审理各项案由，迫使资本家在公法团联席会议判决的协定上签字。这样大长了工人的志气，大灭了老板们的威风。

还有一次，国民党县党部警备队长无故殴打一个工会会员，借以发泄对工农运动的不满。刘泰获悉后，当即率数百工人将警备队驻地团团围住，叫他出来向工人认罪，吓得这个家伙不敢露面，急忙派手下喽啰放鞭炮向被殴打工人赔礼道歉。

刘泰还经常率部队到各区镇巡视，指导各地工人运动，打击阻碍工运发展的不法资本家。这样一来，到1926年底，县城建立了14个工会组织，各区镇也建立了10多个工会组织，有组织的工人达3000余人。他也被工人称之为“主心骨”。

之后任中国人民解放军总参谋长的黄克诚将军说：“刘泰是耒阳工农运动最有威信的组织者和领导者。”“湘南暴动在耒南，刘泰是唱主角的。”

老百姓夸奖他：“苏维埃政府即刘泰，刘泰即苏维埃政府。”

1927，正当工农运动蓬勃发展的时候，蒋介石策划了“四·一二”反革命政变，5月长沙发生“马日事变”后，原中共耒阳地执委书记唐自刚返回长沙。刘泰在白色恐怖极端险恶的条件下，坚持了党的地下斗争，国民党曾悬赏1000大洋缉捕刘泰。在一个浓雾弥漫的凌晨，刘泰摆脱国民党军警的追捕，乘船北上武汉，投入贺龙二十军。不久随部到达南昌，参加了震惊中外的南昌起义，任该军六团党代表，一直从江西战斗到广东海陆丰（现汕尾市）。由于起义失败，他又被派回耒阳酝酿一场新的斗争。

刘泰和伍云甫等协助邓宗海重建了县委，并创办了县委机关刊物《耒潮》。在白色恐怖十分严重的情况下，分头联络分散的党员和革命群众，多次在县城王、周、贺等几家祠堂秘密召开工农干部会议，制定革命低潮时期党的策略方针，同时秘密发展工农武装，回击反动派的血腥镇压。年底，他和周鲂率一支游击分队，趁国民党县长梁健夫和法官曹水仙两家联姻办酒席之机，悄悄包围曹家，里应外合，出其不意地处决了麇集在那里的20多个官僚恶霸，一时震惊耒阳全县，为白色恐怖下的耒阳民众燃起了复仇的火焰。紧接着，铁炉冲游击队一夜又惩办了5家土豪劣绅，沉重打击了国民党反动势力。刘泰一鼓作气，继续派遣骨干下乡发动群众，将各地星星点点的农民武装联合起来，迎接革命高潮的到来。

1928年1月，朱德、陈毅率部在宜章暴动成功，接着挥师北上直指郴州、耒阳，县委当即在《耒潮》上刊登了这一大快人心的喜讯。刘泰等几次去朱德部队汇报工作并请求工农革命军进军耒阳，同时加紧组织武装，作好策应暴动的准备，将各地分散的小股武装逐渐向县城周围集结，并大造声势说："朱德率领的工农革命军可多啦，队伍像蚂蚁一样，在永兴马田圩一带过了三天三夜……"，吓得驻守耒城的国民党民团团总王旷萱惶惶不安，急令民团1000多人在南门桌子坳一带布防，自己龟缩在城内不敢露面。2月15日，朱德率部进入耒阳县境，刘泰和邓宗海等当即率工农武装前去接应，并向朱德建议避开敌人重兵扼守的南门而从北门进攻，得到朱德的赞同。是夜，刘泰等率部绕过敌人设防的山岭，于次日黎明摸黑凫过耒水，首先在耒城东面的青麓塔撒放烟火，迷惑敌人。朱德即率工农革命军从北门直穿城心，农民军也乘势发起攻击，不到一小时，便解放了耒阳城。

19日，县苏维埃政府成立，刘泰任主席。县苏维埃政府成立那天，刘泰亲手将一面中央画有一个白犁的大红旗，高高插在杜陵书院——耒阳苏维埃政府的门前。与此同时，苏维埃政府还设立了经济委员会、土地委员会和肃反委员会等5个委员会。20日，刘泰主持召开大会，热烈欢迎朱德、陈毅率部进入耒阳，并庆祝耒阳苏维埃政府诞生。县城周围几十里的农民赤卫队和群众都高举红旗，敲锣打鼓前来庆祝。此后，他分别派出骨干深入各地建立区乡苏维埃政府，在不到半个月的时间里，全县建立了37个区苏维埃政府，300多个乡苏维埃政府。整个耒阳成为赤色天下。随着革命的不断深入，农民迫切要求解决土地问题。3月初，他主持召开了全县第二次工农兵苏维埃代表大会，着重解决土地问题，确定了以村为基本单位，按好坏搭配人平分配土地的方针。各区乡苏维埃政府积极行动，迅即掀起了分田分地高潮，他们将分配给农民的土地插上牌子，标明户主姓名，是为"插标分田运动"。为了保卫胜利成果，他还号召各级苏维埃政府努力扩大武装，防止反动派反扑。一时间，乡里建立了自卫连，区上有了自卫营，县里建立了红四师。他们战时配合主力作战，平时站岗放哨，镇压反革命，捕捉逃亡地方的土豪劣绅等，为保卫新生革命政权发挥了重要作用。刘泰还和苏维埃经济委员会委员长李树一等，以打土豪获得的银元及各级苏维埃政府上缴的财物作抵押，签署发行了耒阳工农兵苏维埃政府劳动券（一元券），这种货币在城乡曾流通1个多月，深受群众欢迎。刘泰的名字也传遍千家万户，人们都说："苏维埃政府即刘泰，刘泰即苏维埃政府。"

为了从人力物力上支援工农革命军，他大力发动青年参军参战，动员饮食服务行业工人为工农革命军服务，并把铁业工会的工人们组织起来建立兵工厂，日夜赶制土驳壳、土手榴弹和鸟铳等支援部队作战。工农革命军大部分没有鞋穿，他和朱德夫人伍若兰等发起了"打草鞋运动"，动员全县妇女为革命军编织绳鞋和草鞋。

朱德回忆他：耒阳有两个名叫大刘和小刘的农民兄弟决定把国民党军队赶出衡阳，夺回耒阳城池。

在保卫新生红色政权反击国民党武装进攻的战斗中，刘泰身先士卒，先后指挥参加了敖山庙大捷、三打安仁、春江铺阻击战等战役。

1928年3月底，蒋介石调重兵对湘南红色区域实行南北夹击，形势非常严峻。4月上旬，朱德、陈毅率工农革命军向井冈山转移，刘泰率耒阳农军完成掩护主力转移的任务后，也尾随朱德部上了井冈山。5月4日，朱德、毛泽东会师成立工农红军第四军，耒阳农民军编为该军十二师三十团，刘泰是负责人之一。他和邓宗海、邝鄘等耐心教育干部战士去掉思乡观念，紧跟共产党打天下，其后参加了黄坳和五斗江等地的战斗。中旬，根据井冈山斗争实际，红四军党委决定耒阳、永兴、资兴等县农军仍回本县开展游击战争，以便在井冈山外围形成更加广泛的战场，反击敌人的围剿。刘泰等率耒阳农军一路兼程，沿途打垮了阻拦的敌军，于5月24日到达永耒边界，开展了战斗，后史称"四八冲团"。他们首先智取了上架挨户团，接着召开紧急会议，根据敌强我弱的形势，制定了"分路突袭，神速进兵"的策略，分五路冲过各区乡挨户团。刘泰和妻子徐荣等率南乡支队经淝江渡耒水到达耒阳西南乡一带，沿途冲垮了淝江、公平、小水、余庆等10多个挨户团，营救了数万名被关押待毙的干部、群众。他们还和其它支队协同作战，一度威逼耒阳县城。国民党军派重兵前来围剿，刘泰等率部向烟煤山根据地转移，在余庆抱鸡窝被10倍于农军之强敌包围。在打退敌人两次进攻后，刘泰命妻子徐荣率主力转移，自己亲率一个班阻击敌人。经数小时激战后，战士们均壮烈牺牲，刘泰也因腹部中弹倒在血泊中。这时，山下一片嗷叫，敌军连长大声喊叫："弟兄们往上冲啊！抓住刘泰赏一千元大洋。”说罢自己也龟缩着头往农军阵地爬来，见到倒下的刘泰，狂笑着说：“哈哈，这下看你还往哪里跑！”嚯地，一个血人站起来了！刘泰一双铁夹般的大手卡住了敌连长的脖子，其余敌兵吓傻了眼，纷纷向后躲藏，当他们还没弄清是怎么回事时，刘泰扭住敌连长一同跳下山崖……。后来，国民党军队将刘泰尸体悬挂耒城示众，县城周围数十里的群众和党的地下工作者，都赶来县城，默默地从遗体前走过，挥洒热泪致哀。其妻徐荣后来也被捕遇害。

美国作家史沫特莱写了一本《伟大的道路》，书中记载朱德追述湘南起义时，讲了这样一个动人的事迹：“1928年4月，桂系两师人占领了战略要冲和工业城市衡阳，准备夺取全国领导权。耒阳有两个名叫大刘和小刘的农民兄弟决定把他们赶出衡阳，夺回城池。他们不等候正规的革命队伍，就召集农民开始进军，边前进边收留入伍的农民，最后扩大到大约一万名满怀希望的战士，在衡阳郊外向那两师桂军猛扑过去。”这里所讲的“大刘”，就是中国共产党在湖南的第一个县委书记——耒阳地方执行委员会书记、耒阳苏维埃政府主席刘泰。

耒潮雕像

王光泽·湘鄂川黔书辉煌

王光泽，衡阳市衡东县城关镇鹤桥村人，无产阶级革命家、军事家，中国工农红军黔东独立师师长，革命烈士，创建了湘鄂川黔革命根据地。

王光泽1903年11月11日生于金花乡鹤桥村一个贫农家庭。童年时的王光泽聪慧、逗人喜爱。6岁时，他被本族的私塾老师王世亭收作弟子，在私塾只念了一本《三字经》，因家境贫寒，不久即辍学。8岁给地主家放牛，11岁时外出到攸县舅父家学木匠，19岁到茶陵县腰坡镇做临时工。

1926年北伐战争开始，在大革命的风暴中，王光泽加入了工会，参加工农运动，开展反封建斗争。王光泽听说镇里一个牛姓土豪欺压百姓，做生意低进高出，短斤少两不说，还经常以次充好，以假代真。若有上当受骗不服者前去理论，他居然和店员一起大打出手。按说老百姓明知老板黑了良心，完全可以不在此购物，但因为街面仅此一家，不得不忍气吞声，听之任之。

王光泽听后决定先撒网调查，事前取证。

见多识广、心细如发的王光泽悄悄带领几个人摸清了牛老板所有田地、财产、资本、做什么生意及此地现有情形；了解了牛老板家属现在地方，以及所住房屋、铺面的大小、方向、前后形式，门头远近；又搜集了牛老板平日在百姓中有无恶感、好感、剥削手段，等等。之后，王光泽再在街上、巷头设立意见箱，广泛的征求秘密揭发豪绅财产、罪恶、丑行、及对工会的批评等。这些举措让平民百姓群情激昂，让劣绅土豪心惊胆战。

正当王光泽安排请牛老板前来工会论理时，接到会员报告，牛老板已于昨夜逃走。王光泽当机立断，说："请不到本人，就抓走狗。"店员抓来了，他连夜与店员交涉，做其转弯工作。第二天，王光泽又开始动员群众，贴布告条子向群众宣传，群众发动起来了，那些提洋油的，磨菜刀的，打短工的，在牛老板店铺前，一片鼎沸。王光泽安排没收部分财物归工会，另将部分东西散发给贫苦人群，各路工作人员，雷厉风行。然后，王光泽高声宣布："烧屋！"一把火，让欺善霸市的店铺瞬间化为灰烬。

这把火显出了本事，让恶人胆颤，让穷人解恨，更让威风凛凛的工会受到尊重，工会地位显著提高。

大革命失败后，王光泽一度回家。不久仍回到腰坡镇附近的东山、泥塘一带，一边做木匠一边从事革命活动。

1930年，井冈山革命根据地扩展到茶陵县，腰坡镇建立了苏维埃政权，同时建立了农会、工会等群众团体，王光泽被群众推选为腰坡镇工会主席兼赤卫队长，并加入中国共产党。镇上有一间叫广茂隆的烟馆在偷偷贩卖鸦片，王光泽得知后，决心捣毁它。他知道关键是找到证据，搜到鸦片。

那时候，劣绅大多是守财奴，有了钱，放债怕对方没有能力还，营商又怕亏本，故无论城乡土豪都喜欢挖窖藏货，地窖常埋伏在人们不大注意的茅坑、粪缸下，猪池下，隔楼板，瓦罐里，烟囱中，总之凡可以埋藏处都会埋藏，而这些地方都须详详细细地寻找。

王光泽连续三天找老板与其家属谈话，又找普通人

王光泽（1903-1934）

暗中观察他们的行动。观察了解烟馆老板在哪里睡觉，在哪里吃饭，常到哪里去，他的眼睛注意到哪里，特别当你或别人进去东找西看的时候，老板的注意力在哪里，老板观察某处有多久时间？神色如何？顾客们看了出来之后老板又怎样了，等等。

有了相当把握后，那老板却拒不承认。王光泽便一面派人继续宣传侦察，一面组织队伍进店挖地找窖。他采用了各种方法。如泼水于埋物之地，看水透快慢（透水快则土松，土松就有货），挖土看色气，看松紧（新色土则松），用心量房内外的宽窄，墙壁的厚薄，是否有夹墙，量了楼下量楼上（有的在楼板以下砌隔墙），看了屋檐要开天花板，拆出来看是一层还是两层。功夫不负有心人，鸦片找到了，足有五百斤。

王光泽带领赤卫队员把烟馆的鸦片全部烧毁。

1931年，腰坡镇赤卫队扩建为警卫连，王光泽任警卫连连长。1932年，调任茶陵县警卫营营长。1933年，茶陵警卫营扩充为茶陵独立团，任茶陵独立团团长。1933年6月，茶陵独立团编入中国工农红军第六军团，任红六军团第18师53团团长。

1934年8月，中央红军长征前夕，红六军团作为先遣部队，开始长征。王光泽奉命随红六军团离开湘赣革命根据地，转战千里。10月26日到达四川省酉阳县与贵州邱江相交的南腰界，与红二军团贺龙胜利会师，创建了湘鄂川黔革命根据地，引起了敌人的恐慌，蒋介石急忙调集重兵向川黔边境压过来。在这种形势下，红军第二、六军团指挥部决定：军团主力迅速向湘西进军，牵制敌人，策应中央红军北上；留下一支队伍坚持黔东特区的斗争，并掩护军团主力进军湘西。留下的约1000人，组成中国工农红军黔东独立师，下设黔东、德江、川黔边三个独立团，王光泽任中国工农红军红二方面军黔东独立师师长，段苏权任师政委兼中共黔东特委书记，率部在黔东地区坚持斗争。

对如何拖住数十倍于己的敌人，完成军团赋予的任务，王光泽与段苏权分析敌我形势，作了周密部署，决心主动出击，吸引敌人，在铅厂坝、枫香溪一带寻找战机，运用灵活多变的战术，昼伏夜行，东穿西插，找分散的小股敌人打。不到半个月，独立师经过20多次战斗，打击了敌人的嚣张气焰，调动和牵制了敌人，成功地掩护了军团主力向湘西进军。

11月10日，川、湘两省国民党军从左右包抄黔东特区的印江县沙子场，企图一口吞掉红军独立师。王光泽带领部队钻深山，穿密林，攀悬岩，避开与敌人正面接触，三天之内甩脱了川、湘两省敌军，到达梵净山区。

此时，黔军李成章旅分兵三路进攻独立师师部驻扎的护国寺，王光泽

王光泽遗物

指挥部队且战且退，占据有利地形，居高临下，痛击敌人，迫使敌人狼狈溃退。没想到另一支黔军柏辉章部在江口民团的配合下，突袭上来对独立师再次形成包围之势。王光泽认为在梵净山难以立足，必须抢在敌人围攻之前撤出战斗。11月24日，他率部连夜越过海拔2500多米的梵净山，经松桃县的马槽河到寨英。次日凌晨，出其不意，突袭孟溪区公所，但政委段苏权却不幸身受重伤，他率领部队折向西南，进入贵州松桃县境。

11月28日晨，白雾弥漫，不辨方向，独立师抵大板场，突然一阵锣响，枪声四起，王光泽知道又遭到敌人伏击。连日作战，部队弹药已消耗殆尽，他没有犹豫，拔出大刀，挺身吼道："拼刺刀，突——围！"他像一头被激怒的狮子纵身扑向敌群，战士们紧紧跟上。王光泽凭着丰富的作战经验，率部朝枪声稀疏的方向突围。一阵肉搏战，杀出一条血路，冲出了重围。傍晚，到达干坝子集结时，全师只剩百余人。这时，周边枪声未止，敌人还在寻找红军。王光泽望着聚集在身边的战友，心情沉重，思考片刻，决定将部队化整为零，动员分散突围。他告诫大家："我们一定要保存力量，现在必须缩小目标，分散冲出去，到湘西去找军团主力！"

战士们依依不舍，"快走，不然就来不及了！"王光泽又是命令又是劝说，他目送大家，直到战士们的身影消失在迷蒙的夜幕里。

天亮以后，王光泽只身走到四川秀山县的上川，此处离湖南花垣县境不远，谁知涌洞乡的民团在路上设卡盘问。民团发现王光泽口音不对，将他带到永兴乡公所再审，却有人认出他是红军独立师师长。驻酉阳龙潭镇的川军第21军直属第4旅旅长田冠伍闻讯大喜，急忙派出一个连的士兵将王光泽押到旅部，同时急电向川军头目刘湘报功请赏。

田冠伍不敢怠慢，设宴招待，夸赞王光泽能征善战，智勇双全，是难得的将才，并劝降说："刘(湘)司令已电请蒋委员长委王师长以重任。"

王光泽微微一笑，指着田冠伍的鼻尖说："我们不是一路人。红军要革你们的命，你们天天想要我的命。冤家路窄，怎么可能走到一起呢？"

"别他妈革命革命吊在嘴巴上，你就不想加官进爵，发财致富？"

"想。革命就是想工农翻身，穷人致富。能把我们都请来吗？"

"人为财死，鸟为食亡。共产有什么好？"

"共产就是均贫富，公平公正，人人有饭吃，人人有屋住。"

田冠伍脸红耳赤，恼羞成怒："赤化到老子头上来了。你死到临头还来宣传共产党的政策和主张，敬酒不吃吃罚酒，老子绝不让你翻身。"

田冠伍下令对王光泽施以重刑，然后锁上沉重的脚镣，并用两颗烧红的特粗铆钉钉死。

12月21日，刘湘奉蒋介石电令，命龙潭驻军田冠伍"就地处决"王光泽。

田冠伍从牢房拖出王光泽，奸笑说："你要发财了，老子送你去重庆。"

王光泽双脚钉着重镣，他们又连人带镣用绳索捆在椅上，用滑杆抬至郊外荒山野岭之中，用步枪抵着后脑勺将其杀害。

酉阳县人民政府从1949年起多次组织人员寻找烈士的遗骸，一直没有放弃。33年后，在离龙潭镇4里地的邬家坡上的一块荒地中找到。铁镣仍套在烈士的踝骨上，其状惨不忍睹。1983年11月，酉阳县人民将烈士移葬于龙潭镇烈士陵园，建塔立碑，永远纪念。

王光泽遇害时的脚镣现存酉阳县文管所。

酉阳革命烈士纪念碑

谢翰文 · 驰骋沙场文武全

他教彭德怀识文断字，任过红三军团的秘书长。

他首先提出：把政治宣传鼓动工作做到战士身上去！做到前沿阵地上去。

他于戎马倥偬之际创办了第一张《红军日报》，轰动社会各界。

他坚信没有文化的军队是愚蠢的军队，在红军队伍中首创“行军识字”与“识字岗”，提高“土包子”部队的文化战斗力。

他组建了“抗大文工团”，第一个在延安策划举办了抗大成就展览，是中国抗日战争中牺牲的八路军高级将领。

他是翱翔神州大地的大雁之子。

他的一生拥有蛮多的称呼——

他被父辈亲属称为“叛逆之子”

1904年春寒料峭，谢翰文出生于衡阳市耒阳城区一个富裕家庭，为家中长子。父亲希望呱呱坠地的儿子日后能操翰成章，遂取名谢翰文。又名汉文，号鸿锡。谢翰文7岁入本村私塾启蒙，1919年进县城读高等小学，后以优异的成绩考入衡阳新民中学（今衡阳市第六中学）。

“五四”新文化运动在全国蓬勃发展，血气方刚、踌躇满志的谢翰文深受影响，经常与在衡阳读书的刘泰、黄龙飞等同乡好友聚谈，共同研读进步书刊，探索“改造中国与世界”的道路，逐渐萌生了“改造社会”的宏伟理想。每逢节假日，组织大家上街演讲，宣传新思想、新文化，在学生中颇具影响。

1925年初，21岁的谢翰文从衡阳新民中学毕业返乡后，立即投身于耒阳革命活动中，参加了共青团组织。4月，中共湖南区委派唐自刚来耒阳任县委书记，谢翰文不顾父亲的反对，将唐自刚夫妇安排在自己家里住宿，并替唐自刚抄写文件、传单。

“五卅”惨案后，谢翰文和耒阳进步青年组织宣传队进工厂、农村、商店、学校进行宣讲，并印刷传单散发，控诉帝国主义对我国的侵略罪行。同时，成立了“青沪惨案雪耻会耒阳分会”，谢翰文当选为雪耻会副会长。大会结束后，雪耻会迅疾组织“仇货”查禁队数百人，到城乡商店去查禁日货与英货。同时准备在耒阳县城举行大规模的罢市、罢工、罢课，为了唤醒民众，拟把查出的日货、英货全部运至金中门外集中焚烧。

谢翰文（1904-1942）

副会长谢翰文召集骨干研究具体行动方案，讨论到查“仇货”时却突然陷入寂静。谢翰文即刻意识到哑然无声的原因在于父亲。父亲是县城小有名气的绸缎铺老板，要抄查“仇货”，他必首当其冲；而不抄查他家则难以服众。谢翰文没有丝毫犹豫，似乎早已下定决心，他起身挥动拳头说：“革命，从自己开始！”将袖子一撸，“我家有‘仇货’，就从我家开始，大家随我去搬！”骨干们随谢翰文蜂拥来到店铺前，店员堵住门说：“少爷，先别动手，老爷来了再说。”谢翰文说：“这是我家的店子，一切由我负责！”说罢，挥手示意骨干们进店搬货。霎时，店内“仇货”统统被搬到耒阳城东河畔沙滩上，随着全城抄查出来的几百箱日货、英货一起焚烧。

谢翰文父亲闻讯赶来，面对布匹绸缎化成的灰烬，跺脚不迭，痛骂谢翰文是个“不孝逆子”。自此，谢翰文被逐出家门。

他被游击队员称为“夺枪铁汉”

谢翰文冲出家门，一心一意扑在革命事业上，协助县执委书记唐自刚处理文件，担起通讯联络等工作。“马日事变”发生后，谢翰文被派赴衡南、耒阳交界处开展武装斗争。桐子山地处衡南、耒阳两县结合部，谢翰文来到这里与当地党组织负责人李谷、张凯接上关系。经他们串联发动，20多人参加了游击队。一天，谢翰文接到县执委“南昌起义后朱德率领的部队来到韶关，有往湘南地区发展的趋势，要做好接应准备”的指示，与张凯迅速拟定夺矿警枪的计划。

入夜后，游击队员分批出发，来到水口山。谢翰文按联络暗号与水口山矿党的负责人宋乔生接上头，宋乔生告诉他：凌晨1时矿警一所是自己人值班，可派人潜入枪械库提取枪支。谢翰文带领游击队员分头行动，顺利地运出49支步枪、数千发子弹。翌日，矿务局闻报十分震惊，急电告上司：速增派矿警加强力量。

1927年12月下旬，谢翰文再次来到水口山，宋乔生告诉他：上次失枪事后，矿警所加强了警力和戒备，砌了围墙、拉了铁丝网。谢翰文深思一阵后说：“我有办法。”接着，把自己的谋划说了一遍。宋乔生觉得可行，表示同意。

随后，谢翰文扮作菜农在矿警所门前叫卖，警所伙夫讨价后说：“挑到伙房去。”随伙夫越过岗哨进入警所的谢翰文仔细观察，认真记忆地形特征。此后，谢翰文隔三差五地来警所卖菜，渐渐同一些哨兵认识、熟悉了。

谢翰文见时机已到，密令桐子山30多个游击队员迅速集结水口山。1928年1月26日黄昏时分，挑着两筐鲜萝卜的谢翰文来到警所岗哨楼下，放下菜筐掏出香烟招呼哨兵：“伙计，来抽烟！”哨兵见是常来卖菜的熟人，欣然走下岗楼。谢翰文率领大家疾速直扑警所饭堂，用枪口对准正狼吞虎咽的矿警们，把60余支长短枪支全部扛起，顺利回到桐子山。

他被报纸媒介称为“宣传行家”

1929年4月，红五军收复井冈山，部队进行整编，谢翰文调任四纵队党代表。他深入连队，发现十一连政治工作非常活跃，便总结经验，在全纵队推广，使全纵队精神面貌焕然一新。后来，时任十一连指导员的方强回忆那个时期的工作时说：“谢翰文抓政治宣传工作，头脑敏捷，会抓典型；特别是宣传鼓动工作做得好，他开会作报告，没有一个不认真听的。”

谢翰文在治军工作中，对重大问题有独到见解。当中央领导下令红军主力夺取大中城市，组织全国暴动时。谢翰文对此提出针锋相对的意见。他认为“搞全国暴动是一个盲动错误的口号”，并写了《纪念红色五月与我们在河西的任务》一文，在红军刊物《武库》第十四期发表。文章从国际国内的政治、经济以及军事形势等方面，阐述了他的观点：“我们这次师落河西，其任务是赤化河西，贯通湘赣苏区，使赣江两岸打成一片，迅速夺取吉安赣州乃至争取江西省先胜利。”文章批评了“左”倾盲动，率先拥护并正确执行毛泽东的作战方针。

1929年6月，红五军和红八军在湖北大冶编为中国工农红军第三军团，谢翰文任红三军团秘书长。7月，随部参加攻打湖南长沙的战斗。27日，红三军团攻占长沙县城。为扩大这次战役的影响，谢翰文同军团政治部主任袁国平，利用皇仓坪国民日报馆，出版《红军日报》。经过一天一夜的紧张工作，于29日出了第一期《红军日报》，一时轰动了社会各界。对红军这种雷厉风行的工作作风，就连当时的《大公报》也惊呼：“红军在戎马倥偬之际，犹知注重报纸宣传，不微疏懈，吾人对之，宁无愧乎。”《红军日报》上所发表的总前敌委员会的布告、命令等，也大多出自谢翰文之手。

8月，红三军团撤出长沙，在浏阳永和同红一军团会合，成立第一方面军，部队兵员比以前扩大了6倍，致使部队中的党团组织建设和思想建设等暂时不能跟上。谢翰文便在总前敌委员会议上提出：“加强部队政治宣传教育工作，是当务之急；要使全军干部提高认识，各级领导应做出表率。”他同军团直属队党支部书记张平凯商量后，召开了党支部会议，军团长彭德怀也参加了这次会议。上行下效，部队党团工作很快得到发展。

红军部队的干部战士大多出身农民，文化水平低，科学知识贫乏。在攻占敌占区后出过一些看似理所当然，细究却不可思议的问题。比如：缴获敌人的收发报机，听到收报机还在“嘀嘀嘀……”地叫，就恼火地边用枪托砸、用脚踩还边骂：“我让你再叫，我让你再叫！”硬是把收发报机砸烂才解恨；攻进白区银行，只懂得保护黄金、银元，看到国民党的钞票，便认为是“反动钞票”，权当废纸一般，撕的撕，烧的烧，统统当垃圾处理掉，却不知道这些钞票还可以到白区购买急需的药品与其它物资。

1930年，谢翰文兼任红五军第三师政治委员。到任后，他向全师政治宣传干部提出：“把政治宣传鼓动工作做到战士身上去！”

1931年5月30日，谢翰文率部对建宁城发起攻击，全歼守敌刘和鼎3个团。随后，又率部参加了莲塘罗子沟、方石岭战役。为了充分发挥战场上对敌政治宣传作用，谢翰文组织战士用风筝载着宣传标语飘送到敌方阵地，还派出战士在阵地前喊话，有力地配合了战斗的进行。

他被彭大将军称为“文化首长”

毛泽东同志说过，没有文化的军队是愚蠢的军队，而愚蠢的军队是不能战胜敌人的。因此，红军领导强调要加强部队文化教育。彭德怀以身作则，热情聘请谢翰文当自己的老师，利用战斗空隙学文化。每次到达宿营地，谢翰文就把书本和纸、笔、墨、砚准备好，等彭德怀查铺、查哨回来再教他学文化。当时纸张既缺又贵，山区还买不到。彭德怀每次率部打下城镇后，就叫人上街买来一些便宜的草纸、箱包纸，用来写毛笔字，既学写了生字、生词又练了书法。在谢翰文的辅导下，彭德怀以水滴石穿的功夫，日复一日坚持学习，文化水平提高很快，慢慢能亲手修改或亲自起草作战命令、文书了。

彭德怀带头识字、学文化，极大地促进了部队文化教育活动的开展。当时识字的人很少，凡是能识几个字的就当老师，是真正的“能者为师”。为了能让大家识字，做到行军、识字两不误，谢翰文建议，行军中每个人背包上贴一两个字，大家边行军边认字，到了宿营地就互相测验，看记住了没有。

为了进一步调动干部和战士识字、学文化的积极性，部队各级领导还将识字活动渗透到娱乐生活中。如：在墙报上开展识字问答，晚会上开展识字比赛：设立“识字岗”，不认识岗哨上这个字的不能过这一道岗哨。这种带点娱乐性的识字活动，提高了大家识字的兴趣，收效很好。当时，正式上文化课的时间不多，很多时候是把政治课和文化课结合起来上。比如讲阶级斗争问题时，就把工人、贫农、中农、富农、地主、资本家和帝国主义、军阀、压迫、剥削等字写在门板上，结合政治识字。有时请有些专门知识的同志给大家讲些兵器常识、科学知识和卫生防病知识等，使大家增长见识。

他被红军士兵称为“贴心政委”

1928年2月，朱德率南昌起义余部攻占了耒阳城。后便召见谢翰文和宋乔生，高度赞扬桐子山游击队的战绩后决定将游击队改编为中国工农革命军第三团，纳入部队正规编制。朱德任命宋乔生为第三团团长、谢翰文为团政治委员。

1930年7月，红五军攻打长沙后，在永和市同红一军组成红一方面军。因部队扩编需要充实师团级干部，彭德怀调谢翰文兼任红三师政治委员，谢翰文二话没说，背上行李就去报到。

1931年春，谢翰文同师长彭鳌率领红五军第三师长时间隐蔽在东固地区达25天之久。一天晚上，他和师长彭鳌夜巡连队岗哨，来到三营九连哨位，见向他们敬礼的哨兵战战兢兢，谢翰文立即向前触摸哨兵的臂膀，发现这个战士衣服十分单薄，连忙脱下自己的衣服，披在哨兵身上。告别哨兵，谢翰文和彭鳌来到炊事房，跨进房门，揭开锅盖，发现里面全是野菜。回到师部，谢翰文主持召开师属机关人员大会。谢翰文介绍战士的生活状况后，号召师属机关官兵从即日起抽人上山挖竹笋、采野菜，节约部分粮食补贴连队。接着，谢翰文主持召开连以上干部会，强调要给夜间值岗放哨的战士添加御寒衣服。穿的、吃的问题解决好了，增强了全师官兵的凝聚力、提高了战斗力。谢翰文也因此被指战员们称为“贴心政委”。

红军长征途中住过的民居

他被同仁战友称为“扩红先锋”

部队连续取得胜利，俘虏了大量敌兵。为扩大政治影响，根据红军优待俘虏的政策，谢翰文主持召开师党委会，决定将大批俘虏释放。这件事遭到了“左”倾领导者的指责，说谢翰文“右倾”“无原则性”。谢翰文坚持真理，据理力争：“这是按红军优待俘虏政策办的，没有违背原则。”后来，有人把情况上报党中央，谢翰文被撤职，留在师政治部做一般的宣传工作，但谢翰文仍然踏踏实实地工作。开国中将方强在回忆当时的情形时，仍感叹地说：老首长谢翰文同志在中央苏区反一、二、三次“围剿”期间，因多放俘虏的问题，遭到错误路线的打击。虽然被降职使用，思想上有情绪，但工作仍很努力，特别是在宣传工作方面，做了很多工作。

1934年10月，谢翰文随红三军团长征。

除了做好一般宣传工作外，在长征路上，谢翰文还积极参加了“扩红”的宣传鼓动工作。“云贵川，川云贵，扩大红军有成绩。”在经过贵州贵阳、龙里一带的时候，谢翰文总是飞快地跑到部队的前头，有时走到尖兵的前头，看见路边有庄子，就走进群众家里，轻言细语地去做“扩红”的宣传鼓动工作。很多新战士就这样被他招进来。

4月7日，红军先头部队发现前面的山坡上蹲着许多群众，远远他望着他们。谢翰文想发动他们当红军，立即迎上前去打招呼，那些群众见状，立即往山顶上退去。谢翰文向他们喊话：“不要怕，我们是红军，保护干人（即穷人），不拉夫，请你们找个掌柜的出来讲讲话。”一个白发苍苍的老汉站在了半山。一开始，谢翰文苦口婆心地解释，但老汉似乎充耳不闻。半个多小时后，两人便一问一答地对谈起来，且越走越近，那些退向山顶的群众看见两人相拥而坐，又一哄而来。谢翰文给他们讲生活的艰难，讲官员的腐败，讲穷人闹翻身、工农当红军的必要性。一番宣传鼓动之后，陡然从人群中站出来一个青年：“我去当红军，谁同我去？”很快，又从人群中钻出四五个青年。

4月21日早晨，红军经过兴仁县观音山时，谢翰文见到一个放牛的男人，几番交谈之后，也鼓励他去当红军。放牛的男人爽快地答应了。临行前，男人对妻子说：“我去当红军，对家里的伤兵要好好地招待。”原来这位放牛男人家中还收留着3位红军伤员。

这让谢翰文感慨万千。

他被延安军民称为“抗大园丁”

长征胜利后，谢翰文被抽调到红军大学担任校务长。进校后，他忘我工作。开国少将汤池回忆说：“老首长谢翰文同志名为校务长，实际上是负责学校全盘工作。是一个很有魄力的人，他精力充沛，既要负责秘书处、队列处、组织处的工作，还要管理全校师生员工们的吃、穿、住，尽管他工作很忙，总是能够把事情做得井井有条。”

1937年1月20日，红军大学改名为中国人民抗日军事政治大学（简称“抗大”），校址由保安（今志丹县）迁至延安。第二期开学后，随着学员不断增多，校党委为了充实基层领导，谢翰文兼任学员十三队队长。以普通学员身份与学员们一起生活、学习和劳动，谢翰文拿出看家本领，组织演唱组、出墙报等，把全队的宣传工作搞得有声有色。

不久，谢翰文调回校部担任“抗大”政治部宣传部长。这一职务让他深感责任重大，他决心加强自己的理论学习，提高马列主义水平。国防科委第五研究院院长、时任宣传部干事牛克伦少将回忆说：“我们部长学习很勤奋，每天晚上大家休息后，他回到宿舍，点上蜡烛，身子靠在床头上，入迷地阅读马列主义著作，有时读到通宵。记得有一次，他向我们背诵《马列主义问题》，居然能逐字逐句的背诵一半以上……他的记忆力很强。”

在宣传工作中，谢翰文特别认真地抓了“抗大”的宣传喉舌——校刊《伟大的事业》（后改为《抗大》）的编辑工作，他对每期准备刊发的文章，都要认真地审阅、修改。有一次，他生病发高烧，竟昏倒在办公室，同志们把他送进医务室，他吞了几片药后又继续工作，直到校刊交付印刷后，才在床上躺下来。

“抗大”开始一段时间，生活比较单调，为改变这一状况，谢翰文经常组织各队队员进行歌咏比赛、故事演讲、体育运动等多种形式的活动。1938年，为活跃学员们的文化生活，谢翰文组建了 “抗大文工团”。缺少道具，谢翰文便号召团员自制乐器，他本人也制了一把二胡送给乐队，排练节目时，他亲自当导演。“抗大文工团”所演出的节目，深受人们欢迎，该团也成为当时陕北地区著名演出团体。

1939年6月1日，为庆祝“抗大”创办3周年，谢翰文在校党委及副校长罗瑞卿等支持下举办了“抗大”成就展，布展陈列室9个，展出图片3000多幅、战利品数百件。毛泽东、朱德亲临“抗大”，看完展览后给予了很高的评价。

由于谢翰文在政治宣传工作上的突出成绩，1939年被评为“抗大”

46名先进政治工作者之一。

1941年初，抗日战争进入相持阶段，军队建设和根据地的建设急需大批强有力的领导充实前线工作，谢翰文调任国民革命军第十八集团军任总后勤部政治部主任。在离开抗大的前一天，他还嘱咐宣传干事牛克伦：“要把我们的宣传搞好，不要辜负全国人民的期望。”

他被后辈今人称为“人民英雄”

1941年初，中央军委调谢翰文任八路军总后勤部政治部主任。

1942年5月，日寇出动五六万兵力对华北的冀中、太行、太岳、晋西北等抗日根据地进行“拉网大扫荡”，八路军总部决定实行战略转移。5月25日，彭德怀、左权率领的转移队伍与八路军政治部、后勤部的转移队伍，不期同时进入了辽县南艾铺地区。此时，日军已发现了八路军的行踪，以重兵对南艾铺一带进行包围。由于机关人员多，目标大，再加上作战兵力少，山区道路少，集体行动非常困难。

谢翰文等率总后勤部人员经一天艰苦行军，到达了辽县与涉县交界的十字岭，宿营休整。

翌日黎明，总部通讯员通知谢翰文：立即到左权副参谋长处开会。谢翰文将装有秘密文件的小皮箱交给妻子王振东，匆匆赶去总部。会议在进行中，谢翰文对左权和与会者讲：“这么多人挤在十字岭，敌人一旦发现，后果不堪设想！”左权沉思后说：“总部决定，各单位分头行动，总后单独一路行进。”

返回驻地，谢翰文带领总后勤部人员上了路。中午时分，谢翰文果断率警卫排从敌人密集火网中撕开一道口子，让大家冲出包围圈。战友们冲出重围了，谢翰文没有发现妻子王振东，他又十分担心秘密文件落入敌手。焦急万分的他毅然冲进村子，见负伤的妻子倒在地上，被丈夫扶起的王振东艰难地说：“我怕冲不出去，把文件全烧了。”

“好，我们快……”话音未落，敌人已围了上来。

当天，敌人将谢翰文夫妇及一部分被俘的八路军总后勤部工作人员押至太原城。日军得知谢翰文是八路军高级干部，便派特别审讯官专门负责审讯，但敌人从谢翰文口中一无所获。恼羞成怒的敌人便对他施以酷刑，用刺刀捅穿其肩胛锁骨，用铁丝穿上，高吊在房梁上，脚下放一盆烈火，进行惨无人道的摧残，英勇顽强的谢翰文没有屈服。敌人无计可施，只好上报侵华日军总司令部，将谢翰文夫妇处死。他们傲然走向刑场。谢翰文和妻子王振东被日寇杀害于太原市郊，享年38岁。

这是参加过井冈山斗争的部分同志1938年在延安的合影，上面是毛泽东的亲笔题字：“井冈山的同志们”。第二排左三为谢翰文

谢宣渠·唯有忠诚自流芳

谢宣渠，1904年生于衡南县京山乡，曾化名罗仲民，国民政府“国防部”战地点检组少将组长，国务院参事，陆军少将。

谢宣渠1924年于黄埔军校第二期辎重科毕业。庐山中央训练团党政研究班、陆军大学乙级将官班第四期毕业。1924年秋加入中国共产党，任黄埔军校中国青年军人联合会中央执行委员会候补委员；黄埔军校特别区党部执行委员。参加了第一、第二次东征和北伐战争。

谢宣渠最大的特点是忠诚于信仰，忠诚于事业，忠诚于理想。“忠诚”二字，是他一生的写照。

我们先从北伐开始来说说谢宣渠的故事。

1926年7月上旬，北伐军分三路向湘军禄水、涟水防线进军。两天之后，叶挺独立团首先在左翼发起泗汾之战。11日下午，独立团攻占醴陵城，接着向株州、浏阳方面追击。12日，独立团占领浏阳。五天打了三战，占了两座城。

8月24日，叶挺独立团参加汀泗桥之战。30日，参加贺胜桥之战。

9月5日凌晨，独立团奉命进攻武昌城。

战役一个接一个，战士倒下一批又一批。挂彩的，送往医院；献身的，由后来者补上。不达目的，誓不罢休，这就叫前仆后继。9月中旬，中共前方委员会与独立团决定：曹渊所遗第1营营长由卢德铭接任，卢德铭所遗第4连连长由谢宣渠接任；同时，谢宣渠兼任第2营代营长。

叶挺独立团全团干部大都是共产党员，士兵中也有不少党员、团员。在叶挺的率领下，全团一上战场，个个都是战斗员，有敌无我，勇往直前。在战斗编制上，独立团有5个步兵营。第2营(辖4，5，6连)营长许继慎在贺胜桥战役中负伤，被送往长沙湘雅医院。代营长张际春，因患急病请假。第4连连长卢德铭接任曹渊任第1营营长，现在该连只有2个排长，其中1个还是由刚升上来的副排长代理排长。第5连连长是刚由排长升上来不久的。第6连连长姓袁，是非党员。所以第2营干部是很薄弱的。谢宣渠挑起了第4连与第2营的重担。

10月1日天明前，在武昌通湘门外围城的独立团特别大队、第3营遭敌敢死队偷袭，损失惨重，被迫撤出阵地。正在早操的第2营奉命前去夺回阵地，谢宣渠率第4连先行，在通湘门车站附近与敌发生激战。苦战1小时余，因兵力悬殊，后撤待援。

约经20分钟，第5连全部到达独立团散兵壕的右翼(东)，士气大振，两个连队迅速集结向相国寺及路轨东高地扑去，重新夺回阵地。此时城墙上的敌人，以迫击炮为主集中火力向第5连射击，连长首先阵亡，士兵死伤大半。

此时，第6连、补充连、机枪连的一个排又陆续赶到，谢宣渠重作部署，欲向敌方发起冲锋。敌方果然显露动摇之势。当独立团冲锋号一响，敌人即全线溃退，独立团一鼓作气复占铁路东西两高地……

这次战斗，历时4个小时，打得最久、死伤最多的是第4、第5两个连。在战斗开始的一个多小时，两个连就死伤150余人，第5连连长首先阵亡，事后两个连无形合并。因干部死伤多，谢宣渠兼任了两个连的连长。排长、士兵负伤后，仍奋力战斗。孙以棕上阵后，右肩即中弹受伤，仍继续指挥战斗，身先士卒，指挥负伤的士

谢宣渠（1904-1976）

兵继续向前冲杀。

此后不久，谢宣渠即遭敌炮轰炸，身负重伤。

战后，谢宣渠所遗第2营营长由黄征浮接任，所遗第4连连长由周子昆(共产党员)接任。

10日，北伐军攻克武昌。

谢宣渠的忠诚，用鲜血写在墙头的那面旗帜上。

11月初，第4军奉命驰援江西。

27日，第4军第10师(师长陈铭枢)扩编为第11军，陈铭枢任军长，蒋光鼐任副军长；叶挺调升第24师副师长，独立团改编为第25师第73团，由周士第任团长。

至此，由叶挺任团长的独立团不复存在。

谢宣渠伤愈后，任武汉公安局党团书记、中央军委武汉特委书记、武汉保安总队长。1927年大革命失败后，谢宣渠赴苏联东方大学学习。三年的理论熏陶，谢宣渠拓展了视野，丰富了自己的学识，也给同校师生竖立了忠诚的标杆。苏共当局给他的毕业结论是：“立场坚定，有斗争经验，应该派到中国共产党担任领导工作。”

1930年谢宣渠回国，任武汉军委书记。次年1月，以长江局代表身份，赴上海参加全国红军扩大会议，会后任中央军委外兵委员会书记、江南兵委书记。

4月，谢宣渠在上海从事地下工作时被捕，关押进龙华警备司令部监狱。

龙华，现今是上海市著名的游览胜地。可是，在旧中国腥风血雨的岁月里，它曾经是国民党淞沪警备司令部残杀革命者的屠场。在这龙华警备司令部的监狱中，不少革命人士和志士仁人遭受囚禁、酷刑和处死。烈士的鲜血染红了这里的每一寸土地。龙华警备司令部监狱，共有三个监房，另外还有一个女监和一个特别监，可关押300多人。这些人中，杀人、盗窃、绑票等犯人占三分之二，其余的是政治犯。

当时，狱中有中共的临时基层组织，支部书记焦光华为人忠厚。但由于当时“左”的思想路线影响，党员们在狱中也大搞“反托洛斯基派”，“反罗章龙派”和被罗章龙开除的“右派”李震等也不甘寂寞，争吵不休，使一些刚被捕进监的共产党人大为惊讶，思想极为混乱，甚至动摇变节。同时，这种愚蠢的内斗也等于公开向敌人宣告哪些人是“托洛斯基”，哪些人是“右派”，哪些人是共产党员，给监外党组织营救工作造成极大的危险。

时任中共长江局书记的关向应也在狱中，通过放风机会，他与李震、陈为人等统一思想：“在狱中反右派岂不是等于向敌人公开暴露身份？决不能再如此胡乱作为。”

谢宣渠一进来，便与关向应取得了联系，在关向应的指挥下，他们改选了狱中临时党支部，由谢宣渠出任狱中特别支部书记，时任江苏省委秘书长的刘晓和陈为人为支部委员。接着特别支部公开宣布：监狱里没有组织，大家都是“同难人”，凡是在狱中的人，都要相互团结，坐牢的就是一个派。

支部委员陈为人患有肺病，很需要营养，但他对自己要求非常苛刻，生活极为艰苦，每当在互济会工作的赵世兰给他送食物来，他都将有限的食物再分给自己周围的每个人，从而在难友中建立了威信。

作为政治犯，陈为人等在监牢里还有点“自由”，如放风散步、吃饭加菜等。陈为人等充分利用这个机会，广泛接触难友，进一步了解狱中情况。

其时，在政治犯中，80%以上均为中共的地下工作骨干，或系被牵连入狱的群众。前支部在狱中盲动地开展“反托反右”斗争，还组织了所谓“同难会”，在狱中的地下工作骨干及被牵连的群众均被吸收为“同难会”会员，因而形成了与刑事犯之间的鸿沟，造成政治犯与刑事犯之间的严重摩擦。

谢宣渠等新特别支部成员拟定狱中工作的总方针是：“誓死保卫党的组织——包括当时外面和狱内的党组织。即被捕的同志其本人已使党的组织受了损失，不能再牵连组织和其他同志致受更大的损失。”他们确定当时狱中工作的要点是：

⑴ 说服教育每个入狱同志，坚定政治立场，对党绝对忠诚。利用敌人在报刊上的消息，鼓舞狱中同志决心斗争到底；

⑵ 研究各人对敌法庭的供词与威迫利用时的办法——已在外面供了的，则研究如何翻供；

⑶ 通过写家信，做暗号，往外寄口供，让外面同志知道狱中同志的口供，然后根据口供设法营救；

⑷ 利用各人关系，包括亲属和亲友，获取物资接济，以救济狱中患病及困难的同志。

在宣布狱中人都是“同难人”的同时，还确定了在当时条件下内部应掌握的叛徒标准：

⑴ 是否出卖了组织，供出组织所在地及任务；

⑵ 是否出卖、供出同志名字住址因而被捕及当着敌人面指认供出同志；

⑶ 是否泄露了党的机密，给组织带来更大的损失。

当时，大家都为工作需要，各人就其所能分头自觉联络和工作。也有在狱中特别能吃苦的党员，在特别支部成员个人的策动下，积极投入工作，团结同难群众，一致对付敌人。而在狱中的一般党员与敌人的暗探，始终无法搞清谁是支部负责人，谁是策动领导者。

因为在狱中停止了反托反右等盲动主义做法，同时，又将狱中的“同难会”改为“同难人”，设法使之成为狱中的口头语，要求每个共产党员以此语对待狱中一切人，使之成为狱中团结对抗敌人的共同口号。因此，时为托派的郑超麟、王文元、卜得之，以及罗章龙派的李震等，有时也找谢宣渠、陈为人交谈一些问题。盗窃犯与政治犯间的鸿沟逐渐化除，有的还成为对敌斗争的前锋。

当时，在狱中的人都是等待最后判决的，谁也不知道敌人什么时候会把自己提出去枪毙。

自特别支部改组以后，直至同年12月大多数人被组织营救出狱为止，没有发现进入龙华监狱后叛变的人。一些政治犯得到帮助，接通了对外的关系；一些被牵连的普通群众，受到教育，提高了对共产党人的认识；没有暴露身份的关向应等同志，得到特别的保护；一些看守军警，亦被分化瓦解，为政治犯传递家书，使他们不断得到组织和家人的接济。这时，陈为人的妻子韩慧英的组织关系，就是通过在狱中的关系被接通了。组织上派来一个青年人给韩慧英做助手，韩慧英很快同陈潭秋的夫人许一直、刘少奇夫人何宝珍联系上，互相转达消息和文件。党在上海隐蔽战线的斗争又活跃起来。

身陷囹圄的谢宣渠用忠诚书写着自己的人生观。

1930年12月被营救出狱后，谢宣渠对发动上海总暴动提出的不同意见，未能被组织采纳接受，反而被诬为“托派”嫌疑分子而断绝了组织与他的联系。

1933年，谢宣渠被叛徒出卖，再次被捕。旧时黄埔同学邓文仪、贺衷寒闻讯前来“探望”，劝其叛党，他坚决拒绝：既没伤天害理，乱杀无辜；又没苟且偷生，营私舞弊，要我放弃什么信念？当年投考黄埔，参加北伐，就是为了扶助农工，打倒军阀，追求民主自由，难道还有什么别的理想？悔过书不写！你们叫校长来，我也是这个理！

党内同仁误解他，称他为“托派”；党外同学劝导他，诱他“反水”。谢宣渠义无反顾地忠诚于自己的理想。

邓文仪、贺衷寒无奈，又不能与他干耗。在上面的授意下，安排他去康泽主办的训练班任教官，后任别动队情报股长。谢宣渠心想也好，穿着这身皮，总要装点门面，他身在曹营心在汉，把全股人员的工作作了一番调配：活动能力强，对共产党危害大的搞内勤；能力弱的尽量放飞做外勤；特别顽固的则设法抓住其劣迹，加以打击或处罚，或迫其辞职。并把情报工作重点转向对付日本侵略军和缉毒。这里举三个实例。

第一个实例：中共特科有一名叫郑家康的工作人员，外号“广东麻子”。20世纪30年代初，打入了国民党特务机构康泽别动队，营救了被国民党当局拘禁的中共高级将领陈赓脱险。不久，“广东麻子”被康泽别动队杀害。谢宣渠经过侦查得知系特务万人杰告密所致。1936年，以汉奸罪将万人杰处决。

第二个实例：江西上饶、玉山、横峰三县联防总团是一个反共武装组织，头头叫吴秩然。这家伙经常率队拦截、掠夺出入苏区的物资据为己有。1934年秋，谢宣渠所在的别动队破获一宗所谓的“偷运食盐接济封锁区”的案件，为首的是两个农民，要判处死刑。谢宣渠苦思冥想，设法营救，巧妙地适时突击搜查吴秩然住所，也查获大批苏区物资，立即将其逮捕，冠以“通匪首犯”罪处决，那二位农民拟定为吴的从犯，从轻判决。

第三个实例：四川军阀刘湘，在重庆破获一“共党案”，二十余人被捕。谢宣渠闻讯后，以情报股的名义，争取承办，销毁了重要证据，暗授翻供机宜，稍加审讯，全部释放。

1938年，谢宣渠见到正在组建新四军的叶挺将军，非常激动，他强烈要求归队。为不影响国共两党关系，叶挺嘱咐谢宣渠仍留国民党军任职，以利进行抗日活动。谢宣渠在深明大义、忍辱负重的铁血领导面前无言以对，郑重地致以军礼，随即转任陆军大学政治指导主任，后任三十二集团军情报室主任、二十集团军情报室主任、宣慰团主任、军委高参等职。在腾冲战役中，担任前线指挥所主任，全歼日军一个旅团。

1946年，谢宣渠在重庆见到邓颖超和叶挺将军，依嘱从事了一系列的策反联络工作，硕果累累。如参与鼓动国民党300名将级军官的“将军哭灵运动”；发出国民党军队将要撤出东北的情报；传递国民党军队在华中地区的兵力部署及黄维兵团驰援淮海前线的行动路线；参与策动华中“剿总”副长官兼河南省长、兵团司令张轸一部在长江南岸的起义；策动赵援、罗广文、潘文华、刘文辉等部在西南地区起义。

谢宣渠一生所忠诚的事业结出了一串串硕果。

中华人民共和国成立后，谢宣渠任中央人民政府情报部署专员，后任中央军委联络部专员、南京军事学院教员、内务部参事等职。“文革”中，以所谓“历史问题”备受迫害。1969年，谢宣渠被下放回乡劳动。62岁的老人养猪放鱼，种菜植树，自食其力，“忠诚”二字，已融进了他的血液里。

1973年，经周恩来总理亲自干预，谢宣渠回到北京。

1974年3月，因煤气中毒逝世，骨灰安放于八宝山革命公墓。其忠诚的品行，百世流芳。

邓嗣禹·太平洋岸著风流

他的著作，长期被哈佛大学、牛津大学作为教材。

在数十年的治学研究中，他独自或与人合作撰写了25部专著、56篇论文和数篇随笔、书评，其中绝大多数是以英文成稿，成了美国汉学学生的必读作品……

衡阳人邓嗣禹83年的所作所为，不仅让大家读到过去100多年“蓝眼睛透过黑眼睛研究中国”的情况，更有利于我们思考“黑眼睛运用蓝眼睛看清世界”的方法。

邓嗣禹，字持宇，1905出生于衡阳常宁黄洞乡。其母生育五胎，邓嗣禹居中排行第三，上有两个姐姐，下有两个妹妹，唯有他一个男孩。5岁读私塾。17岁成亲。18岁考入衡阳县立中学。21岁考入燕京大学（现北京大学）史学系预科。23岁正式进入大学一年级学习。1932年大学毕业后，考入燕大史学研究所。1934年任历史学会主席兼《史学年报》主编。1935年获得硕士学位。在此期间，师从邓之诚、洪业等著名史学家，并留校任教。年轻而富有专业知识技能的邓嗣禹，孜孜不倦，埋头苦耕，手头收集了许多中文参考著作。他结识了正在燕大做博士后研究的美国第一代汉学家毕乃德。两人互来互往，志趣相投，1936年两人合作编写了一部不朽的近代著作《中国参考书目解题》。

邓嗣禹先后担任美国芝加哥大学东方研究院院长、远东图书馆馆长、印第安纳大学东亚研究中心主任、美国亚洲协会理事等职位，并被哈佛大学等名校聘为客座教授。

翻译家和比较文学学者齐邦媛女士在台湾地区素有“文学教母”和“永远的齐老师”之誉。齐邦媛早年留学美国印第安纳大学时与邓嗣禹有过密切交往。在长篇自传体回忆录《巨流河》一书中，她这样叙述邓嗣禹：

印大著名的图书馆和她的书店是我最常去的地方。在占地半层楼的远东书库，我遇见了邓嗣禹教授，他是学术界很受尊敬的中国现代史专家。他的英文著作《太平军起义史史学》《太平天国史新论》《太平天国宰相洪仁玕及其现代化计划》皆由哈佛大学出版，是西方汉学研究必读之书。邓教授对中国的苦难关怀至深，我们有甚多可谈之事。他退休时印大校方设盛宴欢送，他竟邀我同桌。在会上，校方宣读了哈佛大学费正清的信，信上说他刚到哈佛大学从事汉学研究时，邓教授给他的种种指引使他永远感念这位典范的中国学者。

邓嗣禹（1905-1988）

费正清是个什么人？为什么要永远感念邓嗣禹？

费正清是个土生土长、正儿八经、高鼻子、蓝眼睛的美国人。1929年，这位哈佛大学的高材生，接受了导师的建议，去从事近现代中国历史研究及中西方关系史领域的研究工作。于是，背上行囊，带上女友，来到中国深入学习汉语，了解中国风土人情，

1932年2月，这位来中国居住第四个年头的美国人费正清，走进了北京总布胡同，他与住在这里的梁启超儿子梁思成和其夫人林徽因关系甚好。费正清和女友费慰梅的名字，就是梁思成根据他们英文名字的译音，为他们取的中国名字。

梁思成说，叫“费正清”这个名字好，意思是费氏

正直清廉，而且“正”“清”二字又跟他们的英文原名谐音。“使用这样一个汉名，你可真算是一个中国人了。”

这年7月，费正清在北京的教堂，迎娶了有着苗条身材、蓝灰色眼睛的新娘费慰梅（英文名威尔玛）。她出身书香门第，是一位开朗、聪明并且善于交际、富有艺术气质的姑娘，也是一位研究中国艺术和建筑的美国学者。她与梁思成夫妇学的是同一个建筑专业。婚后，两人租住在北京总布胡同的一个四合院里。

在北京度过的蜜月生活令这对美国青年终生难忘，费正清保留着自己的爱好：骑马、打网球，同时也尽情领略东方古国的浪漫。他们共同在月光下沿着古老的城墙漫步，观看西山美丽的日落景象。费正清在写给远在家乡的父母的信中，是这样描述当时的情景：“我带着威尔玛沿着帝国宫廷的路回家，我们乘车穿过宫殿的大门，黄昏时分抵达我们居住的胡同，在烛光下，我们甜美而亲密地就餐，屋外传来中国人举行婚礼的笛声和铜锣声。”

费正清在北京这几年，把全部工作时间用在语言的学习上。很快过了语言关。他的第一篇学术论文叫《1858年条约以前鸦片贸易的合法化》。

梁思成夫妇又向他介绍了其他一些中国学者。其中有哲学家金岳霖(被亲切地称为老金)、政治学家王端升，还有陶孟和、陈岱孙，以及物理学家周培源等人。

1935年，他结识了时任燕京大学史学研究所讲师、《史学年报》主编邓嗣禹。两个同龄人相见恨晚，一拍即合，从此，开始了长达半个世纪的友谊与合作。

之后，费正清致力于中国问题研究长达50年。从他的回忆录和早期的著作中，我们可以清晰地看到，他在中国近代史的研究上受三位学者的影响最大。第一位对他发生影响力的学者是欧文·拉铁摩尔；第二位是中国学者蒋廷黻；第三位便是邓嗣禹。

1936年5月，费正清的博士论文《1858年条约以前鸦片贸易的合法化》，顺利通过论文答辩，获得牛津大学的博士学位，同年到哈佛大学执教，他的那篇博士论文后来在邓嗣禹的帮助下，经过多次修订，于1954年以《中国沿海的贸易与外交》为书名，在哈佛大学正式出版。对于这一段历史，哈佛大学留美博士后钱保胜，1998年在《中国史大师费正清》一文中有这样的记载：

费正清阅读清代档案就是蒋廷黻指导入门的。后来他在研究中，对清代档案中的一些问题还是搞不懂，致使他的博士论文扩充成书的计划迟迟难以实现，后来邓嗣禹来求学，成了费的学生，正是他根据那时关于清代档案中的一些中文论著，帮助费正清搞楚了清代公文的处理程序，帮他扫除了在使用中文档案方面的障碍后，他的那本《中国沿海的贸易与外交》才最终得以成书。

可以毫不夸张地说，没有蒋廷黻和邓嗣禹等中国学者的帮助，恐怕不会有费正清的成名。充分利用与中国学者的广泛交流与合作是费正清能够成功的一大重要因素。

费正清在国际史学界众多的老师、同仁和学生中，为何要“永远感念”邓嗣禹？这位衡阳才子在国际史学界又有着怎样的追梦历程？

清代史实的研究让他们成为知己

邓嗣禹是在1935年与费正清结识的，一个在北大任教，一个在清华进修。两年后，邓嗣禹接受老同学房兆楹的邀请，辞去燕大教职，前往美国华盛顿，参加由美国国会图书馆东方部主任恒慕义博士主编的《清代名人传略》的编纂工作。同时参加此项工作的有哈佛大学毕业生费正清，两人的第一次合作，便开启了友谊的航船。中国人邓嗣禹独立编写30个太平天国的人物传记；另3个人即徐广绪、怡良、穆彰阿的传记则由他与美国人费正清共同完成。

《清代名人传略》共收录了中国这一时期800个人物的传记，每位传主都有姓名、字号、出生年月、籍贯、主要经历和事迹。把清代近300年间历史的各个方面——政治、经济、军事、外交、社会、民族、宗教、文化思想、文学艺术、科学技术等领域的历史概貌展现出来，勾画出了整个清代历史的基本轮廓，构成了一部完美的中国清史专著。本书具有较高的学术和史料价值，对研究我国清代的历史具有重要的参考价值，是当年独一无二的外国人论述近代中国人的著作，反映了美国早期汉学的特色。

胡适曾为这本著作撰写序言，称该书“至少在目前来说没有任何语言包括中文在内的著作可与之相匹，无论在对概念的理解方面，还是在陈述的客观性和其应用上”，是“研究现代中国早期的一个重要里程碑”。全书约130万字。此书中文版1990年才由人民大学清史研究所翻译，青海人民出版社出版。

《清代名人传略》出了名，得到了世人的信赖。

邓嗣禹与费正清成了知己，得到了相互的尊重。

一年后，邓嗣禹前往哈佛大学，拜费正清为老师攻读博士学位。并利用课余时间与费正清合作撰写了《清代公文的传递》一文，1939年发表在《哈佛亚洲研究学报》第4卷第1期上。

读博期间，两人又合作撰写了《清代公文的种类与应用》与《论清代的朝贡体系》，先后发表在《哈佛亚洲研究学报》上。费正清将这些文章油印供学生使用。1960年，这些论文由哈佛大学出版社集结出版，书名为《清代行政管理：三种研究》这本著作不仅证实了《筹办夷务始末》等档案材料的价值，而且还扫除了美国学者考察中外关系问题的一些障碍。

1944年，邓嗣禹的博士论文《张喜与南京条约》由芝加哥大学出版社出版。费正清为他撰写了前言，高度评价了他的学术成就。

中美这对同龄知己在学术上继续延续着辉煌。

1946年，费正清回到哈佛大学设立的中国问题研讨班——国际著名的“费正清东亚研究中心”的前身，邀请邓嗣禹等几位学者帮助他整理清代史料，并合作出版了多篇论文。

1949年秋，费正清在美国哈佛大学最早开设“现代中国问题研究”课程，邀请邓嗣禹回到哈佛大学讲授。期间，两人共同编写了著名的《中国对西方的反应》及《中国对西方的反应：文献指南》等著作。

1953年，费正清出任美国亚洲研究会会长，聘任邓嗣禹为董事。1962年，邓嗣禹出版《太平天国历史学》一书，费正清为他撰写了热情洋溢的前言。

1964年，邓嗣禹与费正清又再次合作，发表了《中国的外交传统》论文，刊载于美国《世界比较政治》一书中。在美国留学的中国学者中，邓嗣禹是与费正清合作时间最长，发表论文最多的留美学者。

两人的友谊长达50余年。50年的友谊也结了硕果：

费正清成了美国汉学研究领域的学术泰斗，有研究中国历史的“美国教父”之称。当今美国诸多有影响的中国问题专家皆出自其门下。以往，由于种种历史原因，许多人只知道费正清是汉学泰斗，并不了解邓嗣禹作为他长期的助手与合作伙伴对于费正清所产生的作用与影响。如果说，在半个多世纪里，费正清以自己独特的视角审视和考察了中国，他的研究、著作和主要观点代表了美国主流社会的看法，不仅影响了几代美国汉学家和西方的中国学界，而且直接或间接地影响了美国政界和公众对中国的态度、看法以及美国对华政策的制定。那么，邓嗣禹作为他的助手与长期的合作者，无疑对费正清的研究做出了重要的帮助和贡献。

努力翻译推介中国史学著作走向世界

20世纪50年代初，邓嗣禹在印第安纳大学教授中国近代史，由于缺乏英文教学资料，他将李剑农的《中国近百年政治史》一书翻译成英文，用作本科生和研究生的教学参考教材。英文版《中国近百年政治史》1956年在美国出版后，受到国际史学界的广泛赞誉。这部著作不仅取材精准、叙事准确，对历史事件注意追根求源，还联系当时社会形势予以分析，还原历史的本来面貌；评论时局也无所忌讳，秉公伸张正义。直到现在，这本书仍为国内外学者广泛参阅和引用的经典著作。

10年后，邓嗣禹又将南北朝时期官员颜之推所著，中国早期文学名著《颜氏家训》翻译成英文。颜之推19岁步入仕途，为官四朝，凭借自己的学问在仕途上曲折前进。他根据自己的经历与体验，写出了中国封建社会第一部完整的家庭教科书，用以训诫子孙。全书共有20篇，分为7卷，该书强调以儒学为核心，注重对孩子的早期教育，并对儒学、文学、佛学等方面都有独到见解。哈佛大学校友王伊同曾称赞邓嗣禹1968年在英国出版的英译本《颜氏家训》“开南北朝经典英译之先河”。

这些书籍的翻译和出版，大大减少了西方学者的语言障碍，着力培育了美国的汉学基础，开拓汉学研究新领域，同时在向西方公众推荐、介绍中国优秀的历史、文学著作和传统文化方面做出了巨大贡献。

1982年，邓嗣禹（中）在美国匹兹堡大学与朋友合影

中国科举学研究领域里的“陈景润”

科举制起源于中国，但它却对东亚和西方国家产生过深远的影响。历史上日本曾一度仿行过科举，韩国、越南曾长期实行过科举制度；英、法、德、美等国曾借鉴科举建立了文官考试制度。东亚诸国仿行科举于史有证不成问题，而科举制对西方考试制度的影响却是一个相当复杂的问题。

在此之前，“科举考试与现代西方文官考试制度是否具有联系？”“西方文官考试是否曾借鉴或受到中国科举制度的影响？”一直是桩“悬案”。基于这一问题的复杂性和研究、考证的难度，学术界一直未能提供有力的证据。

20世纪初，清朝统治者在欧美坚船利炮的冲击之下已风雨飘摇。实行了1300多年的科举制也走到了穷途末路，为了推广新学、兴办学堂，清政府不得不于1905年废止了科举制。随后，八股科举被看作和鸦片、缠足等同类落后丑恶的东西，为人们所唾弃。因此，一些谈及科举考试史的人往往避免使用“科举”这一名词，而代之以“中国历史上的考试”的说法。在国人鞭打科举制时，早年便出国留洋长期接受西方教育的孙中山，却说出了一句石破天惊的话：“现在欧美各国的考试制度，差不多都是学英国的。穷流溯源，英国的考试制度原来还是从中国学过去的。所以，中国的考试制度，就是世界上最古最好的制度。”正是在孙中山这一说法的启发下，邓嗣禹对科举西传问题进行了艰难的学术探索。

1934年，邓嗣禹在《史学年报》就发表了《中国科举制度起源考》一文。1936年，邓嗣禹又在此基础上，完成了《中国考试制度史》一书，由南京国民政府考试院出版发行。顾颉刚、邓之诚等著名史学家为其作序。顾颉刚指出，科举考试制度是中国古代制度文明的重大发明，在促进考试公平、区域均衡、体现民意等方面具有积极贡献，堪称“吾国政制中之最可称颂者也”。该书后于1956年、1967年、1982年、1997年、2010年、2011年，先后七次在台湾及大陆再版发行，成为研究中国科举制度的奠基之作，目前仍是国内外科举学研究者普遍引用的重点书目。与之后发表的《中国考试制度对西方的影响》，构成了对于中国科举制度研究的“三步曲”。

为了让西方学者尽快了解此书的内容，1967年《中国考试制度史》一书在再版时，曾任美国亚洲研究会第一任会长的恒慕义为其撰写了长篇英文导读。目前该书2011年中文版被哈佛大学图书馆收藏。

1943年9月，邓嗣禹在国际著名期刊《哈佛亚洲研究学报》上发表了

《中国对西方考试制度的影响》一文，长达3万余字，搜集、引用了1870年以前西方人论述科举的文献70多种，围绕“西方考试制度的发展、西方记述或涉及中国科举制的资料、英国对于中国文明的推崇、英国驻华使臣论中国科举制、确认中国影响”的证据等问题旁征博引，论述详赅。邓嗣禹称：“根据上述所有同时代的证据，我们可以确凿无疑地证明：中国的科举是西方制定类似制度的蓝本”。文章发表后，在海外引起广泛的反响，当时第二次世界大战打得正激烈，中华民族处在生死存亡关头，中国学者邓嗣禹在美国重要学术刊物上，用英文发表了关于中国科举考试对英国和西方影响的论文，使当时正与中国一道抗击德国纳粹和日本强盗的世界人民，知道了中国曾对世界文明做出的这一重要贡献。

此文被先后两次翻译成中译文本，同时还被收入多种文集。在西方汉学界几乎无人不知，无人不晓，至今还经常被研究中国科举制度的国内外许多颇有影响的专家引用。

近年，厦门大学教育研究院院长刘海峰教授曾多次发表论文，称邓嗣禹关于中国对西方考试制度的影响的文章是被公认的国际上经典性的论文，对改变西方学术界的看法有重要影响。

厦门大学的陈兴德博士高度称赞道：邓嗣禹的研究是具有开拓性的，它不仅再一次印证了文化的交流与融合是促进人类文明的基本途径，科举制度作为中国的“第五大发明”，对西方近代文官制度曾发挥过积极的影响。他同时也开创了科举研究的一个新领域，揭开了科举学领域的“哥德巴赫猜想”。

圆我博大精深的中华文化梦

1972年2月美国总统尼克松访问中国，发表《中美联合公报》，中美关系开始走向缓和。同年5月，应周恩来总理的邀请，邓嗣禹随同费正清一行六人（邓嗣禹是代表团中唯一的华人学者）作为新中国成立后的第一批美国历史学家应邀到中国进行两个月的访问和演讲，受到了周恩来总理和外交部副部长乔冠华的热情接待。

邓嗣禹不仅仅是一位知名学者，而且积极推动中美两国的文化交流。1978年10月，邓嗣禹再次回国进行学术考察，到北京大学、上海图书馆、复旦大学拜访了顾颉刚、顾廷龙、谭其骧等室友。对这一段时间回国的所见所闻，他在1979年出版的《重访中国：一位海外历史学家对中国的评论》一书中有详细记载。在这本书的前言，邓嗣禹写下这样一段文字“尽管我在东京、莫斯科、香港、台湾、伦敦和其他研究中心都开展过研究工作，但我总是怀着希望去我的祖国开展我的工作。这个希望终于在1972年夏季得以实现。我参观了中国的13个城市，乘飞机和火车的行程超过8000里。在我旅游过程中，我和各界人士交谈。像平时一样做好笔记，留好照片,争取至少两次参观一些重要城市的博物馆。”

在美国任教的这些年中，他总是有一种“奶妈抱孩子，是人家的”的感觉。能为养育自己的祖国效力与服务，这才是他最大的心愿与要求。

邓嗣禹自从1937年到达美国，1942年获得哈佛大学博士学位后，长期在美国大学任教。除了1947年至1948年应胡适邀请，回到北京大学教授一年的“现代中国历史”课程之外，他已有20多年没有回到祖国的大地。他撰写的《重访中国》一书的封面上，他用中文题字“故乡明月”，以寄托自己对祖国的深切眷念之情。费正清在百忙之中，再次为这本书撰写了英文序言。

1976年退休之前，邓嗣禹曾在印第安纳大学历史系任“大学讲座教授”。这在美国大学是很难得到的特殊荣誉称号。1976年4月，按校方规定，年满70周岁的邓嗣禹在印第安纳大学退休了。校方特别为他举办了盛大的荣休庆宴。费正清为此特地发来了热情的贺信，并由校长芮安在会上宣读。在信中，费正清特别提到，要永远感念中国学者邓嗣禹。退休后的十多年，邓嗣禹仍然每天早晨九点准时到办公室从事研究，这种孜孜不倦的好学精神，50余年一贯不变。那些年尽管他已年过八十，但他始终精神矍铄，腰杆笔直。不幸的是，1988年，邓嗣禹在到印第安纳大学的路上，因下雨视线不清，被车撞伤，又因撞伤而引发严重肺炎，一个月后仙逝，时年83岁。

邓嗣禹逝世后的第三天，费正清特地为他撰写了一篇讣告，高度评价了邓嗣禹作为美国亚洲历史学会创始人所作的艰苦努力；记述了邓嗣禹与其他汉学研究者如费正清、毕乃德、顾立雅合作编写、发表著作的过程以及为美国汉学界做出的杰出贡献；指出了邓嗣禹的专著、论文和编纂的中文目录索引对他们的研究工作提供了无私的帮助；着重称赞邓嗣禹是位乐观、谦虚、勤勉不懈的儒者，同时也是一位对自己有帮助的老师和有教养的绅士。

邓嗣禹一生倾力于学术研究，发表了诸多学术成果，是中美两国学术界合作的经典范例。他们的研究成果直接或间接地影响了美国政界和公众对中国的态度、看法以及美国对华政策的制定，邓嗣禹的学术梦正是弘扬博大精深的中华文化梦。

1943年6月，邓嗣禹(右）在芝加哥大学接待第一批到美考察的著名学者

段 沄 · 铁腕灭寇拒内战

美国有所学校叫“西点军校”。

中国有所学校叫“黄埔军校”。

这两所军事学校都因为培养了大批军事天才而著称于世。

坐落在中国广州长洲岛的黄埔军校是中国现代军事史上的一朵奇葩。这座“将军的摇篮”为国共两党培养了大量的军事政治人才，并在反帝反封建的北伐战争和伟大的抗日战争中战功赫赫，威名远扬。

衡阳籍段沄将军就是其中一颗闪亮的明星。

段沄字徽绅，号湘泉，别号茂生，1906年出生，衡南县泉水江人。身高一米八三，在农村进屋要低头弯腰过门槛。少时家境贫寒，曾进袜厂学艺，继入衡阳振新中学读书，后投考黄埔军校，毕业于黄埔军校第五期经理科。在20余年的戎马生涯里，历任国民党军连长、营长、团长、师长、第87军军长、台湾防卫总司令部中将副总司令等职。

段氏家族了不起的还不止段沄一个。

亲弟弟段复，比他小四岁。毕业于湖南美专，创办过湘江书画社，原本是个美术人才，抗战爆发后毅然投笔从戎，考上了黄埔军校第六期当学员，与廖耀湘、戴笠是同学。曾任军统湖南站站长，平汉铁路警务处处长，国民党台湾当局“交通部”设计委员，少将军衔。

堂兄段徽楷，比他大一岁，保定军校学员，历任国民党联勤总部外事科长，北伐军总司令部中校、上校科长，少将军械处长。

妹夫谢小球，比他大五岁，黄埔军校四期学员，是段沄的师兄。曾任国民党南京军校教官，第4军第10师副师长、政治部主任及新7军2师少将参谋等职。

段沄与段复兄弟与谢小球在黄埔军校求学期间便相互关照、相互提携。一激动，段沄将自己的亲妹妹段玉介绍给了谢小球，两家结成姻亲。

四兄弟分别毕业于黄埔军校和保定军校，且都获得国民党少将以上军衔。这在衡阳、在湖南恐怕仅此一家。

段沄在抗日战争期间屡立战功，参加了徐州会战、长衡会战、浙赣战役、常德会战和桂柳会战。

最让段沄刻骨铭心的是他率师远征缅甸，抗击日军，威震滇缅公路的那段烽火岁月。

滇缅公路是抗战时期最重要的一条路，维系整个中国外来的物资供应。

1937年“七七事变”后，日军迅速占领了京津、广东、汉口、上海、南京等华中、华东和华南地区。中国主要的大城市95%的工业，50%的人口和沿海几乎所有的港口沦陷。对于中国来说，物资供应问题显得异常严峻。中国急需一条可靠的国际运输通道，把几百万军队所需要的武器装备、药品、棉纱以及用极为珍贵的外汇从西方购买的汽车、石油和军火运回国内。

中国政府早就考虑到有可能出现的危机，于1937年开始修建滇缅公路，其路线大致为：昆明经下关、保山、龙陵、芒市、畹町，在缅甸的腊戍与当地的中央铁路接通，直通仰光。

滇缅公路整个路段80%是崇山峻岭，要穿过云南边境

流行“瘴气”的地区。1937年底，滇缅公路沿线近30个县的劳工约20万人被征集来到工地，大部分是老人、妇女和孩子，因青壮年大部分都应征入伍了。这可能是世界上最奇特的一支筑路大军，有各种各样的民族，穿着用蓝色土布制作的衣服，孩子们带着自家的宠物：狗、鸡和长尾巴的小鹦鹉。在傣族地区，那些跟着大人来做工的孩子还带着猴子。

1938年，经过20万人的艰苦努力，滇缅公路终于通车，成为中国与外部世界联系的唯一运输通道。它的竣工无形中改变了战争进程，使得日军改变从正面打败中国军队，迫使国民政府屈服的计划，改从沿海越南和缅甸封锁中国的对外通道，给疲惫的中国军民以喘息之机。

日军为封锁这条公路，专门成立了“滇缅路封锁委员会”。从1940年10月起，在不到六个月的时间里，日军共出动飞机四百多架次，轰炸沿线的桥梁。1942年，日军侵入滇西，在怒江的惠通桥一带切断了滇缅公路，中日两军沿怒江对峙。

滇缅公路穿过松山。松山属高黎贡山山脉，雄踞怒江西岸，海拔2200米。山势起伏，地形复杂，主峰濒临怒江峡谷，十分险峻。整个松山由20余个峰峦构成，绵延20余千米，公路通过其间，前临深谷，背连陡坡，形成天然屏障，素有滇缅公路的“直布罗陀”之称。

1942年5月5日，日军侵占松山后，在大小山头上构筑了坚固的钢筋水泥工事，宣称松山是东方的“马其诺防线”。1944年6月4日至9月7日，中英美盟军发动了松山战役，攻克了松山，歼灭日本守军3000多名，中国军队代价惨重，牺牲了6000多名将士。

段沄所率的青年军首当其冲，那一战，打得段沄怒目圆睁热血沸腾满脸沧桑。

据说当年打扫战场时，有60多对中日士兵扭打成一团死去。附近松山村的村民在雨夜电闪雷鸣之时，会听到山上人喊马嘶……

攻克松山要塞后，又歼灭驻守龙陵、腾冲的日军，收复滇西全境，滇缅公路重新打通，并被命名为史迪威公路。

段沄为人正直，素怀爱国爱民之心，抗日战争胜利后，目睹蒋介石政权发动反共、反人民的内战，内心郁闷。

1948年，他率部驻防北平，对当时爆发的反内战、反饥饿、反迫害的斗争深表同情，他想起了20万老百姓修筑滇缅公路抗击日军的场景，杀鬼子可以，打老百姓万万不行。他巧拒上司令其镇压的命令，并在所属部将的军事会议上表示“这个内战，我坚决不打了”，还与副师长王晏清约定“伺机起义”。

学生清明扫墓

1949年春，王晏清调任南京警卫师师长，在南京解放前夕起义。段沄则被调任87军军长，防守浙江定海一带。浙江奉化溪口是蒋介石的老家，别人求之不得的美差对段沄来说并非十分乐意。至浙江后，他派副军长王永树持函去见“代总统”李宗仁，要求调驻广东；又以扩充军员为名，派副军长易谦等在长沙、衡阳等地招募新兵，暗中运送美式枪支8000余支给其妹夫谢小球，组建新编第7军第2师。这时蒋介石通过军统对他的所作所为虽有所闻，但又无实据，内心猜疑越来越大。4月，蒋介石以段沄属程潜干女婿之故，拒绝俞济时提出的由段沄防守溪口的建议，同时命令军统局策划，安排将其老母、妻儿先行挟送至台湾。

这一招令段沄无可奈何，只得被迫随蒋介石逃往台湾。

1949年前后，根据中央关于解放台湾的决策部署，中国人民解放军秘密派遣1500余名干部，乔装成难民、小贩、商人、逃军入台，配合解放军登岛作战。

此时，其妹夫谢小球已回到衡南县谭子山镇，准备安度余年。而段沄的的堂兄段徽楷，早与中共情报部门建立了工作联系，受中央统战部天津特情站派遣，潜入台湾从事策反与情报收集工作。

段徽楷策反的目标就是堂弟段沄，但一开始没能成功。段徽楷又设法回到衡阳，请谢小球一同前往台湾游说段沄、段复兄弟加入中共隐蔽战线。

1949年下半年，谢小球告别妻儿，经香港辗转到台湾，在段沄手下做参谋。

在谢小球的劝说下，段沄和段复加入了解放台湾的隐蔽战线中。段沄身居高位，能接触不少高层机密，由此他提供了不少军事情报，策划配合解放军解放台湾时率部阵前起义。段復也根据所处位置提供了相应的军政情报。

1950年，中共台湾省工委书记蔡孝乾被抓，之后这个经过长征考验的台湾地下党最高领导人叛变，供出了台湾地下党名单。1952年8月，段徽楷首先被国民党保密局逮捕。随后，谢小球、段复、段沄先后入狱，四兄弟分别在严刑拷打面前死守秘密。为了置他们于死地，国民党保密局炮制了“段沄叛乱案”，于1954年2月3日将四人枪决。台湾地下共产党网络组织在此期间也遭到毁灭性打击，1100余人被国民党当局处死。

历史的尘埃可以湮没足迹，却不能湮没金子的光芒。南征北战，守土护疆，即使被迫入台，仍将深情的目光锁定在湘南。

2008年，两岸亲人合力，在国家相关部门支持下，段沄、段复、段徽楷、谢小球4人的骨灰从台湾回到故乡，游离他乡半个世纪的英魂落叶归根。

2012年，段沄的儿媳从台湾档案馆，取出了谢小球的一封绝笔书，并提取了“段沄叛乱案”数百页的卷宗资料。

一张泛黄的宣纸上，段沄妹夫谢小球用毛笔书写的行书依旧清晰。

余死后请将余尸交火化交陈莹及余侄谢培郁带回大陆作余妻余子之纪念。余临死作绝命词诗二首：

玉雪纷飞六月春，
覆盆谁复问假真。
一寸丹心血牛斗，
元首应知报国人。

自古圣贤多被囚，
豆萁相煎诚堪忧。
天荒地老家何在，
万里孤舟泣白头。

落款是：民国四三年元月卅日谢小球绝笔。

人们常常在想：段沄及其兄弟身居高位，妻儿陪伴在侧，却大义凛然加入隐蔽战线。到底是什么力量，支撑着他们以一人甚至全家的生命在潜伏？

2013年12月底，北京西山公园内建起一座无名英雄纪念广场，纪念20世纪50年代在台湾殉难的中共隐蔽战线烈士。这是官方第一次公开为隐蔽战线烈士建纪念广场。纪念广场花岗石壁上镌刻的800多位英雄名字中，有四位衡阳人：段沄、段复、段徽楷、谢小球。

一代豪杰，永远挺立在父老乡亲的心房。

段沄故居

李洁与李广 · 南岳双骄披彩霞

李洁和李广是姐妹俩。姐姐李洁，乳名淑媛；妹妹李广，乳名淑莲。祖籍衡东县石湾镇光明村，这是个工商业较为发达的乡间小镇，坐落在湘江东岸白槎河与湘江的汇合处。从这里到衡山县城，旱路二十多里，水路十六七里。石湾镇街口，有个小地名叫场上，场上的西边，有座低矮古老的小槽门，槽门内有四五间小茅屋，掩映在枝叶繁茂的树下，这便是先人遗留给李洁、李广父母的栖身之所，人们称为小槽门屋。

李洁和李广，就先后出生在这个小门屋里。

妹妹李广出生后不久，父亲李待荣就卖掉田产来到衡山县城南正街，凭手艺开设了一家专门打制长命锁、项链、戒指、十八罗汉等儿童妇女饰物的手工艺商品店，取名叫“李利升银楼”。

那时候，农村的孩子读书不易，女孩子则更难。但李待荣见识不一般，靠手工艺赚了点钱就早早把两个女儿送进了县立女子高等小学堂读书识字，使她们受到了新思想、新文化的启蒙教育。

1924年，12岁的李洁于县立女小毕业后，考入湖南省立第三女子师范学校。这个学校早已建立起共产党与共青团的支部，有许多优秀的共产党员、共青团员以及立志变革社会的进步师生，在这里从事革命活动。李洁很快就和他们交上朋友并加入了中国共产主义青年团。

1925年，石湾镇秘密成立了农民协会，李洁、李广的叔叔任委员长。寒暑假期一到，两姐妹回到家里便会聆听叔叔讲“天下不公平，穷人要翻身”的故事与道理。听得多了，理念便逐渐形成。1926年7月北伐军入湘，两姐妹配合各界活动，斗地主、查洋货、贴标语、演新戏，甚至肩扛梭镖，站岗放哨，成了儿童团的活跃分子。

妹妹李广此时还在县立女子高等学校附设的初中班读书，她跟着姐姐举起小红旗欢迎北伐军进城，打着红缨枪跟着闹革命的叔叔阿姨缴洋货、批斗土豪劣绅。19月，她从县立女小毕业后，又继续考入设在该校的初中班学习。不久，受姐姐的影响，她也加入了中国共产主义青年团。

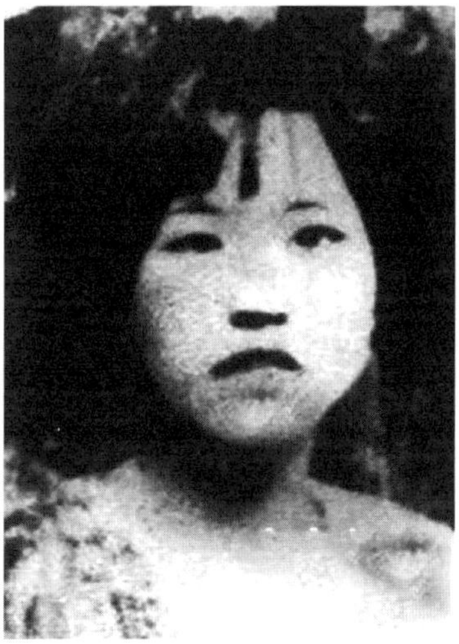

1927年1月，毛泽东来衡山考察农民运动。在县城五官巷子的县农会举行报告会。由于妇女听众不多，年轻的女学生李洁与李广在200余名听众中，非常引人注目。

姐妹俩模样相似，论性格，却迥然不同。

姐姐李洁文雅，不太好动，爱看书，善思考，好写作。进入女子师范学校后，尤其喜欢阅读《中国青年》《向导》和《湘江评论》等进步书刊，并积极投入反帝反封建的社会活动。她崇拜唐群英，崇拜秋瑾。唐群英编的《放脚五字歌》，“女子最可怜，自小把足缠。痛苦又难看，行路实困难。父训恪妇道，母命实难违。苦了我女子，有苦也难言。奉劝姐妹们，再勿把足缠。放脚行千里，自强争女权”。她读得声情并茂，背得滚瓜烂熟。她自己也在学校学生自发编辑散发的刊物上发表过几篇文章。其中一篇《天才与人力》说道：“天下之事，无所谓难也，亦无所谓易也；能尽人力，则难者亦易，不尽人力，则易者亦难矣。”语言辩证，充满哲理。另一篇《蛙鸣》则写道：“中国今日之议员也，政

李　洁(1911-1928)

客也、军阀也，一意营私，徒发空话，相与喧嚣一时，反不如蛙鸣之有意识也。”一针见血，锋芒毕露。

妹妹李广聪明伶俐，胆大好动，在学堂里，打球比赛，唱歌跳舞，样样有兴趣。在一次全校举办的“谁养活谁”的演讲比赛会上，她以《农民养活地主》为题进行演讲，得到了广大师生好评。李广很崇拜姐姐，觉得姐姐知道很多大道理，姐姐一旦返家，她就会缠着姐姐，寸步不离，黏着姐姐讲故事。

1927年6月上旬，国民党开展了清乡铲共活动，秉承蒋介石“宁可错杀三千，不可放过一人”的旨意，在城乡各地展开大搜捕，大屠杀，中国共产党的各级组织遭到了严重破坏，造成党员和党组织、党组织与党组织之间的联系十分困难。中共衡山县委便遭受了一场空前的浩劫。52个党的基层支部和11个共青团支部，以及县级工、农会组织被强行停止活动，大批工农群众和党员遭受国民党当局的疯狂追捕和屠杀。

李洁、李广的叔父也在此时被捕。

衡山县委在撤离县城时，书记向钧亲手建立了一个秘密交通站，秘密交通员叫吴志兰。吴志兰是一位勤勤恳恳的地下工作者，他忠于党的事业，严守党的秘密，冒着生命危险，昼夜奔波，传递各种信息，护送革命同志。吴志兰的行踪很快就引起了国民党挨户团的注意，他们派出密探到吴志兰家窥视，吴志兰家有客人来往，立刻有人到左邻右舍明查暗访；吴志兰外出，总有人跟踪盯梢。为此，县委当机立断，停止了这个秘密交通站。

7月初，新组建的临时县委决定在县城再建一个秘密交通站，由书记向均亲自选定住在县城观湘门的共产党员赵庄为秘密交通员，秘密交通站就是他的住所。向均万没想到，赵庄是一个由外县来衡山打工的人员，秘密身份虽是中共党员，外表形象在该县却较为陌生。原以为陌生人不会引起他人注意，恰恰相反，陌生面孔的行踪却导致特务的怀疑。果然，这个交通站建立不久就遭到破坏，交通员赵庄被捕后经不起酷刑叛变。

8月，县委再次改组，由从耒阳调来的陈芬任书记。县委先后建立的几个秘密交通站被破坏后，陈芬于9月着手第三次重建秘密交通站。由于形势险恶，通过再三摸底、选点和通盘考虑，陈芬提出将秘密交通站定在李利升银楼，此处距离县政府不到100米远。大概陈芬也相信那句地下工作者名言：最危险的地方也许最安全。李利升银楼虽然就在县政府的大门边，国民党挨户团在这里进进出出、来来往往，每天被趾高气扬、嚣张气焰笼罩的他们，绝不会想到共产党的秘密交通站会设在自己的眼皮底下。

其实，陈芬更看中的是李利升银楼这一对年仅16岁和14岁的姐妹。首先是政治素质过硬，两姐妹耳闻目睹了白色恐怖下共产党人惨遭杀害，其中就有她们的老师和高年级同学，心里聚集了仇恨，且二人都是共青团员。其二，家庭背景可靠，熟悉本乡本土。叔父是党内同志，父母同情革命。其三，两姐妹有文化有知识，聪明机灵。其四，两姐妹有时间，“马日事变”后，各学校均停学，李洁、李广此番均停课在家。

陈芬的提议得到了中共衡山县委的批准，县委会集体决定，改由李洁、李广接替交通员工作。事前，由县委书记亲自找她们谈话。

当县委书记陈芬来到李利升银楼，向她俩宣布县委关于建立秘密交通站并以她俩为秘密交通员的决定时，姐妹俩异口同声保证：一定不辜负县委的重托，宁愿牺牲自己，决不泄露党的秘密，坚决完成组织交给的任务。

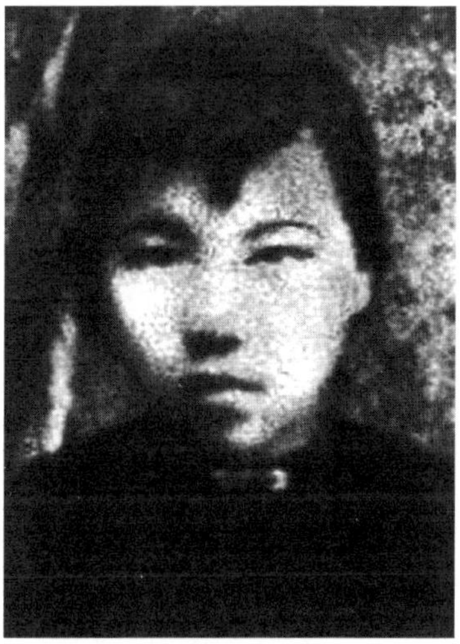

李　广(1913-1928)

自接手县委交通站的工作后，姐妹俩利用自己年龄小，又是女孩子，不容易引起别人猜疑这一优势，将党内来往书信、上传下达的文件及有关资料、情报或缝进衣服里，或包在书皮内，或藏于发结下。多次通过敌人的关卡，准确及时地送到了有关人员手里。

秋天的一个黄昏，县委的几个同志正焦急地在衡山县城对岸的丰塘等候新书记去主持一个重要会议。而当天12时开始，县警备司令部的军警及国民党挨户团的团丁们，便突然封锁了从县城往丰塘去的所有渡口，截留他们认为形迹可疑的人进行盘问。书记陈芬是耒阳人，他的妻子县委机要秘书毛泽建是湘潭人，两个人都不会讲衡山话，如果没有充足的理由，实在难以顺利过河。

正当大家犹豫不定时，勤于思考的李洁，建议妹妹李广假扮成一个恶性传染病人，晌午从县城诊所看完病，买了药，此时急于在天黑之际赶回乡下，由自己和毛泽建扮成亲属抬杠护送。而陈芬则扮成江湖郎中与其偶然相遇，在一旁插科打诨，伺机混过河去。她的意见当即为陈芬所采纳，从而顺利地骗过了盘查的人。

李洁、李广一次又一次出色地完成任务，多次得到了县委负责同志的表扬。

1927年12月27日，国民党的县清乡委员会在邮政局截获到一个由衡阳市城区寄到衡山县镇李利升银楼转交李清明（中共衡山县委代号）的一个包裹，包裹里面藏有一本教科书。从教科书封面夹层中查出关于组织年关暴动的四纸通告。通告分大纲四条：1. 工作细则；2. 工作方针；3. 青工运动；4. 士兵工作。

县清乡委员会查获这个包裹后，几个头目通宵未眠。在此之前，8月1日曾爆发了举世瞩目的南昌起义。中国共产党的“八七”会议后，9月又相继爆发了具有历史意义的秋收起义、鄂南暴动、琼海起义和海陆丰起义等一系列以革命武装反对反革命武装的斗争。此时，衡山也出现了暴动文件，他们感到问题非同小可。

为此，县清乡委员会马上采取了两条紧急措施：一方面派挨户团连夜盯住李利升银楼，以防“李清明”逃走；另一方面立即用电报将通告内容及查出经过报告给湖南省清乡委员会。省清乡委员会接到电报则如临大敌，连夜向全省各地发出紧急训令。训令指出，由衡阳寄出的四纸通告，其用意亦以暴动为主旨，此事关系到湘、鄂、赣、粤四省安危，各警察局及各县县长要严加防范以遏乱党。

第二天天没亮，县挨户团常备队队长康庆万，带领一伙人抢先围住李利升银楼，迅即砸开铺门，将银楼里里外外，楼上楼下搜了个遍，仅有熟睡中的李洁、李广和母亲三人。康庆万当场急问：“李清明哪里去了？”她们母女三人异口同声回答：不知道李清明是谁！

气急败坏的康庆万不敢怠慢，迅速将母女三人押解回警察局连日审讯。同时又抓来两姐妹的姑父罗万友及妻子。

在县挨户团常备队队长康庆万看来，像李洁、李广这般年龄的女孩子，别说是审讯，就是她俩在街上随便碰见个身穿常备队制服的人，也会因害怕而全身发软。他万万没有想到，面前的两个小姑娘，竟然会这样镇静。

康庆万首先装出一副和颜悦色的样子，说道：“不过是两个学生妹子嘛，一不是共产党，二不是什么秘书长，搞了几天儿童团，跟在别人的屁股后头，喊几句口号贴张标语，算什么呢？又不是组建交通站。我们讲人道，讲证据，你们放一万个心。清乡委员会不会办你们，你俩还小。可你们也总得要把李清明是谁？现在他在什么地方告诉我们一声，好让我们去办他呀。”

李洁与李广相互对视了一眼，摇了摇头。康庆万微笑着说：“说吧，告诉我谁是李清明，我就给你大洋。”说着，从抽屉里拿出几块银元来。

李广再次摇头说：“不要，我娘给了我们零花钱。”说着，也从兜里掏出了几个铜板放在手中展示。

康庆万无奈，拉长了脸说：“如果撬口不开，你们知道共产党的下场吗？”

李洁冷静地答到：“知道。”

“知道？从哪里得知？”康庆万似乎觉得有机可乘。

“8月中旬以来，清乡委员会天天抓人。满城都有布告。城墙垛子上，还挂有共产党人的头颅。”李洁回答。

“你俩就不怕像他们那样被切下耳朵，挖断舌头，或挖掉眼睛？”

“怕。”

“怕就快说。”

“我们不是共产党员。”李洁抱紧了妹妹。

“李清明来没来过银楼？”康庆万吼道。

“我们不认识。”

“那为什么信件是寄李利升银楼转交？”

“你要问邮局，我们不知道。”

哄也好，吓也好，回答只有“不知道”三个字。康庆万立马凶相毕露：“既然你们姐妹俩敬酒不吃吃罚酒，我们就换种方法看你们知道不知道。”康庆万手一挥，站在两旁的打手便挥起了皮鞭，姐妹俩哪经得起酷刑折磨，妹妹李广被打得气若游丝，说不出话来；李洁则咬牙切齿吐出几个字：“你把我们也挂在城墙垛子上吧”，便晕死过去。

康庆万什么口供也未捞到。

几经审讯，几经拷打，李利升银楼案丝毫没有进展。

康庆万换了一招。几天后的一个清晨，姐妹俩刚刚起来，和李洁一同在省立三女师读书、入团，现已叛变的同学向云贝来到了女牢进行劝降：“说吧，小洁。只要你说出谁是李清明，你们就自由了。何必为一个李清明去吃苦呢？”

李洁反唇相讥：“李清明没让我们吃苦，是你们在让我们姐妹吃苦。我总不能指证你就是李清明吧？”

向云贝仍不死心：“说吧，说出李清明，我们姐妹仨就可以一起去省会长沙读书、去深造。”

“止住。”李洁斩钉截铁，“我只有姐妹俩。哪来的姐妹仨？衡山这本书还没读够，哪来的心思去长沙。”

姐妹俩坚决拒绝了叛徒的劝降。向云贝灰溜溜地走了。

日子一天天流逝，李清明到底是谁，现在何方，怎么也问不明，查不清。于是，县清乡委员会的刽子手们，决定将姐妹中确定一个为李清明，予以处决，以便向省清乡委员会结案。

李洁、李广最后一次来到审讯室。

康庆万耷拉着脸说：“既然你们谁也不愿供出李清明，那就只有在你们俩中挑出一个李清明，此案就结了。”

李洁毫不犹豫地大声说：“我就是李清明。”

“不，李清明是我。”李广跟着姐姐高喊。

康庆万伸出一个指头，吼道：“抢什么抢？这不是发财，不是出嫁，是枪毙！李清明只要一个，不是两个，听清了吗？说！谁是李清明？”

“我是李清明。”姐妹俩同时喊了起来。

康庆万恼羞成怒，当他明白永远也别想从两位小姑娘嘴里得到一个字的口供时，便决定不再是杀一个，而是杀掉两个。于是，在姐妹俩被捕十天后的一个凌晨，县警察局那栋两层楼的房子里，响起了一阵急促而又令人不安的脚步声，女牢门突然提前打开，两位蓄着短发的同胞姐妹，应着狱卒的呼声从衣衫褴褛的牢友中站了起来，拖着疲惫的身体走向牢门。和她俩同监的母亲见情形不对挺起身来，扑上前去，搂住一双女儿，对着狱卒大声吼道：“你们这些畜牲，要杀就杀我，她俩还是孩子。”狱卒不由分说地把这对同胞姐妹从母亲怀抱中夺了出去。

李洁怕伤了母亲的身体，强压内心的情感.用极其平静的口吻，劝母亲说：“反动派杀了我俩不要紧，娘啊，你要活下来，你去找李清明！”

妹妹李广泪流满面，从容不迫地摸出8枚铜板，交给母亲说；“娘啊，这是您老人家给我和姐姐的零用钱，您老多保重。”

1928年1月7日，姐妹俩就这样从容告别亲人，告别牢友，告别巍巍南岳，披着彩霞，走向刑场光荣就义。

巍巍南岳

谢士炎·舍身取义迎黎明

谢士炎，1912年2月19日生。湖南省双峰县荷叶镇双江村厚堂冲人。因他的父亲被爷爷过继给衡山一位伯父（当地对爷爷兄长称呼）为嗣，兄弟俩随父母迁至衡山县新桥镇田垅村。父母英年早逝后，又随哥哥谢士显回原籍由其奶奶带养长大。

谢家为军人将官门第。其叔伯兄弟有9人毕业于军官学校，其中6人成为国民党高级将官。伯父谢绍安，中央陆军大学毕业，官至国民革命军总司令部中将参谋长；父亲谢绍先，清华大学生，曾在湖北陆军任军需官等职。

1926年7月，谢士炎在白山高小毕业。当时正值国共合作，兴师北伐，国民革命军第四军李济深所属第八师张发奎部，经由南岳衡山，向湘潭、长沙进军。谢士炎与当地人民群众，一道欢迎北伐大军。他看到官兵们雄纠纠，气昂昂，一齐高唱着《北伐军歌》，十分钦慕。北伐军过后，他早晚都放声高唱这首歌，一边唱一边还对人说：“唱着这样的歌就是神气！这支歌好唱好听又好懂，打倒列强，打倒军阀，铲除这些恶霸，我们国家就强大了。”

这年秋，15岁的谢士炎抱着“打倒列强、铲除军阀”的目的，投考了国民党南京工程兵学校，开始了戎马生涯。在校期间，他不仅军事成绩优异，且通俄、英、法三国文字，立志“报效国家”。几年后，谢士炎又考入中央陆军大学第十四期深造，立志成为一名品学兼优的职业军人。

抗战逞英豪　反腐陷囹圄

1937年夏，谢士炎在陆军大学毕业，正逢抗日战争全面爆发。他目睹国土沦丧、民众遭受惨杀和蹂躏，悲愤不已，深感“国家兴亡，匹夫有责”，这位衡阳籍铁血军人，毅然请战上了前线。在部队，谢士炎历任陆军科长、教官、参谋主任等职。

其时，他在浙江出任第三战区某部步兵团团长，仅率一个团的兵力，与日本侵略军一个旅团作战。敌强我弱，双方力量悬殊，战斗持续了两天两晚。谢士炎部被日军团团围住，主力完全被打散，他身边只剩下勤务兵谢新明。两个人边打边突围，踉踉跄跄撤到一条河边，无路可走。谢士炎又不大会游泳，在这命悬一刻的紧急关头，他沉着冷静，用一条浴巾扎住腰，由勤务兵抓着他的浴巾，横渡大河，终于摆脱了日军的追击。这次战斗谢士炎部虽然损失惨重，但仍伏击歼敌2000余名，并击毙了日军1个旅团长。由于他勇敢善战，深得时任第三战区司令长官顾祝同的赏识，当地战报誉其为“壮年有为，能文善武”的一员战将。

谢士炎（1912-1948）

1944年，谢士炎出任第六战区（辖湖北西部，司令长官孙连仲）长官部参谋处处长。第六战区各部反击日本侵略者的作战计划，大多出自他忠诚的筹谋，深远的策划。当时媒体对他参谋才赋的评价用了一个词，叫作“荩筹硕画”。谢士炎为人谨慎，不苟言笑，严于律己。在参谋处，凡事都注重细节，思维缜密，深得孙连仲的器重。1945年6月，谢士炎在湖北恩施第六战区长官部晋升为陆军少将副参谋长。

1945年8月，中国人民抗战胜利，日本宣布无条件投降。谢士炎由恩施飞往武汉，奉命新任武汉前线指挥所办事处主任，负责接收处理缴械投降的日伪部队，同时参与在湖南芷江举行的日军战败受降工作。当时，武汉的国民党先遣部队指战员全体列队到机场迎接。谢士炎在机场发表书面讲话，中外各报均以显著位置报导了这一重要消息，颂扬他为“风华正茂，文武双全”的风云人物。

抗战胜利的迅速到来，多少出乎国民党的意料。因此对于接收问题，缺乏充分而周密的准备，导致接收事务一开始即弊端百出。据1946年底统计，接收数量最大的苏浙皖区，接收总值达到法币12648亿元，仅金银首饰价即达1650亿元，房地产1348亿元。

权力没有约束，贪污腐败成风。

经历了后方八年萧条生活的国民党各级官僚，骤一到达收复区，犹如狮子大张口，在没有约束的情况下，各谋私利，滥用权力，给收复区人民留下极坏的印象。当时称之为“五子登科”，即房子、条子(指金条)、票子、车子、婊子，这种事情很难有完整的档案记载。接收中的贪赃枉法可分四种情况。其一是抢，即接收之初公开抢占敌伪房产和金银珠宝等财产，仅上海一地的8500多幢敌伪房产中，被抢占了5000多幢；其二是占，即以单位名义占有，再化公为私（如南京2000多幢敌伪房屋，几乎全由各单位以各种名义占据），其后发展为只要是敌伪财产，贴上封条就可据为已有；其三是偷，或是监守自盗（如汉口宝安大楼原存有价值不菲的贵重物品，最后查封时已所余无几），或是援引外人直接盗窃，不仅窃走了物资，还对财产本身造成了极大破坏（如上海流氓李兴等盗窃团伙）；其四是漏，即日本人为了讨接收人员欢心，故意在移交清册中漏列若干财产，使之不经任何手续即落入接收人员私囊（如武汉日本第六方面军在移交时留下了百亿元无清册物资），而移交物资经层层转手，加造清册，又有不少被截留。在这个过程中，接收官员以敌产名义强占民产，或在收受贿赂之后，将敌产发还者，均不在少数。伪政权官员的私产，由于贿赂或强占的原因，很大一部分也落到了接收者手中，其数额颇为可观。据称，汉奸周佛海有房屋16所，瓦房100间，金条95根，法币现款6535万元，家具850件，古玩、名画价值法币1224万元，这些大多落入接收官员的私囊。

国民党接收过程中最为恶劣、最引起收复区百姓不满与反感的政策，是法币与伪币兑换率的规定。两者比例为1比200，这对收复区人民无异一场灾难，引起民众的普遍不满。因为以当时的物价指数计算，上海物价约为重庆的50倍，约为整个法币使用区的35倍，何况当时黑市法币与伪中储券的兑换价不过是1比80。“可怜收复区同胞，他们盼到天亮，望见了祖国的旌旗，他们喜极如狂，但睡了几夜觉之后，发觉了他们多已破产，手上所仅有的财产筹码——伪币，差不多已分文不值。”即便是一些政府中的官员，也觉得这个兑换比例不合理。邵毓麟曾当面对蒋介石说：“像这样下去，我们虽已收复了国土，但我们将丧失了民心。”立法院副院长陈立夫认为，这个政策“弄得老百姓痛恨我们”。北平行辕主任李宗仁认为，在“一纸命令之下，收复区许多人民顿成赤贫了，而携来大批法币的接收人员则立成暴富。政府在收复地区的失尽人心，莫此为甚。”

蒋介石的“御林军”军统特务在武汉一带参与接收，贪赃枉法更为厉害。对此，谢士炎十分愤怒，严加抵制，因而得罪了一大批特务。由于谢士炎严于职守，针锋相对与趁接收之机大肆贪污的军统特务进行斗争，反被军统倒打一耙，被军统特务用手段移花接木，诬告为“发接收大财”。事情告到蒋介石处，蒋介石竟偏听偏信，下令将谢士炎撤职查办，关进监狱，准备接受军事法庭的审判。该冤案迅速发酵，谁都知道谢士炎是一位一贯廉洁奉公、两袖清风的将领，谁都痛恨军统人员有恃无恐、颠倒黑白的卑劣行径。于是，部队同僚好友们多方奔走为之鸣冤。你军统胡说八道可直接捅到蒋介石办公室，我们就将事实真相一五一十告到蒋介石老婆宋美龄家里。请委员长夫人来评理，来说情。3个月后谢士炎无罪释放。这一挫折，给谢士炎的思想震动很大。他深感在如此政治腐败、经济崩溃的黑暗社会里，中国是没有出路的。由此，他陷入了苦闷与徬徨之中。

此时，孙连仲接任第十一战区司令长官兼河北省政府主席，负责平津、河北等地的接收。由于谢士炎与孙连仲有过一年的交往，彼此相熟，于是，1946年初谢士炎赴北平投奔孙连仲，被安排在十一战区长官部任高参，后任军务处处长、保定绥靖公署作战处少将处长。也就是从那时起，谢士炎化名为谢天纵。

摈弃假丑恶　寻求光明路

1946年1月，国共双方达成《关于停止国内军事冲突办法的协议》。根据协议，在北平成立军事协调处执行部，负责调处国共双方军事冲突，监督双方执行停战令。美方代表是罗伯特中将，国民党代表是郑介民中将，共产党代表是叶剑英。时任中共中央情报部部长李克农任代表团秘书长，协助叶剑英开展工作。

当时，蒋介石已迫不及待要全面发动内战，各种舆论，甚嚣尘上，谢士炎对国民党内部各派结党营私、勾心斗角、互相倾轧早已深恶痛绝，更加清楚地看到了蒋家王朝的穷途末路。而当国民党统治区民主运动迅速高涨、人民革命战争逐步显示威力时，谢士炎似乎又看到了出路，看到了希望。

此一时期，谢士炎虽然得到孙连仲的信任，但内心深处十分苦闷。当时，谢士炎与同在十一战区任外事处副处长的陈融生交往甚密。两位身着戎装的青年将军都喜欢读书，两人都觉得在兵营身不由己，对局势对时势都有不谋而合的见解。两人志趣相投，相见恨晚。陈融生是大银行家陈光甫的儿子，黄埔军校十三期毕业，曾留学美国。谢士炎在陈融生处借来了《大众哲学》《新民主主义论》和《论持久战》等书籍，一看就是通宵，且越发不愿言语。

陈融生说："你是真正的三民主义信徒，陆军大学的高材生，绝不会受这些书的影响。"

谢士炎注视陈融生良久，冷冷地说："何以见得？关键在道理，大道至简。"

陈融生又说："我们这儿，有理也说不清，别认死理了，我推荐你看一些文学方面的书吧。"

陈融生向谢士炎推荐了鲁迅和茅盾的一些著作。谢士炎还真一口气看完了茅盾的《腐蚀》，联想到自己也曾遭军统特务的侮辱与暗算。谢士炎再一次强压怒火与仇恨，陷入了深深的思索。他继续向陈融生借书，继续与陈融生交谈，似乎感到自己的思维开了一扇窗。谁开的窗？是书。窗外是什么？不知道。爬出窗外去看看？！

谢士炎凭着高度的政治敏感及仔细的观察，认定为自己提供这些洗脑书籍的陈融生，是潜伏在国民党营垒里的中共地下组织成员。因此，他决定用"破釜沉舟"的办法去试探这位发自内心尊重的新朋友。

20世纪80年代，陈融生曾写过一篇《一个特殊的国民党将领》，回忆、记述了谢士炎"找党"的离奇过程。

1946年8月的一天夜晚，陈融生在北平中央银行招待所睡觉，突然一个身影闯进屋内，一支左轮手枪对准了他。那人喝道："起来，老实说，你到底是什么人？"这声音好熟，陈融生一阵紧张，难道我的地下党员身份暴露了？当持枪人拉开电灯，陈融生发现这位持枪对准自己的人，原来是朝夕共事的好友谢士炎！

"谢老弟，半夜三更，你开什么玩笑？"陈融生责备地问。

却见谢士炎的枪口仍在紧逼，谢士炎盯着陈融生的双眼说："我要送出一份厚礼，如果你拒绝或办不到，我们两人就只好同归于尽"。陈融生莫名其妙又十分紧张，他厉声喝道：“什么厚礼？我们是多年的好友，你为什么要拿枪逼人，你究竟想干什么？”

“融生兄，老实说，我看你不像个国民党，说确切一点，你是个共产党！现在，我要找共产党，我要向共产党呈交一份国民党军队进攻张家口的详细计划。这件事非同小可。弄不好，你我都要死，如果我把你看错了，我也不想活了！”谢士炎激动地讲着。

“我不是共产党，我是一个民主主义者。”在没有完全弄清谢士炎的真实意图之前，陈融生只好敷衍着说，“我同情共产党，我可以帮你找，但你这样拿枪逼人，让我到哪里给你去找共产党？”

谢士炎见陈融生仍旧不愿对他吐露真情，便一字一顿地说：“融生兄，你听清楚了，这枪不是用来对付你的，只要你帮我找到共产党，我会拿命保护你。事不宜迟，我们现在就行动，由我来驾驶汽车！”说着，他从口袋里迅速掏出几张公文纸，上面写着进攻张家口的详细作战计划。“这份计划是我替孙连仲拟定的，已经获准付诸执行，不到十天就会有行动。现在，我要你将它送到叶剑英将军手里。你不肯干，我们就一起去死！”谢士炎的话音带着坦率和诚恳。陈融生假装为难的样子，叹了一口气，说：“唉，那就设法试试看吧。”

他俩迅速离开招待所，走入漆黑的夜幕里。陈融生让谢士炎把汽车开来，并立即用电话约北平地下党负责人徐冰在北京饭店见面，将那份作战计划交出，嘱他交给叶剑英。然后乘谢士炎的汽车返回住所。二人高兴地喝了一整瓶白酒，庆祝自己的胜利。

宁死不屈

很快，谢士炎又写了一份反击国民党军队进攻的作战方案，由陈融生送交叶剑英、李克农，供华北地区解放军参考。李克农把谢士炎的情报迅速传送到中共中央。周恩来十分重视，立即传给聂荣臻司令员，以做好应战准备。同时，复电称赞谢士炎是对我党忠诚的好同志，还嘱咐说，为了保密与安全，以后只要提供情报，不必写反击的方案。随后的战况很快证实了谢士炎所提供情报的准确性。

从9月29日到10月12日，国民党第十一战区从东线进攻张家口，第十二战区从西线进攻张家口。晋察冀军区根据获得的情报，在张家口怀来、大同一带布置防御战线，歼灭国民党军队两万余人，并在平绥铁路东段与平汉铁路北段打击国民党军队，赢得了重大胜利。激战进行时，傅作义组织国民党部队从北面偷袭张家口。10月11日，我军撤出该市，部署新的战斗计划。整个战役中，我党我军情报工作受到党中央的好评。延安致电北平李克农："从今春以来，你们的情报工作已建立很好的基础，取得很大的成绩，起到很大的作用。"北平军调处执行部中共代表叶剑英凭着这份"作战计划"，有力地戳穿了国民党当局假谈判、真备战的阴谋。

此后，谢士炎被我地下党吸收为秘密情报员。中共地下党组织决定利用谢士炎的合法身份，在北平第十一战区展开地下工作和兵运工作。谢士炎为自己能够真正为国为民出力而深感荣幸。他还曾巧妙地将胡宗南部准备突袭延安的情报及时报告到中共中央，使党中央得以有充分的时间转移。谢士炎又陆续提供了国民党特务在解放区设立秘密电台，以及美国为国民党政府拟定的训练特种部队的计划等一批重要情报。随后谢士炎又将蒋介石在涿州军事会议上对全国的军事部署情况，完整而又及时地通过地下党组织送到了中国人民解放军总部，为解放战争的胜利做出了重要的贡献。

拥护共产党　终生勤努力

经过半年多时间的严格考验，中共党组织认为谢士炎已成长为自觉地为人民的革命事业而奋斗的忠诚战士，决定考虑发展他入党的问题。陈融生代表党组织找他谈话，他十分感动，恳切地向组织倾诉了自己的入党要求。不久，他向中共地下党组织正式递交了自传和入党申请书。

1947年初的一天，陈融生接到通知，晚上由他陪同谢士炎到郊外某地等待党组织谈话。他们到达后，一辆小汽车开过来。从车上下来的北平军调处的马次青请他们上了车。只见车内端坐一位身穿黑色长袍、戴黑呢帽的长者，那人对谢、陈两人说："我是叶剑英，你们两位同志的情况，我已经知道了。”他俩情不自禁地“呀”了一声，竟不知道说什么才好。叶剑英语气舒缓，有着洞察一切的睿智，“我要给你们强调指出的是，你们现在为之努力奋斗的，是伟大的新民主主义革命。这个革命的直接目的是推翻国民党反动派的统治，建立起人民自己的红色政权。你们也知道，当前形势很复杂，搞地下工作需要冷静的头脑和坚定的意志，还要有牺牲的精神。”

谈话约进行了半个小时，最后陈融生和谢士炎都表示了不怕牺牲、誓为中国人民解放事业奋斗到底的决心，叶剑英脸上露出了满意的笑容。

这年2月4日下午，东直门南小街海运仓胡同的一幢二层小楼上，谢士炎的住室里，门窗紧锁，房间墙上挂着中国共产党党旗，桌子上燃着一支红烛，叶剑英将军亲自到现场主持和监督宣誓。入党介绍人马次青介绍了谢士炎的经历和表现情况。谢士炎取出早已准备好的誓词稿，举起右手，对着党旗宣誓：“余誓以至诚，拥护共产主义，在毛泽东同志领导之下，加入中国共产党，为无产阶级革命，尽终生之努力。”然后把誓词呈交叶剑英。叶剑英接过誓词（这份入党誓词至今仍保存在南京雨花台革命烈士纪念馆），递给在场的同志传阅。

“祝贺你，谢士炎同志，我们党从今天起，又增加了一个战士。”叶剑英紧紧地握住谢士炎激动得颤抖的手。临别之时，叶剑英坚定地说：“党中央已经确定了彻底粉碎蒋介石的军事进攻，把解放战争进行到底的战略方针，中央最近指示，在过去七个月的作战中，人民解放军平均每月歼敌八个旅，解放区人民解放军的胜利和蒋管区人民民主运动的发展，预示着中国新的反帝、反封建斗争的人民大革命毫无疑义地将要到来，并将取得胜利。”叶剑英深情地嘱托，“我们马上就要返回延安了，你们留下来的同志，在地下党组织的领导之下，一定要克服困难，坚持斗争，胜利是属于我们的！”

然而，一场始料不及的大逮捕使谢士炎再次身陷囹圄。

原来，自从国共内战再次爆发后，国民党国防部保密局（由军统局改名）的特务便加紧破坏中共在国统区各地的地下组织。他们在各大城市里部署了从美国进口的先进的无线电侦测电台，用以侦查中共的地下电台。1947年9月24日，保密局的特务在北平侦破了设在京兆东街24号的一处中共秘密电台，抓捕了陈布雷的女儿、已是中共地下党员的陈琏以及她的丈夫袁永熙（中共党员），还有该地下电台的台长李政宣及其妻张厚佩（电台报务员）等人。李政宣与张厚佩在被捕后贪生怕死，无耻叛变，供出了中共在华北、东北、西北、华东等地军事情报系统的许多重要线索及地下党组织的秘密。

在南京的保密局局长郑介民、副局长毛人凤得讯后，立即当面报告了蒋介石，蒋介石大为吃惊和震动，一叠声地命令道：“一律逮捕，一律逮捕，一律逮捕！”蒋介石的声音里带着愠怒，“务必竭尽全力，彻底清查打入各军政部门工作的地下共党，宁可错抓，也不能放过一个！”郑介民决定亲自飞往北平，坐镇指挥这次行动。

保密局的特务们顺藤摸瓜，在北平、沈阳、南京、西安、兰州、承德、保定等地逮捕了120多名中共地下工作人员。而在北平被捕的这些人员中，竟有四五名是第十一战区本部的将校级军官，这使敌人大吃一惊，恐惧异常。他们是：国民党保定绥靖公署作战处少将处长谢士炎，保定绥靖公署军法处少将副处长兼河北省政府机要秘书丁行，第十一战区司令部参谋处少校参谋兼作战科科长朱建国，第十一战区司令部二处少校情报参谋石淳，北平空军第二军区司令部上尉情报参谋赵良璋。

蒋介石听完郑介民的详细报告，极度震惊，狠狠地骂道：“你们尽是饭桶！共产党钻到我们的上层军事机关，甚至是主管作战的参谋处等部门，我们怎么会不打败仗！今后，一定要严密防范！”但毕竟是破获了一桩大案，蒋介石又欣喜异常，亲自为有功人员颁发“宝鼎勋章”和一万块银元。保密局头子郑介民、毛人凤兴奋地宣称：“搞垮了中共情工半壁天下。”

谢士炎是被保密局北平站特别行动组组长谷正文（后为台湾“国防部军事情报局特勤处”少将主任，曾参与策划“克什米尔公主号”事件）抓捕的。谷正文在后来的回忆录中，对谢士炎有大段记述。该回忆录通篇极尽自我吹嘘之能事，唯独对谢士炎这个对手，极为恭敬激赏。谷正文写道：“我不是一个轻易以貌取人的人，可第一眼看到谢士炎时，却被他那从容凛然的气势给震慑住了。”

在北平第一看守所头一道铁门前，谢士炎穿着整齐的军服，操着湖南口音高声抗议道：“我是国家的一名将官，我为国家立过战功，你们就这样对待我吗？”谷正文写道，谢士炎“对看守兵那种侮辱人格的搜身做法不能容忍”。

谷正文在第一看守所审讯谢士炎，两名狱警一前一后地把谢士炎带进刑讯室。“当谢那坚毅的双眼向四周逼视过来时，我顿时心慌意乱地犹豫起来，草草为自己找了一个借口，便匆匆从后门‘逃走’了。”次日上午，二人再次交手，谷正文亲自为谢士炎冲泡了一杯咖啡，以此作为这次特殊对话的开场。“通常我只是一个人喝咖啡，只有碰上自己欣赏的人物，才会共饮。”

谷正文问谢士炎，为何以国军将领身份替共产党做事？谢士炎答道：“党的名称并不重要，它们只有好坏之分。我在国民党部队很多年，经历过很多阶层，所以我有资格批评它没有前途。至于共产党，我至少欣赏它的活力、热情、组织与建设新中国的理想，因此，我选择我欣赏的党。而且，我认为国民党是妨害共产党早日建设新国家的最大阻力，所以，我用国军少将作战处长的身份，帮助共产党消灭国民党！”由谷正文引述的这段话，道出了谢士炎等人投身革命的崇高信念。

1947年11月30日，谢士炎等五人被解往南京，先关进宁海路19号国民政府军法局，后被关入“木笼大厦”看守所，继又作为重犯严密关押在中央军人监狱。在狱中，谢士炎等受到严刑拷打，历尽种种折磨，但他们始终坚贞不屈，表现了一个共产党员崇高的革命气节。刑讯逼供虽持续达半年多，但他们坚不吐实，毫不屈服，只是义正词严地说：“你们今天张牙舞爪，将来中国民众会向你们清算的！”

谢士炎等人在狱中保持革命者的凛然正气，与敌人展开了英勇的斗争，连看守特务都怕他们。谢士炎常常仗义执言，斥责敌人，维护战友。狱中饭食粗劣不堪，他挺身而出，带头抗议，斗争多日，终于迫使敌人让步。谢士炎还带头抗议敌看守长每天要“犯人”点名报数，侮辱其人格，经过抗议斗争，终使敌人取消了这种做法。他对同志则关心备至，经常将亲友送给自己的食品分赠难友，帮助难友解决困难。在狱中他学着自理生活，学做洗衣等事，他说：“坐牢对我是有好处的。过去我在军队里做将军，从不洗衣，现在才有了锻炼自己的好机会！”他爱好写诗，常常用诗表达自己的豪情壮志，揭露敌人的凶残，欢呼革命的胜利。难友们都记得谢士炎曾经写过一首视死如归的诗：

华夏神州炮声隆，
英雄效命为工农。
生死一线咫尺外，
青春原是血染红。

从来没跪过，死也要站着！

在辽沈战役中，蒋介石虽亲抵沈阳督战，也没能挽救47万国民党军被歼的命运。1948年11月2日，东北野战军攻克沈阳，标志着东北全境解放。蒋介石极为惊恐，恼羞成怒，便旧案重提，再次追究搁置了一年多的所谓“谢士炎泄露军机”要案，亲自下达“处决令”。

1948年11月19日晨，南京城西江东门外国民党中央军人监狱沉重的铁门打开了，全副武装的国民党军警跟着典狱长来到这里，点名提取5名“共产党要犯”，要进行处决。第一个被点名的是谢士炎，约三十五六岁，眉宇间闪露着凛然不可侵犯的英武之气。谢士炎很安详地穿好绿呢军大衣，扣好风纪扣，穿上鞋，一声不响地昂着头走了出去。接着是朱建国、石淳、丁行、赵良璋。他们的步履坚定有力，具有军人的风范。五人被押向狱外的一处菜园荒地刑场，听取死刑执行令。只见这五位昂首挺胸的“犯人”竟都穿着整齐的国民党将校军服。

一个姓方的军法官宣读了所谓《死刑执行书》，罪名是“共党间谍”“泄露军机、颠覆政府”，然后摆上“送行酒”，问有什么话说，让他们利用最后15分钟安排身后的事情。谢士炎斟了一杯酒，怒视着军法执行官说：“我的遗书早就准备好了，在监房里我的衣服口袋里，你们可以去拿，交给我哥哥。我遗物中还有我太太的相片，她已经去世了，希望你们将它撕毁了，不必让一个去世女人的相片在外面流落。”军法官答应了。谢士炎又说，“你们今天把我们枪毙了，没有关系。可是我告诉你们，国民党是一定要垮台的！今天蒋介石杀我们，明天全国人民就会同你们清算！”

其他四人也义正词严地指责国民党反动派的罪行。然后，他们昂首阔步地走向行刑地。刽子手吼叫着：“死囚们跪下来！”

年仅26岁的赵良璋转身回头，怒目圆睁，狠狠啐了他一口，厉声骂道：“混蛋东西！要我们跪下，没那么容易！”

谢士炎高声冷笑，说：“我们从来没有跪过，死，也要站着死！”五个人互相鼓舞，谁也没有跪下。谢士炎又对战友们说：“来，同志们，我们呼口号！”他一边说，一边举起右臂，手铐叮当作响，“中国共产党万岁！”“打倒反动派！”“新中国万岁！”这悲壮的呐喊声，既像火山爆发，又像夏日的惊雷，回荡在刑场上空……

枪声响起，五位英雄倒下了。这就是中共情报史上著名的“北平共谍案”事件，五位英雄被称为“北平五烈士”。

事后，人们在谢士炎将军的裤袋里，发现了一首血迹斑斑的遗诗，这是他临刑前写的：

人生自古谁无死，
况复男儿失意时。

多少头颅多少血，
续成民主自由诗。

1949年4月23日，中国人民解放军三野第八兵团跨越长江天险后，胜利地攻占南京。就在当天下午，八兵团司令员陈士榘、政委袁仲贤接到叶剑英从北平发给他俩的专电，务请他们派人在敌人监狱里找到谢士炎。进驻南京的三十五军奉命立即派人去中央军人监狱寻找，最后从狱方的行刑记录上查到了谢士炎等已于几个月前遇害。陈士榘立即给叶剑英回了电报。时任北平军管会主任兼市长的叶剑英，拿着电报的手微微抖动，动情地说："谢士炎牺牲得太早了，哪怕再拖个一年半载……"

37岁的衡阳籍谍报英雄谢士炎用鲜血写就了一首民主自由诗，为他所热爱的民族解放事业而英勇献身。谢士炎和他的战友，这些在看不见的战线披肝沥胆的热血男儿牺牲在黎明前夕，没能看到共和国的光辉照耀着这片土地，然而那面鲜艳的五星红旗上却永远闪烁着他们不朽的音容与风采！

欧兴来·淡泊明志重泰山

1944年9月8日，毛泽东在延安为悼念一名因烧炭而不幸牺牲的普通士兵写了一篇文章。那位从军的农家子弟名叫张思德。那篇文章叫《为人民服务》。毛泽东在文中写道："人总是要死的，但死的意义有不同。中国古时候有个文学家叫做司马迁的说过：人固有一死，或重于泰山，或轻于鸿毛。"

司马迁因为替投降匈奴的将领李陵说话，被判处宫刑！

男人被处宫刑，奇耻大辱！这是古代男子宁肯死也不愿接受的刑罚。但司马迁为了"究天人之际，通古今之变，成一家之言"，编纂中国第一部通史《史记》，忍辱苟活。司马迁不是怕死，而是有更重要的事情要做。直到完成《史记》的那一天，"藏之名山，传之其人"，然后坦然死去。

所以，司马迁在给好友任安的信《报任少卿书》中，写下了震撼人心的千古名句——"人固有一死，或重于泰山，或轻于鸿毛，用之所趋异也。"

人生价值是全然不同的。泰山人生与鸿毛人生的最大区别是，人生在追求什么，也就是司马迁说的“用之所趋异也”。

我今天要说的，也是一个从军的农家子弟，也跟着毛泽东从湖南走到了延安。他是衡阳人，他的名字叫欧兴来。

欧兴来，原名欧昌驷。1916年9月22日出生在常宁市一个农民家庭，系家中长子。父亲叫欧盛秋，为了一家人的生计，常年在江西安源煤矿当矿工。欧昌驷随母亲在家务农，到了上学的年纪，无钱踏进校门，只能在家耕田种地。12岁时，个头长到1.6米，挑得起100斤，俨然像个壮小伙子。这在当时的乡间，有点鹤立鸡群。乡亲们十分不解，不知这个一贫如洗的家庭给这伢子吃了什么灵丹补药，不光个头高，还长得特别结实。但父亲很高兴，骄傲地带着他去了自己打工的地方——江西安源煤矿，早早地让欧昌驷当了一名矿工。有把子力气就得自食其力，谁不想家里多一个赚钱的人呢。其实，说赚钱那是好听，身为童工的欧昌驷更难逃过剥削与压迫，他每天付出的血汗代价换回的铜板只能是聊以糊口。干了一年，听说有支军队来矿上招兵，听说军队名称叫工农红军，听说红军是支好部队，官兵一致，不打人，不骂人，专为穷人打天下。于是，他欢天喜地地跟在一帮年轻人后面就去报名参了军，那年他只有13岁。

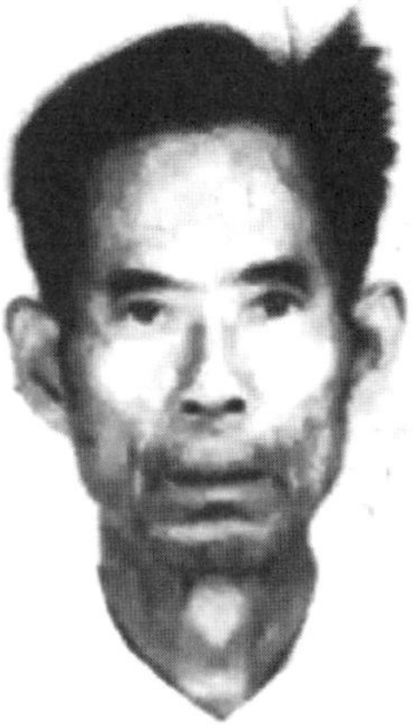

欧兴来（1916-1987）

欧昌驷1929年正式入伍，被分配在号兵连。由于吃苦耐劳，积极肯干，两年后被部队晋升为司号长。在部队，除了练吹号，学打枪，他更喜欢学识字，学文化。他记住了，他所在的部队番号是红六军团十八师五十三团。他的军团长为萧克，他的师长叫张正坤。他给自己改了个名字叫欧兴来。别人问为什么叫“兴来”？他笑呵呵地回答：“没什么？就是高兴。当红军高兴，吹军号高兴，学文化高兴。”

1934年8月7日，红六军团第十七、十八师和红军学校共9700余人在任弼时、萧克、王震的率领下，告别湘赣革命根据地，从江西遂川的横石和新江口地区出发，踏上了西征的征途，为中央红军进行战略转移侦察探路。红军长征的序幕就此拉开。欧兴来随所在部队开始漫漫西行。

途经郴州市汝城、桂阳时，正是10月的一个晚上，为了不惊动沿途的老百姓，部队首长命令露宿老百姓的柑橘园，领导指示不准乱摘一个橘子，第二天一早老百姓才发现昨天晚上红军来过，秋毫无犯，那的确是自己的队伍。

挺进贵州，欧兴来第一次负伤——脑部擦伤

当部队行至贵州，与国民党军队王家烈部交上了火，作为司号长的欧兴来，冲在前面，吹响冲锋号，一颗子弹从他右脑擦开一条3厘米长的肉沟，他被紧急抬往战地医院治疗。部队需继续前进，战地医院也跟随转移，欧兴来受伤不能跟上，只能寄留在一户农家中继续治疗。眼看部队走远，他万分焦急，他还没想过要与部队割舍分离，那是他的家，他一心想要当红军，他不愿回到鞭子底下再去挖煤，他要走自己的路。过了些时日，他听说红军要从村里过，当天晚上便趴在路边守候，生怕与自己的家人失之交臂。终于等来红军部队，团长认出了他，劝他在农家休养，他不肯，头痛哭不出来，泪水却哗啦啦往下流，双手拽紧团长的皮带，死活要跟上部队。拗不过欧兴来，团长将自己的战马让给他骑，就这样他又重新回到了部队，跟着大部队继续长征。

突破重围，欧兴来第二次负伤——右小腿子弹贯穿

中国工农红军第二方面军由红二军团、红六军团和红三十二军组成。1935年11月19日，任弼时、贺龙等率领红二、六军团1.7万余人，从湖南桑植出发，离开湘鄂川黔根据地，经溪口、洞庭溪向南渡过澧水、沅江。到28日，两路红军分别占领溆浦、辰溪和新化、蓝田、锡矿山等地。作战途中，红军发动群众，扩充军队，筹集经费和物资，势力不断扩大。蒋介石察悉后，立即集中12个师又1个旅的兵力，分路追击，企图将红二、六军团歼灭于沅江和资水地区。然而，红二、六军团如水中蛟龙，灵活机动，难觅行踪。他们一部由溆浦出发，向南急进，造成东渡资水之势，吸引追兵。之后，趁着敌人东调之机，大部转向西进，再向北转，于1936年元旦进到芷江以西冷水铺地区，甩掉了追击的敌人。1936年1月9日，在芷江便水发动战斗，随后占领了石阡。

新化一战中，一颗流弹将欧兴来的右小腿贯穿。他在担架上只躺了三天，便拄着拐杖与战友相携前行。

突破乌江，欧兴来第三次负伤——左手臂被弹片炸伤

1936年1月20日，红军向南挺进，先锋直逼贵阳，逼敌收缩兵力。2月2日，在修文渡过乌江，进入黔西，在大定、毕节一带发动群众，建立政权。在毕节，红军团结当地开明绅士周素国，动员他担任贵州抗日救国军总司令。周素国还给云南国民党纵队司令孙渡写信，劝他按兵不动，这让红军腾出手来，集中兵力对付东面来敌。同时，还让红二、六军团得以在毕节休整近20天，恢复战斗力。2月14日，红二、六军团在大定附近的将军岭消灭追敌两个团。将军岭上，欧兴来被弹片炸伤左手臂，好在没有伤及骨头。

旋战宣威，欧兴来第四次负伤——右大腿削掉一块肉

3月，转战云贵高原乌蒙大山数百里，进至云南省镇雄、宣威、昭通一带，并取得宣威战役的胜利。宣威一战，欧兴来的右大腿被迫击炮弹削掉一块肉。四个月前的右小腿伤势尚未完全愈合，欧兴来一边包扎绷带一边没好气地骂道：杂种，专拣老子的右腿来欺负。

决胜金沙，欧兴来第五次负伤——刺穿左脚掌

1936年3月底，红二、六军团在盘江收到张国焘以红军总政委名义的来电，命令其北渡金沙江，到甘孜地区与红四方面军会合。红二、六军团总指挥部因很久未与中共中央和中革军委取得联系，不了解张国焘的反党分裂意图，以为这是中共中央的指示。于是，率部经寻甸、富民渡过普渡河，进占楚雄、祥云、宾川、丽江，于4月底渡过金沙江。强渡金沙江时，欧兴来爬上一废墟吹号，脚蹬草鞋的他没留神让一颗长钉刺穿了左脚掌。他咬咬牙，拔掉锈钉，硬是屹立此处，挺胸吹了三遍号令。

5月中旬，红二、六军团兵分两路，开始翻越海拔5300多米的玉龙大雪山。欧兴来拖着两条伤腿居然奇迹般地一步一步随部队越过雪山，到达青藏高原的藏民区休整了20多天。随后，红六、二军团分别于6月22日和6月30日与红第32军会师。

甘南战役，欧兴来第六次负伤——胸部中弹

1936年9月11日，甘南战役打响。战斗打到第八天，在一次冲锋时，欧兴来再次胸部中弹，战友将其从阵地上抬下来作了简单包扎，之后送到陕西延安残疾医院治疗，因医疗条件有限，弹片无法取出，直到逝世依然留存在体内，成为长征中留下的永久纪念。近一年前在新化战役中弹的右

小腿出现萎缩，还时常引起头痛。这之后头一痛就拿一条长毛巾紧紧地裹扎住，他从不因为痛而吃止痛药，这种疼痛最终伴随着他走完他的一生。

1936年10月22日，红二方面军到达甘肃会宁的将台堡，与红一方面军会师。至此，红二方面军长征历时11个月零3天，途经湖南、贵州、云南、西康、四川、青海、甘肃、陕西8省，行程1.6万里，作战10余次，战胜了种种艰难险阻，胜利结束。

1937年，国共再次合作后，红军队伍改编成第八路军。1938年，上级领导决定残疾军人全部退伍，由西安八路军办事处发给退伍军人残疾证、退伍证、荣誉战士纪念章等，欧兴来被认定为二级伤残，也在退伍之列。

“非常遗憾！对不起人民，不能为人民站起来再上战场了。”西安大雁塔下，欧兴来手捧退伍证，望着南归的大雁，又一次留下了热泪。

退伍证上记载：“国民革命军第八路军总指挥部：本路军欧兴来同志因作战负伤残废，不能继续工作，除照章抚恤外合亟发给退伍证，遣送湖南省常宁县原籍，仰沿途各部队机关查照放行并妥予保护协助！此证颁给欧兴来收执。总司令朱德、副总司令彭德怀。1938月3月20日。”

回到衡阳常宁后，家乡人依然称呼他为欧昌驷。这位见过世面、南征北战的勇士——欧兴来异常低调，10年前生龙活虎走出这片土地，10年后孑然一身满身伤痕归来，真像一只南归的大雁，疲了，倦了，就想好好歇息了。他将退伍证、荣誉战士纪念章藏起来，藏在猪舍茅房屋檐下，从不在公开场合公开身份，日出日落，跟随兄弟耕地种田。有时给别人打打短工。直到1949年10月，欧兴来眼见解放军举着红旗进了衡阳城，他才仰天吐了一句“终于等来了革命胜利”。

1950年，常宁县进行了减租反霸土改运动，欧兴来在当地第一个站起来表态拥护共产党，支持新政府，并当选为樣木乡农民协会主席，带领当地农民打起了“翻身战”。1951年抗美援朝。欧兴来身有残疾去不了，便鼓励五弟积极报名参加了志愿军。次年，又劝说四弟应征入伍，保家卫国。

1951年，国家为照顾和关心红军战士，给欧兴来发了174元抚慰金，这位老兵揣着这笔钱，一分也没花，而是给了本组村民买谷种，让大伙尽早春耕。

1953年，国家实行粮食统购统销政策。老兵欧兴来积极响应，带头捐粮，受到区委、政府的表扬。随后两年，欧兴来全身心投入到农业合作社建设当中。

1956年，欧兴来加入了中国共产党。面对鲜艳的旗帜，他缓缓举起了右拳，他全身发热，感慨万千，反反复复只念叨：我回家了，我回到部队了。

同年下半年，全国农业合作社蓬勃发展，欧兴来在村里成立了鸭婆初级农业合作社，他带领农民艰苦创业，努力摆脱苦日子。1957年，欧兴来参加常宁县五一劳动模范表彰大会，荣获二等奖。

令人难忘的是三年困难时期，老红军欧兴来从未向政府诉说生活艰难，更没有伸过手要过财物，也不向亲戚邻里借钱借物，凭着当年的红军精神，渡过了那个困难年代。欧兴来经常告诫子女，人要勤劳，不要怕吃苦。在他居住的两间土砖屋里，只有一张木架床、两张旧椅子。

1987年7月23日，欧兴来离世，享年71岁。

欧兴来是一个农家子弟，在军队中也仅仅是个司号长，13岁参加革命，爬雪山，过草地，走了二万五千里，身上留下六处伤。23岁退伍依然当农民。40岁矢志不渝加入共产党。当兵时，出生入死，流血流汗，回报是一张退伍证和留在身上的弹片和疤痕；务农时，拿抚恤金给乡亲买谷种，艰苦创业，回报是县府的二等奖和村民的交口称赞。71岁离世，留下了两间土砖屋，一张木架床、两张旧椅子……

我默然无语，思绪万千。

我坚信，欧兴来的人生价值比泰山还重。

还是毛泽东说得好，人民，只有人民，才是创造历史的真正动力。

欧兴来用万里长征留下来的六处伤疤，用回乡务农一生的淡泊，做出了最好的例证。

符安祥·解放衡阳带路人

他是中共岳北地下区委组织委员兼文工队队长，用攻心为上的策略使敌人军心涣散，政权瘫痪；他是解放军的向导，引领大军抄敌后路，逼其缴械投降，兵不血刃地打开衡阳解放的大门；他是解放后第一个也是当时唯一的一个进入衡山县委领导班子的土生土长的衡山人；他曾担任师范学校校长，干部文化学校校长，技工学校校长，为衡阳的社会主义革命和建设培养了成千上万的不同类型的人才；他牢记入党誓言，刚正廉洁，爱憎分明，不忘初心，保持着对党和人民的永远忠诚；他是一位普普通通的衡阳人，也是一位了不起的衡阳人！他的名字叫符安祥。

勇当向导

1949年10月2日，北京天安门广场庆祝中华人民共和国成立的礼炮声还在中华大地回荡，英勇的中国人民解放军第四野战军已兵进湘潭花石，直逼衡阳。负隅顽抗的国民党军队在交通要道上构筑了形同蛛网的战壕，密如蚁穴的碉堡，大炮机枪各种火力交叉配置，以挡住解放军南下的步伐，关键时刻，中共地下党员符安祥肩负岳北地下区委的重托，冒着生命危险从临近湘潭的衡山县白果镇悄悄穿过敌人重兵把守的封锁线，来到解放军前线指挥部接头，经商议决定，由符安祥带领先锋部队避开敌军火力网，以速雷不及掩耳之势抄小路强行军50公里，经衡山县晓岚港、长碧冲、万家町，直插衡阳县的洪罗庙，切断了敌人退路，并与其他地下党同志带领的各路穿插部队会合，布下铁桶阵，将敌军围个水泄不通。第二天，无路可逃的敌人见大势已去，在解放军强大的政治攻势和军事威慑下，乖乖地放下武器，敌军全部成了解放军的俘虏。解放军兵不血刃，大获全胜。

10月3日，衡山县岳北地区解放！24岁的符安祥公开身份是白果镇符氏竞存小学教员，秘密身份却是中共岳北地下区委(又称澧白工委)组织委员、文工队长兼中共符氏竞存学校支部书记。当天，符安祥立即赶回白果镇，组织、发动群众在解放大军经过沿途设立茶水站，并多方筹集粮草，为解放军南下歼敌提供支援。10月3日至5日，南下的解放军队伍浩浩荡荡、连绵不断，在岳北地区整整过了三天三夜，岳北地区地下党员和群众也整整忙碌了三天三夜。

10月6日，衡山县全境解放！

10月8日，衡阳市解放！数万市民举行了盛大的欢迎仪式，竖横幅、贴标语、打腰鼓、吹唢呐，解放军入城时，欢呼声响成一片，符安祥走在第一杆红旗下。

符安祥（1925–1998）

参加革命

符安祥是衡山县白果镇紫楼村人，1925年3月31日出生于一个清贫的乡村小学教员家庭。他的家乡白果，旧称岳北，又称南岳后山，与湘潭、双峰、衡阳等诸县接壤毗连。相传此处涓水河边有棵白果(银杏)古树，果熟季节，人们纷纷前来采摘，用以延年治病，故人们亲切地将岳北古镇称之为白果镇。衡山流传着一句话：前山人会养猪，后山人会读书，说的是岳北历来重视教育。符安祥的父亲符绍先因兄弟姐妹众多，家境十分贫寒，

6岁就给地主放牛，10岁才进入符氏宗族小学启蒙，靠宗族义仓资助考上免费的民主革命思想活跃、具有反帝爱国传统的省立第三师范学校读书，毕业后回到家乡符氏竞存小学教书。抗日战争爆发后，父亲符绍先毅然投笔从戎，日寇投降后解甲回乡重新执教。1947年5月开始参加中共地下党组织的活动和工作，1949年3月秘密加入中国共产党。父亲爱国爱乡爱党，追求真理，为人正直，严于律己，执教严谨的品质对符安祥的人生产生了深刻的影响。

衡山县白果地区具有光荣的革命传统，也是革命势力与反革命势力斗争最激烈的地方。1948年4月下旬，受中共湖南省委指派，地下党员刘炳南来到岳北，找到烈士后代赵济新(因腿有残疾，人称赵跛子)，发展其加入中国共产党，在组织上接受中共醴陵地下县委领导。这一年冬天，赵济新按照上级要求，继续发展党员并建立党组织。形象斯文，办事果断，为人仗义的符安祥进入了他的视野。11月的一个寒夜，在白果镇八斗陇赵济新家中，符安祥与其他7名同志一起举起右手，面向党旗庄严宣誓，成为一名中共党员。岳北第一个党支部随即成立，赵济新任支部书记，符安祥等4人任支部委员。随着全国革命形势的迅速发展，半年后，中共岳北区委成立，符安祥任区委委员，分管组织工作。区委下设文工队和武工队，符安祥兼任文工队队长。

解放军进城

攻心为上

1948年底，风雨飘摇的蒋家王朝垂死挣扎，调遣军队扼守湘潭、衡阳交通干线，白果镇恰是两地连接枢纽，敌军更是驻扎重兵严防死守。反动官僚与地主豪绅沆瀣一气，为虎作伥、拉丁派夫、横征暴敛，大肆散布反共谣言，丑化共产党和解放军。土匪武装乘机作乱，四处抢掠，岳北地下党组织在敌人眼皮底下展开了针锋相对的斗争，重点抓壮大组织、政治宣传、武装斗争、分化敌人、迎接解放五项工作。

符安祥将宣传工作秘密联络点设在了自己和父亲符绍先任教的符氏竞存小学，将当时该校4名教员全部发展为地下党员，其中就有后来成为中共衡阳地（市）委副书记的符棣华同志。符安祥以学校教学需要为名，购置了油印机、钢板、刻字钢笔、纸张等宣传工具和所需材料。宣传费用由党员自筹，其中符家父子承担了相当一部分费用。符安祥的三妹曾因重病夭折而导致家中债台高筑，母亲周珀瑜常为此愁眉不展，一听父子俩又要她去借钱筹款，很不情愿，符安祥安慰母亲说："天要亮了，好日子要来了，我们现在苦点，就是为了好日子来得快一点。"善良的母亲迈开一双小脚四处借钱。到解放时，符家共欠下1200块银元巨债。望着母亲佝偻的背影，符安祥泪往肚里流，地下党要求每个党员都要有"三个牺牲"的准备：一是准备牺牲钱财，二是准备牺牲生命，三是准备牺牲家庭。他必须带头。

符安祥领导着文工队，晚上关上学校大门，连夜刻写蜡纸，油印传单，编写宣传小册子，那段时间共油印各种传单5000多份，小册子400多本，用毛笔书写布告250份，其宣传的主要内容是：中国共产党的主张和政策；解放军胜利的捷报；给国民党各级反动政权人员的警告书；敦促投诚起义书；解放军优先俘虏的政策以及号召人民群众起来反对抽丁拉夫等等。之后将散发传单、小册子及张贴布告的任务单线分配到人，划分宣传任务区。将传单和布告贴到敌军驻地、县城和乡镇集市交通要道的醒目之处；贴到县乡保三级政权办公场所大门，甚至直接贴到乡长、保长家门口或巧妙地寄进了敌军的军部、师部与团部。

在那段迎接解放的日子里，岳北全境及衡阳、湘潭、双峰地区到处张贴了传单和布告。与此同时，地下党员们走村串户，采用个别谈心，口口相传的方式，将中共的政策和解放军胜利的消息传达给广大群众。文工队声势浩大而精准的政策宣传攻势不仅鼓舞了劳苦大众，也从心理上对敌军产生了巨大的威慑力，军心动摇，士气涣散，一些士兵纷纷携枪潜逃。党员周天才帮助三个国民党军队士兵潜逃，还收缴了两支步枪。白果警察所所长周炳光、白果乡公所自卫队队长赵平湖均率部起义，拿着地下党开的介绍信去接受中共湖南四纵队收编。横行乡里的湖南省洪帮总头子张碧村拥有100多人枪的队伍停止了活动，准备投诚，国民党乡保政权开始崩溃和瘫痪。县长左大林原打算实行空巢清野的焦土政策对抗解放军，此时成了缩头乌龟，不敢动弹。

符安祥文工队的政治宣传攻势，很好地帮助和促进了武工队开展的武装斗争。1949年5月11日，30人的武工队包围白果镇乌金寺保安大队的库房，缴获5支长枪，100枚手榴弹和数百发子弹。不久，武工队又通过内应，获取了敌人暗藏的中正式步枪15支，子弹3000余发，又从大地主赵乃明处收缴5支步枪。白手起家的武工队，拥有了自己的武装。

到1949年8月，岳北区委已建立基层党支部17个，拥有党员210名。岳北区委领导的文工队、武工队卓有成效的工作，为岳北人民迎接解放奠定了坚实的基础。

建立政权

1949年3月，在河南省巩县的南下工作团中成立的中共衡山县委随军南下后于1949年9月11日在衡山县(当时衡山县包括现在的衡山县、衡东县和南岳区)石湾，与在当地坚持地下斗争的中共衡山县地下工作委员会会师后，立即开展组建人民政权的工作，10月10日，中共衡山县委派南下工作团干部任文亮、赵自芳等同志到白果镇与岳北区委共商建立人民政权等工作，岳北区委派出符安祥、符震球、刘炳南等同志配合任文亮带领的南下工作团成员，共同开展筹备工作，选定白果镇街上原育婴局为即将成立的区委区政府办公地址。根据中共衡山县委安排，整个衡山后山地区即岳北地区为衡山县第七区。

11月1日，衡山县第七区人民政府在震天的鞭炮声和人民群众热烈的欢呼声中成立，这是岳北人民在中国共产党领导下前仆后继英勇斗争建立起的人民政权！

从这一天起，岳北地区党员公开了身份，站在了新中国的国旗下。任文亮任衡山县第七区区委书记，赵济新、符安祥等任区委委员。

从这一天起，在三个月的时间里，符安祥与他的同仁干了三件事：一是提前超额完成征粮支前任务，被评为模范区，夺得全县征粮支前工作第一面红旗。二是全面肃清了潜伏在岳北的“反共救国军”“富友党”“暗杀党”“岳北青年联谊社”“锄奸团”等敌特组织，保卫和巩固了新生人民政权。三是迅速在乡、村建立政权并往外输送了71名优秀的党员骨干力量。区委委员符安祥名列其中，又一次站在了红旗下。

符安祥与任文亮在白果相识相交，结下了终生的友谊。1964年的一个夜晚，已是衡阳军分区政治部主任的任文亮同志因患急性胰腺炎，倒在了办公桌前。对战友的英年早逝，符安祥痛惜不已，直到晚年，还常常与子女提起任文亮的名字。当年任文亮在第七区工作出色，不仅受到同事和群众的称赞，也收获了甜蜜的爱情。他与在区政府任通信员的女青年李丽君相识相恋并结为夫妻。李丽君积极上进聪明勤快，各方面进步很快，十一届三中全会后，曾任中共衡阳地委副书记，后调到湖南省供销社担任领导职务。

勇挑重担

符安祥于1950年3月至7月到衡阳地委党校参加学习，随后被分配到衡山县夏浦区任区委组织委员。1951年8月被选送到湖南省委党校第一期学习政治理论。1952年5月调任衡山县石滩庙区区委副书记、书记。9月与任文亮、熊清泉（曾任湖南省委书记）同时被任命为中共衡山县县委委员，符安祥是当时唯一的一个进入衡山县委领导班子的衡山人。

解放后的湘南，教育落后，人才奇缺。人才培养需要师资，为了加强师范教育工作，1953年7月，28岁的符安祥调到湖南省第七师范学校任党支部书记兼第一副校长，次年任校长兼党支部书记。在他到任后，学校从道县搬至现永州市零陵区杨梓塘原省立七中旧址，更名为零陵师范学校（现为湖南科技学院，当时永州属衡阳专区）。学校位于虎子岭北，潇湘河畔，邻近的柳子庙是为唐宋八大家之一的永州司马柳宗元而建，祠旁有一清澈见底的小溪，名为愚溪，溯溪而上可观柳公“永州八记”中《小石潭记》的小石潭遗迹。

符安祥观古鉴今，尊师重道，礼贤下士，广揽教育人才，学校面貌焕然一新。有文人何首锋在《永州职院赋》中赞曰：“符安祥、赵国璋、乐天宇诸杏坛人杰，甘为前驱，充科教兴国之旗主。俄而，贤哲趋谒，硕儒踵至，巨擘徕臣，而追慕者纷如也。”短短几年，教育成果丰硕，一批批优秀师范学生毕业而去，犹如一颗颗种子撒向湘南土地，成长为教学骨干和教育精英，为当地的教育复兴和发展发挥了重大作用。李忠（曾任衡阳师院党委副书记）、吕保齐（曾任湖南三师党委书记）、杨运琪（曾任湖南三师工会主席）都是这一时期培养的优秀学生。

1958年7月，符安祥任湖南省第二干部文化学校副校长，1961年担任校长。符安祥和同事们一道探索合适的教学方法，有针对性地编印教材，选调一批有着丰富教学经验和较高教学水平的老师担任教员。当时的学员中有老红军、老八路、老党员，不少人是级别高过符安祥的领导干部，有的还曾是他的主管领导。他坚持对学员在生活上按政策予以关心照顾，在学习上因材施教，加强辅导，但是不论职务高低，在教学上一律严格要求，不得搞特殊化，使之学有所得，学有所成。他经常到课堂听课，了解教与学两方面情况，征集意见，有针对性地改进教学工作，并亲自备课，定期给学员作形势辅导报告。在校工作期间，符安祥多次被地委抽调担任工作队队长，率队到道县、宁远、祁阳、衡阳、衡山诸县参加农村中心工作。他以身作则带领队员们坚持与农民同吃同住同劳动，团结和依靠农村的干部、群众，每次都较好地完成各项工作任务。

1966年，符安祥被打成“走资派”。两年后被下放到衡阳地区农科所劳动改造。

1973年，邓小平同志复出，提出全面整顿的工作方针，以挽救濒临崩溃的国民经济。随后不久，一大批老干部被启用，符安祥被安排到专门生产机制砖、瓦和球磨机的衡阳地区建材一厂任副厂长，不久后转任厂长兼党支部书记。当时国家经济建设出现复苏景象，盖房用的砖、瓦等基本建筑材料奇缺，生产任务重，工作压力大。符安祥对降级使用毫无怨言，迎难而上全身心地投入到工作中。他努力排除极左路线干扰，主持修订和完善工作制度和生产纪律，大力整顿工厂秩序，在此基础上采取“三班倒”的办法，实行人员轮休，生产不停。他组织干部深入车间跟班参加劳动，自己带头下到车间和工人一道拉着小车在烧制砖瓦的轮窑内参加装窑、出窑工作，拉砖运瓦，忙个不停。窑内温度高达四五十度，无论冬夏都只能穿着一件工作服，整日挥汗如雨，汗透衣背，身上的汗干了又湿，湿了又干，下班时衣上结满白色的汗霜。经过辛勤工作，工厂面貌一新，生产秩序井然，产品数量与质量均有较大提升。然而到了1975年，在“反击右倾翻案风”的冲击下，厂内个别人与社会上的“造反派”秘密勾结，某天突然冲进符安祥的办公室内要抓其批斗游街，说他是邓小平在厂内代理人，“只抓生产，不抓革命”，“是唯生产力的代表”。符安祥据理力争，指出他们扰乱工厂生产秩序，破坏“抓革命、促生产”，是极端错误的，必须立即撤出工厂。“造反派”们恼羞成怒，上前殴打符安祥，鲜血渗在被撕烂的衬衣上。幸亏厂里工人们闻迅赶来，救出了符安祥，并将“造反派”驱逐出厂。

1978年7月，符安祥被任命为衡阳地区基建局副局长，并继续兼任衡阳地区建材一厂厂长、党支部书记。在衡阳地直系统揭批“四人帮”的大会上，符安祥拿出保存三年的血衣义愤填膺地控诉了“造反派”的罪行。

1979年9月，为了解决当时工厂技工紧缺，直接影响工业发展和生产质量的问题，衡阳地委要求符安祥尽快创办衡阳地区技工学校，将衡阳地区建材一厂、二厂划归学校统一领导，并任命他为首任校长兼党委书记。接受任务后，符安祥刻不容缓地开展创办学校工作。他一手抓人：搭建学校领导班子和内部组织架构，选任干部，选调教师，开展招生工作；一手抓基建，将建材一厂的旧厂房，旧仓库迅速改造成教室、宿舍、食堂。仅仅一个多月时间，衡阳地区技工学校就开学了，首届400名学生顺利入学报到。如此高效的工作成果令人难以置信，地委领导和同志们称赞符安祥创造了办学奇迹。紧接着，他带领全校师生新建教学大楼、学生宿舍，修球场，绿化校园。同时进一步完善优化师资力量，完善教学设备，加快建设校办工厂，加强学生思想工作和日常管理。学校迅速发展成为拥有多个工种（专业）、1000多名学生，校园设施完善，教学秩序井然，教学质量稳步提高，办学规模逐步扩大的工学结合的新型技工学校，每年输送数百名合格技工充实到衡阳地区直属工厂，为衡阳地区工业发展做出了重大贡献。

1983年，衡阳地区与衡阳市实行地市合并后，符安祥调任衡阳市计划委员会委员，分管纪检工作。当时的计委掌管各项各类人员指标和各种物资的计划制订和分配大权。符安祥深知“公生明，严生威”的道理，他以身作则，严格自律，认真执行各项纪律和规定，在加强党员干部廉政教育的同时进一步完善有关制度，制订措施防范违纪行为，努力堵塞各种漏洞，较好地履行了本身职责。

“文革”后，大批冤假错案需要纠正和平反昭雪，许多受迫害的干部盼望早日落实政策，符安祥对此感同身受，尽管落实政策工作复杂艰巨，政策性极强，他以高度的政治责任感和对组织、对同志极端负责任的精神，认真细致地做好工作。因工作成绩优异，1988年10月，中共衡阳落实政策领导小组授予符安祥“衡阳落实政策先进工作者”称号。

1991年，65岁的符安祥光荣离休。后参加了衡阳市关心下一代工作委员会的工作，为祖国的后代，为祖国的明天尽自己的一份力量。

1995年3月，衡阳市关心下一代工作委员会授予符安祥“先进工作者”称号，表彰他在关心下一代工作中做出了显著成绩。符安祥再一次站在了红旗下。

这面旗帜下，符安祥次次挺身而出，迎难而上。

这面旗帜下，符安祥次次出色完成了党交给的每一项工作。

不忘初心

符安祥五十年如一日忠实地践行着自己的誓言，保持着对党和人民的永远忠诚，坚守着一个共产党员服从组织、是非分明、嫉恶如仇、勇于担当的党性原则，清正廉洁、大公无私、关爱他人的道德情操和全心全意为人民服务的根本宗旨。这位有情有义的老人还真有几段流芳百世的故事。

第一个故事，工作三十年，只加一次薪。

1952年工资定级时，符安祥按县级干部待遇被确定为行政十六级，直到离休，他的工资才是行政十五级。这还是1982年普调工资时才加上的，三十年仅提过一级工资。熟悉他的人才知道：符安祥一生都将个人利益置于组织利益和他人利益之下。1956年工资调升时，符安祥符合条件，却接到调令赴衡阳专区干部文化学校工作，他完全可以加了工资再走，否则到新单位就没了机会，他却毫不犹豫地扛着行李上任了。1980年单位有百分之四十的加工资指标，大家都认为符安祥三十年未加过工资，纷纷提名给他加一级，在主持调级会上他申明本人不参加调资，却“利用职权”将难得的升资的机会让给了同事。

第二个故事，不要乌纱帽，只恋糟糠妻。

20世纪60年代的一天，组织上派人与时任衡阳专区干部文化学校校长兼支部书记的符安祥谈话，明白告诉他：上级拟升任你为省委宣传部副部长，唯一要求是你必须与你的家庭社会关系复杂的妻子刘球珋离婚。消息不胫而走，一些亲友和同事纷纷给他出主意：有人劝他为了个人前程离婚算了，当了省城大官再找个年轻漂亮的老婆是很容易的事，而升官的事不是常有；有人劝他珍惜机会,先假离婚，待正式上任后再复婚。符安祥不屑一顾，认为出身不由已，家庭社会关系复杂不是妻子的错，参加革命至今，妻子跟随自己四处奔波，生养了六个子女，相夫教子，有功无过。既不能欺骗党组织，去搞什么假离婚，否则就成了昔日的甫志高；也不能抛弃自己的糟糠之妻去换取个人升官的机会，否则就成了当代陈世美。于是，他向上级申请继续留在衡阳市工作，与妻子白头偕老。

第三个故事，本是同根生，岂能自相煎。

“文革”期间的一天，外省来了两个搞外调的人找到符安祥，要求了解当时在外省某地任县委书记的符棣华同志的入党情况，暗示符安祥证明符棣华是假党员。符安祥怒不可遏，大声说道：“我就是他的入党介绍人人，他是与我共同战斗过的好同志，好党员，怎么会是假的呢？共产党员怎么可以诬陷自己的同志？”来调查的人威胁符安祥说：“你这个‘走资派’要老老实实配合我们的调查。”符安祥回答说：“我就是一个老实人，说了一辈子老实话，既然你们不相信我，那还来问什么？”那两个外调的人见未达到目的，讨了个没趣，只得甩门而去。

对于自己的同事、同志和亲人，符安祥予以的是慷慨的付出和真诚的信任。而对于“文革”中错误批斗过自己的人，符安祥表现出的是大度与宽容。

第四个故事，得理且饶人，不做恶面人。

“文革”后的一个周末，符安祥告诉妻子，明天有几个曾经批斗过自己的人想来家中坐坐，当面来道歉。妻子听后大为不悦：“你忘了他们当初怎样整你的啦？”符安祥耐心地对妻子说：“‘文革’中犯错误的人除少数思想意识有问题的外，大部分是受极左路线的影响，本质并不坏，现在他们认识到错误又愿意改正错误，我们应该原谅他们，帮助他们。”第二天，符安祥与妻子在家热情地接待了那几位来认错道歉的旧同事，同时开诚布公地说出了自己的看法，让人唏嘘不已。

第五个故事，凭吊先父魂，斥贼不手软。

“文革”中，符安祥一家十个人分居九处，有六人下放农村，五人被批斗。父亲符绍先在家乡德高望重，解放后担任过白果完小、贯底完小、白果农中等学校校长，1954年因病辞职返乡参加农业生产，带领乡亲们办起农村合作社，担任社长，后担任过乡党委委员，60多岁后担任着大队副书记、生产队党小组长等职。“文革”中却被残酷批斗，含冤去世。党的十一届三中全会后，父亲符绍先终获平反昭雪，恢复荣誉，恢复党籍，1979年4月4日隆重召开追悼大会，全公社各部门、各大队、各生产队均派代表参加并敬献花圈。符安祥请假携子女回乡参加父亲的追悼会，才从乡亲们口中了解到父亲当年惨死的真实原因：一位周姓男子曾因调戏猥亵女青年遭到父亲符绍先当众斥责，怀恨在心，“文革”时竟以造反的名义挟隙报复，从精神和肉体上残酷折磨年近古稀的符绍先，污蔑他是反革命，并用竹签子一根一根钉进符绍先的十根手指，符绍先去世后，还在其棺材上写上“反革命分子”这几个字。此人在“文革”中入了党，后来被招工去了郴州某厂。符安祥义愤填膺，回到家中，他立即提笔给郴州地委有关部门写信举报，他对子女说：“这不仅仅是我们的家仇私恨，这种道德败坏、良心泯灭、禽兽不如的法西斯分子，决不能让他呆在党内玷污我们共产党人的光荣称号。”不久，郴州地、市有关党组织在认真调查核实的基础上将周某某清除出党。

第六个故事，路见不平事，无刀也相助。

1984年的某一天，在市计委下班的符安祥路过解放路工人电影院门前，发现聚集了一群人，隐隐听见女人的哭声和男人的嘻笑声。他走进人群一看，只见3个歹徒正将一个年轻妇女的上衣脱光，百般调戏，而围观的群众则敢怒不敢言。年过花甲的符安祥走上前去，大喝一声：“不许耍流氓！”那几个歹徒仗着人多，围上来骂道：“你这个老不死的，多管闲事，找死呀！”符安祥迎上前去，厉声喝道：“看谁敢乱动！共产党的天下，容不得你们撒野！告诉你们，我叫符安祥，在对面那栋大楼上班，老子当年闹革命时死都不怕，现在还怕你们几个小流氓？”几个歹徒被符安祥大义凛然的气势镇住了，一时不知所措。这时围观的群众才纷纷出声斥责，几个歹徒见势不妙，仓惶逃走。符安祥从地上捡起那个妇女的衣服给她披上，送她去派出所报案后才回家。有人称赞说：“这才是真正的共产党员！”

不忘初心，永葆本色，历经磨难，痴心不改，符安祥用自己的一生书写着对党和人民的忠诚。

1998年7月26日，符安祥因病医治无效与世长辞，享年74岁。他一身正气，两袖清风，未给子女留下财产，仅有一套三居室住房是由单位建的集资房，其集资款还是靠子女们凑齐的。但他给后人留下了宝贵的精神财富，树立了楷模和榜样。

7月29日，载着符安祥骨灰盒的灵车驶到白果，连绵数公里，白果的父老乡亲们用香案、蜡烛、鞭炮、白花、花圈夹道迎接忠诚的好儿子回乡。符安祥于1950年6月离开白果，外出工作48年后回到了生他养他的地方，回到了他成长和战斗过的地方，回到了他敬爱的父亲与亲密的战友身旁，从此再也不会离开……

1953年，中共衡山县委委员符安祥与妻子，儿子符学成合影

欧阳代炎·青春谱就《国际歌》

世界军事史上著名的上甘岭战役发生在朝鲜中部金化郡五圣山南麓村庄上甘岭及其附近地区。根据《中国人民志愿军作战条令》规定，军以下规模作战称为“战斗”，所以上甘岭一战开始时被称为597.9和537.7高地战斗。这两个高地后面的山洼里有个十几户人家的小村庄，叫上甘岭。

1951年末，志愿军还在这个小村庄里召开过第五次党委扩大会议，研究第五次战役。经过中美双方五次战役的拉锯激战，上甘岭村庄已成为一片废墟，只是作为一个地名，出现在地图上。直到此次战斗开战二十多天后，发展到了战役规模，才以这个村名将此次战役命名为上甘岭战役。

举世闻名的上甘岭战役，自1952年10月14日至11月25日，持续鏖战43天。志愿军4.3万人参战。以美韩为首的“联合国军”4万余人参战。敌军调集大炮300余门，坦克170多辆，出动飞机3000多架次，对志愿军两个连约3.7平方公里的阵地，倾泻炮弹190余万发，炸弹5000余枚。战斗激烈程度为前所罕见，特别是炮兵火力密度，已超过二次大战最高水平。我方阵地山头被削低两米，高地的土石被炸松1—2米，成了一片焦土，许多坑坑道被打短了五六米，敌我反复争夺阵地达59次，我军击退敌人900多次冲锋。最终志愿军伤亡1.15万，敌军伤亡2.5万。上甘岭一战，打出了国威军威，向世界显示了中国人民志愿军英勇顽强的战斗作风。

可歌可泣的上甘岭战役，志愿军主要指挥官为第15军军长秦基伟。之后出任过中共中央军委委员兼国防部部长。

第15军第45师师长为崔建功。他在作战会议中铿锵决定：“剩下一个连，我当连长。剩下一个班，我当班长。我牺牲了，副师长是第一代理人。”最后指挥第15军第45师经过43天的激战后成功守住阵地。

第45师第134团团长为刘占华。

衡阳人欧阳代炎与上世纪家喻户晓的英雄黄继光都在这个团队里。

你应该明白“强将手下无弱兵”了。

欧阳代炎1926年元月30日出生于衡阳市耒阳县太平乡金宝村凤石里湾，小名炎仔。父亲欧阳人祈，青年时期做长工，中年以后肩挑食盐贩卖，开设家庭酱油坊，购置了水田二十亩，自耕自食。欧阳人祈与妻子曾香崽生有两女两子。长女欧阳秋姐，欧阳代炎居第二。

欧阳代炎（1926-1952）

欧阳代炎9岁发蒙，在本村欧阳宗祠小学读书。4年后，进入太平圩学校读高小。每天放学回家，便帮助父亲砍柴放牛、晒盐磨豆，一家人含辛茹苦也只能填个嘴巴。一年后，终因家境拮据而停学，年仅14岁的欧阳代炎，开始与父亲分挑家庭生活的重担。

农忙季节在家耕地，农闲季节熬卖谷花糖，代购代销黄豆、永兴酱，奔走于各集市之间，年纪稍长便远走广东的乐昌、韶关等地挑盐、挑糖、挑煤为生。在此期间，为了外出防身，他与本村的青年一道，学武术，练拳棍，习刀剑，练出了强壮的体魄和过人的体力。春节期间，他积极参加舞龙灯、耍狮子、献拳术、演湘戏，是一位非常活跃，深受群众欢迎的青年。

1942年6月，他与邻村青年欧阳祖顺到振兴煤矿挑煤。因选拣块煤，欧阳祖顺遭监工毒打，欧阳代炎抽出扁担相助，一顿横扫搏击，撂倒监工，冒险救出了欧阳祖顺。

1944年，耒阳沦陷于日本人之手，日本鬼子在他家乡太平圩，奸淫掳掠，群众恨之入骨。他与好友欧阳正人，用在路边捡来的两颗手榴弹，投向正在开饭的日本兵，不知死伤多少，只见鬼子与锅子都飞上了天。他们乘日本兵混乱之际，逃跑脱身。那次“一锅端”的故事，至今仍为当地人民称颂。

1946年12月，20岁的欧阳代炎与李满玉结婚，1949年3月，有了女儿欧阳雪珍。

1949年的夏季，他跟随同乡去广东做生意途中，被国民党第91师第3791团抓去当兵。

1949年10月9日，他在广东战役中于英德县城被解放入伍，补入中国人民解放军第45师第134团二营四连当战士。

1950年1月，他随部队执行黔、滇、川边剿匪作战任务。这一带是云、贵、川三省交界地区，崇山峻岭，山高地险，人烟稀少，是国民党在大陆失败后残存的所谓游击根据地。4月份，原来起义参加解放军的国民党军第271师叛变，与同样是起义后又叛变的国民党毕节专署保安副司令、贵州独立师师长罗湘培一起，纠集当地土匪共二万余人，在贵州省毕节地区成立了以罗湘培为司令的“反共救国军第八兵团”，气焰嚣张，活动猖獗。欧阳代炎所在部队奉命剿匪。

欧阳代炎在剿匪作战中，主动请战，战斗勇敢，吃苦耐劳，坚决执行党的政策法令，特别是9月中旬，在追歼匪新一军军长天栋云部的作战中，更为突出。此次作战，欧阳代炎带领战斗侦察小组四人，三天追击四百里，以煮熟黄豆充饥。此时正值深秋季节，气候寒冷多变，他们着单衣，打赤脚，顶风冒雨翻大山，钻丛林，突然插入敌后，堵住残匪的逃跑，全歼残匪50余名，表现出人民战士机智、勇敢、吃苦耐劳的本色。战后，欧阳代炎荣立战功一次，并光荣地加入了新民主主义青年团。

在轰轰烈烈的抗美援朝运动中，欧阳代炎自愿报名参加中国人民志愿军。于1951年3月29日入朝。

1952年4月，升为班长的欧阳代炎随部队参加五圣山防御作战，正值朝鲜春暖解冻时期，冻土溶化，原有的掘开式工事不断倒塌，道路泥泞，运输补给困难。加之敌人大口径火炮增加，空袭频繁，阵地上不能烧火煮饭，稍有烟火，即遭敌人炮击和空袭，前沿部队要往返10余里，从后方运水、运饭。部队经常吃冷饭、喝冷水，有时竟吃不上饭，喝不上水。部队战士患浮肿，夜盲症增多。在这种情况下，若敌人大举进攻，就难以顶住敌人。因此，军部命令在20公里正面和10余公里纵深防区内，建立以坑道为骨干与野战工事相结合的防御体系。在艰苦繁重的筑城作业中，欧阳代炎吃苦在前，带领全班自办打铁炉，用废钢造铁锹、钎头、铁锯，解决了施工器材不足的困难。冒着敌人呼啸的子弹和炸弹，登绝壁、攀山崖，开山劈石，双手磨起了厚厚的老茧，汗水湿透了棉衣，日日夜夜，坚持不懈。在施工作业中，他不断总结经验，改进施工方法，使全连各坑道口由日进0.3米提高到日进1米，提高工效3倍多。他还利用平面镜反射的原理，往坑道作业面反射光线，增加作业面亮度，深受大家欢迎。经5个月的昼夜奋战，部队在五圣山防区，筑成了一条地下长城。6月，欧阳代炎被评为模范新民主主义青年团员，并光荣地加入了中国共产党。在施工总结立功授奖大会上，由于他在完成能打、能藏、能生活、能机动的坑道阵地体系中成绩显著，荣记三等功一次，同时提升为副排长。

上甘岭597.9高地由东北和西北两条山梁组成，好像英文字母V，又像是个三角形，所以被美军形象地称之为三角形山，共分为12个阵地，由南到北依次是1号、2号、7号和8号阵地，欧阳代炎与他的全排战友守护在8号阵地上。

10月14日4时，美军以320门大口径火炮、47辆坦克、50余架飞机对第15军30公里防御正面开始火力准备，其中对五圣山前沿597.9和537.7高地的轰击特别猛烈，使用了300门火炮、27辆坦克和40架飞机，火力密度高达每秒落弹六发。如此猛烈的炮火，使得在坑道中的欧阳代炎与战友们觉得简直就像是乘坐着小船在波浪滔天的大海上颠簸，强烈的冲击波激荡着

坑道中的志愿军战士

坑道，不少人牙齿都磕破了舌头、嘴唇，一个17岁的小战士居然被活活震死！

坑道里的守备部队步话机在炮击刚开始就立即呼叫千米之外的448高地营指挥所，但炮火实在太猛烈，步话机的天线刚刚架起，就被炸掉，在短短几分钟里，坑道里储备的13根天线全数被炸毁，仍无法与指挥所沟通联系，而电话线更是被炮火炸得不成样子。电话班副班长牛保才冒着铺天盖地的炮火前去查线，他一路上边躲避炮火，边接上断线，随身携带的整整一大卷电话线用完，还差了一截！已经多处负伤的牛保才来不及多考虑，两手抓起两头断线，用自己的身体接通了线路，用生命换来了3分钟的通话时间，在指挥所的135团副团长王凤书，就在这宝贵的3分钟里向坑道部队下达了作战命令。

第15军军部设在上甘岭以北20多公里的道德洞。

5时，上甘岭的战斗全面展开。美军开始火力延伸以压制纵深目标，同时，步兵开始冲锋。在打退美军4次冲锋后，11号阵地失守。11时许，2号阵地就因守备兵力伤亡殆尽而告失守。东南的7号阵地因此陷入孤立，随即也被美军占领。只有最关键的9号阵地，始终顶住了美军的进攻。

537.7高地上，美军出动了20余架B-26轰炸机投掷凝固汽油弹，阵地成为一片火海。韩军乘势猛攻，最前沿的8号阵地只剩下三个伤员，无力再战，正准备退入坑道，却被已经冲上阵地的韩军的一挺机枪压制在离坑道口10余米处。这挺机枪附近正巧是因多处负伤而昏迷的孙子明，他被枪声惊醒，看到这情景，大吼一声扑了过去，韩军的机枪手猝不及防被吓得魂飞天外，掉头就逃。孙子明刚想把机枪掉过头去射击，另外一股敌人已经涌了上来，他见来不及开火，一把抓起身边的3颗手榴弹，朝着这股敌人扑去，与敌同归于尽。他因此成为在上甘岭战役中与敌人同归于尽的38个勇士中的第一人！

直到12时许，537.7高地除9号阵地外的其余表面阵地都告失守。9连和1连在激烈的战斗中，将战前储备的弹药消耗殆尽，共发射了近40万发子弹，投掷手榴弹近万枚，由于长时间高强度持续射击，武器损耗也非常惊人，总共打坏10挺苏式转盘机枪、62支冲锋枪、90支步枪，占全部武器的80%以上。

16日，美、韩军继续猛攻不止，秦基伟当即决定，45师崔建功率部主攻；军、师组织火炮向上甘岭机动，并组成炮兵指挥所统一指挥；建立后方供应机构，加强后勤保障，除原先储备的弹药外，另为一线部队每连增加配备8000枚手榴弹和3个月的补给品储备量，并积极组织向坑道补充弹药、食物和用水。

17日，战斗进入第4天，越来越惨烈，阵地得而复失，失而复得，一天之中几度易手，每次易手就伴随着天翻地覆的炮击和天昏地暗的拼杀，阵地上尸横遍野，鲜血染红了高地。由于战场地域狭窄，最多只能展开两个营的部队，双方都只能采取逐次增兵的战术，一个营一个连，甚至一个排一个班的投入作战。这天，韩军第2师最大的收获是知道了志愿军在地下挖有坑道，解决了美韩军几天来一直困惑不解的难题：在如此猛烈的炮火下，怎么还会有人生存下来？对此美韩军极为重视，特意派韩二师的中校情报参谋带了精干侦察人员前往核实，这才搞清楚，志愿军果然利用坑道对付炮火轰击。

19日下午5时30分，第15军集中44门重炮和一个喀秋莎火箭炮团的兵力，掩护第134团6连，第45师侦察连，工兵连一个排进攻537.7高地，仅20分钟就夺回了全部阵地。

这反击的重头戏是在597.9高地。已进入坑道的第134团8连（前身是八路军第129师警卫营三连，是134团战斗力首屈一指的连队）等炮火开始延伸射击，就冲出坑道，首先攻下1号阵地，接着向3号主峰阵地冲击，被东侧一个地堡火力所阻，八连两次组织爆破均未成功，负责掩护的机枪手赖发均人枪俱伤，他拿起一颗手雷带伤冲去，在向地堡接近途中，又多处负伤，但他一直匍匐到距地堡两米处，然后趴在地上稍事休息，积攒最后的体力，一跃而起，连人带手雷扑到地堡上，一声巨响与地堡同归于尽！

几乎在同时，19日7时30分，东南山梁上的8号阵地，突击排长光荣献身。欧阳代炎副排长立即代理指挥，继续向敌占阵地发展。途中被敌火力封锁，冲击受阻，伤亡增加，他立即运动到暗堡侧后，把它炸毁。但另一

上甘岭上的欢呼

路敌人却趁机向他反扑过来，他一手打枪，一手投手榴弹，打退敌人两次反扑。为减少伤亡，欧阳代炎对一班长说："我带连红福去炸地堡，你听爆炸声后带部队冲上去。"说完，就冒着敌人的炮火迅速向前匍匐前进，在被炮弹炸翻过多少遍的废墟上，爬出一道深沟，炮弹在他的附近爆炸，子弹射在他跟前的松土地里，扬起的尘土和石块，扑打在他的脸上身上，他勇敢地通过敌人的火网，机智地绕到敌人火力点的侧翼，把手雷扔进了敌人的地堡。但很快敌军又开始反扑。此时，子弹已经用完了，战士连红福也英勇献身，欧阳代炎左腿已被子弹贯穿，裂骨戳穿皮肉，血流如注，根本无法行动。眼看几个美国兵从侧面迂回包围过来，他咬住牙根，忍住剧痛，毅然拉响手榴弹，滚进敌群，"轰"的一声火光冲天，欧阳代炎与敌同归于尽，为全排前进扫清了障碍。

从另一个方向反击的第135团6连攻到0号阵地时，这一个加强连只剩下16人了，张广生叫通师部，直接向师长崔建功报告，崔建功厉声命令："天一亮敌人就会以此为依托反扑，必须不惜一切代价拿下0号阵地！"0号阵地的美军凭借着由四个地堡组成的子母堡竭力抵抗，张广生和六连连长万福来将剩余人员编成三个小组，实施连续攻击，但三个小组伤亡殆尽还没能完成任务，此时，万福来身边已经没有一个战斗人员了，他心急如焚，跟随张广生的营部通讯员黄继光，和六连通讯员吴三羊、肖登良一起请战，张广生立即将这三人编成一组，指定黄继光为班长，去完成爆破任务。黄继光什么也没有说，带着两人就向前冲去，三人交替掩护，很快炸掉了两个子堡，但吴三羊牺牲，肖登良重伤，只剩黄继光一人了，他继续向主堡跃进，突然他也中弹倒地，仍带伤匍匐前进，顽强爬到主堡前投出手雷，由于主堡很大，手雷只炸塌一角，里面的人换了一个射击孔又开始射击，此时黄继光已七处负伤，没有任何武器，他爬到地堡的射击死角，向后面招了招手，冯玉庆恍然明白他的意思，对张广生和万福来叫到："黄继光要堵枪眼！"话音未落，黄继光一跃而起，张开双臂用自己的胸膛堵住了主堡的射击孔，冯玉庆端着机枪冲上阵地将枪膛中的所有子弹射进地堡。至此，上甘岭597.9和537.7高地全部阵地被尽数夺回。

第45师在23天的战斗中，就消耗10.65万颗手榴弹和1500余根爆破筒，这还不包括搜集敌方遗弃的手榴弹。

在43天中，拉响手榴弹、爆破筒与敌同归于尽，舍身炸地堡、堵枪眼的烈士，留下姓名的就有38位之多！以黄继光、赖发均、欧阳代炎和龙世昌等人为代表的广大忠勇将士用生命和血肉所谱写的辉煌，也永铸第15军和志愿军的史册！

欧阳代炎荣记一等功，并授予他二等英雄称号。

这种视死如归的壮烈使得上甘岭成为二十世纪五六十年代英勇顽强的代名词，上甘岭的精神成为一代人学习的榜样，也激发许多艺术家以上甘岭为素材，创造出许多脍炙人口的作品，如电影《上甘岭》《英雄儿女》《打击侵略者》等。

激战上甘岭

钟增亚·寥寥长风拂明月

在“钟增亚中国画作品展览”上，湖南省美协主席、湖南省文联副主席黄铁山致的开幕词是这样评介的：

钟增亚是一位才华横溢的天才，也是一位勤奋拼命的劳动者。他留给我们的大量的精彩画作将光彩永驻，他艺术探索的精神和他所追求的正确艺术道路给了我们良多的启迪：

一、他以敬畏虔诚之心认真继承传统。不但继承了文人画和岭南画派的传统，也借鉴吸收了西洋画的传统。

二、他满怀激情，多角度地深入生活。从湘西山民，南国民妇到都市女郎，在他的笔下都有精彩的表现。

三、他持久扎实的苦练基本功。一直画笔不离手练就了扎实的造型能力和熟练的笔墨技巧。

四、他以永不停步的精神始终不断地探索创新。他每一阶段的作品都会有新的面貌，因此他理所当然地进入了我国写意人物的第一方阵，至今我省没有任何人达到这样的高度。

钟增亚擅长写意人物画和书法，兼攻山水、花鸟和连环画。作品曾入选全国第四、六、七、八、九届美术展览，并两次分获银牌、铜牌奖。1973年，他被文化部抽调到中国美术馆参加改画组，与关山月、杨之光、周思聪、王迎春、马西光等著名画家一起，参加为备选全国性展览的作品做画面润色和修改工作。1979年，他又被借调到文化部中国画创作组，与吴作人、李可染、李苦禅、张仃等人一起进行艺术交流。1987年应文化部派遣赴加拿大多伦多举办“中国当代十人画展”。1993年赴日本举办“中国湖南名家书画七人展”。2001年参加中日韩水墨画邀请展。2001年12月，在江泽民总书记出席的全国第七次文代会、第六次作代会联欢晚会上，他与刘大为、杨力舟等十位著名画家集体创作了大幅中国画《盛世春光图》，代表中国美术界，赠送给大会。

钟增亚作品获奖频繁。其中作品《老教授新著作》因在“文革”中创作，成为中国第一幅描写知识分子的国画作品而成为市场拍卖热点。作品被美国、日本、法国、加拿大、德国、巴西等20余个国家和中国台湾、香港的地区艺术机构收藏。

钟增亚，这位继欧阳询、曾熙、肖俊贤、陈少梅之后当代又一位全国著名的美术、书法双栖的衡阳艺术家是怎样的一个人呢？

钟增亚的自述——

我是一个非常普通的人，生下来喝的是湘江水，吃的是角山米。祖籍衡阳县拦垅公社东库大队吊楼生产队。我的父母也是衡阳最基层的普通市民。

一提起母亲，我就痛恨自己，我对母亲关心太不够了。记得1966年3月从北京回广州，由于想看看母亲，我中途在衡阳下了车。我是母亲唯一的儿子，她把全部希望和爱都倾注在我的身上。晚上，她居然提出要和这个25岁的儿子睡在一张铺床上，她把我的冰凉的脚搂在怀里，用她那微弱的体温来温暖我的双脚。她絮絮叨叨诉说她的辛酸经历，我伤心地听但又不专心，因为她总是把一件小事复述个没完。夜深了，她还在唠叨，她把我摇醒，责怪我没听。白天，她希望我在她身边多说几句话，我没有这样做，她又责怪我。回想起来，我真后悔，为什么我不体谅做母亲的心情呢？谁会想到那竟是我母子之间的最后一次说话。母亲似乎已预感到那是最后一别，说“说不定下次回来你看不到娘……”

母亲的话在2个月以后就变成了悲哀的现实。当我在广州接到报丧的电报，我有生以来第一次嚎哭起来。

母亲是一架不知疲倦的机器，而父亲却是一个喜欢睡懒觉的人，两人的性格形成鲜明的对比。父亲喜欢烟酒茶，据叔叔、舅舅们回忆，父亲为人慷慨大方，用钱如流水，很多人上酒店茶楼总喜欢把他拖去，吃喝一完就扬长而去，结账总是轮在他头上，1939年他当了1年零1个月的保长，花费了很多冤枉钱，使兄弟和母亲大为不满。后来那些靠吃闲饭的人又一再推荐力举，父亲却再也不愿当保长了。母亲是一个善良勤劳的农家妇女，1900年农历二月十九（观音菩萨的生日）出生在衡阳县英陂公社，父母的结合早在未出生之前就定好了，比指腹为婚还要早得多奇得多。原来我的奶奶原是外公的嫂嫂，外公的哥哥去世以后，便由外公和外婆做媒与爷爷结婚，外婆和奶奶原是姑嫂关系，十分要好，当爷爷和奶奶结婚以后，便双方许愿，要是生下一男一女便结为百年之好。不料此事当真，2月外婆先生下了女娃；9月奶奶生了男娃，于是父亲和母亲就成了亲。母亲14岁那年就来到了钟家，爷爷在司前街33号左右有三个门面，开了一家“中书宝笔墨店”。爷爷生有三子，大男钟秋桂，二男钟秋植，三男钟田树，三兄弟以我父亲钟秋桂较为聪明能干，小时候能书擅画，还能吹奏箫、笛，拉京胡。孩提时我常见他面壁唱京剧。他算术也不错，还写得一手好字，尤其在毛笔杆上刻字，更是令人惊叹！据说，他曾考上上海官办的一所学校，爷爷却极力反对，因为要靠他当家，才没有去成。叔叔钟秋植生来贪玩，经常挨打，据说叔叔的耳朵就是被爷爷打聋的，但他为人老实忠厚。三叔在我出生之前便去世了。

司前街和淘沙巷的交界处是当年“中书宝笔墨店”的旧址。

据父亲说，有一天，他在睡梦中见到一个白胡子老人来催他，说家里失火了，他被震醒了。一看，家里冲天大火，他急忙带一箱银元逃离了大火，救了性命还带出了现洋，这才把司前街3号的铺头买来，这便是“中书宝笔墨店”的第二个地址了。1940年农历十一月十日晚上7时左右，我便出生在此。

我的出生为母亲争了一口气，使我父母的关系更亲密了。长大了我才知道，母亲曾在我之前生了11胎，只有一个姐姐活着。钟家又仅我父亲才有生育，如果没有男孩，钟家的香火就灭了。之前有一个女人，浑名叫“黑脸婆”，常和父亲纠缠在一起，父亲想纳她为妾而为他生子延后，但是，我的母亲生下了我。这件从天而降的喜事震动了钟家。父亲喜饱了，断绝了和那个女人的来往，母亲更是喜极而泣。那真是春风荡漾，老天有眼。钟家放了一箩筐的炮竹，地面厚厚地盖上一层红纸碎屑。我母亲生了11胎，有10胎未能成人。于是按迷信的搞法，当我生下的第三天就由我的大婶罗端凤抱着我送到茶山公社田心大队刘家老屋刘生德的家里寄养。大婶罗端凤非常疼爱我，经常下乡来看我。但不久，大叔指责她不能生孩子，她离开大叔，改嫁到衡阳县的一个乡村去了。罗端凤后来在他乡生了孩子，原来是大叔不能生育的。

我在刘家老屋生活了8年，1948年我被送回城里。

从农村到城市，我极不习惯，大家笑我一副老实像，站就站个眼（洞），坐就坐个塘（坑），一双鞋穿一个月不沾尘。

我回家了，母亲特别爱我，母亲年轻的时候个子高大，微胖，力气很大，年轻的时候能担100斤重的担子。她为人心善，好动感情，经常把自己的衣服施舍给乞丐。她和邻居的关系搞得很好。解放军要攻打衡阳城的消息传来，很多人听信了谣言，说共产党来了要共产共妻，父亲让我、姐

1982年，钟增亚率全家在湘江边漫步

姐跟着母亲跑到外婆家躲藏。不久离演陂桥15里的地方洪罗庙响起了枪炮声。外婆不肯走，说我在房梁上面堆了五床大棉被什么炮弹都不怕了。那时母亲天天带我到田里捉泥鳅，摸田螺，弄得满身泥巴，至今难忘。

衡阳解放了，母亲带着我和姐姐步行两天才回到衡阳，中途在西渡一家火铺过夜。回到衡阳一切都很安全，父亲被划为贫民，母亲靠打毛线帽和摆香烟摊维持生活，在司前街3号门口，叔叔依旧开着“中书宝笔墨店”，一切都恢复了正常。生活虽然十分拮据，母亲还是省吃俭用让我在北区市场后面的一所小学读书，学校只有两个班，我的一个女老师叫李文茜，是北京人。我在1950年首次参加衡阳市儿童美术比赛就是她举荐去的。我在黑板上用粉笔画了一个农民站在一边，叉着腰，地主被绑着跪在地下。我没得奖，却获得两支铅笔和一块橡皮，这对我今后走向美术道路奠定了信心。回家以后，我又回忆着把那画用铅笔画在家里的粉墙上，以此来嘲笑我叔叔怕老婆的事实，做笔的工友和邻居都赞扬画得好，但叔叔

却在我的屁股上拍了一巴掌。

1958年，初中毕业后我考上了广州美术学院附中。

崔德鲲回忆夫君钟增亚——

1968年春节，钟增亚从广州回衡阳过年，我哥崔一鹗是他的同窗好友，便邀请他来我家做客，初次见面，他被我的善良、热情所吸引，我被他的才华、谈吐而打动。在我家的小阁楼上，钟增亚随意地翻阅一本旧得发黄的书，突然，一个“钟”字和一个“崔”字并排在一起，跃入他的眼帘,他的眼睛一亮，喃喃自语，这大概是种“缘份”吧。接下来，他一住就是三天。我们一起看电影，一起讲故事。钟增亚讲话很风趣，也轻言细语，听起来很有磁性，他还会拉二胡为我伴唱。我们俩开始热恋了，记得那一天是2月6日。钟增亚回广州后寄来《毛主席语录》，说是订婚一周月。还用毛笔字写了一首小诗。

钟增亚美术作品

那时钟增亚还是一个穷学生，衣着寒酸，穿着他妈妈给他留下的一件小得连扣都扣不拢的黑色棉大衣,但却掩不住意气风发的大学生风采。因为“文革”，直到1968年6月份钟增亚才被分配到衡阳市二轻产品服务部工作。返衡时，我去车站接他，行李只是一个沉甸甸的大木箱，里面装满了文学、美术书籍，其他什么值钱的东西也没有。他笑着说：这就是我的全部家当，也是我们的希望所在。就在我们准备1969年春节步入婚姻殿堂的时候，厄运降临了。原因是“文革”初期钟增亚在学院画的一幅漫画，涉嫌“现行反革命罪”，广州美术学院军宣队派人专程来衡阳，于1968年12月中旬将钟增亚关押在衡阳市工人纠察队近半年之久。我硬着头皮面对着荷枪实弹的工纠队员的白眼，去探望他，每月至少两次。找关系送煮得烂熟的东西进去给他吃。买蛋糕、蜂乳什么的一大网兜送给他补身体，他在大学读书的时候打球打坏了牙，满嘴基本都是假牙。

每次去探望他，他都欲言又止。我心里明白，他是担心我受牵连，想叫我另择佳偶。但是，在他最艰难、最无望时，是最需要安慰和精神支柱的时候，我不能乘人之危，落井下石，弃他而去。我告诉他，“你下农村，我同你去，你若坐牢，我等你”。

1969年10月4日，在我娘家那个18平方米的阁楼上，我们举行了简朴而又热闹的婚礼。我俩唱了几首毛主席语录歌，钟增亚还表演了口技，模仿猪、牛、大鸡、小鸡、公鸡、母鸡等动物的叫声，惟妙惟肖，逗得客人们笑得前俯后仰。新房的摆设很简单，家具仅有一张双人床，一个五屉柜，一张活动圆桌，我们各自一个皮箱，除此以外，没有任何值钱的东西了。我深知他十年寒窗的艰苦，新娘子我一件新衣，一双新皮鞋也没有买，钟增亚穿的新皮鞋还是用我的工资请武汉的表姐买的。我的客人都是第一次见到钟增亚，说我找了一个比我大十岁的老公，其实钟增亚只比我大4岁零1个月，可见半年的牢狱之灾给他留下的岁月沧桑。

当时，由于人事制度混乱，钟增亚没有得到合理的安排，仅要他负责产品的橱窗布置和宣传工作。可他依然满腔热情地投入到事业中去。工作之余积极地从事国画创作，乐观地面对人生。天道酬勤，“文革”一结束，钟增亚以多年的奋发努力迎来了艺术生涯的春天。有好几家出版社约他画连环画。无论是酷暑难耐的三伏，还是天寒地冻的三九，他只要进入创作状态，就连续绘画十几个小时。他夏天裸着上身，肩上搭一条擦汗的毛巾；冬天用冻得似乎变了形的手，艰难地挥笔作画，累得脖颈僵硬居然转不过头，逢有客人来访，他只得连着身子一起转过来与客人攀谈。他用挣来的第一笔连环画稿费，为我买了一块日本西铁城女式手表，不知情的

钟增亚书法作品

外人议论说，钟增亚为妻子买了一块金手表。

钟增亚是一个大大咧咧、不拘小节、粗线条的人。为人处事，一如他的画，大写意。我不在家时，家里来了客人，他极少想到应为客人倒杯水，递支烟，搬张椅子让客人坐下，往往是他自己坐着，客人站着与他交谈，他也毫不在意。记得有一次，一位他最敬重的省委领导来画室看他作画，站了很久，也没见一个可以坐的地方，站累了他只能用半边臀部坐在钟增亚画桌的角上，口渴了才问他要开水喝，事后他也觉得自己可笑。了解钟增亚的朋友，知道他是作画已进入忘我的境界，初次见面的客人，说他是架子大摆谱，免不了有意见，时间一长，对他有了进一步的了解，也就不以为怪了。

钟增亚是一个粗中有细的人，充满爱心的人。有一次，他陪我去医院看病，是用单车推着走的，回家后打来一盆热水为我洗脚，把我安顿好躺在床上休息，然后又提着篮子去市场买回了多种滋补品。那一刻，我感到是多么的幸福、快乐和欣慰，我有一个关心、体贴、爱我的丈夫。平时，家里每个成员的生日，他都记得清清楚楚，不管是谁的生日，他总要表示一点心意，哪怕是出差在外，他也要赶回来与妻儿共同庆祝生日。记得那年他在张家界天子山办班，听说儿子山雨要来，他冒着狂风暴雨，打着雨伞二次下山去接儿子都未接到，直到晚上他又打着手电，沿着湿漉漉的陡峭山路第三次下山，终于看到有人影在山脚下闪动，他大声地呼喊“山雨”，那人影接着回应“爸爸”。在这偏僻的山区听到孩子的呼唤，当儿子飞奔到身前时，他竟激动地流下了热泪。我常常默默地守着他的遗像，总觉得他没有走。孙儿中中，也常常回忆爷爷带他逛公园，划船嬉戏时的情景。孙儿对我说：“奶奶，我们搭一条好长好长的梯子，让爷爷从天堂上下来好吗？这样我们就可以看见爷爷了。”

增亚，你听见小孙子说的话了吗？让我们来搭一条好长好长的梯子吧，我们仍然可以在一起，永远在一起……

学生李清白回忆老师钟增亚——

我18岁就追随钟增亚先生，一辈子，他跟我讲了三次年轻心态的事，至今记忆犹新。

1968年我有幸结识了钟增亚老师，那时我们一群年青人像群星拱北斗一样，紧紧围绕在他周围。因为都年轻，心态都很好，只想着把基础打牢好混饭吃，于是拼命画。画素描，画写生，画人物，画风景，特别是外出写生很努力。有时一行数人黎明即起，黄昏才息，一画就是一整天，中午有时吃两个馒头，有时甚至不吃，但画兴却非常高，如果受到钟老师的称赞，那比吃肉还有味。

一晃十年过去了，我们都有了工作，有了家庭，有了孩子，30岁偷偷来到身边。俗话说：三十而立。而我却一事无成，绘画上没有取得一点点成绩，看不到前途，看不到光明，看不到“而立”的曙光，深感绘事艰难，真想放弃……

一次，衡阳地区开文艺创作会，钟老师人在台上，他的速写本却在下面传阅。当传到我手中时，我惊呆了，厚厚的一本，有的千笔万笔非常扎实，有的三笔两笔很见功底，难怪传闻当年在广州美院的素描训练，钟老师能把鼻子的36个面准确地画出来。正当我沉浸在艺术殿堂的时候，“年轻”两个字唤醒了我，我抬头看见主席台上的钟老师正神采奕奕地说：“我们年轻的画家，趁着年轻要多画画，不然到老了会后悔的。搞美术的人年龄界限要往后推10年，有些同志年纪比我小得多却暮气沉沉、不思进取……”我听了满脸发烧，这不是在说我吗？回去后我确实仔细思量了一阵子，于是就有了后面的十年。

此后十年，钟老师虽调至省美协工作，但根却在衡阳。我们这批人时而出现在他的画室，时而随他到外地，时而画连环画，时而搞主题创作，一不小心我还真创作了几件像样的作品，一举解决了中国美协会员的会籍问题，并且工作条件也好多了，于是像毛泽东所说的："停顿起来不求进步的情绪……可能生长。"不但可能而且已经生长了。因为我已步入不惑之年。

此时钟老师已知天命了。一次，我与几个同仁在外地开会与钟老师相遇，会余到野外散步。当走到一条壕沟边时钟老师要跳过去，我很担心便极力反对，钟老师拉下脸来说："李清白你这样年轻，跳这样一点宽的沟都不敢，太不像话了。"说着便跃跃欲试。"我们先跳！"那两位同仁都曾进过校篮球队，轻而易举地跳了过去。接着，钟老师吸了一口气，退后两步，"唰"的一下也跳了过去，回过头来鼓励我说："李清白，跳！青年人，很简单的事。"我还是做了点准备，退后一段距离，起了个小跑，当脚落到对岸时，打了个趔趄，钟老师用有力的手拉住了我，并说："这也和画画一样，到你们这样的年龄主要是画修养，画积累，画心态，只要保持年轻的心态就一定画得好。"

一眨眼又是十年，我们这代人已50岁了，大家不免认了天命，暮气沉沉者有之，不思进取者有之，安于现状者是大多数。2000年我们去为钟老师祝寿，他非常高兴，抱着孙子，迈着雄健的步子，领着我们进他的画室，一边看画一边大谈以后的打算。他说60岁还年轻，正是艺术上厚积薄发的时期，他决心向齐白石那样来一次变法，放弃一些手法，画些山水，然后再用山水技法渗入到人物中去。并打算定居北京，画大画，画组画，画历史，画"唯楚有才"名人系列……临走时他对我们说："60岁对画家来说正是一个起点，而你们还算得上年轻，正好干事业，趁着时代好要多画画，画好画，我给清白写的'多思多画'4个字，你们一辈子都要记住……"

事后我想，钟增亚老师为什么会有这么大的号召力、影响力，除了他的人格、人品和画画得好外，他的年轻心态也是一个因素。有一句词曰："年轻没有什么不可以。"钟增亚老师早就将它改为"年轻的心态，没有什么不可以"。

专案组组长李开结讲述钟增亚——

我是个穷孩子，出身很苦，没读什么书，十二三岁为地下党送过信，算是参加革命了吧。解放后，我进了公安系统。破过一些国民党敌特案，电影《羊城暗哨》所根据的生活素材中，就有我的亲身经历。也许是根正苗红，“文革”初期，虽然没什么硬朗的文凭与学历，还是当上了广东省公安厅第六办公室专案组副组长，主要任务就是破获与审讯现行反革命分子。1969年春节后，我记得上班不久，大概是三月份吧，组里给我送来一份案卷，是广州美术学院的，案犯叫钟增亚，刚毕业的应届毕业生，罪名是“现行反革命”。犯罪内容是反党反毛主席，唯一证据是一幅漫画。罪犯已经被广州美院军宣队通知衡阳市工人纠察队于1968年12月15日强行关押。

钟增亚案卷里那一部分在读书期间就有反对毛主席和反对共产党言论的文字材料，当时一看就知是强加的罪名，很快就被否定。

作为现行反革命唯一证据的漫画画于1967年，画面是时任广东省革命委员会主任的黄永胜，为了凸显黄永胜的强硬作风，在黄永胜的额头上写了一个“王”字，而“王”字的最后一笔又似乎和眉毛联接起来，咋一看，又像一个“毛”字。于是被认定，表面上说的是黄永胜，实际上是别有用心地攻击伟大领袖毛主席。

专案组案件分析会上，分析到钟增亚案时，年轻的军代表组长不屑地说：“这个不用讨论了，证据确凿，判他个五年八年都可以。”

我说：“这还是个学生，漫画也是两年前画的了。”

“学生怎么了？”军代表声音十分坚硬地反问我，“学生反对毛主席也要抓。何况他还是个大学生。两年前画的现在抓也不迟，只能说明他隐藏得很深。”

“我们也别自己吓自己，画一幅画就判五年？”我并未示弱。

“关键是这幅画影响太坏。在西方，英国《泰晤士报》也发表了。广州美院也有群众写了检举揭发信。”

“我们还是冷静一下吧。这些情况我也知道，案卷里都有。《泰晤士报》刊登这幅漫画，也没有指它反对毛主席，而是报道广州开展文化大革命的现状。群众检举也要看证据，一个单位里两派互相指责闹得很，哪能说判就判。”

“证据不就摆在面前吗！”军代表用手掌在漫画上拍了两下。那气势似乎把我当成了同谋，眼神怪怪的。

“这也叫证据？”我也提高了声调，“漫画里的虎头上明明是个‘王’字，你们硬说像‘毛’字，就凭这一条抓人，真是有点无稽之谈！怪不得衡阳警备司令部认为理由不足而拒绝关押他。”我把衡阳警备司令部拒绝关押钟增亚才转交给工人纠察队扣押一事捅了出来，会上鸦雀无声。这是我事先了解的。我之所以提这件事，就是想告诉大家，同样都是解放军，为什么湖南的解放军一看就明，广州的解放军却偏听偏信呢。我与钟增亚没任何私情，八杆子打不到一起，更没见过面，我就是觉得这学生受了冤枉。干了几十年公安，没见过这样轻率办案，草菅人命的。

钟增亚美术作品

会议沉寂片刻。

军代表非常激动地站了起来，说："我看它就是一张反对毛主席的反动漫画。"

"我不同意。"我也站了起来，"这不是作者的意图，不能随便给人强加罪名，我建议：将漫画照片再放大24倍，再看。"

第二天，在放大了的照片面前，大家再进行分析，画面上人物额上的"王"字与人物眉毛的接口处有明显的缺口。事实证明，这是无意中造成的两笔接痕。

专案组里没有人再附和军代表的意见，军代表无法坚持下去，这一案件终于明朗，之后又被检察院否定了，不予起诉。

听说1969年5月1日钟增亚在衡阳工人纠察队获得了释放。蹲了半年黑房子，虽说不是坐牢，但天天有荷枪实弹的人守着，每天七两粮，体重下降到九十八斤。

十余年后，我调到中国第一家外资企业白天鹅宾馆负责安全工作，在工作中有幸结识了广东画家林墉。大家喝茶交谈中回忆"文革"往事，我讲了这个故事。林墉兴奋地告诉我，钟增亚是他同班同学，直到1974年广州美院才给了钟增亚一份平反的书面材料。钟增亚当年免除了牢狱之灾。而我自己因为又否认了一起所谓由一批老干部组成的"反革命"集团案而得罪了军代表。后来军代表罗织罪名，把我也打成了现行反革命，两个多月后才平反但免去了副组长职务。看来这有文化的和没文化的，会画画的和喜欢看画画的，在"文革"那种年代，处境和待遇都差不多啊。

1987年3月28日，钟增亚在画室画了一幅《钟馗镇邪图》，还在画上题字曰：

四害横行，日月无光，继满清之后的“文字狱”又一度在文革期间的中国重演。我因一幅漫画的线条构成了一个犯忌被关进了工纠牢房，当时负责此案的广东省公安厅李开结同志，甘冒当右倾的风险，置个人安危而不顾，一身正气，力排众难，终使我的冤案得以解脱而幸免一场牢狱之苦。雨过天晴，苦尽甘来。每当回忆这段痛苦而又侥幸的岁月，李开结同志的高大形象骤映脑际。为感激开结不畏淫威秉公断案的高贵精神和救难之恩，谨作此钟馗像一帧相赠并纪念耳。

他之后来广州，通过林墉介绍专程将画送给了我，我很感激。至今我都珍藏着这幅《钟馗镇邪图》。

裱画的何师傅回忆钟增亚——

有一年国庆节，省文联组织美术家、书法家上街为百姓服务，艺术家们现场挥毫，以优惠价格售给爱好者。钟老师一开场就画了一幅一个少数民族姑娘头顶瓦罐旋转起舞的中国画，四尺三见大，仅售60元。我一看如此便宜，还不如我全包了，我上去欲打招呼，钟老师制止了并轻声嘱咐：“今天不准你来凑热闹。”无奈，木已成舟，此时站在一旁的人纷纷效仿涌来争购。一位妇女声音特别恳切而又嘹亮，掏出50元钱说：“我是当工人的，一个月工资才百来元，你就高抬贵手再优惠一点吧。”钟老师欣然应允（这使我想起在加拿大时，一位妇女天天带两个孩子来看我作画，我也便宜卖了两幅画）。钟老师刚一同意为工人妇女画画，马上又围上几个自称是“工人”的人，都要求用50元钱购一幅画。仅1个半小时画了6幅，得款320元，一位当时任工作人员的青年也以50元购得了一幅。钟夫人和一帮同事站在旁边都看呆了。事后，我嘀咕道：“划不来，划不来，太不合算了。”钟老师却喜气洋洋，意犹未尽地说：“非常合算，普通百姓们对书画如此崇拜，其精神是十分可敬的，我从来没有这么高兴过，我为群众喜欢自己的作品感到庆幸。”而后，他还伸出右手食指点着我说：“记住，艺术应当属于人民。”

当代中国美术理论家邵大箴在《论钟增亚中国画创作》一文中叙述道：“就修养的全面，技艺的高超和创作成就来说，钟增亚无疑是20世纪中国画坛的一位奇才，一位大画家。他在艺术创作处于巅峰时突然病逝，是中国当代艺术的重要损失；他的艺术经历和他已经完成的杰出创造，是给后人留下的宝贵精神财富；他呕心沥血创作的艺术精品，丰富了中国现代绘画长廊；他的名字将载入中国美术史册，活在人们的心中。

（注：钟增亚于2002年9月19日在湖南长沙因病不幸逝世，享年62岁）

作者与李开结老人在钟增亚作品前合影

主要参考书目：
1.《衡阳市志》第七十八编 人物 衡阳市志办主编
2. 相关网络资料